中国海洋大学一流大学建设专项经费资助
教育部人文社会科学重点研究基地中国海洋大学海洋发展

我国海洋产业空间布局优化研究

WOGUO HAIYANG CHANYE

KONGJIAN BUJU YOUHUA YANJIU

于谨凯◎等著

中国财经出版传媒集团
经济科学出版社
Economic Science Press

图书在版编目（CIP）数据

我国海洋产业空间布局优化研究/于谨凯等著.
—北京：经济科学出版社，2019.11
ISBN 978 – 7 – 5218 – 1067 – 7

Ⅰ.①我… Ⅱ.①于… Ⅲ.①海洋开发 – 产业发展 – 研究 – 中国 Ⅳ.①P74

中国版本图书馆 CIP 数据核字（2019）第 249416 号

责任编辑：宋　涛
责任校对：杨晓莹
责任印制：李　鹏

我国海洋产业空间布局优化研究
于谨凯　等著
经济科学出版社出版、发行　新华书店经销
社址：北京市海淀区阜成路甲 28 号　邮编：100142
总编部电话：010 – 88191217　发行部电话：010 – 88191522
网址：www.esp.com.cn
电子邮件：esp@esp.com.cn
天猫网店：经济科学出版社旗舰店
网址：http://jjkxcbs.tmall.com
北京季蜂印刷有限公司印装
787×1092　16 开　37.25 印张　730000 字
2019 年 11 月第 1 版　2019 年 11 月第 1 次印刷
ISBN 978 – 7 – 5218 – 1067 – 7　定价：130.00 元
（图书出现印装问题，本社负责调换。电话：010 – 88191510）
（版权所有　侵权必究　打击盗版　举报热线：010 – 88191661
QQ：2242791300　营销中心电话：010 – 88191537
电子邮箱：dbts@esp.com.cn）

前言 / Preface

20世纪90年代以来，我国海洋经济快速发展，成为国民经济新的增长点。进入21世纪，越来越多的国内外学者从产业经济学、区域经济学、资源经济学等视角研究海洋产业经济增长与发展。海洋产业对于区域经济发展的支撑与带动作用越来越得到重视，特别是"蓝色产业"的提出、"海洋生态文明建设"的战略实施、"海洋空间拓展"规划的推进，海洋产业的重要性一步步加深。

然而，随着海洋产业活动的复杂化和多元化，近海海域和海岸带面临很大的压力。一方面，海域开发与使用缺乏统一规划，各个部门和行业在实施海域使用规划和海洋功能区划时缺乏有机协调，导致港口航道、海水养殖、海洋盐业、滨海旅游、军事设施之间发生用海纠纷与矛盾。另一方面，随着经济全球化进程的加速，沿海地区的外向度不断提高，临海或临港产业不断向海岸带聚集，各部门或产业争夺近海资源与空间，进一步加剧了用海矛盾。因此，综合权衡海洋产业经济、社会、生态效益，在海域承载力的约束下，优化海洋产业空间布局迫在眉睫。

海洋产业布局优化是指推动海洋产业布局合理化和高度化演进，持续产生递增的海洋产业布局效应的过程，良好的海洋产业布局效应推动和保持了海洋经济总量的高增长率。2011年1月国务院批准了我国第一个以海洋经济为主体的区域发展规划——《山东半岛蓝色经济区发展规划》，其中指出山东半岛蓝色经济区建设的首要任务是"优化海陆空间布局"，核心是"优化海洋产业空间布局"。2013年十八届三中全会重点强调海洋空间资源利用、海洋空间规划及开发、保障海洋产业安全，相关部门更加重视海洋空间资源合理利用、海洋空间开发及决策方法、海洋产业安全有序发展，从而进一步加快海洋空间布局优化。2014年3月，李克强总理在政府工作报告中强调"海洋是我们宝贵的蓝色国土"。要坚持陆海统筹，全面实施海洋战略，为海洋空间布局优化研究指明新的方向。

对比国内外海洋产业空间布局研究现状发现，我国海洋产业空间布局优化研究尚未有理论体系的支撑。国内学者对海洋产业布局优化的研究主要包括布局优化标准、布局优化路径、布局优化模式及布局优化对策等几个方面，研究集中于布局优化的定性分析，针对具体地域进行布局评价并根据评价结果提出有效的对策建议，但缺少以理论模型和数据支撑的定量分析。研究集中于海洋产业布局的平面研究，基于经济、社会、环境等多影响因素提出布局优化的指标体系，但缺少与国际接轨的海洋空间规划等空间层面的研究。研究集中于对海洋渔业布局优化的研究，包括渔业总体、海水养殖业、海洋捕捞业、休闲渔业等产业的布局优化，但对海洋其他产业空间布局研究甚少。

海洋产业空间布局的合理性是保障海洋经济健康有序发展的必要条件。因此，本书在研究海洋产业空间布局优化机理，对区域海洋产业空间布局优化进行探讨的基础上，形成包含海洋产业空间布局优化评价、规模优化、结构优化、优化方案、优化策略在内的海洋产业空间布局优化内容体系。并在深化研究具体海洋产业的空间布局优化，选取海洋渔业、海洋交通运输业、海洋油气业、滨海旅游业、海洋风能产业作为典型海洋产业进行研究，运用 DP 矩阵法、响应面、格序决策、灰色局势决策等具体分析方法研究各海洋产业的空间布局优化。最后，借鉴发达国家典型海洋产业空间布局的经验对我国海洋产业空间布局整体进行优化，并对典型区域"山东半岛蓝色经济区"海洋产业空间布局优化提出相应对策建议。

目录 / Contents

第一章　绪论 …………………………………………………………… 1
第一节　海洋产业空间布局优化研究背景 ……………………………… 1
第二节　海洋产业空间布局优化研究现状 ……………………………… 2
第三节　海洋产业空间布局优化研究对象界定 ………………………… 9
第四节　海洋产业空间布局优化研究思路与框架结构 ………………… 13
第五节　海洋产业空间布局优化研究方法与创新 ……………………… 16

第二章　海洋产业空间布局优化机理 ………………………………… 22
第一节　海洋产业空间布局优化原则 …………………………………… 22
第二节　海洋产业空间布局影响因素 …………………………………… 23
第三节　海洋产业空间布局形成机制 …………………………………… 26

第三章　区域海洋产业空间布局优化 ………………………………… 39
第一节　区域海洋产业空间布局优化评价 ……………………………… 39
第二节　区域海洋产业布局规模优化 …………………………………… 74
第三节　区域海洋产业布局结构优化 …………………………………… 80
第四节　基于海陆统筹的区域海洋产业布局优化 ……………………… 93
第五节　区域海洋产业布局优化路径 …………………………………… 102
第六节　区域海洋产业布局优化决策支持系统 ………………………… 107

第四章　海洋渔业空间布局优化（上）………………………………… 128
第一节　海洋渔业布局优化评价 ………………………………………… 128
第二节　海洋渔业布局规模优化 ………………………………………… 206
第三节　海洋渔业布局优化次序 ………………………………………… 253

第五章　海洋渔业空间布局优化（下） ·············· 280
第一节　海洋渔业空间布局优化方案 ·············· 280
第二节　海洋渔业空间布局优化策略 ·············· 293
第三节　海洋渔业空间布局优化决策支持系统 ·············· 348

第六章　海洋交通运输业空间布局优化 ·············· 371
第一节　海洋交通运输业空间布局优化评价 ·············· 371
第二节　海洋交通运输业空间布局优化方案 ·············· 382
第三节　海洋交通运输业空间布局优化策略 ·············· 388

第七章　海洋油气业空间布局优化 ·············· 395
第一节　海洋油气业空间布局优化评价 ·············· 395
第二节　海洋油气业空间布局市场绩效优化 ·············· 415
第三节　海洋油气业空间布局生态补偿优化 ·············· 422
第四节　海洋油气业空间布局政府管制优化 ·············· 444

第八章　滨海旅游业空间布局优化 ·············· 452
第一节　滨海旅游业空间布局评价 ·············· 452
第二节　滨海旅游业空间布局优化次序 ·············· 457
第三节　滨海旅游业空间布局优化方案 ·············· 465
第四节　滨海旅游业空间布局优化策略 ·············· 475

第九章　海洋风能产业空间布局前期研究 ·············· 483
第一节　海洋风能理论基础 ·············· 483
第二节　海洋风能产业空间布局前期产业化研究 ·············· 486
第三节　海洋风能产业化布局实现机制 ·············· 494
第四节　海洋风能产业化布局优化策略
　　　　——以舟山示范区为例 ·············· 509

第十章　海洋产业空间布局优化的对策建议 ·············· 530
第一节　海洋产业空间布局优化的国际借鉴 ·············· 530
第二节　我国海洋产业空间布局优化对策建议 ·············· 536

主要参考文献 ·············· 546
后记 ·············· 588

第一章 绪 论

海洋产业空间布局优化以海洋产业布局研究为主，本章主要梳理了海洋产业空间布局优化的形成和发展，总结了海洋产业布局优化研究背景、研究现状，对本书研究对象进行界定，阐述了本书整体研究思路与框架结构，并具体提出了研究方法与创新之处。

第一节 海洋产业空间布局优化研究背景

一、海洋战略引导基于海陆统筹的海洋空间布局优化

2014年3月，李克强总理在《政府工作报告》中强调"海洋是我们宝贵的蓝色国土。要坚持陆海统筹，全面实施海洋战略，发展海洋经济，保护海洋环境，坚决维护国家海洋权益，大力建设海洋强国"。从经济角度看，发展海洋经济，打造21世纪海上丝绸之路；从环保角度看，严控海洋污染，平衡海洋经济与海洋环境关系，实现海洋经济发展与海洋环境保护的双赢。全面实施海洋战略，提出要坚持海陆统筹，为海洋空间布局优化研究指明新的方向。海洋空间布局优化一方面要考虑海洋产业布局优化、海岸与海洋开发保护格局优化；另一方面更要注重海陆统筹，形成基于海陆统筹的海洋空间布局优化技术。

二、十八届三中全会重视海洋空间开发及海洋产业安全

2013年十八届三中全会提出：要发展海洋新兴产业和海洋服务业，推进海上丝绸之路建设；加强海域海岛等重点领域基层执法力度，保障海洋相关产业安全、有序、稳定的发展；利用海洋空间资源，对其进行确权登记，形成归属清晰、权责明确、监管有效的海洋资源产权制度。建立海洋空间规划体系，划定海洋生产、生态空间开发管制界限，落实用途管制。十八届三中全会重点强调海洋空间资源利用、海洋空间规划及开发、保障海洋产业安全，将会使海域管理、海

洋经济管理等相关部门更加重视海洋空间资源合理利用、海洋空间开发及决策方法、海洋产业安全有序发展，从而进一步加快海洋空间布局优化。

三、山东半岛"蓝区"建设以海洋空间布局优化为核心

2011年1月国务院批准了我国第一个以海洋经济为主体的区域发展规划——《山东半岛蓝色经济区发展规划》，山东半岛蓝色经济区从此上升为国家战略。《山东半岛蓝色经济区发展规划》指出，山东半岛蓝色经济区建设的首要任务是"优化海陆空间布局"，包括优化海洋产业布局、优化海岸与海洋开发保护格局和优化沿海城镇布局，其核心就是"优化海洋空间布局"。以"优化海洋空间布局"为核心的山东半岛蓝色经济区建设将从海域规划、政策制定、海洋空间管制、海洋空间资源开发、优化方向上引导海洋空间布局优化，更加重视基于生态、空间资源、产业布局、海陆统筹等多方面综合考虑的海洋空间布局优化决策管理。

第二节 海洋产业空间布局优化研究现状

一、产业空间布局研究现状

对于产业空间布局的研究，国内外学者的研究趋势和研究内容以及侧重点都有所不同：国外学者主要是从产业空间布局理论以及产业空间布局的问题进行研究，并且把两者紧密地联系了起来；国内学者主要是分不同产业和不同区域的产业空间布局的情况进行研究。

（一）产业空间布局的理论研究

产业空间布局的理论研究主要经历了产业区位论、工区区位理论、现代产业布局理论、基于多学科的产业空间布局理论研究。（1）产业区位论研究。1775年，坎特龙对工业区位的影响因素如运费、原料等进行了相关研究；19世纪60年代，威廉·罗雪尔最早提出"区位"的概念，他认为区位即在利益的驱使下且受到劳动力等因素的影响所选择生产的空间场所；19世纪80年代，劳恩哈德将数学模型与区位论研究相结合。（2）工业区位理论和现代区位论研究。1914年阿尔弗雷德·韦伯在其著作《工业区位理论》中综合研究了工业区位和人口集聚；弗兰克·弗特尔于1924年提出贸易边界理论；奥古斯特·廖什形成了较为完整的工业区位理论体系，这是工业区位理论诞生的标志。（3）现代产业布局理论基本成型。1966年，雷蒙德·弗农首次提出生命周期理论；1978年小岛清在

梯度转移理论的基础上进一步提出研究边际产业的国际转移的"边际产业扩张理论"。1966年，汤普森就人性化视觉提出了"区域生命周期论"。(4) 综合经济、地理、技术等多种学科的产业布局理论成型。20世纪90年代，以保罗·克鲁格曼为代表的经济学家综合地理学产业布局理论，开创了"新经济地理学"理论；2007年，哈尼等学者基于蚁群优化算法提出了一个较好的解决企业最优布局地点与工业产业布局二次分配的模型，这也意味着未来产业布局理论的一个重要发展趋势即为数理模型的应用。

(二) 产业空间布局的实证研究

1. 不同产业的空间布局研究方面

国内外学者主要从事了农业、海洋产业、旅游业、油气业、高技术产业和文化业等产业的研究。(1) 在农业的布局研究上，应用灰色局势决策与目标规划有机结合的方法，把总体发展的方向与目标落实到各分区农业空间布局模型之中（梁吉义、徐保根，1993）。(2) 在海洋产业的空间布局研究上，以层次分析法和GIS为辅助工具，采用相关分析、时间序列分析和耦合度模型，对庄河市和山东半岛海洋产业空间布局问题进行探讨（宋欣茹、于晓霞，2007；赵亚萍，2012）。(3) 在油气业的空间布局研究上，探讨北非沿海油气工业空间布局的规律和特点（姜忠尽，1990）。(4) 在旅游产业的布局研究上，总结出旅游产业空间布局主要影响因素，提出旅游产业集群可从产业链模块化发展形成联合体，以青岛市为例加以实证（杨国良，2000；王忠诚、李金莲，2006；张广海、高乐华，2008）。(5) 在高技术产业的布局研究方面，对高技术产业空间集聚与扩散、集中开发领域与管理模式、政策理论基础与企业集团化等若干发展问题进行了探讨（姚文、陈宗兴，1995）。(6) 在文化产业的布局研究上，探讨了现阶段我国区域文化产业布局战略选择趋向（胡惠林，2005）。运用空间计量经济方法对中国七大战略性新兴产业的空间布局进行了研究（韦福雷、胡彩梅，2012）。

2. 不同区域的产业空间布局方面

区域的产业空间布局研究主要表现在产业布局模式、促进优势产业发展以及产业空间布局战略上。(1) 长三角地区，以科学发展观为指导，以宏观调控来引导，将优化长三角空间产业布局上升到国家战略高度（周明生、卢名辉等，2008）。(2) 西部产业发展，应发挥特色农业、能源矿产、旅游资源和现有的电子、生物、航空航天产业优势，空间布局应以中小规模的据点式开发为主；哈大产业带，重点发展农业及农产品加工、汽车、机械装备工业、石化、高新技术产业以及第三产业（崔俊辉、冯忠江、夏建彪，2000；马延吉、佟连军，2003）。(3) 丝绸之路经济带，从经济带、国家和节点三个层面构建丝绸之路经济带的产业空间布局战略，为经济带的迅速崛起与协调可持续发展提供产业支撑（郭爱君、毛锦凰，2014）。

二、海洋产业空间布局研究现状

国内外学者对海洋产业空间布局的研究较多。国外学者大多集中在探讨某一海区的产业布局情况；国内学者大多集中在就某一省（市、区）或某一具体海洋产业的研究上。

（一）海洋产业总体的空间布局研究

国内外学者对海洋产业空间布局的研究较多，主要集中在海洋产业布局影响因素、布局机制、模式选择以及布局优化策略方面。海洋产业布局影响因素研究，对渔业所有权、对新西兰海产品产业发展布局及其影响进行了研究（贝斯等，2000）；海洋产业布局的影响因素具体包括海洋地理环境因素、社会历史因素、经济因素和科技因素四方面内容。这四类因素不同程度地影响着海洋产业布局及其效果（徐敬俊，2010）；制约珠三角地区海洋产业布局的因素是：海洋生态环境恶化、资源利用率低，海洋科研力量有限、科技转化率低，海洋监管职能分散，统管协调性差。海洋产业布局机制研究，对我国海洋产业布局的内涵、层次、实现方式等理论问题进行分析，提出了海洋产业合理布局的动力模型（韩立民等，2007）；通过对蓝色经济和区域经济发展相关理论的分析，对蓝色经济区的发展战略、蓝色经济区的产业布局空间及其功能定位和产业布局进行了系统的分析研究，并提出了产业布局的动态合作机制（刘永胜，2011）。海洋产业布局模式选择研究，在海岛利用中，考虑生态、经济等因素来鉴定最佳海洋渔业空间选择（拉加百列等，2011）；提出了以舟山本岛市区为核心、以主要经济增长中心为据点的舟山海洋开发的空间布局模式（徐满平，2005）；我国海洋产业布局要依托沿海三大港口群及所在区域中心城市为点，以海洋运输、临海产业带为轴线构建我国海洋产业三点群两轴线的空间布局体系（于谨凯，2009）；珠三角海洋产业总体布局要选择海洋产业布局点，构建海洋产业发展轴，带动海洋经济发展面（朱坚真等，2013）。海洋产业布局（优化）策略研究，海洋油气业的布局实施必须在环境风险评估框架下进行，主张利用计算机模拟系统对油气开采工程的风险进行监控（斯特津卡，2000）；对海洋渔业总体布局的海域承载力基础、合理度、发展模式、用海方式、产业结构和布局优化进行研究，并提出对策建议（韩立民等，2009；于谨凯等，2014；任一平，2006；张金良，2003；吴以桥，2011；陈秋玲等，2014；张石军等，2011）；分析研究了海洋产业开发与布局之间的矛盾所在，提出发展海洋产业合理布局的指导思想及发展对策（于永海等，2004）；从地理区位、交通运输等角度分析探讨了长江口及浙江沿岸海洋经济区实现海洋产业集群化的规划思路和产业布局的安排问题（李靖宇等，2007）；以广东省海洋功能区划为例，提出以区划引导海洋产业布局优化需考虑的几点问题

（郑晓美，2012）。

国外学者利用投入产出分析法、动态关联分析法以及实地调研方法，研究了韩国、新西兰、芬兰等国家的海洋产业空间布局问题。对 1975~1998 年韩国海洋产业进行投入产出分析，结果表明海洋产业布局存在明显的前向与后向产业关联及明显的生产拉动效应（Kwaka、Yoob、Chang，2005）；以产业集群理论为框架，对新西兰海洋产业集群演化与国际竞争力提升进行了动态关联分析（Chatty，2002）；通过对芬兰包括海洋运输、海洋制造业、港口产业的 260 个公有和私营企业（机构）的调研，发现这些企业机构存在着密切的集群式联系，集群中的领军企业承担着国际竞争的重任（Virtanen、Karvonen、Vista，2003）。

国内学者在海洋产业的布局研究上主要分为集中于海洋产业的布局模型、布局合作机制以及布局的影响因素研究。（1）提出了海洋产业合理布局的动力模型，提出以海洋运输、临海产业带为轴线构建我国海洋产业三点群两轴线的空间布局体系（于永海，2004；韩立民、都晓岩，2007；于谨凯，2009）。（2）对蓝色经济区的发展战略、蓝色经济区的产业布局空间及其功能定位和产业布局进行了系统的分析研究，并提出了产业布局的动态合作机制（刘永胜，2011）。（3）从地理区探讨长江口及浙江沿岸海洋经济区实现海洋产业集群化的规划思路和产业布局的安排问题（李靖宇、袁宾潞，2007；徐敬俊，2010）。（4）布局规划方面，认为珠三角海洋产业总体布局要选择海洋产业布局点，构建海洋产业发展轴，带动海洋经济发展面（郑晓美，2012；朱坚真、闫柳，2013）；研究舟山海洋开发的空间布局模式、辽宁西部海岸带资源开发与经济产业布局方向（徐满平，2005；孟晋，2006）。（5）布局演进方面，基于点轴理论的海洋产业布局演进研究，通过对我国海洋产业集中系数指标及海洋产业布局区位指向的研究，发现了依托沿海三大港口群及所在区域中心城市为"点"，以海洋运输、临海产业带为"轴"线的我国海洋产业"三点群两轴线"的空间布局体系的演进（于谨凯等，2009）；认为"均匀分布—点状分布—点轴分布"是海洋产业布局演化的一般过程，点轴分布并不是海洋产业布局演化过程的终止，而是一种新型产业演化形式的开端（都晓岩等，2007）；基于梯度转移理论的海洋产业布局演进研究，依据梯度转移理论，沿海大城市是海洋区域增长极，所在地区在积累了多方面的优势，通过极化效应、扩展效应实现海洋产业布局的不断变化，海洋产业的梯度转移也是海洋产业布局演进的一般规律（周江等，2001）。海洋产业布局演进影响因素方面，基于海陆一体化的视角研究海洋产业布局演进的影响因素，探讨海洋产业布局规律，认为海洋产业布局演进遵循产业集聚与扩散规律（都晓岩等，2007）；应在可持续利用海洋资源理念的指导下，通过科技进步、产业升级等措施来调整海洋产业布局（韩立民等，2009）；不仅要以客观条件为前提，还要符合海洋资源开发利用次序与层次结构的要求，要充分考虑海洋资源的可持续发展（于永海等，2004）。

（二）具体海洋产业空间布局研究

在具体的海洋产业布局研究上，对海洋渔业、海岛、海洋油气业、船舶制造业等各产业空间布局进行研究。(1) 用 Weaver – Thomas 模型、多智能体模拟方法、海洋产业布局的多重分析方法分析海洋产业优化布局问题，并提出对策（于谨凯，于海楠，刘曙光，2008；封学军，王伟，2008；林超，2009）。(2) 海洋渔业方面，在养殖业领域，学者提出合理调整养殖水域的布局和品种；建立产业流域河网水质评价优化模型，确定了海洋渔业可持续利用的优化目标（田继敏，1999）。在海岛利用中，考虑生态、经济等因素来鉴定最佳海洋渔业空间选择（郑贵斌，2002；Erwann Lagabrielle，Mathieu Rouget，2011）。(3) 海洋油气业方面，其布局实施必须在环境风险评估框架下进行，主张利用计算机模拟系统对油气开采工程的风险进行监控（I. V. Stejskal，2000）。根据海洋油田开发建设工程的系统构成，提出了优化布局的概念，并建立了海洋油田开发建设工程整体布局优化设计的数学模型（冯永训，2001）。(4) 船舶制造业方面，从产业组织的成本效率和市场获得角度研究了德国造船产业如何保持在欧洲海洋产业中的地位（Moira McConnell. Capacity，2002）。

三、空间布局优化研究现状

国内外学者都是从多个领域的空间布局优化进行研究的。国外学者主要是对工程、资源、基础设施和产业等的空间布局优化进行研究；国内学者主要是对城市、资源和产业等的空间布局优化进行研究。

（一）基础设施的空间布局优化

对基础设施的空间布局优化的研究主要有电力资源结构、港口空间演化以及建筑设施布局优化。(1) 电力资源结构的布局研究上，提出电力资源结构和空间布局调整优化对策（贾若祥、刘毅，2003）；运用粒子滤波方法来优化风电场的空间布局，使风电场的不利因素达到最少，发电量达到最大（Yunus Eroglu、Serap Ulusam Seckiner，2013）；运用增强的平准化风电场的成本模型优化管道布局（Le Chen、Erin MacDonail，2014）。(2) 对于港口的空间布局，集中于对港口的空间演化阶段与现象的研究。将东非港口群的演化历程，划分为离散布局、主要港口形成、主要港口间竞争的形成、港口腹地拓展和港口群重新整合 5 个演化阶段（Hoyle, Charlier, 1995；Notteboom T, Rodrigue J, 2005）。(3) 在建筑设施布局的研究方法上，利用模拟退火和遗传算法这两种方法解决设施布局问题。(M. Mir、M. H. Imam，2001；Jaydeep Balakrishnan、Chun – Hung Cheng、Kam – Fai Wong，2003；I – Cheng Yeh，2006)。

（二）针对产业的空间布局优化

1. 针对产业特点进行空间布局优化

运用经济学的基本理论和方法，在调查廊坊市各区域经济发展阶段、资源禀赋状况、产业结构特点、主导产业的规模和竞争力等的基础上，有针对性地研究各区域的产业结构、产业规模和产业竞争力，进而提出廊坊市产业结构调整和空间布局优化的方案（田海宽，2009）；从航空制造业的产业发展特点出发，基于供应链协同理论，结合江苏省航空制造业的发展现状和特点，提出新时期适合江苏省航空制造业的空间优化方案及产业配套创新模式（张捷、张卓，2011）；强调政府在产业空间布局优化的作用（聂鸣，2002；王缉慈 2001；蔡铂，2002；朱华晟，2002）。

2. 运用综合学科的思路与方法进行空间布局优化

提出了一种以地理信息系统（GIS）为平台，遗传算法为空间布局优化模型的作物空间布局优化方法（冯金飞、卞新民等，2005）；从设计者表示的需求到解决方法的创造者，提出了解决空间布局优化问题的整合统一的方法（Julien Benabes、Emilie Poirson、Fouad Bennis，2013）。通过从主体结构、产品结构、服务结构和流通秩序四个方面分析我国城乡商贸服务业空间布局的不平衡性，研究优化商贸服务业空间布局的理论基础（丁宁，2013）。

四、海洋空间规划研究现状

（一）国际海洋空间规划研究

国际上海洋产业布局及其用海的指导性文件为海洋空间规划，学者对海洋空间规划的研究主要集中在海洋空间规划的内容体系、决策支持方法、实施评价以及与海洋产业布局的关系上。国际海洋空间规划内容体系方面，以挪威、德国、英国、西班牙为代表的欧洲多个国家在海洋空间规划方面表现积极，均已建立起本国的海洋空间规划以加强海洋管理（苏亚雷斯等，2012）；欧洲海洋空间规划政策，包括环境立法、可再生能源立法以及机构改革等，大部分内容都是关注一种特定海域使用类型的完善（邱万飞等，2013）。国际海洋空间规划决策支持方法方面，西班牙海洋空间规划决策的两个重要方法技术为 GIS 技术和结构化方法，通过 GIS 技术获取海洋环境基础数据，进行兼容性分析及环境影响评价，通过结构化方法对未来的规划可能性进行预测，识别多种空间利用情景（杜维等，2007）；阐述了生物地理评价方法在海洋空间规划决策中的应用，生物地理评价步骤包括时间和空间设定、数据评估、生态特性确定和管理应用，并进行了案例分析（卡尔道等，2015）；对海洋空间规划方法进行了系统总结，海洋空间规划方法体系包括用海行为的空间影响分析（空间优化技术）、累积效应评价以及决策支持系统（斯特岑穆勒等，2013）；运用基于生态系统的风险评价方法评估海洋开发活动对海洋空间规划的累积压力，以设得兰群岛为例进行实证分析，得出群岛不同区域的累积压力分布，为海洋空间规划目标设定及政策制定提供依据（凯莉等，2014）。国际海洋空间规划实施评价方面，海洋空间规划评价目标主要包括一致性与绩效、时间与范围以及空间规划目标评价，构建包括行政绩效、决策方法、规划内容、规划实施和规划效益评价在内的海洋空间规划评价体系（卡尼罗，2013）。海洋空间规划与海洋产业布局的关系方面，运用渔船监控系统（VMS）获取海洋渔业数据，构建海洋渔业主体区域布局划分模型，以德国专属经济区为例分析了该方法在海洋空间规划中的应用（佛克，2008）；探讨生态系统服务功能权衡分析在海洋渔业空间布局决策中的应用，以解决海洋渔业产出与资源保护之间的冲突，为海洋自然保护区的海洋空间规划决策提供依据（莱斯特等，2013）。

（二）我国海洋功能区划研究

我国海洋产业布局及用海规划主要是依据海洋功能区划进行。学者对海洋功能区划的研究主要集中在对海洋功能区划理论、方法、实施评价以及海洋功能区划与海洋产业空间布局的关系方面的研究。海洋功能区划理论方面，研究海洋功能区划与海洋开发规划的理论、基本方法及二者之间的区别与联系，讨论了中国海洋布局规划和海洋产业开发规划的主要内容（朱坚真等，2008）；探讨海洋功能区划理论和方法，构建海洋功能区划理论框架，包括海洋功能区划和海岸保护与利用规划，开展海洋功能区划符合性判别研究，并以天津市为例进行海洋功能区划理论框架实践（王江涛，2012）。海洋功能区划方法方面，探讨了基于 GIS 空间分析支持的海洋功能区划方法的技术思路，并以烟台市海域功能区为例进行了实践应用（土权明，2008）；构建"线—总量控制—面"的海洋功能区划空间布局技术框架，分别对资源条件优劣度评价、资源环境适宜性评价、围填海总量控制评价及围填海空间布局优化方案等方法进行细化（刘洋，2012）；研究我国海洋旅游功能区划的方法及分类评价，并根据功能区定位，探讨我国海洋旅游空间布局与开发建设对策（张广海等，2013）；构建海洋功能区划控制体系，为控制和引导海洋功能区划的实现既定目标提供技术保障，并研究确定天津市海洋功能区划控制性指标（王江涛等，2011；王倩，2014）。海洋功能区划实施评价方面，海洋功能区划在实施过程中存在不一致性，认为不一致性是对海洋功能区划的有效补充和合理调整，并以江苏省为例做了实证分析（许小燕，2008）；对江苏省海洋功能区划实施进行评价，得出江苏省海洋功能区划的实施情况总体良好，区划得到了有效的执行，产生了显著的经济、社会与生态效益（杨山等，2011）；对全国海洋功能区划实施进行评价，认为我国海洋功能区划实施切实保障了大型项目用海需求，有效保证了海洋渔业生产用海，但出现建设用海与渔业用海和保护区用海的矛盾突出等问题，并指出我国海洋功能区划分类体系存在的问题及优化调整内容（夏登文等，2013；关道明等，2013）；建立了包括目标实现程度、区划落实情况和各海域开发利用的全国海洋功能区划评价体系，对我国海洋功能区划实施进行评价（徐伟等，2014）。海洋产业布局及用海与海洋功能区划符合性方面，探讨项目用海与海洋功能区划符合性的判定标准，提出项目用海与所在海域主导功能符合性分析的基本步骤和方法及相关建议，对辽宁省项目用海与海洋功能区划符合性进行分析（徐伟等，2010；席小慧等，2012）；构建了市级与省级海洋功能区划空间符合性分析的定量化评价模型，并以漳州市与福建省海洋保护区为例进行实证分析（李晋等，2009）；对深圳市近海海洋环境质量与海洋功能区划一致性进行研究，表明深圳市近海海洋环境质量整体上符合其海洋功能区划要求，但海洋保护功能区不符合其海洋环境质量标准（喻文科，2013）。海洋产业空间布局与海洋功能区划的关系方面，在研究辽宁省海洋功能区划的基础上分析海洋渔业布局现状，发现近岸海洋渔业的发展空间不断减少，渔业的发展空间面临转移（王雪，2008）；基于系统论视角研究海洋功能区划，指出海洋功能区划的空间布局问题，认为由于缺少行业用海的控制指标和布局方案，海域的最佳使用和利用方式得不到相关的控制和管理，海域资源利用方式粗放（周瑞荣等，2009）；认为海洋功能区划从调整不适宜产业、整合港口资源等方面对海洋产业布局优化进行引导（郑晓美，2011）；蓝色经济区功能定位与海洋产业布局规划具有联动协同性，海洋产业空间布局规划策略的制定要与海洋功能定位相一致（刘永胜等，2011）。

第三节 海洋产业空间布局优化研究对象界定

一、海洋产业经济界定

海洋产业经济学是随着海洋经济的发展而兴起的一门应用经济学科，它是以海洋产业为研究对象的。要想深入研究海洋产业这一研究对象，必须要先了解一般产业经济学的研究对象和研究内容。产业经济学从"产业"出发，研究产业发展演变过程中产业之间、产业内企业间相互关系变化的规律。产业经济学的研究对象是介于企业和国民经济之间的"产业"，但是这个"产业"的概念具有一定的模糊性。在英语中，"industry"一词既可指企业，也可以指生产相似产品的企业的集合——产业。并且"产业"并不仅仅特指工业，还可以泛指国民经济中的各个具体产业部门，从大的范围来说，工业、农业、服务业、信息业都可称为产业；从小的范围来说，服装、食品、钢铁、文化、教育等都可称为产业。"产业"

根据不同的目的可以有不同的分类方法,以同一商品市场为单位划分的产业,其目的是研究产业内企业与市场的关系;以技术、工艺的相似性为根据划分的产业,其目的是研究产业之间的投入产出关系;以大致的经济活动的阶段为根据,将国民经济划分为若干大部分所形成的产业,其目的是研究一次产业、二次产业、三次产业之间的协调发展关系。

海洋产业是海洋经济的构成主体和基础,是海洋经济得以存在和发展的基本前提条件。海洋产业的发展既是海洋经济发展历史的一个主要标志,也是目前世界海洋经济发展水平的一个重要标志。随着世界海洋经济的迅速发展,海洋产业的研究也为各国学者所关注,我国的学者通过长期的理论研究和实践考察从不同角度定义了海洋产业,主要有以下几种说法:

张耀光认为,"海洋产业是指以开发利用海洋资源和海洋空间为对象的产业部门,包括海洋捕捞、海洋盐业、海洋水产养殖业和海上运输业等物质生产部门和滨海旅游、海上机场和海底贮藏库等非物质生产部门"。"海洋产业是指人类在海洋、滨海地带开发利用海洋资源和空间以发展海洋经济的事业"[1]。

孙斌认为,海洋产业是指开发、利用和保护海洋资源而形成的各种物质生产和服务部门的总和,包括海洋渔业、海水养殖业、海水制盐业及盐化工业、海洋石油化工业、海洋旅游业、海洋交通运输业、海滨采矿和船舶工业,还有在形成产业过程中的海水淡化和海水综合利用、海洋能利用、海洋药物开发、海洋新型空间利用、深海采矿、海洋工程、海洋科技教育综合服务、海洋信息服务、海洋环境保护等,海洋产业是一个不断扩大的海洋产业群,是海洋经济的实体部门[2]。

韩增林认为,海洋产业是指开发利用和保护海洋资源而形成的各种物质生产和非物质生产部门的总和,即人类利用海洋资源和海洋空间所进行的各类生产和服务活动,或人类在海洋及以海洋资源为对象的社会生产、交换、分配和消费的活动[3]。

陈叮文认为,海洋产业是指人类开发利用海洋空间和海洋资源所形成的生产门类。海洋产业是海洋经济的构成主体和基础,是海洋经济得以存在和发展的基本前提条件。海洋产业是海洋经济的孵化器,海洋资源只有通过海洋产业这只孵化器才能转化并成为海洋经济。所谓产业是具有同一属性的经济活动的集合,是国民经济的一个门类。海洋产业的发展是海洋经济发展的主要标志,也是目前世界海洋经济发展水平的一个重要标志[4]。

"海洋产业"这个概念既不同于工业、农业这些概念,也不同于服装、食品

---

[1] 张耀光:《中国海洋产业结构特点与今后发展重点探讨》,载《海洋技术》1995 年第 4 期,第 5~11 页。

[2] 孙斌、徐质斌:《海洋经济学》,青岛出版社 2000 年版。

[3] 韩增林、王茂军、张学霞:《中国海洋产业发展的地区差距变动及空间集聚分析》,载《地理研究》2003 年第 3 期,第 289~296 页。

[4] 陈叮文:《中国海洋经济学》,海洋出版社 2003 年版。

这些概念。根据产业经济学中对于产业的界定，海洋产业经济学中的"海洋产业"既可指西方正统产业组织理论所指的"海洋产业"，也可以指产业结构或产业关联分析时所指的"海洋产业"。其划分海洋产业的方式也有不同的依据。如果目的是研究海洋某产业内企业与市场的关系，则可以根据同一商品市场为单位进行划分，这是从海洋产业组织的角度进行的划分，这种层次上的"产业"是指"生产同类或有密切替代关系的产品、服务的企业集合"；如果目的是研究海洋产业之间的投入产出关系，确定海洋主导产业，则可根据生产海洋产品的技术和工艺的相似性为根据进行划分，这是从海洋产业结构的角度进行的划分，这种层次上的"产业"是指"具有使用相同原材料、相同工艺技术或生产产品用途相同的企业的集合"；如果目的是研究海洋经济系统内各产业间的协调发展关系以及海洋产业结构的演变规律，则可根据克拉克的三次产业划分法在海洋经济系统内，将海洋产业划分为海洋第一产业、海洋第二产业和海洋第三产业。

海洋产业在不同的情况下所包含的意义不同，在不同的场合要用不同的海洋产业概念来界定。这样海洋产业经济学的研究对象也具有了多层的含义，从大的方面来分，可以从两个层次来界定。一层含义是从海洋产业组织角度界定的"海洋产业"概念出发，研究海洋产业内部企业的组织结构变化的规律，即研究生产同类或有密切替代关系的海洋产品、海洋服务的企业之间的组织结构变化规律。这种研究涉及这类海洋企业所在的市场结构、市场行为和市场绩效等问题。另一层含义是指从海洋产业结构角度界定的"海洋产业"概念出发，研究按照海洋产业划分的第二种和第三种目的所归类的不同海洋产业之间的相互关系和相互影响的规律。这种研究涉及不同海洋产业之间的长期发展趋势差异，不同海洋产业在海洋产业整体（或者整个国民经济体系）中的结构变动，以及这些结构变动对于海洋经济总体增长甚至国民经济总体增长所产生的影响等。

值得一提的是，在我们将"海洋产业"按照技术或工艺的相似性进行划分时，我们研究的内容不仅包括海洋各产业之间的投入产出关系和相互影响，而且还包括海洋产业和国民经济其他产业之间的投入产出关系，海洋产业的发展变化对于整个国民经济（这个国民经济体系应该包括海洋产业和非海洋产业）的影响，以及国民经济中与海洋产业相关的非海洋产业对于海洋产业的影响。这时海洋产业经济学的研究对象就有了进一步的扩展，不仅仅包括某种含义上的"海洋产业"，而且也包括与海洋产业相关的非海洋产业，即研究对象扩展到了不同海洋产业之间的关系以及与海洋产业相关的非海洋产业和海洋产业之间的关系两层含义上了。这样对于海洋产业的研究才能更全面，更真实。海洋产业不是孤立发展与存在的，而是与国民经济各行各业有着极其密切的联系，因此海洋产业经济学研究对象的延伸对于海洋产业的研究具有重大的意义。

综合国内外学者的研究成果，对海洋产业定义如下：海洋产业（Marine industries）是指人类开发利用海洋空间和海洋资源所形成的各种物质生产和非物质生产部门的总和。特别的，本书将海洋产业经济学研究对象界定为直接涉海的产业经济活动。其中，直接涉海表现为四个方面：直接从海洋中获取产品的生产和服务；直接从海洋中获取的产品所进行的一次加工生产和服务；直接应用于海洋和海洋开发活动的产品的生产和服务；利用海水或海洋空间作为生产过程的基本要素所进行的生产和服务。具体来说，海洋产业经济学的基本研究对象为十二大主要海洋产业，即海洋渔业、海洋交通运输业、滨海旅游业、海洋油气业、海洋船舶工业、海洋工程建筑、海洋化工业、海洋生物医药业、海洋矿业、海洋盐业、海洋电力业、海水利用业。

二、海洋产业空间布局界定

海洋产业空间布局是在产业布局的基础上，遵照产业布局的理论和原则，重点对海洋产业进行产业分布和动态组合，以海岸带和各个海域为布局的区域，合理的利用各种海洋资源，以期达到效益的最大化，是以实现海洋经济的可持续发展为目标的复杂的社会经济系统。产业布局的基本概念包括：布局、产业布局、产业集聚等几个方面，对于产业布局基本概念的了解有助于加深对产业布局理论以及海洋产业布局的理解，是学习海洋产业布局的基础和前提。

（一）海洋产业布局

产业布局是一种社会经济现象，是指产业各部门、各要素、各环节在某一地域空间内的动态组合和分布，即产业结构在空间地域上的投影。海洋产业布局是在产业布局的基础上，遵照产业布局的理论和原则，重点对海洋产业进行产业分布和动态组合，以海岸带和各个海域为布局的区域，合理的利用各种海洋资源，并最大化布局社会、经济和环境效益。

海洋产业布局的基本目的如下：(1) 促使沿海地区海洋产业及企业的适度集中，以取得海洋产业空间集聚效益；(2) 促进沿海地区海洋产业和企业的适当分散，实现海洋经济空间资源的均衡发展；(3) 发挥各沿海地区比较优势，合理地利用海洋资源，实现海洋经济科学、可持续发展。

（二）海洋产业集聚

海洋产业集聚是海洋产业布局的重要形式。海洋产业集聚是一定数量的涉海企业（包括了不同海洋产业和同一海洋产业）在地理上的集中，并产生经济效益，进而形成具有一定组织意义上的企业网络的一种海洋经济现象。由于其在本质上是海洋产业间活动或者是海洋产业内活动在地理上的聚合，故可将这种企业群在地域上的集中现象称为海洋产业集聚。海洋产业集聚通过规模经济效应促进海洋产业经济的发展，同时存在最优集聚水平保证海洋产业经济运行的效率。

(三) 海洋产业布局优化

海洋产业布局优化是指推动海洋产业布局合理化和高度化演进，持续产生递增的海洋产业布局效应的过程，良好的海洋产业布局效应推动和保持了海洋经济总量的高增长率。海洋产业布局合理化目标是指一国或一地区海洋产业布局中各海洋产业或各行业之间总体上在一定的地理空间范围内保持较密切的有机关联性和比例协调性，使布局不均衡的损失最小化或协调性效益最大化，引导海洋经济增长过程呈稳态运行。此外，当前空间布局不仅仅是平面上的优化，更需要从三维立体视角进行布局优化，即从近海走向深远海优化。海洋产业布局的高度化目标主要通过海洋产业布局的合理化程度反映出来，创新是海洋产业布局高度化的主要动因和根本内容。

第四节　海洋产业空间布局优化研究思路与框架结构

一、研究思路

目前，我国海洋产业空间布局存在的主观性强、海洋空间规划缺失、布局混乱等问题，急需一套系统的、符合国际规范的我国海洋产业空间布局优化理论与方法体系。本成果旨在研究海洋产业空间布局优化机理，对区域海洋产业空间布局优化进行探讨，形成包含海洋产业空间布局优化评价、规模优化、结构优化、优化方案、优化策略在内的海洋产业空间布局优化内容体系。并意在深化研究具体海洋产业的空间布局优化，选取海洋渔业、海洋交通运输业、海洋油气业、滨海旅游业、海洋风能产业作为典型海洋产业进行研究，运用梯度优化法、响应面、三轴图、灰色局势等具体分析方法研究各海洋产业的空间布局优化。

第一部分：我国海洋产业空间布局理论方法体系研究，即第一章至第三章。本部分对海洋空间布局优化的研究背景、理论基础、研究方法、形成机制、优化评价、规模优化等进行研究，分别为：

第一章绪论。本章主要包括海洋产业空间布局优化的研究背景、研究综述、理论基础、研究方法、概念界定和创新与不足。系统介绍了海洋产业空间布局优化的形成和发展，总结了研究背景、研究综述，阐述了理论基础与研究方法，并界定了海洋产业空间布局优化的概念，提出创新与不足之处。

第二章海洋产业空间布局优化机理。本章主要确定了海洋产业空间布局优化的原则，分析了布局优化的影响因素及技术思路、整体框架，并从点—轴理论、新经济地理理论两方面研究海洋产业空间布局形成机制。

第三章区域海洋产业空间布局优化。本章主要研究区域海洋产业空间布局优化评价，基于动态规划理论、三轴图法、weaver-thomas 法研究区域海洋产业空间布局规模、结构优化，同时考虑海陆统筹因素，以东营—滨州示范区为例进行应用。

第二部分：我国具体海洋产业的空间布局优化研究，即第四章至第九章。本部分对海洋渔业、海洋交通运输业、海洋油气业、滨海旅游业、海洋风能产业具体海洋产业进行了较为深入细致的研究，分别为：

第四章海洋渔业空间布局优化（上）。本章主要研究海洋渔业空间布局优化评价、规模优化、优化次序。基于海域承载力对其布局合理度及布局效率进行评价，运用 RAPFISH 模型评价空间布局的可持续性，运用 L-V 模型评价布局的生态协调度，基于空间基尼系数、面板单位根检验模型、海域承载力评价空间布局的集聚，进一步研究海洋渔业空间布局结构演进、最优产量，动态演变。利用格序决策形成海洋渔业空间布局优化次序。

第五章海洋渔业空间布局优化（下）。本章主要研究海洋渔业空间布局的优化方案及优化策略。运用响应面法分析海洋渔业空间布局适应性，基于空间布局优化路径决策模型、梯度优化法研究山东半岛蓝区海水养殖空间布局优化路径，并形成优化方案。研究海洋渔业空间布局优化决策的方法、标准，并运用梯度优化法、CLUE-S 模型、二维空间矩阵、灰色局势决策模型分别落实海洋渔业空间布局优化决策应用。

第六章海洋交通运输业空间布局优化。本章在结合超效率 DEA 模型和 Malmquist 指数对我国沿海省份的海洋交通运输业的布局效率进行研究的基础上，提出相应对策，同时运用梯度优化法、响应面模型进一步研究海洋交通运输业空间布局优化方案，并针对方案制定优化策略。

第七章海洋油气业空间布局优化。海洋油气业是按照现有资源进行规划，有较强的自然属性和政治属性，所以本章运用物元可拓、DEA、SCP 分析等模型，重点研究海洋油气业的产业安全评价、预警机制建立、布局可持续性评价以及市场绩效评价，并从生态补偿和政府管制两方面对海洋油气业优化进行深入研究，为海洋油气业空间布局后期优化提供了借鉴。

第八章滨海旅游业空间布局优化。本章主要基于海域承载力研究滨海旅游业空间布局合理度评价、效率评价，运用格序模型研究滨海旅游业优化次序，运用响应面模型、梯度优化法提出空间布局优化方案，同时运用响应面模型、灰色决策模型制定滨海旅游业空间布局优化策略，做出我国滨海旅游业发展战略选择。

第九章海洋风能产业空间布局前期研究。我国海洋风能产业尚未发展到空间布局程度，主要原因在于产业化水平较低，不能规模化、规范化的布局，所以本章主要针对海洋风能产业空间布局前期进行研究，深入阐述了海洋风能理论基础，重点落实了产业化评价指标体系、产业化实现机制以及海洋风能产业布局前期产业化财政支持。

第三部分：海洋产业空间布局优化对策建议，即第十章。本章主要研究了欧盟、美国、日韩、澳大利亚等海洋强国及地区海洋产业空间布局的国际借鉴，提出我国总体海洋产业布局优化对策以及具体产业海洋渔业、海洋交通运输业、海洋油气业、滨海旅游业、海洋风能产业空间布局优化的对策建议。

二、结构框架

本书结构框架见图1-1。

```
第一部分 理论方法体系
    海洋产业空间布局理论方法体系
        海洋产业空间布局优化理论基础
            研究现状  对象界定  研究方法
        海洋产业空间布局优化机理
            优化原则  影响因素  形成机制
        区域海洋产业空间布局
            优化评价 → 规模优化 → 结构优化 → 优化路径 → 优化决策

第二部分 具体海洋产业
    具体海洋产业空间布局优化
        海洋渔业：优化评价、规模优化、优化次序、优化方案、优化策略
        海洋交通运输业：优化评价、优化方案、优化策略
        海洋油气业：布局评价、市场绩效优化、生态补偿优化、政府管制优化
        滨海旅游业：布局评价、优化次序、优化方案、优化策略
        海洋风能：前期产业化研究、实现机制、优化策略

第三部分 对策建议
    海洋产业空间布局优化对策建议
        海洋产业空间布局优化的国际借鉴：欧洲、美国、日韩、澳大利亚
        我国海水养殖空间布局优化对策建议：我国海洋产业总体空间布局优化对策、"蓝区"建设的海洋产业空间布局优化建议
```

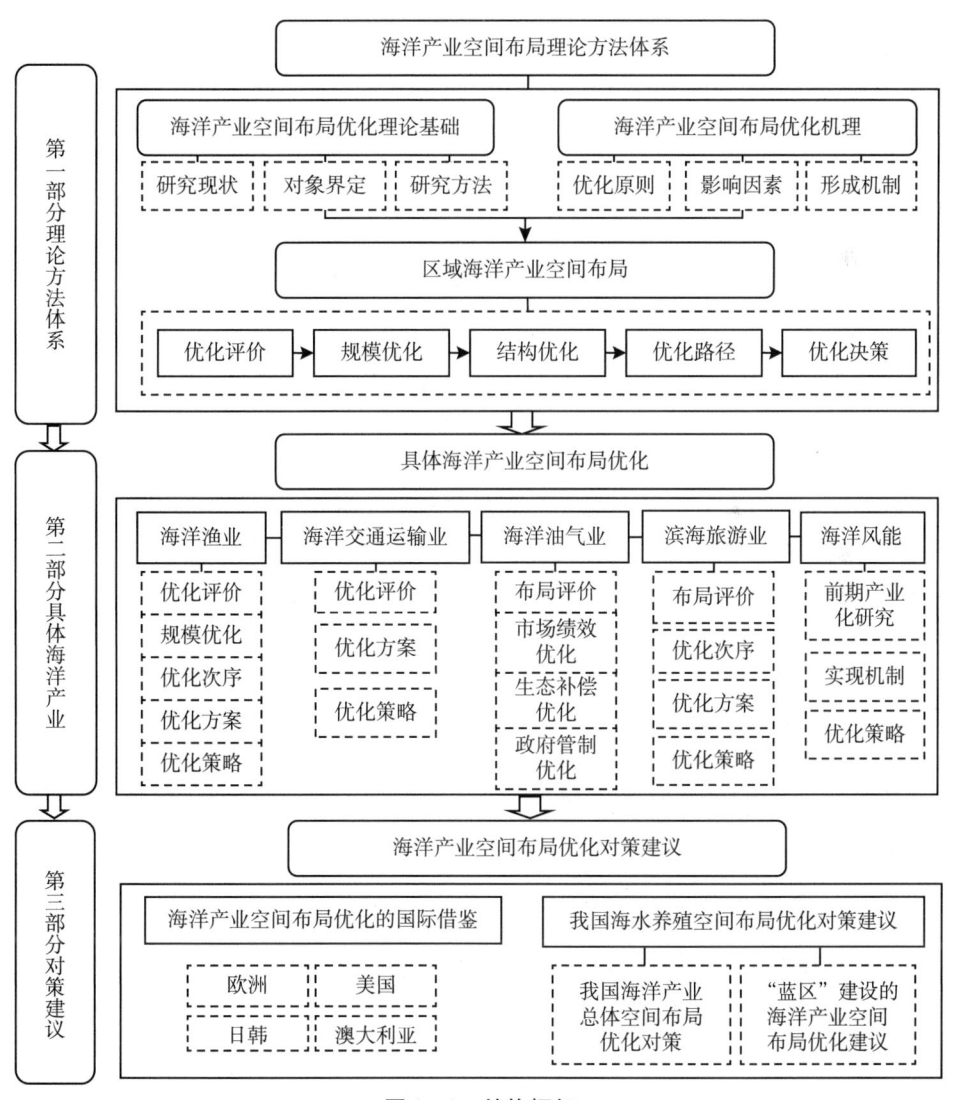

图1-1 结构框架

第五节 海洋产业空间布局优化研究方法与创新

一、研究方法

本书按照传统产业经济学的理论框架,对海洋产业空间布局经济学问题展开研究,主要就海洋产业空间布局优化机理、区域海洋产业空间布局优化、海洋渔业空间布局优化、海洋交通运输业空间布局优化、海洋油气业空间布局优化、滨海旅游业空间布局优化、海洋风能产业空间布局前期研究、我国海洋产业空间布局优化的对策建议进行深入研究。全书主要运用了产业经济学的基本研究方法、实证分析与规范分析相结合的方法以及多学科相交叉结合的方法实现本书的研究目标。

（一）主流产业经济学、空间经济学的基本研究方法

运用产业经济学、空间经济学的基本研究方法对海洋产业空间布局问题进行研究,主要体现在海洋产业空间布局优化机理、区域海洋产业空间布局优化、海洋渔业空间布局优化、海洋交通运输业空间布局优化、海洋油气业空间布局优化、滨海旅游业空间布局优化、海洋风能产业空间布局优化、我国海洋产业空间布局优化的对策建议。海洋产业空间布局优化机理研究方面,分别从海洋产业优化原则、海洋产业空间布局优化技术、海洋产业空间布局形成机制对海洋产业空间布局优化机理问题展开研究。区域海洋产业空间布局优化方面,分别从区域海洋产业空间布局优化评价的方法及应用、空间布局结构优化、基于海陆统筹的区域海洋产业空间布局优化、区域海洋产业空间布局优化路径等方面进行研究。海洋渔业、海洋盐业、海洋油气业、滨海旅游业、海洋风能产业空间布局优化方面,分别从布局优化评价、布局规模优化、布局优化次序、布局优化方案、布局优化决策、布局市场绩效优化、布局生态补偿优化、布局政府管制优化等方面进行研究。

（二）实证分析的研究方法

本书构建了包含海洋渔业布局优化、海洋盐业布局优化、海洋油气业布局优化、滨海旅游业布局优化、海洋风能产业布局优化的海洋产业布局优化理论体系,并对该理论体系进行实证研究。(1) 海洋渔业布局优化问题研究,对海洋渔业布局合理度、布局效率、布局可持续性、布局生态协调度、布局集聚进行研究,进一步确定了海洋渔业布局演进、布局优化次序及布局优化方案、决策;

（2）海洋交通运输业布局优化，对布局评价、布局方案及决策进行研究；（3）海洋油气业布局优化方面，研究布局安全性评价及布局可持续性评价，进一步对海洋油气业的布局市场绩效优化、布局生态补偿机制、布局政府管制优化进行分析；（4）滨海旅游业布局优化方面，对布局评价、布局方案及决策进行研究；（5）海洋风能产业布局优化方面，研究海洋风能基本理论，对海洋风能产业化布局进行评价，构建了评价指标体系，对我国海洋风能产业化实现机制进行深入研究，并提出了海洋风能产业化财政支持政策的建议。

1. 梯度优化法

梯度优化法是遵循一定优化路径逐渐寻找最优点的方法，本成果基于梯度优化法单向寻优，在研究海洋具体产业空间布局优化整个过程，都遵循后一阶段优化是在前一阶段优化的基础上进行。

2. 层次分析法

运用层次分析法，从海洋空间资源利用、海洋产业布局和海陆统筹三个层面筛选指标，构建三层海洋产业空间布局优化评价指标体系，以 2013 年为例对东营—滨州示范区海洋产业空间布局进行评价；通过比较各指标得分与优化标准之间的差值，诊断示范区海洋产业空间布局取得的成效及存在的问题。

3. 线性规范法

运用离散型线性规划法，根据海洋产业用海的初始回报率和单位回报率计算在海洋空间资源约束条件下的最优海洋产业新增用海比例，以东营—滨州示范区典型海洋产业为例进行示范应用。

4. 三轴图法

运用三轴图法，以海洋三次产业比重为坐标模拟海洋产业结构演化路径，分析海洋产业结构演化特征；以 2001~2012 年山东半岛蓝区、东营—滨州示范区为例进行示范应用，通过比较示范区与蓝区海洋产业结构演化路径，根据示范区自身海洋资源特征，从海洋空间布局角度对示范区海洋产业结构升级提出优化对策。

5. weaver-thomas 法

运用 weaver-thomas 法，根据区位商、产业规模、产业发展速率、劳动生产率等指标评价海洋产业发展优势，构建海洋产业空间布局优势排序模型；选取 9 个东营—滨州示范区典型海洋产业进行应用示范，根据示范区海洋产业布局优势排序从优先发展、优先布局的角度提出海洋产业空间布局优化对策。

6. 灰色关联法

运用灰色关联法，计算代表性海洋产业与陆域三次产业间的关联程度，评价海洋产业与陆域产业间的统筹程度；选取东营—滨州示范区典型海洋产业，评价海洋产业与陆域三次产业关联度，并从海陆产业链培育角度提出示范区海洋空间布局优化对策。

7. 灰色局势决策法

运用灰色局势决策模型中四要素（事件、对策、效果、目标）的相互关系，对海洋渔业、海洋交通运输业、海洋油气业、滨海旅游业、海洋风能产业进行全面综合考察及分析。通过构建空间布局优化决策矩阵，研究布局优化决策路径，制定海洋具体产业空间布局优化最终决策。

8. 实地调研法

实地调研是相对于案头调研而言的，是对在实地进行市场调研活动的统称，它是指由调研人员亲自搜集第一手资料的过程。当市场调研人员得不到足够的第二手资料时，就必须收集原始资料。实地调研的方法包括访问法、观察法和实验法，本课题主要采用访问法。

（三）多学科相交叉结合的研究方法

本书运用了多学科相交叉结合的研究方法，在把握海洋产业与陆域产业的区别与联系基础上，展开了体系较为完备、方法较为科学的海洋产业空间布局优化研究。

1. 新经济地理学研究方法

本书将经济地理学理论融入海洋产业空间布局研究中。海洋产业空间布局是海洋产业经济学的重点内容，在海洋产业空间布局的形成机制上，主要运用了经济地理学理论，一是运用点轴理论解释海洋产业空间布局的形成机制，得出海洋产业的空间布局演进主要经历散落的点阶段、集中的主点阶段和轴线的形成阶段。二是基于中心—外围模型及 OTT 模型剖析海水产品加工业集聚形成的内生机制，并以山东半岛蓝区为例进行模型检验，得出蓝色经济区海水产品加工业集聚发生的正向促进因素为该产业前向资产投入、从业人口和产业市场份额，起到阻碍其集聚发生作用的负向抑制因素为该产业资产价格过高。

2. 生态经济学研究方法

生态经济学在本书中的应用主要体现在海域承载力的引入研究以及海洋产业生态化发展前沿问题上。"承载力"是生态学中的一个重要概念，原用以衡量在某一环境条件下某特定区域可维持某一物种个体的最大数量，是评价人口、资源、环境与经济社会协调发展的重要基础和前提条件；海域承载力指一定时期、一定海域空间范围内承载人口、环境和经济发展的能力或限度，属于生态经济学范畴概念。在海洋产业结构和海洋产业空间布局演进问题上，引入海域承载力，将生态经济学融入到海洋产业经济学问题研究中来，具体体现在对海域承载力约束下的山东半岛蓝区海洋渔业产业结构演进路径和海水养殖业产业布局演进的实证分析。结论表明，山东半岛蓝区海洋渔业产业结构由承载力高度脆弱阶段演进至承载力中度脆弱阶段，产业结构呈现出整体升级，局部波动的特征；海水养殖业布局的演进过程是产业发展与海域承载力不断博弈的过程，经过二者间的不断博弈，最终海水养殖业的开发会被控制在海域承载力的临界范围内；对海洋产业生态化发展研究主要包括海洋产业生态化水平评价、海洋产业的生态补偿和海洋产业视角下的近海生态系统管理，该部分内容直接是以生态经济学为理论基础展开。发现从 2006~2012 年山东半岛蓝区海洋渔业生态安全一直未达到安全状态，处于不断波动状态；构建了海洋油气业的生态补偿机制及其营运机制；针对海洋渔业进行近海生态系统管理策略研究，包括建立海洋生态监测预警体系、控制海洋渔业面源污染、发展生态养殖和构建海洋资源开发生态补偿机制等。

3. 演化经济学研究方法

演化经济学在本书中的应用主要体现在海洋布局演进研究中。具体来说全文将演化经济学思想贯穿在海洋产业结构演进和海洋产业布局演进中。基于演进的角度研究海洋产业结构和空间布局问题，是为认识和把握海洋产业结构和空间布局发展的规律，以更好指导海洋产业结构及产业空间布局优化实践。将海洋产业系统视为一个耗散结构，以海洋渔业为例，基于熵模型研究海洋产业系统演进的有序性，表明我国海洋渔业产业系统演进先后经历了初期无序阶段，成长期调整阶段、中期反弹阶段和后期有序阶段；基于"三轴图"法对山东半岛蓝区海洋产业结构演进路径进行预测，得出 2013~2020 年山东半岛蓝区海洋产业结构演进处于高级阶段，海洋产业结构已经由"二三一"格局演进为以第三产业为主导的"三二一"格局，海洋第三产业将成为拉动海洋经济增长最主要的动力；针对海域承载约束下典型海洋产业结构演进路径模拟，得出结论：山东半岛蓝区海洋渔业产业结构由承载力高度脆弱阶段演进至承载力中度脆弱阶段，产业结构呈现出整体升级，局部波动的特征；基于复杂网络模型研究山东半岛蓝区海洋渔业布局演进，发现山东省海洋渔业布局演进现处于成长期后期，海洋渔业网络平均路径长度较小，网络联通性较强，形成了三个核心节点：青岛、烟台和威海，且网络内权利分配有一定程度的偏斜。基于海域承载力约束下的海水养殖业空间布局演进研究表明，海水养殖业布局的演进过程是产业发展与海域承载力不断博弈的过程，如果现实承载力远超过相对资源承载力，根据客观规律，经济必然会受束缚。经过产业发展与海域承载力的不断博弈，最终海水养殖业的开发会被控制在海域承载力的临界范围内。

4. 博弈论研究方法

任何产业均处于不停的发展变化过程中，海洋产业空间布局也不例外，只有加上时间的因素在动态过程中考察海洋产业运动布局的状态，才能得出海洋产业空间布局随着时间的推移所显示出的种种发展、演化的相对正确的客观规律，用以指导海洋产业空间布局的健康、稳定、快速的发展。把静态分析和动态分析合理地结合起来，就能全方位地把握海洋产业空间布局的具体情况。基于博弈论分析方法研究海洋空间布局可持续发展问题，重点分析海洋渔业及海洋油气业可持续发展问题。基于博弈论的分析框架阐明海洋渔业资源使用的"囚徒困境"和

"公海悲剧"问题,将科斯定理应用于海洋产业可持续发展过程中,明确海域使用权,有利于实现海洋渔业资源的可持续利用;运用博弈论思想分析不可再生资源——海洋油气业的可持续开发问题上,构建海洋油气资源可持续开发的系统动力学机制模型,并加以实证检验。

二、创新之处

1. 形成系统的海洋产业空间布局优化内容及方法体系

构建包含海洋产业空间布局优化标准、优化评价、优化路径、优化方案、优化对策等在内的海洋产业空间布局优化内容体系。形成海洋产业空间布局优化标准制定、优化评价、优化路径和优化方案导出的海洋产业空间布局优化方法体系,并以典型沿海区域和典型海洋产业为例,进行实证研究。

2. 区别于传统产业经济学产业布局优化的研究

我国海洋产业空间布局优化的研究,在传统产业经济学产业布局理论基础上,重点考虑海洋产业空间层面上的布局优化。通过构建海洋产业空间布局优化内容及方法体系,制定海洋产业空间布局优化标准、实施优化评价、导出优化路径、优化方案,得出优化对策,最终实现海洋产业在海域空间上的布局优化。

3. 以典型区域和典型海洋产业为例,对海洋产业空间布局优化进行深入、系统的研究

(1) 海洋产业空间布局优化标准。分别从海洋产业布局最优用海比例、典型海洋产业最优产量标准以及海洋产业布局优化评价标准构建研究海洋产业布局的优化标准,运用离散型线性规划模型,以山东半岛蓝区东营—滨州示范区为例,得出海洋产业布局最优用海比例,基于高登-沙夫(Gordon-Schaefer)模型确定海洋捕捞业最优产量标准,构建海域承载力视角下海洋渔业空间布局优化标准体系并加以应用。(2) 海洋产业布局优化目标。以山东半岛蓝区海水养殖业空间布局为例,研究得出池塘、浅海和底播养殖三种类型的海水养殖最优空间布局比例。(3) 海洋产业布局优化路径。基于格序理论构建海域承载力视角下的海洋渔业空间布局优化次序决策模型,得出山东半岛蓝区各市海水养殖业和海洋捕捞业布局优化次序,结合海洋渔业布局现状,得出山东半岛蓝区海水养殖业和海洋捕捞业在各市间的布局转移及优化路径。(4) 海洋产业布局优化策略。运用 DP 矩阵模型选择海洋休闲渔业空间布局优化策略,以山东半岛蓝区海洋休闲渔业为例,得出威海、青岛、烟台等七市的海洋休闲渔业布局优化策略。

4. 运用多学科相交叉的研究方法,对海洋产业经济学问题展开研究,拓展研究新视角和新思路

基于所构建的海洋产业经济理论体系,运用多学科相交叉结合的研究方法,在把握海洋产业与陆域产业的区别与联系基础上,对海洋产业经济学问题展开研究。重点交叉运用了新经济地理学、生态经济学、演化经济学和管理学等理论方法对海洋产业经济学问题进行研究,(1) 运用新经济地理学研究海洋产业布局的形成机制,表明海洋产业布局遵循集聚－扩散规律;(2) 运用生态经济学理论对海域承载力视角下海洋产业结构及布局演进进行研究,得出海洋产业结构演进是海洋产业对海域承载力施压逐渐减小的过程,而海洋产业布局演进是海洋产业布局与海域承载力不断博弈的过程,最终海洋产业布局会控制在海域承载力范围内;(3) 将演化经济学理论贯穿于海洋产业系统演进、海洋产业结构演进和海洋产业布局演进研究中,以演化发展的视角研究海洋产业经济问题,揭示海洋产业经济发展规律;(4) 基于管理学研究视角把握国际海洋空间规划。海洋产业经济学问题研究成果最终将落实在海洋产业经济管理上,基于管理学的视角研究国际海洋空间规划、我国产业用海与海洋功能区划相符性问题,得出我国海洋产业布局规划及决策依据,增强了海洋产业经济理论的实践性。

第二章 海洋产业空间布局优化机理

本章主要确定了海洋产业空间布局优化的原则,包括海域承载力优化、海洋产业结构优化、与海洋功能区划一致三原则,同时分析了其影响因素及布局优化技术思路、整体框架,并从点—轴理论、新经济地理理论两方面研究海洋产业空间布局形成机制,整体形成我国海洋产业空间布局优化机理。

第一节 海洋产业空间布局优化原则

以产业布局理论为基础,结合考虑影响海洋产业布局的因素,我国海洋产业布局应遵循以下四大原则:(1)以海洋可持续发展为优化原则;(2)以海陆统筹、区域协调、集约利用为优化原则;(3)以与海洋功能区划一致为优化原则;(4)以资源优化配置为优化原则。

一、以海洋可持续发展为优化原则

以海洋可持续发展作为海洋空间布局优化的基本原则,指海洋空间布局优化必须在保障海洋可持续发展的约束条件下进行优化,以生态优先,例如在海域承载力可支撑的范围内进行布局优化。因此涉及海洋生态系统保护、海洋空间资源修复以及海洋空间资源可持续利用的有关内容应作为我国海洋空间布局优化的基本底线;同时,凡不符合海洋可持续发展相应内容的相关对策应予以剔除,不纳入我国海洋空间布局优化对策建议。

二、以海陆统筹、区域协调、集约利用为优化原则

当前我国海洋产业空间布局存在海洋经济区域发展不平衡、海陆统筹有待继续强化等问题,因此以海陆统筹、区域协调、集约利用为海洋空间布局优化的基本原则,指以现阶段我国海洋空间布局优化需求为基础,综合考虑海陆统筹优化、区域间海洋产业协调发展、海洋空间集约利用,加强陆海联动、统筹协调,

科学确定每个海域发展重点，着重开发海域特色，充分利用三位立体空间资源，实现错位竞争。

三、以与海洋功能区划一致为优化原则

欧美等海洋发达国家制定了以生态系统为基础的海洋空间规划，并具备了较为完善的海洋空间规划理论和方法体系，为海洋开发管理提供有效指导。海洋功能区划是国际海洋空间规划在我国的"本土化"的政策文件，其规划原则、目标与方法以国际海洋空间规划为依据。海洋空间规划（海洋功能区划）是海洋产业布局的约束性条件，对海洋产业布局有引导和协调作用，同时它也是开展海域管理、海洋环境保护等海洋管理工作的重要依据。

四、以海洋资源优化配置为优化原则

以海洋资源优化配置作为海洋产业空间布局优化原则，是依据帕累托定律，海洋资源配置达到最佳，海洋资源在各部门和个人之间的配置和使用已达到这样一种状态，即使海洋资源的经济重新配置都不能使任何人的境况变好，同时又不使其他人的境况变坏。总之，海洋资源配置优化原则是海洋战略实施的基础前提和保障，是海洋产业空间布局优化的基本原则，以此为出发点，能够提高海洋渔业、海洋风能、滨海旅游业、海洋油气业等海洋产业资源使用效率。

第二节 海洋产业空间布局影响因素

海洋经济与陆地经济密不可分，海洋产业空间布局应以陆地为基础进行综合布局，因此影响海洋产业空间布局的因素应从陆海两方面加以考虑。区位因素在海洋产业空间布局中起着最基础的决定性作用，它影响以致决定海洋产业的空间位置和组合关系。区位因素包括如下三方面：海洋自然因素，如地形、气候、滩涂、矿藏和海洋生物等；海洋社会经济因素，如劳动力费用、经济体制和机制等；海洋科学技术因素，如通信、深潜、造船等技术。

（一）海洋自然因素

海洋自然因素是在海洋内外力量作用下形成并分布在海洋地理区域内的自然资源和自然环境条件。海洋自然资源是指在一定时空和一定条件下，能产生经济效益，以提高人类当前和将来福利的海洋自然物质和海洋自然条件，如旅游资源、海洋能资源、海洋生物资源等，有的经过开放、加工后具有使用价值，如各

类矿产、土地资源等。海洋自然环境条件是人类生存的所在，如地形地貌、地理位置、自然景观和气候等。海洋自然因素是海洋产业空间布局的前提条件。

海洋自然因素对海洋产业空间布局的影响主要表现在人类的生产活动向最适宜生产的地区集中，从而充分发挥地区优势，降低生产成本投入，取得最大化的经济效益。各个海洋和海岸带的资源禀赋条件不同，也有着不一样的经济环境，由此导致各具特色的经济活动。在海底有石油的地方才能建油井，才会有原油、化工产品以及相关产业的运输联系；在海阔水深的地方才能建港口，才能发展海上运输业；在海洋生物资源丰富，鱼群量大的地方才能发展捕捞业和海产品加工业；旅游资源丰富的海岸带才适宜发展滨海旅游业。海洋自然因素对不同的海洋产业空间布局产生的影响也不一样。其中，海洋自然因素对第一产业的影响作用最大，因为第一产业的劳动对象直接来自大自然，所以海洋第一产业的布局状况直接受到自然因素的制约；对海洋第二产业布局的影响主要表现在用地、原材料方面；对海洋第三产业布局的影响着重表现在滨海旅游业、海洋交通运输业的布局上。

（二）海洋社会经济因素

1. 人口与劳动力

人口与劳动力通过数量、质量、劳动力成本等几方面对海洋产业空间布局产生影响。首先，人口与劳动力数量对劳动密集型海洋产业空间布局有重要影响，如海洋渔业，一方面劳动力资源充足有利于充分开发利用海洋自然资源和发展生产，另一方面人口多，能够刺激消费和生产，加大投资；其次，人口与劳动力素质主要是对海洋高新技术产业空间布局有重要影响，如海洋生物医药和海上石油开采及化工等，有高素质的人口和劳动力才能够发展高层次的海洋产业，促进产业升级和产业结构优化；同时，劳动力成本对海洋产业空间布局的影响很大，如外商投资企业在我国沿海地区的产业布局，其中一个重要的原因就是我国具有大量的廉价劳动力。

2. 资本

资本作为创作物质产品的关键性因素，同样对海洋产业空间布局有着重要的影响。资本不仅指金融资本，还包括设备、厂房等固定资本。突出表现在对资本密集型海洋产业空间布局的影响上。固定资本费用，特别是工业用地费用，因地点不同差异很大。如海洋运输业、集装箱产业等，固定资本费用对它们的空间布局有着很大的影响作用。资金特别是融资条件对海洋产业布局尤其是创始期的海洋产业的区位选择带来影响。一般性的金融资本只对成熟的海洋产业或企业给予融资，因此成熟的海洋产业或大型企业一般通过上市的方式筹措资金，或用资产抵押从银行进行商业贷款。但是新兴的海洋产业或企业特别是新兴的海洋高科技中小企业，融资困难，需要得到风险资本的支持，所以，风险资本市场的完善程度，对海洋高新技术产业布局影响较大。

3. 市场

在经济发展过程中，市场对资源配置起着基础的指导作用，对海洋产业空间布局起着明显的导向作用。海洋产业空间布局必须以一定范围内的市场区对产品的需求为前提，市场反映的商品需求信息是海洋产业布局形成的重要依据，即产品的市场需求容量是海洋产业布局的重要空间引力。有什么样的市场需求就形成什么样的市场需求结构，而市场需求结构又制约着海洋产业空间布局。市场竞争和市场规模能促进海洋产业在一定区域内的合理聚集和生产专业化协作的加强，专业化程度高的地区和企业，能在激烈的市场竞争中占据有利的地位，为了提高产业的竞争力，海洋产业空间布局必须向有利于推广新技术、有利于提高产品质量和劳动生产率的专业化协作方向发展；同时，具有一定规模和强大技术、经济实力的生产综合体更容易发挥规模经济和聚集效应，从而起到节约成本的目的，这必然促使海洋产业空间布局向合理聚集、发挥规模经济的方向发展。另外，市场竞争还可以使海洋产业布局指向更有利于商品流通的合理区位。[1] 良好的市场环境能够促进海洋产业空间布局的优化，使资源趋于配置合理，保持区域海洋产业的竞争力。市场区域范围的大小能够影响海洋产业的规模和布局的类型，大城市一般布局大规模的海洋产业，小城镇布局小规模的海洋产业。

4. 交通运输和通信条件

交通运输具有二重性，一方面是人类生产和生活的必要条件，另一方面又是一个物质生产部门，一个地区对外交通运输条件的好坏决定了它与其他地域进行物质和人员交流的便利程度，对海洋产业空间布局有着决定性的影响。交通运输网络是经济地域系统进行内部和外部物质、能量、信息循环和交换的脉络，在点——轴——面布局理论中起到的就是轴线的作用，通过它对周围地区的扩散效应，形成地区发展轴，带动整个区域层面的经济发展。交通运输条件好的地区，人才流动、商品和资金流动方便快捷，能够提高效率，增强竞争力，对海洋产业空间布局十分有利。交通运输条件对海洋第一和第二产业影响较大，因为它直接跟原材料采购和制成品销售的运输成本相关，对海洋第三产业的影响较小，因为第三产业提供的主要是涉海服务。在信息时代，灵通的信息，有利于准确掌握市场，创造意想不到的经济效益。良好的通信条件，能够加快信息的传播速度，把握住转瞬即逝的商机，达到信息的共享，实现整体海洋高新技术的进步。

5. 社会历史因素

社会历史因素是指影响海洋产业空间布局的政治、文化和体制等方面的因素，是企业生存和发展的软环境，主要包括历史遗留的产业基础、积累的文化和科学技术基础、经济管理基础、国家宏观调控法律政策、管理体制、国内外政治

---

[1] 臧旭恒、徐向艺、杨惠馨：《产业经济学》，经济出版社2005年版。

条件等。历史上已经形成的产业基础是布局新的海洋产业的出发点，是对原有海洋产业布局的历史继承。经济体制对海洋产业空间布局也有重要的影响，在我国过去高度集中的计划经济体制下，产业布局主要是按照苏联的地域生产综合体开发理论，以政府计划投资分配为主，结果往往造成布局不合理。在市场经济体制下，市场对资源配置起基础性作用，使海洋产业空间布局提高了资源的利用效率，但可能产生海洋产业布局的趋同性，所以国家政府要制定和完善各种经济法规、制定正确的政策，对海洋产业空间布局进行宏观调控。

（三）海洋科学技术因素

海洋科学技术是指应用海洋科学理论和知识，在开发利用海洋过程中所形成并积累起来的经验、方法、技巧、工艺和能力的总和。海洋科学技术主要从以下三方面影响海洋产业空间布局。首先，海洋产业对科学技术有着特殊的要求，海洋科学技术对海洋产业空间布局的影响也由此体现，如深海油气开发、深海采矿、深潜等技术和设备就要克服海水深处光线暗、温度低、氧气少、压力大等问题；而在海面上作业又要克服风大浪高等问题，要求技术设备具有较高的稳定性、抗风浪性和定位准确等性能。其次，技术进步不断地拓展人们利用海洋自然资源的广度和深度。这将使可以利用的海洋自然资源不断丰富，各种海洋资源的平衡状况及它们在各地区的地理分布状况不断改善，进而扩展海洋产业空间布局的地域范围。同时，科学技术的进步能够提高海洋资源的综合利用能力，使单一产品生产区变为多产品的综合生产区，从而使生产部门的布局不断扩大。最后，海洋科学技术进步不断地改变着海洋产业结构，特别是随着一种新的海洋科学技术的出现，往往伴随着一系列新的海洋产业部门的诞生。这些海洋产业部门都有着不同的海洋产业布局的指向性，因此这必然会对海洋产业布局的状况产生影响。

第三节 海洋产业空间布局形成机制

一、基于点—轴理论的海洋产业空间布局形成机制

（一）产业布局的动态"点—轴"模型

在市场机制下，企业是区位决策主体和布局行为主体，企业根据价值规律和市场价格信号，从自身利润最大化出发做出区位决策，并据此采取相应的布局行为。在进行海洋产业布局时，除了依托比较优势所决定的自然因子，如土地、资

源、环境、地理位置等,还必须综合考虑涉海产业所面临的运输因子、劳动力因子以及外部市场需求等其他社会因子。因此,基于以上分析,在构建涉海企业选址模型时建立以下假设:

假设一:与传统布局理论的均质空间假设相类似,假设涉海企业经济活动发生在一个一维线性空间,市场需求是均匀且连续分布的,总人口需求标准化为1;

假设二:将整个市场划分为 A 区和 B 区两部分;市场上存在两种对商品 x 和 y 的需求,其价格分别为 P_x 和 P_y,且 A 区消费者更偏好 x,B 区消费者更偏好 y;

假设三:消费者的市场需求受总收入水平 m 的预算约束;

用柯布——道哥拉斯效用函数将上述假设条件表示为:

$$U_A(x, y) = x^\alpha y^{1-\alpha}, \quad U_B(x, y) = x^{1-\alpha} y^\alpha$$
$$s.t. \ xP_x + yP_y = m \ 且 \ 0.5 \leq \alpha \leq 1 ①$$

则根据消费者效用最大化原则,

A 区消费者购买商品的最优组合为:$(x, y) = (\alpha m/P_x, (1-\alpha)m/P_y)$

A 区消费者购买商品的最优组合为:$(x, y) = ((1-\alpha)m/P_x, \alpha m/P_y)$

假设四:运输成本由生产者承担,单位距离、单位产品的运输成本为 τ;新建厂址的固定成本为 F,且不管厂商在何处布局,边际生产成本都为零;

假设五:生产 x 和 y 商品的两企业分别在 l_x 和 l_y 处布局,显然,由于 A 区消费者更偏好 x 产品,因此生产 x 产品的企业在布局时靠近 A 区,而生产 y 产品企业在布局时会靠近 B 区,如图 2-1 所示。

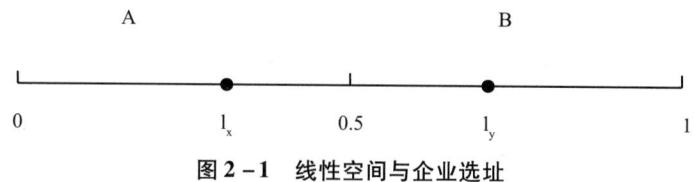

图 2-1 线性空间与企业选址

此时,生产 x 产品企业的收益 R_x 可分为 A 区 (0, 0.5) 和 B 区 (0.5, 1) 两段,其收益函数为:$R_x = P_x^* \cdot \alpha m/2P_x + P_x^* \cdot (1-\alpha)m/2P = 0.5m$。

运输成本 C_x 可分为 $(0, l_x)$、(l_x, t) 和 $(t, 1)$ 三段,运输成本函数为:

$$C_x = \tau^* \cdot \left[\alpha m/P \cdot \int_0^{l_x}(l_x - w)dw + \alpha m/P \int_{l_x}^{\frac{1}{2}}(w - l_x)dw + (1-\alpha)m/P \int_{\frac{1}{2}}^{1}(w - l_x)dw \right]$$
$$= m\tau/2P_x^* (2\alpha l_x^2 - l_x + 0.75 - 0.5\alpha)$$

由于不考虑产品边际成本,所以成本仅由运输成本和固定成本构成;所以生

---

① 此约束条件表示 A 区消费者更偏好产品 x。

产 x 产品的企业利润函数可表示为：$\pi_x = R_x - C_x - F$

利润最大化的条件即令一阶导数等于零，有 $\dfrac{d\pi_x}{dl_x} = -m\tau/2P_x^*(4\alpha l_x - 1) = 0$

求得带来最大化利润的企业厂址布局，见式（2-1）：

$$l_x^* = \dfrac{1}{4\alpha} \qquad (2-1)$$

同理，可以推导出生产 y 产品企业的区位布局选择。其利润函数为 $\pi_y = R_y - C_y - F$，根据利润最大化的条件 $\dfrac{d\pi_y}{dl_y} = -m\tau/2P_y^*[1 + 4\alpha(l_y - 1)] = 0$，求得最优区位选址，见式 2-2：

$$l_y^* = \dfrac{1}{4\alpha} \qquad (2-2)$$

由式 2-1 和式 2-2 可以看出，x 产品和 y 产品生产企业的选址都随着 α 的减小而向中心靠近，随着 α 的增大而向两端分散。两个极端情况分别为：当 α = 1 时，$l_x^* = 0.25$，$l_y^* = 0.75$；当 α = 0.5 时，$l_x^* = 0.5$，$l_y^* = 0.5$（见图 2-2）。

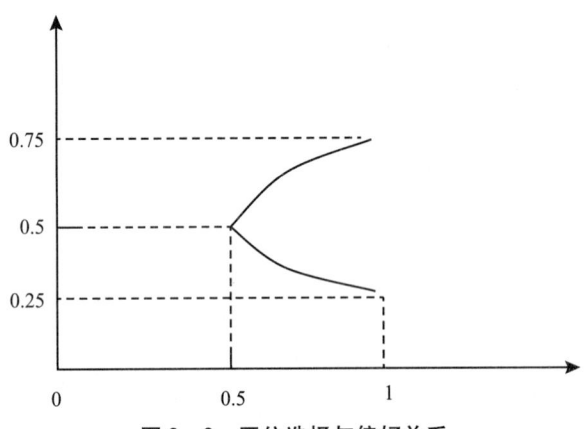

图 2-2 区位选择与偏好关系

从图 2-2 可以形象地看出，涉海企业进行产业布局的离散程度在一定程度上与不同消费者对其产品的偏好相关。消费者偏好程度的差异越大，则产业布局越是分散；而随着偏好程度的趋同，产业在空间布局上有向中心集聚的倾向。因此，不存在任何联系的两个企业在空间布局选择上，会选择各自最优的生产区位，而这一选择并不必然导致空间集聚。

该模型中的 α 表示的是两地消费者偏好的差异程度。实际上，α 可以表示任何影响企业区位选择的影响因素，如边际倾向、技术、知识、环境等，而这些影响因子在经济全球化和统一市场形成的背景下其差异相对来说正在缩小，因此企业在进行相关产业布局时有向"中心"集聚的趋势。随着妨碍生产要素流动的制度性瓶颈的逐渐弱化,这一向中心集聚的趋势明显加快,而无数这样的中心集聚便形成了空间上的"点"。

由于需求差异和社会分工的需要,不同产业的企业会根据自身利益最大化进行选址布局,由此便会形成不同的空间集聚"点"。尽管模型中假设企业的生产活动是在一维线性空间中进行的,但现实中并非如此。按照谬尔达尔的"循环累计因果论":集聚中心的扩散效应一方面有利于扩展中心自身的发展,同时又能克服原有中心的回波效应并将鼓励新中心的建立和发展,如图2-3所示。

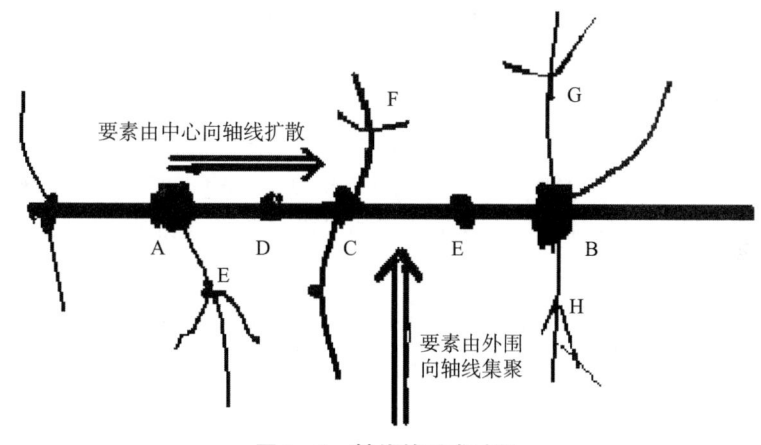

图 2-3 轴线的形成过程

最初两个企业的生产布局点分别为 A、B 两点,并且在这两点之间建设了一条基于运输需要的交通线。由于集聚效应的带动作用,资源和基础设施等生产要素不断向 A、B 两点集聚,使这两点的集聚规模越来越大,成为该交通沿线的两个一级核心集聚"点"。规模经济的扩大一方面会衍生出新的集聚中心,如图中 C、D、E、F 等,考虑到运输成本等因素,这些点基本都会沿着交通线分布;另一方面,外围的各类生产要素,如人口、资本、技术、信息等在交通线"力场"的作用下也会沿着交通线展开布局。这样原来基于运输为主要目的的交通线就变成了经济设施和社会设施等各种生产要素的集中"轴",且该轴对轴线附近的社会经济客体产生一个向心力,这个向心力不只指向轴线上的一个点,而是若干个点或一条线。大量的人口和经济单位往轴线集中,形成一个庞大密集的产业轴线带。不仅如此,在原有及新近衍生的集聚点上,又会形成其他的二级或三级发展轴线,如 AE、CF 等,如此下去便形成了空间布局的"点—轴"系统。

(二)海洋产业布局的"点—轴"演进及主导产业的选择

1. 海洋产业布局发展的"点—轴"演进过程

与陆域空间结构的演进过程相同,海洋产业的空间演进大致可分为以下6个阶段，如图 2-4 所示。(1) 散落的点阶段：在社会生产力水平很低时，海洋对人类的生产活动影响很小，并没有形成所谓的海洋产业结构与分工，可以认为整个海洋产业是均质散落分布的（图 a）；(2) 集中的主点阶段：随着农业经济的发展和生产力水平的逐步提高，近海岸段会形成一些以捕捞、渔猎等为主要活动的传统海洋产业的初步集聚点 A、B（图 b）；(3) 轴线的形成阶段：随着经济的发展和技术的进步，A、B 两地海洋产业之间出于分工和交换的需要建成了一条海洋交通运输线（图 c）；(4) 主点和主轴的形成阶段：工业化的发展大大提高了生产力，并带动了海洋经济发展和海洋意识的提高，A、B 两集聚点，会成为一些大的港口城市的集聚地，在港口集聚效应的带动下，人口、资本等生产要素不断向该中心地集聚，基础设施的不断完善又强化了原有交通线的作用，因此形成了空间上的主点和主轴（一级点和轴）（图 d）；(5) 点轴系统发展阶段：在经济一体化和海洋技术的不断进步的背景下，除了传统海洋产业以外，一些新兴海洋产业发展迅速，并出现一些陆域产业的布局重心也不断向沿海转移的趋势，在原有一级点和轴线的基础上出现了相应的二级或三级点和轴，形成了较为成熟的点轴系统（图 e）；(6) 点群、轴带共进阶段：工业化后期，海洋经济的高速发展使得点和点、点和轴、轴和轴之间的集聚与扩散效应明显加强，陆海产业交错布局，形成具有网状结构的"点群、轴带"体系（图 f）。

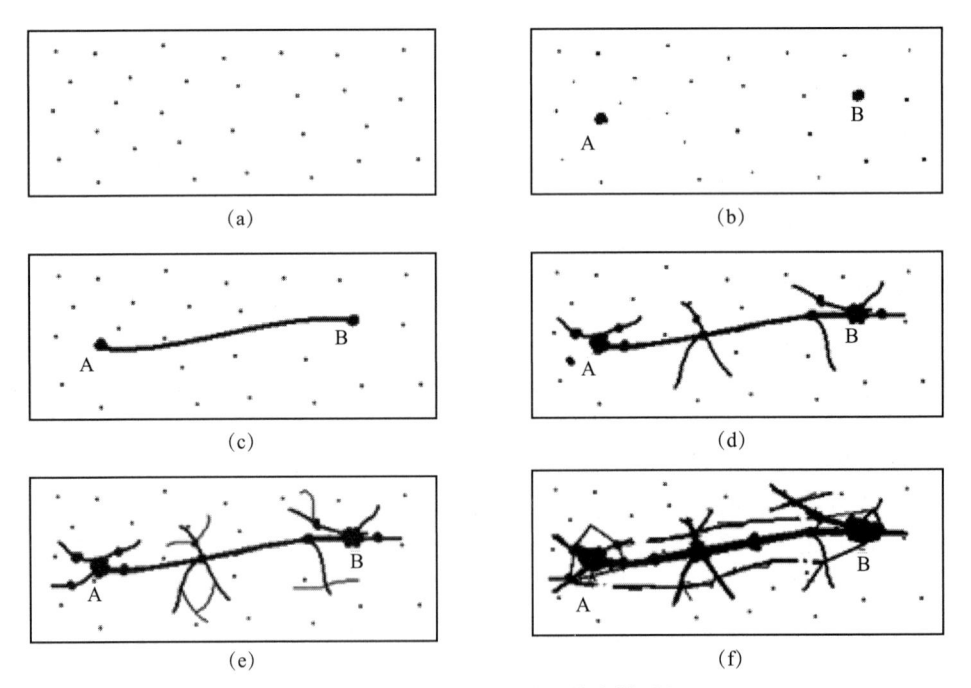

图 2-4 海洋产业空间演进的点轴过程

改革开放以来，我国海洋产业发展迅速。从 1978 年以前仅有的渔业、盐业和沿海交通运输三大传统产业，到 20 世纪 90 年代的海洋油气业、海洋旅游业的快速发展，再到 21 世纪海洋化工、生物医药、海洋能发电等新兴海洋产业的兴起，使得整个海洋产业对国民经济的贡献度越来越大。但海洋产业的快速发展并没有与其空间布局相适应，开发利用尚处于海洋产业布局演进的第五阶段发展之初，即虽然出现了较为明显的点和轴，但点轴内部海洋主导产业定位尚不明确，外部各海洋产业之间联动性有待进一步加强。因此，如何科学合理地选择布局海洋产业，构建适应我国海洋产业发展需求的空间布局模式刻不容缓。

2. 海洋产业布局中"点"的选择——基于海洋主导产业的研究

从第二部分模型分析中得出，各类涉海企业在进行产业布局时有向中心一点集聚的动能，但这一过程的前提是如何选择这一"点"，也就是在各类海洋产业布局中如何选择对其他海洋产业有吸引力的产业优先布局问题。从产业经济学的角度讲，主导产业具有明显优势。海洋主导产业是指在整个海洋产业结构体系中处于主体地位的产业，对其他海洋产业的发展起引导和支撑作用，并能带动其他海洋产业一起发展，具有以下三个明显特征：较强的关联效应；能够创造出新的市场需求；能够迅速吸引先进的科学技术成果，创造更高的生产效率和更多的附加价值。

在产业布局主导产业的定量分析方面，可以用区位商这一指标加以衡量。区位商又称专业化率，是指某地区某工业部门在全国该工业部门的比重与该地区整个工业占全国工业比重之比。在分析指标的选择上，最初一般使用就业指标，后来由于研究的需要和数据的限制，也大量使用生产量、总产值、增加值等指标。区位商的计算公式为 $LQ_{ij} = \dfrac{L_{ij}}{L_i} \Big/ \dfrac{L_j}{L}$，其中，$LQ_{ij}$ 为区位商或专业化率；L_{ij} 为 i 地区 j 部门就业人数；L_i 为 i 地区总就业人数；L_j 为全国 j 部门就业人数；L 为全国总就业人数。一般认为，如果 LQ_{ij} 大于 1，表明该部门的产品除满足区内消费外，还可以向区外输出，属于专业化部门。LQ_{ij} 值越大，说明该部门的专业化程度越高；反之亦然。

对区位商进行适当的变换，以人口分布作为参照，就可以得到集中系数。对我国海洋产业来说，若 Q_{ij} 为 i 地区 j 海洋产业的产出；P_i 为 i 地区的人口；Q 为全国海洋产业的产出；P 为全国总人口，CC_{ij} 为 i 地区 j 海洋产业的集中系数；则海洋产业集中系数为 $CC_{ij} = \dfrac{Q_{ij}}{P_i} \Big/ \dfrac{Q}{P} = \dfrac{Q_{ij}}{Q} \Big/ \dfrac{P_i}{P}$。如果该数值越接近于 1，则说明该海洋产业比较集中，属于专业化部门，可以作为区域主导海洋产业进行布局。

由于我国区域海洋经济发展的不平衡性，导致了不同地区海洋主导产业在布局上可能存在差异；同时，主导产业也会随着资源利用以及技术进步而出现不同时段上的转换。因此在利用上述指标定量分析的同时，海洋主导产业的选择还应符合以下条件：(1) 对海洋经济现有的传统产业、支柱产业的完善、改造与提高起着带动、扶持和关联作用；(2) 代表着整个海洋产业结构向后次产业演进的方向；(3) 为后次产业的主要支柱产业。在确立布局了海洋主导产业之后，以此作为"点"，通过其前瞻效应、回顾效应和旁侧效应布局其他相关海洋产业，发挥主导产业的集聚"点"作用。

(三) 基于"点—轴"理论的我国海洋产业布局实证分析

目前，我国的海洋产业空间布局不尽合理，这在一定程度上造成了沿海经济发展的地区差别悬殊，主要表现在：我国海洋第一产业主要集中在辽东半岛、胶东半岛以及浙江至广东岸段；80%以上的第二产业集中于大连—锦州、天津—东营—烟台—青岛、长江三角洲、珠江三角洲等岸段，而且主要集中在特大城市和大城市的市区，市区以外的滨海区工业则比较薄弱。可见，目前我国的海洋产业布局存在明显的"区域势差"，不合理的产业布局影响着海洋整体效益水平的发挥，不利于海洋经济的全面发展，甚至会引起一系列的社会和环境问题。因此，结合各海域自然条件和社会经济发展水平的差异，建立以主导产业为集聚"点"的海洋产业空间布局体系具有重大现实意义。

1. 主要海洋产业集中系数研究

根据上述海洋产业集中系数指标，计算我国主要海洋产业的集中系数。其中主要海洋产业包括海洋渔业及相关产业、海洋油气业、海滨砂矿、海洋盐业、海洋化工业、海洋生物医药、海洋电力、海水利用、海洋船舶工业、海洋工程建筑、海洋交通运输和滨海旅游业；研究的对象区域限于我国沿海十一省份，包括天津、河北、辽宁、上海、江苏、浙江、福建、山东、广东、广西和海南。各海洋产业集中系数的计算包括两部分：第一部分是上述指标中的 $\frac{Q_{ij}}{Q}$ 项，在此用十一省份 j 海洋产业总产值占全国海洋总产值比重表示；第二部分 $\frac{P}{P_i}$ 项，用全国总人口与所涉及该海洋产业的省份的人口之和来表示[①]。各海洋产业集中系数计算结果，如表 2-1 所示。

表 2-1 主要海洋产业集中系数

海洋产业	集中系数	海洋产业	集中系数	海洋产业	集中系数
海洋渔业	0.664	海洋化工业	0.064	海洋船舶	0.128

---

① 比如，在计算海洋油气业时，根据《2006 海洋统计年鉴》所统计的数据仅包括天津、河北、辽宁、上海、山东和广东，因此在计算第二项人口指标时，只选取这几个省份的人口作为统计对象，而非十一省份人口总数。

续表

海洋产业	集中系数	海洋产业	集中系数	海洋产业	集中系数
海洋油气业	0.210	生物医药业	0.009	工程建筑	0.069
海洋矿业	0.004	海洋电力	0.254	交通运输	0.345
海洋盐业	0.013	海水利用	0.040	滨海旅游	0.572

资料来源：根据《中国海洋统计年鉴（2006）》和《中国统计年鉴（2006）》计算所得。

从表2-1可以看出，在我国主要海洋产业集中系数的比较中，渔业、滨海旅游业和海洋交通运输业三项的集中系数较高，海洋油气业、海洋电力和海洋船舶工业次之，而其他海洋产业，如砂矿业、海盐业、海洋化工、海洋生物医药业等的集中系数相对较低。

针对不同的海洋产业集中系数，在进行产业布局时可以划分为三个不同的层次。对第一类集中系数较高的海洋产业，可以作为全国重点海洋产业进行布局。作为传统产业的渔业在近几年的产业结构演变中的比例逐渐降低，但仍是我国海洋产业乃至整个海洋经济的主体，这也与海洋的自然资源属性是密不可分，在今后的海洋产业布局中仍将作为一个重点产业进行布局。作为新兴的滨海旅游业在我国海洋产业中发展迅速，各沿海地区不断加大发展力度，已成为海洋产业的重要组成部分，是许多沿海省份新的经济增长点，其发展布局已纳入到各省份的海洋经济发展战略之中。作为传统第三海洋产业的交通运输业具有广延性、国际性和连续性的特点。目前其布局定位基本形成了以国内外市场需要，以能源、外贸运输为重点，加强以港口主枢纽、水运主通道为支架的港群和航道建设，建立与国民经济和现代海洋开发相适应的海上交通运输体系。

对于第二类集中系数较高的海洋产业，可以作为区域重点海洋产业进行布局。海洋油气业既是新兴海洋产业，又是前景广阔、增长最快的产业，已成为新兴支柱产业，目前分布主要集中在天津和广东两地，可以作为这两个地区的战略性海洋产业进行布局。作为世界造船大国之一，我国船舶工业发展迅速，正在向科技含量高的现代化船舶——油轮、集装箱船、液化气船转型，目前主要分布在上海、辽宁、山东、广东和江苏等省份。海洋电力业具有储藏量大、可再生、无污染和综合利用等优点，主要反映在潮汐能、波浪能、潮流能等方面，其分布主要集中在浙江和广东两省。

对于其他集中系数相对较低的第三层次的海洋产业，可以结合区域实际情况，作为区域特色海洋产业进行布局。如山东的海盐业和海洋化工业、浙江的海洋建筑业、江苏的海洋生物医药业、广东的海水利用业等，该类海洋产业分布并不具有普遍性，而是带有具有明显的地域优势，可以结合区域和海洋产业实际情况进行规划布局。

2. 我国海洋产业布局的"点—轴"模式分析

无论是陆地产业还是海洋产业，其空间布局总是以一定的"区域"为依托。海洋产业布局所依托的"区域"并不完全是"海域"，而是海陆交错的过渡型区域，即海岸带地区。而不同的海洋产业，其布局总是多少表现出相同的区位指向，如以港口及滨海公路、铁路、海洋运输等为交通主干线的交汇点等。因此，本文拟构建以立足于主要港口及所在城市的主导海洋产业为"点"，以海洋运输[①]、临海产业带为"轴线"的我国海洋产业布局模式。

（1）基于主要港口及其所在城市为布局主体的"点"分析。作为重要的交通基础设施，港口的布局与建设关系到海洋乃至整个国家经济大局。港口布局既是海岸带开发的组成部分，又是整个海岸带开发的重点。在港口建设基础上形成的城市，是海岸带及整个沿海地带产业发展的主体。我国90%以上的外贸进出口货物是通过港口实现的。现行的全国沿海港口布局为国家经济建设、为原材料与能源供应、为对外贸易的发展、为区域经济发展与中心城市建设提供强大的基础性支撑。从上面计算的产业集中系数可以看出，渔业、海洋交通运输业、海洋油气业、海洋船舶工业等集中系数较高的海洋产业，其布局也都是以一定的区域港口及港口所在城市为中心向腹地展开的。

从港口的区域布局看，目前基本上形成以环渤海、长三角、珠三角为主的三大区域性港口群体，并且每一港口群体内都形成了相对明确的中心港和支线港、喂给港。如环渤海的大连港、青岛港、天津港，长三角的上海港、宁波港，珠三角的深圳港和广州港等。因此，在进行全国海洋产业布局时，可以考虑以这三大港口群及其所依托的城市为主的空间三点作为整个海洋产业布局的中心，突出港口群内大型港口的主体地位，加强港口群内部及港口群之间的分工与合作，整合区域资源最大限度地发挥港口经济集聚"点"的作用。

（2）以海洋运输、临海产业带为布局基础的"轴"分析。海洋经济是陆地经济的重要组成部分，二者相互依赖、相互补充。就海洋作为人类从事经济活动的"海域"空间载体的基本属性而言，在现有经济技术条件下，海域空间在其构成要素上，无论节点、域面、网络都必须在陆海相连中才能满足人类经济活动空间载体的要求。海陆产业一体化是两种经济相互作用下的必然趋势。

（3）海洋运输业的迅速发展，提高了海岸带工业及全部经济的重要性。现代化的海洋运输能大大缩短"经济距离"，提高运量。结果许多新工业部门都顺应了"港口形势"，促进大规模新工业和海运事业的逐步发展，出现了许多如燃料、能源、钢铁等陆域工业向沿海港口布局的趋势。同时，海洋运输技术的不断进步使得我们能够在保护近海资源的前提下大力开拓远洋渔业，积极发展外海捕捞，

[①] 这里的海洋运输并非单指海洋运输业，而是包括水运、海运、空港、滨海铁路、公路等在内的运输体系。

开发新渔场；并推动基于高新技术为指导的深海油气开发和深海资源利用等相关产业的发展。

（4）依托海洋地域和区位优势，在沿海地带发展临海产业带。海岸带是海陆两个地理单元的结合部，因此集中了海陆两类产业。如既是钢铁、电力、化工等占地大、耗水多的陆地产业的理想场所，又是船舶修造、水产品加工及盐化工等海洋产业的必然落座空间。同时又是海洋捕捞、海上油田开发、海洋运输及公海和国际海底资源开发的前沿基地。此外，沿海岸带正在成为海水消遣的中心，旅游业和休闲度假人群形成的这种"无烟工业"，促进了海岸地带服务设施的发展，形成了庞大的临海旅游经济综合带。以临海产业带作为轴线，一方面，通过临海产业这个载体，把海洋优势由海域向陆域转移和扩展，扩展海洋产业的服务腹地；另一方面，促使陆域资源的开发利用及内陆的经济技术力量向沿海地区倾斜，充分发挥港口、海运以及空港等方面的优势向外辐射。

在我国海洋产业总体布局上，以环渤海、长三角、珠三角三大区域港口群及区内主要城市为"主点"，以各支线港及次级城市为二级或三级中心，形成层次明确的三大区域"点群"系统。对外，通过海洋运输不断发展与韩日、美欧等国家的海外贸易，适时布局远洋渔业、深海油气勘探及海底矿物资源的开发和利用等相关产业；对内，建立以三大"点群"为纽带的临海产业带，在承接陆地产业转移的同时，积极发展近海渔业、滨海旅游、沿海造船及各区域特色海洋产业等。

以我国沿海三大主要区域港口群及其区内中心城市为主体，优先布局区域主导产业，以此辐射和带动周围地区的生产要素向中心地集聚，便构成了空间上的"点"。各"点"之间通过海洋运输（水运、海运、空港、滨海公路、铁路等）及临海产业带两条"轴线"相互连接起来，进而吸引人口和产业向沿线集中，以此形成海陆交错的区域海洋产业布局的"轴"。同时，由于轴线是以不同等级的中心点为基础的，并且在同区域内也可能有二级或三级中心点和轴线，相应地就会形成不同等级的区域海洋产业布局的"点—轴"系统。以此为布局框架，合理安排三类不同层次的我国海洋产业布局，最终形成以三大港口群为"点"、以海洋运输和临海产业带为"轴线"的"三点群两轴线"模式的我国海洋产业空间布局体系。

二、基于新经济地理理论的典型海洋产业集聚内生机制分析[①]

（一）海水产品加工业集聚内生机制模型

基于修正的中心外围模型、OTT 模型和产业集聚内生机制模型，研究海水产

---

① 张霄：《基于修正的中心－外围模型和 OTT 模型的海水产品加工业集聚内生机制研究》。

品加工业集聚机制。该产业具备沿海区位优势，考虑其产业集聚向心力和离心力，可针对性作出如下假设：

（1）假设存在海水产品加工业和其前向供给产业即捕捞养殖业两部门，捕捞养殖业部门完全竞争，生产单一同质产品；海水产品加工业部门垄断竞争，供给差异化产品，规模收益递增。

（2）海水产品加工业从业人员可以自由流动。

（3）区位因素是海水产品加工业集聚发生的最初起因，并与集聚因素共同作用维持集聚。

可知，海水产品加工业由以本地市场效应和价格指数效应为表现的向心力以及以市场拥挤效应为表现的离心力双向作用，最终实现经济集聚或经济离散，如图2-5所示。其中本地市场效应通过前向供给数量和市场需求数量这两个数量因素发生作用，其中前向供给数量可量化由前向资产投入额和从业人口数量表示，在海水产品加工业表现为海洋捕捞业额和渔业从业人员数量；而价格指数效应和市场拥挤效应则通过价格因素发生作用，由资产价格表示，由于数据缺失，采用蓝区人口密度表示。

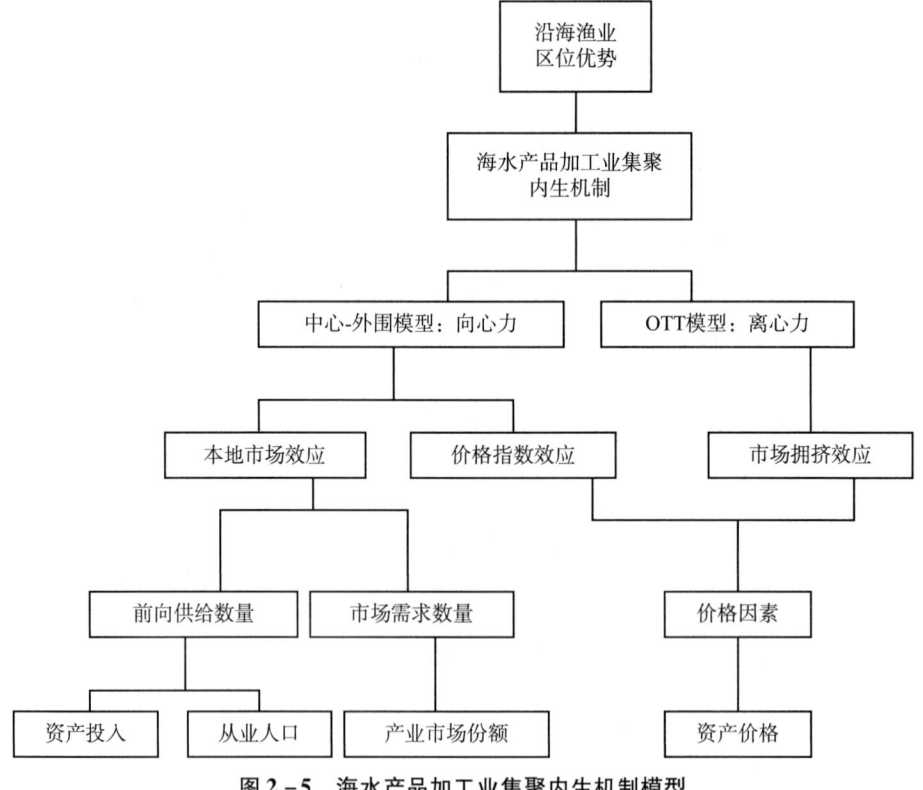

图2-5 海水产品加工业集聚内生机制模型

（二）海水产品加工业集聚内生机制模型应用——以山东半岛蓝色经济区为例

1. 数据收集及变量解释

以山东半岛蓝色经济区为例，根据海水产品加工业集聚内生机制模型，作出计量假定，利用模型中对应因素数据构建计量模型。根据数据可得性，选取《山东渔业统计年鉴》《中国渔业年鉴》《中国渔业统计年鉴》中 2005～2013 年相关数据。

模型中前向供给数量的资产投入指标，选取蓝色经济区海洋捕捞、海水养殖、远洋捕捞的总量作为代表，体现了蓝色经济区海水产品加工业的前向供给数量，表示为 X_1；从业人口指标，选取蓝色经济区的渔业从业人口，表示为 X_2；产业市场份额指标选取当年海水产品加工业经济总产值，作为体现其产业市场份额指标，表示为 X_3；蓝色经济区的资产价格指标没有直接的数据体现，故选取蓝色经济区渔业人口密度为数据指标，这是因为在给定的交通和建筑技术条件下，当地人口密度能体现该地租金、房地产价格，从而体现资产价格，表示为 X_4。

针对海水产品加工业的集聚量化指标，参照产业集聚度定义，定义海水产品加工业产业集聚度，选取海水产品加工业当年增加值占当年渔业经济增加值比例为指标，表示为 Y。

2. 海水产品加工业集聚内生机制模型估计

基于以上假设，构建以山东半岛蓝色经济区的海水产品加工业集聚内生机制模型，见式（2-3）。

$$Y_n = C_n + \alpha X_1 + \beta X_2 + \gamma X_3 + \theta X_4 \quad (2-3)$$

式（2-3）中，n 代表当年年份，C_n 代表线性回归模型哑变量，反映当年对产业集中度有影响的地理、政治、政策等特定因素。

结合所构建模型，利用 eviews6.0 对所收集处理数据进行多元线性回归分析，所得结果如表 2-2 所示。

表 2-2　山东半岛蓝色经济区经济集聚机制的多元回归分析结果

Variable	Coefficient	Std. Error	t - Statistic	Prob
C	4.652674	0.806336	5.770144	0.0045
X_1	0.514663	0.119803	4.295897	0.0127
X_2	0.318606	0.070667	4.508578	0.0108
X_3	0.229806	0.024596	9.343290	0.0007
X_4	-0.212086	0.051907	-4.085860	0.0150

续表

Variable	Coefficient	Std. Error	t – Statistic	Prob
R – squared	0.994004	Mean dependentvar		0.193977
Adjusted R – squared	0.988008	S. D. dependentvar		0.017285
S. E. of regression	0.001893	Akaike info criterion		-9.401342
Sum squared resid	1.43E – 05	Schwarz criterion		-9.291773
Log likelihood	47.30604	Hannan – Quinn criter		-9.637792
F – statistic	165.7834	Durbin – Watson stat		3.330329
Prob（F – statistic）	0.000107			

表2-2估计结果显示：

（1）P值均小于10%。说明解释变量对被解释变量影响显著，即山东半岛蓝色经济区海水产品加工业的资产投入、从业人口、产业市场份额、资产价格因素与蓝色经济区的海水产品加工业产业集聚度存在线性关系。

（2）调整后的可决系数为0.9880，F值为165.78。模型拟合优度较好。

（3）X_1，X_2，X_3的t值和系数均为正，说明该产业资产投入、从业人口、产业市场份额因素分别与海水产品加工业的产业集聚度存在正向相关关系。即资产投入要素、从业人口要素、产业市场份额要素均在10%的置信水平下显著，较高的资产投入提高了该产业集聚度，促进了产业综合发展；从业人口增加是产业规模扩大的反映，同时也促进产业集聚程度的发展；产业市场份额越大，产业经济增加值越高，在蓝色经济区中产业集聚度越高。

（4）X_4的t值和系数为负值，说明蓝色经济区的资产价格与海水产品加工业的产业集聚度存在负向相关关系。资产价格越高，越不利于产业集聚发生；蓝色经济区主要沿海城市存在房地产价格较高等因素，其负向价格效应已超过产业集聚的价格指数效应。

总之，由上述计量分析可知，蓝色经济区海水产品加工业集聚发生的正向促进因素为该产业前向资产投入、从业人口和产业市场份额，起到阻碍其集聚发生作用的负向抑制因素为该产业资产价格过高。

第三章 区域海洋产业空间布局优化

本章主要研究区域海洋产业空间布局优化，包括区域海洋产业空间布局优化评价，构建布局优化评价指标体系、汇总评价方法及应用以及海洋经济区产业布局模型及评价体系分析。基于动态规划理论，根据海洋产业的海洋空间资源投资回报率，决策不同海洋产业空间布局用海比例的最优方案，形成海洋产业空间布局规模优化。利用三轴图法研究海洋产业空间布局结构优化，以东营—滨州示范区为例进行应用。同时研究基于海陆统筹的区域海洋产业空间布局优化，减小海陆统筹对海洋产业布局约束因素的影响，实现海陆统筹。区域海洋产业布局优化路径方面，典型区域选择山东半岛蓝区，并以海水养殖产业为重点研究对象。

第一节 区域海洋产业空间布局优化评价

一、海洋产业空间布局优化评价指标体系构建

（一）评价指标体系构建原则

海洋产业空间布局优化评价指标体系构建应遵循综合性、典型性、科学性和可持续发展四个原则。

1. 综合性原则

基于海陆统筹的海洋空间布局评价指标体系的构建应遵守综合性原则，指标体系应涵盖海洋产业发展、海洋产业发展与海域空间资源利用的适应性、海洋产业发展与陆域经济发展的适应性以及海洋产业发展与生态、资源环境的适应性等方面。通过海洋产业空间布局评价指标体系评价得出的结果，一方面能较为全面地反映海洋产业空间布局的现状；另一方面能反映出海洋产业空间布局与陆域经济的协调发展程度。基于综合性原则，海洋产业空间布局评价指标体系能有效地对海陆统筹下的海洋产业空间布局。

2. 典型性原则

海洋产业空间布局较为复杂，影响因素较多。因此，在进行海洋产业空间布局评价指标体系构建时应在注重综合性的基础上，遵循典型性原则。每个指标都能有效表征其上层指标，从而反映出海洋产业空间布局的现实情况。

3. 科学性原则

海洋产业空间布局指标体系应该以科学发展观为指导，必须能够真实准确地反映海洋产业空间布局现状，同时也要适当选择可以反映海洋产业空间布局未来发展趋势的指标，尽量做到科学性和前瞻性的统一。海洋产业空间布局指标体系应该以尽可能少的指标反映尽可能多的问题，同时这些指标应易搜集和可量化。

4. 可持续发展原则

海洋产业空间布局指标体系的构建要遵循可持续发展原则一方面强调海洋产业空间布局在环境、资源生态发展的可持续性；另一方面海陆统筹的可持续性。从产业可持续性角度出发，在考虑海陆发展协调的前提下，还要注重海陆统筹的发展潜力。从环境、资源生态可持续性角度出发，应更注重环境污染、资源利用和生态破坏等问题，既要注重经济效益，又要注重社会效益。

（二）实例："蓝区"建设的海洋产业空间布局优化指标体系构建

遵循指标体系构建原则，基于层次分析法，从海域空间资源利用、产业经济发展和海陆统筹三个层面建立四层海洋空间布局评价指标体系，如表3-1所示。

表3-1　　　　基于海陆统筹的海洋空间布局评价指标体系

目标层 O	准则层 I	要素层 F	指标层 X
海洋产业空间布局评价	海洋空间资源利用	功能区划相符程度	功能区划相符程度
			符合海洋功能区划要求的近岸海域面积比例
		空间资源利用率	海岸带利用比重
			滩涂湿地利用比重
			确权海域比重
			海岛利用比重
			围填海比重
			海洋保护区比重
		空间资源利用效率	海岸带经济密度
			滩涂湿地经济密度
			海域经济密度
			海岛经济密度

续表

目标层 O	准则层 I	要素层 F	指标层 X
海洋产业空间布局评价	海洋空间资源利用	空间资源利用水平	海域使用多样性
			海洋第一产业用海比重
			海洋第二产业用海比重
			海洋第三产业用海比重
	海洋产业发展	产业规模	GOP 比重
			GOP 增长率
			GOP 增加值
			规模以上企业比重
		产业结构	海洋第一产业比重
			海洋第二产业比重
			海洋第三产业比重
			产业结构相似系数
		生态环境外部性	滨海旅游区水质达标率
			保护区水质达标率
			增养殖区水质达标率
			浴场区水质达标率
			入海排污达标率
			海洋油气区水质达标率
		产业集中程度	区位商
			地理联系率
			空间基尼系数
		产业间协调	产业冲突程度
			产业合作程度
		产业支撑	涉海基础设施支撑
			涉海科技支撑
			涉海人才支撑
	海陆统筹	海陆协调	海陆经济协调度
			海陆经济增长速度比
		海陆关联	海陆经济关联度
			海陆三次产业关联度

评价指标体系中，目标层为基于海陆统筹的海洋空间布局评价，准则层分为海洋空间资源利用（I_1）、海洋产业发展（I_2）和海陆统筹（I_3）三个层面。海洋空间资源利用层中包括功能区划符合程度（F_{11}）、空间资源利用率（F_{12}）、空间资源利用效率（F_{13}）和空间资源利用水平（F_{14}）四个要素，共包含16个指标；海洋产业发展层中包括产业规模（F_{21}）、产业结构（F_{22}）、生态环境外部性（F_{23}）、产业集中程度（F_{24}）、产业间协调（F_{25}）和产业支撑（F_{26}）六个要素，共包含22个指标；海陆统筹层中包括海陆协调（F_{31}）和海陆关联（F_{32}）二个要素，共包含4个指标。

（三）指标说明

1. 评价指标目的说明

海洋空间资源利用准则下包括以下要素层：功能区划符合程度，评价现有海洋空间资源利用与各级海洋功能区划要求是否相符；空间资源利用率，评价现有海洋空间资源利用的程度大小，是否充分或过度用海；空间资源利用效率，评价现有海洋空间资源利用是否最大程度地实现了经济产出；空间资源利用水平，评价现有海洋空间资源利用是否具有多样性、符合经济发展趋势的演化规律。

海洋产业发展准则包括以下要素层：产业规模，从总量和总量增速的角度评价区域海洋产业发展水平；产业结构，从产业结构合理性、区域间产业结构相似性的角度评价区域海洋产业发展水平；生态环境外部性，评价海洋产业发展与布局对生态环境的影响；产业集中程度，评价海洋产业布局集聚性，是否实现集约式发展；产业间协调，评价海洋产业间是否存在冲突和合作；产业支撑，评价区域海洋产业发展是否得到充足的基础设施、人才和科技条件。

海陆统筹准则包括以下要素层：海陆协调，评价海洋经济和陆域经济是否发展均衡、同步；海陆关联，评价海洋经济和陆域经济是否实现联动发展。

2. 评价指标类型划分

根据评价指标的数据特点，将评价指标划分为以下三种类型：A 类指标，数据可通过搜集历史统计数据或简单计算而直接获得；B 类指标，定性分析类指标，需经专家基于对现实情况的把握打分获得；C 类指标，数据需要通过经济学模型或公式计算而间接获得。基于海陆统筹的海洋空间布局评价指标类型划分如表 3-2 所示。

表 3-2　　基于海陆统筹的海洋空间布局评价指标类型划分

评价指标	指标类别
功能区划相符程度 X_1（—）	B
符合海洋功能区划要求的近岸海域面积比例 X_2（%）	A

续表

评价指标	指标类别
海岸带利用比重 X_3（%）	A
海岛利用比重 X_4（%）	A
海洋保护区比重 X_5（%）	A
滩涂湿地利用比重 X_6（%）	A
确权海域比重 X_7（%）	A
围填海比重 X_8（%）	A
海岸带经济密度 X_9（万元/km）	C
海域经济密度 X_{10}（万元/公顷）	C
滩涂湿地经济密度 X_{11}（万元/公顷）	C
海岛经济密度 X_{12}（万元/公顷）	C
海域使用多样性 X_{13}（-）	B
海洋第一产业用海比重 X_{14}（%）	A
海洋第二产业用海比重 X_{15}（%）	A
海洋第三产业用海比重 X_{16}（%）	A
海洋经济生产总值比重 X_{17}（%）	A
海洋经济生产总值增长率 X_{18}（%）	A
海洋经济产值增加值 X_{19}（万元）	A
规模以上企业比重 X_{20}（%）	A
海洋第一产业比重 X_{21}（%）	A
海洋第二产业比重 X_{22}（%）	A
海洋第三产业比重 X_{23}（%）	A
滨海旅游区水质达标率 X_{24}（%）	A
增养殖区水质达标率 X_{25}（%）	A
保护区水质达标率 X_{26}（%）	A
浴场水质达标率 X_{27}（%）	A
海洋油气区水质达标率 X_{28}（%）	A
入海排污达标率 X_{29}（%）	A
区位商 X_{30}（-）	C
地理联系率 X_{31}（-）	C
空间基尼系数 X_{32}（-）	C

续表

评价指标	指标类别
海洋产业间布局冲突程度 X_{33}（－）	B
海洋产业间合作程度 X_{34}（－）	B
涉海基础设施支撑 X_{35}（－）	A
涉海科技支撑 X_{36}（－）	A
涉海人才支撑 X_{37}（－）	A
海洋产业结构相似系数 X_{38}（－）	C
海陆产业协调度 X_{39}（－）	C
海陆经济产值比 X_{40}（－）	A
海陆经济增长速度比 X_{41}（－）	A
海陆产业关联度 X_{42}（－）	C

3. 指标计算公式说明

（1）海洋空间资源经济密度。海洋空间资源经济密度指单位海洋空间资源利用的经济产出，包括海岸带经济密度、滩涂湿地经济密度、确权海域经济密度和海岛经济密度，计算公式见式（3-1）。

$$\rho_n = \frac{GOP_n}{K_n} \qquad (3-1)$$

式中：

ρ_n——海洋空间资源 i 的经济密度，n = 1，2，3，4 分别表示海岸带、滩涂湿地、确权海域和海岛；

GOP_i——海洋空间资源 i 利用的总经济产出，单位万元；

K_i——海洋空间资源 i 利用总量，单位公顷。

（2）区位商。区位商衡量的是海洋产业在区域内的集聚程度；计算公式见式（3-2）。

$$LQ = \frac{GOP_i/GOP_{total}}{GDP_i/GDP_{total}} \qquad (3-2)$$

式中：

LQ——区位商；

GOP_i——i 区域的海洋经济生产总值，单位亿元；

GDP_i——i 区域的国民经济生产总值，单位亿元；

GOP_{total}——全国（山东半岛蓝区）海洋经济生产总值，单位亿元；

GDP_{total}——全国（山东半岛蓝区）国民经济生产总值，单位亿元。

（3）地理联系率。地理联系率衡量的是区域海洋经济产出与海洋产业就业人口的地理联系程度；计算公式见式（3-3）。

$$G = 100 - \frac{1}{2}\sum_{i=1}^{n}|s_i - p_i| \qquad (3-3)$$

式中：

G——地理联系率；

s_i——海洋经济国民收入占全国或全区间同类要素的百分比；

p_i——涉海就业人口占全国或全区间同类要素的百分比。

（4）空间基尼系数。空间基尼系数是国民经济学中的基尼系数概念在空间经济学中的延伸，反映某区域海洋产业空间布局的集聚程度；计算公式见式（3-4）。

$$G_i = \frac{1}{2n^2 \bar{s}_i}\sum_{k=1}^{n}\sum_{j=1}^{n}|s_{ij} - s_{ik}| \qquad (3-4)$$

式中：

G_i——区位基尼系数；

s_{ij}，s_{ik}——不同区域；

j、k——在海洋产业中所占的份额；

n——区域的子区域划分个数；

$\bar{s}_i$——各省份在工业Ⅰ中所占的份额的均值。

（5）产业结构相似系数。海洋产业结构相似系数反映区域间海洋产业结构的相似程度，衡量区域间海洋产业发展是否存在同构化；计算公式见式（3-5）。

$$S_{12} = \frac{\sum X_{1i}X_{2i}}{\sqrt{\sum X_{1i}^2 \sum X_{2i}^2}} \qquad (3-5)$$

式中：

S_{12}——研究区域与对比区域的海洋产业结构相似系数；

X_{1i}——研究区域海洋产业 i 的产值，单位亿元；

X_{2i}——对比区域海洋产业 i 的产值，单位亿元。

（6）海陆经济协调度。海陆产业协调度衡量的是海洋经济系统和陆域经济系统发展的协调性和耦合性；计算公式见式（3-6）：

$$C = \frac{\sum_{i=1}^{n}[f(x_i) - \bar{f}(x)][g(x_i) - \bar{g}(x)]}{\sqrt{\sum_{i=1}^{n}[f(x_i) - \bar{f}(x)]^2}\sqrt{\sum_{i=1}^{n}[g(x_i) - \bar{g}(x)]^2}} \qquad (3-6)$$

式中：

C——海陆产业协调度；

$f(x_i)$——i 年海洋经济运行状况；

$g(x_i)$——i 年陆域经济运行状况；

$\bar{f}(x)$——研究年份间海洋经济运行平均状况；

$\bar{g}(x)$——研究年份间陆域经济运行平均状况。

（7）海陆经济关联度

海陆经济关联度衡量的是海陆经济系统的联动程度。将海陆经济视为一个灰色系统，将海洋产业增加值定义为序列 X_1，将陆域产业增加值定义为序列 X_2。定义 $x_i^{0'}(k)$ 为初值像的始点零化像，见式（3-7）。

$$x_i^{0'}(k) = \frac{x_i(k)}{x_i(1)} - 1 \quad (3-7)$$

海陆产业关联度计算公式见式（3-8）。

$$|S_i'| = \left| \sum_{k=2}^{n-1} x_i^{0'}(k) + \frac{1}{2} x_i^{0'}(n) \right|$$

$$|S_1' - S_2'| = \left| \sum_{k=2}^{n-1} [x_1^{0'}(k) - x_2^{0'}(k)] + \frac{1}{2} [x_1^{0'}(n) - x_2^{0'}(n)] \right|$$

$$D = \frac{1 + |S_1'| + |S_2'|}{1 + |S_1'| + |S_2'| + |S_1' - S_2'|} \quad (3-8)$$

式中：

D——海陆产业关联度。

二、区域海洋产业布局优化评价方法

（一）综合评价方法

1. 评价方法

运用加权求合法，对基于海陆统筹的海洋空间布局评价指标数值及其权重进行加权加总，计算得到海洋空间布局综合评分。计算公式见式（3-9）。

$$I = \sum_{i=1}^{n} y_i \cdot w_i \quad (3-9)$$

式中：

I——海洋产业空间布局现状综合评分；

y_i——第 i 个海洋产业空间布局评价指标的标准化数值；

w_i——第 i 个海洋产业空间布局评价指标的权重；

n——海洋产业空间布局评价指标的数量。

2. 评价基准

基于海陆统筹的海洋空间布局评价准则分为海洋空间资源利用、海洋产业发展和海陆统筹，分别衡量的是现有海洋空间布局的海洋资源利用水平、海洋产业发挥发展水平和海陆统筹水平，因此评价得分越高代表该区域海洋空间布局水平越高、布局越合理。评价基准如表3-3所示。

表 3 – 3　　　　　　　基于海陆统筹的海洋空间布局评价基准

分级指标	I	II	III	IV	V
综合评分	0 ~ 15	15 ~ 40	40 ~ 60	60 ~ 85	85 ~ 100
布局水平	差	较差	一般	较好	好
布局合理程度	很不合理	较不合理	一般	较合理	合理

（二）权重计算方法

基于海陆统筹的海洋空间布局评价具有"多目标、多因素、多指标、完全定量难"的特点，因此本项目使用层次分析法（AHP）作为指标权重确定方法。AHP 是可实现定性与定量相结合的系统分析方法，将复杂的评价对象按目标、因素进行层级分解，形成从属关系明确的层次结构后，通过专家打分法对各层级的各指标进行两两比较构造判断矩阵；通过计算判断矩阵的特征值和特征向量可以得到本层各因子对于上一层因素的权重；最后在各层级通过一致性检验后计算评价指标的总层级评价，对评价对象进行综合评价。

1. 构造判断矩阵

判断矩阵由本层次各因子相对于上一层级某因素通过两两比较而得到的相对重要性构成，可以表示为式（3 – 10）。

$$B = (b_{ij})_{n \times n} \quad (3-10)$$

其中：B 为判断矩阵；

n 为两两比较的因子数目；

b_{ij} 为对上一层级的要素 E 而言，本层级的 i 元素对 j 元素的相对重要性；相对重要性一般采用萨蒂（Saaty，1996）提出的 1 – 9 标度法表示，如表 3 – 4 所示。

表 3 – 4　　　　　　　　判断矩阵标度表

标度	定义
1	i 元素与 j 元素同等重要
3	i 元素比 j 元素略重要
5	i 元素比 j 元素重要
7	i 元素比 j 元素重要得多
9	i 元素比 j 元素绝对重要
2、4、6、8	介于上述每两相邻标度之间

2. 确定层级权重

计算判断矩阵 B 的最大特征值 λ_{max} 及对应的特征向量 $C = (c_1, c_2, \cdots, c_m)$，其中 m 表示本层级因子的数量。经过标准化后的特征向量 C' 中的各元素即为本层级各因子对于上一层要素的相对重要性权重。

3. 一致性检验

为确保评价结果的准确性，利用 AHP 法确定指标权重的过程中要对判断矩阵进行一致检验，具体方法见式（3-11）。

$$CI = \frac{\lambda_{max}}{n-1} \quad (3-11)$$

其中，CI 为一致性指标。当 CI 为零时，则该判断矩阵具有完全一致性；当 CI 不为零时，见式（3-12）。

$$CR = \frac{CI}{RI} \quad (3-12)$$

其中，CR 为随机一致性比率。对于一阶、二阶矩阵，规定 CR 为零；对于三阶以上矩阵，CR≤0.1 时，则该判断矩阵的一致性检验通过；若 CR>0.1，则需要对判断矩阵内的元素取值进行校正。RI 为平均随机一致性指标，取值如表 3-5 所示。

表 3-5　　　　　　　　平均随机一致性指标取值

n	1	2	3	4	5	6	7	8	9	10
RI	0	0	0.58	0.90	1.12	1.24	1.32	1.41	1.45	1.49

4. 层次总排序

在各层次各因素的权重计算完成后，要计算最低层各因子相对于目标层的合成权重。即目前已知指标层各因子相对于所属要素层的权重为 $C'_t = (c_1, c_2, \cdots, c_m)$，且其从属的要素层相对于目标层的权重为 k_t，从而可得各因子相对评价总目标的权重集合为：$W = (w_1, w_2, \cdots, w_n)$；并可根据各因素对评价总目标的贡献程度进行排序。

5. 评价指标权重计算结果

运用上述方法计算基于海陆统筹的海洋空间布局评价指标体系权重。向从事海洋产业研究或工作的学者、相关从业人员及研究生发放权重打分问卷，其中高级职称者 10 名，相关从业人员 5 名，博士生 4 名，硕士生 9 名；计算得到评价指标权重如表 3-6 所示。

表 3 – 6　　基于海陆统筹的海洋空间布局评价指标体系权重

一层	二层	三层
A_1 (0.271)	F_{11} (0.055)	$W_1 = 0.046$
		$W_2 = 0.009$
	F_{12} (0.036)	$W_3 = 0.003$
		$W_4 = 0.01$
		$W_5 = 0.007$
		$W_6 = 0.003$
		$W_7 = 0.006$
		$W_8 = 0.006$
	F_{13} (0.140)	$W_9 = 0.018$
		$W_{10} = 0.051$
		$W_{11} = 0.05$
		$W_{12} = 0.019$
	F_{14} (0.041)	$W_{13} = 0.021$
		$W_{14} = 0.007$
		$W_{15} = 0.004$
		$W_{16} = 0.01$
A_2 (0.528)	F_{21} (0.030)	$W_{17} = 0.01$
		$W_{18} = 0.012$
		$W_{19} = 0.005$
		$W_{20} = 0.004$
	F_{22} (0.092)	$W_{21} = 0.012$
		$W_{22} = 0.014$
		$W_{23} = 0.045$
		$W_{24} = 0.022$
	F_{23} (0.109)	$W_{25} = 0.02$
		$W_{26} = 0.007$
		$W_{27} = 0.022$
		$W_{28} = 0.013$
		$W_{29} = 0.033$
		$W_{30} = 0.014$

续表

一层	二层	三层
A_2 (0.528)	F_{24} (0.043)	$W_{31}=0.012$
		$W_{32}=0.013$
		$W_{33}=0.017$
	F_{25} (0.099)	$W_{34}=0.041$
		$W_{35}=0.059$
	F_{26} (0.155)	$W_{36}=0.085$
		$W_{37}=0.03$
		$W_{38}=0.04$
A_3 (0.201)	F_{31} (0.135)	$W_{39}=0.101$
		$W_{40}=0.034$
	F_{32} (0.066)	$W_{41}=0.039$
		$W_{42}=0.027$

(三) 标准化方法

本项目运用优化标准法对评价指标进行无量纲化处理，基于指标特点、政策要求和经济学原理设定优化标准，避免均方差法、Z – Zone 法等标准化方法对所有评价指标"一刀切"标准化而造成的评价误差，同时能够有效诊断指标存在的问题和取得的成效，有利于针对性地提出海洋空间布局优化对策。

1. 优化标准类型划分

根据评价指标体系中指标特性和规划的不同要求，需设定不同的优化标准，从而使用不同的优化标准方法。根据优化标准将评价指标体系分为六类：

Ⅰ类指标的优化标准为最优标准，且最优标准为指标的额定最优值；这类指标多为打分类和比重类指标；

Ⅱ类指标的优化标准为最优标准，且最优标准为区间形式；

Ⅲ类指标的优化标准为最优标准，且其最优标准为具体数值，该数值是根据相关资料换算得出；Ⅲ类指标主要为经济类指标；

Ⅳ类指标的优化标准为最大合格标准；

Ⅴ类指标的优化标准为最小合格标准；

Ⅵ类指标的优化标准为双标准，包括最优标准和最大合格标准，或最优标准与最小合格标准；越接近最优标准越好，但同时也要达到最小合格标准或不能超过最大合格标准。

2. Ⅰ类指标的标准化方法

Ⅰ类指标的优化标准为最优标准,且最优标准为指标的额定最优值,优化标准由指标特征直接决定,不受其他政策文件、行业标准或实证结果影响。对于效益型Ⅰ类指标而言,优化标准为1;对于成本型Ⅰ类指标而言,其优化标准为0。这类指标具有标准化简便的特点。

Ⅰ类指标包含:功能区划相符程度打分、符合海洋功能区划要求的近岸海域面积比例、海域使用多样性得分、滨海旅游区水质达标率、保护区水质达标率、增养殖区水质达标率、浴场区水质达标率、入海排污达标率、海洋油气区水质达标率、产业合作程度、产业冲突程度、涉海基础设施支撑、海陆经济协调度等13个指标。其中,除产业冲突程度为成本型指标外,其余12个指标均为效益型指标。效益型和成本型Ⅰ类指标的标准化方法分别见式(3-13)、式(3-14)。

$$y_i = x_i \cdot 100 \quad (3-13)$$
$$y_i = 100 - x_i \cdot 100 \quad (3-14)$$

3. Ⅱ类评价指标的标准化方法

Ⅱ类指标的优化标准为最优标准,且最优标准为区间形式,标准来源多为国家级、省级规划要求及经济类文献实证分析结果。Ⅱ类指标包括海岸带利用比重、滩涂湿地利用比重、确权海域利用比重、GOP比重、GOP增长率、海陆经济增长速度比和海陆经济关联度等7个指标;指标具体优化标准及标准依据来源如表3-7所示。

表3-7　　　　　　　　Ⅱ类指标的优化标准和标准依据

指标	最优标准	标准依据
海岸带利用比重	42.6%~85.2%	根据山东省海岸带规划中对海岸带利用范围的相关规定与山东海岸带总长度计算而得
滩涂湿地利用比重	26.17%~52.34%	根据山东省海洋功能区划、山东省海岸带规划中对滩涂湿地利用的相关规定与山东滩涂湿地总面积计算而得
确权海域利用比重	43.58%~87.16%	根据山东省海洋功能区划中对确权海域面积相关规定与山东海域总面积计算而得
GOP比重	23%~25%	山东半岛蓝色经济区发展规划
GOP增长率	12%~15%	山东半岛蓝色经济区发展规划
海陆经济增长速度比	1.5~2	根据山东省经济发展"十二五"规划、山东半岛蓝色经济区发展规划有关GDP、GOP经济增速规划换算而得
海陆经济关联度海陆三次产业关联度	≥0.9	《灰色关联度算法模型的研究综述》《灰色关联决策方法研究》《灰色关联度的研究与应用》

根据最优标准，将未达到最优标准区间的指标赋值为 0，将指标值为区间中间值的指标赋值为 100，在最优区间内但指标值与区间中间值有差距的，根据差距相应赋值。Ⅱ类指标的标准化方法见公式（3-15）。

$$y_i = \begin{cases} 0 & x_i < a \\ 100 - \left| \left(x_i - \frac{a+b}{2}\right) \middle/ \left(\frac{b-a}{2}\right) \right| \cdot 100 & a < x_i < b \\ 0 & x_i > b \end{cases} \quad (3-15)$$

其中，a 和 b 分别为优化标准区间的最小值和最大值。

4. Ⅲ类指标

Ⅲ类指标的优化标准为最优标准，且其最优标准为具体数值，该数值是根据相关资料换算得出，该类指标主要为经济类指标。Ⅲ类指标包括海洋第一产业用海比重、海洋第二产业用海比重、海洋第三产业用海比重、海洋第一产业比重、海洋第二产业比重、海洋第三产业比重、涉海科技支撑和涉海人才支撑等 8 个指标。优化标准和标准依据如表 3-8 所示。

表 3-8　　　　　　　　Ⅲ类指标的优化标准和标准依据

指标	最优标准	标准依据
海洋第一产业用海比重	64.90%	根据山东省海洋功能区划中农渔业功能区面积与总规划面积计算得到
海洋第二产业用海比重	2.70%	根据山东省海洋功能区划中工业、能源等第二产业功能区面积与总规划面积计算得到
海洋第三产业用海比重	17.50%	根据山东省海洋功能区划中旅游、港口等第三产业功能区面积与总规划面积计算得到
海洋第一产业比重	6%	根据山东半岛蓝色经济区发展规划关于海洋三次产业结构的相关要求计算
海洋第二产业比重	50%	根据山东半岛蓝色经济区发展规划关于海洋三次产业结构的相关要求计算
海洋第三产业比重	44%	根据山东半岛蓝色经济区发展规划关于海洋三次产业结构的相关要求计算
涉海科技支撑	28.8%	全国涉海科研投入比重均值
涉海人才支撑	1.83%	全国涉海人才增长率均值

根据最优标准，将达到最优标准的指标赋值为 100，未达到最优标准的指标根据与最优标准的差距相应赋值，以最优标准的 10% 浮动区间；Ⅲ类指标的标准化方法见式（3-16）。

$$y_i = \begin{cases} 0 & x_i < s_i - s_i' \\ 100 - |(x_i - s_i)/s_i| \cdot 100 & s_i - s_i' < x_i < s_i + s_i' \\ 0 & x_i > s_i + s_i' \end{cases} \quad (3-16)$$

式中，s_i 为最优标准，s_i' 为基于最优标准的 10% 而设定的浮动区间段。

5. Ⅳ类指标

Ⅳ类指标的优化标准为最大合格标准。Ⅳ类指标包括海岛利用比重和围填海比重等 2 个指标。优化标准和标准依据如表 3-9 所示。

表 3-9　Ⅳ类指标的优化标准和标准依据

指标	最大合格标准	标准依据
海岛利用比重	39.20%	根据山东省海岛保护规划关于海岛利用程度的有关要求与海岛总数计算得到
围填海比重	1.10%	根据山东省海洋功能区划关于围填海面积约束要求与规划总面积计算得到

根据最大合格标准，将超过最大合格标准的指标赋值为 0，未超过最大合格标准的指标根据与最大合格标准的差距相应赋值；Ⅳ类指标的具体标准化方法见公式 (3-17)。

$$y_i = \begin{cases} (1 - x_i/s_i) \times 100 & x_i < s_i \\ 0 & x_i > s_i \end{cases} \quad (3-17)$$

6. Ⅴ类指标

Ⅴ类指标的优化标准为最小合格标准。Ⅴ类指标包括海洋保护区比重、海岸带经济密度、滩涂湿地经济密度、海域经济密度、海岛经济密度、GOP 和规模以上企业数量等 7 个指标。优化标准和标准依据如表 3-10 所示。

表 3-10　Ⅴ类指标的优化标准和标准依据

指标	最小合格标准	标准依据
海洋保护区比重	6.30%	根据山东省海洋功能区划对海洋保护区面积要求与总规划面积计算得到
海岸带经济密度	GDP×23%/海岸带面积×85.2%	山东省海洋功能区划、蓝区发展规划换算
滩涂湿地经济密度	GDP×23%/滩涂湿地面积×52.34%	山东省海洋功能区划、蓝区发展规划换算
海域经济密度	GDP×23%/海域面积×87.16%	山东省海洋功能区划、蓝区发展规划换算
海岛经济密度	GDP×23%/海岛数×39.2%	山东省海洋功能区划、蓝区发展规划换算
GOP	历年均值	蓝区规划

根据最小合格标准，将未达到最小合格标准的指标赋值为0，达到最小合格标准的指标根据与最小合格标准的差距相应赋值。V类指标的标准化方法见公式（3-18）。

$$y_i = \begin{cases} (x_i - s_i)/(1 - s_i) \times 100 & x_i > s_i \\ 0 & x_i < s_i \end{cases} \quad (3-18)$$

7. VI类指标

VI类指标的优化标准为双标准，包括最优标准和最大合格标准，或最优标准与最小合格标准。越接近最优标准越好，但同时也要达到最小合格标准或不能超过最大合格标准。VI类指标包括产业结构相似系数、区位商、地理联系率、空间基尼系数、海陆三次产业关联度等5个指标。优化标准和标准依据如表3-11所示。

表3-11　　　　　VI类指标的优化标准和标准依据

三层指标	最小标准	最优标准	最大标准	标准依据
产业结构相似系数		0.5	0.9	《一种改进的产业结构相似度测度方法》《中国的产业结构调整》
区位商	1.5	2.5		《海洋产业集聚对经济增长的影响研究》
地理联系率	50	75		《旅游吸引物空间结构分析》《江苏旅游经济发展的空间差异》
空间基尼系数	0.5	0.75		《FDI与中国制造业区域集聚》《产业集聚水平测度的实证研究》《中国制造业集聚变动趋势实证研究》

根据最小合格标准和最大合格标准，将未达到最小合格标准和超过最大合格标准的指标赋值为0，达到最优标准的指标赋值为100，其余值与最优标准的差距相应赋值。VI类指标的具体标准化方法见公式（3-19）。

$$y_i = \begin{cases} 0 & x_i < \min(s_i, c_i) \\ 100 - |(x_i - s_i)/|s_i - c_i|| \cdot 100 & \min(s_i, c_i) < x_i < \max(s_i, c_i) \\ 0 & x_i > \max(s_i, c_i) \end{cases}$$

$$(3-19)$$

其中，s_i为指标的最优标准，c_i为最小或最大标准。

三、区域海洋产业布局优化评价应用

（一）东营海洋产业空间布局优化评价

1. 评价结果分析

根据东营市 2013 年数据为例，根据数据的可得性对"蓝区"建设的海洋产业空间布局优化指标体系进行筛选，所选指标原权重占全部指标权重的 69.45%，说明所选指标在原指标体系中具有代表意义。筛选后的指标体系、指标权重、原始数据及标准化数据如表 3-12 所示，二层指标得分如表 3-13 所示。

表 3-12　　　东营市海洋产业空间布局指标体系及数据

指标	原始数据	标准化数据	权重修正
功能区划相符程度	1.000	100.000	0.066
海洋保护区比重	0.569	54.023	0.009
海域经济密度	1.033	100.000	0.073
海域使用多样性	5.333	53.333	0.030
海洋第一产业用海比重	0.978	0.000	0.010
海洋第二产业用海比重	0.014	0.000	0.005
海洋第三产业用海比重	0.008	0.000	0.014
GOP 比重	0.363	0.000	0.014
GOP 增长率	0.123	19.333	0.017
GOP	1179.000	100.000	0.007
海洋第一产业比重	0.085	0.000	0.017
海洋第二产业比重	0.915	0.000	0.020
海洋第三产业比重	0.073	0.000	0.065
产业结构相似系数	0.701	49.750	0.031
保护区水质	0.500	50.000	0.011
增养殖区水质	0.950	95.000	0.031
入海排污	0.875	87.500	0.047
区位商	6.103	0.000	0.017
产业冲突程度	1.872	81.276	0.058
产业合作程度	3.239	32.393	0.084

续表

指标	原始数据	标准化数据	权重修正
涉海基础设施支撑	2.000	80.000	0.123
海陆经济协调度	0.675	67.460	0.145
海陆经济增长速度比	1.477	0.000	0.048
海陆经济关联度	0.770	85.522	0.056

表 3-13 东营市海洋产业空间布局二层指标得分

二层指标	分数	最优得分	成效/问题
功能区划相符程度	6.566	6.566	成效
空间资源利用率	0.465	0.860	问题
空间资源利用效率	7.266	7.266	成效
空间资源利用水平	1.624	5.970	问题
产业规模	1.020	3.734	问题
产业结构	1.562	13.304	问题
生态环境外部性	7.656	8.938	—
集中程度	0.000	1.743	问题
产业间协调	7.487	14.292	问题
产业支撑	9.834	12.293	—
协调度	9.811	19.390	问题
关联度	4.827	5.644	—

基于指标权重和标准化后的指标数据计算得到东营海洋产业空间布局得分为58.117，参照海洋产业空间布局得分评价标准表可知，2013年东营市海洋产业空间布局得分处于不合理等级中的上游水平，其海洋产业空间布局不合理。东营市海洋产业空间布局不合理的主要原因在于：（1）只取得2项成效，不能大幅提高总分。东营市在功能区划相符程度和空间资源利用效率上取得了优异成绩，达到了最优得分。但是二者在海洋产业空间布局指标体系中的权重不高，只占总分的13.9%，不能大幅提高总分。（2）存在7项问题，每项问题的得分与最优得分差距较大，拉低了总分。存在问题的7个二层指标占总权重的49.9%，比重虽然小于非问题指标权重之和，但因7项问题指标的得分较大幅度低于最优得分，拉低了总分。在7个问题指标中，空间资源利用水平、产业规模和产业结构三项指标的得分低于最优得分的30%，特别是产业结构这项指标，只达到最优得分的12%，使总分拉低了11.74分。

2. 成效分析与问题诊断

（1）成效分析。分析表 3-13 可知，2013 年东营市在海洋产业空间取得 2 项成效：

①海洋空间布局与各级海洋功能区划一致。东营市在二层指标功能区划相符程度的得分为 6.566，达到了最优分数。东营市在用海审批上严格执行山东省和东营市的海洋功能区划，保证了用海的科学性，实现了用海与海洋功能区划的成功对接；

②海洋空间资源利用效率较高，具有较高的经济密度。东营市在二层指标空间资源利用效率的得分为 7.266，达到了最优得分，实现了较高的空间资源利用效率。东营市的高资源利用效率得益于在有效规划和充分利用海洋空间资源的基础上，积极提升滩涂湿地、海域、围填海等可利用资源的经济产出，实现了充分投入和最大产出。2013 年东营市确权海域的经济密度为 1.033 亿元/平方千米，远超于基于海洋发展规划换算后得到的最低目标 0.1342 亿元/平方千米，实现了单位空间资源的高回报。

（2）问题诊断。结合表 3-12 和表 3-13 分析可知，东营市在海洋产业布局中存在 7 个问题：

①海洋产业空间布局较分散，未实现集约式布局。东营市在二层指标集中程度上的得分为 0，严重低于最优得分。东营市在发展海洋经济时不注意海洋产业的合理布局，造成了海洋产业空间布局的分散，对海洋经济的发展产生了负面影响；

②海洋产业布局的三次产业结构失衡，或与周边区域存在较严重的产业同构问题，区域功能定位重叠。海洋产业结构失衡是东营发展海洋经济过程中存在的比较严重的问题，在二层指标产业结构的得分仅为 1.562，只达到最优得分的 12%。东营市海洋油气业较为发达，发展较好，但其他海洋产业则相对落后，产业发展速度不能很好地协调，引发了产业结构失衡，对海洋经济的持续发展造成阻碍；

③海洋空间资源管理水平较低，海域使用管理水平急需提高。东营市海洋用海管理水平较低，产业用海不协调，侧重于第一产业用海，海域使用单一，缺乏多样性；

④海洋产业布局规模小，海洋产业发展滞后。东营市在二级指标产业规模上的得分为 1.020，只达到最优得分的 27%。海洋经济规模较小，海洋经济增长速度未达到标准水平都是东营市海洋产业规模较小的具体表现；

⑤海陆产业发展较不协调，海陆产业增长失衡；

⑥海洋产业间存在布局冲突，且布局未能促进海洋产业间合作，未实现产业间协调发展。东营市在海洋产业布局上存在较大问题，不能科学合理地对海洋产业进行布局，一定程度上将海洋产业分离开来，割断了产业间的合作。将专家行

问卷调查的结果整理发现，专家们普遍认为东营市的海洋产业合作程度较低，只有 32.39%；

⑦海洋空间资源利用不充分或过度利用。东营市在海洋资源上利用不合理，表现为二级指标空间资源利用率的得分为 0.4647，只占最优得分的 54%。

3. 优化路径与优化方案

（1）优化路径选择。东营海洋产业空间布局对生态环境的负面影响较小，在二级指标生态环境外部性的得分为 7.656，达到了最优得分的 85.65%，但是东营的海洋产业布局在经济方面则存在较多的问题，从东营市海洋产业空间布局存在的问题中可以看出。因此，为东营市选择经济优先发展原则制定优化路径（见图 3-1）。

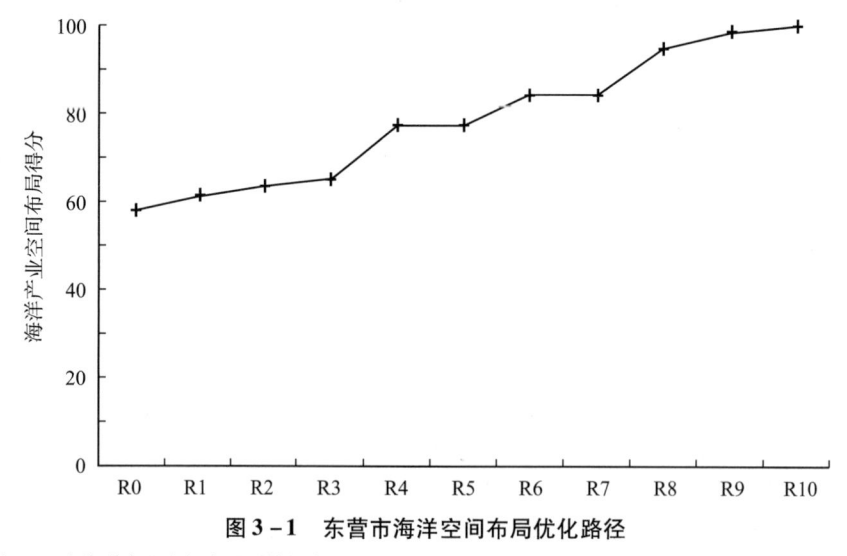

图 3-1 东营市海洋空间布局优化路径

注：R0 为海洋产业空间布局原始得分，R1 为实现第一步优化路径后的海洋产业空间布局得分。

R1 扩大海洋产业布局规模；
R2 提高海洋产业布局的基础设施、人才及科技支撑水平；
R3 提高海洋产业布局的集中集约程度；
R4 提高海洋空间资源利用效率；
R5 调整海洋产业布局结构；
R6 控制海洋空间资源利用率在最优区间；
R7 促进海洋产业间的布局协调；
R8 促进海陆产业关联互动式发展；
R9 促进海陆产业协调均衡发展；
R10 优化海洋空间资源利用水平。

(2) 优化方案选择。东营市在政府管理上缺乏效率,政府行政力量不高。以政府优惠政策为侧重点的优化方案,对市场管制力量较小,对政府管理水平要求较低,符合东营市的现实情况。因此,为东营市制定以政府优惠政策为侧重的优化方案。

第一步,为涉海企业提供优惠的税收和信贷政策。

第二步,上级政府建立落后地区涉海基础设施建设专项资金;地方政府对进行科技创新的企业提供税收减免;对涉海高级人才提供奖励政策。

第三步,划定产业园区。对园区内企业实行优惠的财政政策或给予财政补贴。

第四步,根据海洋产业结构演进图调整三次产业结构,制定调整目标;根据本区域海洋资源禀赋情况,明确海洋优势产业。为本区域海洋优势产业、海洋新兴产业、海洋服务业提供优惠的税收和信贷政策。

第五步,对海洋空间资源制定现阶段利用率的标准区间和最优值,根据不同海洋空间资源利用率与最优值的差距。实行阶梯定价政策,根据海域空间资源利用率现状对海域空间资源使用许可进行阶梯定价。

第六步,对在冲突中受损的海洋产业实行补偿性财政政策;对实现海洋产业间合作的涉海企业实行优惠的财政政策。

第七步,以优惠的财政政策鼓励企业参与海陆产业链培育;对自发实现海陆产业关联的企业给予奖励。

第八步,实行促进海陆产业协调发展的政策措施。

第九步,对生态环境友好型的新兴用海产业给予用海优惠政策。

第十步,实行浮动的环境税率政策,根据上年涉海企业的环境效益,对企业收取不同的环境税。

(二) 滨州海洋产业空间布局优化评价

1. 评价结果分析

根据滨州市 2013 年数据为例,根据数据的可得性对"蓝区"建设的海洋产业空间布局优化指标体系进行筛选,所选指标原权重占全部指标权重的 74.58%,说明所选指标在原指标体系中具有代表意义。筛选后的指标体系、指标权重、原始数据及标准化数据如表 3-14 所示,二层指标得分如表 3-15 所示。

表 3-14　　　　滨州市海洋产业空间布局指标体系及数据

指标	数据	标准化数据	权重修正
功能区划相符程度	1	100	0.06114
海洋保护区比重	0.2923	24.4717182	0.00801
滩涂湿地经济密度	0.4623	0	0.068781

续表

指标	数据	标准化数据	权重修正
海域经济密度	1.9881	100	0.067663
海域使用多样性	3.8889	38.889	0.028352
海洋第一产业用海比重	0	0	0.00934
海洋第二产业用海比重	0.3726	0	0.005115
海洋第三产业用海比重	0.6274	0	0.012786
GOP 比重	0.1716	0	0.012766
GOP 增长率	0.1563	0	0.015501
GOP	3370	100	0.006501
海洋第一产业比重	0.3251	0	0.015486
海洋第二产业比重	0.4993	98.6	0.018707
海洋第三产业比重	0.1756	0	0.060458
产业结构相似系数	0.701	49.75	0.029237
保护区水质	0	0	0.009965
增养殖区水质	0.9295	92.95	0.029308
入海排污	1	100	0.043963
区位商	4.3539	0	0.016228
产业冲突程度	2.8889	71.111	0.054435
产业合作程度	1.9524	19.524	0.078658
涉海基础设施支撑	4	40	0.114474
海陆经济协调度	0.5302	53.02	0.135424
海陆经济增长速度比	1.8487	60.52	0.045142
海陆经济关联度	0.57	63.3333333	0.05256

表 3-15 滨州市海洋产业空间布局二层指标得分

指标	分数	最优得分	成效/问题
功能区划相符程度	6.114	6.114	成效
空间资源利用率	0.196	0.801	问题
空间资源利用效率	6.7663	13.6444	问题
空间资源利用水平	1.1026	5.5593	问题
产业规模	0.6501	3.4768	问题

续表

指标	分数	最优得分	成效/问题
产业结构	3.2991	12.3888	问题
生态环境外部性	7.1205	8.3236	—
集中程度	0	1.6228	问题
产业间协调	5.4066	13.3093	问题
产业支撑	4.579	11.4474	问题
协调度	9.9122	18.0566	问题
关联度	3.3288	5.256	—

基于指标权重和标准化后的指标数据计算得到滨州海洋产业空间布局得分为48.475，参照海洋产业空间布局得分评价标准表可知，2013 年滨州市海洋产业空间布局得分处于合理等级中的下游水平，其海洋产业空间布局合理程度一般偏下。滨州市海洋产业空间布局不合理的主要原因在于：（1）只取得 1 项成效，不能大幅提高总分。滨州市在功能区划相符程度上取得了优异成绩，达到了最优得分。但是其在海洋产业空间布局指标体系中的权重较低，只占总分的 4.56%，不能大幅提高总分。（2）存在九项问题，每项问题的得分与最优得分差距较大，拉低了总分。存在问题的九个二层指标占总权重的 80.31%，但因九项问题指标的得分较大幅度低于最优得分，严重拉低了总分。在九项问题指标中，空间资源利用率、空间资源利用水平、产业规模、产业结构和集中程度五项指标的得分低于最优得分的 30%。空间资源利用效率、产业结构、产业间协调、产业支撑和产业协调度五项指标与最优得分均相差 6.5 分以上，拉低总分 24.11。

2. 成效分析与问题诊断

（1）成效分析。分析表 3 - 15 可知，2013 年滨州市在海洋产业空间取得一项成效：海洋空间布局与各级海洋功能区划一致。滨州市严格按照山东省和滨州市的海洋功能规划进行用海审批和用海布局，表现为其在二层指标功能区划相符程度的得分为 6.566，达到了最优分数。

（2）问题诊断。结合表 3 - 14 和表 3 - 15 分析可知，滨州市在海洋产业布局中存在 9 个问题：

①海洋产业空间布局较分散，未实现集约式布局。滨州市在二层指标集中程度上的得分为 0，严重低于最优得分。滨州市海洋产业布局的不合理，造成了海洋产业空间布局的分散，对海洋经济的发展产生了负面影响。

②海洋产业布局规模小，海洋产业发展滞后。滨州市在二级指标产业规模上的得分为 0.6501，只达到最优得分的 18.70%。滨州市海洋经济主要依靠海洋渔业和海洋盐业等传统产业，产业规模较小，产业结构不合理。

③海洋空间资源管理水平较低，海域使用管理水平急需提高。滨州市海洋用海管理水平较低，三产用海不协调，侧重于第二产业用海，用海多样性缺乏。

④海洋空间资源利用不充分或过度利用。滨州市在二层指标空间资源利用率的得分为 0.196，未达到海洋发展规划的合格标准。滨州市传统海洋产业比重较高，对海域、滩涂湿地、围填海、海岛等海洋资源的开发利用程度较高，从而导致了对海洋空间资源的过度利用，超过了海洋发展规划的最低合格标准。

⑤海洋产业布局的三次产业结构失衡，或与周边区域存在较严重的产业同构问题，区域功能定位重叠。海洋产业结构失衡是滨州发展海洋经济过程中存在的较大问题，在二层指标产业结构的得分仅为 3.299，只达到最优得分的 26.63%。滨州市主要依靠海洋渔业和海洋盐业发展海洋经济，其他海洋产业则相对落后，产业发展速度不能很好地协调，引发了三次产业结构的失衡，对海洋经济的持续发展造成阻碍。

⑥涉海基础设施建设不足、涉海人才不足、涉海科技水平低限制了海洋产业的合理布局与发展。滨州市海洋基础设施建设落后，无法为海洋经济的发展提供有力支持，表现为滨州市的防洪标准重现期仅为 20~30 年，远低于其他沿海城市。

⑦海洋产业间存在布局冲突，且布局未能促进海洋产业间合作，未实现产业间协调发展。滨州市未能科学布局海洋产业，一定程度上将海洋产业分离开来，割断了产业间的合作。将专家问卷调查的结果整理发现，专家们普遍认为滨州市的海洋产业合作程度较低，只有 19.52%。

⑧海洋空间资源利用效率较低，单位空间资源回报率较低。滨州市在海洋空间资源上利用和海洋经济发展不协调，海洋经济规模较小而海洋资源利用较高，造成了海洋资源利用的低效率，表现为二级指标空间资源利用效率的得分为 6.766，只占最优得分的 49.59%。

⑨海陆产业发展较不协调，海陆产业增长失衡。滨州市陆域经济较海洋经济发展较快，海洋经济发展严重滞后于陆域经济，海陆发展不协调。

3. 优化路径与优化方案

（1）优化路径选择。滨州海洋产业空间布局对生态环境的负面影响较小，在二级指标生态环境外部性的得分为 7.121，达到了最优得分的 85.55%，但是滨州的海洋产业布局在经济方面则存在较多的问题，从滨州市海洋产业空间布局存在的问题中可以看出。因此，为滨州市选择经济优先发展原则制定优化路径（见图 3-2）。

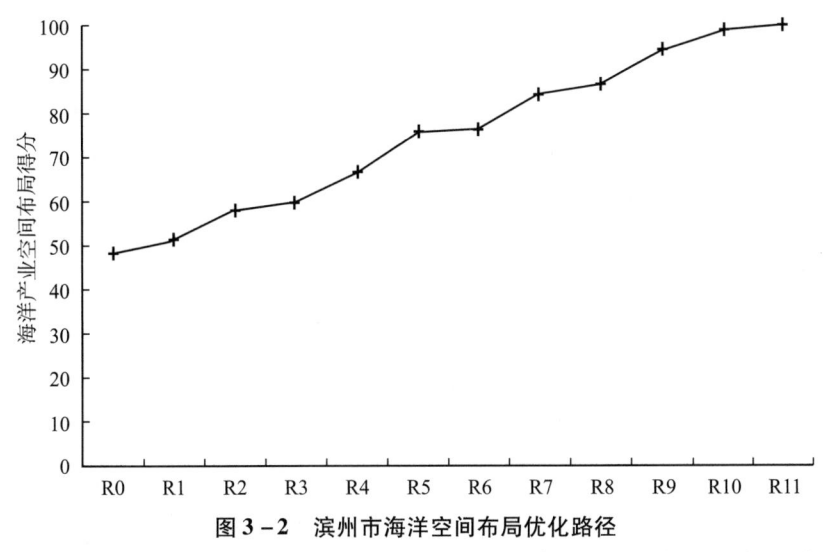

图 3-2　滨州市海洋空间布局优化路径

注：R0 为海洋产业空间布局原始得分，R1 为实现第一步优化路径后的海洋产业空间布局得分。

R1 扩大海洋产业布局规模；
R2 提高海洋产业布局的基础设施、人才及科技支撑水平；
R3 提高海洋产业布局的集中集约程度；
R4 提高海洋空间资源利用效率；
R5 调整海洋产业布局结构；
R6 控制海洋空间资源利用率在最优区间；
R7 促进海洋产业间的布局协调；
R8 促进海陆产业关联互动式发展；
R9 促进海陆产业协调均衡发展；
R10 优化海洋空间资源利用水平；
R11 提高海洋产业布局的环境正效益。

（2）优化方案选择。滨州市在政府管理上缺乏效率，政府财政能力相较东营市较弱，政府行政力量不高。以机制创新为侧重点的优化方案，对政府管理水平要求较低，符合滨州市的现实情况。因此，为滨州市制定以机制创新为侧重的优化方案。

第一步，建立海洋产业发展多元融资机制。

第二步，建立涉海基础设施建设融资创新机制、涉海专业人才引流机制。

第三步，划定产业园区。建立对话反馈机制，主管部门根据信息反馈调整园区的管理模式和相关政策；建立清退机制，将园区内的经营不善的企业清退。

第四步，收缩海洋空间资源开发广度，提高海洋空间资源利用深度，进行集约式布局。建立"海洋空间资源集约利用"对话机制，由政府与代表企业共同确定集中利用的海洋空间范围。

第五步,根据海洋产业结构演进图调整三次产业结构,制定调整目标;根据本区域海洋资源禀赋情况,明确海洋优势产业。建立"区域海洋产业功能定位"谈判机制和"海洋产业结构调整"机制,区域政府、各海洋产业代表企业共同参与,实现跨区域的产业内整合和产业结构调整。

第六步,对海洋空间资源制定现阶段利用率的标准区间和最优值,根据不同海洋空间资源利用率与最优值的差距。建立反馈机制,根据海洋空间资源利用率现状相机决策海洋空间资源使用许可证书的发放数量。

第七步,建立"海洋产业间布局冲突补偿"谈判机制,由政府主持双方代表企业进行谈判,由政府仲裁"索赔权"归属和补偿额度;建立海洋产业合作谈判机制,由政府组织、相关产业的企业代表参与,就合作模式和利益分配等问题进行谈判。

第八步,建立海陆产业链培育机制,由政府组织、相关产业的企业代表共同参与,通过谈判、设计、运行、反馈,构建并完善海陆产业链。

第九步,建立海陆产业交流机制,加强海陆产业之间的科技、人才交流,促进相互带动作用。

第十步,建立海域使用管理反馈机制,海洋行政管理部门和用海单位或个人就海域使用供需状况进行交流。

第十一步,建立并完善"海洋环境产权"机制,由政府为向造成海洋环境负效益的企业收取罚款,罚款用于海洋污染治理和海洋生态修复。

四、海洋经济区产业布局模型及评价体系分析

21世纪是"海洋的世纪",海洋经济已成为我国国民经济新的增长点。在2003年国务院印发的《全国海洋经济发展规划纲要》中明确指出了有关海洋产业、海洋经济区域布局、海洋生态环境和资源保护等方面的问题,并将我国海岸带及临近海域划分为11个综合经济区域。这些区域除了拥有特殊的区位优势和雄厚的经济基础外,更是因为其临海产业对于区域经济发展发挥了积极的引擎作用,为实现海陆经济一体化奠定了基础。如何合理布局海洋产业,形成各具特色的海洋经济区域,是我国海洋经济发展中亟待解决的重要问题。

(一)海洋经济区及产业研究综述

按照《联合国海洋法公约》,将我国的海洋区域分为内水、领海、毗连区、专属经济区和大陆架五大部分。按照我国海洋工作开展的范围,还要加上沿海地带、国际海底开发和两极事业。海洋经济区是以海域空间为依托,以海洋自然资源和空间为利用对象,以海洋产业为主体的经济区域。海洋经济区是海洋经济区

划的结果，海洋经济区划是根据社会劳动的地域分工规律、区域经济发展水平和特征的相似性、经济联系的密切程度和国家经济社会发展目标与任务对海域进行的战略性区划（陈可文，2003）。海洋经济区是一个复杂的海陆区域产业系统，在一定范围内以中心城市为依托，通过海上运输与沿岸运输流通网络，把有关产业部门紧密联系起来（叶向东，2006）。栾维新（2005）对我国海洋规划的区域类型及特征进行了研究，根据地理覆盖范围将海洋规划划分为国际综合性海洋计划、国家层面海洋规划、省（市）级海洋规划及地级市域海洋规划等四种区域类型。徐志良、方堃等（2006）归纳了我国海洋经济区的区域开放性、战略地缘复杂性、海陆交互一体性、区域边界不确定性和文化价值观念的拓展性五个方面的特征。李靖宇、袁宾潞（2007）对我国长江口及浙江沿岸海洋经济区域与产业布局优化问题进行了研究，认为应该从理论与实际的结合上认定区域综合优势，依托海洋资源发挥区域引擎功能。

　　海洋产业研究方面，兰德尔·巴斯、迈克尔·哈特（2000）研究了渔业所有权对新西兰海产品产业发展的影响及存在的问题。认为实现可转换配额的个人所有者和渔民对渔业的共同管理是解决非贸易渔业产权不清、缺乏综合管理和立法弹性及不当的政府干预等问题的一条有效途径。沙伊杜尔·伊斯兰（2003）认为应该从全球视角对孟加拉国海湾渔业予以关注，从渔业开采、交易、加工、出口以及市场等各方面制定管理战略以解决目前出现的海洋污染和经济社会等问题。努特·比约恩·林德克维斯特、托比昂、特隆森（2007）基于比较优势理论、劳动国际分工论和贸易活动的国际化进程分析了中国海产品产业对世界渔业产业的影响。有关海洋油气业的研究大多集中在油气的开发与环境和资源的可承受能力二者之间的关系上（I. V. STEJSKAL，2000；Shunsuke Managi，James J. Opaluch，2006）。我国学者王海英（2002）在分析不同阶段海洋资源利用开发的重点以及我国与世界海洋开发的比较基础上，认为可以通过发展高新技术产业和加速传统产业的技术改造，来逐步推动我国海洋产业结构的现代化。于永海、苗丰民等（2004）对区域海洋产业布局合理性的内涵进行了探讨，认为区域海洋产业布局是海洋产业布局的子系统，通过功能和联系与其他海域在社会大环境下相互关联。王永生（2004）根据我国海洋产业的形成规模及开发时序，将海洋产业划分为传统、新兴及未来海洋产业三种类型，并根据海洋产业评价指标对具体产业进行了分析和测算。张静、韩立民（2006）通过对海洋产业结构的演进规律分析，认为区域海洋经济发展应把在海洋产业结构中已形成优势或居于主导地位的产业发展置于优先位置。何广顺、王晓慧（2006）在研究分析海洋经济构成的基础上，对我国海洋及相关产业的分类进行了探索研究，提出了核心层、支持层和外围层三个层次的海洋经济构成和海洋及相关产业的分类方法。于谨凯、李宝星（2007）基于 Rabah Amir 模型、SCP 范式，对海洋市场结构以及规模经济决定的海洋产业市场绩效做了模型分析。

在实证研究方面，D. Jin 和 P. Hoagland 等（2003）利用海洋食物链相关数据建立了海岸带经济的投入产出模型，对海洋经济和生态系统进行联合分析研究。我国学者楼东、谷树忠等（2005）运用灰色系统方法，对我国及沿海各省份区的主要海洋产业进行了关联度分析，并应用 GM 模型对我国海洋产业产值进行了预测。魏进平等（2006）运用数据包络分析法对天津和河北两地海洋产业中技术效率和规模效率进行了分析，找出各自海洋产业中的优势行业以便加强产业合作。殷克东、秦娟等（2007）通过建立模型运用数列灰预测法对 2007 年和 2008 年我国海洋总产值及海洋渔业、海洋交通运输、海洋油气、海滨砂矿、滨海旅游、海洋盐业和沿海造船业这 7 个海洋产业产值分别进行了预测分析。吴凯、卢布（2007）应用灰色关联分析、主成分分析、区位熵分析法，探讨了我国海洋产业结构中的主导产业和优势产业选择问题。

（二）海洋产业布局 W–T 模型分析

产业布局又称产业分布、产业配置，是指一个国家或地区产业各部门、各环节在地域上的动态组合分布，是国民经济各部门发展运动规律的具体表现。合理的产业布局，有助于促进区域分工，发挥地区资源的比较优势和绝对优势，提高资源的综合利用效率。产业布局应遵循全局和长远、集中和分散相结合等原则。从一般经济学意义上讲，产业布局必须遵循资源优化配置这一基本原则。

1. 产业布局原则

合理构建产业布局，必须遵循资源最优配置原则。按照一般生产函数 $Y_i = AF_i(K_i, L_i)$，其中 Y_i、K_i、L_i 分别表示 i 产业的总产出、劳动投入和资本投入，A 代表该产业的技术水平。则劳动的边际产出 $E_i(L) = A\dfrac{\partial Y_i}{\partial L_i}$，资本的边际产出 $E_i(K) = A\dfrac{\partial Y_i}{\partial K_i}$。根据边际收益递减规律，该产业布局的帕累托最优应满足：

（1）同一投入要素在不同产业的边际产出相等，即 $E_i(K) = E_j(K)$，$E_i(L) = E_j(L)$；

（2）不同要素在同一产业的边际产出相等，即 $E_i(K) = E_i(L)$，但在实际活动中，上述条件很难满足，即在进行产业布局时很难实现各要素边际产出相等这一理论上的最优，而是与平均产出存在一定偏差。将投入要素（劳动和资本）的平均边际产出定义为 $\overline{E} = \dfrac{1}{2n} \times \sum\limits_{i=1}^{n}[E_i(K) + E_i(L)]$。则可以通过计算资本和劳动的边际产出与平均产出的偏离程度得出资源配置合理化系数，以此来衡量产业结构的合理化水平。i 产业资本的边际产出偏离系数 $S_i(K) = \dfrac{1}{E} \times |E_i(K) - \overline{E}|$，劳动的边际产出偏离系数 $S_i(L) = \dfrac{1}{E} \times |E_i(L) - \overline{E}|$，则产业结构综合边际产量偏离

系数可表示为：$S = \frac{1}{2n} \times \sum_{i=1}^{n} [S_i(K) + S_i(L)]$。产业布局优化系数 $T = \frac{1}{S}$，T 值越大，则资源配置效率越高，产业布局越合理。

2. 海洋产业布局模型分析

根据以上产业布局原则，本章以威弗·托马斯（Weaver - Thomas）关于工业战略产业布局优化的数学模型为基础，将其应用到我国海洋经济区的产业布局上，以此来分析我国海洋产业的优化布局问题。

Weaver - Thomas 模型的主要原理是把一个观察分布（实际分布）与假设分布相比较，以建立一个最接近的近似分布。使用该模型时，首先把各项指标按大小排序，然后再通过计算和比较每一种假设分布与实际分布之差的平方和，以此确定最佳拟合。假设 EN_{ij} 为海洋第 i 产业第 j 项指标值，$i = 1, 2, \cdots, m$，$j = 1, 2, \cdots, n$。m 为海洋产业总个数，n 为指标总个数，则对于第 n 个产业其组合指数 WT_{ni} 为：

$$WT_{ni} = \sum_{i=1}^{m} (\lambda_i^h - 100EN_{ij} / \sum_{i=1}^{m} EN_{ij})^2 \quad (3-20)$$

$$WT = \frac{1}{n} \sum WT_{ni} \quad (3-21)$$

$$nq_j = \{n: WT_{ij} = \min WT_{ki} (k=1, 2, \cdots, m)\} \quad (3-22)$$

$$nq = \frac{1}{n} \sum_{j=1}^{n} nq_j \quad (3-23)$$

式中，$\lambda_i^n = \begin{cases} \frac{100}{n} & \text{当 } i \leq n \text{ 时} \\ 0 & \text{当 } i > n \text{ 时} \end{cases}$

WT 为所有指标对应的产业综合排名值，nq_j 为第 j 指标对应的海洋产业个数，nq 为全部指标对应的海洋产业总个数。WT 值越大，则该产业的综合竞争力较强，在区域产业布局时应重点考虑。通过测算比较不同时期各海洋产业的组合指数 WT 值，确定各产业在该经济区的优劣势，以此来合理布局海洋产业，实现区际效益最大化。

（三）海洋经济区产业布局优化指标体系

依据上述模型所做的分析是建立在一定的评价指标之上的，通过对一系列海洋产业指标体系的测算，计算出各产业的组合指数，从而根据不同产业指数值的大小排序来全面合理构建海洋经济区产业布局。

1. 区位商

在实际运用上述模型进行海洋产业布局时，首先应根据各海洋经济区的比较优势，确定能够发挥该区优势、具有区域分工意义、能够为区外服务的区域专门化产业。一般情况下，如果一个地区在它具有比较优势的海洋产业方面形成了专业化部门而且具有较高的专业化水平,则说明这个地区的海洋产业布局发挥了当地的比较优势。判断一海洋经济区专业化部门的指标可用区位商 SL_{ij} 来表示,其计算公式为:$SL_{ij} = \dfrac{L_{ij}/L_i}{L_j/L}$,其中 L_{ij} 表示第 i 海洋经济区 j 部门的劳动力人数,L_i 表示该区劳动力总人数,L_j 表示全国 j 部门劳动力人数,L 为全国劳动力总人数。如果 $SL_{ij} > 1$,说明 j 部门是 i 海洋经济区的专业化产业。SL_{ij} 值越大,则该产业的专门化程度越高,如果 SL_{ij} 值在 2 以上,说明该海洋产业具有较强的区域外向性。

2. 增加值比重

受特定时期海洋资源和技术条件的限制,为使有限的海洋资源优势得到最充分有效的发挥,只能集中力量优先发展某些优势产业。因此,在比较优势的基础上进行产业布局时必须确定优先发展和重点发展的海洋主导产业。主导产业选择方面可用区内增加值比重 WI_{ij} 来表示。计算公式为:$WI_{ij} = (G_{ij}/G_i) \times 100\%$,式中 WI_{ij} 表示 i 海洋经济区 j 产业的增加值比重,G_{ij}、G_i 分别表示各海洋产业的增加值和海洋总产值。一般来说,$WI_{ij} > 15\%$ 的产业才有可能成为该区域的海洋主导产业。

3. 关联度

由于海洋水体的流动性和连续性,使各海洋产业之间存在较强的关联性,因此在确立了海洋主导产业之后,必须考虑主导产业与相关产业之间的关联度。在产业间投入产出相互关系中,关联度的测算可以用代表"后向关联"的产业感应度系数和"前向关联"的影响力系数来表示。如果用 e_i 表示第 i 产业的感应度系数;e_j 表示第 i 产业的影响力系数;n 为产业数目;C_{ij} 为列昂惕夫矩阵 $R = (I - A)^{-1}$ 中的元素,其经济学含义是 j 部门生产每单位最终产品时 i 部门应有的总产品量,那么产业的感应度系数和产业影响力系数分别为:$e_i = \dfrac{\sum_{j=1}^{n} C_{ij}}{\dfrac{1}{n}\sum_{i=1}^{n}\sum_{j=1}^{n} C_{ij}}$ 和 $e_j = \dfrac{\sum_{i=1}^{n} C_{ij}}{\dfrac{1}{n}\sum_{i=1}^{n}\sum_{j=1}^{n} C_{ij}}$。这两个系数值越大,说明此类海洋产业在该经济区产业结构中的关联度越高,对区域经济发展及产业结构演变所起的作用也越大。

4. 需求弹性

海洋资源开发和产业布局优化的最终目的是为了满足人们需求,潜在市场需求对产业结构演进具有直接的推动作用。海洋生态资源供给的稀缺性决定了在确立了海洋主导产业和相关产业之后,必须考虑产业产品的潜在市场需求,或者对未来市场做出合理预测。根据产业生命周期理论,任何一个产业,如果处于创新期末段或成长期初段则该产业就具有较强的潜在市场需求,并极有可能成为下一个"潜导"产业的生长点。需求结构和产业结构二者之间的对应关系可用产业弹

性系数 ρ_i 表示，其计算公式为：$\rho_i = \dfrac{\Delta D_i / D_i}{\Delta W_i / W_i}$，其中 $\Delta D_i / D_i$ 为第 i 海洋产业产品的需求增长率，$\Delta W_i / W_i$ 为海洋收入增长率。该系数越大，表明 i 产业产品需求对收入的带动作用越大，可作为主导产业的备选产业。此外，产业 i 就业弹性系数 $e_i = \dfrac{\Delta L_i / L_i}{\Delta Y_i / Y_i}$，表示海洋经济对当地劳动力就业的带动作用，该系数越大，则该产业对就业的带动作用越大，创造的社会效益也就越高。

5. 技术水平

对于某些特殊的海洋产业，如海洋油气、海洋化工、海洋生物医药等产业在进行布局时除了依托当地区位优势和资源禀赋外，这类产业对技术的要求也比较高。先进技术对产业结构优化和升级具有很强的带动作用，并在一定程度上标志着海洋经济的发展水平和未来发展方向。在对该类海洋产业进行布局时，可以用产业技术水平和技术进步速度来考察技术因素对产业结构的影响。如果 $E_{i(t)}$ 表示 i 海洋产业在第 t 期的技术水平，$Y_{i(t)}$ 表示 i 产业在第 t 期的总产值，$K_{i(t)}^{\alpha}$、$L_{i(t)}^{\beta}$ 分别表示资本总额和劳动力价值弹性。则产业技术水平 $E_{i(t)} = \dfrac{Y_{i(t)}}{K_{i(t)}^{\alpha} L_{i(t)}^{\beta}}$，$E_{i(t)}$ 值越大，该产业的技术水平越高，反之越低。产业技术进步速度 $V_i = \dfrac{GDPT_i}{GDP_i}$，其中 $GDPT_i$ 是指 i 海洋产业由技术部分获得的 GDP，GDP_i 为 i 产业总产值。产业技术进步速度 V_i 表示的是 i 产业的技术在 i 产业增加值中所作的贡献。V_i 越大，表示该海洋产业技术进步越快，反之越慢。

6. 出口依存度

对于某些外向型特征较明显的海洋产业在布局时还应考虑其产业出口依存度和出口规模。产业出口依存度可用产业 i 进出口差额占当地海洋经济总产值的比重表示。如果用 μ_i 代表海洋产业出口依存度，TE_i 表示海洋产业出口总额，则出口依存度 μ_i 的计算公式为：$\mu_i = \dfrac{TE_i}{GDP}$。$\mu_i$ 越大，产业出口依存度越高，反之则越小。产业出口规模用 HK 表示，其计算公式为：$HK = EX_i / \sum EX_i$，HK 表示 i 产业的出口占整个海洋经济区出口总额的比重，HK 值越大，说明该海洋产业的出口规模越大，具有典型的外向型特性。

7. 产业规模

在综合考察了以上各项指标，对各类海洋产业合理布局后，就可以对通过海洋产业规模这一指标来测算海洋产业总产值对国民经济的带动作用。用 GY_i 表示海洋产业 i 总产值规模，其计算公式为：$GY_i = \dfrac{GDP_i}{GDP}$，式中 GDP_i 为 i 海洋产业的生产总值，GDP 为整个国家海洋产业的生产总值，GY_i 反映了第 i 海洋产业产值占整个 GDP 的比重。该值越大，表明该海洋产业规模越大，对区域乃至整个国民经济的带动作用也越明显。

根据上述指标体系，就可以对海洋经济区域各产业结构是否合理进行综合评判，从而决定是否需要进行重新布局以达最优化。

（四）我国海洋产业布局优化实证分析：以沿海 11 省份经济区域为例

有关我国海洋产业的分类，根据国家海洋行业标准《海洋经济统计分类与代码》，将我国海洋产业划分为 15 个大类、54 个中类、107 个小类。（杨金森，1992）按照技术标准和时间标准，把海洋产业划分为传统产业、新兴产业和未来产业三种不同类型的阶段。（徐质斌，2000）根据三次产业分类法，按海洋的属性将已经存在或可能出现的海洋产业进行归类，划分为海洋一、二、三、"第零产业"和"第四产业"。根据《海洋及相关产业分类》（GB/T20794—2006）将我国海洋产业划分为海洋渔业、海洋油气业、海洋矿业、海洋盐业、海洋船舶工业、海洋化工业、海洋生物医药业、海洋工程建筑业、海洋电力业、海水利用业、海洋交通运输业、滨海旅游业以及海洋信息、科学研究、信息、环境、教育、社会服务业等 29 个大类。本章按照最新的《海洋及相关产业分类》划分法，运用上述有关指标体系计算我国沿海 11 个省份的主要海洋产业的 WT 值，通过 WT 值的大小来确定各个产业综合排名，为今后各省份在进行海洋产业布局时提供参考。鉴于数据资料的限制，在指标选择方面采用上述指标中的区位商（WT_{n1}）、区内产业增加值比重（WT_{n2}）、产业弹性系数（WT_{n3}）以及海洋产业规模（WT_{n4}）这四项指标予以考察，各省份重点布局的产业个数 nq = 5 或 6，各产业对应的指标值及指标均值计算结果如表 3 - 16 所示。

表 3 - 16　　　　　　　各产业对应的指标值及指标均值

省份		渔业	油气业	海盐	海洋船舶	海洋运输	生物医药	滨海旅游	海滨砂矿	海洋建筑
天津	WT_{n1}	602.28	2981.63	374	455.29	424.24		353.02		
	WT_{n2}	629.33	941.58	568	525.55	259.71		623.49		
	WT_{n3}	628.13	207.35	579	549.27	16.65		623.91		
	WT_{n4}	577.06	84.97	580.6	532.67	4.99		94.9		
	WT	609.2	1053.88	525.25	515.7	176.4		423.83		

续表

省份		渔业	油气业	海盐	海洋船舶	海洋运输	生物医药	滨海旅游	海滨砂矿	海洋建筑
山东	WT_{n1}	548.54	600.35	503.77	551	593.63		467.96		
	WT_{n2}	647.9	559.78	640.22	885.4	210.08		0.05		
	WT_{n3}	1.6	594.12	617.21	506.18	375.25		148.34		
	WT_{n4}	11898.1	397.49	390.56	455.13	22.55		245.78		
	WT	3274.03	537.94	537.94	599.43	300.38		215.78		
河北	WT_{n1}	564.68		3530.73	217.15					
	WT_{n2}	220.83		539.72	235	16.77		0.43		
	WT_{n3}	151.04		2295.15	475.58	354.76		398.99		
	WT_{n4}	4.91		42.02	410.33	0.8		171.68		
	WT	235.37		1679.2	334.52	171.68		190.37		
辽宁	WT_{n1}	240.34	552.62	0.03	329.56					
	WT_{n2}	293.26	99.22	59.38	37.12	1974.6	25.26	283.83		
	WT_{n3}	92.32	295.62	85.21	263.44	1523	129.16	71.19		
	WT_{n4}	602.38	599.89	593.29	63.02	243.32	615.73	5.48		
	WT	307.08	386.84	184.47	173.29	1246.9	256.72	120.72		
上海	WT_{n1}	600.31	606.4		401.77	984.7		196.15		
	WT_{n2}	51.98	98.9		142.92	105.39		397.35		
	WT_{n3}	255.91	278.34		7.37	280.8		1045.1		
	WT_{n4}	557.58	614.1		219.97	260.46		487.54		
	WT	366.45	399.4		193.01	407.84		531.53		
江苏	WT_{n1}	279.75		0.05	458.42	502.02	337.84	206.07		591.9
	WT_{n2}	378.25		214.4	22.56	13.23	503.57	65.22		4.02
	WT_{n3}	17.86		191.14	372.41	384.12	402.3	330.53		399.4
	WT_{n4}	208.79		575.12	13.58	456.29	492.24	32.88		399.4
	WT	221.16		245.18	216.74	338.92	433.98	158.68		348.7
浙江	WT_{n1}	6.36		223.02		641.4		108.21	521.6	
	WT_{n2}	393.89		145.72	253.01	302.42		289.14	205.6	253.01
	WT_{n3}	20.39		189.38	176.07	133.22		135.99	224.9	176.07
	WT_{n4}	219.11		221.92	271.05	43.97		5.05	579.6	243.67
	WT	159.94		195.01	233.38	280.25		134.62	382.9	224.25

续表

省份		渔业	油气业	海盐	海洋船舶	海洋运输	生物医药	滨海旅游	海滨砂矿	海洋建筑
福建	WT_{n1}	77.21		405.69	586.67		1760.02	190.4		
	WT_{n2}	309.4		372.91	85.51	599.37	226.92	242.79		
	WT_{n3}	6.39		18.33	208.46	474.65	67.83	53.5		
	WT_{n4}	1005.7		620.62	480.75	56.39		5.84		
	WT	349.67		354.39	340.4	376.8	684.9	123.13		
广东	WT_{n1}	3550.1	401.17	342.77	442.65					
	WT_{n2}	184.96	63.11	152.46	156.39	395.04		307.7		
	WT_{n3}	191.54	307.43	222.98	219.11	1.27		62.96		
	WT_{n4}	46.23	44.28		506.65	215.35		139.71		
	WT	993.21	204	239.4	331.2	203.89		170.88		
广西	WT_{n1}	343.56		7.2				526.92	359.8	212.18
	WT_{n2}	340.23		493.51				27.96	0.54	93.83
	WT_{n3}	10.3		691.41				315.23	377.7	245.27
	WT_{n4}	1917.33						130.41	576.6	363.82
	WT	652.86		397.37				250.13	328.7	228.78
海南	WT_{n1}	416.84		430.04				548.78	396.3	
	WT_{n2}	192.07		96.59				331.96	495.1	
	WT_{n3}	1.66		276.6				328	354.5	
	WT_{n4}	1402.8						77.42	595.9	
	WT	503.35		267.74				321.54	460.5	

注：资料来源：根据2005年、2006年中国海洋统计年鉴及中国统计年鉴整理计算所得。

从表3-16可以看出，对于某一具体的海洋产业，某些指标对应的WT值较大，某些指标对应的WT值较小，如天津的海洋油气业对应的区位商指标值为2981.63，而对应的弹性系数指标值仅为84.97，可见各项指标值之间存在一定差异，其他海洋产业的各项指标值状况也存在一定差异。

针对这种情况，通过计算所有指标对应的综合WT值可以有效解决这一差异过大问题。从上述计算的我国沿海11省份海洋各产业的平均WT值可以看出：

（1）在各省份海洋产业横向比较方面，天津市海洋产业综合排名顺序依次为海洋油气业、渔业、海盐、海洋运输、海洋船舶和滨海旅游业，其中海洋油气业优势最为明显，综合排名值为1053.88。山东省重点考虑的海洋产业布局顺序为渔业、海洋船舶、海盐、海洋油气、海洋运输、滨海旅游，其中渔业占有绝对比重，综合 WT 值为 3274.03，是排名第二的海洋船舶业的 5 倍之多。河北省海洋产业综合排名为海盐、海洋船舶、渔业、滨海旅游和海洋运输业。辽宁为海洋运输业、油气业、渔业、海洋生物医药、海盐和海洋船舶工业，海洋运输业优势较为明显。上海为滨海旅游、海洋运输、油气、渔业和海洋船舶业，其中滨海旅游业较有优势。江苏依次为海洋生物医药、海洋工程建筑、海洋运输、海盐和渔业。浙江为海洋砂矿、海洋运输、海洋船舶、工程建筑、海盐和油气业。福建为海洋生物医药、海洋运输、海盐、渔业、海洋船舶和滨海旅游业。广东为渔业、海洋船舶、海盐、油气、海洋运输和滨海旅游业。广西为渔业、海盐、海洋砂矿、滨海旅游和海洋工程建筑业。海南为渔业、砂矿业、滨海旅游和海盐。

(2) 从全国纵向比较来看，渔业资源中，山东、广东、广西、天津占有较大比重，四省份渔业资源综合值占全国渔业比重达 70%，其中仅山东一省所占比例就高达 41.3%。海洋油气业方面，由于数据较少，仅从已统计的数据来看，天津和山东具有比较优势。海盐业则以环渤海经济圈的河北、山东、天津为主，三省份占全国将近 60% 的比重。海洋船舶业方面各省份综合值差别不是很大，天津和山东略占一定优势。海洋运输业和滨海旅游业方面，各省份基本相当，无明显的绝对优势，可见这两个产业都已成为各省份海洋产业的重要组成部分，已纳入全国海洋产业布局体系之中。其中以辽宁的海洋运输业、上海和海南的滨海旅游业稍具优势。而海洋生物医药、海滨砂矿和海洋建筑业方面由于数据资料所限，无法做出全面综合的比较判断，但从已有数据可以看出，辽宁和福建的海洋生物医药业、江苏和海南的海滨砂矿业以及江苏的海洋建筑业都有一定的发展潜力，作为新兴的海洋产业，可以结合当地实际情况，发展区域特色海洋产业。

海洋产业布局是一个既相互联系又相互依存的复杂大系统，各产业之间既有横向经济联系又有纵向技术联系，存在较强的关联性。各省份根据按照支柱产业选择的动态实效规律和因海制宜原则，结合未来我国海洋经济发展的战略步骤与目标，近期可将经济效益较好的海水养殖业和海洋捕捞、海洋运输业及海上石油开采业作为海洋战略支柱产业，这三大类产业在今后较长一段时期内仍占据主导地位，中远期将海洋石油工业、海洋生物医药业与滨海旅游业作为重点发展产业。通过合理布局海洋产业，确定当前和今后一段时间内重点投资优先发展的海洋支柱产业，通过支柱产业的布局带动和促进整个区域海洋经济的发展。

(五) 相关对策与建议

合理开发海洋资源、优化海洋产业布局是一个全局性的战略问题，需要各海洋各管理部门的统一协调。首先应建立相对集中且功能专门化的管理机制，强化海洋经济工作领导小组对海洋开发全局管理的基础性、综合性管理功能。其次是建立海洋协调合作机制，以海洋经济工作领导小组为主体，其他相关部门相互配合，对海洋的空间、资源、环境和权益进行全面、统筹协调的管理。再次，制定海洋产业发展规划，健全相关产业政策，从整个社会效益和海洋可持续发展出发，因海制宜，优化布局，扩大规模，稳定发展海洋第一产业，加快海洋第二产业发展，大力发展海洋第三产业。最后，形成合理的海洋产业布局层次。积极培育和发展滨海旅游业、海洋渔业、海洋交通运输业、临港工业和海洋高新技术产业等优势产业，培育陆海产业集群，加快形成并不断增强全国陆海产业的综合优势，壮大海洋产业链，提高产业化水平和产业经济效率，实现我国海洋经济的和谐有序发展。

第二节 区域海洋产业布局规模优化

一、海洋产业空间布局规模优化技术

动态规划是解决多阶段决策过程最优化的一种方法，即随着实践过程的发展而决定各时段的决策，产生一个决策序列使整个活动过程达到总体效果最优。基于动态规划理论，根据海洋产业的海洋空间资源投资回报率，决策不同海洋产业空间布局用海比例的最优方案，形成海洋产业空间布局规模优化技术。

第一步，计算在备选海洋产业中分别投入 N 单位海洋空间资源的回报值。以 6 个单位资源在 3 个备选海洋产业中投入为例，如表 3-17 所示。

表 3-17　　　　　　　海洋产业海洋空间资源投资值

投资回报	1	2	3	4	5	6
产业 A	A1	A2	A3	A4	A5	A6
产业 B	B1	B2	B3	B4	B5	B6
产业 C	C1	C2	C3	C4	C5	C6

海洋空间资源投入回报值的计算可根据掌握数据的情况下进行选择。假设海洋产业具有柯布-道格拉斯形式的生产函数，则设：

$$Y_t = \lambda A_t^\alpha K_t^\beta \qquad (3-24)$$

其中，Y_t 为海洋产业在 t 期产值，K 和 A 分别为该海洋产业的海洋空间资源资本和其他资本投入，β 和 α 分别为对应的资本回报率。

在具有大样本的理想条件下，可运用普通最小二乘法对式（3-24）的双对数式进行回归估计，即得式（3-25）。根据式（3-25）可计算当其他资本投入

保持 1 单位时不同单位海洋空间资源投入的回报值，如：当海洋空间资源投入为 2 单位时，回报值为 $2^{\beta}\hat{\lambda}$。当样本过小或数据不连续而无法进行计量估计时，可采用比值代换、算术平均等方式估计回报值。

$$\ln \hat{Y}_t = \ln \hat{\lambda} + \hat{\alpha} \ln A_t + \hat{\beta} \ln K_t \qquad (3-25)$$

第二步，根据表 3-17，分别分析海洋产业 A 和海洋产业 B 的投资回报情况，列出离散型线性规划表进行倒叙求解；首先考虑海洋产业 A 与海洋产业 B 联合布局的离散线性规划过程，如表 3-48 所示。

表 3-18　　　　产业 A 与 B 联合布局的离散型线性规划过程

	0	1	2	3	4	5	6	目标
0	0							
1	A1 + 0	0 + B1						D1
2	A2 + 0	A1 + B1	0 + B2					D2
3	A3 + 0	A2 + B1	A1 + B2	0 + B3				D3
4	A4 + 0	A3 + B1	A2 + B2	A1 + B3	0 + B4			D4
5	A5 + 0	A4 + B1	A3 + B2	A2 + B3	A1 + B4	0 + B5		D5
6	A6 + 0	A5 + B1	A4 + B2	A3 + B3	A2 + B4	A1 + B5	0 + B6	D6

其中，D_i 为表 3-18 中第 i 行的最大值，即当备选海洋产业仅为 A 与 B 时，两个产业联合使用 1~6 单位海洋空间资源进行布局后所能获得的最大回报率。现在考虑海洋产业 A、B、C 联合布局的离散型线性规划过程，如表 3-19 所示。

表 3-19　　　　产业 A、B 与产业 C 联合布局的离散型线性规划过程

	0	1	2	3	4	5	6	目标
0	0							
1	D1 + 0	0 + C1						E1
2	D2 + 0	D1 + C1	0 + C2					E2
3	D3 + 0	D2 + C1	D1 + C2	0 + C3				E3
4	D4 + 0	D3 + C1	D2 + C2	D1 + C3	0 + C4			E4
5	D5 + 0	D4 + C1	D3 + C2	D2 + C3	D1 + C4	0 + C5		E5
6	D6 + 0	D5 + C1	D4 + C2	D3 + C3	D2 + C4	D1 + C5	0 + C6	E6

其中，E_i 为表 3-19 中第 i 行的最大值，即当备选海洋产业为 A、B、C 时，三个产业联合使用 1~6 单位海洋空间资源进行布局后所能获得的最大回报率。

第三步，识别 E_i 的最大值及其对应的海洋空间资源分配方案。如：$maxE_i = E_6 = D_4 + C_2 = A_1 + B_3 + C_2$，则 6 单位海洋空间资源在 A、B、C 三个产业间的最优分配方案即为：A 产业获得 1 单位空间资源，B 产业获得 3 单位空间资源，C 产业获得 2 单位空间资源；即海洋产业 A、B、C 的空间布局最优规模比为 1∶3∶2。

二、东营市海洋产业空间布局规模优化应用

由于东营市目前海洋经济及用海信息统计尚不完善，样本数据长度较短且存在残缺，仅有部分年份的主要海洋产业产值、部分海洋产业新增用海信息、部分海洋产业用海信息等数据，因此无法采用回归估计海洋产业用海回报值。假设东营市 2011～2012 年海洋产业其他资本投入不变且海洋空间资源资本投入的规模报酬不变，运用简单算术平均对新增用海回报率进行粗略估计：以 2011～2012 年历年海洋产业新增用海单位平均效益作为新增海洋空间资源资本投入的单位回报率（见式 3－26），以 2011～2012 年历年海洋产业新增用海单位效益的平均值作为新增海洋空间资源资本投入的单位回报率（见式 3－27）。最后对估计所得的初始回报值和单位回报率进行单位化处理，简化运算过程。

$$X_{i1} = \frac{\sum \Delta Y_{it}}{\sum \Delta K_{it-1}} \quad (3-26)$$

$$\Delta X_i = X_{ik+1} - X_{ik} = \sum \frac{\Delta Y_{it}}{\Delta K_{it-1}} \quad (3-27)$$

其中，X_{i1} 和 ΔX_i 分别为海洋产业 i 海洋空间资源投入的初始回报值和单位回报率；ΔY_t 为当期海洋产业较上一期的增加值，ΔK_{t-1} 为上一期该产业的用海增加值。

选择海洋渔业、海洋油气业及海洋电力工业作为东营市布局在海域空间资源的代表海洋产业；假设将新增 6 单位海域使用计划。根据对东营市调研所获数据，运用式（3－26）和式（3－27）计算以上三个海洋产业的新增用海初始回报值和单位回报率并单位化，如表 3－20 所示、新增海域空间资源在三个产业中的最优分配比例求解过程如表 3－21、表 3－22 所示。

表 3－20　东营市海域空间资源布局代表产业的初始回报值与单位回报率估计结果

	1	2	3	4	5	6
海洋渔业	4	5	6	7	8	9
海洋电力业	2	6	10	14	18	22
海洋油气业	4	14	24	34	44	54

表 3-21　　　　　海洋渔业与海洋电力业联合布局的最优比例求解过程

	0	1	2	3	4	5	6	目标值
0	0+0							0
1	4+0	0+2						4
2	5+0	4+2	0+6					6
3	6+0	5+2	4+6	0+10				10
4	7+0	6+2	5+6	4+10	0+14			14
5	8+0	7+2	6+6	5+10	4+14	0+18		18
6	9+0	8+2	7+6	6+10	5+14	4+18	0+22	22

表 3-22　海洋渔业、海洋电力业、海洋油气业联合布局的最优比例求解过程

	0	1	2	3	4	5	6	目标值
0	0+0							0
1	4+0	0+4						4
2	6+0	4+4	0+14					14
3	10+0	6+4	4+14	0+24				24
4	14+0	10+4	6+14	4+24	0+34			34
5	18+0	14+4	10+14	6+24	4+34	0+44		44
6	22+0	18+4	14+14	10+24	6+34	4+44	0+54	54

由表 3-21 可知，22=4+18=0+22；因此，当备选布局产业为海洋渔业与海洋电力业时，有两种配置方法，新增用海的最优比例为海洋渔业：海洋电力业＝1:5，即海洋渔业与海洋电力业新增布局规模比为1:5，或将新增用海全部用于海洋电力，即此时仅增加海洋电力业布局规模。两种配置方法均为最优配置。

由表 3-22 可知，54=0+54 为最大回报值，即当备选用海产业为海洋渔业、海洋电力业及海洋油气业时，将新增用海全部用于海洋油气业为最优配置，即仅增加海洋油气业的布局规模为最优决策。然而，要考虑到海洋渔业的渔民就业问题，海洋电力工业对当地工业的供电支持以及海洋油气业对海洋环境的影响程度，且由表可知海洋油气业与海洋电力业、海洋渔业以 30:5:1 比例分配新增海洋空间资源的回报率略低于最优配置，为次优的布局方案，其经济效益仅略低于最优决策。由表可知，增加用海面积对促进渔业发展的作用微弱，在有限的渔业用海面积可采用立体化养殖等集约化渔业用海方式提高单位面积产值。另外，考虑到油气业用海面积受到油气资源储量和地理位置限制，当某区域内无可开发的油气资源时，只需按照海洋电力业与海洋渔业以 5:1 比例分配新增用海面积，即为次优配置方案。

三、滨州市海洋产业空间布局规模优化应用

将滨州市主要海洋产业根据海洋空间资源使用类型划分为滩涂布局产业和海域布局产业，分别应用海洋产业空间布局优化技术。由于滨州市目前海洋经济及用海信息统计尚不完善，样本数据长度较短且存在残缺，仅有部分年份的主要海洋产业产值、部分海洋产业新增用海信息、部分海洋产业用海信息等数据，因此无法采用回归估计海洋产业用海回报值。假设滨州市2012～2014年海洋产业其他资本投入不变且海洋空间资源资本投入的规模报酬不变，运用简单算术平均对新增用海回报率进行粗略估计：以2012～2014年历年海洋产业新增用海单位平均效益作为新增海洋空间资源资本投入的单位回报率（见式3－26），以2012～2014年历年海洋产业新增用海单位效益的平均值作为新增海洋空间资源资本投入的单位回报率（见式3－27）。最后对估计所得的初始回报值和单位回报率进行单位化处理，简化运算过程。

（1）滩涂布局产业最优比例。
（2）海域布局产业最优比例。

选择海洋船舶业、海洋电力业、海洋交通运输业及其他涉海工业（包括海洋化工业、海洋工程建筑业、海洋装备制造业）作为滨州市布局在海域空间资源的代表海洋产业；假设将新增8单位海域使用计划。根据对滨州市海洋与渔业厅调研所获数据，运用式（3－26）、式（3－27）计算以上四个海洋产业的新增用海初始回报值和单位回报率并单位化，见表3－23。新增海域空间资源在四个产业中的最优分配比例求解过程如表3－24、表3－25和表3－26所示。

表3－23　滨州市海域空间资源布局代表产业的初始回报值与单位回报率估计结果

	1	2	3	4	5	6	7	8
海洋船舶业	1	3	5	7	9	11	13	15
海洋电力业	2.5	3.5	4.5	5.5	6.5	7.5	8.5	9.5
海洋交通运输业	3.5	7.5	11.5	15.5	19.5	23.5	27.5	31.5
其他涉海工业	4	8	12	16	20	24	28	32

表3－24　海洋船舶业与海洋电力业联合布局的最优比例求解过程

	0	1	2	3	4	5	6	7	8	目标值
0	0＋0									0
1	1＋0	0＋2.5								2.5

续表

	0	1	2	3	4	5	6	7	8	目标值
2	3+0	1+2.5	0+3.5							3.5
3	5+0	3+2.5	1+3.5	0+4.5						5.5
4	7+0	5+2.5	3+3.5	1+4.5	0+5.5					7.5
5	9+0	7+2.5	5+3.5	3+4.5	1+5.5	0+6.5				9.5
6	11+0	9+2.5	7+3.5	5+4.5	3+5.5	1+6.5	0+7.5			11.5
7	13+0	11+2.5	9+3.5	7+4.5	5+5.5	3+6.5	1+7.5	0+8.5		13.5
8	15+0	13+2.5	11+3.5	9+4.5	7+5.5	5+6.5	3+7.5	1+8.5	0+9.5	15.5

由表3-24可知,15.5=13+2.5为最大回报值。因此,当备选布局产业为海洋船舶业和海洋电力业时,新增用海的最优比例为海洋船舶业:海洋电力业=7:1,即此时海洋船舶业与海洋电力业的新增布局规模比为7:1。

表3-25　海洋船舶业、海洋电力业与海洋交通运输业联合布局的最优比例求解过程

	0	1	2	3	4	5	6	7	8	目标值
0	0+0									0
1	2.5+0	0+3.5								3.5
2	3.5+0	2.5+3.5	0+7.5							7.5
3	5.5+0	3.5+3.5	2.5+7.5	0+11.5						11.5
4	7.5+0	5.5+3.5	3.5+7.5	2.5+11.5	0+15.5					15.5
5	9.5+0	7.5+3.5	5.5+7.5	3.5+11.5	2.5+15.5	0+19.5				19.5
6	11.5+0	9.5+3.5	7.5+7.5	5.5+11.5	3.5+15.5	2.5+19.5	0+23.5			23.5
7	13.5+0	11.5+3.5	9.5+7.5	7.5+11.5	5.5+15.5	3.5+19.5	2.5+23.5	0+27.5		27.5
8	15.5+0	13.5+3.5	11.5+7.5	9.5+11.5	7.5+15.5	5.5+19.5	3.5+23.5	2.5+27.5	0+31.5	31.5

由表3-25可知,31.5=0+31.5为最大回报值;因此,当备选布局产业为海洋船舶业、海洋电力业和海洋交通运输业时,将新增用海全部用于海洋交通运输业为最优配置,即此时仅增加海洋交通运输业布局规模为最优决策。

表3-26　海洋船舶业、海洋电力业、海洋交通运输业与其他产业联合布局最优比例求解过程

	0	1	2	3	4	5	6	7	8	目标值
0	0									0

续表

	0	1	2	3	4	5	6	7	8	目标值
1	3.5	0 + 4								3.5
2	7.5	3.5 + 4	0 + 7.5							7.5
3	11.5	7.5 + 4	3.5	0 + 11.5						11.5
4	15.5	11.5 + 4	7.5	3.5	0 + 15.5					15.5
5	19.5	15.5 + 4	11.5	7.5	3.5	0 + 19.5				19.5
6	23.5	19.5 + 4	15.5 + 7.5	11.5	7.5	3.5	0 + 23.5			23.5
7	27.5	23.5 + 4	19.5	15.5 + 11.5	11.5	7.5	3.5	0 + 27.5		27.5
8	31.5	27.5 + 4	23.5 + 8	19.5 + 12	15.5 + 16	11.5 + 20	7.5 + 24	3.5 + 28	0 + 32	32

由表3-26可知，32 = 0 + 32为最大回报值，即当备选用海产业为海洋船舶业、海洋电力业、海洋交通运输业和其他涉海工业时，将新增用海全部用于其他涉海工业为最优配置，即仅增加其他涉海工业的布局规模为最优决策。然而，必须注意的是，由于其他涉海工业对海洋生态环境破坏程度相对较大，且由表可知其他涉海工业与海洋交通运输业以任意比例分配新增海洋空间资源的回报率仅略低于最优配置；因此，在生态、环境、水文、产业结构调整政策等约束条件下，其他涉海工业与海洋交通运输业可以任意比例分配新增用海资源，即以任何比例增加海洋交通运输业和其他涉海工业的布局规模均为次优的布局方案，其经济效益仅略低于最优决策，而可能更满足于其他约束条件。

第三节　区域海洋产业布局结构优化

一、海洋产业空间布局结构优化技术

三轴图法，即在平面上以某点为原点，引三条射线，两两相交成120°，分别记为 X_1 轴、X_2 轴和 X_3 轴，均以百分比为单位，建立平面仿射坐标系。设第 i(i = 1, 2, 3)产业产值占产业总值的比重为 $x_i/100$，则有 $x_1 + x_2 + x_3 = 100$。将 x_1、x_2 和 x_3 分别表示在三个轴上，依次得到A、B和C三点，将三点相连即可得到该年度产业结构三角形。该三角形的形状直观反映出三次产业分布状况（见图3-3）。

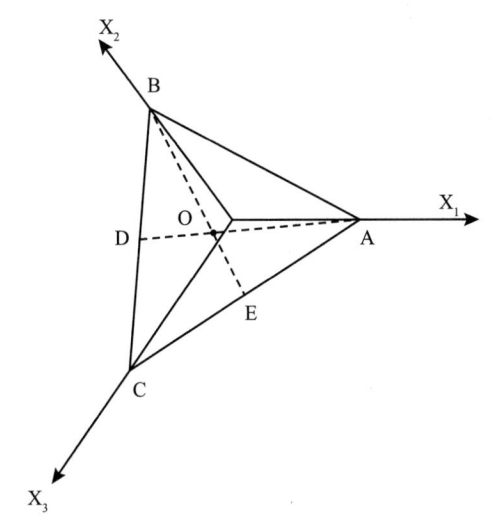

图 3-3 产业结构三角形及其重心

如图 3-3 所示，ΔABC 即为产业结构三角形，O 点为该三角形的重心。同理，将若干年份三次产业比重标注在同一个仿射坐标系中，可以得到各年份的产业结构三角形。每个三角形都有一个重心，将各三角形的重心按照年份顺序相连，得到产业结构三角形的重心轨迹。该重心轨迹形象地描绘出某一时期内三次产业结构的变化，从而动态地反映出产业结构演进的状况。为便于分析，将仿射坐标轴所成的 120°角平分，其角平分线与仿射坐标轴将平面划分为六个区域（见图 3-4）。

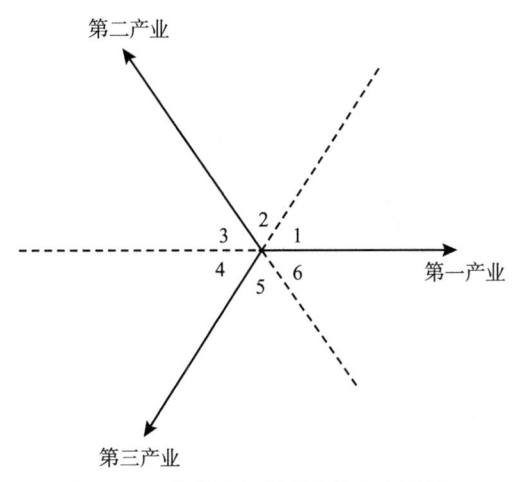

图 3-4 仿射坐标轴划分的六个区域

由图3-4可知,以三轴图中 X_1 轴和 X_2 轴作为平面仿射坐标系的坐标轴,三轴图中的每个点都有其仿射坐标 (x_1, x_2)。这样图中产业结构三角形三个顶点的坐标分别为 $A(x_1, 0)$、$B(0, x_2)$ 和 $C(-x_3, -x_3)$,其重心的仿射坐标为 $((x_1-x_3)/3, (x_2-x_3)/3)$。当重心在同一区域内运动时,$x_1$、$x_2$ 和 x_3 之间的大小关系不变,表明三次产业结构未发生质的改变;当重心跨区域移动时,x_1、x_2 和 x_3 之间的大小关系发生改变,表明三次产业结构发生了质的改变。例如,当重心位于区域1时,重心坐标满足:

$$(x_1 - x_3)/3 > 0$$
$$(x_2 - x_3)/3 > 0$$
$$(x_1 - x_3)/3 > (x_2 - x_3)/3$$

此时,$x_3 < x_2 < x_1$,表明在这一区域内,第一产业比重最大,第二产业次之,第三产业占比重最小。同理,不同的区域代表三次产业不同的比重关系(见表3-27)。

表3-27　　　　　　　　三次产业结构在仿射坐标系中的反映

区域	1	2	3	4	5	6
三次产业比重关系	$x_3 < x_2 < x_1$	$x_3 < x_1 < x_2$	$x_1 < x_3 < x_2$	$x_1 < x_2 < x_3$	$x_2 < x_1 < x_3$	$x_2 < x_3 < x_1$

由表3-27可知,当产业结构三角形重心位于区域1时,第一产业占绝对主导地位,此时产业结构演进处于初级阶段;当产业结构三角形重心位于区域2时,第二产业生产效率提高,成为主导产业,第三产业发展迟缓,此时产业结构演进处于低级阶段;当产业结构三角形重心位于区域6时,国民经济工业化进程缓慢,经济的发展依然严重依赖第一产业,此时产业结构演进处于低级阶段;当产业结构三角形重心位于区域3时,传统服务业发展迅速,新兴服务业尚未得到充分的发展空间,此时产业结构演进处于中级阶段;当产业结构三角形重心位于区域5时,国民经济初步实现"第三产业化",第二产业发展滞后,此时产业结构演进处于中级阶段;当产业结构三角形重心位于区域4时,劳动力和资本大量向第二和第三产业聚集,工业与服务业生产效率和管理经验大幅度提高,第三产业成为经济的支柱产业,此时产业结构演进达到高级阶段。

产业结构演进的过程即为产业结构重心由区域1向区域4移动的过程,该过程遵循右旋模式和左旋模式(见图3-5)。

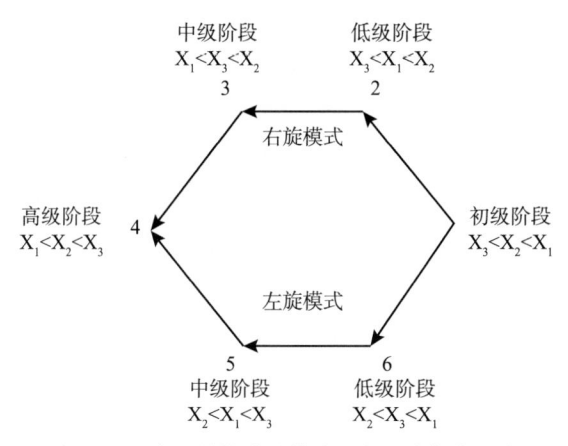

图3-5 产业结构演进模式：左旋式与右旋式

二、东营市海洋产业布局结构优化

海洋产业结构可由海洋三次产业产值占海洋产业总产值的比重定量描绘出来，通过分析海洋三次产业产值所占比重的变化，可以判断海洋产业结构演进的趋势。选取2006～2012年东营海洋三次产业产值以及海洋产业总产值作为分析数据，计算各年度海洋三次产业所占比重以及海洋产业结构三角形重心坐标（见表3-28）。

表3-28　　　　　　　　东营海洋三次产业比重及重心坐标

年份	海洋产业总产值（亿元）	海洋第一产业 产值（亿元）	比重（%）	海洋第二产业 产值（亿元）	比重（%）	海洋第三产业 产值（亿元）	比重（%）	重心坐标
2012	1050	88.81	8.46	961.19	91.54	76.57	7.29	(3.89, 28.08)
2011	945.17	73.55	7.78	871.62	92.22	62.84	6.65	(3.78, 28.52)
2010	795.75	60.19	7.56	735.56	92.44	49.34	6.20	(0.45, 28.75)
2009	309.67	62.82	20.29	246.85	79.71	40.11	12.95	(2.44, 22.25)
2008	213.55	27.3	12.78	186.25	87.22	28.35	13.28	(-0.16, 24.65)
2007	160.58	24.41	15.20	136.17	84.80	20.7	12.89	(0.77, 23.97)
2006	115.25	28.35	24.60	86.9	75.40	15.4	13.36	(3.75, 20.68)

资料来源：根据东营市海洋与渔业厅调研所获数据计算整理而得。

表3-28显示，东营市海洋产业结构演进具有以下特征：①海洋第二产业产值占海洋产业总值的比重呈现上升趋势，2006年海洋第二产业所占比重达到

75.40%，为 2006~2012 年的最低水平；2010 年海洋第二产业占海洋产业的比重上升至 92.44%，为 2006~2012 年的最优水平；②海洋第一产业产值所占比重整体下降，局部波动；2006 年海洋第一产业产值占海洋产业总值的比重为 24.60%，为 2006~2012 年的最优水平；2006~2012 年，海洋第一产业比重逐渐降低至 8.46%。③海洋第三产业所占比重呈现整体下降，局部波动的状态；2006 年海洋第三产业比重为 13.36%，为 2006~2012 年的最优水平；2010 年海洋第三产业比重下降至 6.20%，为 2006~2012 年最低水平。根据 2006~2012 年东营海洋产业结构三角形重心坐标，运用三轴图法，建立仿射坐标系，绘制 2006~2012 年东营海洋产业结构三角形的重心轨迹（见图 3-6）。

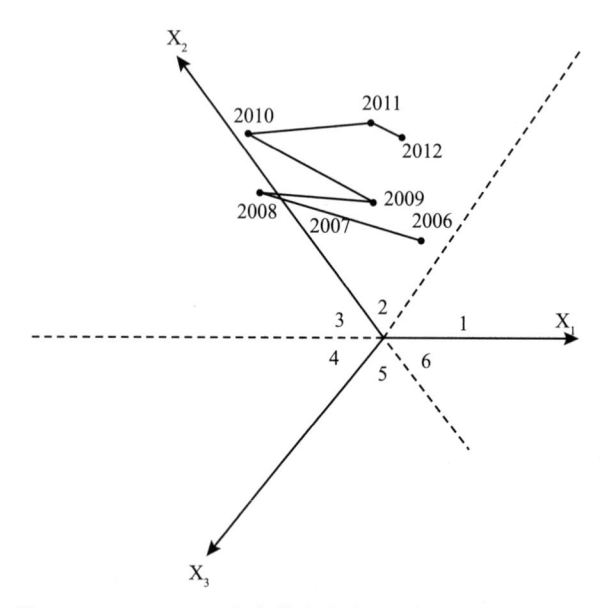

图 3-6 2006~2012 年东营海洋产业结构三角形重心轨迹

由图 3-6 可知，除 2008 年外，东营市海洋产业结构三角形的重心均处于第二区域，即东营市海洋三次产业在 2006~2012 年主要呈现出以第二产业为主导、第一产业为重要组成的"二一三"的右旋产业结构演进模式，仍处于海洋产业演进的低级阶段。2006~2008 年，三角形重心呈现显著的"由第二区域向第三区域"移动轨迹，表现出东营市在 2006~2008 年海洋产业由"二一三"向"二三一"演进的潜力；2008 年三角形重心位于第三区域，此时东营市海洋产业呈现"二三一"结构，处于海洋产业结构演进的中级阶段。2008~2012 年，东营市海洋产业结构三角形重心表现出"由第三区域向第二区域"移动轨迹，产业结构再次回到"二一三"的低级阶段，表明东营市"二一三"海洋产业结构对东营市海洋经济发展具有较大的黏性。因此，东营市海洋产业结构是以第二产业为主导、第一产业基础雄厚的"二一三"产业结构,尚处于海洋产业结构演进的低级阶段;尽管具有一定向"二三一"结构转变的潜力和趋势,但由于第一产业规模较大、基础雄厚,因此海洋产业结构向下一阶段演进升级的阻力较大。

将东营市海洋产业结构三轴图与山东半岛蓝区海洋产业结构三轴图(见图3-7)进行比较。图3-7显示,2006~2012年蓝区海洋产业结构三角形重心位于第三区域,产业结构为"二三一"的中级发展阶段,且呈现重心不断向第四区域(即"三二一"结构)演进的趋势;运用GTMS3.0软件中的灰色预测模型预测2013~2020年蓝区海洋产业结构三角形重心轨迹(见图3-8);图3-8显示,2013~2020年蓝区海洋产业处于"三二一"结构的高级阶段。显然,东营市海洋产业结构仍处于"二一三"低级阶段,落后于蓝区总体水平。

东营市具有丰富的海洋油气资源和卤水资源,具有布局海洋油气业、海洋盐业、海洋化工业的资源禀赋,因此未来长期内东营市海洋产业结构优化应以"二三一"为演进目标,在生态、水文、地质、政策条件允许的情况下仍将海洋第二产业作为主导产业,不宜盲目追求"三二一"的产业结构高级阶段。同时,根据前文分析可知,东营市海洋第一产业(海洋渔业)产业基数较大,且海洋渔业发展对社会福利效益影响大,对产业结构升级具有较大"阻力"。因此,在推进东营市海洋产业结构向"二三一"优化演进时,应以海洋渔业落脚点,大力推动滨海旅游业与海洋渔业的联合布局:一方面,充分发挥东营市海洋渔业产业基础优势,弥补东营市海洋旅游资源劣势,加速东营市滨海旅游业及涉海服务业等第三产业发展;另一方面,滨海旅游业和海洋渔业的联合布局将提高渔业从业人员及涉海服务人员的收入水平,在推进海洋产业结构演进的过程中海洋产业布局的社会效益也得到优化。

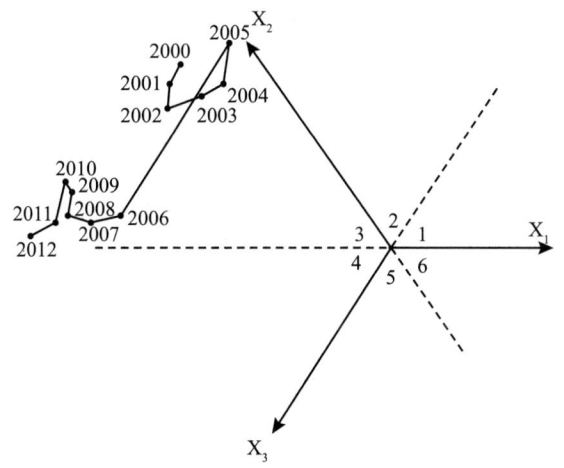

图3-7 2000~2012年蓝区海洋产业结构三角形重心轨迹

资料来源:根据《中国海洋统计年鉴(2001~2013)》计算整理得到。

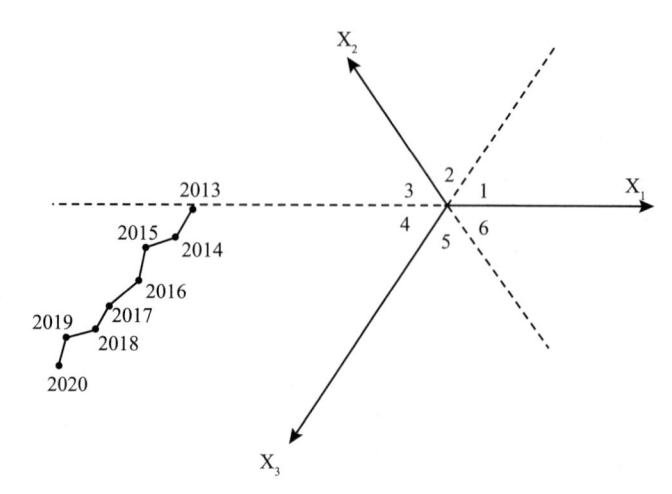

图 3-8　2000~2012 年蓝区海洋产业结构三角形重心轨迹

资料来源：根据《中国海洋统计年鉴（2001~2013）》计算整理得到。

三、滨州市海洋产业布局结构优化

海洋产业结构可由海洋三次产业产值占海洋产业总产值的比重定量描绘出来，通过分析海洋三次产业产值所占比重的变化，可以判断海洋产业结构演进的趋势。选取 2005~2012 年滨州海洋三次产业产值以及海洋产业总产值作为分析数据，计算各年度海洋三次产业所占比重以及海洋产业结构三角形重心坐标（见表 3-29）。

表 3-29　　　　　　　　滨州海洋三次产业比重及重心坐标

年份	海洋产业总产值（亿元）	海洋第一产业 产值（亿元）	海洋第一产业 比重（%）	海洋第二产业 产值（亿元）	海洋第二产业 比重（%）	海洋第三产业 产值（亿元）	海洋第三产业 比重（%）	重心坐标
2012	247.2	9.54	3.86	215.08	87.01	22.58	9.13	(-1.76, 25.96)
2011	198.88	8.97	4.51	165.52	83.23	24.39	12.26	(-2.58, 23.65)
2010	176.64	7.42	4.20	146.63	83.01	22.59	12.79	(-2.86, 23.41)
2009	149.75	6.56	4.38	127.61	85.22	15.58	10.40	(-2.01, 24.94)
2008	156.98	25.93	16.52	116.62	74.29	14.43	9.19	(2.44, 21.70)
2007	106.64	25.18	23.61	71.69	67.23	9.77	9.16	(4.82, 19.35)
2006	109.62	20.56	18.76	71.65	65.36	17.41	15.88	(0.96, 16.49)
2005	40.45	5.41	13.37	20.47	50.61	14.57	36.02	(-7.55, 4.86)

表 3 – 29 显示，2005~2012 年滨州市海洋产业结构演进具有以下特征：①海洋第二产业产值占海洋产业总值的比重呈现上升趋势。2005 年海洋第二产业所占比重为 50.61%，为 2005~2012 年的最低水平。2012 年海洋第二产业占海洋产业的比重上升至 87.01%，为 2006~2012 年的最优水平。②海洋第三产业所占比重呈现整体下降，局部波动的状态。2005 年海洋第三产业比重为 36.02%，为 2005~2012 年的最优水平。2012 年海洋第三产业比重下降至 9.13%，为 2005~2012 年最低水平。③海洋第一产业产值所占比重整体下降，局部波动。2008 年海洋第一产业产值占海洋产业总值的比重为 25.93%，为 2005~2012 年的最优水平。2005~2012 年，海洋第一产业比重逐渐降低至 3.86%。根据 2005~2012 年滨州海洋产业结构三角形重心坐标，运用三轴图法，建立仿射坐标系，绘制 2005~2012 年滨州海洋产业结构三角形的重心轨迹（见图 3 – 9）。

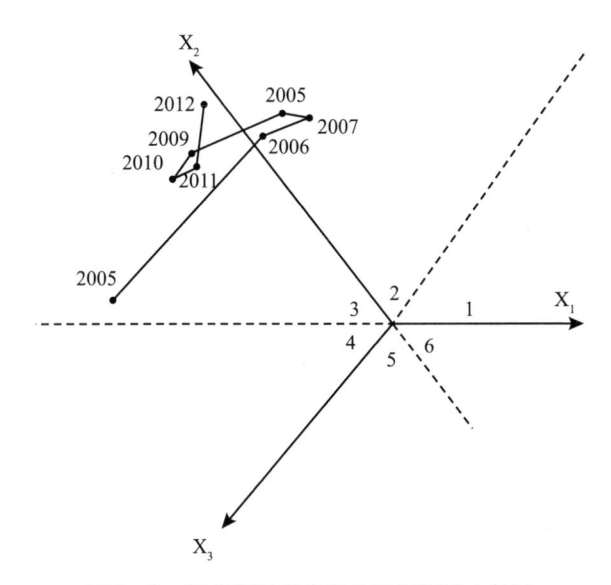

图 3 – 9 滨州海洋产业结构三角形重心轨迹

四、基于多层次模糊优选模型的海洋产业排序及发展战略研究

1. 海洋产业排序的多层次模糊优选模型构建

（1）确定目标特征值矩阵。

①确定目标特征值矩阵。假设方案集为 D = (D$_1$, D$_2$, …, D$_n$)，目标集为 G = (G$_1$, G$_2$, …, G$_m$)，方案 D$_i$ 是指标 G$_j$ 的属性值，即指标的目标特征值矩阵，记 X$_{ij}$(i = 1, 2, …, n; j = 1, 2, …, m)，矩阵 X 表示 m 个指标对 n 个评价目标的特征值矩阵。

$$X = \begin{bmatrix} x_{11} & x_{12} & \cdots & x_{1m} \\ x_{21} & x_{22} & \cdots & x_{2m} \\ \cdots & \cdots & \cdots & \cdots \\ x_{n1} & x_{n2} & \cdots & x_{nm} \end{bmatrix} \qquad (3-28)$$

②目标特征值矩阵的标准化变换。通过 Z – Score 法对原始数据进行标准化处理，缩小极端值对结果的影响，消除指标间量纲和数量级的影响。

$$x_{ij} = \frac{X_{ij} - \overline{X}_j}{S_j} \qquad (3-29)$$

式中：X_{ij} 为标准化后的数据；X_{ij} 表示第 i 个评价目标第 j 项指标的原始数据；$\overline{X}_{ij}$ 为第 j 项指标的平均数；S_j 为第 j 项指标的标准差。

通过坐标平移，消除指标值标准化后产生的负值影响，得到处理后的数据矩阵 x'_{ij}。

$$x'_{ij} = x_{ij} + A(i = 1, 2, \cdots, m, j = 1, 2, \cdots, n) \qquad (3-30)$$

式中：x'_{ij} 为标准数据平移后的值，$x'_{ij} > 0$；A 为平移幅度，$A > \min(x_{ij})$。A 取值越接近 $\min(x_{ij})$，评价结果越显著。

（2）确定目标特征值权重。根据熵值法计算各评估指标权重，基本步骤如下：

①用 x'_{ij} 表示第 i 个目标第 j 项指标的原始值，计算第 j 项指标下第 i 个目标的比重。

$$p_{ij} = \frac{x'_{ij}}{\sum_{i=1}^{m} x'_{ij}} \ (i = 1, 2, \cdots, m; j = 1, 2, \cdots, n) \qquad (3-31)$$

②计算第 j 项指标的熵值 e_i。

$$e_1 = -k \sum_{i=1}^{m} p_{ij} \ln p_{ij} \left(i = 1, 2, \cdots, m, j = 1, 2, \cdots, n, k = \frac{1}{\ln m}; e_j \in [0, 1] \right) \qquad (3-32)$$

③计算第 j 项指标的差异性系数 g_t。

根据 $g_1 = 1 - e_j (j = 1, 2, \cdots, n)$ 得出，当 g_t 越大时，第 j 项指标越重要。

④计算第 j 项指标的权重 w_1。

$$w_1 = \frac{g_j}{\sum_{j=1}^{n} g_j} \ (j = 1, 2, \cdots, n) \qquad (3-33)$$

⑤根据上述方法计算第三层和第二层指标层的权重矩阵 λ。

$$\lambda = (\lambda_1, \lambda_2, \cdots, \lambda_m)^T, \sum \lambda_i = 1 \qquad (3-34)$$

（3）确定指标隶属度矩阵及最优模糊划分矩阵。

①将矩阵（3 – 30）中的特征指标值转化为相应的指标相对隶属度。对越大越优型指标，构造其相对隶属度为：

$$r_{ij} = x'_{ij} - x'^{min}_j \cdot (x'^{max}_j - x'^{min}_i)^{-1} \quad (3-35)$$

对越小越优型指标，构造其相对隶属度为：

$$r_{ij} = x'_{ij} - x'^{min}_j \cdot (x'^{max}_j - x'^{min}_i)^{-1} \quad (3-36)$$

将目标值转化为指标相对隶属度矩阵 R。

$$R = \begin{bmatrix} \gamma_{11} & \gamma_{12} & \cdots & \gamma_{1n} \\ \gamma_{21} & \gamma_{22} & \cdots & \gamma_{2n} \\ \cdots & \cdots & \cdots & \cdots \\ \gamma_{n1} & \gamma_{n2} & \cdots & \gamma_{nn} \end{bmatrix} \quad (3-37)$$

② 确定最优模糊划分矩阵。

抽出矩阵（3-37）中每一行的最大值，称为理想的优等方案：

$$r_g = (r_{g1}, r_{g2}, \cdots, r_{gm}) = (\max r_{1i}, \max r_{2i}, \cdots, \max r_{mi}) = (1, 1, \cdots, 1)$$
$$(3-38)$$

抽出矩阵（3-36）中每一行的最小值，称为理想的劣等方案：

$$r_b = (r_{b1}, r_{b2}, \cdots, r_{bm}) = (\min r_{1i}, \min r_{2i}, \cdots, \min r_{mi}) = (0, 0, \cdots, 0)$$
$$(3-39)$$

所有指标 j 都以一定的隶属度 u_{gi}、u_{bi} 隶属于优等方案 r_g 和劣等方案 r_b。u_{gi}、u_{bi} 是方案的优属度和劣属度，共同构成最优模糊划分矩阵。

$$U = \begin{bmatrix} u_{g1} & u_{g2} & \cdots & u_{gn} \\ u_{b1} & u_{b2} & \cdots & u_{bn} \end{bmatrix}_{2 \times n} \quad (3-40)$$

上式满足：$0 \leq u_{gi} \leq 1$，$0 \leq u_{bj} \leq 1$，$u_{gi} + u_{bi} = 1$，$i, j = 1, 2, \cdots, n$。

（4）确定决策优属度。为求得指标 j 相对优等方案的相对隶属度 u_{gi} 的最优值，建立优化准则为指标 i 的欧氏加权距优距离平方与欧氏加权距劣距离平方之总和为最小。

$$\min\{F = u_{gi}^2 \sum [\lambda_i(r_{ij} - r_{gi})]^2 + (1 - u_{gi})^2 \sum [\lambda_i(r_{ij} - r_{bi})]^2\} \quad (3-41)$$

方案 j 的欧氏加权距优距离为：

$$S_{sj} = u_{gi} \sqrt{\sum_{i=1}^{m} [\lambda_i(r_{gi} - r_{ij})]^2} \quad (3-42)$$

方案 j 的欧氏加权距劣距离为：

$$S_{bj} = u_{bi} \sqrt{[\sum_{i=1}^{m} \lambda_i(r_{ij} - r_{bj})]^2} \quad 其中，u_{bi} = 1 - u_{gi} \quad (3-43)$$

求目标函数（3-41）的导数，且令导数为 0，得决策优属度 u_{gi}。

$$u_{gj} = \{1 + [\sum_{i=1}^{m} [\lambda_i(1 - r_i)]^2 \cdot \sum_{i=1}^{m} [(\lambda_i r_{ij})]^{-2}]\}^{-1} \quad (3-44)$$

（5）确定多层次满意决策排序。设系统共分解为 H 层，最高层为 H。若第 1 层（最底层）有 m 个并列单元系统，则决策系统可分为 m 个子系统的模糊矩阵。

$$U = \begin{bmatrix} {}_1u_{g1} & {}_1u_{g2} & \cdots & {}_1u_{gn} \\ {}_2u_{g1} & {}_2u_{g2} & \cdots & {}_2u_{gn} \\ \cdots & \cdots & \cdots & \cdots \\ {}_mu_{g1} & {}_mu_{g2} & \cdots & {}_mu_{gn} \end{bmatrix} \quad (3-45)$$

该矩阵与矩阵（3-37）相当，令 $u_{gl} = r_{ij}$，得到较高决策层次的模糊矩阵 r。

$$R = \begin{bmatrix} r_{11} & r_{12} & \cdots & r_{1n} \\ r_{21} & r_{22} & \cdots & r_{2n} \\ \cdots & \cdots & \cdots & \cdots \\ r_{m1} & r_{m1} & \cdots & r_{mn} \end{bmatrix} \quad (3-46)$$

设 m 个子系统的权向量为 $\lambda = (\lambda_1, \lambda_2, \cdots, \lambda_m)^m$，根据式（3-46）解得 n 个系统方案的决策优属度，作为高层次的单元系统，从底层向高层进行模糊优选计算。最高层次只有一个单元系统，即得最高层 U 单元系统的输出——决策或方案 j 的优属度向量。

$$u_j = (u_1, u_2, \cdots, u_n) \quad (3-47)$$

按方案优属度的顺序，得到选择多层次系统的满意决策与决策的满意排序。

2. 基于多层次模糊优选模型的海洋产业排序实证分析：以连云港市为例

（1）连云港市海洋产业评价指标的确定。本章借鉴国内外优势产业的常用基准，如两基准，产业关联度基准，劳动生产率、产出增长率等基准等，同时考虑连云港海洋产业数据的可取性以及指标的可比性，确定了 2 个二层指标和 6 个三层指标，如表 3-30 所示。

表 3-30　　　　　　　　海洋产业评价指标体系

第一层	第二层	第三层	单位
海洋优势产业	产业发展指标 Y_1	海洋产业增加值比重 X_1	%
		海洋产业就业人员数量 X_2	万人
		海洋产业产值比重 X_3	%
	社会效应指标 Y_2	海洋产业劳动生产率 X_4	万元·人$^{-1}$
		海洋产业就业吸纳率 X_5	人·万元$^{-1}$
		海洋产业增加值增长率的变动 X_6	%

以 2013 年为例，整理、计算连云港 10 个主要海洋产业的三级指标数据，如表 3-31 所示。

表 3-31　　　　　　　　　海洋产业评价指标 2013 年数据

指标	海洋渔业	海洋盐业	海洋化工业	海洋生物医药业	海洋电力业	海水利用业	海洋船舶工业	海洋工程建筑业	海洋交通运输业	滨海旅游业
X_1	0.43	0.02	0.30	0.38	0.75	0.66	0.31	0.60	0.29	0.45
X_2	13.12	0.63	1.76	0.07	0.01	0.22	1.36	1.20	1.80	5.20
X_3	23.41	0.58	5.20	2.39	0.12	6.91	17.79	5.03	8.39	30.16
X_4	6.63	0.20	7.70	119.19	79.70	184.21	35.36	21.82	11.74	22.71
X_5	6.44	12.49	3.90	0.32	0.93	0.36	0.88	2.74	2.47	1.98
X_6	-0.48	-0.37	-0.76	-0.43	0.70	-0.03	-0.14	-0.01	0.15	0.03

资料来源：从业人员表（国家海洋局 - 海统年综 1 表——2013 年主要海洋产业基本情况）；2012 ~ 2014 年产值对照表；连云港产业分析数据表（数据提供单位：连云港市海洋与渔业局）。

以产业发展指标 Y_1 的 3 个三层指标 $X_1 \sim X_3$ 为例，建立目标特征值矩阵：

$$X = \begin{bmatrix} 0.43 & 0.02 & 0.30 & 0.38 & 0.75 & 0.66 & 0.31 & 0.60 & 0.29 & 0.45 \\ 13.12 & 0.63 & 1.76 & 0.07 & 0.01 & 0.22 & 1.36 & 1.20 & 1.80 & 5.20 \\ 23.41 & 0.58 & 5.20 & 2.39 & 0.12 & 6.91 & 8.67 & 5.03 & 8.39 & 30.16 \end{bmatrix}$$

进行标准化处理和坐标平移（A = 2）后，得到数据矩阵 x'_{ij}：

$$x'_{ij} = \begin{bmatrix} 2.037 & 0.016 & 1.398 & 1.817 & 3.631 & 3.204 & 1.448 & 2.895 & 1.345 & 2.150 \\ 4.779 & 1.499 & 1.796 & 1.350 & 1.335 & 1.389 & 1.689 & 1.648 & 1.806 & 2.699 \\ 3.375 & 1.034 & 1.507 & 1.220 & 0.987 & 1.683 & 2.799 & 1.490 & 1.835 & 4.067 \end{bmatrix}$$

（2）评价指标的权重赋值。采用正向化处理数据 x'_{ij}，计算第二层指标 Y_1 第 j 项指标下第 i 个产业的比重 p_{ij}：

$$p_{ij} = \begin{bmatrix} 0.102 & 0.001 & 0.070 & 0.091 & 0.182 & 0.161 & 0.073 & 0.145 & 0.067 & 0.108 \\ 0.239 & 0.075 & 0.090 & 0.068 & 0.067 & 0.070 & 0.085 & 0.082 & 0.090 & 0.135 \\ 0.169 & 0.052 & 0.075 & 0.061 & 0.049 & 0.084 & 0.140 & 0.075 & 0.092 & 0.203 \end{bmatrix}$$

计算第 j 项指标的熵值 e_j 及差异性系数 g_j，最终得到第 j 项指标的权重 λ_m：$\lambda_1 = 0.431$，$\lambda_2 = 0.264$，$\lambda_3 = 0.305$。

通过上述方法，计算得其他评估指标的权重，结果如表 3-32 所示。

表 3-32　　　　　　　　　海洋产业评价指标权重

第一层	第二层	第三层
海洋优势产业	Y_1（0.522）	X_1（0.225）
		X_2（0.138）
		X_3（0.159）
	Y_2（0.478）	X_4（0.151）
		X_5（0.146）
		X_6（0.182）

(3) 指标隶属度矩阵及最优模糊划分矩阵的确定。将矩阵中的特征指标值转化为相应的指标相对隶属度,本指标都是越大越优型指标,故其隶属度构造为:

$$r_{ij} = x'_{ij} - x'^{min}_j \cdot (x'^{max}_j - x'^{min}_i)^{-1}$$

求得隶属度矩阵 R:

$$R = \begin{bmatrix} 2.027 & 0.011 & 1.391 & 1.811 & 3.625 & 3.197 & 1.441 & 2.888 & 1.338 & 2.140 \\ 4.292 & 1.218 & 1.401 & 0.975 & 0.983 & 0.995 & 1.288 & 1.242 & 1.417 & 2191 \\ 2.889 & 0.791 & 1.138 & 0.873 & 0.667 & 1.315 & 2422 & 1.107 & 1.473 & 3.552 \end{bmatrix}$$

将矩阵 R 中每一行的最大值抽出,得到理想的连云港海洋产业排序优等方案 r_g:

$$r_g = [maxr_{12}, maxr_{2i}, \cdots, maxr_{mi}] = [3.625, 4.292, 3.552] = [1, 1, 1]$$

将矩阵 R 中每一列的最小值抽出,得到理想的连云港海洋产业排序劣等方案 r_b:

$$r_b = [minr_{1i}, minr_{2i}, \cdots, minr_{mi}] = [0.011, 0.975, 0.667] = [0, 0, 0]$$

令 u_{gi} 表示连云港海洋产业排序方案的优属度,任何方案都以相对隶属度隶属于优等方案 r_g;令 u_{gi} 为连云港海洋产业排序案的劣属度,任何选择方案都以相对隶属度隶属于劣等方案 r_b。u_{gi}、u_{bi} 构成连云港海洋产业排序方案的最优模糊划分矩阵 U。

(4) 决策优属度的确定。根据方案 j 的欧氏加权距优距离平方与欧氏加权距劣距离平方之总和为最小的原则,得到连云港海洋产业排序决策优属度 u_{gj}。

$$u_{gj} = \left\{ 1 + \left[\sum_{i=1}^{m} [\lambda_i(1-r_{ij})]^2 \cdot \sum_{i=1}^{m} [(\lambda_i r_{ij})]^{-2} \right] \right\}^{-1}$$

式中:λ_j 指第 j 项指标的权重。

计算得出针对产业发展指标的连云港海洋产业排序的决策优属度 u_{g1}:

$u_{g1} = [0.1875 \quad 0.0001 \quad 0.0465 \quad 0.2001 \quad 0.0192 \quad 0.0494 \quad 0.2496 \quad 0.0740 \quad 0.5500 \quad 0.1740]$

利用该方法,求得针对社会效应指标的连云港海洋产业排序的决策优属度 u_{g2}:

$u_{g2} = [0.1724 \quad 0.0454 \quad 0.0589 \quad 0.1134 \quad 0.0479 \quad 0.0507 \quad 0.3182 \quad 0.2401 \quad 0.1309 \quad 0.2022]$

(5) 选择满意决策的排序。本章的评价系统包括三层,第二层包括 2 个并列的单元系统,第三层包括 6 个并列的单元系统。在第二层决策优属度的基础上,进一步计算第一层指标层的决策优属度。

将 u_{g1} 和 u_{g2} 组成整体的决策优属度 U

$$U = \begin{bmatrix} 0.1875 & 0.0001 & 0.0465 & 0.2001 & 0.0192 & 0.0494 & 0.2496 & 0.0740 & 0.0740 & 0.1740 \\ 0.1724 & 0.0454 & 0.0589 & 0.1134 & 0.0479 & 0.0507 & 0.3182 & 0.2401 & 0.1309 & 0.2022 \end{bmatrix}$$

计算第一层指标层的决策优属度 U_g

$U_g = [0.1803 \quad 0.0218 \quad 0.0524 \quad 0.1586 \quad 0.0329 \quad 0.0500 \quad 0.2824 \quad 0.1534 \quad 0.1534 \quad 0.1875]$

2013 年连云港海洋产业排序如表 3-33 所示。

表 3-33　　　　　　　　　　　连云港海洋产业排序

产业	产业发展	社会效应	总体海洋优势产业
海洋交通运输业	1	5	1
海洋船舶工业	2	1	2
滨海旅游业	5	3	3
海洋渔业	4	4	4
海洋生物医药业	3	6	5
海洋工程建筑业	6	2	6
海洋化工业	8	7	7
海水利用业	7	8	8
海洋电力业	9	9	9
海洋盐业	10	10	10

从整体指标来看 2013 年连云港海洋产业的排序为：海洋交通运输业（0.0496）、海洋船舶工业（0.2824）、海洋滨海旅游业（0.1875）、海洋渔业（0.1803）、海洋生物医药业（0.1586）、海洋工程建筑业（0.1534）、海洋化工业（0.0524）、海水利用业（0.0500）、海洋电力业（0.0329）、海洋盐业（0.0218）。

第四节　基于海陆统筹的区域海洋产业布局优化

一、海洋产业空间布局海陆关联优化技术

（一）山东半岛蓝色经济区海洋产业优势排序模型

1. 指标体系构建

根据目的原则、效益原则、规模原则等原则，结合海洋产业发展的特点筛选出区位商、区内产业增加值比重、海洋产业规模等指标，作为海洋产业优势排序的指标体系。

①区位商（SL_i）：

$$SL_i = \frac{\frac{L_i}{L_s}}{\frac{L_j}{L}}$$

其中，L_i 为海洋产业劳动力人数，L_S 为山东半岛蓝色经济区劳动力人数，L_j 为全国该海洋产业劳动力人数，L 为全国劳动力人数。

②区内产业增加值比重（WI_i）：

$$WI_i = \left(\frac{G_i}{G_j}\right) \times 100\%$$

其中，WI_i 为区内 i 海洋产业的增加值比重，G_i 为 i 海洋产业的增加值，G_j 为海洋总产值。

③海洋产业规模（GY_i）：

$$GY_i = \frac{GDP_i}{GDP}$$

其中，GDP_i 为区内 i 海洋产业的生产总值，GDP 为区内海洋产业生产总值，GY_i 为海洋产业 i 总产值规模。

④市场需求弹性系数（ρ_i）：

$$\rho_i = \frac{\Delta D_i / D_{i_0}}{\Delta W / W_0}$$

其中，ΔD_i 表示 i 海洋产业的增长量，D_{i_0} 为 i 该海洋产业基年的总产量，ΔW 为该区海洋经济 GOP 的增长量，W_0 为该区基年海洋经济 GOP 总值。

⑤就业规模弹性系数（e_i）：

$$e_i = \frac{\Delta L_i / L_{i_0}}{\Delta Y / Y_0}$$

其中，ΔL_i 为 i 海洋产业的就业人数增长量，L_{i_0} 为基年该产业就业人口数量，ΔY 为该区海洋各海洋产业总的就业人口数量增加值，Y_0 为该区基年海洋各海洋产业总的就业人口数量。

2. W–T 模型的构建

模型的计算公式及意义如下：

$$WY_{nj} = \sum_i^m (C_i^m - 100 EN_{ij} / \sum_i^m EN_{ij})^2 \qquad (3-48)$$

其中，EN_{ij} 是海洋第 i 产业第 j 项指标值，（i = 0, 1, 2, …, m），m 为海洋产业总个数，（j = 1, 2, …, n），n 为指标总个数。$C_i^n = \{100/n$, 当 $i \leq n$, 0, 当 $i > n\}$。WY_{nj} 为第 n 个产业第 j 项指标的 Weaver–Thomas 组合指数。

$$WT = \frac{1}{n} WT_{ni} \qquad (3-49)$$

$$nq_i = WT_{ij} = \min WT_{ki}(k-1, 2, \cdots, m) \qquad (3-50)$$

$$nq = \frac{1}{n} \sum_{j=1}^n nq_j \qquad (3-51)$$

WT 为所有指标对应的产业综合排名值，nq_j 为第 j 项指标对应的海洋产业个数，nq_j 为全部指标对应的海洋产业总个数。WT 值越大，则该产业在区域产业中的综合竞争力较强，构建产业链时重点考虑。通过测算比较不同时期各海洋产业的组合指数值 WT，确定各产业在该经济区的优劣势，以此来确定山东半岛蓝区海洋产业的优势排序。

（二）海陆产业灰色关联度模型的构建

减小海陆统筹约束因素的影响，实现海陆统筹，构建海陆产业链就要找到与海洋产业关系密切的陆域产业。笔者通过灰色关联度模型计算海陆产业关联度，寻找关联密切的海陆产业，按海洋产业优势排序构建产业链。海陆产业灰色关联度模型构建如下：

第一，设海洋产业的增加值为因变量 $X_0 = \{X_0(k), k-1, 2, \cdots, n\}$；设陆域产业的增加值为自变量 $X_i = \{X_i(k), k-1, 2, \cdots, n, i=1, 2, 3\}$

第二，对原始数据进行标准化和归一化。

$$X_0'(k) = \frac{X_0(k)}{X_0(1)} \quad X_i'(k) = \frac{X_i(k)}{X_i(1)}$$

第三，对上述标准化变量求绝对差，即 $\Delta_i k = |X_0'(k) - X_i'(k)|$。

第四，计算 k 年份自变量和因变量的关联系数 $\xi_i(k)$。

$$\xi_i(k) = \frac{\min\limits_i \min\limits_k \Delta_i k + \rho \max\limits_i \max\limits_k \Delta_i k}{\Delta_i k + \rho \max\limits_i \max\limits_k \Delta_i k}$$

式中 ρ 为分辨系数，通常取值为 0.5。

第五，求关联度 $r_i = \frac{1}{n} \sum\limits_1^n \xi_i(k)$。

（三）海陆统筹——海陆产业链构建

海陆产业链构建是在海洋产业优势排序的前提下计算与陆域产业的关联度，即构建于海洋产业密切相关的海陆产业链条，并且按照优势排序合理有效地配置资源。具体如下：

建立海陆统筹约束度优化目标模型的指标体系对约束度进行测算，对约束因素进行分析，通过 WT 模型测出蓝区主要海洋产业的优势排序，然后利用灰色关联度模型计算出海陆产业关联度，根据关联度的大小可以找出与海洋产业关联密切的陆域产业，寻找向前向后产业关联。据此以海带陆减小约束因素的影响，按海洋优势排序建立以海洋产业为中心的海陆产业链。

二、海洋产业空间布局海陆关联优化技术应用

由于数据资料等有限，主要选取了山东半岛蓝色经济区东营滨州示范区的九

个海洋产业，即海洋渔业、海洋油气业、海洋矿业、海洋盐业、海洋生物医药业、海洋船舶业、海洋化工业、海洋交通运输业、滨海旅游业，同时，选取三个主要指标建立海洋产业优势排序的指标体系。

(一) 示范区海洋产业优势排序

数据（2011~2012年）主要来源于中国海洋统计年鉴，中国海洋年鉴，中国海洋经济统计公报，中国统计年鉴，山东渔业统计年鉴。各指标值通过推理计算代入所建 WT 模型，运用 MATLAB 计算机语言进行求解，得出 WT 值如表3-34所示。

表3-34　山东半岛蓝区东营滨州示范区各主要海洋产业所对应指标的 WT 值

产业				平均值	综合排序结果
海洋渔业	419.45	677.52	630.32	575.7633	8
海洋油气业	1680.5	1731.44	587.81	1333.25	3
海洋盐业	469.2	579.67	1521.75	856.8733	4
海洋化工业	5930.83	6571.4	915.66	4472.63	1
海洋生物医药业	521.87	399.69	4903.41	1941.657	2
海洋工程建筑业	663.27	414.33	929.49	669.03	8
海洋电力业	932.77	672.09	710.07	771.6433	5
海洋交通运输业	813.75	493.95	815.55	707.75	7
滨海旅游业	390.55	337.35	694.44	474.1133	9

根据各指标 WT 值得综合排序结果，东营滨州示范区海洋产业优势排名依次为：海洋化工业、海洋生物医药业、海洋油气业、海洋盐业、海洋电力业、海洋交通运输业、海洋工程建筑业、海洋渔业、滨海旅游业。近年来示范区海化企业数量增加，技术也不断进步，海洋化工产值基量增量都很大，在排序中海洋化工业居于首位。海洋生物医药业位居其次，示范区重视海洋生物资源的研究开发，加强医用海洋动植物的开发利用。以市场为导向，鼓励科工贸一体化的发展模式，重点研发一批具有自主知识产权的海洋药物。积极开发农用海洋生物制品、工业海洋生物制品，做大做强螺旋藻、微藻、海洋生物活性物质等生物医药保健制品。海洋油气业位居第三，示范区尤其东营胜利油田油气产量大，浅海石油资源丰富，开发潜力巨大。然而滨海旅游业排名最后，相对于蓝色经济区其他地方旅游资源少吸引力小，由于地理位置、经济发展等因素的制约，滨海旅游资源没有得到有效的开发，开发模式简单，开发规模层次水平低，是典型的潜在滨海旅游区，需要进一步开发。

(二) 示范区海陆关联度

为实现海陆统筹目标，本章最后采用灰色关联度模型对海洋产业和陆域产业进行关联度分析，建立优势产业链条促进东营滨州示范区经济的更好发展。本章根据中国海洋统计年鉴，山东渔业统计年鉴相关数据，整理计算出 2006～2011 年东营滨州示范区内主要海洋产业增加值和陆域三次产业增加值，代入已建立的灰色关联度模型，得出蓝区各海洋产业与陆域三次产业的关联度，如表 3-35 所示。

表 3-35　　　山东半岛蓝色经济区各海洋产业与陆域三次产业关联度

	海洋化工业	海洋生物医药业	海洋油气业	海洋盐业	海洋电力业	海洋交通运输业	海洋工程建筑业	海洋渔业	滨海旅游业
陆域一产	0.6047	0.8344	0.7951	0.6994	0.6680	0.6246	0.7546	0.7508	0.6324
陆域二产	0.5994	0.8368	0.7198	0.7921	0.6871	0.6245	0.7302	0.7657	0.5969
陆域三产	0.5850	0.8375	0.6247	0.7371	0.6736	0.6272	0.7393	0.7641	0.5689

由表 3-35 可知，示范区海洋化工业与陆域三个产业的关联度分别为 0.6047、0.5994、0.5850，与陆域一产二产关联度最高，它是一种资源型产业，为陆域一产二产提供能源原料等。海洋生物医药业与陆域三产的关联度分别是 0.8344、0.8368、0.8375，示范区重视海洋生物资源的研究开发，加强医用海洋动植物的开发利用，以市场为导向，重点研发一批具有自主知识产权的海洋药物。海洋油气业与陆域一二产业关联度较高，尤其与陆域石化相关产业关系紧密。海洋盐业与陆域三产关联度分别是 0.6994、0.7921、0.7371，与陆域二产关联度最高，是食用盐及工业用盐的主要来源。海洋电力业与陆域三产的关联度分别是 0.6680、0.6871、0.6736。海洋交通运输业和陆域三个产业的关联度分别是 0.6246、0.6245、0.6272，粮食、钢材等产品的运输，很多是通过海洋运输来发展的。海洋工程建筑业与陆域三产的关联度分别是 0.7546、0.7302、0.7393。海洋渔业与陆域三次产业的关联度是依次减小的，它是陆域一产的延伸有着天然的紧密联系，它又为陆域二产的食品加工等企业提供原材料，与三产关系最紧密的是交通运输业。滨海旅游业与陆域三个产业的关联度分别是 0.6324、0.5969、0.5689，和陆域第三产业的关联度不是最高，原因多方面的，开发模式简单，开发规模层次水平低，吸引力小。

(三) 示范区海陆产业链构建

利用 WT 模型对主要海洋产业进行优势排序，且利用灰色关联模型对海洋产业与陆域产业进行关联度分析，在此基础上按照优势排序和关联度建立以海洋产业为中心的海陆产业链,按照优势顺序有效配置资源,减小约束因素影响,以海带陆,实现海陆统筹。以下为海陆产业链的构建,其中粗线表示关联度密切。

1. 以海洋化工业为中心

据以上分析示范区海洋化工业与陆域三个产业的关联度分别是 0.6047、0.5994、0.5850。构建以海洋化工业为中心的海陆产业链如图 3-10 所示。首先,海洋化工业中的盐化工等可以向第二产业提供烧碱、盐酸等化工产品,是基础原材料工业之一;其次,石化工、乙烯产业、氯碱化工等既可以提供原料,也可以提供电热等能源。为陆域二产的化学工业等通过后向关联提供生产原料;最后,要利用陆域三产交通运输业将其化工产品运到需要的地方,同时,要重视科研与技术服务业的技术支持。此外,示范区海洋化工业还存在缺乏统一规划。产业规模小,结构单一等问题,要通过构建产业链,扩大规模,充分开发利用资源,实现规模经济。

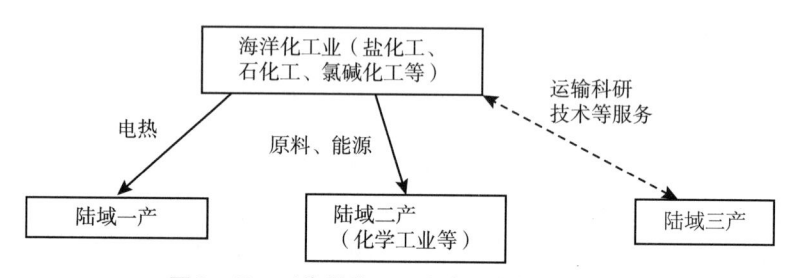

图 3-10 以海洋化工业为中心的海陆产业链

2. 以海洋生物医药业为中心

海洋生物医药业与陆域三产的关联度分别是 0.8344、0.8368、0.8375,与陆域第三产业关联最为密切,其次是第二产业。建立以海洋生物医药业为中心的海陆产业链见图 3-11。首先,海洋生物医药业与陆域第三产业建立链接,从研发到生产销售需要第三产业科研技术的大力支持;其次,与陆域第二产业建立连接,是陆域二产的纵向延伸;最后,与一产建立链接,为农林牧副渔的发展提供医药上的帮助,提高生产效率。

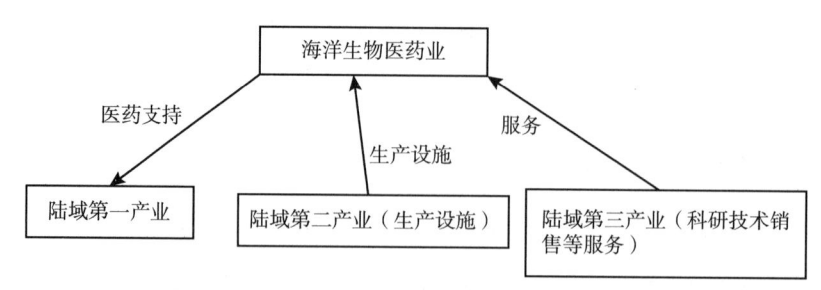

图 3-11 以海洋生物医药业为中心的海陆产业链

3. 以海洋油气业为中心

海洋油气业与陆域三个产业的关联度分别是 0.7951、0.7198、0.6247，关系紧密，后向关联比较强。建立以海洋油气业为中心的海陆产业链见图 3-12。首先，海洋油气业与一产建立产业链，为一产提供能源；其次，与陆域二产建立连接，为其机械工业、化学工业、电力工业等提供生产需要的能源、原材料等；同时，机械工业等又为海洋油气业提供运作需要的技术设备支持。最后，它的运作需要陆域三产的科研技术服务业、地质勘探业、交通运输业、综合技术服务业等为其提供相应的配套服务。

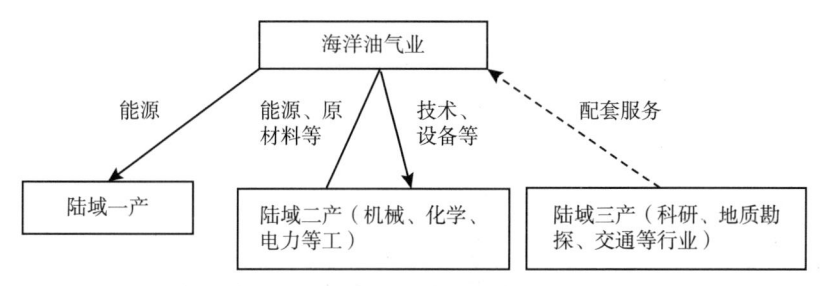

图 3-12 以海洋油气业为中心的海陆产业链

4. 以海洋盐业为中心

据以上分析示范区海洋盐业与陆域三个产业的关联度分别是 0.6994、0.7921、0.7371。构建以海洋盐业为中心的海陆产业链见图 3-13。首先，海洋盐业为陆域二产的化学工业等通过后向关联提供生产原料；其次，海洋盐业向陆域一产中的畜牧业提供食盐；最后，要利用陆域三产交通运输业将其海盐运到需要的地方，同时，要重视科研与技术服务业的技术支持。此外，蓝区海洋盐业多以中小规模企业为主，行业集中度低，要通过构建产业链，扩大规模，充分开发利用资源，实现规模经济。

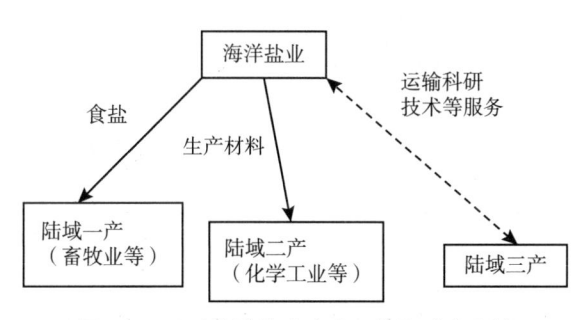

图 3-13 以海洋盐业为中心的海陆产业链

5. 以海洋交通运输业为中心

海洋交通运输业是现在大宗货物运输、国际运输的一种主要运输方式,通过实证分析得出它与陆域三个产业的关联度分别是0.6246、0.6245、0.6272,依次递增。建立以海洋交通运输业为中心的海陆产业链见图3-14。首先,海洋运输与陆域交通运输业的联合运输是现代最重要的运输方式之一,同时,陆域三产的科研与技术服务业也要为海洋运输业提供技术上的支持;其次,与陆域二产建立连接,主要是运用其机械制造业、能源工业等提供的设备、能源等的支持;最后,海洋交通运输业与陆域一产连接,毋庸置疑主要为陆域一产提供货流服务。

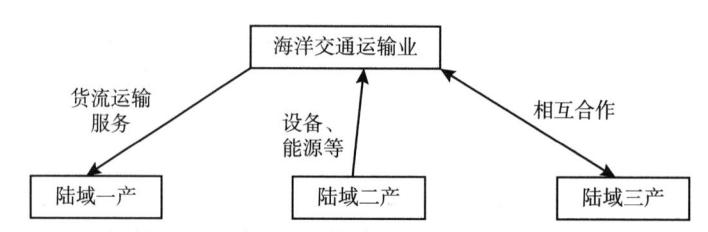

图3-14 以海洋交通运输业为中心的海陆产业链

6. 以海洋工程建筑业为中心

实证分析看出,海洋工程建筑业是一种基础性产业,为各海洋产业提供基础设施建设,与陆域三产的关联度分别是0.7546、0.7302、0.7393,与陆域三个产业的联系都很密切。建立以海洋工程建筑业为中心的海陆产业链见图3-15。首先,海洋工程建筑业与陆域三产的连接,主要是利用其地质勘探业、科研与技术服务业、交通运输业等所提供的流通服务;其次,与陆域二产连接,利用其采矿业、机械工业提供的设备设施技术支持,以及冶金工业、建材工业等提供的原材料。

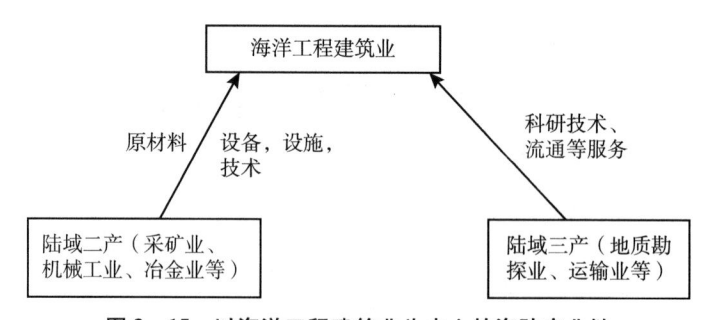

图3-15 以海洋工程建筑业为中心的海陆产业链

7. 以海洋渔业为中心

海洋渔业与陆域三个产业的关联度分别是 0.7508，0.7654，0.7641。建立以海洋渔业为中心的海陆产业链见图 3-16。首先，海洋渔业与陆域二产联系较为紧密，为食品加工、化工、制药等提供原材料，机械制造业又为其提供机械技术等支持；其次，与陆域一产建立链条，它是陆域一产渔业次向海洋的延伸，与农业、牧业、渔业互相提供饲料肥料等；最后，与陆域三产建立休闲渔业等观光产业，提升产业价值；同时，海洋渔业与陆域一产二产的联系货流等要运用运输业销售等行业进行。

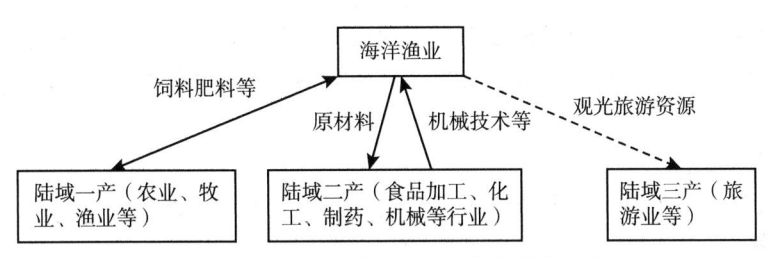

图 3-16 以海洋渔业为中心的海陆产业链

8. 以滨海旅游业为中心

示范区滨海旅游业与陆域三个产业的关联度分别为 0.6324、0.5969、0.5689，与陆域第三产业关联最小，主要原因滨海旅游资源没有得到有效的开发，开发模式简单，开发规模层次水平低，滨州的滨海旅游业产值连续多年出现负增长。建立产业链条要更为慎重。建立以滨海旅游业为中心的海陆产业链如图 3-17 所示。首先，滨海旅游业与陆域第三产业建立链接，它涉及饮食、住宿、娱乐、购物、出行等多个行业，因此，要与陆域旅游业、零售业、餐饮业、服务业、交通业、信息业等做好合作沟通和协调，提高产业链的价值。其次，与陆域第二产业建立连接，建筑业等为其提供配套设施，制造业、加工业等为其提供所需产品等。

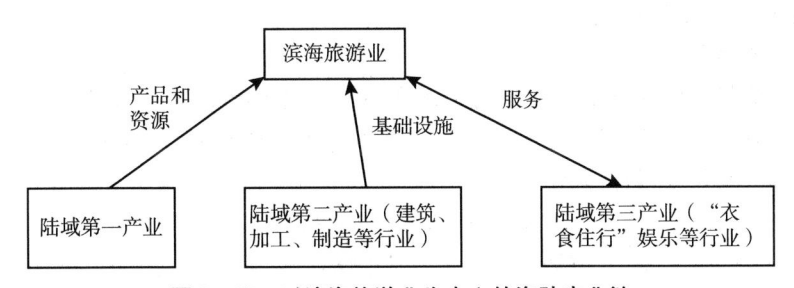

图 3-17 以滨海旅游业为中心的海陆产业链

第五节 区域海洋产业布局优化路径

一、山东半岛蓝区海水养殖空间布局优化路径决策模型构建

空间布局优化路径决策模型的核心思想旨在通过模型求出空间布局的最优比例,并计算出每年相对应的优化率,通过每年的不断优化,最终实现从现状至理想的布局优化比例,即通过模型得到空间布局的优化路径。目前空间布局优化路径决策模型主要应用在各产业的布局优化研究中,本文将该模型运用在了海水养殖的空间布局优化研究中。

1. 模型假设

设山东半岛蓝区海水养殖空间分布划分为 n(通常 n≥3)个子空间,$x_j(0)$ (j = 1, 2, …, n)表示当前空间 j 占整体的比例,空间 j 占整体的合理比例为 α_j。通过模型计算找到一个路径,在该路径上保持整体一定优化调整速度,将 $x_j(0)$ (j = 1, 2, …, n)调整到 α_j,并且耗用时间最短。

2. 系统状态

决策变量 $x_j(k)$ (j = 1, 2, …, n)表示 k 时子空间 j 占总空间的比例,控制变量 $u_j(k)$ 表示 k + 1 时子空间 j 的优化率,v(k) 表示 k + 1 时总空间的优化率。$x_j(k+1)$ 与 $x_j(k)$ 有如下关系:

$$x_j(k+1) = \qquad j = 1, 2, \cdots, n; \ k = 0, 1, \cdots, N-1 \qquad (3-52)$$

始端状态满足

$$\sum_{j=1}^{x} X_j(0) = 1 \qquad (3-53)$$

终端状态满足

$$\frac{x_j(N-1)(1+u_j(N-1))}{1+v(N-1)} = \alpha_j, \ j = 1, 2, \cdots, n \qquad (3-54)$$

N 是满足上式的最小整数。

3. 目标函数

在保持蓝区海水养殖总空间的优化率为 v(k)(k = 0, 1, …, N-1)的条件下,将子空间 j(j = 1, 2, …, n)的比例由 $x_j(0)$ 调整到 $x_j(N-1)$,并且整个时间最短。因此设目标函数为:

$$J = \sum_{k=0}^{n-1} \sum_{j=1}^{n} \left[\frac{x_j(k)(1+u_j(k))}{1+v(k)} - \alpha_j \right]^2$$

其中,$u_j(k)$ 满足:$\sum_{k=0}^{n-1} x_j(k) u_j(k) = v(k)$, k = 0, 1, …, N-1; (3-55)

$$m_j(k) \leq u_j(k) \leq M_j(k), \quad j = 1, 2, \cdots, n; \quad k = 0, 1, \cdots, N-1$$

$u_j(k)$ 的取值范围由海水养殖空间布局内部子空间关联所决定，每一个子空间的优化必然影响其他相关子空间的优化，同时受其他相关子空间优化的制约。

4. 模型求解

由于模型终端状态知道，所以本文采用正序寻优途径，求模型最优解。首先要计算 $u(k)^*(k = 0, 1, \cdots, N-1)$，进而求得 $J_0^*(x(N))$。显然 $u(0)^*$ 是非线性规划（3-56）的最优解。

$$\min z = J = \sum_{j=1}^{n} \left[\frac{x_j(0)(1 + u_j(0))}{1 + v(k)} - \alpha_j \right]^2$$

$$\text{s. t.} \quad \sum_{j=1}^{n} x_j(0) u_j(0) = v(0) \tag{3-56}$$

$$m_j(0) \leq u_j(0) \leq M_j(0), \quad j = 1, 2, \cdots, n$$

其中，$x_j(0)$，$m_j(0)$，$M_j(0)(j = 1, 2, \cdots, n)$ 和 $v(0)$ 给定，且（3-56）是线性约束的非线性规划，采用通常求解方法求解。由于非线性规划（3-56）具有一些特殊性，据此本章提出一种简便求解方法，对该方法的求解过程进行讨论。

由于当前子系统间比例不合理，必存在 $j \in \{j = 1, 2, \cdots, n\}$，$x_j(0) \neq \alpha_j$，不失一般性，可设：

$$x_j(0) < \alpha_j (j = 1, 2, \cdots, r), \quad X_j(0) = \alpha_j (j = r+1, \cdots, q),$$
$$x_j(0) > \alpha_j (j = q+1, \cdots, n)$$

第一步 取初始可行解。令

$$u^{-1}(0) = \begin{pmatrix} v(0) \\ v(0) \end{pmatrix} \tag{3-57}$$

由 $m_j(k) \leq u_j(k) \leq M_j(k)$，$j = 1, 2, \cdots, n$ 以及 $\sum_{k=0}^{n} x_j(0) u_j(0) = v(0)$，可知 $u^{-1}(0)$ 是可行解，转第 2 步。

第 2 步 寻找下降可行方向和步长。取方向

$$d_1(0) = \begin{pmatrix} d_1^1 \\ d_n^1 \end{pmatrix} \tag{3-58}$$

d_j^1 按下面规则取值

$$d_j^1 = 0, \quad j \in \{r+1, \cdots, q\}$$
$$d_j^1 = (1 + v(0)) E_j, \quad j \notin \{r+1, \cdots, q\}$$

其中

$$E_j = \frac{\alpha_j}{x_j(\alpha)} - \frac{\sum j \notin [r+1, \cdots, q] \alpha_j}{\sum j \notin [r+1, \cdots, q] x_j(0)} \tag{3-59}$$

令 $u^2(0) = u^{-1}(0) + sd^1$

由 $u^2(0)$ 的定义有如下结果：

$$\sum_{j=1}^{n} X_j(0) u_j^2(0) = v(0) \quad (3-60)$$

若不是（3-56）的最优解，必有充分小的正数 s，是下面式子成立

$$m_j(0) \leq u_j^2(0) \leq M_j(0) \quad (3-61)$$

$$\sum_{j=1}^{n} \left[\frac{x_i(0)(1+u_i^2(0))}{1+V(0)} - \alpha_j \right]^2 < \sum_{j=1}^{n} \left[\frac{x_i(0)(1+u_i^{-1}(0))}{1+V(k)} - \alpha_j \right]^2 \quad (3-62)$$

因此，d^1 为下降可行方向

令，

$$s_j^2 = \min \left\{ \frac{M_j - v(0)}{d_j^1}, \frac{(\alpha_j - 1)(1+v(0))}{d_j^1} \right\}, j = 1, 2, \cdots, r$$

$$s_j^1 = \min \left\{ \frac{M_j - v(0)}{d_j^1}, \frac{(\alpha_j - 1)(1+v(0))}{d_j^1} \right\}, j = q+1, \cdots, n$$

取 $S^1 = \min \{ s_j^1 | j = 1, 2, \cdots, r, q+1, \cdots, n \}$，$u_j^2(0) = u_j^{\sim}(0) + s^1 d^1$，

$$\begin{pmatrix} u_j^{\sim 2}(0) \\ u_j^{\sim 1}(0) \end{pmatrix} = \begin{pmatrix} \alpha_1 \\ \alpha_n \end{pmatrix}$$

取 $u^*(0) = u_1^{\sim 2}(0)$

整个求解过程结束，此时有 N=1；若式（3-57）不成立，转入下一步。

第 3 步　第 2 步中等于 s^1 的 j，在下降可行方向中取 0，其他值的取法同第二步。如此迭代下去，直至整个运算结束（不超过 n-1 步）。

设非线形规划（3-56）运算到第 b_1 步结束，取 $u^*(0) = u^{\sim b1+1}(0)$，$u^*(0)$ 获得。获得了 $u^*(0)$，用 $u^*(0)$ 的值可以算出 $J_1^*(x(N-1))$。采用求 $u^*(0)$ 的方法，求 $u^*(1)$，算出 $J_1^*(x(N-2))$。如此继续下去，求出 $u^*(0)$，$u^*(1)$，…，$u^*(N-1)$，算出 $J_0^*(x(N))$，完成整个模型的求解，得到蓝区海水养殖空间布局优化结构调整过程路径优化决策。

二、基于空间布局优化路径决策模型的山东半岛蓝区海水养殖空间布局优化实证分析

1. 数据来源

本章以 2010 年为基期，规划目标年为 2020 年。决策变量的设置以山东半岛蓝区海水养殖空间分布的养殖面积为基础，结合研究地区的社会经济及海洋经济发展状况，综合考虑相关数据的可获得性，最终确定了池塘养殖（x_1）、底播养殖（x_2）、浅海养殖（x_3）三种海水养殖空间分布为变量（见表 3-36），且这些变量在地域上相互独立，并能充分反映研究区域的实际状况，符合空间布局优化

路径决策模型对决策变量的要求。数据主要来源于《中国渔业统计年鉴》（见表3-37、表3-38）。

表3-36　　　　　　　　　　海水养殖空间分布

海水养殖空间分布	池塘	底播	浅海
面积	x_1	x_2	x_3

表3-37　　　　　　　山东半岛蓝区各市海水养殖面积　　　　　　　单位：hm²

海水养殖空间分布	池塘	底播	浅海
当前面积	954655.2	954655.2	79554.6
新选划面积	150280	451162	401339
规划年面积	1104935	1405817	480893.6

表3-38　　　　　　　山东半岛蓝区海水养殖空间比例　　　　　　　单位：%

海水养殖空间分布	池塘	底播	浅海
当前比例	48	48	4
合理比例	38	48	14

2. 山东半岛蓝区海水养殖空间分布比例调整过程优化模型求解

根据上述讨论，建立如下山东半岛蓝区海水养殖空间比例调整过程的优化模型：

状态方程：

$$x_j(k+1) = \frac{x_j(k)(1+u_j(k))}{1+v(k)}, \quad j=1,2,3,4; \quad k=0,1,\cdots,N-1$$

（3-63）

初始状态：根据当前海水养殖空间布局类型的养殖面积占总养殖面积的比例计算得到当前山东半岛蓝区海水养殖的空间比例，如上表3-38所示。

$$X_0 = \begin{pmatrix} 48 \\ 48 \\ 4 \end{pmatrix} \tag{3-64}$$

终端状态：在目前海水养殖空间布局养殖面积的基础上，根据山东半岛蓝区海水养殖的实际情况进行规划，结合各池塘养殖、底播养殖及浅海养殖的新选划面积，计算得出海水养殖空间布局的最优比例，如上表3-38所示。

$$X_{N-1} = \begin{pmatrix} 38 \\ 48 \\ 14 \end{pmatrix} \tag{3-65}$$

目标函数：

$$J = \sum_{k=0}^{n-1} \sum_{j=1}^{3} \left[\frac{x_i(k)(1+u_i(k))}{1+V(k)} - \alpha_j \right]^2 \quad (3-66)$$

其中

$$\begin{pmatrix} \alpha_1 \\ \alpha_2 \\ \alpha_3 \end{pmatrix} = \begin{pmatrix} 6\% \\ 6\% \\ 6\% \end{pmatrix}$$

控制变量 $u_j(k)$ 满足

$$\sum_{j=1}^{3} X_j(k) u_j(k) = 6\%, \quad k = 0, 1, \cdots, N-1$$

$$2\% \leq u_1(k) \leq 10\%, \quad k = 0, 1, \cdots, N-1$$

$$5\% \leq u_2(k) \leq 15\%, \quad k = 0, 1, \cdots, N-1$$

$$8\% \leq u_3(k) \leq 20\%, \quad k = 0, 1, \cdots, N-1$$

3. 山东半岛蓝区海水养殖空间布局优化路径分析

应用上述方法进行求解，可得山东半岛蓝区海水养殖空间布局优化的优化路径（见表3-39）。

表3-39　　　　　山东半岛蓝区海水养殖空间布局优化路径　　　　　单位：%

	0年	1年	2年	3年	4年	5年	6年	7年	8年	9年	10年
$u_1(k)$	2	2	2	5.3	5.1	4.7	4.4	4	3.5	2.9	
$u_2(k)$	8.8	8.5	8.1	5	5	5	5	5	5	5	
$u_3(k)$	20	20	20	20	20	20	20	20	20	20	
$x_1(k)$	48	46.2	44.5	42.8	42.5	42.1	41.6	41	40.2	39.3	38
$x_2(k)$	48	49.3	50.4	51.4	51	50.5	50	49.5	49	48.5	48
$x_3(k)$	4	4.5	5.1	5.8	6.5	7.4	8.4	9.5	10.8	12.2	14

如表3-39所示，经过模型计算得到了山东半岛蓝区海水养殖的空间分布中池塘养殖面积经过2%、2%、2%、5.3%、5.1%、4.7%、4.4%、4%、3.5%、2.9%的优化率，从2010年所占48%的比例在2020年达到38%的最优占比；底播养殖则经过前3年8.8%、8.5%、8.1%的优化比率之后连续7年经过5%的优化比率在2020年恢复至最优比例48%；浅海养殖连续10年经过20%的优化比率，从4%的比例上升至14%的最优占比。三种海水养殖空间都从当前所占的比例经过10年不断优化将达到合理比例。

三、结论及对策

1. 结论

（1）山东半岛蓝区海水养殖中池塘养殖从当前所占48%的比例，经过2%的优化得到第一年减少至 46.2% 的比例，经过第一年 2% 的优化率，在第二年减少至 44.5% 的比例，之后又经过连续 8 年的不断优化，在 10 年达到了池塘养殖在海水养殖空间中应当占有的合理比例 38%；（2）底播养殖经过 8.8%、8.5%、8.1% 的优化率，在第三年达到最大占比 51.4% 之后连续 7 年经过 5% 的优化率在第十年恢复至 48% 的所占比例；（3）浅海养殖的优化率连续 10 年保持在 20% 的水平上，最终达到 14% 的合理比例。

2. 对策

（1）山东半岛蓝区适宜开发池塘养殖区域的面积为 $3.4 \times 10^5 hm^2$，目前已开发近 $1.1 \times 10^5 hm^2$，仍旧有 $2.3 \times 10^5 hm^2$ 未得到开发，未开发区域主要位于滨州至潍坊岸段，为盐碱地及荒滩，约 $2 \times 10^5 hm^2$ 可开发进行海水及地下半咸水池塘养殖，可新建标准化海水养殖池塘，但要注意建设防风暴潮设施；（2）底播养殖区已开发的大多在 0～-20m 的区域内，而 -20m 以外深海海域基本未开发，这是今后山东半岛蓝区开发的重点之一，适合开发刺参、海胆、甲壳类等大规模底播养殖，可在东营市城东海域、潍坊市及莱州市的莱州湾沿海海域、威海市北部海域、胶南、日照东南部海域等区域开发底播养殖；（3）目前山东半岛蓝区浅海海域可进行筏式、网箱养殖的区域已基本开发，部分地区养殖密度过大，造成水域环境污染，影响了养殖效益，可开发的浅海养殖区域主要集中在长岛、威海市、荣成市、乳山市等周边海域；（4）在大力开发海水养殖区域的同时，正确处理经济发展、资源节约、环境保护、生态安全的关系，保证各海水养殖空间的比例在合理的范围之内。

第六节 区域海洋产业布局优化决策支持系统

一、海洋产业空间布局优化决策支持系统设计

海洋产业空间布局优化决策支持系统用于评价海洋产业空间布局现状，识别海洋产业空间布局取得的成效和存在的问题，针对现状制定包括优化路径，优化方案和优化对策在内的优化模式。海洋产业空间布局优化决策服务系统基于 VF 语言环境编写，具有良好的人机交互界面，适用于沿海省、市、组团城市和经济开发区等地区的海洋产业空间布局现状评价和优化模式研究，适合区域经济和海洋经济管理、规划及政策决策部门，海洋经济管理研究者使用。

1. 系统架构设计

海洋产业空间布局优化决策支持系统的目标是实现对海洋产业空间的评价和优化，提供决策支持服务平台，系统包括指标筛选，权重调整，现状评价，优化等服务。在系统架构设计上，采用三层架构模式，分为表现层，业务层和数据

层，总体架构如图 3-18 所示。

```
海洋产业空间布局优化决策支持系统

表现层:  指标展示 | 指标筛选 | 权重调整 | 数据录入
         现状评级展示 | 成效问题展示 | 优化路径、方案、对策展示

业务层:  指标筛选处理 | 权重调整处理 | 评分计算
         成效问题筛选 | 优化路径、方案、对策处理

数据层:  备录数据库 | 指标数据库
```

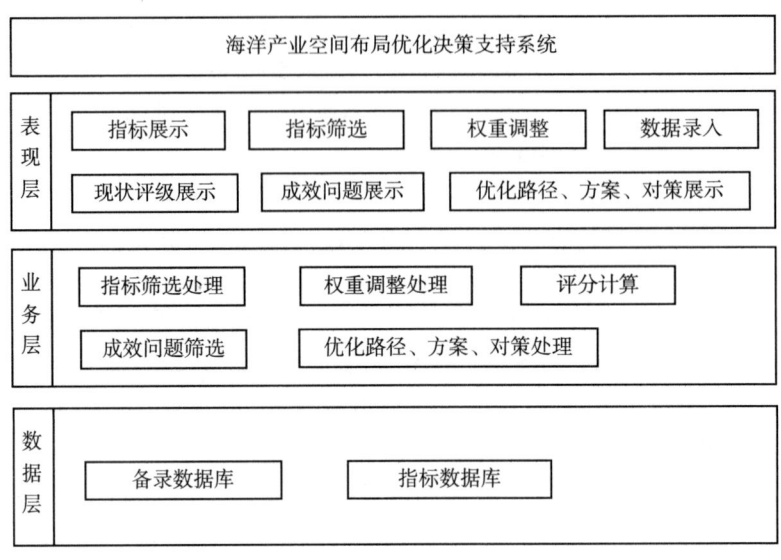

图 3-18 系统总体架构

（1）系统数据层。数据层是海洋产业空间布局优化决策支持系统的核心，包括备录数据库和指标数据库。备录数据库存放海洋产业空间布局评价体系中的备录数据，主要涉及到评价地区的海洋经济发展状况等数据。指标数据库存放海洋产业空间布局评价指标体系的相关数据。系统将用户输入的数据存入数据层，业务层调用数据层数据进行处理，并将结果反馈至表现层。

（2）系统业务层。业务层是基于用户的操作指令和系统内置的编程指令，对数据层的数据进行处理。本系统的业务层主要包括指标筛选处理、权重调整处理、海洋产业空间布局评分计算、成效问题筛选和优化路径、方案、对策处理等处理过程，是联系数据层和表现层的中间桥梁。

（3）系统表现层。表现层是将系统处理结果向用户展示，是系统与用户对接的接口。本系统表现层主要包括指标展示、指标筛选展示、权重调整展示、数据录入、现状评级展示、成效问题展示和优化路径、方案、对策展示等过程。

2. 系统功能设计

海洋产业空间布局优化决策支持系统以对海洋产业空间布局的评价与优化为核心，提供相关服务。本系统主要设计了指标体系、现状评价和优化三个模块，如图 3-19 所示。

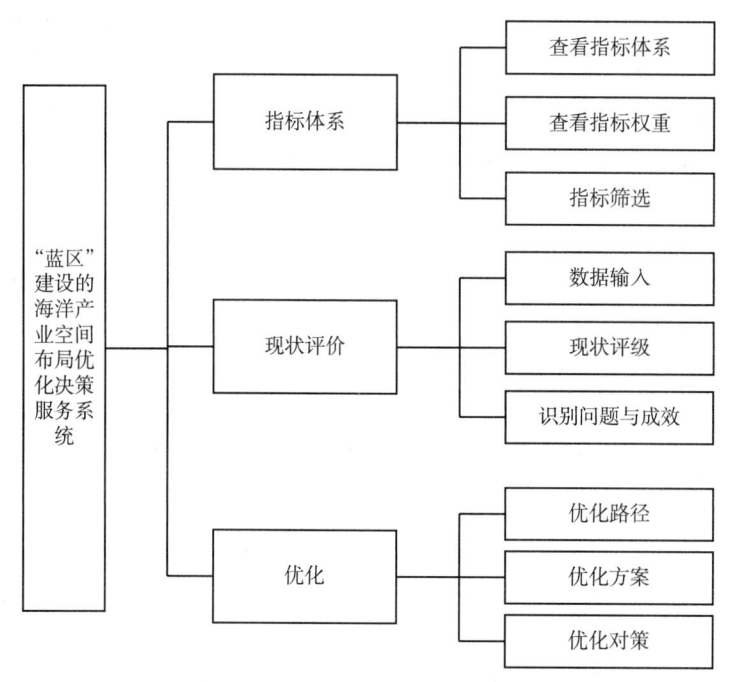

图 3-19　海洋产业空间布局优化决策支持系统功能设计

指标体系模块用于查看海洋产业空间布局优化的指标体系和指标权重,并允许用户对指标体系和指标权重进行调整。现状评价模块基于用户的外部数据,提供海洋产业空间布局评价和成效问题识别等服务。优化模块主要基于现状评价模块结果和用户操作指令,制定海洋产业空间布局优化路径、方案和对策。

(1) 海洋产业空间布局优化决策支持系统指标体系模块设计。海洋产业空间布局优化决策支持系统的指标权重模块包括指标体系、指标权重查看部分、指标筛选和指标权重调整三个部分。指标体系、指标权重查看部分用于展示海洋产业空间布局优化的指标体系和指标权重。指标筛选部分为用户提供指标体系筛选服务,便于用户根据数据的可获得性对原始指标进行筛选,重新构建合适的指标体系。指标权重调整部分为用户提供指标权重调整服务,便于用户根据实际需要对系统内置权重进行调整。

①海洋产业空间布局评价指标体系、指标权重查看设计。指标体系、指标权重查看部分的设计主要包括构建海洋产业空间布局评价指标体系和确定指标体系权重两个部分。

第一,在指标体系的构建上,海洋产业空间布局评价应充分考虑海洋空间资源、海洋产业布局效益和海陆统筹发展三个方面,因此设定一层指标为海洋空间资源利用、海洋产业布局和海陆统筹。海洋空间资源利用指标反映海洋产业布局过程中对海洋空间资源的利用现状,海洋产业布局指标反映海洋产业在经济、环境方面的布局效益，海陆统筹指标反映海陆经济发展的协调性和关联性。三者结合能充分反映海洋产业空间布局在资源、效益和海陆联动方面的现状，对海洋产业空间布局做出全面评价。参阅以往学者构建的有关海洋空间资源利用、海洋产业布局和海陆统筹的指标体系后，在坚持科学性、客观性、可比性、可操作性和系统性等五大原则的基础上，制定了海洋产业空间布局评价指标体系。

第二，在指标权重的确定上，本系统采用层次分析法确定海洋产业空间布局评价指标的权重。根据指标体系编写调查问卷，邀请20名海洋产业布局方面的专家学者进行填写，利用 expert choices 软件确定最终指标权重，如表3-40所示。本系统将此权重作为系统的原始内置权重。

表3-40　　　海洋产业空间布局评价指标体系及指标权重

一层（权重）	二层（权重）	三层（权重）
指标体系"蓝区"建设的海洋产业空间布局优化	海洋空间资源利用（0.271）	功能区划相符程度（0.055）	功能区划相符程度（0.046）
		符合海洋功能区划要求的近岸海域面积比例（0.009）
	空间资源利用率（0.036）	海岸带利用比重（0.003）
		滩涂湿地利用比重（0.01）
		确权海域比重（0.007）
		海岛利用比重（0.003）
		围填海比重（0.006）
		海洋保护区比重（0.006）
	空间资源利用效率（0.140）	海岸带经济密度（0.018）
		滩涂湿地经济密度（0.051）
		海域经济密度（0.05）
		海岛经济密度（0.019）
	空间资源利用水平（0.041）	海域使用多样性（0.021）
		海洋第一产业用海比重（0.007）
		海洋第二产业用海比重（0.004）
		海洋第三产业用海比重（0.01）
	海洋产业布局（0.528）	产业规模（0.030）	GOP比重（0.01）
		GOP增长率（0.012）
		GOP增加值（0.005）
		规模以上企业比重（0.004）

续表

一层（权重）	二层（权重）	三层（权重）
指标体系"蓝区"建设的海洋产业空间布局优化	海洋产业布局（0.528）	产业结构（0.092）	海洋第一产业比重（0.012）
			海洋第二产业比重（0.014）
			海洋第三产业比重（0.045）
			产业结构相似系数（0.022）
		生态环境外部性（0.109）	滨海旅游区水质达标率（0.02）
			保护区水质达标率（0.007）
			增养殖区水质达标率（0.022）
			浴场区水质达标率（0.013）
			入海排污达标率（0.033）
			海洋油气区水质达标率（0.014）
		集中程度（0.043）	区位商（0.012）
			地理联系率（0.013）
			空间基尼系数（0.017）
		产业间协调（0.099）	产业冲突程度（0.041）
			产业合作程度（0.059）
		产业支撑（0.155）	涉海基础设施支撑（0.085）
			涉海科技支撑（0.03）
			涉海人才支撑（0.04）
	海陆统筹（0.201）	协调度（0.135）	海陆经济协调度（0.101）
			海陆经济增长速度比（0.034）
		关联度（0.066）	海陆经济关联度（0.039）
			海陆三次产业关联度（0.027）

②海洋产业空间布局评价指标筛选设计。指标筛选部分主要是为了实现系统运用的灵活性和适应性，让用户能够根据实际需要和数据的可得性构建合适的指标体系。指标筛选部分的设计主要包括指标筛选规则的确定和指标原始权重调整方法的设计。

第一，指标筛选规则。本系统允许用户调整第三层指标。为保证用户筛选的指标体系符合科学性和系统性原则，本系统制定了两条筛选规则：一，用户必须为每个二层指标至少选择一个三层指标；二，用户选择的三层指标权重之和必须占总权重的60%以上。第一条规则保证了指标体系的完整性，确保评价海洋空间资源利用、海洋产业布局和海陆统筹的二层指标未发生变化，均至少有一个三层指标来衡量。第二条规则保证了指标体系的重要性。原指标体系建立在科学性、系统性基础之上，要求用户选择的指标体系权重占总权重的60%以上，能确保选择的指标是在原始指标体系中占有较大重要程度，能继承原指标体系的科学性和系统性，能有效评价海洋产业空间布局。

第二，指标原始权重的调整方法。调整后的指标体系需对其权重进行调整。依次计算选择的指标原始权重占所有选择指标的原始权重之和的比重作为新的内置权重，从而得到调整后的指标体系权重。原始权重是基于层次分析法计算得出的，层次分析法的原理是比较指标的相对重要性，而新权重的计算方法是建立在原始权重的基础之上，仍以指标间的相对重要性为基础，所以新权重的计算方法具有可行性。

③海洋产业空间布局评价权重调整设计。权重调整部分同样是为了实现系统运用的灵活性和适应性，让用户能够根据本地区的现实情况对指标权重进行调整。权重调整部分的设计关键在于权重调整方法。本系统权重的调整综合考虑用户外置权重和系统内置权重。系统内置权重是对专家学者进行问卷调查的结构，具有一定的科学性，而用户外置的权重则代表了本地区的实际情况，因此系统最终的确定方法是指标的内置权重的60%与用户外置权重的40%之和，作为最终的权重。

（2）海洋产业空间布局优化决策支持系统现状评价模块设计。海洋产业空间布局优化决策支持系统现状评价模块包括海洋产业空间布局分级评价部分和海洋产业空间布局成效问题识别部分。分级评价部分是基于用户选择的指标体系和用户外部数据，计算得到海洋产业空间布局得分，根据分级基准对合理程度进行分级。成效问题识别部分是基于二层指标体系的得分，根据问题成效的判定标准，识别出取得的成效和存在的问题。

①海洋产业空间布局分级评价设计

分级评价部分是根据用户的外部数据和系统内置指令，处理得到海洋产业空间布局的发展现状。分级评价部分的设计包括外部数据处理和评分结果计算等两个关键环节。

第一，外部数据处理。外部数据处理的关键是对数据进行标准化处理。在参阅《山东省海岸带规划》《山东省海洋功能区划》《山东省海岛保护规划》《蓝区发展规划》《山东省十二五规划》等文件和一系列期刊文献，并向有关专家学者咨询后，制定了三层指标的优化标准和优化公式，如表3-41所示。

表 3-41　　　　　　海洋产业空间布局评价指标标准化方法

三层指标 （指标符号）	最小 合格标准	最优标准	最大 合格标准	数据标准化计算公式
功能区划相符程度打分（X_1）		10		$X_1/10 \times 100$
符合海洋功能区划要求的近岸海域面积比例（X_2）		100%		$X_2 \times 100$
海岸带利用比重（X_3）		42.6% ~ 85.2%		（1）若 $X_3 > 42.6\%$，标准化值为 0
				（2）若 $42.6\% < X_3 < 85.2\%$，标准化值为 $100 - |((X_3 - 62.9\%)/21.3\%)| \times 100$
				（3）若 $X_3 \geq 85.2\%$，标准化值为 0
滩涂湿地利用比重（X_4）		26.17% ~ 52.34%		（1）若 $X_4 < 26.17\%$，标准化值为 0
				（2）若 $26.17\% < X_4 < 52.34\%$，标准化值为 $100 - |(X_4 - 39.255\%)/13.085\%)| \times 100$
				（3）若 $X_4 \geq 52.34\%$，标准化值为 0
确权海域利用比重（X_5）		43.58% ~ 87.16%		（1）若 $X_5 < 43.58\%$，标准化值为 0
				（2）若 $43.58\% < X_5 < 87.16\%$，标准化值为 $100 - |(X_5 - 65.37\%)/21.79\%)| \times 100$
				（3）若 $X_5 \geq 87.16\%$，标准化值为 0
海岛利用比重（X_6）			39.20%	（1）若 $X_6 < 39.2\%$，标准化值为 $(1 - X_6/39.2\%) \times 100$
				（2）若 $X_6 \geq 39.2\%$，标准化值为 0
围填海比重（X_7）			1.10%	（1）若 $X_7 < 1.1\%$，标准化值为 $(1 - X_7/1.1\%) \times 100$
				（2）若 $X_7 \geq 1.1\%$，标准化值为 0
海洋保护区比重（X_8）	6.30%			（1）若 $X_8 < 6.3\%$，标准化值为 0
				（2）若 $X_8 \geq 6.3\%$，标准化值为 $(X_8 - 6.3\%)/(1 - 6.3\%) \times 100$
海岸带经济密度（X_9）	GDP×23%/海岸带面积×85.2%			（1）若 $X_9 <$ GDP×23%/海岸带面积×85.2%，标准化数值为 0
				（2）若 $X_9 >$ GDP×23%/海岸带面积×85.2%，标准化数值为 $X_9/$(GDP×23%/海岸带面积×85.2%)×100

续表

三层指标（指标符号）	最小合格标准	最优标准	最大合格标准	数据标准化计算公式
滩涂湿地经济密度（X_{10}）	GDP×23%/滩涂湿地面积×52.34%			（1）若 X_{10} < GDP×23%/滩涂湿地面积×52.34%，标准化数值为 0
				（2）若 X_{10} > GDP×23%/滩涂湿地面积×52.34%，标准化数值为 X_{10}/(GDP×23%/滩涂湿地面积×52.34%)×100
海域经济密度（X_{11}）	GDP×23%/海域面积×87.16%			（1）若 X_{11} < GDP×23%/海域面积×87.16%，标准化数值为 0
				（2）若 X_{11} > GDP×23%/海域面积×87.16%，标准化数值为 X_{11}/(GDP×23%/海域面积×87.16%)×100
海岛经济密度（X_{12}）	GDP×23%/海岛数×39.2%			（1）若 X_{12} < GDP×23%/海岛数×39.2%，标准化数值为 0
				（2）若 X_{12} > GDP×23%/海岛数×39.2%，标准化数值为 X_{12}/(GDP×23%/海岛数×39.2%)×100
海域使用多样性得分（X_{13}）		10		X_{13}/10×100
海洋第一产业用海比重（X_{14}）		64.90%		（1）X_{14}≤58.41%，标准化数值为 0
				（2）58.41% < X_{14} < 71.39%，标准化数值为 1 − |(X_{14} − 64.90%)/6.490%|×100
				（3）X_{14}≥71.39%，标准化数值为 0
海洋第二产业用海比重（X_{15}）		2.70%		（1）X_{15}≤2.43%，标准化数值为 0
				（2）2.43% < X_{15} < 2.97%，标准化数值为 1 − |(X_{15} − 2.70%)/0.270%|×100
				（3）X_{15}≥2.97%，标准化数值为 0
海洋第三产业用海比重（X_{16}）		17.50%		（1）X_{16}≤15.75%，标准化数值为 0
				（2）15.75% < X_{16} < 19.25%，标准化数值为 1 − |(X_{16} − 17.50%)/1.750%|×100
				（3）X_{16}≥19.50%，标准化数值为 0

续表

三层指标（指标符号）	最小合格标准	最优标准	最大合格标准	数据标准化计算公式
GOP 比重（X_{17}）		23%~25%		(1) $X_{17} \leq 23\%$，标准化数值为 0
				(2) $23\% < X_{17} < 25\%$，标准化数值为 $1 - |(X_{17} - 24\%)/1\%| \times 100$
				(3) $X_{17} \geq 25\%$，标准化数值为 0
GOP 增长率（X_{18}）		12%~15%		(1) $X_{18} \leq 12\%$，标准化数值为 0
				(2) $12\% < X_{18} < 15\%$，标准化数值为 $100 - |(X_{18} - 13.5\%)/1.5\%| \times 100$
				(3) $X_{18} \geq 15\%$，标准化数值为 0
GOP（X_{19}）	历年均值			(1) $X_{19} \geq$ 历年 GOP 均值，标准化数值为 100
				(2) $X_{19} <$ 历年 GOP 均值，标准化数值为 0
规模以上企业数量（X_{20}）	省平均水平			(1) $X_{20} \geq$ 省平均水平，标准化数值为 100
				(2) $X_{20} <$ 省平均水平，标准化数值为 0
海洋第一产业比重（X_{21}）		6%		(1) $X_{21} \leq 5.094\%$，标准化数值为 0
				(2) $5.094\% < X_{21} < 6.226\%$，标准化数值为 $100 - |(X_{21} - 5.66\%)/0.566\%| \times 100$
				(3) $X_{21} \geq 6.226\%$，标准化数值为 0
海洋第二产业比重（X_{22}）		50%		(1) $X_{22} \leq 45\%$，标准化数值为 0
				(2) $45\% < X_{22} < 55\%$，标准化数值为 $100 - |(X_{22} - 50\%)/5\%| \times 100$
				(3) $X_{22} \geq 55\%$，标准化数值为 0
海洋第三产业比重（X_{23}）		44%		(1) $X_{23} \leq 40.00\%$，标准化数值为 0
				(2) $40.00\% < X_{23} < 48.88\%$，标准化数值为 $100 - |(X_{24} - 44\%)/0.04444| \times 100$
				(3) $X_{23} \geq 48.88\%$，标准化数值为 0
产业结构相似系数（X_{24}）	≤ 0.5		0.9	(1) $X_{24} \leq 0.5$，标准化数值为 100
				(2) $0.5 < X_{24} < 0.9$ 标准化数值为 $100 - (X_{24} - 0.5)/(0.9 - 0.5) \times 100$
				(3) $X_{24} \geq 0.9$，标准化数值为 0

续表

三层指标（指标符号）	最小合格标准	最优标准	最大合格标准	数据标准化计算公式
滨海旅游区水质达标率（X_{25}）		100%		$X_{25} \times 100$
保护区水质达标率（X_{26}）		100%		$X_{26} \times 100$
增养殖区水质达标率（X_{27}）	80%			$X_{26} \times 100$
浴场区水质达标率（X_{28}）		100%		$X_{28} \times 100$
入海排污达标率（X_{29}）		100%		$X_{28} \times 100$
海洋油气区水质达标率（X_{30}）		100%		$X_{30} \times 100$
区位商（X_{31}）	1.5	2.5		（1）$X_{31} \leqslant 1.5$，标准化数值为 0 （2）$1.5 < X_{31} < 2.5$，标准化数值为 $100 - \lvert (X_{31}-2)/0.5 \rvert \times 100$ （3）$X_{31} \geqslant 2$，标准化数值为 0
地理联系率（X_{32}）	50	75		（1）$X_{32} < 50$，标准化数值为 0 （2）$50 < X_{32} < 75$，标准化数值为 $100 - \lvert (X_{31}-50)/25 \rvert \times 100$ （3）$X_{32} > 75$，标准化数值为 0
空间基尼系数（X_{33}）	0.5	0.75		（1）$X_{33} < 0.5$，标准化数值为 0 （2）$0.5 < X_{33} < 0.75$，标准化数值为 $100 - \lvert (X_{31}-0.5)/0.25 \rvert \times 100$ （3）$X_{33} > 0.75$，标准化数值为 0
产业冲突程度（X_{34}）		0		$100 - X_{34} \times 10$
产业合作程度（X_{35}）		10		$X_{35} \times 10$

续表

三层指标（指标符号）	最小合格标准	最优标准	最大合格标准	数据标准化计算公式
涉海基础设施支撑（X_{36}）				(1) $X_{36}=1$，标准化数值为100 (2) $X_{36}=2$，标准化数值为80 (3) $X_{36}=3$，标准化数值为60 (4) $X_{36}=4$，标准化数值为40 (5) $X_{36}=5$，标准化数值为20
涉海科技支撑（X_{37}）				(1) $X_{37} \geq 0.288$，标准化数值为100 (2) $X_{37} < 0.288$，标准化数值为0
涉海人才支撑（X_{38}）				(1) $X_{38} \geq 0.0183$，标准化数值为100 (2) $X_{38} < 0.0183$，标准化数值为0
海陆经济协调度（X_{39}）		1		$X_{39} \times 100$
海陆经济增长速度比（X_{40}）		1.5–2		(1) $X_{40} \leq 1.5$，标准化数值为0 (2) $1.5 < X_{40} < 2$ 标准化数值为 $100 - |(X_{40}-1.75)/0.25 \times 100|$ (3) $X_{40} \geq 2$，标准化数值为0
海陆经济关联度（X_{41}）		≥ 0.9		(1) $X_{41} < 0.9$ 标准化数值为 $X_{41}/0.9 \times 100$ (3) $X_{41} \geq 0.9$，标准化数值为100
海陆三次产业关联度（X_{42}）	0.75	≥ 0.9		(1) $X_{42} \leq 0.75$，标准化数值为0 (2) $0.75 < X_{42} < 0.9$ 标准化数值为 $(X_{42}-0.75)/(0.9-0.75) \times 100$ (3) $X_{42} \geq 0.9$，标准化数值为100

第二，评分结果计算。评分结果计算既要得到海洋产业空间布局的具体得分，还要对海洋产业空间布局的评分状况进行分级，以便对海洋空间布局现状有更直观的了解。首先是评分计算。将标准化后的数据与相应的权重相乘，得到评分结果。评分的最高分为100分，最低分为0分。其次是评分分级。借鉴协调发展理论中我国学者对协调发展度的等级划分方法[①]，采用等差赋值法对综合评分进行等级划分，得到海洋产业空间布局合理程度的评价基准，共分为三大类，十

---

① 杨士弘：《城市生态环境学》，科学出版社1996年版。

小类。评分分级基准如表 3-42 所示。

表 3-42　　　　　　　海洋产业空间布局评分分级基准

分级指标	I	II	III	IV	V	VI	VII	VIII	IX	X
综合评分	0~10	10~20	20~30	30~40	40~50	50~60	60~70	70~80	80~90	90~100
布局水平	极度差	非常差	差	较差	濒临差	勉强好	较好	好	良好	非常好
布局合理程度	不合理					过渡阶段		合理		
布局合理程度等级	极度不合理	严重不合理	中度不合理	轻度不合理	濒临不合理	勉强合理	初级合理	中级合理	良好合理	非常合理

资料来源：经作者整理所得。

②海洋产业空间布局成效问题判定设计。成效问题判定设计的关键是成效问题判定标准。指标体系中一层指标反映的问题太大，三层指标反映的问题太细，二层指标既是三层指标的集中反映，又能体现一层指标，因此本系统以二层指标作为成效问题的判定对象。结合表 3-40，将标准化后的外部数据与相应权重相乘，得到三层指标得分。将同属于二层指标的三层指标得分相加，得到二层指标得分，计算二层指标得分与最优二层指标得分的比值，成效问题判定的以该得分比值为基础。若得分比值等于 1，则意味着该地区在该指标上的建设成绩较为突出，认为是取得的成效。若得分比值小于 0.6，则说明该地区在该指标上的建设与最优标准有较大差距，认为是存在的问题。对于得分比值在 0.6 和 1 之间的指标，虽然取得了一定的成绩，但也存在提升空间，因此下一步的优化对象是得分比值小于 1 的指标。得分比值计算中最优得分的计算方法是 100 乘以二层指标权重。

(3) 海洋产业空间布局优化决策支持系统优化模块设计。优化模块包括优化路径、优化方案和优化对策三个部分，为用户提供优化模式制定服务。优化路径部分是针对该地区现状，以布局满分为最终目标，基于一定原则制定优化路径。优化方案部分是基于制定的优化路径，根据行动中的不同侧重点，制定优化方案。优化对策部分是对优化方案的进一步具体化，为用户制定现实可行的对策来实现优化路径。

①海洋产业空间布局优化路径设计。优化路径部分的设计目标是以用户为导向，以成效问题模块中得分比值小于 1 的二层指标为优化对象，并由此制定路径使布局达到满分。优化路径的设计思路是以优化对象的得分比值达到 1 作为阶段目标点，以布局原始得分为起点，基于一定原则对阶段目标点的先后顺序进行排列，制定阶段目标点（起点）到下一阶段目标点的最短路线，起点、

阶段目标点和路线共同构成了优化路径。优化路径的目的是随着路径经过阶段目标点，阶段目标点对应的二层指标得分提升至最优得分，布局总分进一步提高，直到经过最后一个阶段目标点，布局得分达到满分。为了满足用户的多样化需求，本系统为阶段目标点的排序制定了三条原则：经济优先发展原则；生态保护优先原则；综合原则。综合原则是兼顾经济发展和生态保护，对阶段目标点进行排序。对应三个排序原则，本系统为每个二层指标作为阶段目标点时制定了三种路线。立足海洋空间布局现状，根据用户的不同发展要求，为用户制定特定的优化路径。

②海洋产业空间布局优化方案设计。优化方案是对优化路径中路线的具体规划。本系统在设计上以优化路径为依托，根据用户对方案侧重点的要求，制定优化方案。本系统设定了三条侧重原则：侧重政府行政力量强，效率高；侧重机制创新；侧重政策激励和引导。侧重政府行政力量强，效率高意味着政府强大的行政力量足以确保优化方案的实施。侧重机制创新意味着通过一系列创新的机制来发挥激励和引导作用从而保证优化方案的实施。侧重政策激励、约束和引导意味着通过制定一系列政策来发挥激励、约束和引导作用从而保证优化方案的实施。根据地区政府行政力量强弱和政策、机制引导效果选择不同侧重点。针对阶段目标点的每条路线，本系统根据三条侧重原则各制订了一个优化方案，也就是说一个阶段目标点有三条优化路线，一条优化路线有三个优化方案。

③海洋产业空间布局优化对策设计。海洋产业空间布局优化对策是优化方案的具体实施方法。本系统在设计上以科学性和可操作性为首要原则，为阶段目标点的每个优化方案均制定了优化对策。在优化路径和优化方案制定原则的双重约束下，本系统将为用户制定唯一的优化对策，即根据一定原则选择一条路径，在这条路径下根据行动的侧重点选择一个优化方案，该优化方案对应唯一的一套优化对策。系统将为用户制定彼此对应的3条路径，9个方案和9套对策。本系统制定的优化对策是经过咨询专家学者的意见，查阅一系列海洋发展规划和期刊文献最终确定的。

3. 海洋产业空间布局优化决策支持系统决策过程设计

本系统的三个模块是先后承接，紧密联系的关系。指标体系模块是系统运行的基础，也是系统开始工作的第一步。现状评价模块是系统的过渡模块，也是优化模块运行的前提。优化模块和系统的核心，是指标体系模块和现状评价模块工作的最终目的，是为用户提供的主要服务。根据系统中的指标体系模块、现状评价模块和优化模块中各部分的逻辑顺序，设计系统的决策过程如图3-20所示。

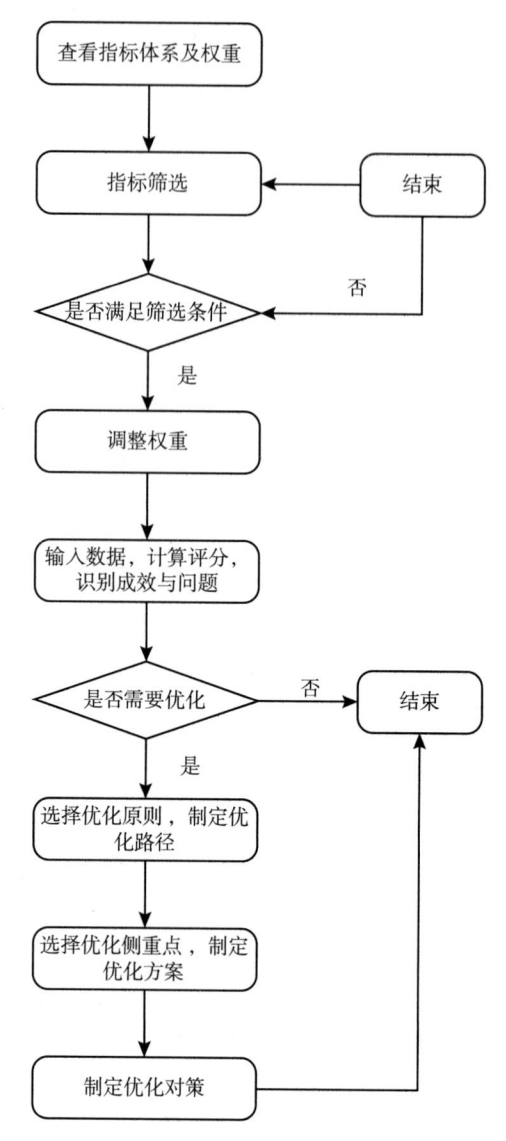

```
┌─────────────────┐
│ 查看指标体系及权重 │
└────────┬────────┘
         ↓
┌─────────────────┐      ┌──────┐
│    指标筛选      │←─────│ 结束 │
└────────┬────────┘      └──────┘
         ↓                   ↑
    ◇是否满足筛选条件◇ ──否──┘
         │是
         ↓
┌─────────────────┐
│    调整权重      │
└────────┬────────┘
         ↓
┌─────────────────┐
│ 输入数据，计算评分，│
│   识别成效与问题   │
└────────┬────────┘
         ↓
    ◇是否需要优化◇ ──否──→ ┌──────┐
         │是                │ 结束 │
         ↓                  └──────┘
┌─────────────────┐              ↑
│ 选择优化原则，制定优│
│    化路径       │
└────────┬────────┘
         ↓
┌─────────────────┐
│ 选择优化侧重点，制定│
│    优化方案     │
└────────┬────────┘
         ↓
┌─────────────────┐
│   制定优化对策   │
└─────────────────┘
```

图 3-20　海洋产业空间布局优化决策支持系统决策过程

二、海洋产业空间布局优化决策支持系统的应用：以东营市为例

以山东省东营市为例应用系统。根据东营市数据的可得性，调整指标体系和指标权重。系统根据输入的数据对滨州海洋产业空间布局进行现状评价，识别其取得的成效和存在的问题，制定提高其布局得分的优化路径、方案和对策。

1. 指标体系模块应用

根据东营市数据的可得性对"蓝区"建设的海洋产业空间布局优化指标体系

进行筛选,所选指标原权重占全部指标权重的69.45%,说明所选指标在原指标体系中具有代表意义。筛选后的指标体系和调整后指标权重如表3-43所示。

表3-43　　　　东营市海洋产业空间布局筛选后指标体系及权重

指标	调整后权重
功能区划相符程度	0.066
海洋保护区比重	0.009
海域经济密度	0.073
海域使用多样性	0.030
海洋第一产业用海比重	0.010
海洋第二产业用海比重	0.005
海洋第三产业用海比重	0.014
GOP比重	0.014
GOP增长率	0.017
GOP	0.007
海洋第一产业比重	0.017
海洋第二产业比重	0.020
海洋第三产业比重	0.065
产业结构相似系数	0.031
保护区水质	0.011
增养殖区水质	0.031
入海排污	0.047
区位商	0.017
产业冲突程度	0.058
产业合作程度	0.084
涉海基础设施支撑	0.123
海陆经济协调度	0.145
海陆经济增长速度比	0.048
海陆经济关联度	0.056

资料来源:根据系统输出结果整理所得。下表和下图来源相同。

2. 现状评价模块应用

将2013年东营市的指标数据输入系统,经运算得到东营市的海洋产业空间布局现状，结果如表 3-44 所示。

表 3-44　　　　东营市海洋产业空间布局二层指标得分

二层指标	分数	最优得分	成效/问题
功能区划相符程度	6.566	6.566	成效
空间资源利用率	0.465	0.860	问题
空间资源利用效率	7.266	7.266	成效
空间资源利用水平	1.624	5.970	问题
产业规模	1.020	3.734	问题
产业结构	1.562	13.304	问题
生态环境外部性	7.656	8.938	—
集中程度	0.000	1.743	问题
产业间协调	7.487	14.292	问题
产业支撑	9.834	12.293	—
协调度	9.811	19.390	问题
关联度	4.827	5.644	—

（1）东营市海洋产业空间布局得分结果分析。东营市海洋产业空间布局得分为58.117，参照海洋产业空间布局评分分级基准表可知，2013年东营市海洋产业空间布局得分处于合理与不合理之间的过渡阶段，其海洋产业空间布局勉强合理。东营市海洋产业空间布局不合理的主要原因在于：①只取得2项成效，不能大幅提高总分。东营市在功能区划相符程度和空间资源利用效率上取得了优异成绩，达到了最优得分。但是二者在海洋产业空间布局指标体系中的权重不高，只占总分的13.9%，不能大幅提高总分。②存在7项问题，每项问题的得分与最优得分差距较大，拉低了总分。存在问题的7个二层指标占总权重的49.9%，比重虽然小于非问题指标权重之和，但因7项问题指标的得分较大幅度低于最优得分，拉低了总分较低。在7个问题指标中，空间资源利用水平、产业规模和产业结构三项指标的得分低于最优得分的30%，特别是产业结构这项指标，只达到最优得分的12%，使总分拉低了11.74分。

（2）东营市海洋产业空间布局成效分析。表3-44显示，2013年东营市在海洋产业空间取得2项成效：①海洋空间布局与各级海洋功能区划一致。东营市在二层指标功能区划相符程度的得分为6.566，达到了最优分数。东营市在用海审批上严格执行山东省和东营市的海洋功能区划，保证了用海的科学性，实现了用海与海洋功能区划的成功对接。②海洋空间资源利用效率较高，具有较高的经济密度。东营市在二层指标空间资源利用效率的得分为7.266，达到了最优得分，实现了较高的空间资源利用效率。东营市的高资源利用效率得益于在有效规划和充分利用海洋空间资源的基础上，积极提升滩涂湿地、海域、围填海等可利用资源的经济产出，实现了充分投入和最大产出。2013年东营市确权海域的经济密度为1.033亿元/平方千米，远超于基于海洋发展规划换算后得到的最低目标0.1342亿元/平方千米，实现了单位空间资源的高回报。

（3）东营市海洋产业空间布局问题分析。表3-44显示，东营市在海洋产业布局中存在7个问题：①海洋产业空间布局较分散，未实现集约式布局。东营市在二层指标集中程度上的得分为0，严重低于最优得分。东营市在发展海洋经济时不注意海洋产业的合理布局，造成了海洋产业空间布局的分散，对海洋经济的发展产生了负面影响。②海洋产业布局的三次产业结构失衡，或与周边区域存在较严重的产业同构问题，区域功能定位重叠。海洋产业结构失衡是东营发展海洋经济过程中存在的比较严重的问题，在二层指标产业结构的得分仅为1.562，只达到最优得分的12%。东营市海洋油气业较为发达，发展较好，但其他海洋产业则相对落后，产业发展速度不能很好地协调，引发了产业结构失衡，对海洋经济的持续发展造成阻碍。③海洋空间资源管理水平较低，海域使用管理水平急需提高。东营市海洋用海管理水平较低，产业用海不协调，侧重于第一产业用海，海域使用单一，缺乏多样性。④海洋产业布局规模小，海洋产业发展滞后。东营市在二级指标产业规模上的得分为1.020，只达到最优得分的27%。海洋经济规模较小，海洋经济增长速度未达到标准水平都是东营市海洋产业规模较小的具体表现。⑤海陆产业发展较不协调，海陆产业增长失衡。⑥海洋产业间存在布局冲突，且布局未能促进海洋产业间合作，未实现产业间协调发展。东营市在海洋产业布局上存在较大问题，不能科学合理地对海洋产业进行布局，一定程度上将海洋产业分离开来，割断了产业间的合作。将专家行问卷调查的结果整理发现，专家们普遍认为东营市的海洋产业合作程度较低，只有32.39%。⑦海洋空间资源利用不充分或过度利用。东营市在海洋资源上利用不合理，表现为二级指标空间资源利用率的得分为0.4647，只占最优得分的54%。

三、优化模块应用

系统根据现状评价模块的结果和用户的选择指令，制定出针对东营市海洋产业空间布局优化的优化路径、方案和对策。

1. 东营海洋产业空间布局优化路径

东营海洋产业空间布局对生态环境的负面影响较小，在二级指标生态环境外部性的得分为7.656，达到了最优得分的85.65%，但东营市海洋产业空间布局存在的问题显示，东营的海洋产业布局在经济方面存在较多问题。因此，为东营市选择经济优先发展原则制定优化路径（见图3-21、表3-45）。

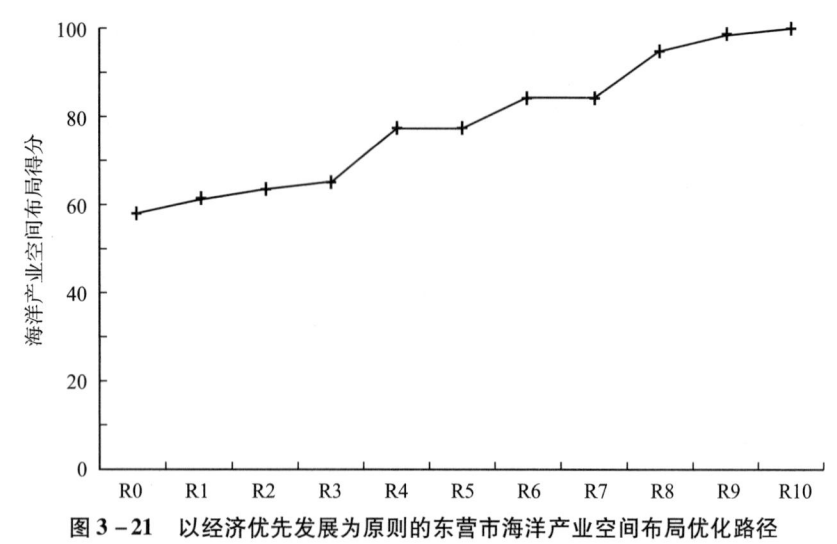

图 3-21　以经济优先发展为原则的东营市海洋产业空间布局优化路径

注：R0 为海洋产业空间布局原始得分，R1 为实现第一步优化路径后的海洋产业空间布局得分。

表 3-45　　以经济优先发展为原则的东营市海洋产业空间布局优化路径

	阶段目标点	路线	布局得分
R0	布局得分（起点）	—	58.117
R1	产业规模	R0→R1：扩大海洋产业布局规模	60.831
R2	产业支撑	R1→R2：提高海洋产业布局的基础设施、人才及科技支撑水平	63.289
R3	集中程度	R2→R3：提高海洋产业布局的集中集约程度	65.032
R4	产业结构	R3→R4：调整海洋产业布局结构	76.774
R5	空间资源利用率	R4→R5：控制海洋空间资源利用率在最优区间	77.169
R6	产业间协调	R5→R6：促进海洋产业间的布局协调	83.974
R7	关联度	R6→R7：促进海陆产业关联互动式发展	84.792
R8	协调度	R7→R8：促进海陆产业协调均衡发展	94.371
R9	空间资源利用水平	R8→R9：优化海洋空间资源利用水平	98.718
R10	生态环境外部性	R9→R10：提高海洋产业布局的环境正效益	100.000

2. 东营海洋产业空间布局优化方案

东营市在政府管理上缺乏效率，政府行政力量不高。以政府优惠政策为侧重点的优化方案，对市场管制力量较小，对政府管理水平要求较低，符合东营市的现实情况。因此，为东营市选择以政府优惠政策为侧重的优化方案，如表 3-46 所示。

表 3-46　　侧重政府优惠政策的东营市海洋产业空间布局优化方案及对策

路线	方案	对策
R0→R1：扩大海洋产业布局规模	为涉海企业提供优惠的税收和信贷政策	降低海洋产业进入门槛和涉海企业经营门槛，对涉海中小企业实行政府担保的优惠信贷政策，对涉海企业实行优惠的税收政策和优先政府购买政策
R1→R2：提高海洋产业布局的基础设施、人才及科技支撑水平	上级政府建立落后地区涉海基础设施建设专项资金；地方政府对进行科技创新的企业提供税收减免；对涉海高级人才提供奖励政策	由中央和省级政府拨款，建立落后地区涉海基础设施建设基金，为落后地区基础设施建设提供援助；对海洋高技术产业的中小企业实行一定年限内的税收减免，给予每年获得涉海专利的企业以年度税收返还；对涉海高级人才和在海洋科技方面作出突出贡献的个人给予奖励和特殊福利
R2→R3：提高海洋产业布局的集中集约程度	划定产业园区。对园区内企业实行优惠的财政政策或给予财政补贴	由城市规划部门负责，海洋管理部门、海洋科研机构参与，根据海域空间、陆域空间与海洋产业的适应性及海洋产业发展特点，划定海洋产业发展园区；根据不同园区的设立目标和潜在目标企业特点，制定不同力度税收减免政策和财政补贴政策，从而激励相关企业向园区内集聚
R3→R4：调整海洋产业布局结构	根据海洋产业结构演进图调整三次产业结构，制定调整目标；根据本区域海洋资源禀赋情况，明确海洋优势产业。为本区域海洋优势产业、海洋新兴产业、海洋服务业提供优惠的税收和信贷政策	向海洋新兴产业、海洋服务业、海洋第三产业企业根据产业特点提供不同期限的低息或免息贷款，同时提供相应的税收减免和价格补贴；根据不同海洋优势产业在本区域的发展和布局不同，采取不同程度的政策倾斜；对不属于本区域优势的海洋产业尤其是海洋新兴产业，不再给予特别的优惠政策
R4→R5：控制海洋空间资源利用率在最优区间	对海洋空间资源制定现阶段利用率的标准区间和最优值，根据不同海洋空间资源利用率与最优值的差距。实行阶梯定价政策，根据海域空间资源利用率现状对海域空间资源使用许可进行阶梯定价	对海域使用权许可证实行钉住空间资源利用率的阶梯型定价，当利用率低于优化标准最低值时，海域使用权许可证采取较低的价格，当利用率高于优化标准最高值时，海域使用权许可证采取高价格
R5→R6：促进海洋产业间的布局协调	对在冲突中受损的海洋产业实行补偿性财政政策；对实现海洋产业间合作的涉海企业实行优惠的财政政策	根据海洋产业布局冲突矩阵，确定存在布局冲突的海洋产业和空间；以海洋科研机构作为顾问，确定在布局冲突中受到损失的主要海洋产业及损失程度，据此对相关涉海企业给予财政补贴。对进行海洋产业间合作的涉海企业实行低息贷款政策；对已实现海洋产业间合作的企业及其产品实行政府优先采购政策

续表

路线	方案	对策
R6→R7：促进海陆产业关联互动式发展	以优惠的财政政策鼓励企业参与海陆产业链培育；对自发实现海陆产业关联的企业给予奖励	出台优惠的税收政策，如产品增值税减免等，鼓励海、陆产业关联，构建海陆产业链；对成功培育海陆产业链培育的企业给予奖励及政府优先购买政策
R7→R8：促进海陆产业协调均衡发展	实行促进海陆产业协调发展的政策措施	根据现阶段海陆产业发展协调度，实行能够增大落后产业规模、提高落后产业增速的倾斜政策；加大海陆基础设施和科研投入，确保海陆产业在发展时具备同等的便利条件
R8→R9：优化海洋空间资源利用水平	对生态环境友好型的新兴用海产业给予用海优惠政策	针对海洋空间资源利用类型单一、用海产业类型单一的问题，对满足海域使用条件的新型用海产业给予海域使用权优先竞拍、税收减免等优惠政策，鼓励利用海水、海底空间资源的海洋产业布局
R9→R10：提高海洋产业布局的环境正效益	实行浮动的环境税率政策，根据上年涉海企业的环境效益，对企业收取不同的环境税	设定环境税率区间，根据上年涉海企业的环境效益确定环境税；对于环境效益恶化的企业收取双倍环境税，对于环境效益改善的企业收取低一级的环境税；对于具有正环境效益的企业设定负的环境税率，即可以与其他税项相抵

为开拓 R0→R1（扩大海洋产业布局规模）的路线，系统以政府优惠政策为侧重点，制定了"为涉海企业提供优惠的税收和信贷政策"这一方案，积极政府优惠政策的激励、引导作用，促进海洋产业规模的扩大。后续方案原理与此类似，不再赘述。

3. 东营海洋产业空间布局的优化对策

与以经济优先发展为原则的优化路径，以侧重政府优惠政策为侧重点的优化方案相对应，系统制定出一套优化对策，如表 3-46 所示。为实现 R0→R1 的优化方案，系统制定了"降低海洋产业进入门槛和涉海企业经营门槛，对涉海中小企业实行政府担保的优惠信贷政策，对涉海企业实行优惠的税收政策和优先政府购买政策"的对策，进一步细化了政府涉海企业提供税收和信贷优惠的具体实施方法，确保了方案的科学性和在现实中的可操作性。后续对策与此类似，不再赘述。

四、结论

以提升海洋产业空间布局合理程度为目标，以提供海洋产业布局优化决策支持为核心，基于决策支持系统方法设计编写了海洋产业空间布局优化决策支持系统。系统包含数据层、业务层和表现层三层架构，设计了指标体系、现状评价和优化三个模块，为用户提供指标查看与筛选、权重调整、数据输入、布局评分与布局合理程度分级、成效问题识别、优化路径、方案和对策制定等服务。以山东省东营市为例，对系统进行应用。经系统运算，得到东营市海洋产业空间布局得分为58.117，评级为勉强合理。东营市取得了海洋空间布局与各级海洋功能区划一致和海洋空间资源利用效率较高，具有较高的经济密度等2项成效，存在海洋产业空间布局较分散，未实现集约式布局和海洋产业布局的三次产业结构失衡，或与周边区域存在较严重的产业同构问题，区域功能定位重叠等七项问题。根据东营市的具体情况，为其选择了以经济优先发展为原则，以政府优惠政策为侧重的优化模式，系统制定出了相应的优化路径、方案和对策，为东营市的海洋产业空间布局优化提供了较好的决策支持，具有较大参考意义。

第四章　海洋渔业空间布局优化（上）

本章主要研究海洋渔业空间布局优化评价、规模优化、优化次序。基于海域承载力对其布局合理度及布局效率进行评价，基于 RAPFISH 评价布局可持续性，基于 L-V 模型评价布局生态协调度，基于空间基尼系数、面板单位根检验模型、海域承载力评价空间布局集聚。进一步基于海域承载力研究海洋渔业空间布局结构演进、最优产量，基于 GIS 研究海洋渔业空间布局动态演变。并利用格序决策形成海洋渔业空间布局优化次序。

第一节　海洋渔业布局优化评价

一、布局合理度评价

（一）海域承载力视角下的海洋渔业空间布局合理度评价模型构建

海洋渔业是依靠海洋渔业资源与环境来提供投入和产出的产业类型，具有很高的空间依赖性、资源竞争性及环境影响性，其发展受到特定海域渔业资源环境容量的显著制约[①]。按三次产业划分，海洋渔业主要包含第一产业的海洋捕捞和海水养殖业、第二产业的海水产品加工业以及第三产业的海洋休闲渔业。本章将海洋渔业空间布局合理度定义为某区域的海洋渔业空间布局与该海洋生产、功能、环境及社会发展等因素的相适应程度，基于海域承载力视角从经济效益、社会效益、环境效益、政策规划等角度选取评价因子，构建海洋渔业空间布局合理度评价模型。

1. 评价因子选取

（1）专门化因子。从经济效益角度出发，选取专门化因子评价海洋渔业空间

[①] 刘康、韩立民：《海域承载力本质及内在关系初探》，载《太平洋学报》2008 年第 9 期：69～75 页。

布局的区域专门化程度；海洋渔业空间布局的专门化程度越高，意味着对海域资源的利用效率越高。专门化因子在模型中具体表现为海洋渔业的区位熵，计算公式为：

$$LQ_j = \frac{f_j/m}{F_j/M} \tag{4-1}$$

其中，LQ_j 为区域海洋渔业 j 生产部门的区位熵；f_j 为区域海洋渔业 j 部门净产值，m 为区域海洋经济总产值；F_j 为全国海洋渔业 j 部门净产值，M 为全国海洋经济总产值。当 $LQ>1$ 时，说明相较于全国总体水平而言，区域海洋渔业的区域专门化程度较高，海洋渔业在空间内趋于集聚式布局和集约型发展，对海陆空间资源的利用效率和生产功能适应性较高，因此合理度较高。

（2）结构因子。从经济效益角度出发，选取结构因子评价海洋渔业空间布局的产业结构可持续性；海洋渔业空间布局的产业结构可持续性越高，意味着海域资源环境受到的压力越小。结构因子在模型中具体表现为海洋渔业的一次产业与二、三次产业的结构比，计算公式为：

$$I = (s_1 + s_2)/(s_3 + s_4) \tag{4-2}$$

其中，s_1、s_2、s_3、s_4 分别为区域海水养殖渔业、海洋捕捞渔业、海洋水产品加工业及休闲渔业净产值占区域海洋渔业总产值的比重；I 为区域海洋渔业结构比较指数。I 越大，表明依赖于海洋渔业资源消耗的海洋渔业第一产业（海水养殖渔业、海洋捕捞渔业）在海洋渔业经济中所占的比重越大，海洋渔业第二、三产业（海水产品加工业、休闲渔业）所占比例越低，现有海洋渔业产业结构的可持续性越低。因此当 $I_{区域} < I_{全国}$ 时，说明区域海洋渔业产业结构可持续性优于全国总体水平，区域海洋渔业空间布局合理度较高。

（3）收入因子。从社会效益角度出发，选取收入因子评价海洋渔业空间布局的社会外部效应；海洋渔业空间布局的社会外部效应越高，意味着海洋渔业生产过程中所损耗的单位海域渔业资源对社会发展的"贡献"越大。收入因子在模型中具体表现为海洋渔业的收入弹性比较，目的在于评价，计算公式为：

$$E = \frac{i/m}{I/M} \tag{4-3}$$

其中，E 为海洋渔业收入弹性比，i 和 I 分别为区域和全国的海洋渔业从业人员人均收入增长率，m 和 M 分别为区域和全国的海洋渔业产值增长率。当 $E>1$ 时，说明相比于全国平均水平，区域海洋渔业增长对从业人员的收入拉动效用更大，区域海洋渔业空间布局的社会外部效益更高，合理程度较高。

（4）功能因子。从政策规划角度选取功能因子评价区域海洋渔业空间布局的合理度；功能因子在模型中具体表现为海洋渔业实际空间布局与海洋功能区划的一致性比较。海洋功能区划是根据海域的地理位置、自然资源状况、自然环境条件和社会需求等因素而划分的不同的海洋功能类型区，用来指导、约束海洋开发利用实践活动，保证海上开发的经济、社会尤其生态环境效益[1]。海洋功能区划是海洋产业空间布局的依据，同时是海洋产业空间布局合理度评价的重要标准。

通过德尔菲打分法获得区域海洋渔业空间布局与海洋功能区划的一致程度。区域海洋渔业实际空间布局与海洋渔业功能区划一致性越高，海洋开发的经济、社会、生态环境效益的保障度越高，海洋渔业空间布局越合理。

（5）承载因子。从环境效益角度出发，选取承载因子评价海洋渔业空间布局对生态环境的外部效应；海洋渔业空间布局的生态环境外部效应越大，意味着海洋渔业空间布局对海域生态系统的影响越大，合理程度越低。承载因子在模型中具体表现为海域承载力及其变化趋势，海洋渔业空间布局视角下的海域承载力评价指标体系如表 4-1 所示。

表 4-1　　　　　　　　海域承载力评价指标体系

目标层	准则层	指标层
海洋渔业空间布局视角下的海域承载力评价	承载类指标	人均海岸线长度（米/人）
		人均滩涂面积（公顷/人）
		人均保护区面积（公顷/人）
		人均海洋水产资源量（吨/人）
		海水产品生产效率[2]（吨/艘）
		清洁海域比例（%）
		海洋科技政策投入
	压力类指标	城镇人均可支配收入（元/人）
		滩涂渔业利用率[3]（%）
		海水产品捕捞率（%）
		入海排污口排放超标率（%）
		陆源废水入海量（吨）
		海洋赤潮灾害

海域承载力计算公式为：

$$CCMR = \sum s_i \times w_i \qquad (4-4)$$

其中，CCMR 为海域承载力指数，s_i 为第 i 个海域承载力评价指标的标准化

---

[1] 山东省人民政府：《山东海洋功能区划 2011－2020》，海洋出版社 2010 年版。
[2] 海水产品生产效率 = 海水产品总量/海洋生产渔船数。
[3] 滩涂渔业利用率 = 滩涂渔业养殖面积/滩涂总面积。

值，w_i 为第 i 个海域承载力评价指标的权重。当 CCMR≥0.8 时，可认为海域承载力属于强承载水平，此时海洋渔业空间布局对海洋生态环境产生的负外部性相对较小，合理度较高；当 CCMR<0.6 时，可认为海域承载力属于中等或更低承载水平，此时海洋渔业空间布局对海洋生态环境所产生的负外部性相对较大，合理度较低；当 0.6≤CCMR<0.8 时，可认为海域承载力属于较强承载水平。若 CCMR 呈逐年增长趋势，则说明海洋渔业空间布局对海洋生态环境的负外部效应逐年减弱，海洋渔业空间布局趋于合理化；反之则海洋渔业空间布局逐年趋于不合理化。

2. 评价模型构建

遵循经济、资源、环境相协调的评价原则，构建海域承载力视角下的海洋渔业空间布局合理度评价模型为：

$$R = \sum \alpha_i x_i + x_4 \sum \alpha_j x_j \ (i=1, 2, 3, 4; j=5, 6) \quad (4-5)$$

其中，R 表示区域海洋渔业空间布局合理度；a_i 表示 x_i 在评价模型中的权重；x_i 表示与第 i 个因子的评价标准相比，区域海洋渔业空间布局实际情况所获得的取值。具体评价取值标准如下：

$$x_1 = \begin{cases} 1 & \text{区域海洋渔业区位熵大于1} \\ 0.5 & \text{区域海洋渔业区位熵近似等于}^{①}\text{1} \\ 0 & \text{区域海洋渔业区位熵小于1} \end{cases}$$

$$x_2 = \begin{cases} 1 & \text{区域海洋渔业产业结构优于全国海洋渔业产业结构} \\ 0.5 & \text{区域海洋渔业产业结构近似等于全国海洋渔业产业结构} \\ 0 & \text{区域海洋渔业产业结构劣于全国海洋渔业产业结构} \end{cases}$$

$$x_3 = \begin{cases} 1 & \text{区域海洋渔业收入弹性大于全国沿海地区海洋渔业收入弹性} \\ 0.5 & \text{区域海洋渔业收入弹性近似等于全国沿海地区海洋渔业收入弹性} \\ 0 & \text{区域海洋渔业收入弹性小于全国沿海地区海洋渔业收入弹性} \end{cases}$$

$$x_4 = \begin{cases} 1 & \text{区域海洋渔业空间布局与海洋功能区划完全一致} \\ 0.5 & \text{区域海洋渔业空间布局与海洋功能区划基本一致} \\ 0 & \text{区域海洋渔业空间布局与海洋功能区划不一致} \end{cases}$$

$$x_5 = \begin{cases} 1 & \text{海域承载力指数介于 [0.8, 1]，区域海域承载力属于强承载等级} \\ 0.5 & \text{海域承载力指数介于 (0.6, 0.8)，区域海域承载力属于较强承载等级} \\ 0 & \text{海域承载力指数介于 [0, 0.6]，区域海域承载力属于中等或更低承载等级} \end{cases}$$

---

① 近似区间为 [-0.05, 0.05]；下同。

$$x_6 = \begin{cases} 1 & \text{区域海洋渔业空间布局使海域承载指数有增长趋势} \\ 0.5 & \text{区域海洋渔业空间布局使海域承载指数无明显变化趋势} \\ 0 & \text{区域海洋渔业空间布局使海域承载指数有减小趋势} \end{cases}$$

本章在相关研究的基础上，综合专家意见，制定区域海洋渔业空间布局合理度的评级标准：若R分别属于（0，0.15]、（0.15，0.4]、（0.4，0.6]、（0.6，0.85]、（0.85，1]区间内，则区域海洋渔业空间布局合理度分别为不合理、较不合理、中等合理、较合理、合理。

（二）海域承载力视角下的海洋渔业空间布局合理度评价实证分析——以山东半岛蓝区为例

本章选取2006~2011年相关历史数据，基于海域承载力视角对山东半岛蓝区海洋渔业空间布局合理度进行实证评价。

1. 因子权重确定

利用层次分析法中的判断矩阵算法，本章通过对专家打分结果[①]进行计算整理最终得到各因子在评价模型中的权重 α_i，如表4-2所示。

表4-2　　　　　　　　　评价因子权重

	α_1	α_2	α_3	α_4	α_5	α_6
权重	0.1136	0.2208	0.1012	0.1606	0.1062	0.2977

2. 因子评价分析

（1）专门化因子分析。山东半岛蓝区2006~2011年海洋渔业及四个产业部门区位熵计算结果如表4-3所示。

表4-3　　　　　　　　山东半岛蓝区海洋渔业区位熵

	2006年	2007年	2008年	2009年	2010年	2011年
海洋渔业	1.6271	1.7992	1.7706	1.5840	1.4964	1.4198
海水养殖渔业	0.9398	0.9292	0.9961	1.0212	0.9582	0.9210
海洋捕捞渔业	0.7204	0.7201	0.7246	0.6990	0.7691	0.7186

---

① 专家打分采用问卷形式，共分三次：2013年5月，中国海洋大学、中国海洋大学经济学院、环境工程学院从事海洋渔业经济和海洋生态环境研究的专家共12名；2013年11月，东营市海洋渔业局，长期从事海洋渔业、海洋环境、海域使用及保护实践及研究的专家共16名；2013年11月，东营市"蓝黄"两区办，从事海洋经济发展规划的专家共4名。

续表

	2006 年	2007 年	2008 年	2009 年	2010 年	2011 年
海水产品加工业	1.2611	1.2449	1.2149	1.2379	1.2187	1.2874
休闲渔业	0.6622	0.8784	0.6815	0.5841	0.6968	0.7306

资料来源：根据《中国渔业年鉴（2007~2012）》有关数据计算整理。

表4-3结果显示，尽管2006~2011年山东半岛蓝色经济区海洋渔业区位熵大于1，但从具体产业部门来看海洋养殖、捕捞渔业及休闲渔业的区位熵均未超过1，是海水产品加工业的高专门化程度造成了总体海洋渔业区位熵结果的"虚高"。因此与全国水平相比，山东半岛蓝区海洋渔业的实际专门化程度仍较低，空间专门化布局较不合理。

（2）结构因子分析。山东半岛蓝区2006~2011年海洋渔业结构比较指数计算结果如表4-4所示。

表4-4　　　　　山东半岛蓝区海洋渔业结构比较指数

	2006 年	2007 年	2008 年	2009 年	2010 年	2011 年
$I_{蓝区}$	0.9060	0.8422	0.9482	0.9956	1.0140	0.9323
$I_{全国}$	1.3268	1.2338	1.2692	1.3244	1.3517	1.3768

资料来源：根据《中国渔业年鉴2007~2012》有关数据计算整理。

表4-4结果显示，2006~2011年山东半岛蓝区海洋渔业结构比较指数均低于全国水平，山东半岛蓝区的传统海洋渔业产值比例相较全国水平而言较小，产业结构更符合经济与资源环境可持续发展要求，空间产业结构布局较为合理。

（3）收入因子分析。山东半岛蓝区2006~2011年海洋渔业收入弹性比计算结果如表4-5所示。

表4-5　　　　　山东半岛蓝区海洋渔业收入弹性比

	2006 年	2007 年	2008 年	2009 年	2010 年	2011 年
E	1.0954	0.6687	0.9936	0.8519	0.9578	1.7329

资料来源：根据《中国渔业年鉴2007~2012》《山东统计年鉴2007~2012》有关数据计算整理。

表4-5结果显示，2006~2011年山东半岛蓝区海洋渔业收入弹性比存在较大波动。2007~2010年山东半岛蓝区海洋渔业增长对从业人员收入的拉动效应小于全国平均水平，社会效益较差，海洋渔业空间布局的合理度较低；2011年海洋渔业收入弹性比出现较大增长，海洋渔业社会效益提高，海洋渔业空间布局趋

于合理。

（4）功能因子分析。以《山东省海洋功能区划2011~2020》中涉及海洋渔业功能区划的有关内容为依据，基于可行性原则以两年为单位①设计调查问卷，对山东半岛蓝区2006~2011年海洋渔业空间布局实际情况与山东省海洋渔业功能区划进行一致性比较。问卷发放40份，有效问卷34份，问卷结果如表4-6所示。

表4-6　　　　山东半岛蓝区海洋渔业功能区划一致性调查问卷结果

	完全一致（份）	基本一致（份）	不一致（份）
2006~2007年	0	24	10
2008~2009年	1	27	6
2010~2011年	5	23	6

表4-6结果显示，多数专家认为2006~2011年山东半岛蓝区海洋渔业实际空间布局与山东省海洋渔业功能区划基本一致；因此尽管存在一定误差，本章取"基本一致"作为功能一致性的评价结果。

（5）承载因子分析。2006~2011年山东半岛蓝色经济区海洋渔业空间布局海域承载指数计算结果如表4-7所示。

表4-7　　　　　　　　山东半岛蓝区海域承载指数

	2006年	2007年	2008年	2009年	2010年	2011年
CCMR	0.6056	0.4809	0.4900	0.5034	0.4994	0.6159

资料来源：根据《中国渔业年鉴2007~2012》《山东统计年鉴2007~2012》《山东国民经济和社会发展统计公报2006~2011》《中国海洋环境状况公报2006~2011》有关数据计算整理。

根据表4-7及前期研究结果，绘制2005~2011年山东半岛蓝色经济区海域承载指数折线图，如图4-1所示。

表4-7结果显示，2006~2011年山东半岛蓝区海洋渔业空间布局海域承载力总体属于中等承载水平，仅2006年和2011年达到较强承载水平，海洋渔业空间布局的海洋生态环境负效应较大，合理度不高。从变化趋势上看，2005~2007年海域承载指数出现持续下降，海洋渔业空间布局的环境负效应增大，合理度降低；而在2008~2011年海域承载指数逐渐回升，海洋渔业空间布局趋于合理。

---

① 由于海洋渔业空间布局的调整需要一定周期，一年内的布局变化较小且难以用文字描述，故以两年为单位设计问卷。

图 4-1　2005~2011 年山东半岛蓝区海域承载力指数

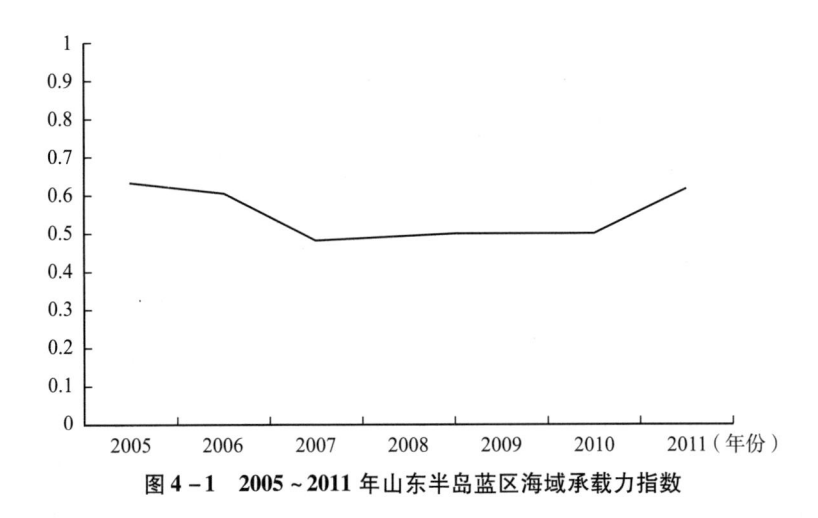

3. 合理度评价分析

（1）因子取值结果。根据前文因子评价及 $x_1 \sim x_6$ 取值标准，得到山东半岛蓝区海洋渔业空间布局合理度评价因子取值，如表 4-8 所示。

表 4-8　山东半岛蓝区海洋渔业空间布局合理度评价因子取值

	2006 年	2007 年	2008 年	2009 年	2010 年	2011 年
x_1	0	0	0	0	0	0
x_2	1	1	1	1	1	1
x_3	1	0	0.5	0	0.5	1
x_4	0.5	0.5	0.5	0.5	0.5	0.5
x_5	0.5	0	0	0	0	0.5
x_6	0	0	0.5	0.5	0.5	1

（2）合理度评价结果。根据式（4-5）和表 4-8 结果，得到 2006~2011 年海域承载力视角下山东半岛蓝区海洋渔业空间布局合理度评价结果，见表 4-9 所示：

表 4-9　山东半岛蓝区海洋渔业空间布局合理度评价结果

	2006 年	2007 年	2008 年	2009 年	2010 年	2011 年
评价结果	0.4554	0.3011	0.50055	0.44995	0.50055	0.7531
评价等级	中等合理	较不合理	中等合理	中等合理	中等合理	较合理

表4-9结果显示，2006~2011年山东半岛蓝区海洋渔业空间布局合理度从整体上看属于中等合理水平，但存在一定波动：其中2007年合理度最低，评价等级为较不合理，这主要是由于2007年海洋渔业空间布局的社会效益和环境效益较低造成的；2011年合理度最高，评价等级为较合理，这主要是由于2011年海洋渔业空间布局的社会效益和环境效益发生了明显的改善；其余年份的合理度均为中等合理等级，海洋渔业空间布局与海洋生产、功能、环境及社会发展的适应程度属于中等水平。

（3）合理度评价结果分析。结合前面因子评价结果，得出2006~2011年山东半岛蓝区海洋渔业空间布局属于中等合理水平且存在一定波动的主要原因有以下四点：

①海洋渔业空间布局与功能区布局规划不一致。山东半岛蓝区海洋渔业实际空间布局与功能区划并不完全一致，这导致海洋渔业经济运行过程中出现资源配置优化程度较低、海洋生态弹性较差、海洋环境压力较大等问题。因此这是山东半岛蓝区海洋渔业空间布局合理度不高的基本原因。

②海洋渔业各生产部门的空间专门化布局不均衡。山东半岛蓝区海洋养殖渔业、海洋捕捞渔业及休闲渔业历年区位熵均小于1，专门化程度较低；而海水产品加工业历年区位熵均大于1，专门化程度很高。各生产部门空间专门化布局不均衡导致山东半岛蓝区海洋渔业存在资源配置效率较低、规模经济效益不明显、运输成本较大等问题。因此从经济效益角度出发，海洋渔业空间布局较不合理。

③海洋渔业空间布局的社会效益不稳定。山东半岛蓝区2006~2011年海洋渔业收入弹性比的波动较为剧烈，蓝区海洋渔业从业人员的收入与海洋渔业经济的增长之间没有稳定的同步增长关系，说明现有海洋渔业空间布局模式对社会发展无法产生稳定的推动作用，在布局时对社会效益的考虑仍有欠缺。尽管收入因子在合理度评价模型中所占的权重较小，但其不稳定性是造成海洋渔业空间布局合理度评级波动的主要原因。

④海域资源环境对海洋渔业的承载能力较低，海洋渔业空间布局造成海域承载能力不稳定。海域承载能力较低的主要原因为海洋生态灾害反复发生、海域水质反复恶化、海洋环境污染未得到改善，一定程度上是由于山东半岛蓝区海洋渔业空间布局分散、空间布局与功能区划不一致、在进行海洋渔业空间布局时对配套污染处理设施的布局考虑不足等原因导致的。

（三）结论及对策

本章基于海域承载力视角，从经济效益、社会效益、环境效益和政策规划等角度出发，选取专门化因子、结构因子、收入因子、功能因子、承载力因子构建区域海洋渔业空间布局合理度综合评价模型；该模型具有计算简便、评价综合、指向优化的优点。应用该模型对山东半岛蓝色经济区 2006~2011 年的海洋渔业空间布局合理度进行实证评价，得出结论：2006~2011 年海域承载力视角下的山东半岛蓝色经济区海洋渔业空间布局合理度从整体上看属于中等合理等级；目前存在的主要问题包括：（1）海洋渔业空间布局现状与海洋功能区划布局存在不一致，导致渔业生产与海洋资源环境条件不能完全相适应；（2）海洋渔业空间布局比较分散，造成经济效益的下降和海洋资源无效率耗费；（3）海洋渔业现有布局模式无法带来从业人员收入水平的稳定增长和有效改善，导致海洋渔业空间布局社会效益不高；（4）海洋渔业现有空间布局不利于海洋资源环境承载水平的维持和可持续发展，渔业布局对海洋资源环境效益的考虑不足。

据此对未来山东半岛蓝区海洋渔业空间布局优化提出以下对策：（1）依据全国及区域海洋渔业规划和海洋功能区划，逐步调整现有海洋渔业空间布局，努力使之与规划要求相一致，纠正或避免海洋渔业空间布局与海洋资源环境以及其他海洋产业布局之间的不适应和冲突；（2）在保障海洋渔业资源养护的前提下，实现海洋渔业集约化生产布局，发展海水养殖业的立体化布局，提高海洋空间资源利用效率和单位资源收益，避免渔业资源无效率损耗，同时鼓励海洋捕捞业的远洋布局；（3）继续优化海洋渔业结构，重视海洋渔业第二、三产业的布局，延伸海洋渔业加工产业链，结合资源、市场、就业等因素优化水产品加工业布局，此外应重点结合海域承载情况对休闲渔业进行布局；（4）重视海洋渔业空间布局的社会效益，在对养殖园区、加工园区、休闲渔业景区进行布局规划时需考虑对就业和收入的溢出效应，同时注重海洋渔业从生产职能向服务职能的延伸，建立海洋渔业就业通道和定期从业培训机制，提高海洋渔业对社会发展的推动作用；（5）统筹海洋渔业空间布局与配套排污处理设施布局，同时监测海洋渔业布局对海域资源环境造成的影响和压力，努力将对海域环境的负面影响降到最低，保持海域承载能力，控制海域承载压力。

二、布局效率评价

（一）模型构建

1. 海洋渔业空间布局效率评价 DEA 模型的构建

DEA 模型又称数据包络分析模型，由美国运筹学家查恩斯（Charnes）和罗德斯（Rhodes）教授于 1978 年提出。数据包络分析法是以相对效率概念为基础对同类多指标输入和多指标输出经济系统的相对有效性进行评价的一种非参数分析方法。DEA 是对其决策单元的投入规模、技术有效性做出评价，即对各类型的企业投入一定量的劳动力和资金等资源后，对其产出的效益做一个相对有效性的评价。

设有 n 个决策单元 DMU$_j$，j = 1, 2, 3, ⋯, n。DMU$_j$ 的输入为 x$_j$ = (x$_{1j}$, x$_{2j}$, ⋯, x$_{mj}$)^T，输出为 y$_j$ = (y$_{1j}$, y$_{2j}$, ⋯, y$_{tj}$)^T，其中 m 为输入指标数目，t 为输出指标数目。运用 DEA 模型分析海洋渔业空间布局效率评价，模型具体如下：

$$\min[\theta - \varepsilon(\sum_{r=1}^{t} S_r^+ + \sum_{i=1}^{m} S_i^-)]$$

$$\text{s.t.} \sum_{j=1}^{n} \lambda_j x_{ij} + s_i^- = \theta x_{ij0}$$

$$\sum_{j=1}^{n} \lambda_j y_{rj} - s_r^+ = y_{rj}$$

$$s_i^- \geq 0, s_r^+ \geq 0$$

$$\lambda_j \geq 0, j = 1, 2, 3, \cdots, n$$

该模型的评价指标体系由 m 个输入指标和 t 个输出指标组成，分别表示"投入的经济资源"和"输出的成效"。设 x$_{ij}$ 为第 j 个决策单元对第 i 种类型投入的投入量，y$_{rj}$ 为第 j 个决策单元对第 r 中类型投入的产出量，s$_r^+$ 与 s$_i^-$ 分别为剩余变量和松弛变量，也称为产出不足和投入冗余，ε 为一非阿基米德无穷小量，可取 ε = 10^{-6}，其中 λ$_j$，s$_r^+$，s$_i^-$，θ 为待估计参量。

上述模型即为 CCR 模型，该模型要求找到 n 个 DMU 的某种线性组合，使其产出在不低于第 j$_0$ 个 DMU 产出的条件下，投入尽可能小，求出问题的最优解。有如下定义：

（1）若 θ = 1，s$_r^+$ 和 s$_i^-$ 中至少有一个大于 0 时，则 DMU$_j$ 为弱 DEA 有效；

（2）若 θ = 1 且 s$_r^+$ = s$_i^-$ = 0，则 DMU$_j$ 为 DEA 有效；

（3）若 θ < 1，则 DMU$_j$ 为 DEA 无效；

（4）令 x$_0^*$ = θx$_0$ - s$_i^-$，y$_0^*$ = y$_0$ + s$_r^+$，则 (x$_0^*$, y$_0^*$) 为 (x$_0$, y$_0$) 在生产有效前沿面上的投影，即相对于原来的 n 个 DMU 是有效的；

（5）若存在 λ$_j$ (j = 1, 2, 3, ⋯, n)，设

$$K = \sum_{j=1}^{n} \lambda_j$$

则 K 称为 DMU$_j$ 规模收益值。当 K = 1 时，表示 DMU$_j$ 为规模效益不变，即规模有效；若 K < 1，则 DMU$_j$ 为规模效益递增；若 K > 1 表示 DMU$_j$ 规模效益递减，且 K 值越大，规模递减趋势越大。

海洋渔业空间布局的效率用 θ 值来衡量，θ 值越大表示海洋渔业能够用相对较少的投入获得较大的回报。因此，θ 值越大，海洋渔业空间布局效率越高。当 θ = 1 时，表示海洋渔业空间布局处于有效率状态；当 θ = 0 时，海洋渔业空间布局处于无效率状态；θ 越接近 1，海洋渔业空间布局越具有效率，反之，海洋渔业空间布局越缺乏效率。

2. 海洋渔业空间布局效率评价可拓物元模型的构建

（1）可拓物元模型的构建。物元即以事物、特征以及关于该特征的量值三者所组成的三元组，记作 R =（事物，特征，量值）。物元的概念准确地反映了事物质与量之间的关系，能够更加形象地描述客观事物变化的过程。物元分析建立在可拓集合论的基础上，通过建立形象化地模型来解决抽象的复杂问题。并且利用形象化模型研究基本理论，提出相应的应用方法。物元分析可以将事物的非数量量值转化为数量量值，对所研究对象完成从定性到定量的转化。它把质与量有机地结合起来，从定性和定量两个角度去研究解决矛盾问题的规律和方法。

设事物 N 的特征有 n 个，这个特征为其对应的量值 v_1，v_2，…，v_n，建立该事物的多维特征物元矩阵如下。

$$R = \begin{bmatrix} N & c_1 & v_1 \\ & c_2 & v_2 \\ & \cdots & \cdots \\ & c_n & v_n \end{bmatrix}$$

其中，R 表示 n 维特征物元矩阵 R_i =（N，c_i，v_i）（i = 1，2，…，n）表示 R 的特征物元矩阵。

（2）经典域物元和节域物元的建立。假定影响海洋渔业空间布局效率评价的因素指标有 m 个，即 x_1，x_2，…，x_m，以这些指标为基础，将海洋渔业空间布局效率定性的分为 m 个等级。由此得出海洋渔业看见布局效率评价经典物元矩阵：

$$R_{oj} = \begin{bmatrix} N_{oj} & x_1 & v_{0j1} \\ & x_2 & v_{0j2} \\ & \cdots & \cdots \\ & x_m & v_{0jm} \end{bmatrix} = \begin{bmatrix} N_0 & x_1 & <a_{0j1}, b_{0j1}> \\ & x_2 & <a_{0j2}, b_{0j2}> \\ & \cdots & \cdots \\ & x_m & <a_{0jm}, b_{0jm}> \end{bmatrix}$$

其中，R_{oj} 表示海洋渔业布局效率处于第 j 级时的物元模型，N_{oj} 表示第 j 级时海洋渔业空间布局效率评价值，$v_{ojk} \leq a_{ojk}$，$b_{ojk}>$（j = 1，2，…，n；k = 1，2，…，m）表示海洋渔业空间布局效率是第 j 级时第 k 个因素指标的取值范围。

节域物元是指综合测度事物效率各因素指标的允许取值范围形成的物元模型。具体到海洋渔业空间布局经典域物元矩阵为：

$$R_p = \begin{bmatrix} N_p & x_1 & v_{p1} \\ & x_2 & v_{p2} \\ & \cdots & \cdots \\ & x_m & v_{pm} \end{bmatrix} = \begin{bmatrix} N_0 & x_1 & <a_{p1}, b_{p1}> \\ & x_2 & <a_{p2}, b_{p2}> \\ & \cdots & \cdots \\ & x_m & <a_{pm}, b_{pm}> \end{bmatrix}$$

其中，R_p 表示海洋渔业空间布局效率综合测度的物元模型的节域，N_p 表示海洋渔业效率的所有等级，$v_{pk} \leq a_{pk}$，$b_{pk}>$ 表示 N_p 中系统效率指标 x_k 取值的允许范围，且 $v_{ojk} \subset v_{pk}$；其中 $j = 1, 2, \cdots, n$；$k = 1, 2, \cdots, m$。

（3）待评海洋渔业空间布局效率物元矩阵的确立。待评物元是指根据已经建立的评价标准区间和指标临界区间，将待评事物的各项评价指标算出具体数值，再通过换算公式换算成具体分值，从而得到的物元模型。

待评海洋渔业空间布局效率矩阵表示为：

$$R = \begin{bmatrix} N & x_1 & v_1 \\ & x_2 & v_2 \\ & \cdots & \\ & x_m & v_m \end{bmatrix}$$

其中，N 表示待评海洋渔业空间布局效率等级，$v_k(k = 1, 2, \cdots, m)$ 表示待评海洋渔业空间布局效率中第 k 个因素指标的评价值。

（4）海洋渔业空间布局效率评价的可拓学方法。设区间 $v_{ojk} \leqslant a_{0jk}$，$b_{0jk} >$ 表示海洋渔业空间布局效率是第 j 等级时第 k 个因素指标 x_k 的取值范围，区间 $v_{pk} \leqslant a_{pk}$，$b_{pk} >$ 则表示因素指标 x_k 取值的允许范围，$v_{ojk} \subset v_{pk}$，点 v_j 表示待评产业安全度的第 k 个因素指标的评价值，其中 $j = 1, 2, \cdots, n$；$k = 1, 2, \cdots, m$。则：

$$p(v_k, v_{0jk}) = \left| v_k - \frac{a_{0jk} + b_{0jk}}{2} \right| - \frac{1}{2}(b_{0jk} - a_{0jk}) \quad (4-6)$$

$$p(v_k, v_{pk}) = \left| v_k - \frac{a_{pk} + b_{pk}}{2} \right| - \frac{1}{2}(b_{pk} - a_{pk}) \quad (4-7)$$

式（4-6）和式（4-7）分别称为点 v_k（评价值）与区间 v_{0jk} 和区间 v_{pk} 的"接近度"。可以根据 $p(v_k, v_{pk})$ 的正负来判断待评海洋渔业空间布局效率第 k 个指标 x_k 的评价值是否超过其取值范围，根据 $p(v_k, v_{pk})$ 的正负来判断待评海洋渔业空间布局效率第 k 个因素指标 x_k 的等级处于该等级的程度。则有：

$$K_j(v_k) = \frac{p(v_k, v_{0jk})}{p(v_k, v_{pk}) - p(v_k, v_{0jk})} \quad (4-8)$$
$$(j = 1, 2, \cdots, n; k = 1, 2, \cdots, m)$$

式（4-8）为待评物元的第 k 个指标 x_k 关于第 j 级海洋渔业空间布局效率的关联度。在关联度 $K_j(v_k)$ 中，当 $K_j(v_k) > 0$，表示海洋渔业空间布局效率的第 k 个因素指标 x_k 具有第 j 级的属性多；当 $K_j(v_k) < 0$，表示海洋渔业空间布局效率第 k 个因素指标 x_k 不属于第 j 级，$K_j(v_k)$ 越小，说明第 k 个因素指标 x_k 距离第 j 级越远；当 $K_j(v_k) = 0$，表示海洋渔业空间布局效率的第 k 个因素指标 x_k 处于第 j 级的临界点上。

设 α_i 为海洋渔业空间布局效率评价指标的权重系数，其中 $\sum_{i=1}^{m} a_i = 1$，则

$K_j(R) = \sum_{i=1}^{m} a_i K_j(v_k)$ 为待评海洋渔业空间布局效率与第 j 级的关联度。若 $K_{oj}(P) = \max_{(j=1,2,\cdots,n)} K_j(R)$,则海洋渔业空间布局效率的等级为第 j 级。

(二) 山东半岛蓝区海洋渔业空间布局效率实证研究

1. 基于 DEA 模型的蓝区海洋渔业空间布局效率评价

(1) 数据的分类。本章选取 8 个评价指标对 2001~2011 年山东半岛蓝区海洋渔业空间布局效率进行评价。其中,输入指标为海水养殖面积(公顷)、海水养殖产量(吨)、海洋机动渔船年末拥有量(艘)、海洋渔业专业从业人员(人)、海洋捕捞产量(吨)、海水产品加工(吨),输出指标为渔业总产值(万元)、渔民人均收入(元)。

(2) DEA 模型求解。根据 DEA 模型,对决策单元 2011 年的投入产出情况列方程如下:

$$\min[\theta - 10^{-6}(s_1^- + s_2^- + s_3^- + s_4^- + s_5^- + s_6^- + s_7^+ + s_8^+)]$$

$398450\lambda_1 + 477383\lambda_2 + 404243\lambda_3 + 403043\lambda_4 + 375440\lambda_5 + 363691\lambda_6 + 381739\lambda_7 + 288752\lambda_8 + 381116\lambda_9 + 392492\lambda_{10} + 407347\lambda_{11} + s_1^- = 398450\theta$

$41092\lambda_1 + 44808\lambda_2 + 39839\lambda_3 + 38901\lambda_4 + 39881\lambda_5 + 41487\lambda_6 + 38022\lambda_7 + 39010\lambda_8 + 41041\lambda_9 + 40453\lambda_{10} + 42549\lambda_{11} + s_2^- = 41092\theta$

$4134775\lambda_1 + 3962643\lambda_2 + 3814304\lambda_3 + 3613510\lambda_4 + 3535277\lambda_5 + 3735008\lambda_6 + 3580294\lambda_7 + 3418840\lambda_8 + 3360712\lambda_9 + 3262069\lambda_{10} + 3050000\lambda_{11} + s_3^- = 4134775\theta$

$512126\lambda_1 + 500946\lambda_2 + 441403\lambda_3 + 426217\lambda_4 + 406170\lambda_5 + 420258\lambda_6 + 407400\lambda_7 + 389568\lambda_8 + 358349\lambda_9 + 292768\lambda_{10} + 280476\lambda_{11} + s_4^- = 512126\theta$

$4134775\lambda_1 + 3962643\lambda_2 + 3814304\lambda_3 + 3613510\lambda_4 + 3535277\lambda_5 + 3735008\lambda_6 + 3580294\lambda_7 + 3418840\lambda_8 + 3360712\lambda_9 + 2720554\lambda_{10} + 3050657\lambda_{11} + s_5^- = 4134775\theta$

$5468711\lambda_1 + 4732483\lambda_2 + 4252211\lambda_3 + 4355000\lambda_4 + 4227286\lambda_5 + 4333274\lambda_6 + 5043085\lambda_7 + 4378889\lambda_8 + 3310318\lambda_9 + 2960777\lambda_{10} + 1112783\lambda_{11} + s_6^- = 5468711\theta$

$2676.41\lambda_1 + 2156.8\lambda_2 + 2130.6\lambda_3 + 1894.6\lambda_4 + 1655.4\lambda_5 + 1260\lambda_6 + 1270\lambda_4 + 1366.4\lambda_8 + 1003\lambda_9 + 850\lambda_{10} + 711.35\lambda_{11} - s_7^+ = 2676.41$

$11387\lambda_1 + 10416\lambda_2 + 9565\lambda_3 + 8816\lambda_4 + 8204\lambda_5 + 7519\lambda_6 + 7200\lambda_7 + 6930\lambda_8 + 6300\lambda_9 + 6050\lambda_{10} + 5983\lambda_{11} - s_8^+ = 11387$

其他年份的投入产出情况同上述方程,这里省略。利用 LINDO 软件,求得 2001~2011 年山东半岛蓝区海洋渔业空间布局效率评价结果(见表 4-10)。

表 4-10　2001~2011 年山东半岛蓝区海洋渔业空间布局效率评价结果

	2001 年	2002 年	2003 年	2004 年	2005 年	2006 年
$\sum_{j=1}^{n}\lambda_j$	0.830972	1.194911	0.875000	1.920855	1.785338	1.044306
θ	3.765931	1.256823	1.333014	2.709780	1.997905	1.215368
$k = \sum_{j=1}^{n}\lambda_j$	k<1	k>1	k<1	k>1	k>1	k>1
相对效性	有效	有效	有效	有效	有效	有效
规模有效性	递增	递减	递增	递减	递减	递减
技术有效性	有效	有效	有效	有效	有效	有效
DP1	-0.000629	-80.638496	-213.828262	0.000000	-27.894646	-0.083930
DP2	-0.176389	-73.190544	-3.403011	-1.349144	-1344.729492	-0.861937
DP3	-0.176389	0.000000	-0.176389	0.000000	-1.000000	0.000000
DP4	-0.000139	0.000000	-1.000000	0.000000	-8.410769	0.000000
DP5	-0.000629	-0.000025	-0.000212	-0.000003	-0.001573	0.000000
DP6	-1422.524414	0.000000	-19.239546	0.000000	-0.001406	-0.009574
DP7	-119.959061	-7.237238	-0.000139	-0.135099	-0.001573	-0.096984

	2007 年	2008 年	2009 年	2010 年	2011 年
$\sum_{j=1}^{n}\lambda_j$	2.327125	0.928787	2.995150	1.698268	3.762438
θ	2.524897	1.125223	3.198892	1.809728	3.895843
$k = 1/\theta \sum_{j=1}^{n}\lambda_j$	k>1	k<1	k>1	k>1	k>1
相对效性	有效	有效	有效	有效	有效
规模有效性	递减	递增	递减	递减	递减
技术有效性	有效	有效	有效	有效	有效
DP1	-1.081851	0.000000	0.000000	-0.837328	-9.696534
DP2	-0.106225	-0.008932	-11.079671	-0.105853	-100.622383
DP3	-9.416357	-0.092547	-106.734886	0.000000	0.000000
DP4	-11.259551	0.000000	0.000000	-0.100874	-12.462913
DP5	-0.000003	0.000000	-0.000025	0.000000	-0.000024
DP6	-1.081851	-0.097868	-11.079671	-0.105853	-1.000000
DP7	0.000000	-0.829738	-95.742966	-0.009468	0.000000

注：DP（Dual Prices）为影子价格，指对应约束中不等式右端增加或减少一个单位，相对效率值的减少量或者增加量。

(3) DEA 模型结果分析。

①效率评价结果分析。从表 4-10 的分析结果可以看出来 2011 年 θ 值最大，表明在 2011 年山东半岛蓝区海洋渔业空间布局效率最高。在 2002 年、2006 年和 2008 年 θ 值有较大幅度波动，表明该地区海洋渔业空间布局效率并不处于一个稳定的状态。但是，总体上说山东半岛蓝区海洋渔业空间布局处于有效率状态。

②影子价格分析。通过对表 4-10 中影子价格的分析，可以得出：宏观来看，海洋渔业机动渔船的影子价格大于海洋渔业专业从业人员的影子价格，海洋渔业专业人员的影子价格大于海水养殖产量的影子价格。这说明提高山东半岛蓝区海洋渔业空间布局效率重点应该：首先，提高海洋渔业机动渔船数量；其次，提高海洋渔业专业从业人员和海水养殖产量。目前，我过渔民中小型渔船偏多，大型机动化渔船数量相对较少。

③规模有效性分析。总体上 k<1，规模收益递减。这说明山东半岛蓝区海洋渔业经济在总量上具有优势，但是，海洋渔业投入要素比例没有达到最优，存在输入剩余。为了实现山东半岛海洋渔业空间布局效率的优化，需要对相关要素进行优化配置。

2. 基于可拓物元模型的蓝区海洋渔业空间布局效率评价

(1) 山东半岛蓝区海洋渔业空间布局效率评价指标权重确定。根据山东半岛蓝区海洋渔业空间布局的特点，构建出海洋渔业空间布局效率指标体系。整个指标有 3 个二级指标，7 个三级指标。根据各个指标的重要程度，使用熵值法对每个指标的权重进行赋值（见表 4-11）。

表 4-11　山东半岛蓝区海洋渔业空间布局效率评价指标体系

一级指标	二级指标	三级指标	权重
海洋渔业空间布局效率	生产资料 Y_1	海洋渔业专业从业人员 X_1	0.061
		海洋渔业机动渔船年末拥有 X_2	0.164
	产业收益 Y_2	渔业总产值 X_3	0.179
		渔民人均收入 X_4	0.177
	产业规模 Y_3	海水养殖面积 X_5	0.060
		海洋捕捞产量 X_6	0.182
		海水产品加工 X_7	0.174

(2) 山东半岛蓝区海洋渔业空间布局效率评价经典域、节域和待评物元的确定。将山东半岛蓝区海洋渔业空间布局效率划分为很有效率 N_{01}、较有效率 N_{02}、临界效率 N_{03}、缺乏效率 N_{04} 和无效率 N_{05} 五个等级。关于我国海洋渔业空间布局效率评价，我国渔业部门尚未公布权威性且为业界所认可的标准量值。本章根

据中国渔业统计年鉴的相关数据结合国内外学者对海洋渔业空间布局的研究结果，建立山东半岛海洋渔业空间布局效率评价经典域物元矩阵和节域物元矩阵。

$$R_{01} = \begin{bmatrix} N_{01} & X_1 & <50000, 650000> \\ & X_2 & <52000, 65000> \\ & X_3 & <3200, 4000> \\ & X_4 & <16000, 20000> \\ & X_5 & <580000, 700000> \\ & X_6 & <3800000, 5200000> \\ & X_7 & <5600000, 6800000> \end{bmatrix} \quad R_{02} = \begin{bmatrix} N_{02} & X_1 & <380000, 500000> \\ & X_2 & <38000, 52000> \\ & X_3 & <2200, 3200> \\ & X_4 & <12000, 16000> \\ & X_5 & <450000, 580000> \\ & X_6 & <3000000, 3800000> \\ & X_7 & <3800000, 5600000> \end{bmatrix}$$

$$R_{03} = \begin{bmatrix} N_{03} & X_1 & <240000, 380000> \\ & X_2 & <25000, 38000> \\ & X_3 & <1400, 2200> \\ & X_4 & <7000, 12000> \\ & X_5 & <240000, 450000> \\ & X_6 & <1600000, 3000000> \\ & X_7 & <2200000, 3800000> \end{bmatrix} \quad R_{04} = \begin{bmatrix} N_{04} & X_1 & <120000, 240000> \\ & X_2 & <12000, 25000> \\ & X_3 & <400, 1400> \\ & X_4 & <3500, 7000> \\ & X_5 & <90000, 240000> \\ & X_6 & <500000, 1600000> \\ & X_7 & <1600000, 2200000> \end{bmatrix}$$

$$R_{05} = \begin{bmatrix} N_{05} & X_1 & <0, 120000> \\ & X_2 & <0, 12000> \\ & X_3 & <0, 400> \\ & X_4 & <0, 3500> \\ & X_5 & <0, 90000> \\ & X_6 & <0, 500000> \\ & X_7 & <0, 1600000> \end{bmatrix} \quad R_p = \begin{bmatrix} N_p & X_1 & <0, 650000> \\ & X_2 & <0, 65000> \\ & X_3 & <0, 4000> \\ & X_4 & <0, 20000> \\ & X_5 & <0, 700000> \\ & X_6 & <0, 5200000> \\ & X_7 & <0, 6800000> \end{bmatrix}$$

确定待判物元，即确定评价对象各指标 x_k 的具体值，下面以2011年为例，待判物元矩阵为：

$$R_{2011} = \begin{bmatrix} N_{2011} & X_1, & 398450 \\ & X_2, & 41092 \\ & X_3, & 2676 \\ & X_4, & 11387 \\ & X_5, & 512126 \\ & X_6, & 4134775 \\ & X_7, & 5468711 \end{bmatrix}$$

(3) 山东半岛蓝区海洋渔业空间布局各项指标关于效率等级的关联度。将 2011 年的数据输入可拓物元模型，代入公式（4-6）、公式（4-7）和公式（4-8）可得各项指标对应各效率等级的关联度。根据判断标准，$K_2(v_1) = \max K_j(v_1)$，其中 j = 1, 2, 3, 4, 5。因此，第一个指标 v_1 的效率评价等级为 N_{02}，即为较有效率。同理可以求出其他指标对应各等级的关联度以及所属效率等级。

根据计算得到的各指标关于各个效率等级的关联度以及各指标权重，通过加权求和，求出各指标关于各个效率等级的综合关联度为 $K_1(2011) = -0.130$，$K_2(2011) = 0.123$，$K_3(2011) = -0.262$，$K_4(2011) = -0.524$，$K_5(2011) = -0.632$。根据判断标准，$K_2(2011) = \max K_j(2011)$，其中 j = 1, 2, 3, 4, 5。由此可以判定，2011 年山东半岛蓝区海洋渔业空间布局效率属于较有效率级别 N_{02}。2011 年山东半岛蓝区海洋渔业空间布局效率评价指标对应各效率等级关联度、多指标综合关联度以及效率评价结果如表 4-12 所示。

表 4-12　　　　2011 年山东半岛蓝区海洋渔业空间布局效率评价

关联度	$K_j(v_1)$	$K_j(v_2)$	$K_j(v_3)$	$K_j(v_4)$	$K_j(v_5)$	$K_j(v_6)$	$K_j(v_7)$	$K_j(2011)$
N_{01}	-0.170	-0.268	-0.283	-0.085	-0.265	0.458	-0.090	-0.068
N_{02}	0.258	0.576	0.562	0.102	0.494	-0.239	0.109	0.234
N_{03}	-0.281	-0.325	-0.265	-0.339	-0.249	-0.516	-0.556	-0.383
N_{04}	-0.441	-0.527	-0.491	-0.491	-0.592	-0.704	-0.711	-0.575
N_{05}	-0.543	-0.622	-0.632	-0.573	-0.692	-0.773	-0.744	-0.661
效率评价	较有效率	较有效率	较有效率	较有效率	较有效率	很有效率	较有效率	较有效率

采用同样的方法分别对 2001~2010 年山东半岛蓝区海洋渔业空间布局效率进行评价，评价结果如表 4-13 所示。

表 4-13　　　　2001~2011 年山东半岛蓝区海洋渔业空间布局效率评价

关联度	N_{01}	N_{02}	N_{03}	N_{04}	N_{05}	效率等级
K_j (2001)	-0.533	-0.302	-0.228	-0.055	-0.222	缺乏效率
K_j (2002)	-0.479	-0.254	-0.016	0.047	-0.400	缺乏效率
K_j (2003)	-0.430	-0.148	-0.064	-0.096	-0.438	临界效率
K_j (2004)	-0.397	-0.056	-0.054	-0.254	-0.474	临界效率
K_j (2005)	-0.366	-0.044	-0.122	-0.288	-0.509	较有效率
K_j (2006)	-0.361	-0.067	-0.107	-0.287	-0.503	较有效率

续表

关联度	N_{01}	N_{02}	N_{03}	N_{04}	N_{05}	效率等级
K_j（2007）	-0.353	-0.027	-0.006	-0.324	-0.494	临界效率
K_j（2008）	-0.324	0.011	-0.008	-0.356	-0.507	较有效率
K_j（2009）	-0.286	0.011	-0.041	-0.389	-0.525	较有效率
K_j（2010）	-0.221	0.189	-0.170	-0.464	-0.584	较有效率
K_j（2011）	-0.130	0.123	-0.262	-0.524	-0.632	较有效率

由表 4-13 可知，2001~2011 年山东半岛蓝区海洋渔业空间布局效率从缺乏效率到临界效率再到较有效率，海洋渔业空间布局效率总体水平有提高的趋势。2011 年海洋捕捞产量（X_6）处于很有效率等级，海洋渔业专业从业人员（X_1）、海洋渔业机动渔船年末拥有（X_2）、渔业总产值（X_3）、海水养殖面积（X_5）和海水产品加工（X_7）处于较有效率等级。然而，渔民人均收入（X_4）处于临界效率等级，成为影响 2011 年山东半岛海洋渔业整体布局效率的重要因素。海洋渔业机动渔船年末拥有（X_2）、渔业总产值（X_3）和海水产品加工（X_7）成为海洋渔业空间布局效率进一步提高的制约因素。

通过分析 2001~2011 年山东半岛海洋渔业空间布局效率的变化趋势，可以得出渔业总产值（X_3）、渔民人均收入（X_4）、海洋捕捞产量（X_6）和海水产品加工（X_7）等四个指标对山东半岛海洋渔业空间整体布局效率影响较为明显。海洋渔业专业从业人员（X_1）、海洋渔业机动渔船年末拥有（X_2）和海水养殖面积（X_5）等指标对整体渔业布局效率影响较不明显。但是，随着海洋科技的不断发展，海洋经济的国际竞争日益激烈，对海洋渔业专业人员和现代化机动渔船的需求逐渐增加，以及考虑到海域承载力的因素合理规划海水养殖面积成为不容忽视的课题。

三、布局可持续性评价

（一）海洋捕捞业可持续性评价的 RAPFISH 模型构建

海洋捕捞业的可持续发展是指人类在捕捞利用渔业资源时，人类活动对渔业资源生活环境和生存繁殖的影响较小，能够保证渔业资源的修复能力和所处生态系统的稳定性，实现渔业资源的持续存在，使当代人和后代人对渔业资源的需求都能得到满足。海洋捕捞业是一个复杂的、开放的、具有适应性和动态变化的系统，其中包含生态子系统、经济子系统、社会子系统、技术子系统和伦理子系统五个关键部件。在生态子系统中，可持续发展是指渔业资源的持续存在；在经济子系统中，可持续发展是指渔业资源实现其经济价值，捕捞从业人员的成本收益能有效保障其生活水平；在社会子系统中，可持续发展是指社会和捕捞从业者的状态能够从人类行为方面为渔业资源的持续存在提供条件；在技术子系统中，可持续发展是指捕捞工具和捕捞作业方式不会对渔业资源的生存繁殖造成威胁；在伦理子系统中，可持续发展是指政府、团体、捕捞从业者的管理行为能够有效保护渔业资源。基于以上，从生态、经济、社会、技术和伦理五个方面构建了 RAPFISH 模型对海洋捕捞业的可持续性进行评价。

1. RAPFISH 模型介绍

RAPFISH 模型提出者认为渔业的可持续性应从生态、经济、社会、技术和伦理五个方面来考虑，因此将渔业可持续性的评估分为生态、经济、社会、技术和伦理五个子系统，分别建立相应的指标体系。评估者根据文献资料、调研和专家学者的看法，对每个子系统中的指标进行评估和打分，并设定最佳渔业（Good）、最差渔业（Bad）两个渔业作为评价标准。对给分后的子系统进行多维尺度分析（MDS, multi-dimensional scaling），使子系统由包含多个指标得分的多维状态变为包含可持续性得分的二维状态。最后将五个子系统的评分制成风筝图，进行整体可持续性分析。RAPFISH 模型分析流程如图 4-2 所示。

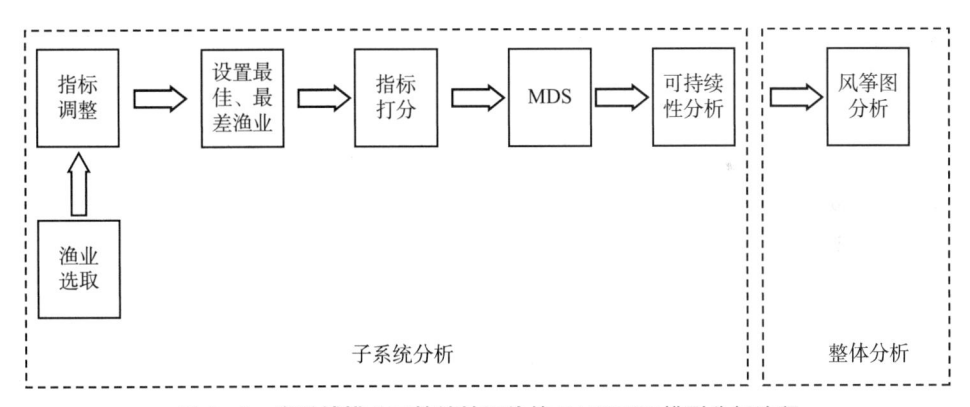

图 4-2　海洋捕捞业可持续性评价的 RAPFISH 模型分析流程

RAPFISH 模型用于对渔业相对可持续性进行的快速评估，既能用于各种地理范围的渔业，形成横向比较；也可以用于同一渔业的不同时间，形成纵向比较。

2. RAPFISH 模型的指标调整

RAPFISH 模型的生态、经济、社会、技术和伦理五个子系统均有其固定的指标体系，这些指标简单，科学，易于打分，且最大程度地提高了区分度，便于比较和评价。根据山东半岛蓝区的实际情况，对 RAPFISH 模型的指标体系做出了调整，指标体系如表 4-14~表 4-18 所示。

表4-14 山东半岛蓝区海洋捕捞业可持续性评价RAPFISH模型生态子系统指标体系

指标	最佳渔业	最差渔业	备注
开发状态	0	3	未完全捕捞（0）；完全捕捞（1）；过度捕捞（2）；严重过度捕捞（3）
捕捞变化	0	2	变异系数：低<40%（0）；中等40%~100%（1）；高>100%（2）
营养级变化	0	2	鱼类的营养级是否降低：没有（0）；一些，较慢（1）；较快（2）
洄游范围	0	2	游经海域：1~2（0）；3~4（1）；>4（2）
生存范围变化	0	2	地理范围是否缩减：没有（0）；较小（1）；较大，快速（2）；
捕捞尺寸	0	2	过去五年捕捞尺寸是否发生改变：没有（0）；逐步变化（1）；变化大且快（2）
捕捞种类	0	2	包括附属渔类：低1~10（0）；中等10~100（1）；高>100（2）
初级产品	3	0	gC/m2/year（每年在单位面积内所产生之碳量）：低0~50（0）；中等50~90（1）；高90~160（2）；很高>160（3）

表4-15 山东半岛蓝区海洋捕捞业可持续性评价RAPFISH模型经济子系统指标体系

指标	最佳渔业	最差渔业	备注
价格	5	0	$/tone：<250（0）；250~900（1）；900~1500（2）；1500~3000（3）；3000~5000（4）；>5000（5）
占GDP比重	2	0	在经济中渔业的重要性：低（0）；中等（1）；高（2）
进入限制	2	0	包括信息限制在内：几乎没有（0）；一些（1）；很多（2）
其他收入	0	3	渔民从事该渔业的方式：帮工（0）；兼职（1）；季节性（2）；全职（3）
雇佣	0	2	正规部门雇佣百分百：<10%（0）；10%~20%（1）；>20%（2）
所有权	0	2	利润归属于：当地（0）；混合（1）；外地（2）
市场	0	2	当地（0）；地区/国家（1）；国际（2）
补贴	0	2	没有（0）；一些（1）；很多（2）

表4-16 山东半岛蓝区海洋捕捞业可持续性评价RAPFISH模型社会子系统指标体系

指标	最佳渔业	最差渔业	备注
渔业社会化	3	0	渔民工作方式：个人（0）；家庭（1）；混合（2）；团体（3）
环境知识	2	0	没有（0）；一些（1）；很多（2）
教育水平	2	0	与全民教育水平比较：低（0）；持平（1）；高（2）
冲突情况	0	2	与其他部门的冲突：没有（0）；一些（1）；较多（2）

续表

指标	最佳渔业	最差渔业	备注
渔民影响力	2	0	对渔业法规的影响：几乎没有（0）；一些（1）；较大（2）
渔业收入	2	0	占整个家庭收入的百分比：<50%（0）；50%~80%（1）；>80%（2）
亲戚是否参与	1	0	亲戚是否出售或者加工鱼类：没有（0）；有（1）

表4-17 山东半岛蓝区海洋捕捞业可持续性评价RAPFISH模型技术子系统指标体系

指标	最佳渔业	最差渔业	备注
定居位置	0	2	分散（0）；集中（1）；非常集中（2）
渔具	0	1	被动过滤（0）；主动过滤（1）
可选择的渔具	2	0	很少（0）；一些（1）；很多（2）
渔具是否有动力支持	0	1	没有（0）；有（1）
船舰大小	0	2	平均长度：<8m（0）；8~17m（1）；>17（2）
捕捞力度	0	2	在过去五年渔民是否选择渔具和船舰增加捕捞量：没有（0）；一些（1）；很多，且快速增长（2）
渔具负效应	0	2	没有（0）；一些（1）；较大（2）

表4-18 山东半岛蓝区海洋捕捞业可持续性评价RAPFISH模型伦理子系统指标体系

指标	最佳渔业	最差渔业	备注
公平管理	4	0	渔民是否包含在管理之内：没有（0）；咨询（1）；政府领导共同管理（2）；团体领导共同管理（3）；共同领导共同管理
栖息地破坏的缓解	4	0	危害较大（0）；一些危害（1）；没有危害也没有缓解（2）缓解了一些（3）；较大程度缓解（4）
生态系统消耗的缓解	4	0	危害较大（0）；一些危害（1）；没有危害也没有缓解（2）缓解了一些（3）；较大程度缓解（4）
非法捕捞	0	2	没有（0）；一些（1）；大量（2）
遗弃和浪费	0	2	没有（0）；一些（1）；大量（2）
管理的影响	4	0	较强负效应（0）；些许负效应（1）；中性（2）；一般正效应（3）；较大正效应（4）

经调整后的指标体系结合山东半岛蓝区的实际情况，能较好地反映出山东半岛蓝区海洋捕捞业在生态、经济、社会、技术和伦理五个方面的可持续性。

3. RAPFISH 模型的 MDS 分析

MDS 分析是利用渔业之间指标得分的差异构造相异性距离，在二维平面中模拟各个渔业的相对位置坐标图，使平面上代表渔业的点之间的距离尽可能接近相异性距离。

(1) MDS 分析的数据标准化处理。在进行 MDS 分析前，需将子系统中的指标得分进行 Z-score 标准化。子系统中共有 N 个渔业，M 个指标。渔业 i 在 j 指标上的得分为 $X_0(i, j)$，标准化使用的均值 μ_j，方差 σ_j 和标准化结果 $X(i, j)$ 见公式 (4-9)，公式 (4-10) 和公式 (4-11)。

$$\mu_i = \frac{\sum_{i=1}^{N} X_0(i, j)}{N} \tag{4-9}$$

$$\sigma_j = \left(\frac{\sum_{i=1}^{N} X_0(i, j)^2 - (\sum_{i=1}^{N} X_0(i, j))^2 / N}{N-1} \right)^{\frac{1}{2}} \tag{4-10}$$

$$X(i, j) = \frac{X_0(i, j) - \mu_j}{\sigma_j} \tag{4-11}$$

(2) MDS 分析

在由指标构成的 M 维空间中，每个渔业根据其得分均存在相应的空间位置，渔业空间位置间的距离即为相异性距离。用欧式距离来计算相异性距离。渔业 i 和渔业 k 的相异性距离计算公式见公式 (4-12)。

$$p_{ik} = \left(\sum_{j=1}^{M} (X(i, j) - X(j, k))^2 \right)^{\frac{1}{2}} \tag{4-12}$$

定义相异性距离进行单调线性变换后得到的距离为拟合距离，其值为 $f(p_{ik})$。定义二维平面中代表渔业的点之间的距离为模型距离，用欧式距离来计算模型距离。代表渔业 i 和渔业 k 的模型距离计算公式见公式 (4-13)。

$$d_{ik} = ((x_i - x_k)^2 + (y_i - y_k)^2)^{\frac{1}{2}} \tag{4-13}$$

MDS 分析的目标是使 $d_{ik}1/4f(p_{ik})$，一般而言，d_{ik} 与 $f(p_{ik})$ 会存在一定差异，即残差。MDS 分析的最优目标变为使总的残差最小，其数学模型见公式 (4-14)。

$$\min S(x, y) = \frac{(\sum_{i,k}^{N} (d_{ik} - f(p_{ik}))^2)^{1/2}}{(\sum_{i,k}^{N} d_{ik}^2)^{1/2}}$$

其中 x, y 为需求解的全部渔业的横纵坐标；$i \neq k$ (4-14)

MDS 分析常用的算法是 Kruskal 算法。在 Kruskal 算法中，用 Stress value（压力系数）来表示模型距离和拟合距离的一致性。Stress value 的计算见公式(4-15)。

$$\text{Stress Value} = \frac{(\sum_{i,k}^{N}(d_{ik} - f(p_{ik}))^2)^{1/2}}{(\sum_{i,k}^{N}d_{ik}^2)^{1/2}} \quad (4-15)$$

另一个衡量 MDS 分析效果的检验值是距离间相关系数的平方（RSQ），其代表了相异性距离可以由模型距离解释的百分比。Stress Value 和 RSQ 反映了 MDS 分析的信度和效度，一般认为 Stress Value 需小于 0.20，越接近 0 越好；RSQ 的值在 0 和 1 之间，越大越好，在 0.6 以上是可接受的。

（3）MDS 分析的可持续性得分计算。由 MDS 分析模拟出各渔业的在二维平面的坐标后，以原点为中心对渔业的坐标进行旋转，使最佳渔业和最差渔业经旋转后其连线与 X 轴平行。旋转示意图如图 4-3 所示。

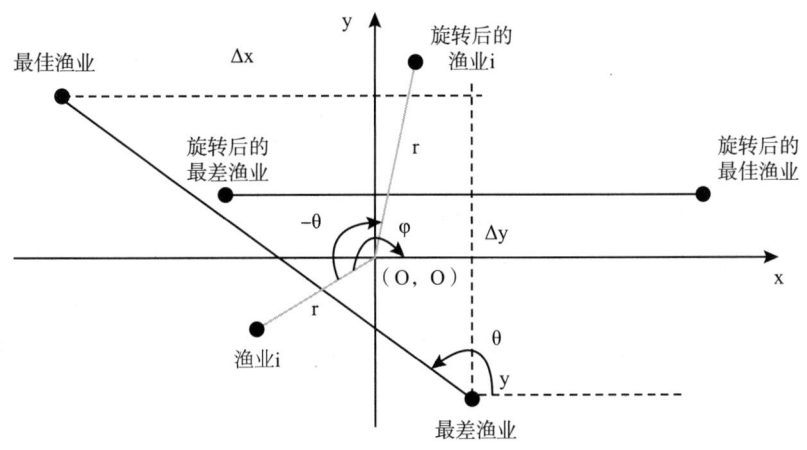

图 4-3　渔业坐标旋转示意

旋转前最佳渔业、最差渔业和渔业 i 的横纵坐标分别为 $(x_{good}; y_{good})$，$(x_{good}; y_{good})$，$(x_i; y_i)$。渔业 i 经旋转后坐标的计算过程见公式（4-16）~公式（4-20）。

$$\Delta x = x_{good} - x_{bad} \quad (4-16)$$

$$\Delta y = y_{good} - y_{bad} \quad (4-17)$$

$$\theta = \tan^{-1}\left(\frac{\Delta y}{\Delta x}\right) \quad (4-18)$$

$$r = (x_i^2 + y_i^2)^{1/2} \quad (4-19)$$

$$\varphi = \tan^{-1}\left(\frac{y_i}{x_i}\right) \quad (4-20)$$

旋转后渔业 i 的坐标为 $(x_i^0; y_i^0)$，$x_i^0 = r \cos(\varphi; \mu)$，$y_i^0 = r \sin(\varphi; \mu)$。

对渔业坐标旋转后，将旋转后的横坐标进行转换，使其落在 0~100 的范围内，其中最佳渔业的横坐标为 100，最差渔业的横坐标为 0。渔业 i 的横坐标变换后的值为 x_i^{00}，x_i^{00} 的计算公式见公式（4-21）。

$$x_i'' = 100 \times \frac{x_i' - x_{bad}'}{x_{good}' - x_{bad}'} \qquad (4-21)$$

各个渔业变换后的横坐标代表的是其在子系统中的可持续性得分,通过对可持续性得分的分析,可评价渔业子系统可持续性所处的状态。

(二)基于 RAPFISH 模型的山东半岛蓝区海洋捕捞业可持续性评价实证分析

建立 RAPFISH 模型对山东半岛蓝区的海洋捕捞业进行可持续性研究,利用子系统分析对山东半岛蓝区海洋捕捞业在生态、经济、社会、技术、伦理五个方面进行评价,利用风筝图分析对山东半岛蓝区海洋捕捞业整体的可持续性作出评价。

1. 鱼种选取与数据来源

鳀鱼、蓝点马鲛、小黄鱼和带鱼是山东半岛蓝区海洋捕捞业的主要捕捞物种,2008~2012 年的平均捕获量均超过了 9 万吨,其中鳀鱼捕捞量最大,2012 年的捕捞量达到了 50 万吨。选取这四个代表性鱼种作为研究对象,对山东半岛蓝区海洋捕捞业的可持续性进行实证研究。通过查阅近年来发表的有关山东半岛蓝区海洋捕捞业的期刊文献和数据资料,向有关专家学者咨询,为指标打分。

2. 子系统分析

子系统分析是从生态、经济、社会、技术、伦理五个方面对四个鱼种的可持续性进行分析,并与最佳渔业和最差渔业进行比较以判断其可持续性所处的状态。

表 4 – 19　　　　　山东半岛蓝区海洋捕捞业子系统可持续性得分

渔业	生态子系统	经济子系统	社会子系统	技术子系统	伦理子系统
鳀鱼	64.72576	60.18576	41.47283	44.98466	47.28557
蓝点马鲛	57.09146	61.96390	49.97686	48.36027	48.79177
小黄鱼	60.15138	42.14878	51.84457	52.25905	59.52715
带鱼	57.44597	56.90161	52.20343	45.26624	46.05639
最佳渔业	100	100	100	100	100
最差渔业	0	0	0	0	0
Stress Value	0.155	0.146	0.164	0.156	0.167
RSQ	0.943	0.945	0.933	0.915	0.940

资料来源:作者经 excel 软件运算整理得出。

表 4 – 19 显示,生态子系统的 Stress Value 为 0.155,小于 0.20;RSQ 为

0.943，接近1，MDS分析的信度和效度较高。在生态子系统中，鳀鱼的生态可持续性得分最高，小黄鱼次之，蓝点马鲛和带鱼位于小黄鱼之后，四者差距较小，得分均落在57到65的区间范围内。与"最佳渔业"相比，四个鱼种的生态子系统可持续性处于中等水平，这说明四个鱼种的生活环境和生存繁殖受到了一定损害。整体来看，四个鱼种的状态反映出山东半岛蓝区海洋捕捞业的生态可持续性存在较大的问题。山东半岛蓝区渔业资源过度捕捞严重，海洋物种生存栖息地破坏大，导致了渔业资源的生存延续和生态系统的稳定性遭受巨大威胁，从而显示出较弱的生态可持续性。

表4-19显示经济子系统的Stress Value为0.146，RSQ为0.945，MDS分析的信度和效度较高。在经济子系统中，鳀鱼和蓝点马鲛的经济可持续性相对较高，带鱼居中，小黄鱼最低。得分最高与最低之间相差20，差距较大。与最佳渔业相比，鳀鱼、蓝点马鲛和带鱼的经济可持续性处于中等水平，小黄鱼处于中等偏下水平。四个鱼种的价格处于中等水平，各自的产值占山东半岛蓝区国民生产总值的比重较低，这反映出四个鱼种的经济效益对维持经济子系统的可持续发展存在一定困难。四个鱼种的捕捞从业者除了捕捞收入外还依靠补贴和其他收入来保障生活水平，这说明四个鱼种的经济可持续发展需依靠外界力量，其自身并不具有强可持续性。整体来看，四个鱼种的状态反映出山东半岛蓝区海洋捕捞业经济可持续性处于中等水平，海洋捕捞业本身的成本和收益不足以维持经济系统的持续运行。

表4-19显示社会子系统的Stress Value为0.164，RSQ为0.933，均落在检验值允许的范围内，MDS分析效果理想。在社会子系统中，带鱼的社会可持续性最高，小黄鱼次之，蓝点马鲛紧随其后，鳀鱼的最低且其得分与其他鱼种相差较大。与最佳渔业相比，四个鱼种均处于中等偏下水平。四个鱼种的捕捞从业者多数为传统渔民，自身素质较低，没有可持续发展意识，缺乏海洋环境保护知识，难以从自身出发考量渔业资源的可持续发展。整体而言，山东半岛蓝区海洋捕捞业的社会可持续发展存在较大问题，捕捞从业者素质低下是其主要制约因素。

表4-19显示技术子系统的Stress Value为0.156，RSQ为0.915，均落在检验值允许的范围内。MDS分析效果较为理想。在技术子系统中，小黄鱼的技术可持续性得分最高，蓝点马鲛次之，带鱼和鳀鱼分列第三和第四。相较最佳渔业，四者的得分处于中等偏下水平，这反映出山东半岛蓝区的捕捞作业方式已经对渔业资源的栖息繁殖造成了一定威胁。例如拖网捕捞方式，包括鳀鱼、蓝点马鲛、小黄鱼和带鱼在内的多个鱼种均可使用拖网进行捕捞，其捕捞范围广，兼捕能力强，在短期内能获得较高的经济效益，但是对海洋生态环境影响较大，不仅会捕获目标鱼种的幼小个体，增加该鱼种繁殖的难度，对目标鱼种的生存环境破坏也非常大。2012年山东半岛蓝区拖网捕捞量占海洋捕捞量的60.87%，这对海洋捕捞业的可持续性产生了较大的负面影响。

表 4-19 显示伦理子系统的 Stress Value 为 0.167，RSQ 为 0.940，MDS 分析效果较好。在伦理子系统中，小黄鱼的伦理可持续性得分最高，鳀鱼、蓝点马鲛和带鱼的得分相差较小。与最佳渔业相比，小黄鱼处于中等水平，鳀鱼、蓝点马鲛和带鱼处于中等偏下水平。小黄鱼在非法捕捞和遗弃浪费方面相对较少，因此得分相对较高。整体来看，山东半岛蓝区海洋捕捞业的伦理可持续性处于中等偏下水平。山东半岛蓝区缺乏完善的渔业资源管理制度和捕捞管理制度，遗弃浪费和非法捕捞现象严重，渔业资源的保护区建设也有待加强。政府的管理行为并未有效保护渔业资源，因而在伦理子系统中表现出弱可持续性。

3. 风筝图分析

风筝图分析是将四个鱼种在生态、经济、社会、技术和伦理五个方面的可持续性得分制作在一张图上，以最佳渔业为标准，对四个渔业的整体可持续性进行评价。基于 RAPFISH 模型四个鱼种在五个子系统的可持续性得分结果绘制了山东半岛蓝区海洋捕捞业可持续性评价的风筝图，如图 4-4 所示。

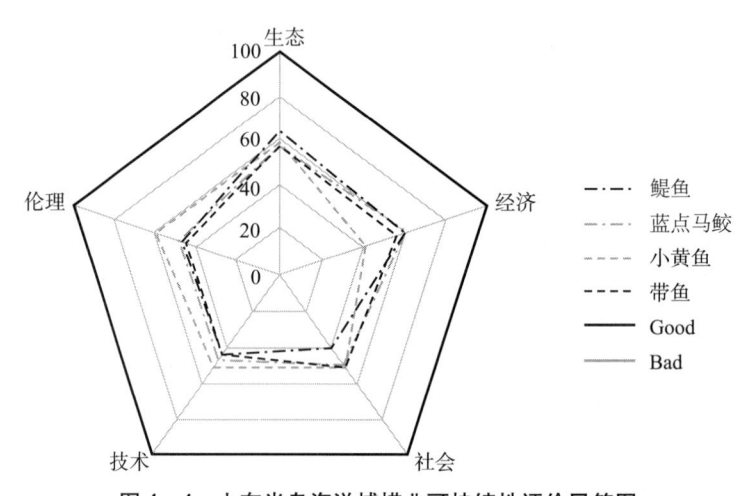

图 4-4　山东半岛海洋捕捞业可持续性评价风筝图

图 4-4 显示，在四个鱼种中，蓝点马鲛和带鱼在生态、经济、社会、技术和伦理五方面的可持续性得分相差较小，它们整体的可持续性状态较为相似，二者在生态和经济的可持续性得分较高，在社会、技术和伦理的得分较低；小黄鱼在生态、经济、伦理和技术方面的可持续性得分相对较高，但在经济方面的可持续性较差。鳀鱼生态和经济可持续性得分较高，社会、技术和伦理可持续性得分较低。四个鱼种在生态、经济、社会、技术和伦理五个方面的可持续性得分分布不均衡，表现为在生态方面鳀鱼的得分最高，但在技术方面其得分最低；在经济方面，蓝点马鲛得分最高，但在生态方面其得分最低；在社会方面，带鱼得分最高，但在伦理方面其得分最低；在技术方面和伦理方面，小黄鱼得分最高，但在

经济方面其得分最低。四个鱼种均未实现全面均衡的可持续发展。整体来看,与最佳渔业相比,四个鱼种的可持续性整体处于中下水平,反映出山东半岛蓝区海洋捕捞业整体的可持续性较弱,在生态、经济、社会、技术和伦理方面都存在较大提升空间。

影响四个鱼种整体可持续性的指标得分显示,山东半岛蓝区海洋捕捞业可持续性较弱的主要原因有:(1)渔业资源衰退,修复难度大。一方面,海洋渔业捕捞力度过大,捕捞结构不合理,捕捞方式负效应大,使渔业资源遭受严重的损害,修复难度大;另一方面,海洋环境污染给渔业资源的修复加大了难度。重金属污染、海洋垃圾、生活污水污染,捕捞渔船造成的石油污染等都对渔业资源的生存环境造成了威胁。四个鱼种基于以上原因在生态和技术子系统中的可持续性得分较低。(2)缺乏完善的管理制度。目前我国海洋渔业资源管理制度有渔船控制制度、捕捞许可证制度、休渔制度和限额捕捞制度,这些制度在捕捞管理方面仍存在问题,例如缺乏完善的法律法规和合理的渔业执法、监管机制,从而导致非法捕捞现象严重。这是四个鱼种在伦理子系统中得分低的原因。(3)捕捞从业人员对捕捞业可持续性发展意识不强。现阶段山东半岛蓝区捕捞业处于由传统资源消耗模式向生态可持续发展模式转化的转型阶段,但是其转型却受制于从业人员素质。捕捞从业人员多数是传统捕捞业的继承者,或者是来自农业产业结构调整转移出来的失地农民,整体文化素质较低,高学历的渔民比例非常低。从业人员对可持续发展认识不够,意识不强,难以在现实作业中考量捕捞业的可持续发展。这导致了四个鱼种在社会子系统中的得分与最佳渔业得分差距较大。

(三)结论与对策

选取鳀鱼、蓝点马鲛、小黄鱼和带鱼四个鱼种为研究对象,建立 RAPFISH 模型,对山东半岛蓝区海洋捕捞业可持续性进行评价,得到以下三个结论:(1)鳀鱼、蓝点马鲛、小黄鱼和带鱼在生态、经济、社会、技术和伦理五个子系统的可持续性较弱。在生态子系统中,四个鱼种可持续性得分均未超过 65;在经济子系统中,四个鱼种可持续性得分均未超过 62;社会子系统中,四个鱼种的可持续性得分均未超过 57;在技术子系统中,四个鱼种的可持续性得分均未超过 53;在伦理子系统中,四个鱼种的可持续性得分均未超过 60。四个鱼种在五个子系统中的得分与最佳渔业差距较大,处于中下水平。(2)鳀鱼、蓝点马鲛、小黄鱼和带鱼在生态、经济、社会、技术和伦理五个方面的可持续发展不均衡。鳀鱼在生态可持续性方面发展最好,但在技术方面其得分最低;蓝点马鲛在经济可持续性方面发展最好,但在生态方面其得分最低;带鱼在社会方面发展最好,但在伦理方面其得分最低;小黄鱼在技术方面和伦理方面得分最高,但经济方面其发展最差。(3)山东半岛蓝区海洋捕捞业整体可持续性较弱,有较大提升空间。鳀鱼、蓝点马鲛、小黄鱼和带鱼在生态、经济、社会、技术和伦理五个方面的得分均未超过65，与最佳渔业差距较大，四个鱼种的整体可持续性处于中下水平。四个鱼种的可持续性状态反映出山东半岛蓝区海洋捕捞业整体可持续性较弱。山东半岛蓝区渔业资源衰退严重，渔业资源管理制度不完善，捕捞从业人员素质低是导致山东半岛蓝区海洋捕捞业整体可持续性较弱的主要原因。

针对山东半岛蓝区海洋捕捞业可持续性存在的问题，可采取以下四个对策来加以改进：（1）建立健全的捕捞准入、捕捞配额机制。我国《物权法》和《渔业法》分别对渔业捕捞权和捕捞限额制度做了明确规定，但一直未有效实行。加快这两项制度的实施，将能有效控制捕捞总量，改变过度捕捞现状。在配额管理方面，可参考冰岛的配额管理制度。冰岛采取以个人可转让配额为基础的配额综合管理系统对捕捞总量进行控制，具体包括建议配额可捕量、确定捕捞量、发放配额、捕捞许可和捕捞执法。配额综合管理系统对冰岛捕捞业的可持续发展起到了非常大的作用，对山东半岛蓝区具有重要借鉴意义。（2）促进捕捞工具更新和捕捞方式升级。加大海洋科研投入，鼓励创新，提高海洋科研成果转化率，不断升级捕捞工具和改进捕捞方式，减小捕捞作业方式和捕捞工具的负效应，提高捕捞的准确度以降低捕捞成本，实现效益和可持续的双赢。（3）建立科学完善的渔业管理法规体系。挪威在海洋捕捞业中建立了健全的海洋渔业资源法律法规体系，渔业管理行政体系，渔业法规监管机制，法规全面，效果显著。可向挪威借鉴相关经验，在山东半岛蓝区推行以法治渔。（4）提升捕捞从业人员的素质水平。通过宣传、讲座、培训等方式向从业人员传播海洋环保知识，提升自身素质和业务能力，推动山东半岛蓝区海洋捕捞业向生态可持续发展模式的成功转型。

四、布局生态协调度评价

海洋渔业经济系统环境适应协调度的时空分异研究

（一）海洋渔业经济系统环境适应协调度的时空分异研究

1. 海洋渔业经济系统环境耦合协调度的时空分异模型构建

（1）海洋渔业经济系统环境耦合协调度时空分异的指标体系构建。海洋渔业经济系统环境适应耦合协调度时空分异模型的构建需要兼顾海洋渔业经济子系统和海洋资源环境子系统两大系统，并体现出各子系统内指标间的互动关系。因此，本章在考虑指标的科学性及数据可得性的基础上，借鉴前人经验，分别从经济规模、经济水平、经济结构三个方面选取代表性指标构建海洋渔业经济子系统的综合发展评价体系，并从海洋环境承载、海洋灾害、海洋环境治理与保护三个方面建立起海洋资源环境子系统的综合发展评价体系（见表4-20）。

表 4-20　海洋渔业经济系统环境适应耦合协调综合发展评价指标体系构建

子系统	一级指标	二级指标	指标属性
海洋渔业经济系统	规模指标	海洋渔业总产值（x_1）	正向
		海洋机动渔船吨位（x_2）	正向
	水平指标	海洋渔业劳动力数量（x_3）	正向
		渔民人均收入（x_4）	正向
		水产技术推广投入（x_5）	正向
	结构指标	集约化养殖产量（x_6）	正向
海洋资源环境系统	海洋环境承载指标	工业废水直接入海量（x_7）	负向
		养殖中自养与异养生物比例（x_8）	正向
		海洋渔业在渔业劳动力占比（x_9）	负向
	海洋灾害指标	海水养殖受灾面积（x_{10}）	负向
		海洋灾害导致经济损失（x_{11}）	负向
	环境治理保护指标	当年废水治理竣工项目数（x_{12}）	正向
		海洋保护区面积（x_{13}）	正向

资料来源：根据 2004~2014 年《中国渔业统计年鉴》《中国海洋统计年鉴》相关数据求得。根据数据的可得，集约化养殖产量在纳入指标时，仅取工厂化和网箱养殖产量。计算海水养殖中自养与异养生物比例时，仅将海藻视为自养型生物，其余皆视作异养型生物。水产技术投入仅取当年水产技术人员经费纳入指标。

（2）海洋渔业经济系统环境耦合协调度的测度。耦合度的概念来源于物理学，是度量系统结构中各要素间相互联系紧密程度的一种方法。两个或两个以上系统在运行过程中，由于系统的各要素间相互关联及作用，导致系统彼此影响，最终实现系统间各要素紧密结合、相互依存。

海洋渔业经济系统与其所在环境的相互作用拟合了耦合原理。就海洋渔业而言，其生产过程势必对海洋资源有所消耗，并对海洋环境造成一定的影响；就海洋资源环境系统而言，海洋资源是否充裕，海洋环境态势是否良好将对海洋渔业经济活动产生不同的影响。可见海洋渔业经济系统及海洋资源环境系统在运行及融合过程中，各要素密切相关、相互影响，拟合耦合原理的机制。

因此，为了反映出海洋渔业经济与海洋环境两个系统的协调互动关系，本章采用物理学的容量耦合度概念构建系统间耦合度函数，具体见公式（4-22），并利用全局主成分分析法对指标进行处理，并据此获得两个子系统的综合评价值。

$$a = \frac{\sum_{i=1}^{m} z_{ij}}{\sqrt{\sum_{i=1}^{m} (z_{ij} - \bar{z}_{ij})^2}} \qquad (4-22)$$

其中，S_1、S_2 分别对应海洋渔业经济子系统、海洋环境子系统的综合评价值的归一化值，C 表示两个子系统耦合度。且 C 越接近 1 表明子共振耦合越好，子系统之间的结构越有序。

耦合度虽然反映出了两系统的协调程度，但无法区分系统处于协调水平的高低。因此，需要进一步引入耦合协调模型来界定协调度水平的高低，对系统协调状态做出更准确的描述，具体见公式（4-23）。

$$D = \sqrt{C \times T}$$
$$T = aF_1 + bF_2 \qquad (4-23)$$

其中，D 为耦合协调度，T 为海洋渔业经济与海洋资源环境协调发展的综合评价指数；a、b 为待定系数，考虑到两子系统的综合发展具有相同的重要性，取 a = b = 0.5。F_1、F_2 分别为海洋渔业经济子系统与海洋资源系统的综合评价值。借鉴前人对耦合协调度的相关研究，本章对海洋渔业环境适应协调度所处状态的界定如表 4-21 所示。

表 4-21　　　　　　　海洋渔业环境适应协调度界定表

协调度（T）	[0, 0.2]	[0.2, 0.4]	[0.4, 0.6]	[0.6, 0.8]	[0.8, 1.0]
状态	严重失调	轻度失调	勉强协调	中度协调	优质协调

资料来源：根据 2004~2014 年《中国渔业统计年鉴》《中国海洋统计年鉴》相关数据求得。

（3）海洋渔业经济系统环境耦合协调度的时空分异测度。本章通过变异系数来对海洋渔业经济系统环境耦合协调度的时序分异进行测度，并利用局部空间自相关检验来对海洋渔业经济系统环境耦合协调度的局部空间分异进行测度。

①变异系数。为明晰省际协调度的差异在时序上的变化，本章引入了变异系数，具体见公式（4-24）。

$$CV = \sigma / \bar{T} \qquad (4-24)$$

其中，CV 表示变异系数，$w'_j = \dfrac{1 - e_j}{\sum\limits_{i=1}^{n}(1 - e_j)}$ 为各年度协调度的标准差，w_j 为年度协调度的均值。

②局部空间自相关检验。局部自相关具体探求协调度在何处集聚，并采用局部 Moran's I 测度。局部 Moran's I 可以检测某地理单元与邻近地理单元的属性相似度，本章借此来描述相邻省份耦合协调度的关联度，并用 LISA 图对协调度的集聚进行描述。局部 Moran's I 计算式如下：

$$I_i = \dfrac{(x_i - \bar{x}) \sum\limits_{j} w_{ij}(x_j - \bar{x})}{S^2} \qquad (4-25)$$

其中，x_i、x_j 分别代表区域 i、j 的耦合协调度观测值；n 为地区总数；w_{ij} 为空间权值矩阵。$I_i \in [-1, 1]$，$I_i > 0$ 表示空间正相关，$I_i > 0$ 表示空间负相关，$I_i = 0$ 表示空间不相关。

2. 海洋渔业经济系统环境适应耦合协调度的时空分异分析

（1）数据来源。本章以 2003~2013 年数据为例，对中国沿海 11 省份海洋渔业经济系统环境适应协调度的时空分异进行研究。本章指标的数据来源如下：2004~2014 年《中国渔业统计年鉴》（整理获得海水养殖产值、海洋捕捞产值、海洋机动渔船年末拥有量、海洋渔业从业人员以及渔业从业人员、渔民人均收入、水产技术推广机构人员经费、海水养殖总产量及其中藻类产量、海水养殖深水网箱养殖产量、海水养殖工厂化养殖产量等数据），2004~2014 年《中国海洋统计年鉴》（整理获得工业废水直接入海量、海洋灾害导致经济损失、当年废水治理竣工项目数、海洋保护区面积等的相关数据）。

指标体系中，海洋渔业经济总产值以海洋捕捞与海水养殖总产值的和代替；海洋渔业劳动力在地区渔业劳动力中占比为海洋渔业从业人员同渔业从业人员之比；海洋灾害导致经济损失以风暴潮导致的经济损失来计；海洋渔业受灾面积由风暴潮导致渔业受灾面积代替。个别数据在统计年鉴中有缺漏，本章以插值法求得，计算式为：$x_t = (x_{t+1} + x_{t-1})/2$，$x_t$ 为 t 年度的数据。

（2）海洋渔业经济系统环境适应协调度的时序分异分析。

①变异系数的测算。为利用 CV 指数对海洋渔业经济系统环境适应协调度的时序分异测度，首先要计算海洋渔业经济系统环境适应耦合度，进而得到海洋渔业经济系统环境适应协调度。本章通过全局时序主成分分析法计算子系统综合发展评价值，并基于此测度海洋渔业经济系统环境适应耦合度。

在进行主成分分析之前，本章首先对数据进行 KMO 检验和 Bartlett 球形检验。检验结果显示，海洋渔业经济系统与海洋环境资源系统的 Bartlett 球形检验的显著值均小于 0.01；KMO 检验分别为 0.723 与 0.636，皆大于 0.60。以上结果说明，全局主成分分析法适于对本章的数据分析。继而，用全局主成分法对两子系统下的二级指标分析并提取各子系统的主成分。根据累计贡献率大于 80% 的原则，本章提取海洋渔业经济系统的前三个主成分及海洋资源环境系统的前四个主成分。两系统分别对应的主成分、累计贡献率、特征根如表 4-22 所示。

表 4-22　　　　　　　　　主成分分析结果

系统	主成分	特征根	贡献率（%）	累计贡献（%）
海洋渔业经济	$Z_{(1)}$	3.330	55.506	55.506
	$Z_{(2)}$	1.334	22.236	77.741
	$Z_{(3)}$	0.658	10.972	88.713

续表

系统	主成分	特征根	贡献率（%）	累计贡献（%）
海洋资源环境	$Z'_{(1)}$	2.297	32.821	32.821
	$Z'_{(2)}$	1.367	19.525	52.346
	$Z'_{(3)}$	1.003	14.335	66.681
	$Z'_{(4)}$	0.970	13.851	80.532

资料来源：根据2004~2014年《中国渔业统计年鉴》《中国海洋统计年鉴》相关数据求得。

各主成分评价综合评价公式具体如下所示：

$$Z_{(1)} = 0.521x_1 + 0.371x_2 + 0.513x_3 + 0.019x_4 + 0.335x_5 + 0.464x_6 \tag{4-26}$$

$$Z_{(2)} = 0.028x_1 + 0.103x_2 - 0.220x_3 + 0.783x_4 + 0.506x_5 - 0.266x_6 \tag{4-27}$$

$$Z_{(3)} = 0.164x_1 - 0.874x_2 + 0.064x_3 + 0.220x_4 + 0.063x_5 + 0.390x_6 \tag{4-28}$$

$$Z'_{(1)} = 0.517x_7 - 0.580x_8 + 0.559x_9 + 0.072x_{10} + 0.246x_{11} - 0.086x_{12} - 0.109x_{13} \tag{4-29}$$

$$Z'_{(2)} = -0.019x_7 + 0.140x_8 - 0.175x_9 + 0.422x_{10} + 0.593x_{11} - 0.556x_{12} - 0.334x_{13} \tag{4-30}$$

$$Z'_{(3)} = 0.334x_7 - 0.073x_8 - 0.115x_9 - 0.413x_{10} - 0.139x_{11} + 0.036x_{12} + 0.819x_{13} \tag{4-31}$$

$$Z'_{(4)} = 0.020x_7 + 0.006x_8 + 0.089x_9 + 0.705x_{10} - 0.075x_{11} + 0.621x_{12} + 0.321x_{13} \tag{4-32}$$

据上述公式，将计算得出的各主成分值根据贡献率在所提取主成分的累计贡献率中的占比确定权重，并得到两系统综合评价式（4-32）、式（4-33）。

$$S_1 = 0.626Z_{(1)} + 0.251Z_{(2)} + 0.123Z_{(3)} \tag{4-33}$$

$$S_2 = 0.408Z'_{(1)} + 0.232Z'_{(2)} + 0.178Z'_{(3)} + 0.172Z'_{(4)} \tag{4-34}$$

中国沿海11省份海洋渔业经济系统环境适应耦合度见表4-23。由表4-23可知，我国省际海洋渔业经济系统环境适应耦合度均有所提升。其中天津、河北、上海、广西提升幅度较大，其海洋渔业经济系统同资源环境系统在磨合中趋于协调。

表4-23　　　　　　　　海洋渔业经济系统环境适应耦合度

年份	天津	河北	辽宁	上海	江苏	浙江	福建	山东	广东	广西	海南
2003	0.158	0.259	0.853	0.377	0.702	0.964	1.000	0.992	0.959	0.530	0.865
2004	0.458	0.259	0.952	0.510	0.763	0.985	0.932	0.994	0.935	0.593	0.883
2005	0.528	0.402	0.962	0.567	0.817	0.858	0.318	0.998	0.972	0.588	0.986
2006	0.546	0.516	0.943	0.599	0.883	0.992	0.957	1.000	1.000	0.659	0.770
2007	0.618	0.566	0.931	0.679	0.892	0.997	0.977	0.996	1.000	0.705	0.766
2008	0.603	0.683	0.985	0.714	0.860	0.998	0.862	0.997	0.967	0.743	0.955
2009	0.664	0.708	0.989	0.736	0.940	0.999	0.726	0.988	0.999	0.769	0.839
2010	0.655	0.758	0.991	0.762	0.898	0.999	0.709	0.984	1.000	0.854	0.678
2011	0.702	0.784	0.996	0.855	0.972	0.998	0.817	0.947	1.000	0.913	0.867
2012	0.784	0.819	0.999	0.925	0.999	0.982	0.774	0.781	0.997	0.970	0.890
2013	0.838	0.834	0.999	0.928	0.999	0.970	0.618	0.921	0.989	0.975	0.915

资料来源：根据2004~2014年《中国渔业统计年鉴》《中国海洋统计年鉴》相关数据求得。

本章根据耦合度计算出海洋渔业经济系统环境适应协调度值，具体各省份协调度实证结果见表4-24。

表4-24　　　　　　　　海洋渔业经济系统环境适应协调度

年份	天津	河北	辽宁	上海	江苏	浙江	福建	山东	广东	广西	海南
2003	0.225	0.276	0.491	0.339	0.501	0.624	0.535	0.610	0.588	0.415	0.485
2004	0.394	0.280	0.480	0.398	0.542	0.650	0.495	0.636	0.623	0.453	0.500
2005	0.424	0.348	0.511	0.414	0.562	0.459	0.248	0.636	0.638	0.448	0.426
2006	0.433	0.403	0.527	0.445	0.595	0.582	0.541	0.654	0.626	0.461	0.462
2007	0.445	0.428	0.565	0.478	0.618	0.641	0.576	0.643	0.619	0.495	0.490
2008	0.461	0.466	0.573	0.506	0.653	0.672	0.443	0.695	0.546	0.503	0.640
2009	0.452	0.477	0.601	0.526	0.628	0.665	0.468	0.716	0.673	0.536	0.496
2010	0.490	0.509	0.606	0.537	0.613	0.710	0.486	0.735	0.696	0.585	0.614
2011	0.512	0.516	0.625	0.581	0.677	0.720	0.574	0.725	0.720	0.621	0.544
2012	0.556	0.537	0.632	0.635	0.744	0.738	0.581	0.669	0.742	0.607	0.575
2013	0.588	0.548	0.668	0.637	0.756	0.727	0.534	0.810	0.668	0.686	0.599

在表4-24所得结果的基础上，2003~2013年中国海洋渔业经济系统环境适

应协调度年度变异系数结果见表4-25。表4-25显示,2003~2013年,中国海洋渔业经济系统环境适应协调度年度变异系数总体水平较低:除2003~2005年三年外,其余年份的变异系数值均低于变异系数均值0.175;其中2003年,变异系数值最高达0.29,2012年最低,仅为0.12。从变化趋势上看,协调度的年度变异系数值整体趋于下降:除2005~2006年显著降低外,变异系数值在年度间波动较小。

表4-25 2003~2013中国海洋渔业经济系统环境适应协调度年度变异系数表

年份	2003	2004	2005	2006	2007	2008	2009	2010	2011	2012	2013
CV	0.29	0.23	0.25	0.16	0.15	0.16	0.16	0.15	0.13	0.12	0.13

②海洋渔业经济系统环境适应协调度的时序分异特征。基于表4-24、表4-25和图4-5、图4-6,我国沿海11省份海洋渔业环境适应协调度的时序特征归纳如下。

2003~2013年,除福建省外,我国沿海省份海洋渔业经济系统环境适应协调度总体上都有显著提升。我国海洋渔业协调度年度均值由0.463上升至0.656,上升了0.194,约跃迁了一个协调等级,总体从勉强协调发展至总体中度协调。此外,各省份海洋渔业与海洋资源环境协调发展的差异仍然存在。至2013年末,山东省先于其他10省达到优质协调状态。辽宁、上海、浙江、江苏、广东、广西、海南7省处于中度协调状态,天津、河北、福建三省处于勉强协调状态。从趋势上看,各省份海洋渔业环境适应协调度在总体上升的背景下趋同的趋势渐为明显,因为沿海11省海洋渔业环境适应协调度的变异系数在2003~2013年有了较大幅度的下降,自0.291降至0.171,区域间协调度的空间差异在逐年减小。

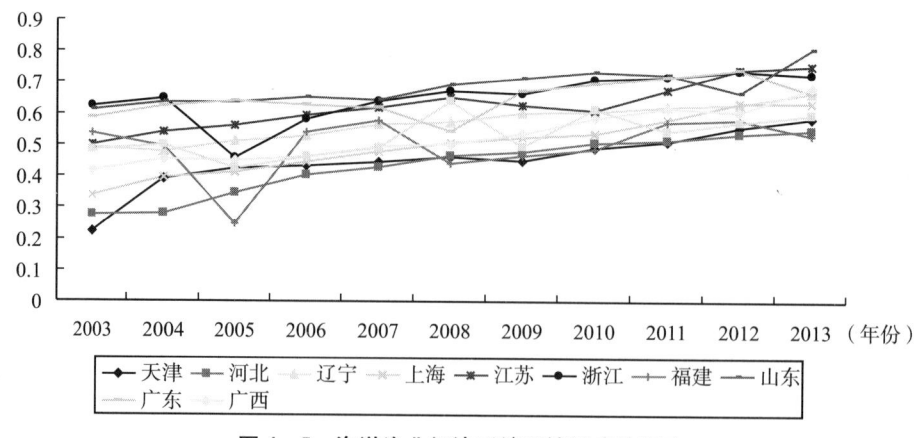

图4-5 海洋渔业经济系统环境适应协调度

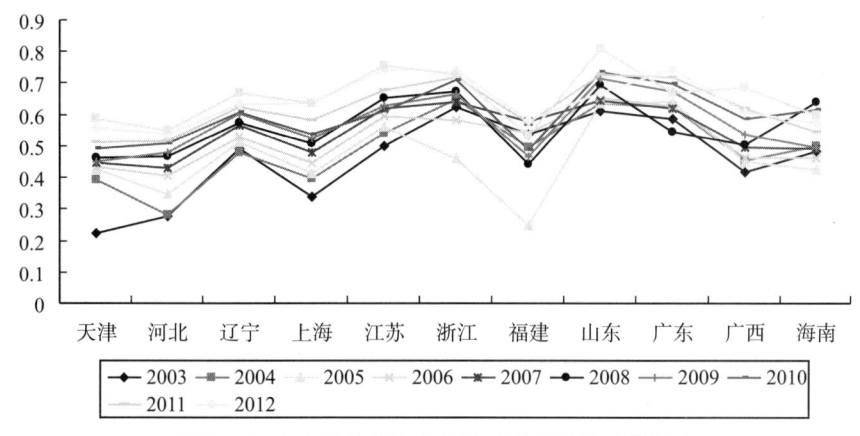

图 4-6 各省份海洋渔业经济系统环境适应协调度

（3）海洋渔业经济系统环境适应耦合协调度的空间分异分析。

①海洋渔业经济系统环境适应耦合协调度的空间分异测度。通过计算各省份局部 Moran's I 统计值，并借助 OpenGeoda 软件建立空间矩阵得到 2003 年、2009 年、2013 年各省份海洋渔业经济系统环境适应协调度的 LISA 图，并据此对海洋渔业经济系统环境适应耦合协调度的局部空间分异进行测度。

②海洋渔业经济系统环境适应耦合协调度的空间分异特征。中国省际海洋渔业经济系统环境适应协调度所呈现的局部空间分异特征可归结如下：

• 2003 年，华北平原中的沿海一带（即山东省、河北省、江苏省）海洋渔业经济系统环境适应协调度差异显著。如图 4-7 所示，山东省为高-低区，其中，山东省海洋渔业经济系统环境适应协调度较高，而临近的河北省和江苏省海洋渔业经济系统环境适应协调度则相对较低。

• 上海市海洋渔业经济系统环境适应耦合度、协调度稳步提升。特别地，在 2009 年各省份协调度普遍下行的情况下，上海市海洋渔业环境适应协调度仍具明显的上升势头。2013 年江苏省成为"高-高区"，意味着以江苏省为中心的山东省、江苏省、浙江省、上海市四省份的海洋渔业环境适应协调度整体处于高水平状态，这一转变也折射出上海市海洋渔业环境适应协调度的提升势头。

• 2003~2013 年，长江三角洲经济区中沿海一带的江、浙、沪区域海洋渔业经济生态化发展始终存在差距。由图 4-7 可知，2003 年、2009 年、2013 年上海市皆为"低-高区"，即在该区域内部，上海市海洋渔业经济系统环境适应协调度虽稳步提升但与江苏、浙江相比仍处于较低水平。

3. 结论和建议

本章在构建多指标评价体系的基础上，建立海洋渔业经济系统环境适应协调度时空分异模型进行实证研究，得出海洋渔业经济系统环境适应协调度时空分异特征：（1）时序上，2003~2013 年，中国沿海 11 省份海洋渔业经济系统环境适应协调度总体提升显著（福建省除外），但省际海洋渔业与海洋资源环境协调发展的差异仍然存在，且省际海洋渔业环境适应协调度在总体上升的背景下趋同趋势渐为明显。（2）从局部区域上看，2003年，山东—河北—江苏区域内部海洋渔业经济系统环境适应协调度差异显著；2003~2013上海市海洋渔业经济系统环境适应耦合度、协调度稳步提升，使山东—江苏—浙江—上海局部区域整体的海洋渔业经济系统环境适应耦合度、协调度水平提升至较高水平；2003~2013年，长江三角洲经济区中沿海一带的江、浙、沪区域海洋渔业经济生态化发展差距始终存在。

综上，我国海洋渔业经济系统环境适应协调度总体提升显著，但局部区域差异仍旧存在。未来应当从以下几个方面着力实现海洋经济系统环境适应协调度的提升，并缩小其在区域间的差距：

（1）加强海洋渔业布局规划，优化海洋渔业结构。大力发展海洋生态渔业，助研渔业高新技术，确定合理养殖容量，保障生产污染不超过海域承载力，以期推动海洋渔业转型发展；（2）充分发挥资源环境系统的自我净化能力。积极研发污水治理设备与方法，推进养殖结构优化，加大藻类贝类养殖比例；（3）严控陆源污染入海量，助推排污许可证制度实行，加强污染管理法制建设；（4）加强海洋灾害应急响应体系，减少突发性污染事故发生，保障海洋功能实现。

（二）基于L-V模型的我国海洋渔业生态经济系统协调度研究

1. 基于L-V模型的海洋渔业生态经济系统协调度模型构建

（1）海洋渔业生态经济系统协调度指标体系构建。为了全面合理的评估海洋渔业生态经济系统的发展水平，本章从产业经济发展和产业生态化两个维度对其发展水平进行测度。海洋渔业产业经济发展包括经济增长、经济质量、产业结构三个方面，经济发展质量主要用从事海洋渔业的科技人员来衡量。海洋渔业产业生态化水平主要污染物排放导致的环境压力、工业生态化水平（污染的治理投入）和产业环境政策四个方面构建。具体海洋渔业生态经济系统发展水平评价指标体系如表4-26所示。

表4-26　　　　海洋渔业生态经济系统发展水平评价指标体系

目标层	准则层	指标层	指标性质
海洋渔业经济水平指数	海洋渔业经济增长	海洋渔业产值、人均海洋渔业产值、全国渔民人均纯收入（元）	正向
	海洋渔业经济质量	科技人员从业量（人）	正向
	海洋渔业产业结构	第三产业占海洋渔业产值比重（％）	正向

续表

目标层	准则层	指标层	指标性质
海洋渔业生态化水平指数	环境压力	沿海城市工业废水排放、沿海城市一般工业固体废物倾倒丢弃量	负向
	工业生态化水平	沿海城市工业废水处理量、一般工业固体废物处置量、一般工业固体废物综合利用量、沿海省份海洋类型自然保护区面积	正向
	政策影响水平	科技资金投入额	正向

资料说明：在计算基本指数的评价指标的权重时，海洋渔业科技投入用水产技术推广机构经费表示；渔业科技人员从业量用水产技术推广人员代替；海洋渔业劳动力用海洋渔业从业人员数来表示。

（2）海洋渔业生态经济系统协调度指标权重测算。本章采用熵权法进行海洋渔业经济水平指数和生态化水平指数的指标权重的计算。熵权法常用来计算考虑各因素所提供的信息量的综合指标体系，这种数学方法主要是根据各指标传递给最终决策者的信息量的大小来确定其权数，其结果可以从客观上反映评价对象在发展水平和速度上的状态。运用熵权法计算指标权重的步骤如下：

①原始数据标准化。设原始数据评价对象有 m 个，评价指标 n 个，则评价矩阵：$X = (x_{ij})_{m \times n}$，代表第 i 个省区的第 j 个指标 x_{ij} 的原始值。原始数据标准化处理公式为 $y_{ij} = \dfrac{x_{ij} - \min x_{ij}}{\max x_{ij} - \min x_{ij}}$，其中，$\max x_{ij}$，$\min x_{ij}$ 分别是第 j 个指标下样本值最大值和最小值。

②计算指标信息熵。标准化后的矩阵 $Y = (y_{ij})_{m \times n}$，第 j 个指标的熵定义为 $H_j = -k \sum\limits_{i=1}^{m} f_{ij} \ln f_{ij}$，其中，$f_{ij} = y_{ij} / \sum\limits_{i=1}^{m} y_{ij}$，$k = 1/\ln m$。且当 $f_{ij} = 0$ 时，$f_{ij} \ln f_{ij} = 0$。

③计算指标熵权。根据 $H_j = -k \sum\limits_{i=1}^{m} f_{ij} \ln f_{ij}$ 求得各指标的信息熵，然后利用 $w_j = (1 - H_j)/(n - \sum\limits_{j=1}^{n} H_j)$，求出指标熵权。

（3）基于 L-V 模型的海洋渔业生态经济系统协调度测算方法。20 世纪 20 年代，美国生态学者洛特卡（A. Lotka）和意大利数学学者沃尔特拉（V. Volterra）构建了两种种群间的共生协调关系的微分方程动态系统模型（称为 Lotka-Volterra 模型，本书简称 L-V 模型）。L-V 模型常用来表征种群之间的竞争关系，广泛应用于两种群间的协调共生关系研究，例如产业间的耦合共生关系、期货指数研究、能源消耗与经济增长、股东种群中大小股东间博弈关系的研究。

本章将种群边界进行拓展，将生态经济系统中的两个子系统定义为两个相互作用的种群，并将产业经济和生态化相互作用关系转变为共生关系的研究。构建产业经济发展和产业生态化之间的 L-V 模型为：

$$\begin{cases} \dfrac{dX}{dt} = F_1(X, Y) = r_1 X \left(\dfrac{K_1 - X + \theta_1 Y}{K_1} \right) \\ \dfrac{dY}{dt} = F_2(X, Y) = r_2 Y \left(\dfrac{K_2 - Y + \theta_2 X}{K_2} \right) \end{cases} \quad (4-35)$$

其中，X，Y 分别表示海洋渔业经济发展和海洋渔业生态化水平；下标 1 表示海洋渔业经济发展水平，下标 2 表示海洋渔业生态化水平；r_i 表示 i 的发展水平增长率；K_i 表示 i 的最高发展水平；θ_1，θ_2 分别表示海洋渔业生态化对海洋渔业经济发展，海洋渔业经济发展对海洋渔业生态化的作用系数；$\theta_i > 0$ 表示促进作用，否则表示抑制作用，i = 1，2。

构造函数 $f(\theta_1, \theta_2)$ 来表示产业经济发展和产业生态化的共生协调度，由此可定义海洋渔业共生协调度函数为 $C = f(\theta_1, \theta_2) = \dfrac{\theta_1 + \theta_2}{\sqrt{\theta_1^2 + \theta_2^2}}$，$C \in [-\sqrt{2}, \sqrt{2}]$。

当 $C \in [1, \sqrt{2}]$ 时，海洋渔业经济发展和产业生态化表现为相互促进关系；当 $C \in [-\sqrt{2}, -1]$ 时，海洋渔业经济发展和产业生态化表现为相互抑制关系；当 $C \in [-1, 1]$ 时，海洋渔业经济发展和产业生态化表现为单方面抑制；若 $\theta_1 + \theta_2 \geq 0$，$C \in [0, 1]$，此时两者有一定的互补性，向相互促进的关系转变；若 $\theta_1 + \theta_2 \leq 0$，$C \in [-1, 0]$，此时一方对另一方的抑制作用过强，长期会表现为相互抑制的关系。

2. 基于 L-V 模型的我国海洋渔业生态经济系统协调度的实证研究

（1）数据来源。沿海省份渔民人均纯收入、科技人员从业量、第三产业占海洋渔业产值比重、科技资金投入额的数据源于《中国渔业统计年鉴 2010～2014》；全国渔业产值和就业人数来源于《中国统计年鉴 2010～2014》；沿海省份沿海城市工业废水排放、沿海省份一般工业固体废物倾倒丢弃量、沿海城市工业废水处理量、沿海省份一般工业固体废物处置量、一般工业固体废物综合利用量、沿海省份海洋类型自然保护区面积数据源于《中国环境统计年鉴 2010～2014》。

（2）基于 L-V 模型的海洋渔业生态经济系统发展水平求解。

①基于 L-V 模型的海洋渔业生态经济系统发展水平求解。根据前面构建的海洋渔业生态经济系统协调度模型，运用熵权法进行海洋渔业经济水平指数和生态化水平指数的指标权重的计算，得出海洋渔业生态经济系统基本指数的评价指标的权重，如表 4-27 所示。

表 4-27　　　　　　　　基本指数的评价指标的权重计算结果

目标层	准则层	评价指标	指标权重
海洋渔业经济水平	海洋渔业经济增长	海洋渔业产值	0.0753
		人均海洋渔业产值	0.0639
		全国渔民人均纯收入	0.0771
	海洋渔业经济质量	科技人员从业量	0.0689
	海洋渔业产业结构	第三产业占海洋渔业产值比重	0.0685
海洋渔业生态化水平	环境压力	沿海城市工业废水排放	0.0675
		沿海省份一般工业固体废物倾倒丢弃量	0.1460
	工业生态化水平	城市工业废水处理量	0.0700
		一般工业固体废物处置量	0.1201
		一般工业固体废物综合利用量	0.0706
		沿海省份海洋类型自然保护区面积	0.1034
	政策影响水平	科技资金投入额	0.0688

②基于 L-V 模型的海洋渔业生态经济系统发展水平求解结果分析。根据前人经验及现实需要，将海洋渔业生态经济系统发展水平划分为 3 级。生态经济系统发展水平处于中等水平的省份有 2 个，低水平的有 9 个，高水平的有 0 个。其中，中等水平的省份有山东、江苏。低水平的省份有辽宁、河北、天津、浙江、上海、福建、广东、广西、海南。具体划分标准见表 4-28。

表 4-28　　　　　产业生态经济系统发展水平划分标准及省域分布

水平等级	划分标准	解释说明	该水平省份分布
高水平	H1I1	经济发展水平和产业生态化水平均为 1 级	无
中等水平	H1I2∪H2I1∪H2I2	两者均不是 3 级水平且至多一个为 1 级水平	山东、江苏
低水平	H1I3∪H3I1∪H3I3∪H2I3∪H3I2	两者至少有一个为 3 级水平	辽宁、河北、天津、浙江、上海、福建、广东、广西、海南

（3）基于 L-V 模型的海洋渔业生态经济系统协调度求解。

①基于 L-V 模型的海洋渔业生态经济系统协调度求解。借鉴前人经验及前文构建的 L-V 模型对海洋渔业产业经济发展水平和生态化水平之间的耦合协调度关系进行研究。并借助灰色理论对模型数据进行离散化处理，并将处理后数据

代入模型，得到求解，如表 4-29 所示。

表 4-29　　　　沿海 11 省份海洋渔业生态经济系统协调度结果

省份	θ1	θ2	协调度 C	省份	θ1	θ2	协调度 C
天津	2.0409	-3.0700	-0.2792	福建	0.9930	0.7303	1.3981
河北	-0.0469	3.2979	0.9857	山东	1.0037	0.7306	1.3970
辽宁	-0.4501	2.3916	0.7978	广东	1.0103	-1.0124	-0.0015
上海	0.9540	-1.3374	-0.2334	广西	0.7771	0.7841	1.4142
江苏	0.9076	0.7834	1.4104	海南	-0.3306	2.5149	0.8611
浙江	2.7010	0.3134	1.1086				

②基于 L-V 模型的海洋渔业生态经济系统协调度类型划分。根据表 4-28 和表 4-29 中海洋渔业生态经济系统协调度类型划分标准，可将我国沿海 11 省（市）海洋渔业生态经济系统协调度类型分为 4 种类型，分别为相互抑制关系、偏利共生关系—向相互抑制关系转化、偏利共生关系—向相互促进关系转化、相互促进关系。我国海洋渔业生态经济系统不存在相关抑制关系的协调度类型。具体划分标准如表 4-30 所示。

表 4-30　　　　沿海 11 省份海洋渔业生态经济系统协调度类别

划分标准	生态经济系统	省份
$C \in \{-\sqrt{2}, -1\}$	相互抑制关系	无
$C \in \{-1, 0\}$	单方面抑制，向相互抑制的关系转变	天津、上海、广东
$C \in \{0, 1\}$	单方面抑制，向相互促进的关系转变	河北、辽宁、海南
$C \in \{1, \sqrt{2}\}$	相互促进关系	江苏、浙江、福建、山东、广西

第一，天津、上海、广东的海洋渔业生态经济系统协调度分别为 -0.2792、-0.2334、-0.0015，属于向相互抑制关系转化的偏利共生关系。海洋渔业经济发展水平的提高会加大海洋渔业生态化压力，长期会导致生态环境恶化。海洋渔业经济发展得益于海水养殖面积扩大、远洋捕捞比重上升、海洋渔业从业人口增加等物理因素，但是海洋渔业传统作业方式仍然盛行，有害渔具、粗放式捕捞方式和海水养殖药物投放等加剧了生态化压力，海洋渔业经济发展是以牺牲生态为代价。

第二，河北、辽宁、海南的协调度分别为 0.9857、0.7978、0.8611，属于向相互促进关系转化的偏利共生关系。海洋渔业产业经济系统和生态系统有一定互补关系，长期来看，河北、辽宁、海南三省份生态经济系统协调关系会向相互促进关系转化。海洋渔业生态化水平的提高使得海洋渔业生态化标准提高，限制了部分海洋渔业经济活动。但同时又对海洋渔业经济系统形成倒逼机制，促使产业结构改善、科研水平提高、现代海洋渔业技术应用，长期将向相互促进关系转化。

第三，江苏、浙江、福建、山东、广西的协调度分别为1.4104、1.1086、1.3981、1.3970、1.4142，属于相互促进关系。海洋渔业经济发展使得科技从业人员增加，海洋休闲渔业占比提高，新型渔业养殖技术推广，促进了生态化水平和海域承载力的提高。海域承载力的提高又促进海洋渔业捕捞量和养殖量提高，进而促进海洋渔业经济发展，经济系统和生态系统呈现良性互动。

3. 基于L-V模型的我国海洋渔业生态经济系统协调度的影响因素分析

（1）基于L-V模型的海洋渔业生态经济系统协调度影响因素因子选取。为研究中国海洋渔业生态经济系统协调度区域分异，采用面板数据回归模型检验生态经济系统协调度的影响因素。本章选取指标体系中因子进行考察：①经济发展，以海洋渔业产值、人均海洋渔业产值来表示。②科技资金、人员投入，以科技人员从业量、科技资金投入额为代表。③产业结构，以第三产业占海洋渔业产值比重表示。④工业废弃物处理量，以城市工业废水处理量、一般工业固体废物处置量和一般工业固体废物综合利用量表示。⑤生态建设，以沿海省份海洋类型自然保护区面积表示。

（2）基于L-V模型的海洋渔业生态经济系统协调度回归结果分析。根据在构建海洋渔业生态经济系统协调度时选取的影响因子，利用2009~2013年数据进行面板回归模型分析，借助stata11.2回归计算，回归结果见表4-31。

表4-31　　　　生态经济系统协调度影响因素的回归分析结果

影响因素	相关系数	t值	p>|t|
经济发展	-0.032*	-1.85	0.084
科技投入（资金、人员）	3.71***	5.14	0
产业结构	5.24***	3.13	0.005
工业废弃物处理量	0.014*	1.23	0.062
生态建设	0.12**	2.34	0.064
常数项	0.543***	12.56	0
R-sqaured	0.484	F-统计量	12.19

注：*表示10%水平下显著，**表示5%水平下显著，***表示1%水平下显著。资料来源于《中国渔业统计年鉴（2010~2014）》《中国统计年鉴（2010~2014）》《中国环境统计年鉴（2010~2014）》。

(3) 基于 L-V 模型的海洋渔业生态经济系统协调度影响因素分析。海洋渔业生态经济系协调度影响因素中，科技资金、人员投入、产业结构、工业废弃物处理量、生态建设均对协调度具有正相关关系。科技资金、人员投入和产业结构对协调度影响明显，工业废弃物处理量对协调度影响最小。经济发展对协调度具有负相关关系，表现为微弱的抑制关系。

①经济发展作为影响因素在10%水平下显著，且与海洋渔业生态经济系统协调度成负相关关系。经济发展水平提高，海洋渔业活动频繁，沿海污染物排放增加，加大生态环境压力，抑制了海洋渔业生态经济系统耦合协调度的提高。

②科技投入作为影响因素在1%水平下显著，与海洋渔业生态经济系统协调度成正相关。一方面，科技投入促进海洋渔业科技项目推广、绿色作业方式应用，都对生态改善起到促进作用；另一方面，科技投入使深海网箱养殖、渔场探索、人工育苗等技术大范围应用，促进海洋渔业经济的快速发展。

③产业结构作为影响因素在1%水平下显著，与海洋渔业生态经济系统协调度成正相关。原因是：第一，海洋休闲渔业有利于资源利用率提高，发挥自然资源优势，降低海洋捕捞强度，增加就地转产岗位，促进经济发展；第二，降低第一二产业比重，增加休闲渔业比重，降低对生态环境的破坏，促进生态环境改善。

④工业废弃物处理量作为影响因素在10%水平下显著，且为正相关关系。传统的"先污染，后治理"的末端治理对海洋渔业生态系统改善效果较差，应该加大对污染源头和污染过程的治理。

⑤生态建设作为影响因素在5%水平下显著，与海洋渔业生态经济系统协调度成正相关。一方面，海洋类型自然保护区对于促进海洋生态环境改善，抑制海洋生态人为破坏；另一方面，自然保护区可作为旅游观光、生态休闲及其他相关海洋产业经济发展起到了带动作用。

4. 结论及对策

本章构建海洋渔业生态经济系统协调度指标体系，利用熵权法对我国11沿海省域海洋渔业生态经济系统指标权重进行测算，最后借助 L-V 模型测算海洋渔业生态经济系统协调度。得出如下结论：(1) 海洋渔业生态经济系统协调度类型：①偏利共生关系—向相互抑制关系转化的有天津、上海、广东三省份；②偏利共生关系—向相互促进关系转化的有河北、辽宁、海南三省份；③相互促进关系的有江苏、浙江、福建、山东、广西五省份。(2) 海洋渔业生态经济系协调度影响因素：①科技资金、人员投入、产业结构、工业废弃物处理量、生态建设均对协调度具有正相关关系，其中科技资金、科技人员投入和产业结构对协调度影响明显，工业废弃物处理量对协调度影响最小；②经济发展对协调度具有负相关关系，表现为微弱的抑制关系。

根据本章海洋渔业生态经济系统协调度的研究，对我国海洋渔业生态经济系统协调发展提出建议：（1）实施"科技兴渔"战略。加快渔业科技攻关，科技资源整合，创新科技推广模式。（2）培育新型主导产业，培植现代特色产业，大力发展海洋休闲渔业，提高第三产业占比。（3）创新生态管理体制。改变"先污染，后治理"的传统发展思路，重视全产业链生态保护，将上游生态保护放在突出位置。（4）推行健康养殖模式。池塘养殖注重节水，工厂化养殖循环用水，浅海滩涂养殖推广立体生态护养。

五、布局集聚评价

（一）基于面板单位根检验模型的我国海洋捕捞业集群化分异研究

1. 海域承载力视角下海洋渔业集聚协调度模型构建

本章以海域承载力的视角研究海洋渔业集聚协调度，通过研究海洋渔业集聚系统与海域承载力系统之间的协调水平，判断海洋渔业集聚的合理程度，为海洋渔业布局优化提供一定的思路和依据。

（1）海域承载力视角下海洋渔业集聚协调度界定。协调度是指系统由无序走向有序趋势的程度，是协同作用的度量，用于研究两个或更多子系统之间的协调发展水平。本章将海域承载力和海洋渔业集聚视为两个系统，对二者之间的协调度进行研究。基于海域承载力视角研究海洋渔业集聚协调度主要是因为一方面空间集聚会促进海洋渔业的发展，产生集聚效应；另一方面海洋渔业在空间布局上的过度集聚会带来拥挤效应，这种拥挤效应直接体现在对海域承载力的破坏上，最终反过来阻碍海洋渔业的发展。从这个角度来看，海洋渔业集聚与海域承载力之间的协调度正是用于判别海洋渔业空间集聚是否合理这一问题，二者之间的协调度越接近1，表明海洋渔业集聚与海域承载力之间越协调，集聚越合理，越有利于海洋渔业与海域承载力的健康可持续发展。

（2）海域承载力视角下海洋渔业集聚协调度模型构建。海域承载力视角下海洋渔业集聚协调度模型构建分为三个步骤，一是序参量功效系数计算；二是系统有序度计算；三是协调度计算。序参量功效系数计算是为判别系统序参量对系统的贡献程度，是系统有序度计算的基础，通过功效系数大小可以甄别影响海洋渔业集聚协调度的关键因素；系统有序度是协调度计算的直接基础，通过海域承载力和海洋渔业集聚两系统有序度的离差最小化原理，计算协调度。三方面内容共同实现海洋渔业集聚协调度模型构建。

①序参量功效系数计算。在协同论中，对决定系统向有序方向演变与否起决定性作用的变量，称为序参量。序参量对系统有序程度的贡献用功效系数表示，描述功效系数的函数称为功效函数，它是序参量的函数，介于0和1之间，函数表达式为：

当 E 为正功效时， $E = (\chi_i - \beta_i)/(\alpha_i - \beta_i)$

当 E 为负功效时， $E = (\alpha_i - \chi_i)/(\alpha_i - \beta_i)$ (4-36)

式中：χ_i 为序参量的表现值；α_i 和 β_i 分别是序参量取值的上下限。本章序参量取值的上下限分别是其在 2006~2012 年间的最大、最小值。正功效是指随着序参量的增大，系统有序度趋势增大；负功效是指随着序参量的增大，系统有序度趋势减弱。计算功效系数本质上是对基础数据进行标准化处理或称无量纲处理。海域承载力视角下海洋渔业集聚协调度模型序参量分别从海域承载力系统和海洋渔业集聚系统选取。

海域承载力系统序参量主要从资源承载力和环境承载力两方面选取。海域承载力强调的是一个整体概念，是海域资源环境对全体经济活动的支持能力。海洋渔业是经济活动中的一部分，将选取与海洋渔业直接相关的变量作为海域承载力序参量，剔除与海洋渔业无关的因素。

从产值、科技和劳动力三方面选取海洋渔业集聚系统序参量，分别为海洋渔业产值集聚度、科技集聚度和劳动力集聚度；衡量产业集聚的常用指标主要包括空间基尼系数、产业集中率和区位商等。考虑海洋渔业数据的可得性，选取区位商作为海洋渔业集聚度的测量指标。海域承载力视角下海洋渔业集聚协调度模型系统序参量选取如表 4-32 所示。

表 4-32 海域承载力视角下海洋渔业集聚协调度模型系统序参量

目标层	子目标层	指标层	子指标层
海域承载力系统	海洋资源承载力	压力指标	年海洋捕捞量
			单位海水养殖产量
			海洋渔业产值增长率
		状态指标	海水养殖面积
			单位海域面积海洋渔业资源量
	海洋环境承载力	压力指标	污染养殖面积占比
			污染造成水产品损失量占水产品总产量比重
		状态指标	清洁海域比例
海洋渔业集聚系统	集聚度	产值集聚度	海洋渔业产值区位商
		科技集聚度	海洋渔业科技区位商
		劳动力集聚度	海洋渔业劳动力区位商

其中，在计算海洋渔业科技区位商时，海洋渔业科技投入用水产技术推广机构经费表示；海洋渔业劳动力用海洋渔业专业从业人员数来表示。区位商计算公

式如下：

$$产值区位商 = \frac{山东半岛蓝区海洋渔业产值/该区渔业总产值}{全国海洋渔业产值/全国渔业总产值} \quad (4-37)$$

$$科技区位商 = \frac{山东半岛蓝区水产技术推广机构经费投入/地区 R\&D 经费投入}{全国水产技术推广机构经费投入/全国 R\&D 经费投入} \quad (4-38)$$

$$劳动力区位商 = \frac{山东半岛蓝区海洋渔业专业从业人员/该区就业人数}{全国海洋渔业专业从业人员/全国就业人数} \quad (4-39)$$

②系统有序度计算。系统有序度函数在形式上一般有两种选择，一是几何平均法，二是线性加权法；考虑到本文使用的参数重复性较小，同时不同项目的变化区间也不同，因此在获取指标特征值时用几何平均值可以更好表现数据特征，且可以避开某些意外原因造成的个别数据不稳定情况。几何平均数的计算有一个基本要求，即参与计算的数据不能为 0 或负数，而序参量功效系数 $E \in [0, 1]$，为避免极限值 0 和 1 的出现，一般的做法是对极大值和极小值放大或缩小 1%。系统有序度函数表现为：

$$DO = \sqrt[n]{\prod_{i=1}^{n} E_i}, \ i = 1, 2, \cdots, n \quad (4-40)$$

显然 $DO \in [0, 1]$，将海域承载力和海洋渔业集聚系统有序度分别定义为 DOc 和 DOa，根据对协调概念的原理分析，二者的离差越小越好，据此给出海域承载力系统和海洋渔业集聚系统的耦合度公式：

$$C = \left[\frac{DOc \times DOa}{\left(\frac{DOc + DOa}{2} \right)^2} \right]^K \quad (4-41)$$

公式（4-41）中 C 为耦合度，$C \in [0, 1]$；K 为调节系数，$K \geq 2$，海域承载力和海洋渔业集聚发展同等重要，选择 K = 2。耦合度是用于衡量海洋渔业集聚与海域承载力系统有序度之间的协调程度。

③集聚协调度计算。尽管耦合度可以表现出两组指标间的协调发展情况，但不能区分一些特定的差异，如海域承载力和海洋渔业集聚有序度均较高带来的高协调度与二者有序度均较低带来的高协调度，从而使结果带有一定的误导性，因此引入协调发展度的概念。计算公式如下：

$$D = \sqrt{C \times T} \quad (4-42)$$
$$T = \alpha DOc + \beta DOa \quad (4-43)$$

式中，D 为协调发展度，T 为海域承载力视角下海洋渔业集聚协调发展综合评价指数；α、β 是待定权重，海域承载力与海洋渔业集聚发展同等重要，选取 $\alpha = \beta = 0.5$。根据协调度模型知，直接影响协调度的变量是耦合度 C 和系统发展综合评价指数 T，即耦合度和综合评价指数越大，协调发展度越大；最终海域承载力视角下海洋渔业集聚协调度用协调发展度加以衡量。

2. 海域承载力视角下海洋渔业集聚协调度实证结果求解

根据科学性和可行性原则选取海域承载力和海洋渔业集聚代表性指标，构建海域承载力视角下海洋渔业集聚协调度模型。运用山东半岛蓝区2006~2012年的相关数据，对海洋渔业集聚协调度进行实证分析。

（1）数据说明。本章的实证部分是以山东半岛蓝区为例，主要原因是山东半岛蓝区是我国重要的海洋产业集聚区，海洋产业发展迅速，海洋渔业的发展较为成熟，具有较强的代表性。海洋渔业产值及其增长率、渔业产值、该地区R&D经费投入和就业人数数据由2006~2012年《山东省统计年鉴》整理而得；全国渔业产值、全国R&D经费投入和就业人数来源于2006~2012年《中国统计年鉴》；海洋捕捞量、单位海水养殖产量、海水养殖面积、单位海域面积海洋渔业资源量、水产技术推广机构经费投入和海洋渔业专业从业人员、污染养殖面积占比、污染造成水产品损失量占比数据由2006~2012年《中国渔业统计年鉴》整理而得；清洁海域比例数据来源于2006~2012年《山东省海洋环境质量公报》。

（2）海洋渔业集聚协调度求解。

①序参量功效系数求解。根据所构建的海洋渔业集聚协调度模型，计算出海域承载力和海洋渔业集聚系统的序参量功效系数，如表4-33所示。

表4-33 系统序参量功效系数

年份	2006	2007	2008	2009	2010	2011	2012
年海洋捕捞量	0.0943	0.5664	0.7952	0.8403	0.9137	0.3209	0.3726
单位海水养殖面积产量	0.0774	0.2429	0.4346	0.2952	0.9311	0.3997	0.5652
海洋渔业产值增长率	0.4617	0.9964	0.5321	0.8769	0.682	0.4385	0.0134
海水养殖面积	0.1431	0.032	0.1901	0.3098	0.7793	0.8674	0.9587
单位海域面积海洋渔业资源量	0.0481	0.2178	0.3066	0.4471	0.6142	0.7666	0.9429
污染养殖面积占养殖总面积比重	0.2725	0.7669	0.995	0.7922	0.8471	0.0148	0.4669
污染造成水产品损失量占水产品总产量比重	0.9432	0.9987	0.8322	0.7546	0.3995	0.0112	0.3552
清洁海域比例	0.6678	0.839	0.6678	0.839	0.3253	0.3253	0.1541
海洋渔业产值集聚度	0.477	0.9256	0.0658	0.4396	0.4022	0.4022	0.2527
海洋渔业科技集聚度	0.7994	0.9615	0.5967	0.8804	0.3535	0.1103	0.0292
海洋渔业劳动力集聚度	0.1985	0.1589	0.4163	0.3371	0.9507	0.0402	0.3371

资料来源：2006~2012年《山东省统计年鉴》《中国统计年鉴》《中国渔业统计年鉴》《山东省海洋环境质量公报》。

以 2010 年为例，对海域承载力系统有序度贡献程度排名前三的序参量是单位海水养殖面积产量、年海洋捕捞量和污染养殖面积占比，贡献程度较高（均在 84% 以上），表明当年海水养殖密度、海洋捕捞强度和污染养殖面积得到较好的控制，在一定程度上有利于海域承载力发展。对海洋渔业集聚系统有序度贡献最大的是劳动力集聚度，表明该时期劳动力的集聚能够满足海洋渔业的发展需求，并促进海洋渔业的有序发展。系统内部序参量的功效系数随年份的推移也有所变化，这种量上的变化直接影响系统有序度的升降。

②系统有序度求解。系统有序度是系统序参量功效系数的几何平均数，代表序参量之间的相互作用对系统的宏观影响。根据表 4-33 海域承载力系统和海洋渔业集聚协调系统的序参量功效系数，结合公式（4-40），可计算出两系统的有序度，如表 4-34 所示。

表 4-34　　　　　　　　　　　　系统有序度

年份	2006	2007	2008	2009	2010	2011	2012
海域承载力系统有序度	0.21	0.40	0.53	0.59	0.65	0.19	0.30
海洋渔业集聚系统有序度	0.42	0.52	0.25	0.51	0.51	0.12	0.14

资料来源：运用表 4-33 功效系数结果，根据系统有序度计算公式（4-40）计算而得。

表 4-34 显示，海域承载力系统和海洋渔业集聚系统有序度在不同阶段呈现出不同的变化趋势。海域承载力系统有序度在 2010 年之前呈波动上升趋势，2011 之后则波动下降；海洋渔业集聚系统有序度处于不稳定状态，2007 年以后呈波动下降趋势；表明序参量的波动引起了系统有序度的变化。

③集聚协调度求解。根据海域承载力系统和海洋渔业集聚系统有序度，结合公式（4-41）~公式（4-43）计算出海域承载力视角下海洋渔业集聚协调度，见表 4-35。

表 4-35　　　　海域承载力视角下山东半岛蓝区海洋渔业集聚协调度

年份	2006	2007	2008	2009	2010	2011	2012
集聚协调度	0.50	0.66	0.55	0.74	0.75	0.38	0.40

资料来源：结合表 4-33 功效系数计算结果和表 4-34 中系统有序度，根据协调度计算公式（4-42）、公式（4-43）计算而得。

表 4-35 显示，山东半岛蓝区海洋渔业集聚协调度在研究期内平均水平为 0.57，总体处于中等水平；2010 年集聚协调度最高，为 0.75；2012 年集聚协调度最低，为 0.40，低于平均水平；研究期内集聚协调度波动性较大，且未出现集聚协调度等于 1，未达到最优协调水平。

3. 海域承载力视角下海洋渔业集聚协调度实证结果分析

（1）集聚协调度总体评价。为评价山东半岛蓝区海洋渔业集聚协调发展所处的阶段，综合前人研究成果，划分协调发展度等级如下。

①协调发展度 D∈[0.8, 1]，处于良好协调发展阶段；
②协调发展度 D∈[0.6, 0.8]，处于中级协调发展阶段；
③协调发展度 D∈[0.4, 0.6]，处于勉强协调发展阶段；
④协调发展度 D∈[0.2, 0.4]，处于轻度失调衰退阶段；
⑤协调发展度 D∈[0, 0.2]，处于严重失调衰退阶段；

根据协调发展度等级划分，山东半岛蓝区海洋渔业集聚协调度主要经历了勉强协调发展阶段、中级协调发展阶段和轻度失调衰退阶段，如图4-7所示。

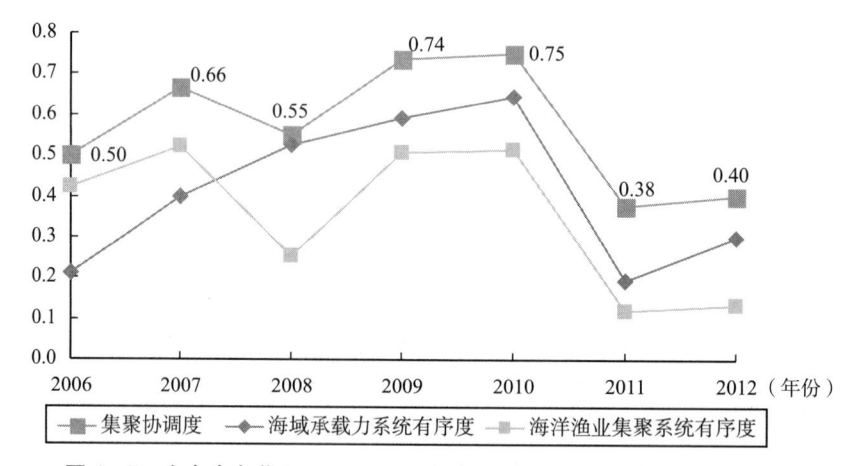

图4-7 山东半岛蓝区2006~2012年海洋渔业集聚协调度及系统有序度

资料来源：集聚协调度来源于表4-35计算结果；海域承载力系统有序度和海洋渔业集聚系统有序度来源于表4-34计算结果。

2006~2008年山东半岛蓝区海洋渔业集聚协调度基本处于勉强协调发展阶段。海洋渔业集聚协调度从最开始的勉强协调发展阶段进入中级协调发展，最后又回到勉强协调发展阶段，集聚协调度分别为0.50、0.66和0.55，协调水平处于中等位置；2009~2010年集聚协调度由勉强协调发展阶段上升到中级协调发展阶段，协调度大小分别为0.74、0.75，基本保持稳定。2010年集聚协调度达到七年间的最高水平，但仍未进入良好协调发展阶段；2011~2012年海域承载力视角下海洋渔业集聚协调发展水平有较大下滑，由中级协调发展阶段转入轻度失调衰退阶段，协调状况不佳，集聚协调度在0.4左右波动。综上所述，2006~2012年间山东半岛蓝区海洋渔业集聚协调度平均水平为0.57，未实现良性协调发展，并呈波动下降态势，协调状况不容乐观。

（2）集聚协调度的阶段成因分析。根据海域承载力视角下海洋渔业集聚协调度的不同发展阶段进行成因分析。

①2006~2008年山东半岛蓝区海洋渔业集聚协调度基本处于勉强协调发展阶段。2007年集聚协调度上升，主要是由于海域承载力系统和海洋渔业集聚系统有序度均处于上升趋势。2008年海洋渔业集聚协调度略微下降，是因为海洋渔业集聚系统有序度的变化趋势与海域承载力发生了偏离，海域承载力继续保持上升趋势，而海洋渔业集聚系统有序度则有较大幅度下滑。原因是海洋捕捞强度、海水养殖密度的降低以及污染养殖面积的减少提高了海域承载力系统有序度；而海洋渔业产值集聚和科技集聚度对系统有序度的贡献均有所下降。

②2009~2010年，海洋渔业集聚协调度处于中级协调发展阶段。2009年海洋渔业集聚协调度较上年有较大提高，主要原因是海洋渔业集聚系统有序度与海域承载力系统有序度均保持上升趋势。对海域承载力系统有序度贡献较大的序参量主要是年海洋捕捞量、海洋渔业年产值增长率及清洁海域比例，该时期海洋捕捞强度和海洋渔业增长压力减小、清洁海域比例提高，有利于海域承载力系统的有序发展。2010年海洋渔业集聚系统有序度增速有所放缓，期间海洋渔业产值集聚和科技集聚序参量对系统有序度的贡献均有所下调，但就业集聚序参量对系统有序度的贡献则大大提高，支撑了海洋渔业集聚系统有序度的上升。

③2011~2012年山东半岛蓝区海洋渔业集聚协调度有较为明显的下降，处于轻度失调衰退阶段。2011年集聚协调度明显下滑，原因是该阶段海域承载力和海洋渔业集聚系统有序度均有较大幅度的下降。2011年捕捞强度、养殖密度、污染养殖面积和污染损失量的增大直接导致了海域承载力系统有序度的下降。海洋渔业劳动力集聚水平的下降直接引起海洋渔业集聚系统有序度的下滑。2012年海洋渔业集聚协调度略微好转，主要是因为海域承载力和海洋渔业集聚系统有序度均有所上扬。期间对海域承载力系统有序度贡献程度增幅较大的序参量主要是污染养殖面积占养殖总面积比重和污染造成水产品损失量占水产品总产量比重；对海洋渔业集聚系统有序度贡献最大的是海洋渔业劳动力集聚度。

（3）小结。山东半岛蓝区2006~2012年海域承载力视角下海洋渔业集聚协调度平均水平为0.57，并在2011年以后呈波动下降趋势，未进入良性协调发展阶段；制约海域承载力和海洋渔业集聚协调发展的主要因素包括：年海洋捕捞量、海水养殖密度、海洋渔业年产值增长率、污染养殖面积占比、污染造成水产品损失量占比、清洁海域比例以及海洋渔业产值集聚、科技集聚和劳动力集聚状况。将以上因素进一步归为两类，一是海洋渔业海域环境保护（污染养殖面积占比、污染造成水产品损失量占比、清洁海域比例），二是海洋渔业空间布局（年海洋捕捞量、海水养殖密度、海洋渔业年产值增长率、海洋渔业产值集聚、科技集聚和劳动力集聚）。建议从海洋渔业海域环境保护和海洋渔业布局调整两方面推进海域承载力和海洋渔业集聚系统的协调发展。

4. 结论和对策

本章通过选取海域承载力和海洋渔业集聚系统的序参量，构建海域承载力视角下海洋渔业集聚协调度模型。应用协调度模型对 2006~2012 年山东半岛蓝区海洋渔业集聚协调度进行实证分析，得出三点结论。(1) 研究期内，山东半岛蓝区海洋渔业集聚协调度平均水平为 0.57，2010 年协调度最高，达 0.75，处于中级协调发展阶段；2012 年协调度最低，为 0.4，处于轻度失调衰退阶段。(2) 山东半岛蓝区海洋渔业集聚协调度先后经历了勉强协调发展阶段（2006~2008 年）、中级协调发展阶段（2009~2010 年）和轻度失调衰退阶段（2011~2012 年），协调发展水平需进一步提高。(3) 制约海洋渔业集聚协调度的主要因素是海洋捕捞强度、海水养殖密度、清洁海域比例、污染养殖面积占比、污染造成水产品损失量占比、海洋渔业增长率、海洋渔业产值、科技和劳动力集聚度。

根据目前海洋渔业集聚协调发展趋势及影响因素，对山东半岛蓝区海域承载力视角下海洋渔业集聚协调度优化提出四点对策。(1) 统筹海洋环境保护与陆源污染防治，严格控制陆域未达标污染物进入海洋渔业海域，加强海洋生态系统保护和修复；(2) 降低海洋捕捞强度，调整海水养殖密度；扩大远洋捕捞比例，缓解近海渔业资源压力；进一步拓展海水养殖空间布局，发展深海网箱养殖、海岛周围养殖和人工鱼礁等养殖方式；(3) 加大海洋渔业科技投入，提高海洋渔业经济环境整体效益，减少对海域承载力的压力和破坏；(4) 以海域承载力为基础，优化海洋渔业空间布局，合理推进海洋渔业集聚，形成海洋渔业产值集聚、科技集聚和劳动力集聚效应。

（二）基于空间基尼系数的我国海水养殖业空间布局集聚差距研究

1. 基于面板单位根检验的我国海洋捕捞业集群化分异模型构建

（1）假设。对时间序列 $\{X_t\}$ 进行建模是平稳性分析的基础，需要预处理待拟合序列，ARMA（p，q）建模过程是在假定 $\{X_t\}$ 为平稳的条件下进行的，其首要步骤就是对序列 $\{X_t\}$ 进行稳定性检验及预处理，消除残差项自相关性。在时间序列 $\{X_t\}$ 的面板数据单位根稳定性检验结果中，能同时给出 $\{X_t\}$ 趋势类型。

假定 $\{X_t\}$ 平稳，进行稳定性分析，添加滞后项来降低检验误差，增强检验结果准确性，原假设和备择假设为：$H_0: \beta = 1$，（X_t 非平稳）；$H_1: \beta < 1$，（X_t 平稳）。

检验原则：DF ≥ 临界值，$\{X_t\}$ 不稳定；DF < 临界值，$\{X_t\}$ 稳定。

（2）自回归过程。ADF 单位根检验过程中，残差项的自相关性与其独立同分布相互矛盾，此时结果失真，应引入滞后差分项，自回归方程如下。

$$yt = \alpha + \beta t + \rho yt - 1 + \sum_{i=1}^{p} \phi i \Delta yt - i + ut \qquad (4-44)$$

迪基和富勒提出的 ADF 单位根检验法表明，在高阶自回归过程中，需要使用参数 n（i=1，2，…，P）对 P 参数做出优化，才能使 DF 指标有效。在判断（4-44）式是否包含时间趋势项及漂移项时，迪基和富勒给出了 z_{ij}，Y_i，X_j。参数 α，β，ρ 联合分布的原假设分别为：(α, ρ) = (0, 1)，(α, β, ρ) = (0, 0, 1)，(α, β, ρ) = (α, 0, 1)，并给出了适当的临界值。

ADF 单位根检验法利用下面三个模型完成。

模型 1：$\Delta X_t = \delta X_{t-1} + \sum_{i=1}^{m} \beta_i \Delta X_{t-i} + \varepsilon_t$ （4-45）

模型 2：$\Delta X_t = \alpha + \delta X_{t-1} + \sum_{i=1}^{m} \beta_i \Delta X_{t-i} + \varepsilon_t$ （4-46）

模型 3：$\Delta X_t = \alpha + \beta_t + \delta X_{t-1} + \sum_{i=1}^{m} \beta_i \Delta X_{t-i} + \varepsilon_t$ （4-47）

（3）检验步骤。t（时间），β_t（趋势项），α（常数项），ε_t（残差项）构成模型主要参数，运算过程中，顺序依次为式（4-47）、式（4-46）、式（4-45），如果最终运算结果与 H_0：δ = 0 相悖，则 $\{X_t\}$ 是平稳的，运算终止，若与原假设相同，则继续计算，直至得到式（4-45）的检验结果。在模型 3 的检验结果中可以给出不稳定序列的趋势情况（随机性趋势或确定性趋势），在此基础上，对 $\{X_t\}$ 进行平稳化处理，确定 $\{X_t\}$ 序列单整情况。

2. 基于面板单位根检验模型的我国海洋捕捞业集群化分异实证分析

（1）我国海洋捕捞业空间集群化的测度及数据来源。利用区位熵测度海洋捕捞业集群化水平，见式（4-48）。

$$LQ_{ij} = (x_{ij} / \sum_j x_{ij}) / (\sum_i x_{ij} / \sum_i \sum_j x_{ij}), \quad (i = 1, 2, \cdots, 11; j = 1, 2, \cdots, 10)$$
（4-48）

式（4-48）中 LQ_{ij} 表示 i 地区第 j 年的海洋捕捞业区位熵值；x_{ij} 表示 i 地区第 j 年的海洋捕捞业产值；$\sum_i x_{ij}$ 表示第 j 年全国海洋捕捞业生产总值；$\sum_j x_{ij}$ 表示 i 地区第 j 年各行业生产总值；$\sum_i \sum_j x_{ij}$ 表示第 j 年全国各行业生产总值。

2005~2014 年四组数据通过采集《中国渔业统计年鉴》得到，利用式（4-48）计算出沿海 11 省份海洋捕捞业区位熵值，如表 4-36 所示。

表 4-36　我国沿海 11 省份海洋捕捞业区位熵计算结果（2005~2014 年）

地区	2005 年	2006 年	2007 年	2008 年	2009 年	2010 年	2011 年	2012 年	2013 年	2014 年	均值
辽宁	2.34	2.26	2.24	2.07	2.07	1.94	2.01	1.77	1.65	1.85	2.02
河北	0.57	0.49	0.44	0.53	0.50	0.61	0.50	0.52	0.42	0.43	0.501

续表

地区	2005年	2006年	2007年	2008年	2009年	2010年	2011年	2012年	2013年	2014年	均值
天津	0.22	0.26	0.20	0.22	0.25	0.22	0.24	0.22	0.32	0.42	0.257
山东	1.94	1.89	1.97	1.94	1.88	2.09	2.00	2.34	2.27	2.16	2.048
江苏	0.72	0.71	0.70	0.78	0.77	0.65	0.77	0.70	0.90	0.89	0.759
上海	0.27	0.33	0.35	0.40	0.31	0.26	0.34	0.28	0.27	0.26	0.307
浙江	2.95	2.84	2.97	2.82	2.76	2.92	2.79	3.21	3.00	3.10	2.936
福建	4.39	4.28	4.17	4.85	4.45	4.66	4.40	4.46	4.35	4.18	4.419
广东	0.75	0.87	0.89	0.93	0.95	0.65	1.00	0.67	0.64	0.64	0.799
广西	1.98	1.95	2.36	2.24	2.12	1.95	1.99	2.05	2.09	2.11	2.084
海南	17.25	17.54	19.39	15.16	15.23	15.08	14.19	14.43	14.17	16.05	15.849

资料来源：根据《中国渔业统计年鉴》（2005~2014年）有关数据计算整理。

（2）海洋捕捞业集群化的时空分异特征分析。

①海洋捕捞业集群化的空间分异特征。利用Eviews7.0对区位熵值进行单位根检验，结果如表4-37所示。

表4-37　　　　　　　单位根ADF检验结果

检验变量	ADF值	临界值 1%	临界值 5%	临界值 10%	判定结论
辽宁	-4.410199**	-5.835186	-4.246503	-3.590496	平稳
河北	-2.391510	-4.420595	-3.259808	-2.771129	不平稳
天津	1.273726	-2.847250	-1.988198	-1.600140	不平稳
山东	-2.979427	-5.521860	-4.107833	-3.515047	不平稳
江苏	-2.492115	-5.521860	-4.107833	-3.515047	不平稳
上海	-3.040255	-5.521860	-4.107833	-3.515047	不平稳
浙江	-2.346142	-4.420595	-3.259808	-2.771129	不平稳
福建	-2.740323	-4.420595	-3.259808	-2.771129	不平稳
广东	-3.740135*	-5.521860	-4.107833	-3.515047	平稳
广西	-3.725830*	-5.835186	-4.246503	-3.590496	平稳
海南	-1.673604	-4.420595	-3.259808	-2.771129	不平稳

结合表 4-36，绘制沿海 11 省份海洋捕捞业区位熵均值折线图，如图 4-8 所示。

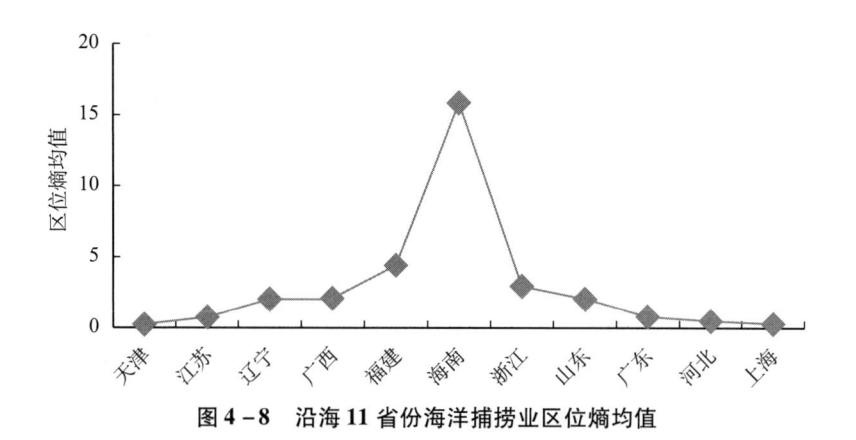

图 4-8 沿海 11 省份海洋捕捞业区位熵均值

将海洋捕捞业区位熵均值与 ADF 单位根检验结果相结合，得到沿海 11 省份海洋捕捞业空间集聚格局，如表 4-38 所示。

表 4-38　　　　　　　　　　海洋捕捞业空间集聚格局

	高值组			低值组	
	超高值组 （q>3）	高值组 (2<q<3)	较高值组 (0.7<q<2)	低值组 (0.3<q<0.7)	超低值组 (q<0.3)
稳定（A）		广西 辽宁	广东		
不稳定（B）	海南 福建	浙江 山东	江苏	河北 上海	天津

海南、福建区位熵均值高于 3，远高于其他 9 个省份；辽宁、广西、浙江、山东的区位熵在 2~3，海洋捕捞业呈现出非常明显的集聚效应态势；广东、江苏在 0.7~2，海洋捕捞业表现出一定的集群化水平；河北、上海在 0.3~0.7，集聚效应不明显；天津区位熵值小于 0.3，不具有集聚态势。海洋捕捞业集群化呈现出橄榄型的空间分异特征，大部分省份位于中值区域，区位熵超高值组和超低值组的省份都较少。

②海洋捕捞业集群化的时间分异特征。根据表 4-36，绘制 2005~2014 年沿海 11 省份海洋捕捞业区位熵折线图，如图 4-9 所示。

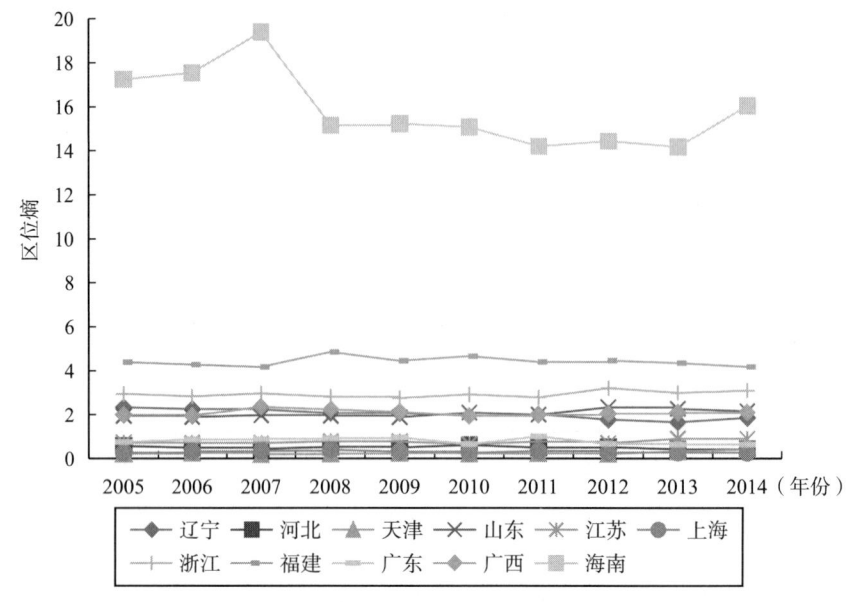

图 4-9　我国沿海 11 省份海洋捕捞业区位熵时间变化

2005～2014 年各省份区位熵值波动小，海洋捕捞业集聚水平发展平稳，没有明显的增强或者减弱趋势，呈现出均匀发展的时间特征。

③海洋捕捞业区位熵值稳定性分析。辽宁、广东、广西的区位熵呈平稳态势，占 27.27%。广西、辽宁属于高值组，表明这两个省份海洋捕捞业发展水平高于或者接近于区域经济发展水平，从时间上看，海洋捕捞业的集群化水平不具有趋势性，即产业集聚程度未线性上升或线性下降，只在区位熵均值线附近浮动。

海南、福建、浙江、山东、江苏、河北、上海、天津的单位根呈不平稳态势，占 72.73%，海洋捕捞业发展水平差异较大。海南、浙江、福建、山东位于高值组中，说明四省的海洋捕捞业发展水平要高于区域经济发展水平；江苏位于较高值组中，说明该省的海洋捕捞业发展水平接近于区域经济发展水平；河北、上海、天津位于低值组中，海洋捕捞业发展严重滞后于其他省份。单位根检验结果的不平稳性说明：上述 8 个省份的海洋捕捞业集聚水平没有围绕区位熵值上下波动，海洋捕捞业在不同时间的发展情况超越或滞后于整体经济发展水平，在时间变化中呈现出趋势性。海南、福建两省海洋捕捞业的发展水平不断提高，其他省份的海洋捕捞业空间集聚格局大幅调整。

（3）海洋捕捞业集群化空间分异成因分析。

①指标体系选取。综合现有研究成果，结合沿海 11 省份海洋捕捞业集聚的空间分异态势，本研究将空间分异成因归纳为政策扶持、人力资源增长、空间区位优势推动、资金投入不均衡、市场容量扩张 5 个方面，各指标含义及量化应用

如表 4-39 所示。

表 4-39　　　　　　　　海洋捕捞业集群化空间分异评价体系

指标	指标辨识与量化应用
政策扶持	海洋捕捞业扶持资金占财政支出比重
人力资源	海洋捕捞业从业人数比重
空间区位	地区船运总量
资金投入	各省份累计海洋捕捞业资金投入总额
市场容量	GDP

资料来源：《中国统计年鉴》（2005 年、2014 年）、《中国渔业统计年鉴》（2005 年、2014 年）、《中国金融年鉴》（2005 年、2014 年）。

②回归结果及显著性检验。选择 2005 年、2014 年截面数据，对上述参数进行测度。以海洋捕捞业集群化分异（Y）为被解释变量，以政策扶持（X_1）、人力资源（X_2）、空间区位（X_3）、资金投入（X_4）、市场容量（X_5）为解释变量进行分析。因为资金投入、市场容量、空间区位三类解释变量为绝对值较大的数据，这与其他几类指标差异较大，因此，为减少检验误差，对以上变量取对数，得到式（4-49）。

$$\ln Y = \gamma_0 + \gamma_1 X_1 + \gamma_2 \ln X_2 + \gamma_3 X_3 + \gamma_4 \ln X_4 + \gamma_5 \ln X_5 + \alpha \quad (4-49)$$

在 SPSS19.0 软件中，对沿海 11 省份海洋捕捞业集群化空间分异成因进行分析，利用现有数据进行逐步回归分析，最终得到回归结果，其中，2005 年 R^2 值为 0.744，2014 年 R^2 值为 0.699；2005 年 F 值为 69.683，2014 年 F 值为 49.792，回归模型 3 拥有较优拟合度，模型成立。检验结果如表 4-40、表 4-41 所示。

表 4-40　　　　　　　　　　2005 年检验结果

模型		标准系数 beta	非标准系数 B	标准误差	共线性统计量 VIF	容差	t	Sig.
1	（常数）		-0.189	0.480			-3.171	0.001
	X_4	0.817	0.513	0.053	0.953	0.953	11.057	0.000
2	（常数）		-3.317	0.755			-4.439	0.000
	X_4	0.751	0.572	0.041	1.134	0.857	12.786	0.000
	X_3	0.188	0.094	0.020	1.134	0.857	2.878	0.002

续表

模型		标准系数 beta	非标准系数 B	标准误差	共线性统计量 VIF	容差	t	Sig.
3	(常数)		-10.142	2.224			-4.713	0.000
	X_4	0.531	0.437	0.071	2.826	0.239	4.482	0.000
	X_3	0.244	0.055	0.019	1.151	0.831	2.650	0.000
	X_2	0.352	0.939	0.263	3.121	0.323	2.350	0.004

表4-41 2014年检验结果

模型		标准系数 beta	非标准系数 B	标准误差	共线性统计量 VIF	容差	t	Sig.
1	(常数)		-0.268	0.541			-0.324	0.642
	X_4	0.817	0.545	0.047	0.953	0.953	10.261	0.000
2	(常数)		-1.332	0.668			-1.513	0.122
	X_4	0.551	0.572	0.078	2.758	0.357	4.890	0.000
	X_5	0.388	0.345	0.178	2.758	0.357	2.599	0.011
3	(常数)		-2.670	0.870			-2.512	0.009
	X_4	0.567	0.345	0.075	2.826	0.339	4.055	0.000
	X_5	0.244	0.655	0.159	2.811	0.339	2.475	0.013
	X_3	0.152	0.046	0.021	1.121	0.923	2.337	0.021

③海洋捕捞业集群化空间分异成因分析

第一，人力资源增长。人力资源的不断增长导致海洋捕捞业集群化空间分异态势增强。根据回归结果及显著性检验结果，2005年人力资源的回归结果为0.939，说明人力资源增长与海洋捕捞业集群化空间分异态势呈明显正相关性。人力资源是各类经济资源中最具活力、最具主观能动性的因素，是知识创造、技术创新的主体，尤其是高技能的人力资本，则成为科技进步原动力，人力资本不断有效投入将带动产业集群化水平提升。与2008年相比，2014年，全国海洋渔业从业人员增长15%，不同省份渔业从业人员增幅呈现出差异性，山东增幅为55%、广西47%、河北11%、福建10%、广东8%，这种差异性使得海洋捕捞业集群化空间分异态势加剧。

第二，资金投入量不均衡。2005年，资金投入的回归结果为0.437；2014年，资金投入的回归结果为0.345，说明资金投入与海洋捕捞业集群化空间分异态势呈一定程度的正相关性，随着时间的变化，资金投入对海洋捕捞业集群化空间分异的驱动作用在减弱。资金投入量的增长有效提升了海洋捕捞业的专业化水平和集聚水平，而不同省份资金投入量的差异性，将导致海洋捕捞业集聚水平产生空间分异。具体而言，2014年，位于超高值组的海南、福建两省，其海洋捕捞业资金投入量增幅分别为28%、17%；位于中值区域的山东增幅为14%、辽宁11%、河北10%、广东4%；位于超低值组的天津，其资金投入量降幅2%。

第三，空间区位优势推动。2005年和2014年空间区位的回归结果分别为0.055、0.046，说明空间区位优势（包括自然区位优势、社会经济区位优势）对海洋捕捞业集群化空间分异的驱动作用较小，且在2005～2014年逐渐减弱。海洋捕捞业集聚水平的提升离不开空间区位优势的推动，空间区位优势通过推动人才、资金、技术等要素，促进这些要素在经济极点的汇集程度，不断提升海洋捕捞业集群化水平，这些区位优势包括：自然禀赋、行业成熟度、经济基础、区位交通、资金扶持。海南、福建、浙江、山东海洋捕捞业集聚水平较高，上述四个地区在经济基础、自然资源、资金投入、科技水平、交通运输方面具有发展海洋捕捞业的比较优势。

第四，市场容量扩张。市场容量与资金投入、空间区位密切相关，2005年，市场容量不会导致海洋捕捞业集群化产生空间分异，2014年，市场容量的回归结果为0.655，说明随着时间的发展，市场容量扩张已经成为导致海洋捕捞业产生空间分异的主要原因。2014年，沿海11省份海洋捕捞业产值增幅如下，天津33%、海南12%、辽宁9%、广东7%、浙江6%、广西6%、河北5%、福建3%、江苏3%、上海0%、山东降幅1%。一方面，市场容量在省际尺度上存在空间差异，不同省份市场容量增幅不均衡；另一方面，有8个省份海洋捕捞业区位熵值呈现出不稳定性特征（见表4-37），表明海洋捕捞业发展与区域经济发展并不同步，这使得海洋捕捞业集聚水平在空间上的分异态势进一步增强。

3. 结论

本章通过选取2005～2014年沿海11省份海洋捕捞业区位熵值，构建面板单位根检验模型进行实证分析，得出四点结论：（1）海南、福建的海洋捕捞业集聚水平较高，其余省份在0.3～3，天津集聚水平最低。除天津、上海外，其余省份海洋捕捞业区位熵值均超过0.4，海洋捕捞业集群化呈现出橄榄型的空间分异特征，即大部分省份处于中值区域，位于超高值组和超低值组的省份都较少。（2）从集聚的时间特征来看，2005～2014年各省份区位熵值波动小，海洋捕捞业集聚水平发展平稳。（3）从面板数据单位根检验结果来看，大多数省份检测结果为不平稳，说明我国海洋捕捞业集聚水平不断处于调整之中；少数省份的检测结果为平稳，说明这些地区的海洋捕捞业集群相对固化、稳定。（4）人力资源增长、资金投入量不均衡、空间区位优势推动、市场容量扩张是海洋捕捞业集群化产生空间分异的主要成因。

（三）海域承载力视角下海洋渔业集聚协调度研究

1. 基于空间基尼系数的海水养殖业空间布局集聚差距模型构建

海水养殖业的空间布局集聚差距是指海水养殖业在某个特定地理区域内高度集中，产业资本要素在空间范围内不断汇聚，从而呈现海水养殖业空间布局差距的一种现象。

（1）空间基尼系数基本原理介绍。美国经济学家保罗·克鲁格曼（Paul R. Kerugma）在运用洛伦兹曲线和基尼系数测定行业在区域间分配均衡程度时提出空间基尼系数，该方法以地区单位和产业份额为考核对象，对产业集聚差距程度进行研究，衡量产业在地域空间的分布均衡程度。

空间基尼系数计算方法：$LQ_{ij} = \dfrac{\dfrac{y_i}{Y_i}}{\dfrac{\sum_{i=1}^{} y_i}{\sum_{i=1}^{} Y_i}}$

假设该地区由 n 个地理单元组成，i 代表某个需要测算空间基尼系数的产业，S_{ij}、S_{ik} 是产业 i 在地理单元 j 和地理单元 k 中所占的份额，$Y = \{Y_1, Y_2, \cdots, Y_i, \cdots, Y_m\}$ 是产业 i 在各地理单元中所占份额的均值。

一个产业在各个地理单元间分布越均匀，集聚差距越小，该产业的空间基尼系数就越小；当所有地域单元在一个产业中所占的份额都相等时，该产业的空间基尼系数就为零；如果一个产业完全集中在一个地理单元上，该产业的空间基尼系数就接近于 1。

（2）测度指标的选取。产业集聚差距的测度指标有标准差系数、产业集中率、赫芬达尔指数、产业空间集中指数、地理联系率、区位基尼系数、产业空间集聚指数。但基于数据的可获得性及分析问题的重点不同，本章选取空间基尼系数，从地区和品种两方面、各省份和各区域两个视角来分析中国海水养殖业空间布局的集聚差距情况。

（3）海水养殖业空间布局集聚差距模型构建。

①全国沿海各省份海水养殖面积比重及三种主要海水养殖品种的养殖面积比重计算。海水养殖业集聚现象本质是该产业在空间中的非均衡分布，通过构建全国沿海省份海水养殖面积比重表及三种主要海水养殖品种的养殖面积比重表，可以直观地看出我国海水养殖业整体及三种主要海水养殖品种（鱼类、甲壳类、贝类）的空间集聚差距情况。该比重表既从总体上刻画出海水养殖业地理集聚的差距及变化趋势，又分别分析了各主要品种生产的地理集聚格局。

②空间基尼系数计算及分析。海水养殖业空间基尼系数的具体计算公式

为：$G_i = \frac{1}{2n^2 \bar{S_i}} \sum_{k=1}^{n} \sum_{j=1}^{n} |S_{ij} - S_{ik}|$。

式中，当 i 分别取 0、1、2 和 3 时，G_i 分别代表我国海水养殖业整体、鱼类、甲壳类与贝类的空间基尼系数；n 表示研究的省份数量或区域数量；j、k 分别代表不同的省份，且 j≠k；S_{ij}、S_{ik} 分别表示 j 省或 k 省海水养殖业或某种主要海水养殖品种的海水养殖面积占全国海水养殖业或主要海水养殖品种海水养殖面积的比重；$X = \{x_1, x_2, \cdots, x_j, \cdots, x_n\}$ 表示全国范围内各省海水养殖业或某种主要海水养殖品种的海水养殖面积占全国海水养殖业或某种主要海水养殖品种的海水养殖面积的比重的平均值。

判断标准如表 4-42 所示：

表 4-42　　　　我国海水养殖业空间布局集聚差距程度判断标准

空间基尼系数	空间布局集聚差距程度
(0, 0.4)	低度
(0.4, 0.5)	中度
(0.5, 1)	高度

③加权平均空间基尼系数计算及分析。将沿海各省份划分为东北（辽宁省）、华北（天津市、河北省）、华东（山东省、江苏省、浙江省、福建省）、华南（广东省、广西壮族自治区、海南省）四个区域，以各区域海水养殖面积所占比重确定各区域的权重。重复上述第 1、2 步，得出加权平均空间基尼系数，从而进一步分析区域之间的集聚差距状况。

2. 基于空间基尼系数的海水养殖业空间布局集聚差距实证分析

建立海水养殖业空间布局集聚差距模型，从我国沿海省份及沿海区域两个视角对我国海水养殖业及主要海水养殖品种空间布局集聚差距进行测度并分析。

（1）数据的选取。本章采用空间基尼系数测度我国沿海省份海水养殖业的空间布局集聚差距情况，选取沿海十个省份作为研究区域，时间跨度为 2006～2015 年近 10 年，本章所用样本数据主要来源于 2006～2015 年的《中国渔业统计年鉴》。由于海水养殖产值数据受价格波动的影响，产量数据受自然灾害影响较大，而海水养殖面积数据易于获取且具有可比性，所以本章采用海水养殖面积数据计算海水养殖业整体及三个主要品种的空间基尼系数。

（2）空间基尼系数求解及结果分析。根据公式（4-49）计算我国海水养殖业总体以及三个主要品种的空间基尼系数并分析。

由表 4-43 可知，（1）从全国海水养殖业来看，空间基尼系数在 2009 年之前位于 0.4～0.5，属于中度空间集聚差距；2009 年之后空间基尼系数均大于

0.5，说明空间集聚差距程度较高，2009年是其转折点。空间基尼系数逐年增加，说明空间布局集聚差距呈现增长趋势，海水养殖业在地理分布上更加集中。（2）我国三种主要海水养殖品种的空间基尼系数普遍较高。其中，贝类的空间基尼系数最高，近十年均大于0.5，表现出高度集聚差距；其次是鱼类，基本保持在0.4～0.5，属于中度集聚差距；甲壳类的空间基尼系数最低，基本保持在0.3左右，集聚差距程度较低，分布相对比较分散。

表4-43　2006～2015年中国海水养殖业整体及三种主要品种的空间基尼系数

年份	2006	2007	2008	2009	2010	2011	2012	2013	2014	2015
整体	0.4461	0.4788	0.4669	0.5135	0.5604	0.5547	0.5699	0.6029	0.6010	0.6071
鱼类	0.5331	0.4611	0.4338	0.4331	0.4011	0.4156	0.4726	0.4554	0.535	0.4969
甲壳类	0.2735	0.3722	0.3288	0.2834	0.3097	0.3067	0.2659	0.2864	0.3072	0.2914
贝类	0.5088	0.5134	0.5154	0.5852	0.6207	0.6315	0.6528	0.6910	0.6870	0.6925

资料来源：根据《中国渔业统计年鉴2006～2015》数据计算而得。

我国海水养殖业以及三种主要品种的空间基尼系数变化趋势绘制如图4-10所示。

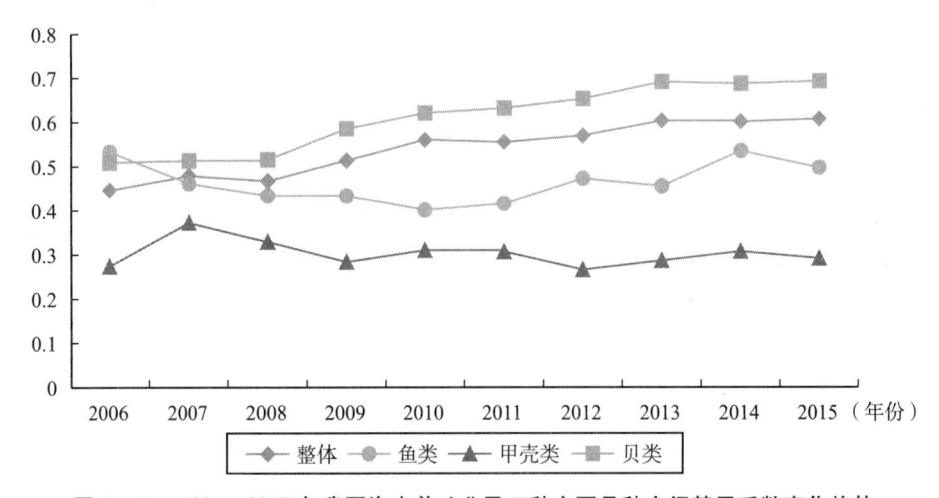

图4-10　2006～2015年我国海水养殖业及三种主要品种空间基尼系数变化趋势

从图4-10可以看出，2006～2015年我国海水养殖业整体以及三种主要品种的空间基尼系数变动情况，以此来分析海水养殖业空间集聚差距的变动趋势。（1）从整体上看，我国海水养殖业空间基尼系数呈逐步上升的趋势。说明我国海水养殖业整体地理集聚表现出稳步上升的发展趋势，集聚差距进一步增加。

(2) 从三种主要品种分别来看，鱼类的空间基尼系数 2006~2010 年呈下降趋势，集聚差距呈现缩小的趋势；而 2010 年以后呈升中有降趋势，2015 年接近 0.5。说明我国海水养殖业鱼类养殖的空间集聚现象比较明显，近几年集聚差距进一步加大。甲壳类的空间基尼系数基本维持在 0.3 左右，是三种主要品种中最低的。虽呈现一定的空间集聚现象，但相比较其余两种并不明显，并且集聚差距保持在 0.3 左右，变动不大。贝类的空间基尼系数是三种主要品种中最高的，且近十年来均呈稳步上升态势。2015 年已达到 0.6925，相比较 2006 年的 0.5088，上升幅度为 36.1%，说明海水养殖贝类的空间布局集聚差距逐渐增大。

(3) 加权平均空间基尼系数结果及分析。将以上研究中的 10 个沿海省份按照既有标准划分为东北、华北、华东、华南四个区域，并在此基础上计算全国海水养殖业及三种主要品种的空间基尼系数，从而在区域范围内研究海水养殖业空间集聚差距的具体情况。

①构建全国沿海省份海水养殖面积比重表（见表 4-44）。

表 4-44　　　　2006~2015 年我国沿海区域海水养殖面积比重　　　　单位：%

	2006 年	2007 年	2008 年	2009 年	2010 年	2011 年	2012 年	2013 年	2014 年	2015 年
东北	27.38	22.14	26.07	33.28	36.67	35.67	37.28	40.68	40.27	40.26
华北	6.08	7.49	7.23	6.61	6.14	6.57	6.36	5.23	5.45	5.21
华东	48.6	54.17	50.86	44.45	44.44	44.93	43.94	42.51	42.79	43.03
华南	17.38	16.19	15.84	13.75	12.74	12.84	12.42	11.58	11.47	11.52

资料来源：根据《中国渔业统计年鉴 2006~2015》数据计算而得。

由表 4-44 可知，(1) 华东地区海水养殖面积所占比重最大，接近全国海水养殖总面积的一半；但是华东地区海水养殖面积自 2009 年以来呈下降趋势，尽管海水养殖业在华东地区的集聚比较明显但是集聚效应在不断减弱。(2) 东北地区的海水养殖面积在不断增加。而且从 2006 年到 2015 年，其增加幅度达到 47%。说明东北地区的海水养殖业近十年来得到大力发展，潜力较大，地理集聚效应在不断增强。(3) 所占份额最小的是华北地区。由于海水养殖面积相对较小，且近几年海水养殖接近饱和；污染严重，海水养殖面积所占比重出现下降趋势，因此没有表现出明显的集聚现象。

由表 4-45 可知，(1) 华东和华南地区是我国海水养殖业鱼类生产的主要集聚区，这两个区域鱼类海水养殖面积所占比重近十年来一直超过 80%。这是由于华东和华南分布在渤海、黄海、东海和南海四大海域，形成了我国海水养殖产业带。(2) 从变化趋势来看，我国海水养殖业鱼类空间集聚差距在不断增加。鱼类生产的环境适宜性较强，华东和华南地区的良好水域条件造就了较高的鱼类生产水平。

表4-45　　　　2006~2015年我国海水养殖业鱼类养殖面积比重表　　　　单位：%

	2006年	2007年	2008年	2009年	2010年	2011年	2012年	2013年	2014年	2015年
东北	4.05	5.28	4.59	9.49	9.01	8.79	8.47	8.17	8.09	9.68
华北	9.89	12.91	8.7	7.78	6.7	2.99	1.71	0.76	0.4	0.95
华东	36.47	38.32	43.4	44.06	43.73	46.44	45.98	51.28	48.73	45.56
华南	49.56	43.5	43.31	38.66	40.55	41.78	43.84	39.79	42.79	43.8

资料来源：根据《中国渔业统计年鉴（2006~2015）》数据计算而得。

由表4-46可知，由于我国甲壳类生产受自然条件约束较小，主要集聚区也在华东和华南地区。其中华东地区甲壳类海水养殖面积占全国甲壳类海水养殖面积的一半以上，并且该比重在逐年增加，甲壳类空间布局集聚差距程度也在不断增大。

表4-46　　　　2006~2015年我国海水养殖甲壳类养殖面积比重表　　　　单位：%

	2006年	2007年	2008年	2009年	2010年	2011年	2012年	2013年	2014年	2015年
东北	7.97	5	6.08	7.22	6.31	5.02	5.46	4.75	4.45	6.16
华北	9.03	9.7	9.51	8.57	7.9	8.21	8.53	8.85	10.14	9.38
华东	50.1	56.21	52.13	50.83	53.22	53.39	50.77	50.11	51.88	52.06
华南	32.88	29.09	32.29	33.38	32.56	33.38	35.24	36.3	33.53	32.42

资料来源：根据《中国渔业统计年鉴2006~2015》数据计算而得。

由表4-47可知，我国海水养殖业贝类生产主要集聚在东北和华东地区。因为贝类生产需要良好的滩涂条件，而东北和华东地区的气候、洋流以及滩涂条件使该区域在贝类生产中更具优势。尤其是东北地区贝类海水养殖面积所占比重逐年增加的幅度较大，从而空间布局集聚差距增大幅度在不断扩大。

表4-47　　　　2006~2015年我国海水养殖业贝类养殖面积比重表　　　　单位：%

	2006年	2007年	2008年	2009年	2010年	2011年	2012年	2013年	2014年	2015年
东北	32.72	28.86	31.12	39.98	42.76	43.51	44.75	49.83	49.52	49.03
华北	5.98	7.95	8.04	7.79	7.11	7.21	6.98	5.43	5.59	5.45
华东	48	51.04	49.33	42.42	41.05	40.35	39.81	37.07	37.28	37.84
华南	13.29	12.16	11.52	9.82	9.08	8.93	8.46	7.69	7.63	7.69

资料来源：根据《中国渔业统计年鉴2006~2015》数据计算而得。

②计算加权平均空间基尼系数并分析。

根据表4-48可得我国海水养殖业及三种主要品种的加权平均空间基尼系数具体数值,由图4-11可得其变化趋势,从而得出以下四方面的结论。

表4-48　2006~2015年我国海水养殖业及主要品种加权平均空间基尼系数

	2006年	2007年	2008年	2009年	2010年	2011年	2012年	2013年	2014年	2015年
整体	0.5252	0.3822	0.5386	0.5737	0.6223	0.6119	0.6244	0.6638	0.6614	0.6656
鱼类	0.4551	0.3822	0.3881	0.3628	0.3703	0.4345	0.4427	0.5052	0.4833	0.4461
甲壳类	0.4213	0.5121	0.4605	0.4361	0.4691	0.4837	0.4531	0.4536	0.4743	0.459
贝类	0.6145	0.5979	0.6089	0.6479	0.6762	0.6772	0.6912	0.7378	0.7358	0.7373

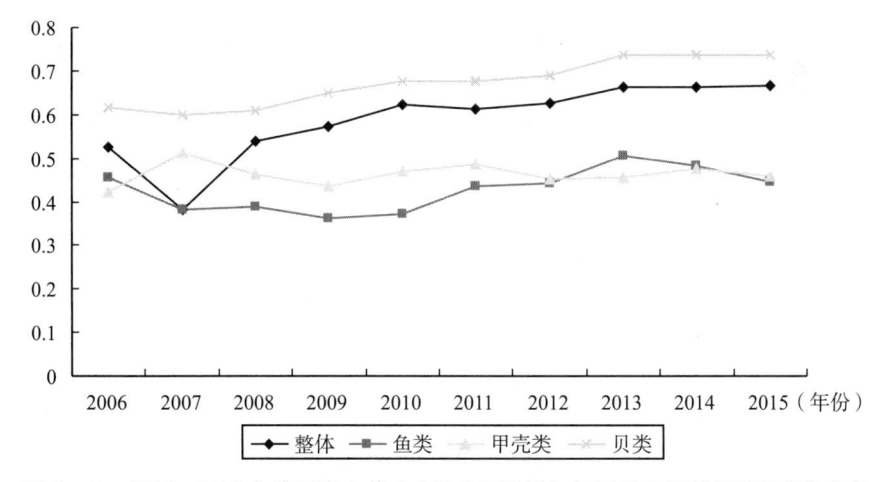

图4-11　2006~2015年我国海水养殖业及主要品种加权平均空间基尼系数变化趋势

第一,中国海水养殖业具有高度的空间集聚差距并表现出稳步增强的趋势。海水养殖业加权平均空间基尼系数近10年均大于0.5,表现出高度的空间集聚差距。由2006年的0.525增长到2015年的0.665,增长幅度达26.7%,说明空间集聚差距在逐步扩大。

第二,从各主要品种来看,中国海水养殖业具有较大的产品差异性。其中贝类的加权平均空间基尼系数最高,均大于0.6,说明贝类集聚差距较大;鱼类和甲壳类的空间基尼系数低于贝类,集聚差距相对较小。但从绝对数值来看,均大于0.4,属于中度集聚差距程度。

第三,中国海水养殖业具有明显的地域梯度特征。从东北、华北、华东、华南四大区域尺度来看,各大区域海水养殖面积占全国海水养殖总面积的比重按华北、东北、华南、华东的次序，存在明显上升的梯度分布特征。

第四，以各区域海水养殖面积比重为权重的加权平均空间基尼系数均大于以各省份海水养殖面积为权重的空间基尼系数，说明我国海水养殖业区域分布不均衡程度更高，集聚差距相应地也更高。

(3) 我国海水养殖业空间布局集聚差距影响因素分析。

①自然因素。海水养殖业的生产发展受地区自然因素的约束较大，自然禀赋条件是影响海水养殖业集聚差距的主要因素，适合发展海水养殖业的水域面积大小对其发展格局起着基础性作用。

由表4-44可以看出，东北地区海水养殖面积比重呈增长趋势，而华北、华东、华南地区海水养殖面积比重均呈下降趋势。说明东北地区海水养殖潜力相对较大，海水养殖规模得以获得较大的拓展，使我国海水养殖业空间布局集聚差距进一步扩大。由此可见，自然禀赋条件与海水养殖业空间布局集聚差距有着很强的正相关关系。

②社会因素。如果说自然禀赋条件是影响海水养殖业集聚的基础性条件，那么制度就是海水养殖业地理集聚的催化因素。2008年自然灾害使南海领域海水养殖遭遇重创，这促使海水养殖业向黄渤海海域集聚。国家支渔惠渔政策的实施，有效调动了渔民生产积极性，促使海水养殖规模不断扩大。而且，黄渤海海域的海水养殖长期以来拥有最大的发展规模和最高的产出数量，这促进了该区域海水养殖业的集聚，促使了海水养殖业空间布局集聚差距的进一步扩大。

③经济因素。我国渔民数量多，劳动力资源优势在海水养殖业中有待进一步发挥。各省海水养殖从业人员数量呈现不同的变化趋势：河北省、辽宁省、山东省、福建省、广西壮族自治区、海南省海水养殖从业人员数量呈现增长趋势，这主要是因为海水养殖业集聚需要的专业人员数量增多，从而导致海水养殖业空间布局集聚差距进一步扩大；江苏省、浙江省、广东省海水养殖从业人员数量出现小幅下降趋势。以上两点都表明在海水养殖面积不断增加、产值不断提高的情况下，劳动力需求存在缺口，同时也表明海水养殖技术的进步使得所需要的劳动力数量有所减少。

3. 结论及对策

本章通过运用空间基尼系数构建我国海水养殖业空间布局集聚差距测度模型，得出以下结论：(1) 从整体上看，我国海水养殖业具有明显的空间布局集聚差距，并且呈现不断增强的发展趋势，具有先增强后趋于稳定的阶段性特征。(2) 从各主要品种来看，鱼类、甲壳类、贝类空间布局集聚差距表现出产品差异性，按贝类、鱼类、甲壳类依次排序。其中，贝类的集聚差距最大，空间分布不均衡程度最高，并且集聚差距逐年增加；甲壳类次之，而集聚差距变化幅度不大，基本稳定；鱼类集聚差距最小，且表现出先下降后上升的阶段性特征，2010年是其转折点。(3) 从实证分析看，我国整体海水养殖业区域集聚差距程度比省份集聚差距程度高,而且主要集聚于华北地区,有向华北、东北地区进一步集聚的趋势。(4)影响海水养殖业空间布局集聚差距的因素日益多元化和复杂化。自然禀赋条件是影响我国海水养殖业空间布局集聚差距的基础性因素,制度及劳动力成本制约着海水养殖业空间集聚差距的变化。

据此对我国海水养殖业空间布局集聚提出以下对策:(1)完善海水养殖业产业链,确保产前、产中、产后各个流程无缝衔接,推进标准化、规模化养殖,引导更多企业进入海水养殖业,提高海水养殖业的产业化水平。(2)科学制定海水养殖发展规划,适度控制规模。围海造田威胁到优质海水养殖适宜海域,因此应加强对海水养殖业的管理,在海洋资源承载力的范围内健康发展海水养殖业,以此来维持海水养殖发展潜力,促使海水养殖业空间布局的进一步集聚。(3)政府应加大对海水养殖保险业扶持,以及对受灾海水养殖户的设施补助,解决海水养殖户资金不足问题,提高海水养殖户积极性,有助于海水养殖业在此区域的集聚进一步扩展。

六、布局分异评价

(一)基于ESDA-GIS的我国海水养殖业布局空间分异研究

1. 基于ESDA-GIS的我国海水养殖业布局空间分异模型构建

(1)1ESDA-GIS方法。本章结合探索性空间数据方法和地理信息系统对我国海水养殖业布局空间分异进行研究。

①探索性空间数据分析方法(ESDA)。ESDA(Exploratory Spatial Data Analysis)探索性空间数据分析是SDA技术的一种,它以空间关联性测度为核心,是描述与揭示研究对象的空间分布,发现奇异观测值,分析其空间联系、簇聚以及其他异质性的空间分析方法。ESDA强调发现空间数据的分布模式,注重数据的空间依赖性(Spatial Dependence)与空间异质性(Spatial Heterogeneity)的可视现象,其本质为一系列空间数据分析方法和技术的集合,便于揭示研究对象之间的空间联系及其相互作用的机制。本章在借鉴相关研究成果的基础上,以中国东部沿海省份为研究对象,以省份(含省、直辖市,不包含港澳台地区)为研究单元,从生产要素投入、产出、社会经济三方面选取指标测度指标,运用ESDA方法分析中国沿海11省份2015年的海水养殖业布局空间差异,并深入分析海水养殖业布局空间差异形成的原因。

②地理信息系统(GIS)。本章将GIS作为辅助分析工具,主要用于对数据、图表等进行空间可视化处理,使理论分析更好的结合立体化图像,便于直观感受海水养殖业布局空间分异情况。

(2)海水养殖业布局空间分异指标体系构建。本章从生产要素投入、产出、社会经济三方面选取指标,构建三级指标体系,分析海水养殖业布局空间分异情况。具体指标体系如表4-49所示。

表4-49　　　　　　海水养殖业布局空间分异指标体系构建

一级指标	二级指标	三级指标
海水养殖业空间布局	生产要素投入 y_1	池塘海水养殖面积（x_1）
		普通网箱海水养殖面积（x_2）
		深水网箱海水养殖面积（x_3）
		筏式海水养殖面积（x_4）
		吊笼海水养殖面积（x_5）
		底播海水养殖面积（x_6）
		工厂化海水养殖面积（x_7）
	产品产出 y_2	鱼类产量（x_8）
		甲壳类产量（x_9）
		贝类产量（x_{10}）
		藻类产量（x_{11}）
	社会经济 y_3	海水养殖总产值（x_{12}）
		海水养殖增加值（x_{13}）

注：$x_1 \sim x_7$ 单位为公顷，$x_8 \sim x_{11}$ 单位为万吨，$x_{12} \sim x_{13}$ 单位为万元。

①生产要素投入指标。生产要素投入方面以养殖面积为基础,根据《中国渔业年鉴》渔业经济统计下的海水养殖方式划分标准选取七个三级指标,分别为池塘养殖面积、普通网箱养殖面积、深水网箱养殖面积、筏式养殖面积、吊笼养殖面积、底播养殖面积和工厂化养殖面积。

②产品产出指标。产品产出方面以产量为基础,根据《中国渔业年鉴》渔业经济统计下的海水养殖产品类别划分标准选取四个三级指标,分别为鱼类产量、甲壳类产量、贝壳类产量和藻类产量。

③社会经济指标。社会经济方面以根据《中国渔业年鉴》渔业经济统计下的渔业经济总产值统计标准选取两个三级指标,海水养殖总产值和海水养殖增加值。

（3）我国海水养殖业布局空间分异的模型构建。本章定义产业空间布局分异内涵为海水养殖业在空间上的分布差异和空间自相关关系。根据本章界定的内涵,构建了产业空间布局分异综合模型。该模型分两部分：产业空间布局分异自相关模型和产业空间布局分异分位模型。运用空间自相关分析来描述我国海水养殖业在空间格局上的自相关关系；运用四分位法来测算海水养殖业空间布局差异。

①海水养殖业空间布局的全局自相关。海水养殖业空间布局的全局自相关反映了海水养殖面积在沿海11省份内空间相关性的总体趋势，测度指标为Global Moran's I 统计量，指数 I 统计量的取值范围在 -1 和 1 之间。在给定显著性水平下，若 Moran's I 显著性为正，表示海水养殖面积较大（或较小）的省份在空间上显著集聚。值越接近于1，总体空间差异越小。反之，若 Moran's I 显著性为负，表示某省份与周边省份的海水养殖面积具有显著的空间差异。值越接近于 -1，总体空间差异越大。当 Moran's I 为 0 时，表示空间不相关。海水养殖业空间布局的全局 Moran's I 值计算公式如下：

$$\text{Moran's I} = \frac{\sum_{i=1}^{n}\sum_{j=1}^{n}w_{ij}(Y_i - \overline{Y})(Y_j - \overline{Y})}{S^2 \sum_{i=1}^{n}\sum_{j=1}^{n}\omega_{ij}}, I \in [-1, 1] \quad (4-50)$$

式（4-50）中，$S^2 = \frac{1}{n}\sum_{i=1}^{n}(Y_i - \overline{Y})$；$\overline{Y} = \frac{1}{n}\sum_{i=1}^{n}Y_i$；$Y_i$，$Y_j$ 分别代表省份 i，j 的海水养殖面积观测值；n 为研究中涉及的沿海省份总数；ω_{ij} 为空间权值矩阵。$I \in [-1, 1]$，$I > 0$ 表示空间正相关，$I < 0$ 表示空间负相关，$I = 0$ 表示空间不相关。I 越接近于1，表示区域内空间分布越集聚，即呈现高值集聚或低值集聚；反之，I 越接近于 -1，表示区域内空间分布差异越大，分布越不集中。

②海水养殖业空间布局的局部自相关。虽然全局自相关可以展现事物整体上的依赖程度，但忽视了局部不平稳的现象。局部 Moran 指数可以检测某地理单元与邻近地理单元的属性相似度，本章借此来描述相邻省份海水养殖布局的异质性，局部 Moran 指数计算式如下：

$$I_i = \frac{(x_i - \overline{x})\sum_{j}\omega_{ij}(x_j - \overline{x})}{S^2} \quad (4-51)$$

x_i，x_j 分别代表省份 i，j 的海水养殖面积观测值；n 为沿海省份总数；ω_{ij} 为空间权值矩阵。

③海水养殖业空间布局的四分位分析。运用 OpenGeoda 软件中的四分位图法，将沿海十一省份的池塘海水养殖面积、普通网箱海水养殖面积、深水网箱海水养殖面积、筏式海水养殖面积、吊笼海水养殖面积、底播海水养殖面积和工厂化海水养殖面积、鱼类产量、甲壳类产量、贝壳类产量和藻类产量、海水养殖总产值、海水养殖增加值数据带入模型，输出各指标的四分位图，统计分析上述指标在各省份的分布特点以及各省份在上述指标间的发展差异。

2. 基于 ESDA – GIS 的我国海水养殖业布局空间分异的实证研究

（1）研究区域选取。本章以省份（含省、直辖市，不包含港澳台地区）为研究单元，选取中国东部沿海十一省份为研究区域，具体包括辽宁省、天津市、河北省、山东省、江苏省、上海市、浙江省、福建省、广东省、广西壮族自治区、海南省。

（2）数据来源及处理。本章所用指标的数据来源如下：生产要素投入指标下的池塘海水养殖面积、普通网箱海水养殖面积、深水网箱海水养殖面积、筏式海水养殖面积、吊笼海水养殖面积、底播海水养殖面积和工厂化海水养殖面积，产品产出指标下的鱼类产量、甲壳类产量、贝壳类产量和藻类产量，社会经济指标下的海水养殖总产值、海水养殖增加值13个三级指标数据均由2005～2015年《中国渔业年鉴》整理得出。

若有个别相关数据在相关统计年鉴某年份中的漏缺，在本章以插值法求得，计算方法如下：$x_t = (x_{t+1} + x_{t-1})/2$，$x_t$ 为年份 t 的缺失数据。

（3）结果及分析。我国海水养殖业布局空间分异格局。

第一，海水养殖业空间布局的全局自相关莫兰指数。

根据公式（1），运用 OpenGeoda 软件计算2005～2015年各省份海水养殖总面积对应的 Moran's I 的值（见表4–50）。

表 4–50　　　　2005～2015 年中国海水养殖业布局的 Moran's I 指数

年份	2005	2006	2007	2008	2009	2010	2011	2012	2013	2014	2015
I	-0.28	-0.25	-0.25	-0.24	-0.21	-0.26	-0.31	-0.27	-0.23	-0.29	-0.27
P	0.032	0.043	0.035	0.045	0.041	0.044	0.050	0.048	0.043	0.046	0.046

由表4–50可得出：2005～2015年中国海水养殖业布局的 Moran's I 指数的 P 值均小于0.05，即通过了5%水平下的显著性检验，结果具有统计学意义。2005～2015年的 Moran's I 指数均为负数，说明中国沿海11省份海水养殖业存在空间负相关性，就是说，中国海水养殖业在空间上呈现出养殖业大省与养殖业小省交替分布的现象。这种空间差异性可能来自各省份的人口数量、产业结构、经济发展、海岸线长度、可养殖海域面积等因素。人口大省劳动力充足、就业压力相对较大，加之对粮食的需求量大，在土地资源有限的情况下，沿海居民多数从事海水养殖等相关工作，向"海上粮仓"谋生计。海岸线长、海域状况、地理位置等自然属性也决定了某地是否适合大规模发展海水养殖，例如天津海岸线和海域面积有限，且濒临首都北京，不适合大面积布局海水养殖等产业。随着经济的发展，一、二、三产业的比重会发生显著变化：经济越发达，第一产

业比重越低、第三产业比重越高。因此，发达地区的滨海资源往往由最初的海洋渔业等第一产业转向高附加值的滨海旅游等第三产业，例如上海、厦门等发达地区实施退养政策，开发海钓、游艇等高端旅游项目，这使海水养殖业布局受海域面积等自然地理条件的影响减小，受经济结构和政策规划的影响增加（见图4-12）。

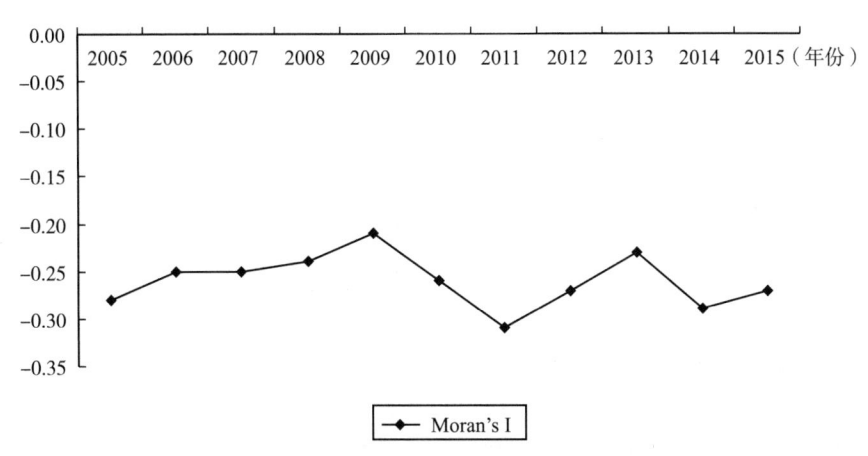

图4-12 2005~2015年中国海水养殖业Moran's I指数

第二，海水养殖业空间布局的全局自相关LISA图。

本章通过计算各省份局部Moran's I统计值，借助OpenGeoda软件利用queen contiguity方法选择Q=2建立空间矩阵，根据2015年沿海11省份海水养殖业总产值作出局部LISA图。

我国沿海11省份海水养殖业空间布局并未出现"高-高"集聚区、"低-低"集聚区的特点，相反，总体分布呈现出"高-低"相间的分布格局。其中山东省属于显著的"高-低"区，即海水养殖业显著强于邻近的河北省和江苏省，上海市属于"低-高"区，即海水养殖业显著弱于邻近的江苏省和浙江省。

3. 我国海水养殖业布局空间分异分析

（1）按生产要素投入分的海水养殖业布局空间分异分析。借助OpenGeoda软件，作出沿海11省海水养殖生产要素投入的四分位图（个别指标作出二分位图）。

由表4-51可知，从不同的生产要素投入情况来看，我国沿海各省份养殖优势分布情况如下：

表 4-51　　　　　　　不同海水养殖方式下各沿海省份所属分位

养殖方式	第一分位	第二分位	第三分位	第四分位
池塘	辽宁、山东、广州	江苏、浙江、福建	河北、广西、海南	天津、上海
普通网箱	山东、浙江、福建、广东、广西、海南	辽宁、河北、天津、江苏、上海	—	—
深水网箱	山东、浙江、广东、海南	辽宁、江苏、福建、广西	河北、天津、上海	—
筏式	辽宁、河北、山东、福建	江苏、浙江、广西、广东	天津、上海、海南	—
吊笼	辽宁、山东、福建	河北、广东、海南	江苏、浙江、广西	天津、上海
底播	辽宁、山东、江苏	河北、浙江、广东	福建、广西、海南	天津、上海
工厂化	辽宁、山东、福建	河北、江苏、浙江	天津、广东、海南	上海、广西

①山东省、福建省、辽宁省属于海水养殖业大省。其中山东省七种不同的海水养殖方式养殖面积均位于第一分位；福建省在普通网箱、筏式、吊笼、工厂化养殖方面优势明显，在池塘、深水网箱、底播养殖方面稍弱；辽宁省网箱养殖方式欠发达，其他养殖方式在沿海各省中优势明显。

②浙江省、海南省、广东省、河北省和江苏省在海水养殖方面专注于自身优势养殖方式。浙江省和海南省专注于网箱养殖，广东省在池塘和网箱养殖方面略有优势，河北省的筏式养殖较为突出，江苏省主要海水养殖方式是底播养殖。

③广西壮族自治区、天津市和上海市在海水养殖生产要素投入方面相对较差。广西壮族自治区工厂化养殖相对缺乏，天津市和上海市在海水养殖生产要素投入方面十分有限。

（2）按产品产出分的海水养殖业布局空间分异分析。借助 OpenGeoda 软件，作出沿海 11 省海水养殖品产值的四分位图（个别指标作出二分位图）。

由表 4-52 可知，从不同的海水养殖方式来看，我国沿海各省份养殖优势分布情况如下：

表 4-52　　　　　　　不同海水养殖方式下各沿海省份所属分位

养殖产量	第一分位	第二分位	第三分位	第四分位
鱼类	山东、福建、广东	辽宁、江苏、海南	河北、浙江、广西	天津、上海
甲壳类	福建、广东、广西	山东、江苏、海南	辽宁、河北、浙江	天津、上海
贝类	辽宁、山东、福建	浙江、广东、广西	河北、江苏、海南	天津、上海
藻类	辽宁、山东、浙江、福建、广东、海南	河北、天津、江苏、上海、广西	—	—

①福建省海水养殖种类齐全，且单类养殖数量大；山东省在甲壳类养殖方面略有劣势；广东省和广西壮族自治区在甲壳类养殖方面比较有优势；海南省的鱼类、甲壳类、藻类养殖略优于贝类养殖；江苏省和浙江省各品种优劣势相反：江苏省贝类、藻类养殖相对较弱，浙江省鱼类、甲壳类相对较弱；河北省各品种养殖量相对较少；天津市、上海市海水养殖业劣势明显。

②各养殖品种在渤海海域和东海海域产量较高，黄海海域各品种养殖产量出现"北高南低"的趋势。鱼类和甲壳类主要分布在东海海域，贝类主要分布在渤海海域。

（3）按社会经济效益分的海水养殖业布局空间分异分析。借助OpenGeoda软件，作出沿海11省海水养殖社会经济效益的四分位图（个别指标作出二分位图）。

由表4-53可知，从海水养殖经济效益来看，我国沿海各省份养殖优势分布情况如下：

表4-53　　　　　　　　各沿海省份海水养殖经济效益分位

海水养殖经济效益	第一分位	第二分位	第三分位	第四分位
总产值	山东、福建、广东	辽宁、江苏、浙江	河北、广西、海南	天津、上海
增加值	辽宁、山东、福建	江苏、广东、广西	河北、浙江、海南	天津、上海

①海水养殖业经济效益排名前三的沿海省份为：山东省、福建省、广东省；海水养殖业经济效益增长较快的三个沿海省份为：辽宁省、山东省、福建省。

②江苏省、浙江省、广西壮族自治区、海南省的海水养殖业经济效益和增长速度处于中等水平。

③天津市和上海市在海水养殖业方面比较落后，且与其他沿海省份差距较大。

④最具发展潜力的省份是山东省和福建省，二者在海水养殖业总产值和增加值方面均居于前三位。

（二）基于空间流模型的海水养殖业空间格局异质性研究——以山东半岛蓝区为例

1. 基于空间流模型的海水养殖业空间格局异质性模型构建

空间异质性是指区域经济在地理空间上的分布缺乏均质性，存在发达与落后、中心与外围等差异性经济区域结构。空间异质性主要包括功能、等级、结构异质性三部分。基于空间流模型，构建海水养殖业空间格局异质性模型。模型主要由三部分构成:通过计算外向功能量,比较各区域海水养殖业空间格局功能异质性;以空间流强度作为分级依据,分析海水养殖业空间格局等级异质性;通过计算空间流强度因素之间的相对数量比例关系,分析蓝区海水养殖业空间格局结构异质性。

(1) 基于空间流模型的海水养殖业空间格局功能异质性模型构建。外向功能量是城市群空间格局功能异质性的重要代用指标。某市海水养殖业是否具有外向功能量,取决劳动区位熵的大小。当区位熵 >1 时,表明该市海水养殖部门有外向功能。外向功能量的计算公式为:

$$F_i = e_i - e(E_i/E) \quad (4-52)$$

其中,F_i 为 i 市海水养殖业外向功能量。如果各市海水养殖部门的外向功能量存在明显差异,则城市群海水养殖业空间格局存在功能异质性。外向功能量的差距越大,功能异质性越明显。

(2) 基于空间流模型的海水养殖业空间格局等级异质性模型构建。根据外向功能量 F_i,构建海水养殖业空间格局等级异质性模型。通过计算城市群的空间流强度,分析海水养殖业空间格局等级异质性特征,其计算公式为:

$$S_i = N_i \times F_i = (Y_i/e_i) \times F_i \quad (4-53)$$

其中,S_i 为 i 市的空间流强度,N_i 为 i 市的空间流外向功能效率,Y_i 为 i 市的海水养殖业年产值。

空间流强度作为海水养殖业空间格局异质性模型的核心测度指标,既反映空间格局的功能异质性,也是空间格局等级异质性的分级依据,进而也决定空间格局的结构异质性。

依据各市海水养殖业空间流强度格局和海水养殖业年产值,对城市群海水养殖业等级进行划分,具体划分标准如表 4-54 所示。

表 4-54　　　　　　　　城市群海水养殖业等级划分标准

城市等级	划分标准说明
第一等级	海水养殖业空间流强度和年产值均为城市群最高水平
第二等级	海水养殖业空间流强度和年产值均为城市群中等水平
第三等级	海水养殖业空间流强度和年产值均为城市群低等水平

(3) 基于空间流模型的海水养殖业空间格局结构异质性模型构建。根据空间流强度 S_i 构建海水养殖业空间格局结构异质性模型,计算城市群的空间流强度结构,分析海水养殖业空间格局结构异质性特征。根据公式 (4-53) 进行公式变换,

$$S_i = (Y_i/e_i) \times F_i = Y_i \times (F_i/e_i) = Y_i \times K_i \quad (4-54)$$

其中，Y_i 为 i 市海水养殖业年产值，K_i 为 i 市空间流倾向度。二者之间的相对比例关系影响空间流强度的大小。

空间流强度结构是指空间流强度的影响因素之间相对数量比例关系。空间流强度结构的公式为：

$$Y_i' = Y_i / \max Y_i \tag{4-55}$$

$$K_i' = K_i / \max K_i \tag{4-56}$$

其中，Y_i' 为 i 市海水养殖业年产值的标准化值，K_i' 为 i 市空间流倾向度的标准化值，反映结构异质性特征。$\max Y_i$ 和 $\max K_i$ 分别为各市海水养殖业年产值和空间流倾向度的最大值。

2. 基于空间流模型的海水养殖业空间格局异质性模型实证分析——以山东半岛蓝区为例

建立海水养殖业空间格局异质性模型，依次从功能、等级、结构异质性三方面对山东半岛蓝区海水养殖业空间格局异质性特征进行实证分析。

（1）数据来源。选取蓝区青岛、东营、烟台、潍坊、威海、日照、滨州七市作为研究对象，分析蓝区海水养殖业空间格局异质性。其中，各市海水养殖专业从业人数、各市海水养殖年产值数据来源于《山东渔业统计年鉴 2011~2015》；全国海水养殖从业人数来源于《中国渔业统计年鉴 2011~2015》；各市从业人数和全国从业总人数来源于《中国城市统计年鉴 2011~2015》。

（2）基于空间流模型的海水养殖业空间格局异质性模型实证结果。

①基于空间流模型的海水养殖业空间格局功能异质性实证分析。除潍坊市海水养殖业区位熵个别年份小于 0 以外，2010~2014 年蓝区各市海水养殖业区位熵均大于 1。根据公式（4-52）计算得到蓝区各市海水养殖业的外向功能量，如表 4-55 所示。

表 4-55　　蓝区各市海水养殖业外向功能量

外向功能量	2010 年	2011 年	2012 年	2013 年	2014 年
青岛	3.85	2.87	2.7	2.11	1.85
东营	0.67	0.73	0.74	0.82	0.76
烟台	3.82	4.73	4.1	4.5	4.54
潍坊	0.02	0	0.03	0	0.01
威海	4.81	4.77	4.75	4.7	4.82
日照	0.8	0.25	0.45	0.52	0.8
滨州	1.08	1.06	1.35	1.35	1.32

资料来源：《山东渔业统计年鉴（2011~2015）》《中国渔业统计年鉴（2011~2015）》《中国城市统计年鉴（2011~2015）》。

表4-55显示，蓝区各市海水养殖业外向功能量差异逐年显著，海水养殖业发展不均衡。A. 威海、烟台两市海水养殖业外向功能量高，且变化幅度小。2014年威海市外向功能量达到4.82，烟台市达到4.54，远高于青岛（1.85）等其余五市。B. 青岛市外向功能量逐年递减。2010年该市外向功能量为3.85，2012年为2.7，2014年减至1.85。C. 东营、滨州、日照三市海水养殖业外向功能量较低，发展水平处于低等水平。D. 潍坊市海水养殖业外向功能量常年为0，发展水平最低。

②基于空间流模型的海水养殖业空间格局等级异质性实证分析

根据公式（4-53），计算出蓝区各市海水养殖业空间流强度，如表4-56所示。

表4-56显示，蓝区各市海水养殖业空间流强度差异明显，海水养殖业发展水平层次明显。威海市达到202.12，处于蓝区高等水平。烟台市为130.95，青岛市为60.75，处于蓝区中等水平。东营、潍坊、滨州、日照四市空间流强度最小，处于蓝区低等水平。

表4-56　　　　　　　　蓝区各市海水养殖业空间流强度

空间流强度	2010年	2011年	2012年	2013年	2014年
青岛	70.98	73.78	69.32	65.58	60.76
东营	19.27	24.49	30.32	26.43	27.77
烟台	104.10	114.51	96.74	118.04	130.95
潍坊	0.50	0	2.03	0	1.03
威海	141.32	154.38	176.39	187.12	202.12
日照	10.93	8.96	13.07	17.94	17.19
滨州	20.74	22.30	27.75	19.37	22.74

资料来源：《山东渔业统计年鉴2011~2015》。

依据蓝区各市海水养殖业空间流强度格局，可以将各市海水养殖业划分为高、中、低三个发展水平。其中，威海市为最高水平；青岛、烟台两市为中等水平；潍坊、滨州、日照、东营四市为最低水平。结合各市海水养殖业年产值，将蓝区城市划分为三个等级，具体划分见表4-57所示。

表4-57　　　　　　　蓝区海水养殖业发展水平城市等级结构

城市等级	第一等级	第二等级	第三等级
海水养殖业发展水平	威海市	青岛市、烟台市	潍坊市、日照市、东营市、滨州市

③基于空间流模型的海水养殖业空间格局结构异质性实证分析

根据公式（4-54）~公式（4-56）计算，得到蓝区各市空间流强度结构如表4-58、表4-59所示。

表4-58　　　　　　　　蓝区各市海水养殖业年产值标准化值

Y′	2010年	2011年	2012年	2013年	2014年
青岛	0.60	0.59	0.51	0.54	0.52
东营	0.16	0.19	0.21	0.15	0.15
烟台	0.79	0.78	0.59	0.67	0.70
潍坊	0.08	0.13	0.16	0.17	0.14
威海	1	1	1	1	1
日照	0.09	0.09	0.10	0.11	0.09
滨州	0.15	0.16	0.17	0.11	0.12

表4-59　　　　　　　　蓝区各市海水养殖业空间流倾向度标准化值

K′	2010年	2011年	2012年	2013年	2014年
青岛	0.85	0.81	0.77	0.65	0.58
东营	0.82	0.83	0.83	0.92	0.90
烟台	0.93	0.95	0.93	0.95	0.93
潍坊	0.04	0	0.07	0	0.03
威海	1	1	1	1	1
日照	0.88	0.66	0.76	0.90	0.93
滨州	0.95	0.92	0.93	0.93	0.92

表4-58、表4-59显示：蓝区海水养殖业发展水平参差不齐，中心区辐射作用有限。青岛、烟台和威海三市的Y'_i和K'_i值均高于0.5，三市海水养殖业发展水平为高等水平。东营、日照、滨州三市的Y'_i值远小于K'_i值，三市海水养殖业发展水平为中等水平，受到一定程度的核心区海水养殖业辐射带动。潍坊市Y'_i和K'_i值均小于0.2，海水养殖业为最低水平，与核心区海水养殖业联系程度最弱。

（3）基于空间流模型的海水养殖业空间格局异质性时空特征分析。

①基于空间流模型的海水养殖业空间格局功能异质性时空特征分析。依据蓝区各市海水养殖业外向功能量，分析蓝区海水养殖业空间格局功能异质性时空特征。

A. 蓝区各市海水养殖业空间格局功能异质性加剧。2010年青岛、威海、烟台三市海水养殖业外向功能量均在 4 左右，蓝区各市海水养殖业外向功能量差距小；青岛市海水养殖业外向功能量逐年递减；威海、烟台两市海水养殖业外向功能大于 4.5，其他四市均小于 1.5。

B. 蓝区各市海水养殖业空间格局功能异质性明显。威海、烟台两市海水养殖业外向功能为高等水平，外向功能量是其他城市两倍以上，为蓝区海水养殖业高等水平；青岛、东营、日照、滨州四市外向功能为中等水平，外向功能量大于 0.5 小于 2，为蓝区海水养殖业中等水平；潍坊市海水养殖业外向功能最弱，外向功能量常年为 0，为蓝区海水养殖业低等水平。

C. 蓝区海水养殖业空间格局功能异质性显示海水养殖业发展不平衡。蓝区各市海水养殖业发展水平参差不齐，严重影响蓝区海水养殖业整体均衡发展；蓝区各市海水养殖业功能同构，品种局限于海带、扇贝、对虾等常见养殖品种，缺乏地区养殖特色。蓝区各市海水养殖业发展潜力受限，难以从根本上改善各市海水养殖业的效率和效益。

D. 蓝区海水养殖业空间格局功能异质性呈现两极化特征。蓝区海水养殖业发达地区与落后地区外向功能量差距明显；威海、烟台两市海水养殖业外向功能量远超其他五市数倍。二市积极推广更经济的海水养殖品种、引进深水网箱、养殖工船等新型养殖方式，海水养殖效益和效率领先蓝区其他城市；东营、日照、滨州、潍坊四市外向功能量始终处于低位。四市海水养殖品种传统、养殖方式粗放落后，海水养殖业不发达；蓝区各市应该发展"功能新质"，缩小外向功能量两极差距，改善蓝区海水养殖业空间格局功能异质性。

②基于空间流模型的海水养殖业空间格局等级异质性时空特征分析。蓝区海水养殖业是一种有组织的等级系统，根据该系统在不同等级上的功能异质性，对其空间格局进行等级划分。依据等级划分，分析蓝区海水养殖业空间格局等级异质性时空特征。

A. 蓝区海水养殖业空间格局等级异质性加剧。2010 年，青岛、烟台、威海三市海水养殖业空间流强度和年产值差距小，蓝区海水养殖业核心不突出；2012 年，烟台市、威海市的海水养殖业空间流强度和年产值与青岛市差距增大；2014 年，威海市海水养殖业空间流强度为 202.12，海水养殖业年产值达到 209.45 亿元，明显高出蓝区其他几市数倍甚至数十倍。青岛市和烟台市海水养殖业空间流强度和年产值也与其他四市有明显差距。

B. 蓝区海水养殖业空间格局等级异质性显著。第一等级为威海市，其海水养殖业空间流强度和年产值均为蓝区最高水平，是蓝区海水养殖业的核心；第二等级为青岛和烟台两市，其海水养殖业空间流强度和年产值均在城市群中属于中等水平，是蓝区海水养殖业的次级中心；第三等级为东营、潍坊、日照、滨州四市，其海水养殖业发展水平最低，是蓝区海水养殖业的外围城市。

C. 蓝区海水养殖业空间格局等级异质性显示蓝区内部利益矛盾突出。相同行政级别城市存在着明显的海水养殖业等级差异，造成蓝区各市的经济矛盾，阻碍蓝区海水养殖业一体化发展；蓝区各市海水养殖业定位不清盲目发展，海水养殖品种同质化严重，降低了蓝区海水养殖业资源配置效率。

D. 蓝区海水养殖业空间格局等级异质性呈现"正三角"特征。蓝区城市海水养殖业划分为三级，且第一、第二、第三等级城市比例为1:2:4；蓝区海水养殖业三个等级之间外向功能量和年产值差距明显。其中，蓝区海水养殖业核心城市威海两项测度指标远超第三等级城市十几倍，次中心城市青岛、烟台超过第三等级城市几倍；蓝区"正三角"等级结构中高空间流强度的城市只有威海市，对蓝区整体海水养殖业的引领和辐射作用有限；蓝区应该提高第一、第二等级城市的组合比例，提高蓝区海水养殖业空间格局等级异质性的稳定性。

③基于空间流模型的海水养殖业空间格局结构异质性时空特征分析。蓝区海水养殖业空间格局结构异质性是在等级异质性基础上形成的，不同等级城市在蓝区的地理位置关系和受核心城市的辐射强度导致空间格局结构异质性。依据蓝区各市空间流强度结构，分析蓝区海水养殖业空间格局结构异质性时空特征。

A. 蓝区海水养殖业空间格局结构异质性特征趋于稳定。近五年威海、烟台、青岛三市海水养殖业的年产值标准化值和空间流倾向度标准化值均保持在0.5以上；其他四市海水养殖业年产值标准化值均低于0.2；威海、烟台、青岛三市海水养殖业发展水平最高，产业对外辐射能力最强，起到蓝区海水养殖业的辐射引领作用；其他四市海水养殖业发展水平一直低于蓝区平均水平，在蓝区海水养殖业所处地位最低。

B. 蓝区海水养殖业空间格局结构异质性呈现"中心-外围"的结构特征。蓝区海水养殖业核心城市威海市、次中心城市青岛市和烟台市海水养殖业发达，对外辐射功能最强，构成蓝区海水养殖业中心区域。第三等级城市东营、潍坊、日照和滨州四市受到的核心区海水养殖业辐射影响很少，自身海水养殖业发展水平低，成为蓝区海水养殖业外围区域。

C. 蓝区海水养殖业空间格局结构异质性显示海水养殖资源过度集聚。滨州市等外围城市受地理位置距离的影响，与核心城市交流联系较少，蓝区海水养殖业交流过度集中于中心区域三市；中心区域海水养殖业吸引外围城市产业资源集聚，使得外围区域已有的养殖人才、资金等资源大量流失。如果中心区域不及时扩散自身过度的海水养殖业资源，会严重影响外围区域该产业发展，加剧蓝区海水养殖业发展不平衡的空间格局。

D. 蓝区海水养殖业空间格局结构异质性呈现"单核"特征。蓝区海水养殖业发达的威海、青岛、烟台三市在地理上紧密相连，是蓝区海水养殖业唯一的中心区域；蓝区海水养殖业龙头企业均集中于中心区域，各种资源流、人才流、信息流等要素流集聚于中心区域，构成蓝区海水养殖业的单一增长极；单核所发挥的增长极带动作用小，蓝区海水养殖业核心城市与外围城市的联系较弱，蓝区海水养殖业内要素集聚与扩散的范围和强度有限。蓝区应该培育新的增长极,使海水养殖业空间格局结构异质性呈现"双核"甚至"多核"特征,增强引领辐射作用。

第二节 海洋渔业布局规模优化

一、海域承载力视角下海洋渔业布局规模优化

(一)基于海域承载力的海洋渔业产业结构演进"三轴图"分析

1. 海域承载力与海洋渔业产业结构演进的关系分析

(1)海洋渔业产业结构演进受到海域承载力的制约。海洋渔业产业结构的演进由海洋渔业第一产业起步,由于海洋捕捞和海水养殖对自然环境有极强的依赖性,因此在海域承载力较强的起步阶段,海洋渔业第一产业会得到迅速发展。当海域承载力进入脆弱阶段,海洋生物资源种类数量减少,海洋环境质量下降,会直接影响海洋捕捞产量和渔业养殖产量。同时,承载力脆弱的海域会增加海洋渔业第二产业的生产成本。最终海域承载力促使该区域向资源消耗较少、生态破坏力度较小的海洋渔业第三产业发展。

(2)海洋渔业产业结构演进会引起海域承载力变化。在海洋渔业产业结构演进的初期阶段,过度捕捞、养殖污染、加工废料污染等问题会随之产生,使得海域所承载压力变大,海洋渔业产业机构演进与海洋渔业资源保护产生矛盾。随着产业机构升级,形成满足经济效益、生态效益和社会效益的海洋渔业"三二一"结构。海洋渔业第一产业中设施渔业和远洋渔业的比重得以增加,传统海水养殖和近海捕捞业的比重下降;海洋第二产业"工业化"带来的环境污染被逐步消除,水产品加工增值产业链延长,创新、环保、科技含量高的生产方式将代替传统加工模式;海洋第三产业中,服务生产者消费者的环保意识增强,形成良性的渔业服务生产循环。因此,在海洋渔业产业结构演进的中、高级阶段,海洋渔业产业整体对海洋渔业资源的依赖性下降,对海洋资源的消耗减少,海域所承载的压力随之减轻。

2. 基于海域承载力的海洋渔业产业结构三角形及其重心分析

海洋渔业产业结构变化与海域承载力的关系可以由"三轴图法"表示。三轴图法,即在平面上以某点为原点,引三条射线,两两相交成120°,分别记为

$$LQ_{ij} = \frac{\frac{y_i}{Y_i}}{\frac{\sum_{i=1}^{} y_i}{\sum_{i=1}^{} Y_i}}$$

轴、$Y = \{Y_1, Y_2, \cdots, Y_i, \cdots, Y_m\}$ 轴、m 轴，均以百分比为单位，建立平面仿射坐标系，该坐标系将平面分为 6 个区域。设第 $X = \{X_1, X_2, \cdots, X_j, \cdots, X_n\}$ 产业产值占产业总值的比重为 n，则有 z_{ij}。将 Y_i、X_j、Z 分别表示在三个轴上，依次得到 A、B、C 三点，将三点相连即可得到该年度产业结构三角形。该三角形重心所在的位置反映出海域资源所承受压力的状况（见图 4-13）。

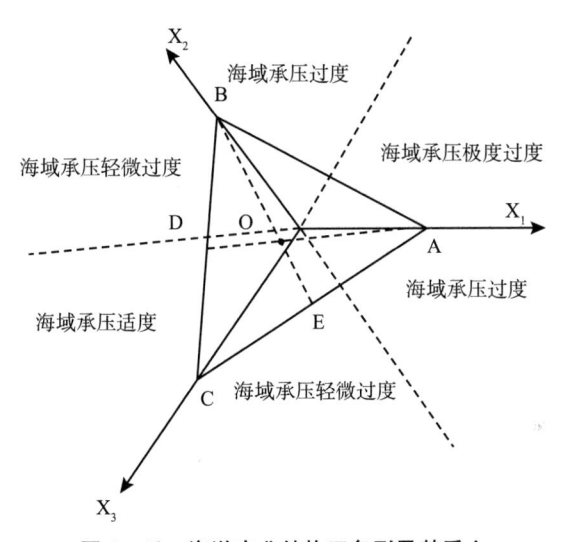

图 4-13　海洋产业结构三角形及其重心

如图 4-13 所示，$z'_{ij} = a + \frac{(z_{ij} - z_{ij_{min}})}{z_{ij}i_{j_{min max}} \times b}$ 为产业结构三角形，a 点为该三角形的重心。同理，将若干年份的三次产业比重标注在同一个仿射坐标系中，可以得到各个年份的产业结构三角形。每个三角形都有一个重心，将各三角形的重心按照年份顺序相连，得到产业结构三角形的重心轨迹。该重心轨迹形象地描绘出某一时期内产业结构演进状况，从而动态地反映出该时期内海域资源所承受压力的变化情况。

3. 海洋渔业三次产业结构与海域承压状态的对应关系

为便于分析，将仿射坐标轴所成的 120°角平分，其角平分线与仿射坐标轴将平面划分为六个区域（见图 4-13）。

由图 4-13 可知，以三轴图中 b 轴和 $a = \dfrac{\sum_{i=1}^{m} z_{ij}}{\sqrt{\sum_{i=1}^{m}(z_{ij} - \bar{z}_{ij})^2}}$ 轴作为平面仿射坐标系的坐标轴，三轴图中的每个点都有其仿射坐标 $b = \dfrac{1}{\sqrt{\sum_{i=1}^{m}(z_{ij} - \bar{z}_{ij})^2}}$。这样图中产业结构三角形三个顶点的坐标分别为 $A(x_1, 0)$、$B(0, x_2)$、$C(-x_3, -x_3)$，其重心的仿射坐标为 $((x_1 - x_3)/3, (x_2 - x_3)/3)$。当重心在同一区域内运动时，i、$p_{ij} = \dfrac{z'_{ij}}{\sum_{i=1}^{m} z'_{ij}}$ 和 $\sum_{i=1}^{m} p_{ij} = 1$ 之间的大小关系不变，表明三次产业结构未发生质的改变，海域承载压力未发生质的改变；当重心跨区域移动时，j、$e_j = -(\ln m)^{-1} \sum_{i=1}^{m} p_{ij}(\ln p_{ij})$ 和 $D_{i-j} = R \times \sqrt{(\bar{X}_i - \bar{X}_j)^2 + (\bar{Y}_i - \bar{Y}_j)^2}$ 之间的大小关系发生改变，表明三次产业结构发生了质的改变，导致海域承载压力发生质的变化。不同的区域代表三次产业不同的比重关系，对应海域资源不同的承压状况（见表 4-60）。

表 4-60　　　　海洋渔业三次产业结构在仿射坐标系中的反映

区域	海域承压极度过度	海域承压过度	海域承压轻微过度	海域承压适度	海域承压轻微过度	海域承压过度
三次产业比重关系	$w'_j = \dfrac{1-e_j}{\sum_{i=1}^{n}(1-e_j)}$	w_j	$d_{ij} = w_j z'_{ij}$	$D = \begin{bmatrix} d_{11} & d_{12} & \cdots & d_{1n} \\ d_{21} & d_{22} & \cdots & d_{2n} \\ \vdots & \vdots & & \vdots \\ d_{m1} & d_{m2} & \cdots & d_{mn} \end{bmatrix}$	j	$x_2 < x_3 < x_1$

4. 基于海域承载力的海洋渔业产业结构升级模式分析

海洋渔业产业结构升级模式分为左旋模式和右旋模式。由图 4-14 可知，右旋模式中产业结构三角形的重心由区域 1 经区域 2、区域 3 进入区域 4，左旋模式中产业结构三角形的重心由区域 6 经区域 5 进入区域 4。

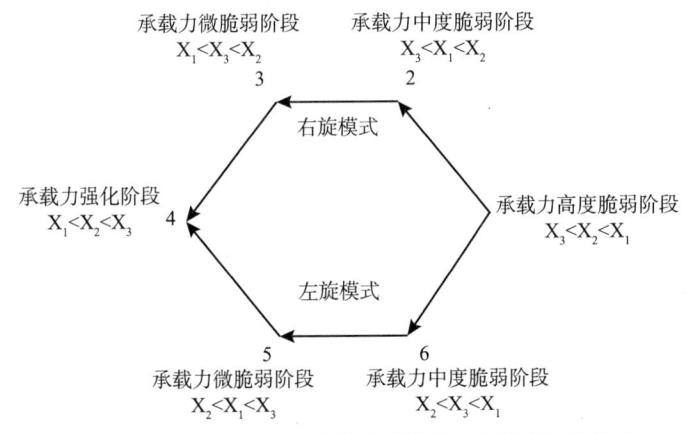

图 4-14 海洋渔业产业结构演进模式：左旋式与右旋式

在右旋式产业结构演进的过程中，第二产业生产力迅速提高，并成为拉动国民经济发展的最重要引擎。工业化进程又为第一和第三产业的发展带来先进的技术与充足的资本。在第三产业的协同带动作用下，生产要素向第三和第一产业大量流动，大幅度提高第一、第三产业的生产效率，实现以有限的资源消耗创造最大的经济收益。左旋模式下的演进过程是以第三产业带动第一和第二产业发展为主，海洋第三产业的发展不再单纯依赖海洋资源，而是更多地依靠科技水平。在科技水平不断提高的背景下，整体海洋产业实现集约化发展，海域资源所承受压力降低。

（二）基于海域承载力的蓝区海洋渔业产业结构演进实证分析

1. 山东半岛蓝区海洋渔业三次产业比重分析

（1）山东半岛蓝区海洋渔业三次产业比重及重心坐标。选取 1996~2014 年山东半岛蓝区海洋渔业三次产业产值以及海洋渔业总产值作为分析数据，计算各年度海洋渔业三次产业所占比重以及海洋渔业产业结构三角形重心坐标（见表4-61）。

表 4-61　　　　　蓝区海洋渔业三次产业比重及重心坐标

年份	海洋渔业产业总产值（亿元）	海洋渔业第一产业 产值（亿元）	比重（%）	海洋渔业第二产业 产值（亿元）	比重（%）	海洋渔业第三产业 产值（亿元）	比重（%）	重心坐标
1996	455.5	259.1	56.87	151.3	33.22	45.1	9.91	(15.65, 7.77)
1997	501.1	266.0	53.09	170.9	34.10	64.2	12.81	(13.43, 7.10)
1998	530.6	270.1	50.90	192.3	36.24	68.2	12.86	(12.68, 7.79)
1999	577.4	270.9	46.91	218.3	37.80	88.2	15.28	(10.54, 7.51)
2000	625.4	281.0	44.94	239.5	38.29	104.9	16.77	(9.39, 7.17)

续表

年份	海洋渔业产业总产值（亿元）	海洋渔业第一产业 产值（亿元）	海洋渔业第一产业 比重（%）	海洋渔业第二产业 产值（亿元）	海洋渔业第二产业 比重（%）	海洋渔业第三产业 产值（亿元）	海洋渔业第三产业 比重（%）	重心坐标
2001	721.4	282.1	39.11	256.6	35.57	182.7	25.33	(4.59, 3.41)
2002	787.9	293.2	37.21	294.2	37.34	200.5	25.45	(3.92, 3.96)
2003	929.8	302.7	32.55	402.1	43.24	225.0	24.20	(2.78, 6.35)
2004	1043.4	340.6	32.64	442.5	42.41	260.3	24.95	(2.56, 5.82)
2005	1208.0	399.1	33.04	516.7	42.77	292.3	24.20	(2.95, 6.19)
2006	1357.0	443.0	32.65	596.2	43.93	317.8	23.42	(3.08, 6.84)
2007	1519.7	472.7	31.10	653.9	43.03	393.1	25.87	(1.74, 5.72)
2008	1700.7	540.4	31.78	683.2	40.17	477.1	28.05	(1.24, 4.04)
2009	1932.5	599.8	31.04	747.0	38.65	585.7	30.31	(0.24, 2.78)
2010	2151.8	678.5	31.53	847.7	39.39	625.6	29.07	(0.82, 3.44)
2011	2417.9	799.6	33.07	920.1	38.05	698.2	28.88	(1.40, 3.06)
2012	2835.8	1028.9	36.28	1049.1	37.00	757.8	26.72	(3.19, 3.43)
2013	3068.2	1144.2	37.29	1119.4	36.48	804.6	26.22	(3.69, 3.42)
2014	3250.4	1212.5	37.30	1200.9	36.95	837.0	25.75	(3.85, 3.73)

资料来源：中国渔业统计年鉴（国家海洋局，1999~2015年），重心坐标由三次产业比重计算得到。

1996~2014年山东半岛蓝区海洋渔业三次产业比重可以通过折线图更加直观地表示出来（见图4-15）。

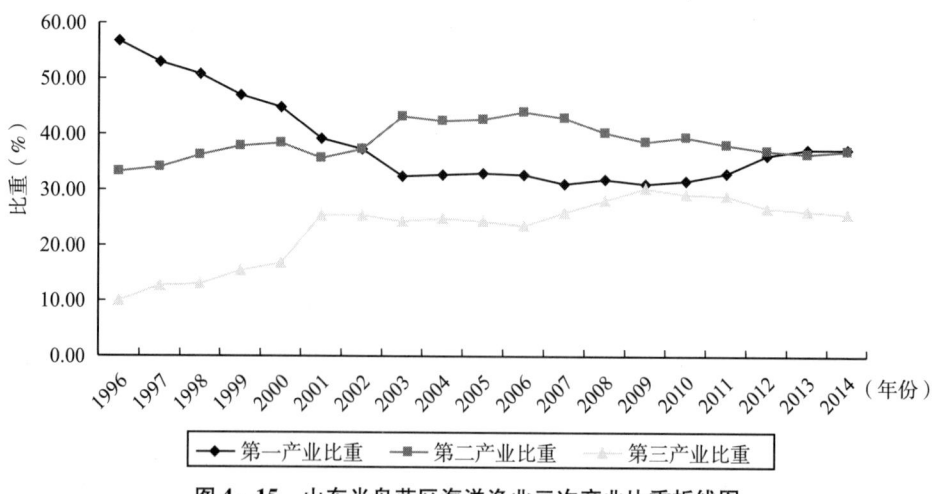

图4-15 山东半岛蓝区海洋渔业三次产业比重折线图

(2) 山东半岛蓝区海洋渔业三次产业比重变动特征分析。由图 4-15 可知，山东半岛蓝区海洋渔业三次产业比重的变化体现出海洋渔业产业结构演进过程具有以下特点。

①1996~2001 年蓝区海洋渔业产业发展处于起步阶段，其中第一产业所占比重最大，第二产业次之，第三产业所占比重最小。海洋渔业第一产业的比重由 56.87% 下降至 39.11%，第二和第三产业的比重分别由 33.22% 和 9.91% 上升至 35.57% 和 25.33%，第三产业比重得到大幅提升。

②2002~2009 年蓝区海洋渔业产业发展处于优化阶段，蓝区海洋渔业第二产业所占比重超过第一产业，第三产业所占比重仍然最小。海洋渔业第一产业的比重继续下降至 31.04%，渔业第二和第三产业所占比重分别上升至 38.65% 和 30.31%。

③2010~2014 年海洋渔业产业发展处于瓶颈阶段，蓝区海洋渔业产业结构优化进程受阻，甚至出现演进倒退。海洋渔业第一产业所占比重增加，由 31.53% 上升至 37.30%，海洋渔业第二和第三产业所占比重分别下降至 36.95% 和 25.75%。

2. 基于海域承载力的蓝区海洋渔业产业结构演进路径分析

(1) 山东半岛蓝区海洋渔业产业结构三角形重心轨迹。根据 1996~2014 年山东半岛蓝区海洋渔业产业结构三角形重心坐标，运用三轴图法，绘制蓝区海洋渔业产业结构三角形重心轨迹（见图 4-16）。

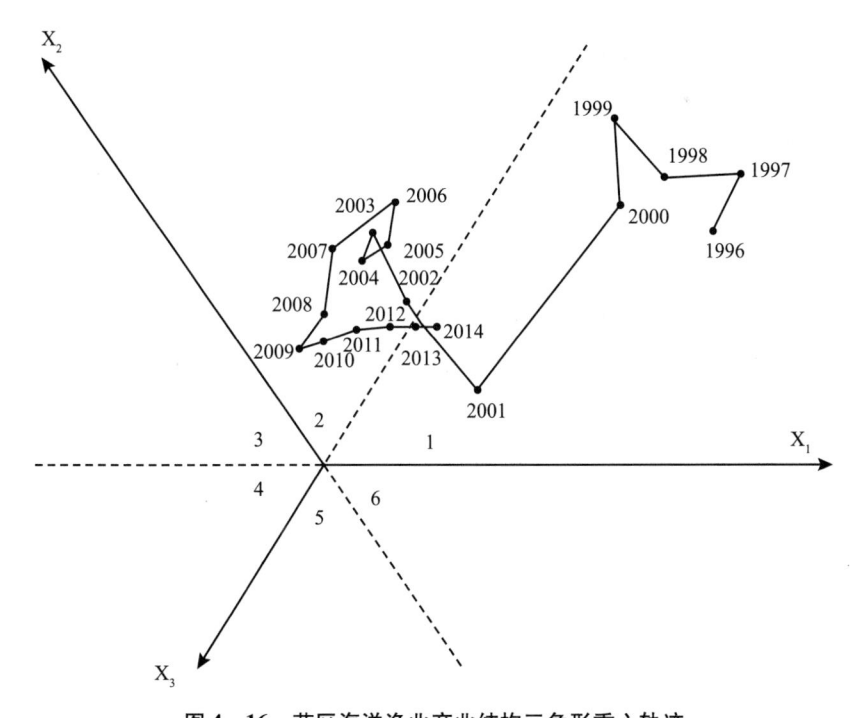

图 4-16 蓝区海洋渔业产业结构三角形重心轨迹

由图 4-16 可知，三角形重心由第一区域移动到第二区域，海洋渔业产业结构相应的由承载力高度脆弱阶段演进到承载力中度脆弱阶段。

（2）山东半岛蓝区海洋渔业产业结构演进的三个阶段

①1996~2001 年，蓝区海洋渔业产业结构演进处于承载力高度脆弱阶段。海洋渔业发展过度消耗海洋渔业资源，对海域资源形成强大压力。在海域承载力约束下，海洋渔业产业重心逐渐由第一产业转向第二和第三产业，产业结构实现优化。

②2002~2009 年，蓝区海洋渔业产业结构演进处于承载力中度脆弱阶段。在海域承载力的约束下，产业结构实现了优化升级，渔业第二产业取代第一产业成为海洋渔业的主导产业，海洋渔业发展不再完全依赖海水养殖和海洋捕捞等传统产业。

③2010~2014 年，蓝区海洋渔业产业结构演进从承载力中度脆弱阶段退化到高度脆弱阶段，海洋渔业产业发展进入瓶颈期。蓝区海洋渔业第二和第三产业增速放缓，对海洋渔业总产值的贡献率逐渐下降。

（3）山东半岛蓝区海洋渔业产业结构演进评价。海洋渔业产业结构演进的理想过程是海洋渔业资源利用效率不断提高，海洋资源所承受压力不断减小的过程。由于蓝区海洋渔业"工业化"进程带来的环境问题没有得到妥善处理，使得上述演进过程呈现出波动与曲折。

①演进的第一阶段和第二阶段符合海洋渔业演进的右旋模式，表明该时期海洋渔业第二产业得到迅速发展并带动第三产业发展。在海域承载力约束下，海水养殖和海洋捕捞等传统产业所占比重逐渐降低。随着技术发展，水产品加工业、渔用机具制造业、渔用饲料业和渔用制药业等第二产业通过现代化技术手段实现规模生产，产值不断提高。蓝区休闲渔业、水产品流通业以及水产品仓储和运输业作为服务业，依附于海洋渔业第一、第二产业而存在和发展。休闲渔业的发展是为满足蓝区消费者对海洋渔业的精神文化需求；海水产品仓储与运输业的发展则是满足了蓝区海水产品加工业对海洋水产品保鲜、冷藏、运销等服务部门提出的更高要求。

②演进的第三阶段出现演进倒退现象，表明此时海洋渔业第二和第三产业发展陷入瓶颈。随着渔具和渔船制造业的发展，现代化渔业生产效率提高，海水养殖业和海洋捕捞业的产值所占比重缓慢回升，尤其是大型船只捕捞量对渔业资源过度消耗，蓝区海域承载压力逐渐增加。同时，海洋渔业以及其他海洋产业"工业化"进程也对蓝区海洋生态系统造成一定破坏，使得海域承载力重新回到高度脆弱阶段。该时期，由于产业链延伸不足，尚未实现水产品逐级加工增值，蓝区海洋渔业第二产业发展呈现下滑趋势。由于沿海基础设施不够完善，海域承载力高度脆弱，休闲渔业发展模式单一等原因，海洋渔业第三产业也陷入发展瓶颈。

(三) 基于海域承载力的蓝区海洋渔业产业结构演进趋势分析

1. 山东半岛蓝区海洋渔业三次产业产值预测精度检验

使用 GTMS3.0 软件的灰色预测 GM（1，1）模型，分别对 1996~2014 年山东半岛蓝区海洋渔业三次产业产值进行拟合，对模型可信度进行检验。下面以蓝区海洋渔业第二产业为例进行模型可信度分析（见表 4-62）。

表 4-62　　　　　蓝区海洋渔业第二产业产值预测精度检验表

年份	GM（1，1）模型拟合值（亿元）	海洋第二产业实际产值（亿元）	残差	拟合相对误差（%）
1996	151.3	151.3	0.0	0.00
1997	209.4	170.9	-38.5	-22.50
1998	233.2	192.3	-40.9	-21.25
1999	259.7	218.3	-41.4	-18.96
2000	289.2	239.5	-49.7	-20.76
2001	322.1	256.6	-65.5	-25.54
2002	358.8	294.2	-64.6	-21.95
2003	399.6	402.1	2.5	0.62
2004	445.1	442.5	-2.6	-0.58
2005	495.7	516.7	21.0	4.07
2006	552.1	596.2	44.1	7.40
2007	614.9	653.9	39.0	5.97
2008	684.8	683.2	-1.6	-0.24
2009	762.7	747.0	-15.7	-2.11
2010	849.5	847.7	-1.8	-0.21
2011	946.2	920.1	-26.1	-2.83
2012	1053.8	1049.1	-4.7	-0.45
2013	1173.7	1119.4	-54.3	-4.85
2014	1307.0	1200.9	-106.3	-8.85

由表 4-62 可知，利用 GM（1，1）模型对山东半岛蓝区海洋渔业第二产业产值进行预测经过以下可信度检验。

首先，进行残差检验。1997~2002 年数据拟合相对误差绝对值略高于 20%，2003~2014 年拟合相对误差绝对值均低于 9%，说明模型对数据整体拟合精度较好，对 2003~2014 年数据拟合精度更高。

其次，进行后验差检验。经数学软件 MATLAB 计算得到海洋渔业第二产业实际值的标准差 $S_1 = 333.39$，残差的标准差 $S_2 = 37.14$，后验差比值 i0.11 < 0.35。小误差概率 $p = P\{|e(i) - \bar{e}| < 0.6745S_1\} = 1$，其中 i 表示各年度残差，i = 1996，1997，……，2014。综上所述，该模型预测精度为一级，预测效果为非常好。

重复上述过程，GM(1，1) 模型对山东半岛蓝区海洋渔业第一、三产业产值的预测精度也均达到一级，预测效果为非常好。

2. 山东半岛蓝区海洋渔业三次产业产值预测

根据 1996~2014 年蓝区海洋渔业三次产业产值，使用 GTMS3.0 软件中的灰色预测模型，对 2015~2022 年山东半岛蓝区海洋渔业产业结构演进状况进行预测，据预测结果求出各年度海洋渔业产业结构三角形重心坐标（见表 4-63）。

表 4-63　　山东半岛蓝区海洋渔业三次产业产值预测及重心坐标

年份	海洋渔业总产值（亿元）	渔业第一产业 产值（亿元）	渔业第一产业 比重（%）	渔业第二产业 产值（亿元）	渔业第二产业 比重（%）	渔业第三产业 产值（亿元）	渔业第三产业 比重（%）	重心坐标
2015	3871.6	1311.2	33.17	1455.9	36.83	1185.7	30.00	(1.06, 2.28)
2016	4350.6	1483.8	33.33	1621.5	36.42	1346.7	30.25	(1.03, 2.06)
2017	4889.2	1679.1	33.48	1806.0	36.01	1529.5	30.50	(0.99, 1.84)
2018	5494.9	1900.1	33.64	2011.5	35.61	1737.2	30.75	(0.96, 1.62)
2019	6175.9	2150.2	33.79	2240.3	35.20	1973.1	31.01	(0.93, 1.40)
2020	6941.9	2433.2	33.94	2495.1	34.80	2240.9	31.26	(0.89, 1.18)
2021	7803.3	2753.5	34.09	2779.0	34.40	2545.2	31.51	(0.86, 0.96)
2022	8772.2	3115.9	34.23	3095.1	34.01	2890.7	31.76	(0.82, 0.75)
2023	9862.0	3526.1	34.38	3447.2	33.61	3283.2	32.01	(0.79, 0.53)
2024	11087.9	3990.2	34.52	3839.4	33.22	3728.9	32.26	(0.75, 0.32)

由表 4-63 可知，蓝区海洋渔业第二产业比重持续降低，由 36.83% 下降至 33.22%；渔业第一、第三产业比值所占比重逐渐上升至 34.52%、32.26%。到 2022 年，渔业第三产业所占比重将达到 31.76%，从而取代渔业第二产业成为山东半岛蓝区海洋渔业的主导产业。

3. 基于海域承载力的山东半岛蓝区海洋渔业产业结构演进路径预测

根据 2015~2024 年山东半岛蓝区海洋渔业产业结构三角形重心坐标，运用三轴图法，建立仿射坐标系，绘制 2015～2024 年山东半岛蓝区海洋渔业产业结构三角形的重心轨迹（见图 4-17）。

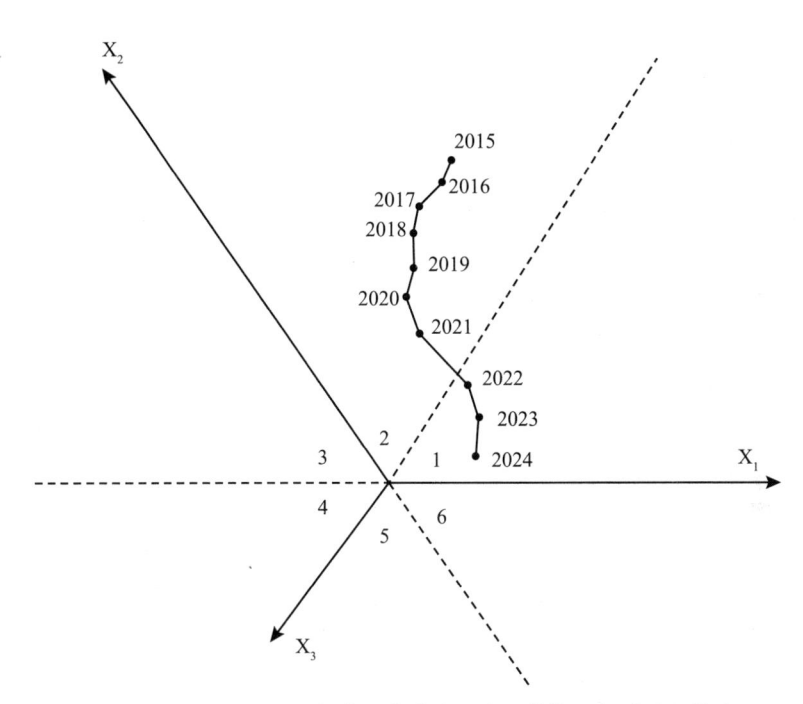

图 4-17　2015～2022 年蓝区海洋渔业产业结构三角形重心轨迹

由图 4-17 可知，若仍以现有的传统产业模式发展，2015～2024 年蓝区海洋渔业产业结构将会继续之前的演进退化，出现产业结构倒退现象。2015～2021 年山东半岛蓝区海洋渔业产业结构重心位于第二区域，海洋渔业产业结构仍然是以第二产业为主导的"二一三"格局，产业结构演进长期处于中度脆弱阶段。2022～2024 年蓝区海洋渔业产业结构重心倒退至第一区域，在第三产业发展后劲不足的情况下，表明海洋渔业产业结构逐渐退化至以第一产业为主导的"一二三"格局，产业结构又进入承载力高度脆弱阶段。

以上预测的演进路径表明，若出现海洋渔业第三产业发展后劲不足的情况，海洋渔业产业结构很可能出现严重的演进退化现象。演进倒退可能存在的原因有以下四个方面：第一，海洋渔业第三产业发展很大程度受制于自然环境的优劣。在海域承载力中度脆弱的情况下，由于受到较大的环境压力，海洋水产品加工、休闲渔业等海洋渔业第三产业的发展受阻。第二，海洋渔业第三产业起步晚、发展进程缓慢，这与当地政府政策落实力度不足有关。相关制度建设不全面、投入资金不到位都阻碍了产业结构升级演进。第三，随着海洋渔业养殖、捕捞技术不断进步，要素生产力不断提高，新海域得到开发利用，第一产业产值在短期仍可能得到提升。第四，海域承载力对海洋渔业产业结构演进方向有一定约束力，但不能决定产业结构的演进方向。海洋渔业产业结构是否能得到优化升级，取决演进动力与阻力的抗衡结果。

（四）结论与对策

在海域承载力的约束下，山东半岛蓝区海洋渔业产业结构不断升级，其演进路径遵循右旋式演进模式；由于海洋渔业第三产业发展受阻，产业机构出现演进倒退现象。1996~2001年蓝区海洋渔业产业结构呈现出以第一产业为主导，第二产业快速发展的"一二三"结构，海洋渔业产业结构处于承载力高度脆弱阶段；2002~2012年蓝区海洋渔业产业结构呈现出以第二产业为主导的"二一三"结构，产业结构演进处于承载力中度脆弱阶段；2013~2014年蓝区海洋渔业第二、第三产业陷入发展瓶颈，产业结构演进退化承载力高度脆弱阶段。基于GM (1, 1) 灰色预测模型，2015~2024年海洋渔业产业演进将由承载力中度脆弱阶段进一步退化至承载力高度脆弱阶段，演进方向将取决于海洋渔业资源利用效率高低以及第三产业发展速度。

为实现山东半岛蓝区海洋渔业的长期发展目标，加快蓝区海洋渔业产业结构优化和升级，基于海域承载力理念，建议政府部门采取以下措施。（一）加快发展海洋渔业第三产业。严格依据国家、山东省对蓝区的海洋功能区划进行海洋资源开发，从政策、技术、资金等方面对休闲渔业、海水产品运输与仓储、水产品流通业予以支持。（二）减少对传统海洋渔业的依赖。通过引进先进技术和管理理念，积极发展远洋捕捞业，杜绝粗放掠夺型近海捕捞方式，合理引导渔民转产转业，实现海洋第一产业可持续发展。（三）严格控制资源消耗型渔业项目用海。对于生产效率低下，过度消耗海洋资源的企业或个人，应责令其定期整改，提高海域承载力和海洋生态服务功能。（四）推进海洋渔业产业整体布局。鼓励海洋渔业不同产业间协作，推进海洋渔业养殖、捕捞、加工、运输和销售等产业的整体布局，实现海洋渔业产业间相互促进，相互带动，共同发展。

二、海洋捕捞业布局规模优化

（一）海域承载力视角下的海洋捕捞业最优产量决策模型构建

1. 海域承载力与海洋捕捞业产量作用机理分析

海洋渔业是依靠海洋渔业资源与环境来提供投入和产出的产业类型，具有很高的空间依赖性、资源竞争性及环境影响性，其发展受到特定海域渔业资源环境容量的显著制约。海洋渔业主要建立在海洋渔业资源承载力的基础之上，是资源依赖型产业。

海洋捕捞业产量（渔获物捕捞量）与海域承载力的关系是双向的，一方面海洋捕捞业的产量受海域承载力的制约。渔业资源具有可再生性，具有自我调节能力，这种自我调节能力即海域承载力对海洋捕捞业的产量制约的体现。海域承载力具有一定的阈值（承载容量），一旦海洋捕捞业的产量对海域承载力的影响超过了这个阈值，就会对海洋生态环境和海洋渔业资源造成毁灭性的破坏，很多海域的捕捞产量已经超过海域承载力的阈值，处于过度开发状态。同时，全球环境变暖、海洋生态灾害反复发生、生物多样性减少等因素也加快了渔业资源衰退的速度。另一方面，海洋捕捞业的产量也会引起海域承载力阈值发生变化。在适度范围内，海洋捕捞业的产量给其所依赖的海域环境所带来的压力不会超过其先天的海域承载力阈值，同时，渔业技术进步特别是渔业捕捞技术的提升大幅度降低了渔业活动对海洋生态系统的负面影响。例如，拖网捕捞技术的应用大大减少了对鱼类幼体的伤害，有利于渔业资源的恢复；人工渔礁技术的应用为海洋生态资源和渔业资源的恢复又提供了一个良好的环境。同时，随着人们对生态和环境意识的增强，使人们为保护和进一步开发有限的海洋资源，投入大量的人力、物力、财力到海洋捕捞业的技术改造、产业结构升级、管理体系建设等方面，以及海洋资源保护体系的建立，提高了海域承载力的阈值。

2. 海域承载力视角下的海洋捕捞业最优产量决策模型构建——Gordon - Schaefer 生物经济模型

最优产量即总可捕量，总可捕量制度是基于生物学考虑采取的一种产出控制措施，产出控制是直接限定渔获量这一捕捞重要组成部分的管理措施，通过规定允许特定种类一定时期内（通常为一年）捕捞的最大重量或数量来限定特定渔业种类的产出水平，并通过有效的监控和执法使实际渔获量不超过规定的最优产量的一种管理手段。要确定特定种群的可捕量，需要拥有该种群多年的渔获量、捕捞努力量或单位捕捞努力量渔获量（CPUE）等方面的渔业统计资料，需要进行详细的资源调查，尽可能掌握种群分布、生长与繁殖、洄游规律等生物学特征，并获得鱼类价格、捕捞努力量的单位成本等经济数据。取得相关数据之后，采用选定的数学模型，运用科学的拟合模拟方法，预测该种群的最优捕捞量（最大经济产量），进而确定该种群在特定时间、特定海域内的允许捕捞的最大数量。

Gordon - Schaefer 生物经济模型是由美国生物学家谢菲尔（1954，1957）所创立的逻辑斯蒂模型和两位加拿大经济学家高登（1953，1957）和斯科特（1955）所创立的渔业经济学模型结合而成。该模型的建立基于以下假设条件：（1）鱼类个体生长与种群生物量之间存在"逻辑斯蒂"（logistic）函数关系，即种群生物量与鱼类个体净生长率成反比关系；（2）所有捕捞方式完全相同，不考虑渔获物和捕捞成本的时间变化，当种群处于原始状态时，一旦其生物量达到最大环境承载容量（K）的水平，该种群便达到均衡，此时个体净生长率为零。根据渔业统计资料，估计出每年的平衡渔获量和相应的资源量，再根据两者的函数关系，利用统计软件确定待定参数值，再结合成本、鱼类价格与海域承载力等因素，讨论最优渔获量问题。

在 Schaefer 模型中的剩余生长量曲线的函数为

$$\frac{dZ}{dt} = rZ\left(1 - \frac{Z}{K}\right)$$

式中：Z 为渔业资源量；r 为种群内禀生长率；K 为环境承载容量（海域承载力因子），函数图像如图 4-18 所示。

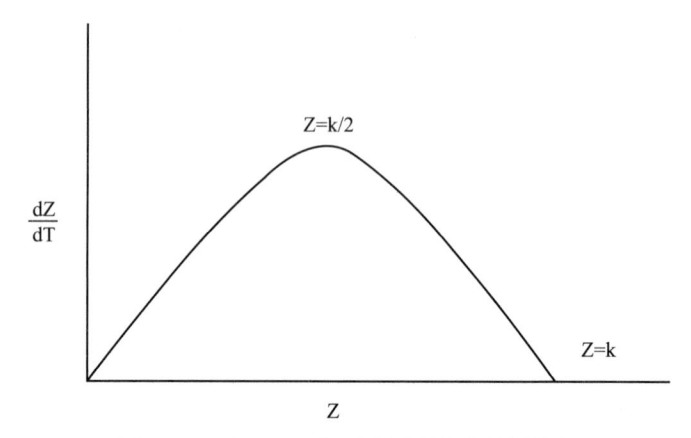

图 4-18　Schaefer 模型中的剩余生长量曲线

在海域有捕捞情况下，某渔业种群资源量随时间变化情况可以用下式表示：

$$\frac{dB}{dt} = rB\left(1 - \frac{B}{K}\right) - Y \qquad (4-57)$$

式中：B 为渔业资源量；r 为种群内禀生长率；K 为环境承载容量；Y 为渔获量。

当渔业种群数量达到均衡，即 dB/dt = 0 时，此时由于自然死亡量和捕捞死亡量可以通过种群个体的补充量和生长量的增加量来补充，因此种群数量水平处于均衡状态时的渔获量可以用下式表示：

$$Y = rB\left(1 - \frac{B}{K}\right) \qquad (4-58)$$

假设鱼类资源的分布密度与渔业资源量始终成比例，而且直接以捕捞鱼类为目的的单位捕捞努力量的渔获量也与渔业资源量始终成比例，则可以得到：

$$Y = q \times f \times B \qquad (4-59)$$

式中：Y 为渔获量；q 为可补系数；f 为捕捞努力量；B 为渔业资源量。

将式（4-58）代入式（4-59），可以得到种群数量处于均衡状态时的资源量表达式：

$$B_{eq} = \left(1 - \frac{qf}{r}\right)K \tag{4-60}$$

将式（4-60）代入式（4-59），则可以得到种群数量处于均衡状态时的渔获量公式：

$$Y = qfK\left(1 - \frac{qf}{r}\right) \tag{4-61}$$

式（4-61）表示渔业长期渔获量的函数关系，通常被称为剩余产量模型，是以捕捞努力量 f 为横坐标、以渔获量 Y 为纵坐标的抛物线，所得的是最大可持续产量（MSY），即从生物学角度分析渔业生产的最大可持续渔获量，并一定是最具有经济效益的捕捞量，我们把持续的实现利润最大的渔获量叫做最大经济产量（MEY）。假设捕捞业利润（G）是从渔获物的总收益（TR）中扣除总成本（TC）后所得的值，即 G = TR – TC。渔获物的总收益为渔获量 Y 与鱼类价格 p 的乘积，用 TC = cf 表示渔业总成本函数，其中 f 表示捕捞努力量，c 表示单位捕捞努力量的捕捞成本，则

$$G = TR - TC = pY - cf \tag{4-62}$$

式（4-61）与式（4-62）合称为 Gordon – Schaefer 生物经济模型，根据剩余产量模型函数关系式（4-61）$Y = qfK\left(1 - \frac{qf}{r}\right)$，令 $qK = a$，$-q^2K/r = b$，则

$$Y = qfK\left(1 - \frac{qf}{r}\right) = qKf - \frac{q^2K}{r}f^2 = af + bf^2 \tag{4-63}$$

将式（4-63）代入式（4-62）得到

$$G = p(af + bf^2) - cf = (pa - c)f + pbf^2 \tag{4-64}$$

对式（4-64）两边求导，并令其等于零，则

$$\frac{dG}{df} = pa - c + 2pbf = 0 \tag{4-65}$$

则利润达到最大时的捕捞努力量可表示为

$$f_{MEY} = \frac{c}{2pb} - \frac{a}{2b} \tag{4-66}$$

将式（4-66）代入式（4-67），则最大经济产量（MEY）可表示为

$$MEY = \frac{c^2}{4p^2b} - \frac{a^2}{4b} \tag{4-67}$$

此时，捕捞利润达到最大化，所得到的捕捞量是综合了生物学与经济学资料所得到的最优捕捞量，即考虑了海域承载力的最优产量。

（二）海域承载力视角下的海洋捕捞业最优产量决策模型应用——以全国为例

1. 数据说明

本章所用原始数据来自《中国渔业统计年鉴》（1993~2012 年）和中国统计

局（水产品消费价格指数），根据数据的可得性，将整体鱼类品种作为研究对象；将海洋渔业生产渔船的总功率作为捕捞努力量；以 20 年水产品的平均价格作为鱼类价格；以人均收入/人均产量作为捕捞努力量的单位成本，海域承载力中对最优产量的影响以承载容量为主要影响因子加以考虑（见表 4-64）。

表 4-64　　1993~2012 年全国海域鱼类渔获量和捕捞努力量的统计数据

年份	渔获量（Y）（万吨）	捕捞努力量（f）（万千瓦）	Y/f
1993	795.53	777.32	1.02
1994	925.61	796.74	1.16
1995	1054.07	936.13	1.13
1996	1152.99	1028.66	1.12
1997	1092.73	1073.07	1.02
1998	1201.25	1127.15	1.07
1999	1203.46	1163.54	1.03
2000	1189.43	1201.80	0.99
2001	1155.64	1212.74	0.95
2002	1128.34	1244.85	0.91
2003	1121.20	1274.41	0.88
2004	1108.08	1273.10	0.87
2005	1111.28	1278.10	0.87
2006	1136.40	1311.64	0.87
2007	1136.03	1343.00	0.85
2008	1149.63	1393.61	0.82
2009	1178.16	1408.85	0.84
2010	1203.59	1410.71	0.85
2011	1241.94	1431.60	0.87
2012	1267.19	1427.01	0.89

资料来源：《中国渔业统计年鉴》（1993~2012 年）。

2. Gordon-Schaefer 生物经济模型的应用

下面以 Gordon-Schaefer 生物经济模型为理论基础，运用全国海域鱼类渔获量和捕捞努力量的实际统计数据，讨论如何求鱼类的最优产量（最优捕捞量）问题。

本章在模型构建部分分析了海域承载力与海洋捕捞业产量作用机理，分析可知海域承载力与海洋捕捞业产量的影响是双向的,海洋捕捞业的发展既受海域承载力大小的制约,海洋捕捞业的发展也会影响海域承载力的阈值,即 Gordon - Schaefer 生物经济模型中的环境的承载容量 K。鉴于承载容量数据的直观不可获得性,计算过程中采取经济学方程的简化方法来计算海洋捕捞的最优产量。

根据剩余产量模型函数关系式(4 - 61)$Y = qfK\left(1 - \frac{qf}{r}\right)$,令 $qK = a$,$-q^2 K/r = b$,可以得到一个线性方程

$$\frac{Y}{f} = a + bf \qquad (4 - 68)$$

根据实际的渔获量和捕捞努力量统计数据,利用 Eviews 软件进行线性回归,可以得到表 4 - 65。

表 4 - 65　　　　　　　　　　线性回归结果

变量	系数	标准差	T 检验值	P 值
F	-0.000479	6.22E-05	-7.706170	0.0000
C	1.528190	0.075977	20.11395	0.0000
R^2	0.767397	Mean dependent var		0.950062
调整 R^2	0.754475	S. D. dependent var		0.108394
S. E. of regression	0.053710	Akaike info criterion		-2.915805
Sum squared resid	0.051925	Schwarz criterion		-2.816232
Log likelihood	31.15805	Hannan - Quinn criter.		-2.896368
F - statistic	59.38506	Durbin - Watson stat		0.793269
Prob (F - statistic)	0.000000			

从表 4 - 65 可以得到 $a = 1.528190$,$b = -0.000479$,它们的 P 值都通过了显著水平为 1% 的显著性检验。将这些系数带入式(4 - 68)后得到下面两个式子

$$\frac{Y}{f} = 1.528190 - 0.000479f \qquad (4 - 69)$$

$$Y = 1.528190f - 0.000479f^2 \qquad (4 - 70)$$

对式(4 - 70)两边求导可得 $\frac{dY}{df} = 1.528190 - 0.000958f = 0$

解此方程后得到 $f_{MSY} = 1595.19$(万千瓦),将此数值代入式(4 - 70),则求得最大持续产量 MSY = 1218.86(万吨)。

处理《中国渔业统计年鉴》(1993 ~ 2012 年)和中国统计局(水产品消费价格指数)中相关数据,可以得到鱼类的平均价格(p)为 12.55(元/公斤),捕

捞努力量的单位成本为 6644.677 元/吨，则根据式（4-66）可得利润最大时的捕捞努力量及最优产量（最大经济产量 MEY）分别为

$$f_{MEY} = \frac{c}{2pb} - \frac{a}{2b} = \frac{6644.677}{2 \times 12.55 \times 1000 \times (-0.000479)} - \frac{1.52819}{2 \times (-0.000479)} = 1042.52（万千瓦）$$

$$MEY = \frac{c^2}{4p^2b} - \frac{a^2}{4b} = \frac{6644.677^2}{4 \times (12.55 \times 1000)^2 \times (-0.000479)} - \frac{1.52819^2}{4 \times (-0.000479)} = 1072.57（万吨）$$

3. 结果分析

（1）通过对比全国海域鱼类渔获量、捕捞努力量的实际数据与利润最大时的捕捞努力量及最优产量，可以得到我国在 1993～2012 年间海洋渔业基本上处于过度捕捞状态。过度捕捞不仅直接影响海洋生物的种类，而且大量产卵群体和幼体的捕杀破坏了资源再生和种群补充，使大部分渔业生物的生物种群数量降至较低水平，许多传统的主要经济鱼类种群严重衰退，甚至一些优质生物种群面临消失的危险。现代渔业捕获的海洋生物已经超过生态系统平衡可弥补的数量，海域承载力的阈值不断下降，海洋渔业资源日益衰退，进而又进一步的影响海洋捕捞量。

我国海洋渔业资源过度捕捞的原因可分为以下几个方面：①捕捞强度过大。虽然渔业资源具有可再生性，但是如果海洋渔业的捕捞强度与捕捞量被无限制的扩大，超过资源的承载容量，渔业资源将面临枯竭的危险，捕捞量将会受到影响。②捕捞方式不合理。我国普遍使用的捕捞渔具以拖网和张网居多，渔获选择性能差，兼捕幼鱼情况严重，且破坏海底地貌环境，使海洋底栖生物的栖息地发生结构的改变，造成海域承载容量日益降低，进而影响可捕获物的品种与数量。③渔业知识教育不足。一些渔业从业人员，对海域承载容量、渔业资源的有限性认识不足，对鱼类产卵、发育阶段性和洄游、索饵规律性等知识缺乏了解，在没有捕捞限额的情况下进行捕捞生产。而且一些单位以高产为目标，追求产量第一，因而盲目扩大捕捞规模，增加捕捞强度，降低了海域承载容量，使海洋渔业资源受到了严重的破坏。

（2）通过对比 f_{MSY}、MSY 与 f_{MEY}、MEY 数值的大小，可以得到最优产量稍低于最大可持续渔获量，最优捕捞努力量也比获得最大持续渔获量所需的捕捞努力量小，可是最优产量所得的利润大于最大可持续渔获量所得到的利润。短期来看，渔业生产者只关心短期利益合情合理，而不考虑渔业资源的可延续性，以 MSY 作为管理目标符合渔业生产者的期望。但是此目标仅仅考虑渔业资源的生物学特征与捕捞利用程度间的关系，没有考虑捕捞成本和渔业收益之间的经济学关系，渔业资源没有可持续性。最大经济产量理论则是在 MSY 理论的基础之上，充分考虑到渔业捕捞成本与收益之间的关系发展而来的，为使其渔业利

润最大化，渔业资源可持续发展，应该以最大经济产量（最优产量）为管理目标。

新中国成立后，我国在渔业资源管理上采取了一系列的政策和措施，其中包括：捕捞许可证、伏季休渔、"单控"到"双控"、"零增长"到"负增长"、"渔民转产转业"等政策。这些措施从执行效果来看，虽然效果明显，但是由于政策本身还是典型的"命令与控制"模式，缺乏诱导渔民养护渔业资源的机制，抑制了渔民参与渔业资源保护的积极性。同时由于受利益相关者的影响，在具体执行方面还存在诸多问题，未能取得良好效果。鉴于此，我国在 2000 年通过了《渔业法》修正案，第 22 条明确规定"国家根据捕捞量低于渔业资源增长量的原则，确定渔业资源的总可捕量，实行捕捞限额制度"。该规定标志着我国渔业资源管理制度的重要转变，从依靠捕捞许可证制度转变到捕捞许可和限额管理制度。根据上文分析，我国实行捕捞限额制度应该以最大经济产量来确定管理目标，然而实际中各国政府大多以最大可持续产量理论来确定管理目标。这是因为若获得最大经济利润，则要限制捕捞努力量，往往需要大量削减渔船，使大量渔民退出渔业，这将引起增加失业或就业不充分等社会问题，容易引起社会的反对。然而，我国至今仍未实际启动捕捞限额制度的实施，一方面有社会、经济和法律方面制约的原因，另一方面我国缺少基础数据的收集、执行和管理能力不足等因素也是导致捕捞限额制度迟迟得不到落实的原因。今后，我国要加快相关基础设施的建设以收集基础数据、提升执行和管理能力，尽快落实捕捞限额制度。

（三）结论及建议

本章基于海域承载力视角通过构建海洋捕捞业最优产量决策模型对我国海洋捕捞业可持续发展设定最优捕捞量，同时分析得到我国 1993～2012 年间海洋捕捞处于过度捕捞状态。根据分析过程和结果，对未来我国海洋捕捞业可持续发展提出以下建议：（1）调整捕捞生产方式结构。逐步调整休渔期、禁渔期、扩大禁渔区，限制拖网和张网等对海域承载力破坏严重的工具的使用，加强对有助于保护幼鱼、释放幼鱼的捕捞方式及网具的研究。（2）加强海洋渔业从业人员的教育。以多种方式对从业人员进行培训，传授必要的海洋渔业知识，使其了解赖以生存的渔业资源的有限性、海域承载力的阈值、海洋基本结构及海洋生态系统及有效管理带来的益处。只有渔民积极参与渔业资源保护，才能防止海洋渔业过度捕捞的出现。（3）严格执行渔业法律法规，完善渔业管理制度。全面实施捕捞许可制度和限额管理制度，以最优产量（MEY）作为捕捞限额；严格控制捕捞强度和渔船增长，将捕捞强度的影响控制在海域承载容量范围内，使海洋捕捞业走出可持续发展的道路。

三、海水养殖业布局规模优化

（一）海域承载力视角下我国海水养殖业布局优化研究

1. 海域承载力视角下海水养殖业布局模型

合理的海水养殖业布局要求海水养殖的经济效益、海水养殖的社会效益、养殖资源承载力和海域环境承载力之间相互协调和平衡。海水养殖业布局合理性主要表现为海域承载力和经济资源承载力之间的互补。研究产业布局的文献大多是忽视或较少涉及海域承载力，一般是建立指标体系，然后采用主观或客观方法对布局进行评价。由于指标体系的不成熟或过于繁杂，这些研究存在一定的争议。而运用相对资源承载力模型，可以依据各个时期的某地的不同资源基础得到各个时期某地布局情况。本章基于相对资源承载力理论，在评价东营滨州示范区海域承载力的基础上，对海水养殖业的布局面积情况进行测算，以期为实现海水养殖业的布局优化提供基础。

（1）相对海域承载力计算。依据数据的可得性和可比性，选取山东半岛蓝区作为参照区域，东营滨州示范区为实验区域，综合考虑自然—经济—社会三个子系统组成的复合系统的相互影响，以海水养殖业年产值表征经济承载力，以海水养殖年产量表征资源承载力，以海水养殖面积表征环境承载力。从相对资源承载力的角度研究其海域承载力，进而分析海水养殖业的布局。

①相对海域资源承载力和相对海域经济承载力的确定。

相对海域资源环境承载力： $C_{rl} = I_l \times Q_l$ （4-71）

相对海域经济承载力： $C_{re} = I_e \times Q_e$ （4-72）

式中，C_{rl} 和 C_{re} 分别为相对海域资源环境承载力和相对海域资源经济承载力；I_l 为海域资源环境承载指数，$I_l = \dfrac{Q_{po}}{Q_{lo}}$，$Q_{po}$ 为参照海域海水养殖年产量，Q_{lo} 为参照海域海水养殖面积，Q_l 为研究海域海水养殖面积；I_e 为海域经济承载指数，$I_e = \dfrac{Q_{po}}{Q_{eo}}$，$Q_{eo}$ 为参照海域海水养殖业年产值。

②综合海域承载力的确定。海域承载力主要受海域资源环境承载力和海域经济承载力两者共同的作用。在不同时期，不同海域这两个因子对海域整体承载力的作用不同，但为保证经济、环境与社会的协调可持续发展，且考虑前人的研究成果和山东省的具体情况，应该寻找一个海域资源环境承载力和海域经济承载力的均衡点，故设定这两个因子对海域承载力的坐拥权重都为0.5。

综合海域承载力： $C_s = W_{rl} \times C_{rl} + W_{re} \times C_{re}$ （4-73）

$$C_s = W_{rl} \times \frac{Q_{po}}{Q_{lo}} \times Q_l + W_{re} \times \frac{Q_{po}}{Q_{eo}} \times Q_e \qquad (4-74)$$

式中，C_s 为综合海域承载力，W_{rl} 为相对海域资源环境承载力指数，W_{re} 为相对海域经济承载力指数，且设定 $W_{rl} = W_{re} = 0.5$。

（2）基于相对海域承载力的海水养殖业布局模型。在相对海域资源环境承载力、相对海域经济承载力、综合海域承载力的基础上，通过实际研究海域海水养殖产量与综合海域承载力比较，得出研究海域相对于参照海域的承载状态，含三种状态如图 4-19 所示。

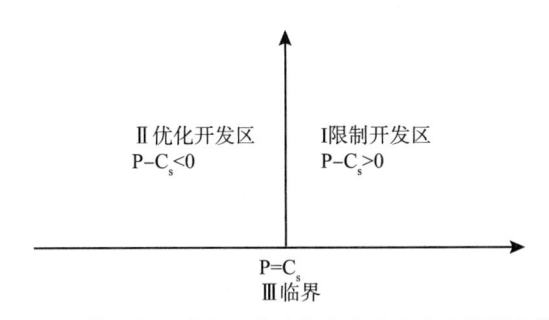

图 4-19 基于相对资源承载力的海水养殖业布局划分模型

Ⅰ. 限制开发区：实际海水养殖产量（P）大于可承载海水养殖产量（C_s），即 $P - C_s > 0$。在该海域，人们为了经济利益，大量开发进行养殖，超出了该海域承载力，不利于该区域的可持续发展，属于适度调整限制开发区；

Ⅱ. 优化开发区：实际海水养殖产量（P）小于可承载海水养殖产量（C_s），即 $P - C_s < 0$。在该海域，人们的海水养殖产量小于海域承载力，为了提高经济收益，可以增加海水养殖，属于优化开发区；

Ⅲ. 临界：实际海水养殖产量（P）等于可承载海水养殖产量（C_s），即 $P - C_s = 0$。在该临界点处，两者刚好相等，即实现了经济效益的最大化，又满足了该海域的承载力要求，符合可持续发展战略。

综上所述，无论是限制开发区，还是优化开发区，要使得实际海水养殖产值接近临界值，都要对研究海域海水养殖面积进行调整优化，见公式（4-75）。

$$Q_l = \frac{\left(C_s - W_{re} \times \frac{Q_{po}}{Q_{eo}} \times Q_e\right)}{W_{rl}} \times \frac{Q_{lo}}{Q_{po}} \qquad (4-75)$$

2. 海域承载力视角下我国海水养殖业布局优化研究——以东营滨州示范区为例

在相对海域承载力理论的基础上，建立海域承载力视角下海水养殖业布局模型。通过相对海域承载力计算得出综合海域承载力，来判断研究海域的承载状态，进而进行该海域海水养殖面积的优化调整。根据数据的可得性，选取东营滨州示范区为例进行实证研究。

(1) 东营滨州示范区海水养殖业相对承载力测算。山东省海水养殖年产量、海水养殖产值、海水养殖面积数据均来自山东省2009～2013年海洋渔业统计年鉴；东营滨州示范区海水养殖年产量、海水养殖产值、海水养殖面积的数据均来自2009～2013年山东渔业统计年鉴，如表4－66所示。

表4－66　　　　　　　　海域承载力测算指标

	2008年	2009年	2010年	2011年	2012年
山东省海水养殖面积（千公顷）	426.22	441.4	500.95	512.13	523.7
山东省海水养殖年产量（万吨）	361.35	381.43	396.26	413.48	436.24
山东省海水养殖产值（万元）	3219286	4191923	5164559	6556070	7490851
示范区海水养殖面积（公顷）	150653	160961	171269	176877	178544
示范区海水养殖年产量（吨）	361609	419134	476659	506504	536712
示范区海水养殖产值（万元）	308769	387572	466375	558444	687329

将上述数据代入公式4－71～公式4－73，得出东营滨州示范区综合海域承载力，如表4－67。

表4－67　　　　　　　　东营滨州示范区综合海域承载力

	2008年	2009年	2010年	2011年	2012年
综合海域承载力	63879.26	69563.8	67756.24	71420.48	74383.23

(2) 海域承载力视角下东营滨州示范区海水养殖业养殖面积优化。对示范区的海水养殖产量和测算出的综合海域承载力进行比较（见图4－20），分析东营滨州示范区的海水养殖业的海域承载状态。通过图4－20可以清晰地看出示范区的海水养殖产量（P）大于综合海域承载力（C_s），表明东营滨州示范区的海水养殖业处于超载的状态，属于限制开发区。

依据可持续发展原则，针对示范区海水养殖业超载的现象，要对海水养殖面积进行调整优化。将表4－66中的数据代入公式（4－75）得出综合海域承载力下的海水养殖面积，如表4－68所示。

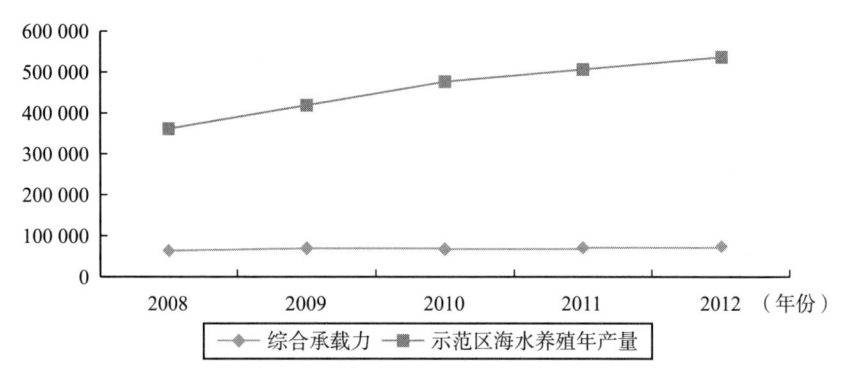

图 4-20 示范区的海水养殖产量和综合海域承载力比较

表 4-68　　示范区综合海域承载力下的海水养殖面积

	2008 年	2009 年	2010 年	2011 年	2012 年
综合承载力下的海水养殖面积（公顷）	150474.0	184057.5	190208.2	193922.7	197348.6

对示范区的实际海水养殖面积进行优化，如图 4-21 所示。要实现优化，就要使示范区实际海水养殖面积向综合承载力下的海水养殖面积进行靠近，如箭头所示。

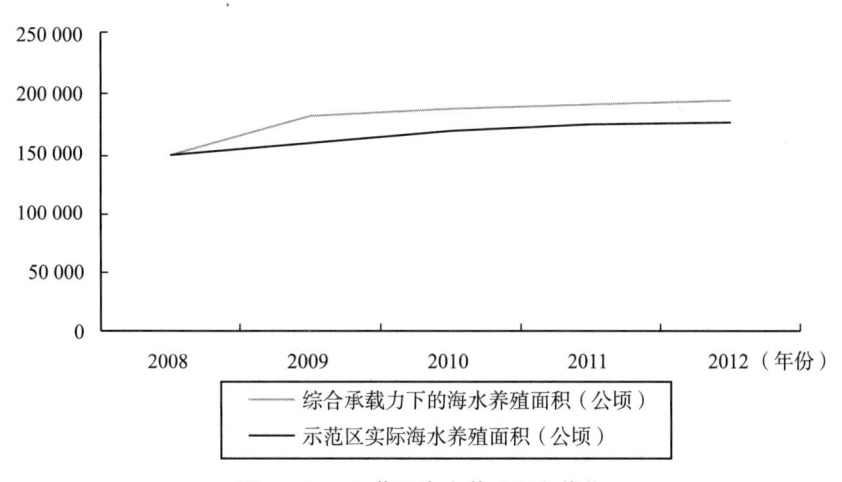

图 4-21　示范区海水养殖面积优化

（3）小结。在对东营滨州示范区相对海域资源承载力、相对海域经济承载力、综合海域承载力计算的基础上，通过实际研究海域海水养殖产量与综合海域承载力比较，得出东营滨州示范区的海水养殖业处在超载的状态，处于限制开发区。通过 2008~2012 年的数据基础上得出了该年份的海水养殖业产量；此外，在综合海域承载力的基础上通过公式（4-75）计算出示范区的海水养殖优化面积，如表 4-69 所示。

表 4-69　东营滨州示范区海域承载力下的海水养殖产量和海水养殖面积

	2008 年	2009 年	2010 年	2011 年	2012 年
海域承载力下海水养殖产量（吨）	63879.26	69563.8	67756.24	71420.48	74383.23
海域承载力下海水养殖面积（公顷）	150474.0	184057.5	190208.2	193922.7	197348.6

最终要实现东营滨州示范区的海水养殖业布局优化就要使示范区实际海水养殖业产量满足综合海域承载力，实际海水养殖面积不断向综合海域承载力下的海水养殖面积靠近。

3. 结论与对策

基于相对资源承载力理论，对其进行修正得到海域承载力视角下海水养殖业布局模型，在评价东营滨州示范区海域承载力的基础上，根据 2008~2012 年数据得出东营滨州示范区的海水养殖业处在超载的状态，处于限制开发区。进一步对海水养殖业的布局面积进行测算，得到示范区海水养殖业优化面积。实现示范区海水养殖业的布局优化，就要使示范区实际海水养殖业产量满足综合海域承载力，实际海水养殖面积不断向综合海域承载力下的海水养殖面积靠近。在此给出以下对策和建议。

第一，黄蓝两区办、山东海洋与渔业局、东营海洋与渔业局、滨州海洋与渔业局等相关部门要加强监管，对示范区内的海水养殖产量加强控制，对违规者进行严厉处罚。第二，以上相关部门对当地海域的海水养殖业养殖面积的优化进行科学指导，适当增大养殖面积、减小养殖产量，满足示范区海域承载力的要求，有利于该区域的可持续长远发展。第三，加强相对海域资源环境承载力、相对海域经济承载力和科学发展观的思想教育，重视其对海水养殖业布局优化的作用，扭转传统的海水养殖观念，在保护资源环境满足经济长远持续发展的前提下满足人们当下的利益需求。第四，加大对海水养殖业的科研投入，争取在有限的资源和现有的环境约束下，提高海域承载容量。第五，优化示范区海水养殖业的产业结构，通过前后关联建立海水养殖业产业链条，增加附加值，使其不断走向专业化，来增加示范区的海水养殖业的总体价值。

（二）基于 GIS 的我国海水养殖业产业空间格局动态演变研究

1. 海水养殖业产业空间格局动态演变综合模型构建

本章定义产业空间格局内涵为海水养殖业在空间上的自相关关系和空间重心的动态迁移。根据本文界定的内涵，构建了产业空间格局演变综合模型。该模型分两部分：产业空间格局动态演变评价模型和产业空间格局演变测度模型。运用空间自相关分析来描述我国海水养殖业的空间格局演变动态，即我国海水养殖业在空间格局上的自相关关系；运用重心测度方法来测算海水养殖业空间格局演变态势，即海水养殖业空间格局重心的转移路径和演变态势。

（1）海水养殖业产业空间格局动态演变评价模型。基于 GIS 平台空间自相关能够将地理信息定位数据的空间分析与专题数据的关联测度功能相融合，同时利用 GIS 的可视化技术，把相关结果显示到基础底图上，增强可视效果。产业空间格局动态演变评价模型包括两部分：全局和局部空间自相关分析。应用自相关探测和分析某一时间点上的海水养殖业的时空分布模式。

①海水养殖业产业空间格局动态演变的全局空间自相关分析。全局空间自相关主要是对变量在整个区域空间上特征的描述，反映观测变量在整个研究区域内空间相关性的整体趋势。

$$LQ_{ij} = \frac{\frac{y_i}{Y_i}}{\frac{\sum_{i=1}^{} y_i}{\sum_{i=1}^{} Y_i}}, \text{其中 } Y = \{Y_1, Y_2, \cdots, Y_i, \cdots, Y_m\} m \quad (4-76)$$

式（4-76）中，I 为全局 Moran 指数；n 为统计单元个数；$X = \{x_1, x_2, \cdots, x_j, \cdots, x_n\}$、n 分别为第 i、j 个统计单元海水养殖业产量；z_{ij} 为二进制的空间权重矩阵，若各统计区域之间相邻则 Y_i 为 1，否则为 0。

②海水养殖业产业空间格局动态演变的局部空间自相关分析

局部空间自相关指数用来具体度量每个区域与周边地区之间的局部空间关联和空间差异程度，结合 Moran 散点图或散点地图等形式，可以将局部差异的空间结构可视化，研究其空间分布规律。其公式如下：

$$D_{i-j} = R \times \sqrt{(\bar{X}_i - \bar{X}_j)^2 + (\bar{Y}_i - \bar{Y}_j)^2} \text{ 其中 } \bar{X} = \frac{1}{n} \sum_{i=1}^{n} X_i \quad (4-77)$$

式（4-77）中，$z'_{ij} = a + \frac{(z_{ij} - z_{ij_{min}})}{z_{ij} i_{j_{min_{max}}}} \times b$ 为局部 Moran 指数；n 为统计单元个数；a、b 分别为第 i、j 个统计单元海水养殖业产量；$a = \frac{\sum_{i=1}^{m} z_{ij}}{\sqrt{\sum_{i=1}^{m} (z_{ij} - \bar{z}_{ij})^2}}$ 为二进制的空间权重矩阵，若各统计区域之间相邻则 $b = \frac{1}{\sqrt{\sum_{i=1}^{m} (z_{ij} - \bar{z}_{ij})^2}}$ 为 1，否则为 0。

（2）海水养殖业产业空间格局动态演变的测度模型构建。产业重心类似于经济重心，是某种属性的集中作用点，可在地图上表示为一个具体的点。

拥有多个次级区域的大区域，其属性的重心计算公式为：

$$Z = \bar{X} = \frac{\sum_{i=1}^{n} M_i X_i}{\sum_{i=1}^{n} M_i} \quad \bar{Y} = \frac{\sum_{i=1}^{n} M_i Y_i}{\sum_{i=1}^{n} M_i} \quad (4-78)$$

公式（3）中，$p_{ij} = \frac{z'_{ij}}{\sum_{i=1}^{m} z'_{ij}}$，$\sum_{i=1}^{m} p_{ij} = 1$ 表示大区域某种属性重心的空间坐标，j、$e_j = -(\ln m)^{-1} \sum_{i=1}^{m} p_{ij}(\ln p_{ij})$ 表示第 i 个次级区域省会城市的地理坐标，M_i 指第 i 个次级区域某种属性意义下的数值。

重心空间区位移动距离：

$$D_{i-j} = R \times \sqrt{(\bar{X}_i - \bar{X}_j)^2 + (\bar{Y}_i - \bar{Y}_j)^2} \quad (4-79)$$

在公式（4-79）中，D 表示两个不同年际间重心移动的距离，i，j 分别表示两个不同的年份，$w'_j = \frac{1 - e_j}{\sum_{i=1}^{n}(1 - e_j)}$，$w_j$ 分别表示第 i 年和第 j 年的区域中心坐标。R 是常数，取 111.11，单位为 Km/1°，是把地理坐标转换为平面距离的系数。

2. 我国海水养殖业产业空间格局演变的实证研究

（1）数据来源。本章城市地理经纬度坐标和行政边界数据取自国家基础地理信息中心。"蓝区"海水养殖年产量、海水养殖面积的数据源于山东省 2002～2014 年山东海洋渔业统计年鉴，城市人口数据源于山东省 2002～2014 年统计年鉴。

（2）我国海水养殖业产业空间格局演变：全局空间自相关分析。根据 2002～2014 年海水养殖业数据构成时间序列数据，并运用各地市海水养殖产量和城市人口数据，求出人均海水养殖业产量并进行全局空间分析。利用 ArcGIS10.2 软件计算出"蓝区"2003～2014 年人均海水养殖业产量的全局 Moran's I（见表 4-70）。

表 4-70　　2003～2014 年"山东半岛蓝区"人均海水养殖业产量的
　　　　　　　　　Global Moran's I 估计值

年份	2003	2004	2005	2006	2007	2008	2009
Moran's I	0.0718	0.1126	0.1419	0.1623	0.2261	0.2135	0.1959
Z 值	1.6152	1.5507	1.5537	1.6991	1.7556	0.0791	1.6868

续表

年份	2010	2011	2012	2013	2014
Moran's I	0.1954	0.1421	0.1174	0.1118	0.1109
Z值	1.7239	1.4929	1.4483	1.4375	1.4532

资料来源：根据《山东统计年鉴2002~2014》有关数据计算整理。

表4-70显示，2003~2014年Z值的绝对值都小于1.96，Moran's I的显著性不强。2003~2014年"蓝区"人均海水养殖业产量的Moran's I值均为正值，各年度Moran's I的正态统计值在0.1条件下显著。"蓝区"人均海水养殖业产量存在微弱的正空间自相关特性，发展水平相近的城市在空间上集聚分布。

Moran's I值变化情况的两个阶段：（1）Moran's I由2003年的0.0718增加到2007年的0.2261。海水养殖业发展水平相近的区域的空间集中分布趋势增强，地市间的海水养殖业发展趋于极化状态。高速发展与低速发展两大集聚区，各市间的海水养殖业发展水平差异呈现扩大趋势；（2）Moran's I由2007年的0.2261下降到2014年的0.1009。海水养殖业发展水平的集聚度下降，海水养殖业发展较慢的区域逐步崛起。

（3）我国海水养殖业产业空间格局演变：局部空间自相关分析。利用GeoDa软件计算2003~2014年"蓝区"人均海水养殖业产量的局部Molan's I指数，并且在Z检验的基础上生成LISA集聚图。

通过LISA集聚图可以看出：①"蓝区"海水养殖业并不存在明显的局部自相关特征，"蓝区"各城市发展受周边城市的影响并不显著。②海水养殖业发达城市并未对周边城市的海水养殖业发展产生明显的辐射带动作用。区域集聚并未形成，临近城市仍然保持相对独立的发展。

（4）我国海水养殖业产业空间格局演变：空间重心的年际变化。借助ArcGIS10.2技术平台，求得2003~2014年"蓝区"海水养殖业的产业重心坐标。再利用ArcGIS10.2下的MeanCenter模块生成"蓝区"2003~2014年海水养殖业产业重心变化图。

从表4-71可以看出：①2003~2014年，"蓝区"海水养殖业的产业规模重心由青岛市转移到烟台市。产业规模重心位于青岛与烟台市交界处附近。②从移动距离上看，年度最大移动距离为34.359km，最小移动距离为0.622km。年度移动距离趋于缩小，重心位置趋于稳定。③产业规模重心方向，"蓝区"海水养殖业产业规模重心移动方向为东北→西北→西南→西北，总体呈现先东北后西南的移动趋势。

表 4-71 "山东半岛蓝区" 2003~2014 年海水养殖业产业规模重心坐标、偏移距离

年份 (a)		2003	2004	2005	2006	2007	2008	2009
经济重心坐标	维度	36.7411	36.8702	37.0411	37.0504	37.0912	37.0711	37.0540
	经度	120.431	120.712	120.691	120.637	120.641	120.634	120.598
偏移距离 (km)		—	34.359	19.132	6.088	4.555	2.365	4.428
年份 (a)		2010	2011	2012	2013	2014		
经济重心坐标	纬度	37.0521	37.0371	37.0580	37.0703	37.0711		
	经度	120.575	120.540	120.529	120.514	120.509		
偏移距离 (km)		2.564	4.231	2.624	2.155	0.622		

资料来源：根据《山东统计年鉴 (2002~2014)》有关数据计算整理。

移动趋势具体表现为：①2003~2004 年，海水养殖业产业规模重心在 2003~2014 年移动幅度最大。移动方向为东北方向，移动距离为 34.359km，海水养殖业产业规模重心由青岛市直接转移至烟台市。产业重心在此后的 2004~2014 年一直位于烟台市境内。②2004~2005 年，海水养殖业产业规模重心向偏西北方向移动 19.132km，此移动距离在 2003~2014 年居于第二。③2003~2005 年两次产业规模重心移动较为特殊，相对分散且波动幅度大；④2006~2008 年，产业规模重心基本沿南北方向移动，平均年度移动距离为 4.336km。⑤2009~2011 年，产业规模重心继续保持稳定移动，向西南方向小幅度移动，平均年度移动距离为 3.741km，年度移动距离进一步缩小。⑥2011~2014 年，重心迁移方向向西北移动，平均年度移动距离为 2.408km。这是 2003~2014 年年度平均移动距离的最小值，产业规模重心趋于稳定。

3. 我国海水养殖业时空格局动态演变实证结果分析

(1) 我国海水养殖业时空格局动态演变的时空格局总体评价。

①我国海水养殖业产业空间格局演变：全局空间自相关结果评价。"蓝区"海水养殖业发展存在正空间自相关特征：A. 2003~2007 年，"蓝区"海水养殖业空间自相关指数呈现上升趋势，从 0.0718 上升至 0.2261。海水养殖业在空间上存在较明显的"区域集聚化"。B. 2008~2014 年，海水养殖业空间自相关指数呈现下降趋势，从 0.2135 下降至 0.1109。区域集聚趋势逆转，呈现出均衡化发展趋势，地区间差异缩小。

②我国海水养殖业产业空间格局演变：局部空间自相关结果评价

2003~2014 年"蓝区"海水养殖业不存在局部自相关特征：A. 城市发展受周边城市的影响并不显著。海水养殖业发达城市并没有对周边落后城市的海水养殖业发展产生明显的辐射带动作用，临近城市仍然保持相对独立的发展状态。B. 城市间缺乏发展互动机制，需要加大高层次的政策协调和地区城市的政策互动。

③我国海水养殖业产业空间格局演变：产业重心转移结果评价。

海水养殖业产业重心在稳定中发生偏移：A. 总体上看，"蓝区"海水养殖业的产业规模重心由青岛市转移到烟台市，并且产业规模重心一直徘徊在青岛与烟台市交界处附近。B. 产业重心偏离其几何重心。C. 移动距离趋于缩小，重心位置趋于稳定。D. "蓝区"海水养殖业产业规模重心移动方向总体上呈现先东北后西南的移动趋势。

④我国海水养殖业产业空间格局演变：总体结果评价。

A. "蓝区"海水养殖业出现均衡发展的良好趋势，但海水养殖产业发达城市与落后城市差距仍然较大，区域产业联动发展机制尚未形成。(2) 产业重心总体趋向稳定，由于"几何对冲"使重心一直徘徊于青岛与烟台之间，海水养殖业落后城市与发达城市的差距正在缩小。

B. 我国海水养殖业时空格局动态演变的成因分析。

a. 我国海水养殖业产业空间格局演变：全局空间自相关成因分析

2003~2007年"蓝区"海水养殖业空间自相关指数呈上升趋势：第一，政策推动效应。进入21世纪以来，面对海洋捕捞业捕捞强度过大、近海生态污染严重造成的海洋捕捞业瓶颈，青岛、烟台、威海等海洋产业优势城市政府率先加大对海水养殖业的政策、资金、技术支持力度。第二，新型的网箱养殖技术、工厂集约化养殖技术等开始运用。青岛、烟台、威海形成"优势圈"。东营、滨州等城市由于政府政策不重视、产业规模基数低、资金技术投入少，海水养殖业发展缓慢，成为产业"劣势圈"，两大集聚圈分化趋于明显。

2008~2014年"蓝区"海水养殖业空间自相关指数呈下降趋势：①随着国家和政府的高度重视，资金、技术、专业人员迅速投入。②海水养殖业确权面积迅速增大，东营滨州等"劣势圈"城市迅速崛起。③"优势圈"城市快速的发展破坏了生态、过度消耗资源，使单位面积资源密度开始下降，导致海水养殖业发展放缓，从而两大集聚圈分化缩小，空间自相关指数下降。

b. 我国海水养殖业产业空间格局演变：局部空间自相关成因分析。

"蓝区"局部空间自相关指数不明显：第一，养殖海域分散，未形成海域毗连。城市之间海水养殖业海域并不接壤，使海水养殖业城市关联性较差。第二，城市之间政策缺乏联动。各城市之间缺乏海水养殖业的政策互动，仍然处于"闷起头来发展"的传统模式。第三，海水养殖业行业辐射能力弱。海水养殖业养殖户数量多、规模小、分布不集中等特征使得海水养殖业技术溢出性差，辐射带动能力弱，使城市之间关联性不强。

c. 我国海水养殖业产业空间格局演变：产业重心转移成因分析。

"优势圈"城市产业规模扩大：第一，烟台、威海的海水养殖业崛起迅速，产业规模迅速扩大。第二，烟台、威海两市的海水养殖业规模占权重高。烟台、威海海水养殖业崛起使得2003~2006年"蓝区"海水养殖业产业重心快速向东北方向转移。

"优势圈"与"劣势圈"城市交叉作用：第一，东营、滨州等"劣势圈"城市迅速崛起，与烟台、威海、青岛等"优势圈"城市交叉作用，"拉动"产业重心向西南方向转移。第二，由于"劣势圈"城市产业规模基数小，权重低，产业重心转移距离区域缩小。使"蓝区"2007～2014年重心向西南方向转移且转移距离小。

国家政策因素：第一，2011年以来，国务院、省政府及相关部门出台了《山东半岛蓝色经济区发展规划》等一系列文件，山东半岛蓝色经济区由此上升为国家战略。第二，国务院、省政府及相关部门对于海水养殖业的发展进行整体统筹，使得融合互动、一体发展成为主流，东营、滨州等海水养殖业"劣势圈"城市发展迅速，重心转移距离变小，趋于稳定。使2010～2014年"蓝区"重心移动距离趋于减小。

4. 结论与对策

本章选取海水养殖业产量、人均海水养殖业产量等指标，借助GIS技术，从空间相关性、产业集中度、重心空间转移三个方面构建综合评价模型，应用综合评价模型对2003～2014年"蓝区"海水养殖业产业空间格局演变进行实证研究，得出结论：(1) "蓝区"海水养殖业存在正的空间自相关特征，并先后经历了空间自相关指数上升阶段（2003～2007年），此后进入空间自相关指数下降阶段（2008～2014年）。(2) 2003～2014年，"蓝区"海水养殖业不存在明显的局部自相关特征。(3) 海水养殖业产业重心由青岛市转移到烟台市，并且产业规模重心一直徘徊在青岛与烟台市交界处附近。

根据海洋海水养殖业空间格局演变趋势，对"蓝区"海水养殖业空间格局演变提出四点对策。(1) 培育增长极，打造烟台、青岛为核心的海水养殖业"集聚群"，发挥核心带动作用，促进"蓝区"海水养殖业整体快速发展。(2) 加强区域合作，加快技术溢出和扩散，明确城市职能定位，实现区域优势互补、联动发展，政策、技术、资金更应向滨州、东营等"劣势圈"城市倾斜，逐步缩小城市海水养殖业发展差距。(3) 调整海水养殖密度，保持合理资源密度，拓展海水养殖空间布局，发展深海网箱养殖、海岛周围养殖和人工鱼礁等养殖方式。(4) 优化海水养殖业空间格局，保持合理集聚形态，形成海水养殖业产出、科技、劳动力总体平衡的产业格局。

（三）基于重心移动模型的我国海水养殖空间布局重心轨迹研究

1. 海水养殖空间布局重心轨迹模型构建

海水养殖空间布局的重心轨迹是指海水养殖布局重心在时空维度上的演变，从重心分布、重心移动的方向和移动距离三方面来刻画。首先，计算出一定时期内我国海水养殖布局的重心坐标，确定重心的分布；其次，计算海水养殖布局的重心移动方向，衡量空间布局的聚集趋势；最后，计算海水养殖布局的重心移动距离，衡量空间布局的非均衡程度。将重心随时间、空间演变的特征融合在一起，形成我国海水养殖空间布局的重心轨迹。

（1）海水养殖空间布局重心坐标计算。重心的概念源于物理学中的力矩原理，即区域空间上存在一个点，其各个方向所受的力量达到均衡。在经济研究中，对一个拥有若干个次一级行政区域的区域来说，重心的计算需借助各次级行政区域的某种属性和地理坐标来表示。那么，假设一个区域为一个平面，并且由 n 个次级区域（或质点）构成（假设研究区域为均质空间），每个次级区域的中心地理坐标是 $(x_i, y_i)(i \leq n)$，其中，Q_{ti} 表示 i 次区域 t 年的海水养殖的某种属性值。设我国海水养殖每年的重心为 P，则 P 的坐标为：

$$\left(X_t = \frac{\sum Q_{ti} \cdot x_i}{\sum Q_{ti}}, Y_t = \frac{\sum Q_{ti} \cdot y_i}{\sum Q_{ti}} \right) \quad (4-80)$$

（2）海水养殖空间布局重心移动方向。海水养殖的重心随着时间的移动，会形成海水养殖空间布局演变过程中的此消彼长的方向。该方向表明了海水养殖空间布局的聚集趋势，从而代表了海水养殖发展的"高密度区"。用移动角度 $\theta(-180° \leq \theta \leq 180°)$ 来表示重心的移动方向，计算公式为：

$$\theta_{(t+1)-t} = \operatorname{arctg}\left(\frac{y_{t+1} - y_t}{x_{t+1} - x_t}\right) \quad (4-81)$$

在公式（4-81）中，$\theta_{(t+1)-t}$ 表示相对于第 t 年第 t+1 年海水养殖空间布局重心 P 移动方向的角度变化。规定正东方向的角度为 0°，逆时针旋转为正，即当 $0° < \theta < 90°$ 时，说明海水养殖空间布局的重心向东北方向移动；当 $90° < \theta < 180°$ 时，说明海水养殖空间布局的重心向西北方向移动；顺时针旋转为负，即当 $-90° < \theta < 0°$ 时，说明海水养殖空间布局的重心向东南方向移动；当 $-180° < \theta < 90°$ 时，说明海水养殖空间布局的重心向西南方向移动。

海水养殖布局重心的移动方向可以反映出引起其空间布局均衡改变的空间短板，判断引起空间变化的主体分布，从而检验相关的海水养殖区域政策。例如，在某一阶段，如果海水养殖的重心从该产业较为发达地区向发展缓慢的地区偏移，则说明该地区先前实施的政策取得了好的效果，地区之间的海水养殖的发展差距有所缓解。如果海水养殖重心没有移动，在原地徘徊甚至反向（向更发达的地区）移动，则说明地区的海水养殖分布政策没有起到作用，区域之间的发展差距没有缩小。

（3）海水养殖空间布局重心移动方向

海水养殖空间布局重心随时间的移动，会形成海水养殖空间布局演变过程中不断迁移的距离。该距离可以衡量海水养殖空间布局的非均衡程度，从而反映海水养殖区域发展是否充满活力。用 d 来表示重心的移动距离，计算公式为：

$$d_{(t+1)-t} = R\sqrt{(x_{t+1} - x_t)^2 + (y_{t+1} - y_t)^2} \qquad (4-82)$$

在公式 (4-82) 中，$d_{(t+1)-t}$ 表示相对于第 t 年和第 t+1 年海水养殖空间布局重心 P 移动方向的距离变化。R 为将地球表面的经纬度坐标转化为平面距离的系数，一般取值 111.111。

此外，$R(x_{t+1} - x_t)$ 和 $R(y_{t+1} - y_t)$ 分别是海水养殖空间布局的重心在经度、纬度方向上移动的实际距离，那么 $R(y_{t+1} - y_t)/R(x_{t+1} - x_t) = (y_{t+1} - y_t)/(x_{t+1} - x_t)$ 表示海水养殖空间布局重心纬度移动的速度与经度移动速度之比。当 $|(y_{t+1} - y_t)/(x_{t+1} - x_t)| < 1$ 时，表明海水养殖空间布局重心在纬度上的移动速度快于经度上的移动速度。反之，当 $|(y_{t+1} - y_t)/(x_{t+1} - x_t)| > 1$ 则表明海水养殖空间布局重心在纬度上的移动速度慢于经度上的移动速度。将海水养殖空间布局重心移动的方向与移动距离的经纬度相对速率融合在一起，可以进一步精确其空间上的移动方向。

综上所述，本章研究海水养殖空间布局重心的坐标在顺序多个时间点 $T = \{t_1, t_1, \cdots, t_n\}$ 上移动的方向和移动的程度，从而形成重心轨迹 L，其表达式可以写为：L：$\{(\theta_1, d_1), (\theta_2, d_2), \cdots (\theta_t, d_t)\}$。

2. 我国海水养殖空间布局重心轨迹实证分析

在计算我国海水养殖空间布局重心坐标时，采用 10 个沿海省份重点养殖城市的中心地理坐标作为各省的重心，具体数值借助 ArcGIS10.2 获得。选取 2006~2015 年我国海水养殖总体的单位面积产量及鱼类、甲壳类、贝类、藻类的单位面积产量作为区域属性值，数据来源于 2007~2016 年《中国渔业统计年鉴》，由各个省份的海水养殖产量和养殖面积计算而来。

（1）我国海水养殖整体的空间布局重心轨迹

①我国海水养殖整体的空间布局重心分布。

由公式 (4-80) 计算 2006~2015 年我国海水养殖空间布局重心，再根据公式 (4-81)、公式 (4-82) 计算重心的移动方向与移动距离，结果如表 4-72 所示。

表 4-72　　　　2006~2015 年我国海水养殖空间布局重心与移动情况

年份	重心坐标 经度	重心坐标 纬度	移动方向		移动距离（km）	年份	重心坐标 经度	重心坐标 纬度	移动方向		移动距离（km）
2006	118.34	29.10	16.40°	向南偏西	—	2011	117.93	28.50	80.71°	向西偏南	21.39
2007	118.29	29.14	-39.92°	向北偏西	6.93	2012	117.92	27.78	89.72°	向西偏南	80.00
2008	118.18	28.57	78.74°	向西偏南	64.58	2013	117.81	27.47	70.50°	向西偏南	36.54
2009	118.09	28.83	-72.01°	向西偏北	30.37	2014	117.77	27.46	13.79°	向南偏西	4.66
2010	117.96	28.69	46.13°	向西偏南	21.58	2015	117.84	27.39	-44.48°	向南偏东	11.10

资料来源：沿海省份的地理坐标由 ArcGIS10.2 获得，海水养殖产量数据取自 2007~2016 年《中国渔业统计年鉴》。

借助 ArcGIS10.2 进行可视化处理,得到 2006~2015 年我国海水养殖整体的空间布局重心移动的轨迹图,如图 4-22 所示。

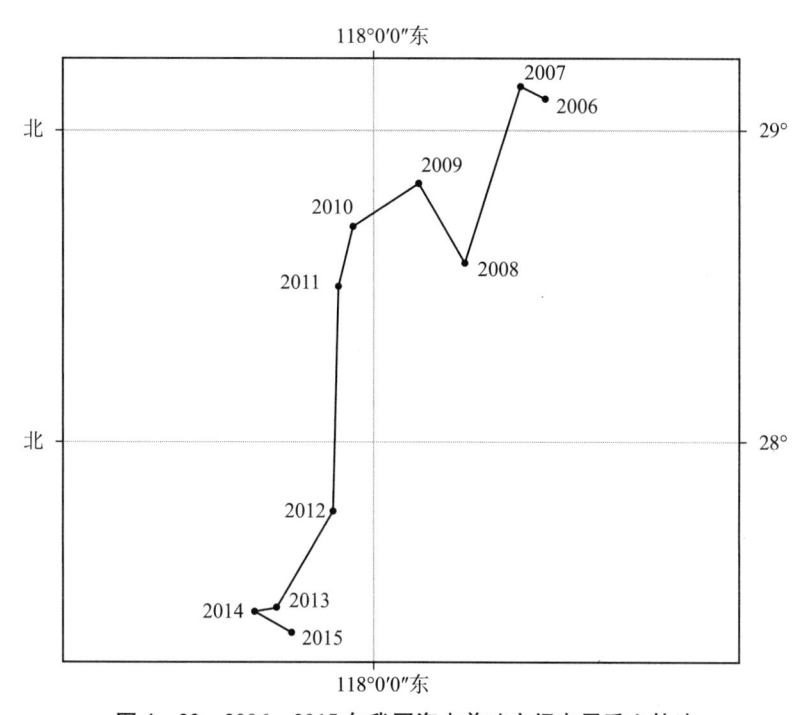

图 4-22 2006~2015 年我国海水养殖空间布局重心轨迹

由表 4-72 与图 4-22 可得,我国海水养殖整体的空间布局重心位于东经 117.77°~118.34°和北纬 27.39°~29.14°,基本落在浙江省与福建省内。从时间序列上来看,2006~2009 年,海水养殖整体的空间布局重心在浙江省南部附近;2010~2015 年,整体的空间布局重心在福建省北部附近,重心分布较为集中。从分布上来看,与几何重心相比,2006~2015 年海水养殖空间布局的重心偏向西南方,这就意味着,我国海水养殖空间发展不均衡,南方地区是海水养殖布局的高密度区域。

②我国海水养殖整体的空间布局重心移动方向。由表 4-72 与图 4-22 可以看出,2006 年以来,我国海水养殖整体空间布局重心顺时针移动占 30%,逆时针移动占 70%,大体向西南方向移动。不同时期重心移动的方向有所差别,具体来看,A. 2006~2009 年,海水养殖空间布局重心先后向西北-西南-西北移动,重心在(118.2,28.9)附近振动。其中,2009 年的海水养殖空间布局重心向北移动的角度最大,与总体趋势相反;B. 2010~2014 年,海水养殖空间布局重心向西偏南,在福建省附近趋于稳定;C. 2015 年,海水养殖空间布局重心略

微向南偏东，小幅移动。重心逐渐向我国海水养殖区域的几何中心靠近，我国海水养殖的空间布局在逐渐趋于均衡。

海水养殖整体空间布局重心移动的方向表明：A. 南方地区为我国海水养殖空间布局的高密度区。南方海水养殖的发展程度不断提高，使空间布局重心受到来自南部地区的牵引力，从而不断向西南方向移动；B. 北方地区为非均衡发展的空间短板，海水养殖的发展水平较低。尽管我国在区域政策上倾向于北方地区，海水养殖空间布局重心不断向西南方向移动，说明政策实施效果较差，北方地区发展水平较低；C. 重心在向西南移动的过程中，移动方向的角度不断减小，说明海水养殖布局重心在南部地区形成较为稳定的态势。

③我国海水养殖整体的空间布局重心移动距离。根据表4-72中的计算结果与可视化图可知：A. 2006年以来，我国海水养殖整体空间布局重心共移动278.35km，年平均移动距离为27.83km；B. 移动距离最大的两年为2008年和2012年，分别是向西偏南64.58km、80km。两年间，我国西南部尤其是福建省的海水养殖充满活力，使海水养殖重心向西南方向偏移的程度最大；C. 移动距离最小在2007年、2014年、2015年，分别为向北偏西6.93km、向南偏西移动4.45km、向南偏东11.10km。这期间地区发展的活力欠佳，牵引力较弱。

海水养殖整体空间布局重心移动的距离表明：A. 我国海水养殖空间布局的非均衡程度在逐渐缩小。在移动过程中，移动的距离不断缩小，表明南方地区在牵引过程中，区域发展活力有所减弱，区域非均衡发展的程度在减小；B. 南北地区海水养殖的区域发展活力在不同的时间段各有不同。2009年，蓝色经济的相关发展政策使得北方地区发展活力大增，政策实施之初效果明显，使海水养殖空间布局重心向北方迁移；2009年之后，重心又向南部地区迁移；C. 北部地区的发展活力虽有所提高不及南部地区，仍存在较大差距。我国实行蓝色经济发展战略以来，大力支持发展山东半岛、黄渤海地区的海水养殖。然而从重心轨迹上来看，重心向北方移动的程度小，北方地区发展的活力较弱，与南部地区仍存在差距。

(2) 我国四类水产品空间布局重心轨迹。

①我国四类水产品空间布局重心分布。由公式（4-80）计算2006~2015年我国四类海水养殖品种的空间布局重心，再根据公式（4-81）、公式（4-82）计算重心的移动方向与移动距离，并借助ArcGIS10.2进行可视化处理，得到2006~2007年我国四类水产品的空间布局重心移动的轨迹图，见图4-23~图4-26。

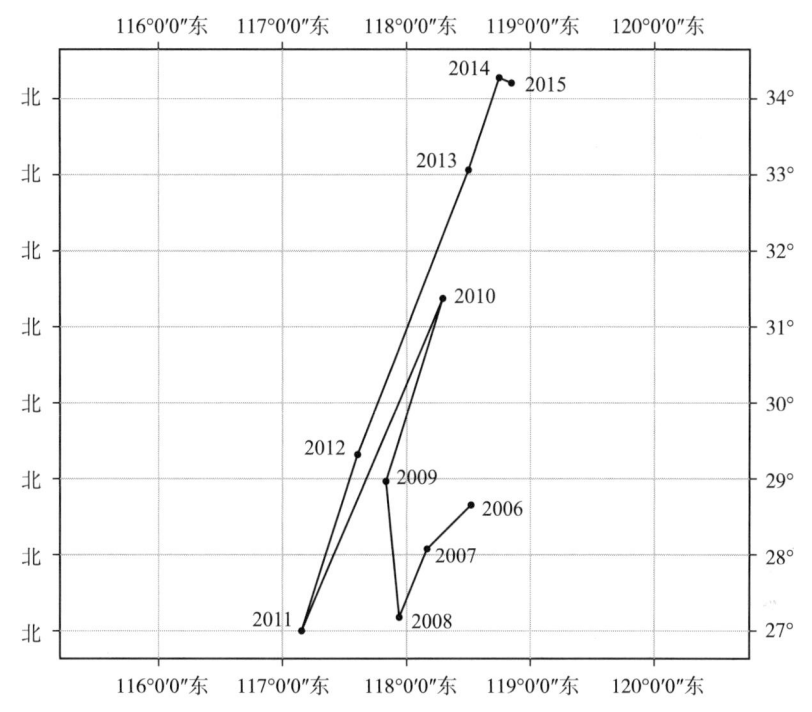

图 4-23　2006~2015 年我国海水鱼类养殖空间布局重心轨迹

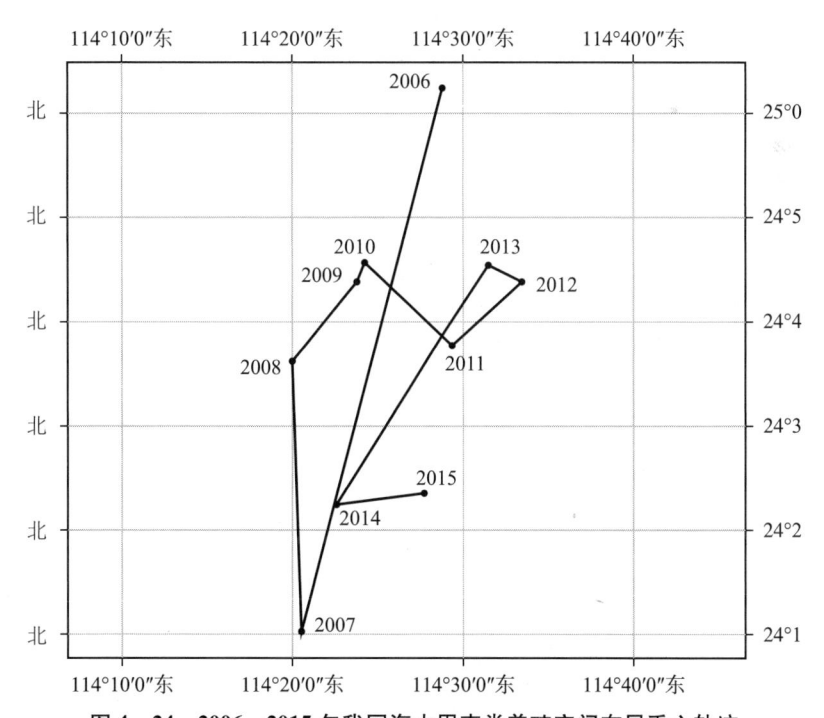

图 4-24　2006~2015 年我国海水甲壳类养殖空间布局重心轨迹

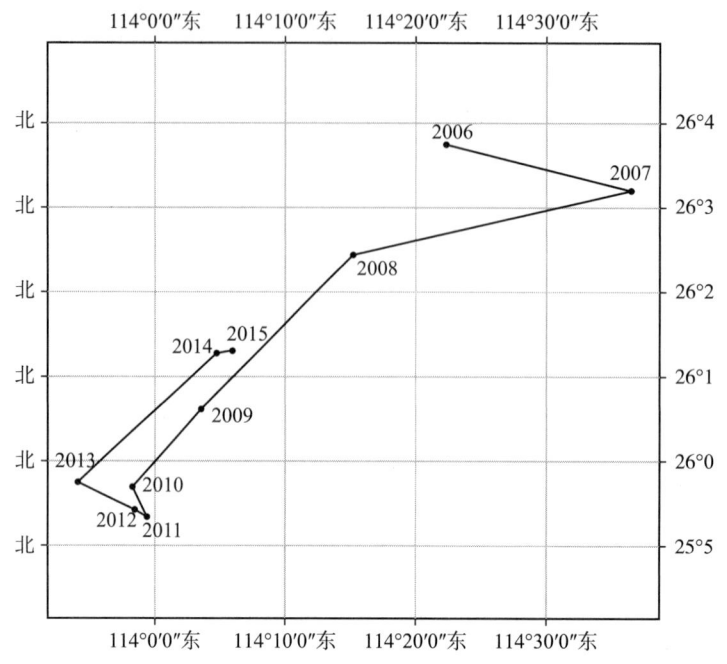

图 4-25　2006~2015 年我国海水贝类养殖空间布局重心轨迹

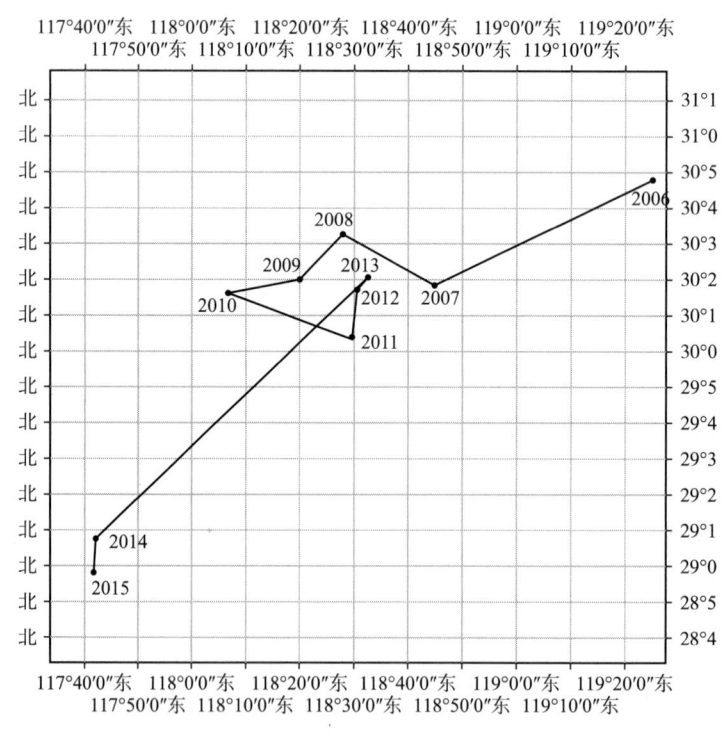

图 4-26　2006~2015 年我国海水藻类养殖空间布局重心轨迹

由计算结果可得：A. 2006 年，我国海水鱼类养殖空间布局重心坐标为（118.51，28.67），大致位于浙江省的西南部；2015 年，重心坐标为（118.83，34.19），位于山东半岛的东南部；B. 2006 年，我国海水甲壳类养殖空间布局重心坐标为（114.48，25.04），位于广东省与福建省的交界处；2015 年的重心坐标为（114.46，24.39），位于广东省西南部，重心较为稳定，基本在广东省内形成甲壳类养殖的集聚区；C. 2006 年，我国海水贝类养殖空间布局重心坐标为（116.37，26.62），位于福建省南部地区；2015 年的重心坐标为（116.10，26.22），位于福建省西南部；D. 2006 年，我国海水藻类养殖空间布局重心坐标为（119.42，30.80），位于江苏省与浙江省的交界处；2015 年的重心坐标为（117.69，28.98），位于浙江省西北部。

②我国四类水产品的空间布局重心移动方向。由图 4-23 至图 4-26 可以看出：A. 我国海水鱼类养殖空间布局重心先后向西南—东北—西南—东北移动，呈现出大幅震荡移动的演变轨迹；B. 我国海水甲壳类养殖空间布局重心的年际移动方向较为复杂。其中，2007 年重心从最北部移动到最南部；2007～2010 年期间重心逐渐向东北方向移动；2010～2015 年期间重心又向西南方向移动；C. 我国海水贝类养殖空间布局重心先后向东南—西南—东北方向移动。其中，2006～2011 年，海水贝类养殖空间布局重心连年向南移动；2011～2015 年，重心又向北移动但移动的角度大于 2006～2011 年，整体上呈现出回归的特征；D. 我国海水藻类养殖空间布局重心在经纬度上的移动幅度都较大。其顺时针移动占 30%，逆时针移动占 70%，大致呈现出向西南方向移动的趋势，在 2007～2013 年间，重心的位置相对稳定，有圆形回归的特征。

四类水产品空间布局重心移动方向表明以下四方面特征：①南北地区的海水鱼类养殖空间布局较为均衡；②海水甲壳类养殖的空间布局聚集在南方地区，南北发展不均衡，北部地区构成了发展的空间短板；③海水贝类养殖的空间布局主体分布有明显的阶段特征。2011 年以前，聚集在南方地区，而 2011 年后开始向北方迁移，逐渐趋于均衡；④海水藻类养殖在南部地区较发达，北部地区为空间发展短板。

③我国四类水产品的空间布局重心移动距离。由图 4-23 至图 4-26 可以看出：A. 海水鱼类养殖空间布局重心共移动 2328.42km，而直线移动距离约为 450km，重心移动的程度最剧烈，鱼类养殖的地区不平衡的变动性很大；B. 我国海水甲壳类养殖重心的移动相对鱼类来说较缓和，共移动 339.53km，年际移动距离最大的为 2006 年和 2007 年，分别为 67.49km、97.62km；C. 我国海水贝类养殖空间布局重心总移动距离为 200.58km，移动程度最缓和，最大移动距离仅为 42.10km；D. 我国海水藻类养殖空间布局重心年际平均移动距离为 81.31km，2014 年移动距离最大，为 128.79km，2015 年移动距离最小，为 2.28km，呈现出扩散-集中-扩散的发展特点。

四类水产品空间布局重心的移动距离表明：A. 南北方向在海水鱼类养殖空间布局上呈现出此消彼长的发展力量，2010年后北方的发展活力超过南方；B. 各区域之间海水甲壳类养殖的发展力量相对均衡；C. 我国海水贝类养殖空间布局的非均衡程度有所改善，南北差异在逐渐缩小；D. 海水藻类养殖空间布局重心在（118.3，30.2）附近形成圆形回归，这些区域的藻类养殖的发展活力相当，同时也说明这期间其他地区相应政策的牵引效果均不理想，发展活力不足。

3. 我国海水养殖空间布局重心轨迹演化特征及趋势分析

（1）我国海水养殖空间布局重心轨迹演化特征分析。根据上述对我国海水养殖整体及四类水产品的空间布局重心的分布、移动方向、移动距离的分析，可以看出其轨迹演化呈现以下五方面特征：

第一，我国海水养殖空间布局重心偏离几何中心向西南，但偏离程度在减小。根据3.1的分析，海水养殖整体空间布局重心大致向西南方向移动，移动过程中距离不断减小，重心逐渐趋于稳定。然而，就稳定的位置而言，和几何中心相比偏向西南，说明我国海水养殖发展不均衡，并且尚未形成稳定且合理的格局。偏离程度逐渐减小说明我国海水养殖空间非均衡发展的程度在逐渐减小，进一步表明相关的区域发展政策的实施取得了一定的成效。

第二，我国海水养殖空间布局重心轨迹的演化存在空间分异，南北发展不平衡，在南方较为聚集，北方成为非均衡发展的空间短板。近十年来，我国海水养殖空间布局重心移动的整体趋势偏向西南方，表明空间布局重心受到来自南部地区的发展牵引力，发展程度不断提高，导致南北发展不均衡。南方地区海水养殖发展水平更高，产业相对聚集，出现了空间布局不均衡的现象。进一步而言，海水养殖空间布局重心在南部地区趋于稳定，并且近年来没有向北方移动的表征，说明北方地区海水养殖的发展水平不足以使重心向北移动，从此成为布局的空间短板。

第三，我国海水养殖空间布局重心轨迹的演化过程中受到的南北方牵引力存在差异，南方地区发展活力普遍大于北方地区。海水养殖空间布局重心移动过程中，移动的距离不断缩小，表明南方地区在牵引过程中，区域发展活力有所减弱，北部地区的发展活力虽有所提高但仍然不及南部地区。重心在向西南移动的过程中，移动角度与距离不断缩小，逐渐在南部形成稳定态势，而北部的牵引力尚不足。

第四，我国海水养殖重心轨迹演化均存在阶段性特征。就整体而言，2006~2008年，南部地区的海水养殖发展活力较大，轨迹向南演化；2009年，重心大幅向北移动，北部地区的发展活力赶超南部地区；2009~2015年，海水养殖空间布局重心移动的距离不断减小，南方地区在牵引过程中，区域发展的活力有所减弱，而北部地区的发展活力虽有所提高但仍然不及南部地区。就鱼类而言，2006~

2008年、2010~2011年，海水鱼类养殖空间布局的重心向西南方向移动；2008~2010年、2011~2015年，海水鱼类养殖的空间布局重心向东北部地区移动，且移动的程度更大。就贝类而言，2006~2011年，贝类养殖一直在南方地区；2011~2015年重心逐渐北移，说明南北方差距在逐渐缩小。

第五，我国海水养殖空间布局重心轨迹的演化有着明显的品种分异与相对聚集特点。根据我国四类水产品空间布局重心轨迹的演化可以得出，鱼类养殖的空间布局重心在南北方移动，移动距离也相当，说明南北地区发展较为均衡；甲壳类养殖的空间布局重心广东省内，说明产业聚集在广东省周围；贝类养殖的空间布局重心虽然会有波动，但仍表现出在福建省内较为聚集；藻类养殖的空间布局重心在2007~2013年聚集在浙江省南部，但近两年来重心偏向西南，聚集程度减弱。

(2) 我国海水养殖空间布局重心轨迹演化趋势分析。空间布局重心与几何重心偏离说明我国海水养殖在空间上受到的力量并未达到平衡，偏向西南表明南方地区较为发达且发展力量较强，北方是空间布局的主体短板但具有发展潜力。这就意味着我国海水养殖空间布局仍具备逐渐演变并向几何中心动态收敛的发展趋势。相关研究表明，经济重心在很大程度上依赖于相应的发展政策。所以，根据现有轨迹的演化特征及目前国家的政策倾向，我国海水养殖空间布局重心轨迹演化呈现以下四个趋势：

第一，我国海水养殖空间布局重心向北迁移，并逐渐趋于稳定。通过对现有重心轨迹演化的特征的分析，重心分布在几何中心偏南，偏移程度逐渐减小，根据产业布局阶段特征理论，可以预测，未来我国海水养殖空间布局会形成以养殖基地、技术发达区域为主的"点－轴"布局特征。近年来，随着北方地区的海水养殖基地、海洋科研院所的壮大，其海水养殖会发展起来，南北方地区在海水养殖发展水平会逐渐相当，带动重心向北迁移从而在几何中心附近趋于稳定。

第二，我国的海水养殖空间布局重心向北迁移，使其空间分布上的非均衡程度会逐渐改善。根据现有重心轨迹演化的特征，我国海水养殖在空间布局上存在南北不均衡的问题，北方地区成为布局的短板，而结合上述分析，未来重心会不断向北迁移，北方地区海水养殖的经济实力会逐渐增强，并不断形成产业聚集。南方的"高密度"现象会得到改善，使得我国海水养殖在空间布局上逐渐趋于均衡，进而形成相对稳定的海水养殖空间格局。

第三，在空间分布主体上，重心向北移动距离将增大，北方地区牵引力将增强。根据现有重心轨迹演化的特征，重心向南移动时距离越来越小，说明北方地区的发展活力在逐渐加强并有超过南方地区的趋势。虽然目前仍然小于南方地区，但是自实施海洋强国战略以来，国家逐渐重视北方地区尤其是环渤海域重点养殖区的建设，通过资金支持建设海洋牧场增养殖、依托蓝色硅谷平台培育良种增大产量等，这将会使得布局重心向北迁移，移动距离会相应增大，北方地区牵引海水养殖空间布局的力量有所增强。

第四,我国四类水产品在未来发展中会不断在有比较优势的区位逐渐聚集,形成专业化品种分工。通过对我国海水养殖空间布局重心轨迹演化特征的分析,得出其有着明显的品种分异与相对聚集特点。加之四类水产品的空间依赖性各有不同,根据上述分析,甲壳类、贝类有较强的空间依赖性,多年的发展使得其空间布局基本稳定在南方地区。藻类在偏北的地区波动,没有形成稳定的布局,但未来会根据品种对海域环境、养殖密度要求不同而布局。鱼类养殖的空间依赖性最小,随养殖品种与技术移动比较大,未来会形成较为稳定格局。

4. 结论

本章基于重心移动模型,从海水养殖空间布局重心分布、重心移动角度、重心移动距离三方面构建海水养殖空间布局重心轨迹模型。应用该模型对我国 2006~2015 年的海水养殖及四类水产品的空间布局重心轨迹进行实证分析,得出以下五方面结论:①我国海水养殖整体空间布局的重心分布在几何中心偏南,近十年来向西南方向移动但移动距离逐渐减小,有向北迁移的趋势。②我国海水养殖空间布局普遍存在南北发展不均衡的现象,南方地区发展水平高,成为海水养殖的"高密度区"。而根据重心轨迹演化特征,未来南北地区发展的非均衡程度会逐渐缩小并趋于均衡。③北方地区是我国海水养殖空间布局的短板,发展活力较弱。但由于政策倾向,未来重心移动距离会增大,使得其牵引力增强,与南方地区的差距会逐渐缩小。④我国海水养殖空间布局存在品种分异,由于空间依赖程度、技术等因素,不同种类形成了各自的聚集特点,未来这种分异特征会更加明显。⑤为了改善目前海水养殖空间布局的非均衡状况,我国应加大向东北的政策倾向,使海养殖空间布局得到更进一步的优化。

(四)基于协同学理论的我国海水养殖业空间布局自组织演化研究

1. 基于协同学理论的我国海水养殖业空间布局自组织演化模型构建

(1)海水养殖业空间布局自组织演化阶段识别。我国海水养殖业空间布局自组织演化各阶段的识别特征主要是衡量序参量及各子系统的有序度高低,本章运用复合系统协同度识别我国海水养殖系统所处的自组织演化阶段。具体步骤如下:

设海水养殖业空间布局系统内部子系统为 S_j,$j \in [1, 3]$。S_j 分别表示自然子系统、经济子系统和社会子系统。设子系统在发展过程中的序参量为 $e_j = (e_{j1}, e_{j2}, \cdots, e_{jn})$,$n \geq 1$,$\beta_{ji} \leq e_{ji} \leq \alpha_{ji}$,$i \in [1, n]$。假设 $e_{j1}, e_{j2}, \cdots, e_{ji}$ 的取值越大,系统的有序程度越高,反之则系统的有序程度越低;假设 $e_{j(j+1)}, e_{j(j+2)}, \cdots, e_{jn}$ 的取值越大,系统的有序程度越低,反之则系统的有序程度越高。

则子系统 S_j 的序参量分量 X_{ji} 有序度的计算公式为:

$$U_j(e_{ji}) = \begin{cases} \dfrac{(e_{ji} - \beta_{ji})}{(\alpha_{ji} - \beta_{ji})}, i \in [1, l] \\ \dfrac{(\alpha_{ji} - e_{ji})}{(\alpha_{ji} - \beta_{ji})}, i \in [l+1, n] \end{cases} \quad (4-83)$$

式中，α_{ji} 和 β_{ji} 分别是第 j 个子系统在第 i 个序参量的上限值和下限值（本章分别取最大值和最小值的 1.1 倍）。并假定 $e_j = e_{j1}$，e_{j2}，…，e_{ji} 为正向指标，即其取值越大，系统的有序程度越高；假定 $e_j = e_{j(i+1)}$，…，e_{jn} 为逆向指标，即其取值越大，系统的有序程度越低。

从总体来看，子系统的有序度可通过下面的公式计算：

$$U_j(e_j) = \sqrt[n]{\prod_{i=1}^{n} U_j(e_{ji})}, \quad j = 1, 2, 3 \quad (4-84)$$

式（4-84）中的 $U_j(e_j)$ 为序参量变量 e_j 的子系统有序度，且 $U_j(e_j) \in [0, 1]$。其数值越大，表明 e_j 对系统 S_j 有序的贡献就越大，系统的有序程度就越高；反之系统的有序程度就越低。

假设在初始时刻 T_0，各子系统的有序度为 $U_j^0(X_j)$，而当整个复合系统发展演化到时刻 T_1，各子系统的有序度为 $U_j^1(X_j)$。则复合系统的协同度为：

$$cm = \theta \sqrt{\left| \prod_{i=1}^{n} [U_j^1(e_{ji}) - U_j^0(e_j)] \right|} \quad (4-85)$$

式（4-85）满足以下条件：

$$\theta = \frac{\min[u_j^1(e_j) - u_j^0(e_j)]}{|\min[u_j^1(e_j) - u_j^0(e_j)]|}$$

由公式（4-85）可知，$cm \in [-1, 1]$，其取值越大，复杂系统的协同发展程度越高，反之则越低。若某一个子系统的有序程度较大，而另一子系统的有序程度较小或下降，则整个复合系统的协同演化水平将会受到影响，此时表现为 $cm \in [-1, 0]$。一般来说，协同度可划分为 4 个阶段：$D \in (0, 0.3]$ 为低，$D \in (0.3, 0.5]$ 为中，$D \in (0.5, 0.8]$ 为高，$D \in (0.8, 1]$ 为极高。

（2）海水养殖业空间布局自组织演化动力构建。假设海水养殖业系统由两个产业部门组成，状态变量分别为 q_1 和 q_2，两者之间的基本关系为：

$$\frac{dq_1}{dt} = -\lambda_1 q_1 - \alpha q_1 q_2 \quad (4-86)$$

$$\frac{dq_2}{dt} = -\lambda_2 q_2 + b q_1^2 \quad (4-87)$$

式中，q_1、q_2 表示状态变量，a、b、λ_1、λ_2 为控制参数。其中，λ_1、λ_2 是系统的阻尼系数，表示一种系统能量耗散的强度，也表示着 q_1、q_2 之间的作用强度。

式（4-86）和式（4-87）可离散化为：

$$q_1(k+1) = (1 - \lambda_1) q_1(k) - a q_1(k) q_2(k) \quad (4-88)$$

$$q_2(k+1) = (1-\lambda_2)q_2(k) + bq_1(k)q_1(k) \qquad (4-89)$$

若 $|\lambda_2| > |\lambda_1|$，则表明 q_2 状态变量是迅速衰减的快变量，因此可利用绝热消去原理，认为 q_2 符合绝热近似条件。令 $\dfrac{dq_2}{dt} = 0$，可得：

$$q_2(t) = \lambda_2^{-1} b q_1^2(t) \qquad (4-90)$$

把式（4-90）代入式（4-86）可得序参量方程：

$$\frac{dq_1}{dt} = -\lambda_1 q_1 - \frac{ab}{\lambda_2} q_1^3 \qquad (4-91)$$

从式（4-91）求解出 q_1 后，代入式（4-90），则表示 q_1 决定了 q_2，q_2 随 q_1 的变化而变化。因此，q_1 是系统的序参量，决定着系统的演化。由此可得，q_1 作为系统的序参量，是系统演化的内部动力，q_2 作为系统的控制参量，是系统演化的外部动力。

（3）海水养殖业空间布局自组织演化稳态过程构建。为了探讨控制参量与序参量使系统形成稳定态的作用机制，引入势函数，根据其变化可知系统的变化规律及演化原理。势函数不仅与序参量相关，还与控制参量相关。控制参量的变化使系统势函数曲线发生形变，势函数极值变化，从而出现新的稳定值。利用式（4-91）中 $\dfrac{dq_1}{dt}$ 的相反数积分可求得海水养殖系统的势函数：

$$V = 0.5\lambda_1 q_1^2 + \left(\frac{ab}{4\lambda_2}\right) q_1^4 \qquad (4-92)$$

根据 λ_1 取值变化，有以下两种情形。

①$\lambda_1 < 0$，这种情况对应于序参量与控制参量的竞争作用。势函数的极值只有一个，控制参量的运动沿着一个势能谷变化。随机力会使其偏离势能谷，然而其变化最终会停留在势能最低处。此时的海水养殖业复合系统处于初级稳定状态，各子系统有序程度较低，同时为新的有序结构演化进行量的积累。

②$\lambda_1 > 0$，这种情形对应于序参量与控制参量的协同作用。

此时势函数曲线有两个稳定解和一个不稳定解，势函数曲线的走势因极值点处的二阶导符号不同而有所差别。当极值点处的二阶导大于零时，呈现出"W"形的演化方向；反之，当极值点处的二阶导小于零时，此时呈现出"M"形的演化方向。

2. 基于协同学理论的我国海水养殖业空间布局自组织演化实证分析

（1）海水养殖业空间布局自组织演化阶段识别结果。

①海水养殖业复合系统各子系统序参量指标体系构建。本章在考虑指标的科学性和数据的可获得性基础上，分别从自然、经济、社会三个方面选取代表性指标构建海水养殖业复合系统及各子系统的自组织演化阶段识别模型（见表4-73）。

表 4-73　　　　　　　　　　海水养殖系统指标体系

复合系统	子系统	序参量分量	单位
海水养殖系统（S）	自然子系统（SS₁）	海水养殖面积（e₁₁）	公顷
		海水养殖产量（e₁₂）	吨
	经济子系统（SS₂）	海水养殖产值（e₂₁）	万元
		劳动力人均纯收入（e₂₂）	元
	社会子系统（SS₃）	劳动力数量（e₃₁）	人
		劳动生产率（e₃₂）	万元/人

资料来源：《中国渔业统计年鉴（2006~2015）》。

②数据计算。

首先，运用标准差法对序参量分量的原始数据进行标准化处理，消除量纲不同带来的干扰。

$$X'_{ij} = \frac{X_{ij} - \overline{X_j}}{S_j} \quad (i = 1, 2, \cdots, n; j = 1, 2, \cdots, p) \quad (4-93)$$

式中，X'_{ij}为标准化数据，$\overline{X_j}$表示变量X_{ij}的均值，S_j表示变量X_{ij}的标准差。

之后，将标准化数据代入式（4-83），得到各序参量分量的有序度。在此基础上，将所得结果代入公式（4-84），得到各子系统的有序度。并进一步通过式（4-85）获得海水养殖系统的协同度（见表4-74）。

表 4-74　　　　　　　　各子系统有序度及复杂系统协调度

年份	自然子系统有序度	经济子系统有序度	社会子系统有序度	复杂系统协调度
2006	0.139	0.040	0.046	
2007	0.080	0.101	0.094	-0.013
2008	0.211	0.169	0.229	0.041
2009	0.371	0.230	0.303	0.106
2010	0.486	0.239	0.384	0.153
2011	0.602	0.442	0.532	0.301
2012	0.715	0.580	0.744	0.466
2013	0.850	0.746	0.856	0.638
2014	0.906	0.864	0.895	0.732
2015	0.960	0.950	0.931	0.813

资料来源：根据《中国渔业统计年鉴（2006~2016）》数据计算而得。

③计算结果分析。

A. 就自然子系统有序度而言,其有序度从 2006 年的 0.139 逐年跃升至 2015 年的 0.960,说明我国海水养殖业自然子系统目前表现出高度有序的状态。就经济和社会子系统而言,其有序度亦保持逐年攀升的状态,这与自然子系统的发展态势相契合。由表 4-74 可以看出,经济子系统由 2005 年的 0.040 增长至 2015 年的 0.950,社会子系统从 2005 年的 0.046 增长至 2015 年的 0.931,增长速度比自然子系统还要快。

B. 比较自然子系统与经济子系统、社会子系统可知,自然子系统近十年来一直保持着相对最高的有序度数值,这表明自然子系统对海水养殖业复合系统空间布局自组织演化有着相对最大的"贡献值"。自然子系统在 2009 年时有序度为 0.371,率先进入中度有序阶段,而经济子系统、社会子系统分别于 2011 年、2009 年时才进入中度有序阶段。自然子系统在 2011 年时有序度率先超过 0.5,达到 0.602,进入高度有序阶段。而此时的经济子系统仍处于中度有序阶段,社会子系统虽进入高度有序阶段,但有序度为 0.532,低于自然子系统有序度。总的来说,自然禀赋条件对海水养殖业自组织演化起着主导作用。

C. 从复合系统协同度来看,我国海水养殖业空间布局自组织演化在 2006~2015 年间经历了五个阶段。2006~2007 年的协调度呈现出负值,这是整体不协调的表现,主要原因是经济和社会子系统的有序度过低,导致复合系统呈现不协同的状况。2008~2011 年为低度协同阶段,这四年间复合系统协同度由 0.041 增长至 0.301,为低速增长阶段。2012 年为中度协同阶段,2013~2014 年为高度协同阶段,2015 年为极高度协同阶段。由此可以看出,2012~2015 年这四年是增长极其迅速的四年。复合系统协同度不断快速增长,这与各子系统有序度不断增加密切相关。

(2) 海水养殖业空间布局自组织演化动力求解。

①指标选取。本章选取海水养殖面积 As 和劳动生产率 Ps 这两个变量进行分析。Ps 代表海水养殖业劳动生产率,衡量的是海水养殖业的生产能力;As 代表海水养殖面积,衡量的是海水养殖业的自然禀赋。

②演化方程求解。假设海水养殖面积 As 为序参量,即 As 为 q_1,Ps 为 q_2,根据方程 (4-88)、方程 (4-89) 可得海水养殖业的演化方程:

$$\hat{A}_s(k+1) = (1-\lambda_1)A_s(k) - \alpha P_s(k)A_s(k) \qquad (4-94)$$

$$\hat{P}_s(k+1) = (1-\lambda_2)P_s(k) + bA_s(k)A_s(k) \qquad (4-95)$$

本章选取辽宁、天津、河北、山东、江苏、浙江、广东、广西、福建、海南等沿海十个省份为研究区域,以 2014 年和 2015 年的海水养殖面积和劳动生产率为样本进行计算分析,并求解我国海水养殖业空间布局自组织演化动力(见表 4-75)。

表 4-75　　　　　　沿海省份海水养殖面积、劳动生产率统计表

	海水养殖面积（公顷）		劳动生产率（万元/人）	
	2014 年	2015 年	2014 年	2015 年
辽宁	928503	933068	38.624	37.189
天津	3180	3165	76.694	78.995
河北	122434	117533	30.038	32.323
山东	548487	563198	49.175	50.756
江苏	188657	181829	49.987	52.509
浙江	88178	85881	25.198	26.841
福建	161418	166075	23.257	25.065
广东	193691	194861	31.371	33.611
广西	54233	55015	10.320	11.068
海南	16691	17138	24.694	24.771

资料来源：根据《中国渔业统计年鉴（2015~2016）》计算整理而得。

按照计算整理所得的数据，根据 Eviews8.0 软件回归得：

$$\hat{A}_s(2015) = 0.972220 \cdot A_s(2014) + 0.000899 P_s(2014) A_s(2014) \quad (4-96)$$
$$(31.95414) \qquad\qquad (1.216863)$$

$$\hat{P}_s(2015) = 1.045905 P_s(2014) - 3.46 \times 10^{-12} A_s(2014) A_s(2014) \quad (4-97)$$
$$(139.8898) \qquad\qquad (-3.336430)$$

③计算结果分析。

A. 由运动方程（4-96）可得 $\lambda_1 = 0.02778$，a = -0.000899，拟合优度为 0.999739，调整后的拟合优度为 0.999707；由运动方程（4-97）可得 $\lambda_2 = -0.045905$，b = -3.46×10^{-12}，拟合优度为 0.998262，调整后的拟合优度为 0.998045。由调整后的拟合优度均大于 0.99 可得，方程的回归结果有效且显著，符合预期，原假设成立。由式（4-96）、式（4-97）的估计结果可知，$|\lambda_2| > |\lambda_1|$，证明绝热近似假设成立。这说明劳动生产率是阻尼大、迅速衰减的快变量，而海水养殖面积是阻尼小、衰减慢的序参量。

B. 根据状态变量系数可知，$\lambda_1 = 0.02778$ 为正值，说明海水养殖业复合系统还没有建立起海水养殖面积增加的正反馈机制，这就要求从事海水养殖业的各个主体加强海水养殖面积增加的力度，以此更加有效地促进我国海水养殖业的健康可持续发展。$\lambda_2 = -0.045905$，其绝对值大于 λ_1 的绝对值，且是 λ_1 的 1.65 倍，超过一个数量级。这表明相对于海水养殖面积而言，劳动生产率是迅速衰减的快变量，即控制变量。说明我国海水养殖业的劳动生产率较低，无论是在资金还是

人力的投入上，都没有达到相应的效果，存在着资源浪费的现象。因此，在注重增加海水养殖面积的同时，也应该注重效率的提升。

C. 根据控制参数结果可知，a = -0.000899 < 0，表明劳动生产率的提高有助于海水养殖面积的增加，劳动生产率带动了海水养殖业的发展。即劳动生产率的提高带动了海水养殖面积的增加，说明劳动生产率对海水养殖面积有正向的反作用。b = -3.46×10^{-12} < 0，反映海水养殖面积的增加抑制劳动生产率的提高。这主要是由于过度追求海洋资源的开发利用，对渔民需求数量增加，而产值却没有得到相应的提升，导致劳动生产率不升反降。

(3) 海水养殖业空间布局自组织演化稳态过程求解。

①海水养殖系统自组织演化势函数求解。

可知，$\lambda_1 > 0$，此时方程（4-91）有三个解，$q_1^1 = 0$，$q_1^2 = -\lambda_1\lambda_2 ab$，$q_1^3 = \lambda_1\lambda_2 ab$。前一个解 $q_1^1 = 0$ 是不稳定的，在现实分析中不予考虑；但后两个解是稳定的，表明系统可通过突变进入新的稳定态。

由式（4-96）、式（4-97）可得：

$$\hat{A}_s = 0.972220 A_s + 0.000899 P_s A_s \qquad (4-98)$$

$$\hat{P}_s = 1.045905 P_s - 3.46 \times 10^{-12} A_s^2 \qquad (4-99)$$

令 $\hat{P}_s = 0$，由式（4-90）、式（4-99）可得 $P_s = \lambda_2^{-1} b_A A_s^2 = -3.30813984 \times 10^{-12} A_s^2 \qquad (4-100)$

将式（4-100）代入式（4-98）可得 $\hat{A}_s = 0.972220 A_s - 2.974018 \times 10^{-15} A_s^3$

$$(4-101)$$

可以进一步求得海水养殖系统自组织演化的势函数为：

$$V = 0.01389 A_s^2 - 1.69400937 \times 10^{-14} A_s^4 \qquad (4-102)$$

②海水养殖系统自组织演化稳态过程求解。此时 $\lambda_1 > 0$，式（4-101）有三个解，其中 $q_1^1 = 0$ 是不稳定解，$q_1^2 = -3.966688 \times 10^{-18}$ 及 $q_1^3 = 3.966688 \times 10^{-18}$ 是稳定解。当 $q_1^1 = 0$ 时，二阶导 >0，即势函数有极小值，将 As = 0 代入式（4-102）可得极小值为0。当 $q_1^2 = -3.966688 \times 10^{-18}$ 或 $q_1^3 = 3.966688 \times 10^{-18}$ 时，二阶导 <0，此时势函数具有极大值。由此可知运动方程的势函数在轴坐标上呈现出"M"形的演化方向。

我国海水养殖业空间布局自组织演化已超越初级稳态阶段。在势能谷之外不再是简单的延伸，而是进入较高级的自组织演化阶段，稳态分析变得更复杂。目前我国海水养殖系统处于由不稳定均衡状态演化为稳定均衡状态的阶段，此时海水养殖业各子系统的协同作用已超过临界点，随机力的微小变动也会破坏系统的稳定平衡状态，无法产生另外一个新的平衡状态。

③海水养殖系统自组织演化稳态过程计算结果分析。已知，$\lambda_1 > 0$，三个定态解均为实数。其中，$q_1^1 = 0$ 变为不稳定的定态解，而 q_1^2 和 q_1^3 是稳定的定态解。

而 $\lambda_1 < 0$ 时，$q_1^1 = 0$ 为稳定的定态解，此时，q_1^2 和 q_1^3 为虚数，没有实际意义。由此可知，$\lambda_1 = 0$ 是海水养殖业系统的分岔点，当 λ_1 从负值增大并跨越零点时，海水养殖业系统既有新定态的创生和稳定态数目的增加，又有稳定态的交换。系统定态性质发生显著改变，是一个由旧结构稳定性丧失到新结构确立的有序演化过程。海水养殖业系统的分岔属于叉式分岔，是从不动点到不动点的分岔。

3. 我国海水养殖业空间布局自组织演化分析

（1）我国海水养殖业空间布局自组织演化阶段识别分析。

①海水养殖业各子系统经历了低度有序阶段到极高度有序阶段四个阶段。就自然子系统而言，2006~2008 年为低度有序阶段，2009~2010 年为中度有序阶段，2011~2012 年为高度有序阶段，从 2013 年开始，其有序度开始超过 0.8，进入极高度有序阶段。就经济子系统而言，2006~2010 年为低度有序阶段，2011 年为中度有序阶段，2012~2013 年为高度有序阶段，2014~2015 年为极高度有序阶段。就社会子系统而言，2006~2008 年为低度有序阶段，2009~2010 年为中度有序阶段，2011~2012 年为高度有序阶段，2013~2015 年为极高度有序阶段。三个子系统的有序度均经历了相同的四个阶段，呈现逐年增加的趋势，但自然子系统阶段变化最快，先于另外两个子系统进入极高度有序阶段。

②海水养殖业复合系统经历了低度协同阶段到极高度协同阶段四个阶段。2007 年的协同度为负数，海水养殖系统处于无序状态，此时的自然、经济、社会三个子系统处于极度不均衡状态，有序程度呈现较低的极端状况；从 2008 年开始，海水养殖系统协同度均为正数，且逐年增加。2008~2011 年为低度协同阶段，2011~2012 年为中度协同阶段，2012~2014 年为高度协同阶段，到 2015 年时，我国海水养殖业复杂系统协同度已超过 0.8，处于极高度协同发展阶段。说明我国海水养殖业的各个子系统之间的协同发展程度越来越高，自组织演化阶段得以逐步提升。

③各子系统有序阶段与复合系统协同阶段的比较分析。将各年度子系统有序度与复杂系统协同度进行比较，可以发现子系统有序度大于复合系统协同度。这说明复杂系统协同度变化慢于各子系统有序度变化，表明海水养殖业空间布局自组织演化的阶段取决于各子系统之间的协同演化。我国海水养殖业从低度发展阶段到极高度发展阶段用了近十年的时间，其间海水养殖系统发生的突变是各控制参量有序发展的结果，也是自然因素起主导作用的结果。以上结果表明，从整体来看，我国海水养殖业自组织演化处于不断增强的发展趋势。

（2）我国海水养殖业空间布局自组织演化动力分析。

①海水养殖面积的变化为我国海水养殖业空间布局自组织演化提供内在动力。本章通过选取海水养殖面积与劳动生产率两个指标，来测度近十年来我国海水养殖业空间布局自组织演化的动力。协同学方程中系数小、寿命长的状态变量是序参量，而控制参量仅是系统演化的外在条件。海水养殖面积是主要的序参

量，即内部动力，主导和支配当前海水养殖业的演化与发展。这一结果与阶段分析相一致，表明目前我国海水养殖业主要受自然禀赋条件的支配，海水养殖面积作为最重要的自然因素，决定着海水养殖业的自组织演化。

②劳动生产率的变化为我国海水养殖业空间布局自组织演化提供外在动力。劳动生产率相比海水养殖业而言，变化快阻尼小，并不是决定海水养殖业自组织演化的序参量，而是推动海水养殖业自组演化的外部动力。说明在我国海水养殖业自组织演化迅速发展的过程中，劳动生产率并未起到实质性的制约作用，只是通过渔民"转产转业"等间接推动海水养殖业的自组织演化。

③海水养殖面积与劳动生产率作为内外部动力共同影响着海水养殖业的自组织演化。这一点可通过控制参数的正负加以佐证：控制参数 a 为负表明劳动生产率对海水养殖面积的正向促进作用，即劳动生产率的提高带动海水养殖面积的进一步扩大，向深远海进一步拓展。而控制参数 b 为负数则表明海水养殖面积对劳动生产率的反向抑制作用，即海水养殖面积的增加反而会抑制劳动生产率的进一步提高，不利于海水养殖业的进一步发展。

（3）我国海水养殖业空间布局自组织演化稳态过程分析。

①海水养殖业复合系统的稳态形成过程。由势函数曲线的演化方向来看，"M"型的演化方向表明海水养殖业系统存在由不稳定到稳定的突变过程。由此可知，海水养殖业要实现由不稳定到稳定、由无序到有序的突变，需要海水养殖面积与劳动生产率的协同发展，并且海水养殖面积作为序参量，主导着海水养殖业由不稳定到稳定或者由稳定到不稳定临界点的突变。

②序参量海水养殖面积对海水养殖业复合系统稳态的反馈过程。由 $\lambda_1 > 0$ 可知，正值表明海水养殖面积作为序参量，却未具备使海水养殖业复合系统有序演化的正反馈机制，仍处于负反馈阶段。由 2006~2015 年的数据分析可得，自然子系统对海水养殖业复合系统稳态起到决定性作用。但海水养殖面积作为自然子系统的重要参量，却对复合系统稳态起到负反馈作用，这表明海水养殖面积这一序参量是不稳定的，会因其他状态变量或控制参数的变化而改变。因此，序参量海水养殖面积需要与劳动生产率相互协同，才能实现对海水养殖业复合系统稳态的正反馈。

③海水养殖业复合系统稳态的各子系统协同作用过程。海水养殖业系统在稳定点处达到新的平衡状态，这一平衡状态是动态演变的，任一控制参数或状态变量的轻微变化都会导致系统由稳定出现涨落。而各子系统的协同作用使其有序程度得以提升，进而是海水养殖业复合系统的协同度提高，稳定性在此过程中得到巩固。因此海水养殖系统获得有序演化的动力，朝着自组织方向演化，从而再次出现稳定状态。

4. 结论

本章基于协同学理论构建了我国海水养殖业空间布局自组织演化模型，研究了演化阶段、演化动力及稳态过程，根据实证分析，可得以下三点结论。（1）从我国海水养殖业空间布局自组织演化的阶段识别来看，自然、经济和社会子系统的有序度以及复杂系统的协同度都逐次经历由低度协调、中度协调、高度协调及极高度协调的四个阶段，并且有序度和协同度都呈现逐年增加的趋势，目前均处于极高度有序阶段。（2）从我国海水养殖业空间布局自组织演化的动力来看，海水养殖面积作为内部动力，也即序参量，对海水养殖业自组织演化起着主导作用；并且与外部动力劳动生产率形成协同效应，共同引导海水养殖业的自组织演化进一步发展。（3）从我国海水养殖业空间布局自组织演化的稳态过程来看，我国海水养殖业已超越分岔点，完成旧结构稳定性丧失和新结构确立这样一个有序度增加的过程。目前处于由不稳定到稳定的动态均衡状态，而该稳定点是不固定的，会因状态变量或控制参数的任一微小变化而发生突变。

第三节　海洋渔业布局优化次序

一、海域承载力视角下海洋渔业空间布局的优化次序研究

1. 海域承载力视角下海洋渔业空间布局的优化次序模型构建

海域承载力视角下的海洋渔业[①]空间布局优化次序是指在海域承载力的视角下，综合考虑生态、经济、社会原则对备选区域根据海洋渔业空间布局的潜在优势和适宜性排列所得的次序，是实现海洋渔业空间布局优化的依据。优化次序的本质是决策者综合考虑约束和效用因素后对海洋渔业布局备选区域的偏好排序。本章以海域承载条件、经济效益、社会效益作为决策原则，基于格序理论构建海域承载力视角下海洋渔业空间布局的优化次序决策模型。

（1）海域承载力视角下海洋渔业空间布局优化次序的决策原则。

（2）海域承载力视角下海洋渔业空间布局优化次序的格序模型构建。格序是相对于全序[②]而言的序偏好结构。由于在海域承载力视角下海洋渔业空间布局优化次序的决策过程中，海域承载、经济效益、社会效益原则之间存在相互矛盾和不可公度的问题，且自身的信息不完全又难以消除，决策者无法对海洋渔业空间布局备选区域形成具有完备性和连续性的理性偏好。在这种情况下，格序理论将决策者对不同备选方案的偏好元素构成一个格，能够更准确地反映海域承载力视

[①] 本章将海洋渔业界定为：以海洋渔业资源或海水产品为直接作用对象所进行生产或提供服务的渔业活动；主要包括海洋捕捞业、海水养殖业、海水产品加工业和休闲渔业等。

[②] 全序是指满足完备性和连续性假设的偏好关系。

角下海洋渔业空间布局优化对备选区域的偏好次序。因此，构建格序模型对海域承载力视角下的海洋渔业空间布局优化次序进行决策。

记 t 表示海洋渔业的具体产业；当 t 分别表示海洋捕捞业、海水养殖业、海水加工业和休闲渔业。建立海洋渔业 t 的评价方案集 $A_t = (A_{1t}, A_{2t}, \cdots, A_{mt})$，m 是海洋渔业 t 进行空间布局的备选区域个数；建立海洋渔业空间布局优化次序评价的指标集 $I = (I_1, I_2, \cdots, I_n)$，n 是指标个数。

第一步，对海洋渔业 t，根据其空间布局优化次序评价指标，建立权重标准集 W_t。

$$W_t = (w_{11}^t \quad w_{12}^t \quad \cdots \quad w_{1n}^t)^T$$

其中，权重标准集 W_t 为 $1 \times n$ 阶矩阵，元素 w_{1j}^t 代表对于海洋渔业 t 而言 j 指标在空间布局优化次序评价中所占的权重。

第二步，对海洋渔业 t，根据其空间布局的备选区域和优化次序评价指标，建立指标取值集 X_t；运用 Max – Min 数值标准化方法得到指标标准集 S_t。

$$X_t = \begin{pmatrix} x_{11}^t & x_{12}^t & \cdots & x_{1n}^t \\ x_{21}^t & x_{22}^t & \cdots & x_{2n}^t \\ \vdots & \vdots & \ddots & \vdots \\ x_{m1}^t & x_{m2}^t & \cdots & x_{mn}^t \end{pmatrix} \quad S_t = \begin{pmatrix} s_{11}^t & s_{12}^t & \cdots & s_{1n}^t \\ s_{21}^t & s_{22}^t & \cdots & s_{2n}^t \\ \vdots & \vdots & \ddots & \vdots \\ s_{m1}^t & s_{m2}^t & \cdots & s_{mn}^t \end{pmatrix}$$

其中，指标标准集 S_t 为 $m \times n$ 阶矩阵，元素 s_{ij}^t 代表 i 备选区域在 j 指标上所获得评价的标准化取值；指标标准值 s_{ij} 与指标取值 x_{ij} 的关系可表述为式 (4 – 103)、式 (4 – 104)。

效益型指标：
$$s_{ij} = \frac{x_{ij} - \min(x_j)}{\max(x_j) - \min(x_j)} \quad (4-103)$$

成本型指标：
$$s_{ij} = \frac{\max(x_j) - x_{ij}}{\max(x_j) - \min(x_j)} \quad (4-104)$$

第三步，构建海洋渔业 t 的优化次序决策矩阵 $Z_t = (z_{ij}^t)_{m \times n}$；其中，$z_{ij}^t = s_{ij}^t \cdot w_j$。

第四步，构建海洋渔业 t 的正、负理想解集 M_t^+ 及 M_t^-。

$$M_t^+ = [m_t^+ \quad \max(z_{i2}^t) \quad \cdots \quad \max(z_{in}^t)] = [\max(z_{i1}^t) \quad \max(z_{i2}^t) \quad \cdots \quad \max(z_{in}^t)]$$

$$M_t^- = [\min(z_{i1}^t) \quad \min(z_{i2}^t) \quad \cdots \quad \min(z_{in}^t)]$$

第五步，对海洋渔业 t，测度空间布局备选区域 i 与正、负理想解集 M_t^+、M_t^- 以及 M_t^+ 与 M_t^- 之间的欧几里得距离 L_{it}^+、L_{it}^- 及 L_t，见式 (4 – 105)、式 (4 – 106)、式 (4 – 107)。

$$L_{it}^+ = \sqrt{\sum_{j=1}^n [\max(z_{ij}^t) - z_{ij}^t]^2} \quad (4-105)$$

$$L_{it}^- = \sqrt{\sum_{j=1}^n [z_{ij}^t - \min(z_{ij}^t)]^2} \quad (4-106)$$

$$L_t = \sqrt{\sum_{j=1}^{n} \left[\max(z_{ij}^t) - \min(z_{ij}^t) \right]^2} \qquad (4-107)$$

第六步，计算海洋渔业 t 空间布局备选区域 i 的综合差异值，见式(4-108)。

$$D_{it} = p \frac{L_{it}^-}{L_{it}} + (1-p) \frac{L_{it}^+}{L_{it}} \qquad (4-108)$$

其中，p 为乐观系数，$0 < p < 1$，且海域承载能力越强、海域承受压力越小、海域生态系统越适宜海洋渔业布局，则 p 取值越小；D_{it} 为海洋渔业空间布局优化次序的确定依据，D_{it} 的计算结果越大，区域 i 越适合海洋渔业 t 进行优先布局，优化次序越小。

（3）海域承载力视角下海洋渔业空间布局优化次序的格序指标体系构建。以海域承载力作为海洋渔业空间布局的约束条件、经济效益和社会效益作为海洋渔业空间布局的效果输出，筛选指标并构建海域承载力视角下海洋渔业空间布局优化次序决策的格序指标体系，如表 4-76 所示。

表 4-76 海域承载力视角下海洋渔业空间布局优化次序的格序指标体系构建

	第一层	第二层	指标类型
空间布局优化次序海域承载力视角下海洋渔业	海域承载条件	海域承载力级别特征值 I_1	−
	经济效益	增长值 I_2（万元）	+
		区位熵* I_3	+/−
		渔船生产率 I_4（万元/艘）	+
		劳动生产率 I_5（万元/人）	+
	社会效益	从业人员总数 I_6（人）	+
		就业增长弹性** I_6	+

注：* $LQ_{ij} = \dfrac{y_{ij}/Y_i}{\sum\limits_{i=1} y_{ij} / \sum\limits_{i=1} Y_i}$；其中，$y_{ij}$ 为 i 区域海洋渔业 j 的产值，Y_i 为 i 区域海洋渔业总产值；** $E_{ij} = \dfrac{\Delta l_{ij}/l_{ij}}{\Delta y_{ij}/y_{ij}}$；其中，$l_{ij}$ 为 i 区域海洋渔业 j 的从业人员总量，Δl_{ij} 为相应的年度从业人口变化量，Δy_{ij} 为相应的年度产值变化量。

①选择海域承载指数作为海域承载条件指标。海域承载条件是海洋渔业空间布局的约束性条件和必要条件，海洋渔业在区域的布局必须在其海域的可承载范围内。海域承载力级别特征值描述的是海域承载能力状况所属的等级，海域承载力级别特征值越大，则海域承载力状况所属的等级越低，说明海域承载水平越低，越不利于海洋渔业空间布局；因此海域承载力级别特征值是成本型指标。

②选择增长值、区位熵、劳动生产率、渔船生产率作为经济效益指标。经济效益是海洋渔业空间布局对经济系统的效果输出和效果映射，是海洋渔业空间布

局优化次序决策的充分条件。增长值指海洋渔业经济当年的增加值，为效益型指标。区位熵反映海洋渔业空间布局的集中程度，相对于海洋捕捞业和休闲渔业倾向于为成本型指标，相对于海水养殖业和海水产品加工业，倾向于为效益型指标①。劳动生产率和渔船生产率均反映了海洋渔业单位资本投入的产出效率或产值，分别代表了劳动资本和固定资本的投入产出效率，均为效益型指标。

③选择从业人员总数和就业增长弹性作为社会效益指标。社会效益是海洋渔业空间布局在社会系统的效果输出和映射，是海洋渔业空间布局优化次序决策的充分条件。从业人员总数反映了海洋产业空间布局的就业吸纳能力，为效益性指标；就业增长弹性为海洋渔业产值每增长1%所能带来的就业增长百分比，反映了社会效益与经济效益的联系，为效益型指标。

2. 海域承载力视角下海洋渔业空间布局优化次序的模型应用：优化次序求解

以山东半岛蓝色经济区的七个沿海城市（青岛、烟台、威海、日照、潍坊、东营、滨州）为备选区域，以海洋捕捞业和海水养殖业为海洋渔业代表产业②，应用格序模型，对海域承载力视角下海洋渔业空间布局的优化次序进行实证分析。

（1）格序指标体系的权重确定。运用AHP - Entropy权重确值法确定海域承载力视角下海洋渔业空间布局优化次序的格序指标体系权重。首先针对海洋捕捞业和海水养殖业，设计格序指标权重评价问卷，运用AHP法计算专家打分结果得到主观权重结果，其次根据指标标准化数据③计算其熵值并得到客观权重结果，再次以客观权重为调整因子对主观权重结果进行修正④，最后得到海域承载力视角下海洋渔业空间布局优化次序的格序指标权重，如表4 - 77所示。

表4 - 77　海域承载力视角下海洋渔业空间布局优化次序的格序指标权重

	海域承载指数	增加值	区位熵	渔船生产率	劳动生产率	从业人员总数	就业增长弹性
海洋捕捞业	0.680	0.042	0.034	0.040	0.039	0.091	0.073
海水养殖业	0.559	0.034	0.045	0.046	0.066	0.125	0.125

① 相对而言，海洋捕捞业和休闲渔业对海洋资源的利用更为直接，因此集中化布局不利于海域承载能力的维持，某区域区位熵较小则倾向于具有更大的海洋捕捞业和休闲渔业布局优势；海水养殖业和海水产品加工业则具有集约化生产效益和规模经济效应，因此区位熵较高的区域则倾向于具有更大的海水养殖业和海水加工业布局优势。

② 限于就业数据的可获得性，本章仅以海洋捕捞业及海水养殖业为代表产业，以山东半岛蓝区为例应用海洋渔业空间布局优化次序模型进行实证分析。

③ 因运用式（4 - 65）、式（4 - 66）进行标准化会出现零值，因此在计算熵值时对原标准化数据进行1单位的坐标平移。

④ $w_j = \dfrac{a_j \cdot (1 - e_j)}{\sum a_j \cdot (1 - e_j)}$；其中，$w_j$为指标$j$的权重，$a_j$为指标$j$的AHP权重，$e_j$指标$j$的熵值。

表 4-77 显示，海域承载指数是海洋渔业空间布局优化次序决策过程中最重要的格序指标，且在海洋捕捞业空间布局优化次序决策中相对更为重要；这是由于相比海水养殖业，海洋捕捞业布局对海洋生态资源和海洋生态环境的要求更高，对海洋生态系统造成的负面影响也更大。此外，劳动生产率、就业增长弹性等指标在海水养殖业空间布局优化次序决策中相对更重要，增加值、渔船生产率等指标在海洋捕捞业空间布局优化次序决策中占更大比重。

（2）优化次序的格序决策模型求解。设 t=1，2 分别表示海洋捕捞业和海水养殖业，则备选方案集为 A_t=（青岛，烟台，威海，日照，潍坊，东营，滨州）。引用孙才志（2014）[1] 所测度的环渤海地区海域承载力级别特征值，以及《2011 年山东省渔业年鉴》《2010 年山东省渔业年鉴》的相关数据，得指标取值集 X_1、X_2[2] 如下；指标取值集中每行代表某一备选区域的各格序指标原始数据，每列代表某一格序指标在各备选区域的取值。

$$X_1 = \begin{pmatrix} 2.156 & 164537.39 & 0.688 & 58.65 & 12.16 & 23426 & -4.426 \\ 2.032 & 457409.60 & 1.087 & 115.82 & 18.02 & 36544 & -1.358 \\ 2.178 & 392398.18 & 0.958 & 123.57 & 15.58 & 46714 & -6.209 \\ 2.600 & 120078.00 & 1.172 & 91.37 & 17.37 & 13989 & -1.516 \\ 2.421 & 123016.83 & 0.939 & 229.73 & 13.61 & 15649 & 0.959 \\ 2.158 & 47782.00 & 0.856 & 77.51 & 23.80 & 3829 & -1.299 \\ 2.577 & 45121.00 & 0.734 & 145.43 & 19.02 & 4719 & -2.565 \end{pmatrix}$$

$$X_2 = \begin{pmatrix} 2.156 & 512021.83 & 1.151 & 432.20 & 18.44 & 47166 & 2.858 \\ 2.032 & 651349.20 & 1.050 & 185.85 & 27.25 & 42592 & -0.405 \\ 2.178 & 812203.88 & 1.055 & 165.02 & 29.38 & 49730 & -1.228 \\ 2.600 & 61102.00 & 0.339 & 144.47 & 13.66 & 9389 & 0.214 \\ 2.421 & 47782.00 & 0.300 & 255.53 & 24.99 & 4970 & -1326.707 \\ 2.158 & 153990.00 & 1.236 & 1283.51 & 28.76 & 8346 & 0.388 \\ 2.577 & 113009.00 & 1.015 & 366.87 & 19.20 & 11789 & 0.001 \end{pmatrix}$$

根据表 4-77 可得权重标准集 W_1、W_2 如下：

W_1 = (0.680　0.042　0.034　0.041　0.039　0.091　0.073)

W_2 = (0.559　0.034　0.045　0.046　0.066　0.125　0.125)

---

[1] 孙才志、于广华、王泽宇、刘锴、刘桂春：《环渤海地区海域承载力测度与时空分异分析》，载《地理科学》2014 年第 5 期。

[2] X_2 第 5 行第 7 列表示潍坊市海水养殖业就业增长弹性，为 -1326.707，绝对值远高于本列中其他城市结果；这是由于根据《2010 山东省渔业年鉴》和《2011 山东省渔业年鉴》统计数据，相比 2010 年潍坊市海水养殖业从业人员总数的增长率高达 147.26%，而海水养殖业总产值增长率仅为 -0.11%。

运用式（4-103）、式（4-104）将 X_1、X_2 转化为指标标准集 S_1、S_2 后，令各列元素分别与 W_1、W_2 各列元素相乘，得到优化次序决策矩阵 Z_1、Z_2 如下：

$$Z_1 = \begin{pmatrix} z_{qd}^1 \\ z_{yt}^1 \\ z_{wh}^1 \\ z_{rz}^1 \\ z_{wf}^1 \\ z_{dy}^1 \\ z_{bz}^1 \end{pmatrix} = \begin{pmatrix} 1.211 & 0.054 & 0.069 & 0.040 & 0.039 & 0.133 & 0.091 \\ 1.360 & 0.084 & 0.040 & 0.054 & 0.059 & 0.161 & 0.122 \\ 1.185 & 0.077 & 0.050 & 0.056 & 0.051 & 0.183 & 0.073 \\ 0.680 & 0.050 & 0.034 & 0.048 & 0.057 & 0.113 & 0.121 \\ 0.894 & 0.050 & 0.051 & 0.081 & 0.044 & 0.116 & 0.146 \\ 1.209 & 0.042 & 0.057 & 0.045 & 0.079 & 0.091 & 0.123 \\ 0.707 & 0.042 & 0.066 & 0.061 & 0.062 & 0.093 & 0.110 \end{pmatrix}$$

$$Z_2 = \begin{pmatrix} z_{qd}^2 \\ z_{yt}^2 \\ z_{wh}^2 \\ z_{rz}^2 \\ z_{wf}^2 \\ z_{dy}^2 \\ z_{bz}^2 \end{pmatrix} = \begin{pmatrix} 1.211 & 0.054 & 0.069 & 0.040 & 0.039 & 0.133 & 0.091 \\ 1.360 & 0.084 & 0.040 & 0.054 & 0.059 & 0.161 & 0.122 \\ 1.185 & 0.077 & 0.050 & 0.056 & 0.051 & 0.183 & 0.073 \\ 0.680 & 0.050 & 0.034 & 0.048 & 0.057 & 0.113 & 0.121 \\ 0.894 & 0.050 & 0.051 & 0.081 & 0.044 & 0.116 & 0.146 \\ 1.209 & 0.042 & 0.057 & 0.045 & 0.079 & 0.091 & 0.123 \\ 0.707 & 0.042 & 0.066 & 0.061 & 0.062 & 0.093 & 0.110 \end{pmatrix}$$

根据 Z_1、Z_2 确定相应的正、负理想集 M_t^+、M_t^- 后，据式（4-105）、式（4-106）、式（4-107）得距离集 $L_1^\pm$、$L_2^\pm$ 及正负理想集的距离集 L，如下：

$$L_1^\pm = (L_1^+ \quad L_1^-) = \begin{pmatrix} 0.178 & 0.535 \\ 0.054 & 0.687 \\ 0.194 & 0.515 \\ 0.687 & 0.056 \\ 0.473 & 0.232 \\ 0.186 & 0.533 \\ 0.661 & 0.064 \end{pmatrix} \quad L_2^\pm = (L_2^+ \quad L_2^-) = \begin{pmatrix} 0.136 & 0.472 \\ 0.051 & 0.587 \\ 0.151 & 0.459 \\ 0.579 & 0.125 \\ 0.428 & 0.183 \\ 0.172 & 0.462 \\ 0.551 & 0.135 \end{pmatrix}$$

$$L = \begin{pmatrix} L_1 \\ L_2 \end{pmatrix} = \begin{pmatrix} 1 \\ 1 \end{pmatrix}$$

据式（4-108），取乐观系数 p=0.5，0.3，0.7 分别计算综合差异值，得到海域承载力视角下海洋捕捞业、海水养殖业空间布局优化次序的格序模型求解结果如表 4-78 所示。

表 4-78　　海域承载力视角下海洋渔业空间布局优化次序求解结果

	海洋捕捞业			海水养殖业		
	p = 0.5	p = 0.3	p = 0.7	p = 0.5	p = 0.3	p = 0.7
青岛	0.678	0.736	0.621	0.668	0.747	0.590
烟台	0.816	0.868	0.765	0.768	0.841	0.696
威海	0.660	0.719	0.602	0.654	0.732	0.576
日照	0.185	0.236	0.133	0.273	0.333	0.214
潍坊	0.379	0.438	0.321	0.377	0.455	0.299
东营	0.673	0.729	0.617	0.645	0.718	0.572
滨州	0.201	0.256	0.146	0.292	0.355	0.229

表 4-78 表明，海域承载力视角下山东半岛蓝色经济区海洋捕捞业空间布局的优化次序在乐观系数为 0.5、0.3 和 0.7 时均保持一致，适合布局海洋捕捞业的城市排序依次为：烟台、青岛、东营、威海、潍坊、滨州、日照；海域承载力视角下山东半岛蓝色经济区海洋捕捞业空间布局的优化次序在乐观系数为 0.5、0.3 和 0.7 时均保持一致，优化次序依次为：烟台、青岛、威海、东营、潍坊、滨州、日照。

（3）优化次序结果分析。根据表 4-78，综合乐观系数为 0.5、0.3 和 0.7 时的优化次序求解结果，得海域承载力视角下山东半岛蓝区海洋捕捞业及海水养殖业空间布局优化次序的综合排序结果，如表 4-79 所示。

表 4-79　　海域承载力视角下山东半岛蓝区海洋渔业空间布局优化次序

	海洋捕捞业	海水养殖业
青岛	2	2
烟台	1	1
威海	4	3
日照	7	7
潍坊	5	5
东营	3	4
滨州	6	6

表 4-79 显示，海域承载力视角下海洋捕捞业和海水养殖业空间布局的最优备选区域均为烟台，其次为青岛；最劣备选区域均为日照，其次为滨州和潍坊。

在考虑海洋捕捞业空间布局时东营优于威海,而在考虑海水养殖业空间布局时威海优于东营。综合表4-77、表4-78、表4-79及指标取值集,对海域承载力视角下海洋渔业(包括海洋捕捞业及海水养殖业)空间布局优化次序结果进行分析,得出以下结论。

①海域承载力视角下海洋捕捞业空间布局的潜在优势在山东半岛蓝区城市间具有显著的差异性和倾斜性,而海水养殖业空间布局的潜在优势则相对均衡:A. 海洋捕捞业空间布局优化次序排名前4位的城市依次为烟台、青岛、东营和威海,在不同乐观情况下4个城市的优化次序得分均超过0.6,其中烟台的评分超过0.75,表明烟台等城市具有较强的海洋捕捞业布局相对优势;排名末3位的城市依次为日照、东营和潍坊,优化次序得分均低于0.45,其中日照的评分低于0.25;"优势集团"和"劣势集团"存在显著差异,海洋捕捞业倾向于在烟台、青岛、东营和威海进行倾斜布局;B. 海水养殖业空间布局优化次序排名前4位的城市依次为烟台、青岛、威海、东营,其优化次序得分均超过0.55,而排名末3位的城市依次为日照、东营和潍坊,其优化次序得分均低于0.5,"优势集团"和"劣势集团"的差异相对海洋捕捞业而言较不显著,因此海水养殖业在蓝区内的布局可以相对均衡;C. 海洋捕捞业空间布局排序前列的区域具有相对较弱的海水养殖业空间布局潜在优势,而排序末列的区域则具有相对较强的海水养殖业空间布局潜在优势,这导致相对海水养殖业而言海洋捕捞业空间布局倾向于更具有倾斜性。

②海域承载能力是海洋渔业空间布局优化次序的主导决定因素,经济效益和社会因素的海洋渔业空间布局优化次序的辅助决定因素。A. 烟台、青岛、东营、威海承载力等级特征值介于2.0~2.2属于较高承载水平,潍坊属于中等承载水平,滨州、日照高于2.5属于较低承载水平,海域承载力视角下海洋捕捞业和海水养殖业空间布局的优化次序与山东半岛蓝区各市海域承载能力排序基本一致;B. 东营的海域承载能力略优于威海,而威海在增加值、劳动生产率、就业等方面具有显著的优势,相对东营威海具有更雄厚的海水养殖业发展基础和更高效的生产方式,威海在海水养殖业空间布局优化次序中位列东营之前,突出的经济、社会效益优势在一定程度上能够弥补海域承载劣势。

③山东半岛蓝区海洋渔业空间布局现状与海域承载力视角下海洋渔业空间布局优化次序基本吻合,但仍存在一定偏差,蓝区海洋渔业空间布局仍存在优化空间。A. 按布局规模而言,目前山东半岛蓝区海水养殖业排序依次为威海、烟台、青岛、东营、滨州、日照、潍坊,与优化次序的吻合度较高;未来需要根据优化次序所反映的区域潜在优势对现状进行适当调整,通过从"相对劣势区域"向"相对优势区域"进行一定程度的布局转移从而优化海水养殖业空间布局;B. 目前山东半岛蓝区海洋捕捞业排序依次为威海、烟台、青岛、日照、潍坊、东营、滨州,威海、烟台、青岛、潍坊和滨州与优化次序基本一致,未

来可根据优化次序进行适当布局转移从而实现海洋捕捞业空间布局优化；C. 日照和东营的海洋捕捞业布局现状与优化次序存在较大偏差，两市的海洋捕捞业空间布局优化次序分别为 7 和 3，根据优化次序所反映的潜在优势，日照目前海洋捕捞业布局是严重过度的，持续下去将会造成海域承载力继续恶化；而东营海洋捕捞业布局不充分，未能充分发挥区域优势，持续下去将限制山东半岛蓝区海洋捕捞业发展；未来以日照和东营作为海洋捕捞业空间布局优化的重点对象。

④优化的山东半岛蓝区海洋渔业空间布局在总体上倾向于集群化布局而非区域分工，这是由于海域承载力视角下海洋捕捞业和海水养殖业的空间布局优化次序基本一致，即适宜优先布局海洋捕捞业和海水养殖业的区域是一致的；但可能形成小范围的区域分工布局格局：A. 烟台、青岛、东营、威海的海洋捕捞业和海水养殖业空间布局优化次序位于前列，4 个区域在海洋捕捞业和海水养殖业空间布局方面都具有较大的潜在优势，适宜对海洋捕捞业和海水养殖业进行优先布局，因此未来在这些区域倾向于形成规模逐渐扩大的海洋渔业集群；B. 日照、滨州、潍坊则在海洋捕捞业和海水养殖业空间布局方面均存在相对的潜在劣势，不适宜进行海洋渔业和海水养殖业布局，而已布局的海洋捕捞业和海水养殖业需要实现一定程度的布局转移；C. 东营和威海之间可能形成小范围的"分工布局格局"，由于东营相对威海具有海洋捕捞业布局优势，而威海相对于东营具有海水养殖业布局优势，因此可能形成"海洋捕捞业优先在东营布局、海水养殖业优先在威海布局"的分工格局。

二、基于格序决策模型的我国海水养殖空间布局优化次序研究

1. 基于格序决策的海水养殖空间布局优化次序模型构建

基于格序决策的海水养殖空间布局优化次序的本质是决策者综合考虑生态、经济、社会原则对海水养殖布局备选区域进行偏好排序，并根据优化次序结果，调整现有的海水养殖空间布局。首先，以综合效益为依据建立海水养殖空间布局优化次序的评价指标矩阵；其次，结合权重确定优化次序的决策矩阵；最后，对备选区域海水养殖空间布局进行排序得出优化次序结果。本章从经济效益、社会效益、生态效益三方面选取指标，按照格序决策的基本思路建立海水养殖空间布局优化次序模型。

（1）构建海水养殖空间布局优化次序评价指标矩阵

①建立优化次序评价指标体系。以经济效益、社会效益、生态效益为原则，筛选指标并构建海水养殖空间布局优化次序评价指标体系，如表 4-80 所示。

表 4-80　　海水养殖空间布局优化次序评价指标体系构建

第一层	第二层	指标类型
基于格序决策的海水养殖空间布局优化次序	区位熵 $X_1$①	中
经济效益	海水养殖产值增加值 X_2（万元）	正
	渔船生产率 X_3（吨/艘）	正
	劳动生产率 X_4（万元/人）	正
	燃料消耗费用 X_5（万元）	负
社会效益	海水养殖从业人员 X_6（个）	正
	渔民人均收入增长率 X_7（%）	正
生态效益	海水养殖密度 X_8	负
	受灾损失 X_9（万元）	负
	渔业水域生态修复投入额 X_{10}（亿元）	正

②评价指标矩阵。海水养殖空间布局评价的备选区域集合为 $Y = \{Y_1, Y_2, \cdots, Y_i, \cdots, Y_m\}$，m 表示备选区域的个数；评价指标的集合为 $X = \{x_1, x_2, \cdots, x_j, \cdots, x_n\}$，n 表示指标个数；记 z_{ij} 是评价对象 Y_i 的指标 X_j 的值，那么，评价指标矩阵见式（4-109）。

$$D = \begin{array}{c} \\ Y_1 \\ Y_2 \\ \vdots \\ Y_m \end{array} \begin{array}{cccc} X_1 & X_2 & \cdots & X_n \\ \begin{bmatrix} d_{11} & d_{12} & \cdots & d_{1n} \\ d_{21} & d_{22} & \cdots & d_{2n} \\ \vdots & \vdots & & \vdots \\ d_{m1} & d_{m2} & \cdots & d_{mn} \end{bmatrix} \end{array} \quad (4-109)$$

③对优化次序评价指标进行标准化处理。对海水养殖空间布局优化次序指标数据进行无量纲化处理，使之处于同一个数量级，以确保比较的公正性。本章选用改进的极值法对数据进行标准化处理，即：

$$z'_{ij} = a + \frac{(z_{ij} - z_{ij_{min}})}{z_{ij_{min_{max}}}} \times b \quad (4-110)$$

其中，a、b 是调节系数，避免标准化数据的极端值与负值：

$$a = \frac{\sum_{i=1}^{m} z_{ij}}{\sqrt{\sum_{i=1}^{n} (z_{ij} - \overline{z_{ij}})^2}} \quad (4-111)$$

---

① 区位熵计算公式：$LQ_{ij} = \frac{y_i/Y_i}{\sum y_i / \sum Y_i}$ 其中，y_i 为 i 区域海水养殖产值，Y_i 为 i 区域海洋渔业总产值。

$$b = \frac{1}{\sqrt{\sum_{i=1}^{m}(z_{ij} - \overline{z_{ij}})^2}} \qquad (4-112)$$

(2) 计算海水养殖空间布局优化次序决策矩阵。

①确定优化次序评价指标的权重。在该模型下,首先,需要运用熵值法求出客观权重,数据标准化处理之后得到的评价指标用 $\overline{X} = \dfrac{\sum_{i=1}^{n} M_i X_i}{\sum_{i=1}^{n} M_i}$ 表示,计算第

$\overline{Y} = \dfrac{\sum_{i=1}^{n} M_i Y_i}{\sum_{i=1}^{n} M_i}$ 指标项下 i 方案的特征比重:$p_{ij} = \dfrac{z'_{ij}}{\sum_{i=1}^{m} z'_{ij}}$,(显然,$\sum_{i=1}^{m} p_{ij} = 1$)

计算第 j 项指标的信息熵:

$$e_j = -(\ln m)^{-1} \sum_{i=1}^{m} p_{ij}(\ln p_{ij}) \qquad (4-113)$$

计算第 $D_{i-j} = R \times \sqrt{(\overline{X}_i - \overline{X}_j)^2 + (\overline{Y}_i - \overline{Y}_j)^2}$ 项指标的权重:

$$w'_j = \frac{1 - e_j}{\sum_{i=1}^{n}(1 - e_j)} \qquad (4-114)$$

其次,将客观权重作为调整因子对获得的主观权重进行调整,最后得出调整后的 w'_j。

②将评价指标矩阵与权重融合,即 $d_{ij} = w_j z'_{ij}$,得到海水养殖空间布局优化次序的决策矩阵:

$$D = \begin{bmatrix} d_{11} & d_{12} & \cdots & d_{1n} \\ d_{21} & d_{22} & \cdots & d_{2n} \\ \vdots & \vdots & & \vdots \\ d_{m1} & d_{m2} & \cdots & d_{mn} \end{bmatrix} \qquad (4-115)$$

(3) 备选区域海水养殖空间布局优化次序排序。

①构造空间布局优化次序的正、负理想集。根据格序原理,构造海水养殖空间布局优化次序的正、负理想集,即从决策矩阵中选取第 j 个指标项下各个数值的最大值、最小值。

正理想集(PIS):

$$M^+ = \{\max d_{i1}, \max d_{i2}, \cdots, \max d_{in}\} = \{m^+(1), m^+(2), \cdots, m^+(j), \cdots, m^+(n)\} \qquad (4-116)$$

负理想集(NIS):

$$M^- = \{mind_{i1}, mind_{i2}, \cdots, mind_{in}\} = \{m^-(1), m^-(2), \cdots, m^-(j), \cdots, m^-(n)\} \tag{4-117}$$

将正负理想集视为海水养殖空间布局优化的虚拟区域，分别作为顶元素、底元素，构成一个格，大致绘制出优化次序的 Hasse 图。其中，实线表示"优于"关系，并且位置越靠上，表示该区域海水养殖空间布局的综合效益越好，优化时应优先考虑。虚线表示两区域无法比较，如图 4-27 所示。

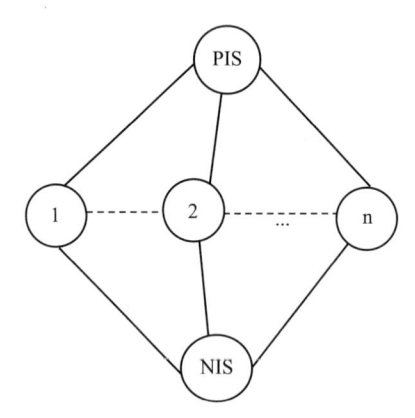

图 4-27 海水养殖空间布局备选区域优化次序的 Hasse 图

②计算备选区域与正、负理想集的综合差异值。确定正、负理想解之后，为了描述各备选区域到正负理想解的贴近程度，本章选用 Hausdorff 距离来进行计算。

首先，计算正、负理想解之间的距离：

$$L = \sqrt{\sum_{j=1}^{n}(\max_{i=1}^{m}d_{ij} - \min_{i=1}^{m}d_{ij})^2} \tag{4-118}$$

其次，计算区域 i 到正理想解的距离：

$$L_i^+ = \sqrt{\sum_{j=1}^{n}(\max_{k=1}^{m}d_{kj} - d_{ij})^2} \tag{4-119}$$

区域 i 到负理想解的距离：

$$L_i^- = \sqrt{\sum_{j=1}^{n}(d_{ij} - \min_{k=1}^{m}d_{kj})^2} \tag{4-120}$$

最后，计算备选区域 i 的综合差异值：

$$L_i = q\frac{L_i^-}{L} + (1-q)\frac{L_i^+}{L} \tag{4-121}$$

（4-121）式中，q 表示乐观系数，0 < q < 1，且海域承受的压力越小，海域生态系统越适宜海水养殖布局，则 q 值越小。

③对空间布局优化次序排序。根据式（4-121）计算出的各备选区域到正、

负理想解的综合差异值 L_i 是判断海水养殖空间布局优化次序的依据。L_i 值越大，那么对应的海域越适合进行优先布局，优化次序越小，反之亦然。

2. 海水养殖空间布局优化次序的实证分析

本章以 10 个沿海省份（天津市、河北省、辽宁省、江苏省、浙江省、福建省、山东省、广东省、广西壮族自治区、海南省）为备选区域，选取 2015 年的相关数据对海水养殖空间布局优化次序进行实证分析。

（1）优化次序指标数据的处理。

①根据海水养殖空间布局优化次序的格序模型，整理、计算出指标数据，如表 4-81 所示。

表 4-81　　　　我国海水养殖空间布局优化次序的实证数据

	X_1	X_2	X_3	X_4	X_5	X_6	X_7	X_8	X_9	X_{10}
天津	0.311	47184.00	95.85	79.00	122.49	1210	0.85	3.33	2104.00	0.53
河北	1.095	495517.69	202.27	32.32	1943.33	25907	8.72	4.31	7165.77	1.09
辽宁	1.415	2635290.00	201.68	37.19	1679.93	108318	3.86	3.15	166779.00	2.15
江苏	0.372	1088813.96	515.30	52.51	842.70	39797	6.11	4.91	188221.00	1.54
浙江	0.548	922730.00	146.12	26.84	2717.00	58664	8.99	10.87	148357.00	1.48
福建	1.382	3137009.16	162.01	25.07	2796.55	225001	9.36	24.33	160448.00	1.25
山东	1.486	5288267.50	261.46	50.76	7514.65	169695	9.23	8.87	125119.00	1.88
广东	0.998	1893929.63	425.51	33.61	3620.35	123871	2.55	15.56	353316.61	1.18
广西	0.849	1017213.00	4409.91	11.07	2078.39	126942	4.99	20.76	37040.50	1.56
海南	0.739	655388.00	935.13	24.77	116.32	37542	2.29	15.11	5559.60	1.06

资料来源：《2016 年中国渔业统计年鉴》。

②对原始数据进行标准化处理，得到标准的评价指标矩阵：

$$Z' = \begin{bmatrix} 7.128 & 3.62 & 1.86 & 7.50 & 3.64 & 4.29 & 5.85 & 4.90 & 3.59 & 10.02 \\ 7.795 & 3.70 & 1.89 & 6.81 & 3.88 & 4.40 & 6.77 & 4.94 & 3.61 & 10.36 \\ 8.067 & 4.11 & 1.89 & 6.89 & 3.85 & 4.71 & 6.20 & 4.89 & 4.06 & 11.02 \\ 7.180 & 3.82 & 1.96 & 7.11 & 3.73 & 4.46 & 6.46 & 4.97 & 4.12 & 10.64 \\ 7.329 & 3.78 & 1.88 & 6.73 & 3.99 & 4.55 & 6.80 & 5.25 & 4.01 & 10.60 \\ 8.038 & 4.21 & 1.88 & 6.71 & 4.00 & 5.29 & 6.85 & 5.89 & 4.05 & 10.46 \\ 8.128 & 4.62 & 1.90 & 7.09 & 4.64 & 5.04 & 6.83 & 5.16 & 3.94 & 10.85 \\ 7.712 & 3.97 & 1.94 & 6.83 & 4.11 & 4.84 & 6.04 & 5.48 & 4.59 & 10.42 \\ 7.586 & 3.80 & 2.86 & 6.50 & 3.90 & 4.85 & 6.33 & 5.72 & 3.69 & 10.65 \\ 7.492 & 3.73 & 2.06 & 6.70 & 3.64 & 4.45 & 6.01 & 5.45 & 3.60 & 10.34 \end{bmatrix}$$

(2) 对优化次序的求解。

①根据改进熵值法计算各评价指标矩阵,并以此为因子对主观权重[①]进行调整[②],结果如表 4-82 所示。

表 4-82 海水养殖空间布局优化次序评价指标权重

第一层	第二层	权重
	区位熵	0.040
	海水养殖产值增加值(万元)	0.052
经济效益	渔船生产率(吨/艘)	0.044
	劳动生产率(万元/人)	0.067
	燃料消耗费用(万元)	0.089
社会效益	海水养殖从业人员(个)	0.081
	渔民人均收入增长率(%)	0.093
	海水养殖密度	0.156
生态效益	受灾损失(万元)	0.178
	渔业水域生态修复投入额(亿元)	0.200

注:基于格序即决策的海水养殖空间布局优化次序

②将指标矩阵与相应的权重融合,得到海水养殖空间布局优化次序的决策矩阵 D:

$$D = \begin{bmatrix} 0.285 & 0.189 & 0.083 & 0.500 & 0.323 & 0.348 & 0.546 & 0.762 & 0.639 & 2.005 \\ 0.312 & 0.193 & 0.084 & 0.455 & 0.345 & 0.357 & 0.632 & 0.769 & 0.641 & 2.074 \\ 0.323 & 0.215 & 0.084 & 0.459 & 0.324 & 0.386 & 0.579 & 0.761 & 0.722 & 2.205 \\ 0.287 & 0.199 & 0.087 & 0.474 & 0.332 & 0.362 & 0.603 & 0.774 & 0.733 & 2.130 \\ 0.293 & 0.198 & 0.083 & 0.449 & 0.354 & 0.368 & 0.635 & 0.817 & 0.713 & 2.122 \\ 0.322 & 0.220 & 0.083 & 0.447 & 0.355 & 0.429 & 0.639 & 0.916 & 0.719 & 2.094 \\ 0.325 & 0.241 & 0.084 & 0.473 & 0.412 & 0.409 & 0.638 & 0.803 & 0.701 & 2.172 \\ 0.308 & 0.207 & 0.086 & 0.456 & 0.365 & 0.392 & 0.564 & 0.852 & 0.817 & 2.085 \\ 0.303 & 0.198 & 0.127 & 0.434 & 0.347 & 0.393 & 0.591 & 0.657 & 0.657 & 2.132 \\ 0.300 & 0.195 & 0.091 & 0.447 & 0.323 & 0.361 & 0.562 & 0.641 & 0.641 & 2.071 \end{bmatrix}$$

③根据决策指标矩阵 D 构建正理想集(PIS):

---

① 于谨凯等:《海洋产业经济研究:从主流框架到前沿问题》,经济科学出版社 2016 年版。

② 首先,根据公式(4-114)计算出客观权重 w_j',其次,根据 $w_j = \dfrac{w_j' \cdot w_j''}{\sum\limits_{i=1}^{} w_j' \cdot w_j''}$,对主观权重 w_j'' 进行调整得出最终权重。

第四章　海洋渔业空间布局优化（上）　267

$M^+ = \{\max d_{i1}, \max d_{i2}, \cdots, \max d_{in}\}$，即：

$M^+ = \{0.325, 0.241, 0.127, 0.500, 0.412, 0.429, 0.639, 0.916, 0.817, 2.205\}$

构建负理想集（NIS）：$M^- = \{\min d_{i1}, \min d_{i2}, \cdots, \min d_{in}\}$，即：$M^- = \{0.285, 0.189, 0.083, 0.434, 0.323, 0.348, 0.546, 0.761, 0.639, 2.205\}$

各个备选区域、正、负理想解构成了海水养殖空间布局优化的"格"结构。

④根据式（4-118）、式（4-119）、式（4-120）计算各个备选区域与正负理想解之间的距离，并根据模型求解综合差异值，解得海水养殖空间布局优化的"序"，结果如表4-83所示。

表4-83　　　　　　　海水养殖空间布局优化次序结果

	Hausdorff 距离		q = 0.5	
	正理想解	负理想解	综合差异值	次序
天津（Y_1）	0.353	0.067	0.424	10
河北（Y_2）	0.293	0.119	0.474	8
辽宁（Y_3）	0.218	0.230	0.628	1
江苏（Y_4）	0.225	0.173	0.524	6
浙江（Y_5）	0.204	0.180	0.519	7
福建（Y_6）	0.174	0.239	0.611	3
山东（Y_7）	0.174	0.244	0.619	2
广东（Y_8）	0.181	0.228	0.593	4
广西（Y_9）	0.215	0.201	0.569	5
海南（Y_{10}）	0.281	0.114	0.456	9

根据次序求解结果，将正、负理想方案作为格的顶元素、底元素，备选区域作为格的其余元素进行比较，做出 Hasse 图大致直观地反映海水养殖空间布局优化次序，如图4-28所示。

（3）求解结果分析。

①备选区域综合差异值分析。辽宁省综合差异值最大，为0.628，表明辽宁省海水养殖空间布局的综合效益为最优，在海水养殖空间布局优化时应重点考虑。山东省、福建省的海水养殖空间布局综合效益的综合差异值分别位于第二、第三，为0.619、0.611，差距很小，表明两省都较适宜海水养殖的空间布局，一定程度上与我国海水养殖发展的现状吻合。天津市的综合差异值最小，为0.424，表明其海水养殖综合效益最劣，优化时应排在最后。

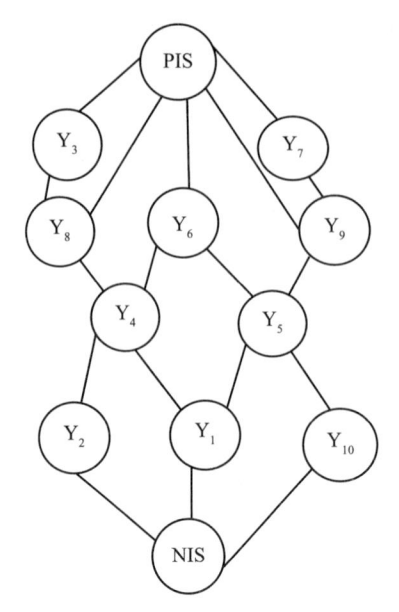

图 4-28　海水养殖空间布局优化次序 Hasse 图

②备选区域优化次序分析。在格序决策模型下，当乐观系数 q = 5 时，海水养殖空间布局优化的次序依次为：辽宁省、山东省、福建省、广东省、广西壮族自治区、江苏省、浙江省、海南省、河北省、天津市。这表明在进行海水养殖空间布局优化时，应首先在辽宁、山东、福建等地进行，而最后在海南省、河北省、天津市布局。

③位于同一海域的备选区域的优化次序差异分析。从前面的结果中可以看出，同处渤海海域范围的辽宁省、山东省、河北省、天津市的海水养殖空间布局优化次序存在很大差距。原因之一是河北、天津近海岸线短，海水养殖资源相对比较短缺。并且两个省份均以工业为主，工业排放使得海域污染严重，导致海域承载力逐年下降。在南海海域，虽然广西壮族自治区的养殖面积最小，但是其综合效益的评价为第四，仅次于广东省。表明该省的海水养殖模式具有效益优势，在布局上值得借鉴，而海南省由于以发展旅游业为主排序则为第八。

④备选区域优化次序的 Hasse 图分析。辽宁省、山东省的海水养殖空间布局优于其他省份，在 Hasse 图中距离虚拟最优解 PIS 最近。福建省、广东省、广西壮族自治区次优，位于中间，且福建省高于另外两省。而距离虚拟最劣解 NIS 最近的则为海南省、河北省、天津市。同海域的省份次序是相邻的，这就为海水养殖空间布局优化的路径提供了一定的基础。

(4) 我国海水养殖空间布局区域优化次序。按照海水养殖空间布局优化次序的结果逐序优化会缺乏效率，因此，结合各区域特征，应用上述计算结果进一步得出我国海水养殖空间布局的区域优化次序。

①前序区域优先布局。根据优化次序结果，将辽宁省、山东省、福建省、广东省、广西壮族自治区5个省份作为我国海水养殖空间布局优化的"前序区域"，优先布局海水养殖。前序区域的5个省份拥有突出的海水养殖空间布局优势：辽宁省海域广阔，资源相对充裕，仍有许多海洋功能区正在建设，具有良好的海水养殖空间资源。山东省海水养殖业整体发展水平较高，海洋高校、科研院所力量雄厚，海洋人才资源充足，并拥有相关产业和政府的大力支持。广东省海域面积广阔，有着良好的滩涂环境，海水养殖品种丰富。广西壮族自治区海水养殖水质优良，海水养殖产品质量上乘。将5个省份作为我国海水养殖空间布局的优先区域，首先需要优先政策的引导，尤其是对优先区域海水养殖资金政策的支持。其次，在保证用海保有量前提下，优先布局尚未开发的海洋功能区。最后在5个省份建立具有鲜明特色的海水养殖功能区，因地适宜地分布最适宜的海水产品及其规模。

②后序区域有序转移。根据优化次序结果，将江苏省、浙江省、海南省、河北省、天津市5个省份作为我国海水养殖空间布局优化的"后序区域"，在海水养殖空间布局过程中适当有序转移。

优化次序结果显示，在渤海海域，制定合理转移战略，可以考虑将河北南部海域、天津相邻海域的海水养殖转移至东营等地。在东海、黄海海域，山东省、福建省的海水养殖相比浙江省、江苏省有突出的布局优势。而浙江省距离福建省、江苏省更近，将海水养殖部分转移至江苏省、福建省的成本更低、更灵活，所以可以考虑转移至福建省和江苏省。最后，在南海海域，广东省、广西壮族自治区比海南省的海水养殖具有优势，而三个省份海洋资源环境类似，海水养殖的产品种类、养殖方式等相似。因此，将海南省的海水养殖部分转移至这两个区域，一方面可以缓解海南省海水养殖空间布局的生态压力；另一方面可以促使海南省集中发展更具有优势的海洋产业。

3. 结论

从经济效益、社会效益、生态效益三方面选取评价指标，构建基于格序决策的海水养殖空间布局优化次序的模型。并对2015年我国10个省份的海水养殖空间布局优化次序进行实证分析，得出结论：(1) 海水养殖空间布局优化次序的综合差异值最大的是辽宁省，其海水养殖空间布局的综合效益最优，在优化时排序第一；山东省、福建省的海水养殖空间布局综合效益的综合差异值分别为第二、第三，表明两省较为适宜海水养殖的空间布局；天津市的综合差异值最小，其海水养殖综合效益最劣，一定程度上与我国海水养殖发展现状相吻合。(2) 10个省份海水养殖的空间布局的优化次序为：辽宁省、山东省、福建省、广东省、广西壮族自治区、江苏省、浙江省、海南省、河北省、天津市。(3) 处于相同海域环境的不同备选区域，在海水养殖空间布局优化次序上存在一定的差距，说明海水养殖的空间布局具有较为严格的空间依赖性。(4) 从海水养殖空间布局优化次序的 Hasse 图可以看出，辽宁省、山东省等区域海水养殖空间布局相对理想，而河北省、天津市却处于相对劣势。(5) 结合区域特征进一步分析，得出前序区域优先依次布局，后序区域有序转移的我国海水养殖空间布局区域优化次序。

三、基于熵权可拓决策模型的海水养殖空间布局优化次序研究

1. 基于熵权可拓决策的海水养殖空间布局优化次序模型的构建

本章基于熵权可拓决策模型，综合考虑渔业经济、渔业生产、渔业灾害三个方面构建海水养殖空间布局优化次序模型，对优化次序进行数理分析。

(1) 建立优化次序评价指标体系。依据系统性、代表性原则，从渔业经济、渔业生产、渔业灾害三个方面选取八个评价指标，构建优化次序评价指标体系，优化次序评价指标体系见表4-84。

表4-84　　　　　　　　优化次序评价指标体系

评价指标	单位
海洋渔业产值/GDP X_1	%
海水养殖业经济产值/渔业产值 X_2	%
渔民人均收入 X_3	元
海洋渔业从业人员 X_4	人
海水养殖产量 X_5	吨
海水养殖业面积 X_6	公顷
受灾养殖面积 X_7	公顷
水产品损失 X_8	元

(2) 对优化次序评价指标进行标准化处理。为减小误差，对原始数据进行标准化处理。根据指标对综合关联度的正负相关性，在进行标准化处理时将指标分为两类：一类为正相关指标；另一类为负相关指标。

正相关指标 $X_i(i=1, 2, \cdots, 6)$ 有：

$$V_{ij} = \frac{v_{ij} - a_{ij}}{b_{ij} - a_{ij}} \quad (4-122)$$

负相关指标 $X_i(i=7, 8)$ 有：

$$V_{ij} = \frac{b_{ij} - v_{ij}}{b_{ij} - a_{ij}} \quad (4-123)$$

其中，V_{ij} 为标准化数据，v_{ij} 为原始数据，a_{ij} 为第 i 行的最小值，b_{ij} 为第 i 行的最大值。

(3) 构建基于熵权可拓决策模型的海水养殖空间布局优化次序模型。

①优化次序的指标权重。为保证指标权重的合理性，本章采用熵权法进行计算。

在信息论中，

$$H(yj) = -\sum_{i=1}^{m} y_{ij} \ln y_{ij} \quad (4-124)$$

式（4-124）为信息熵，其中 $y_{ij} = \dfrac{v_{ij}}{\sum_{i=1}^{m} v_{ij}}$，熵权的计算公式为

$$W_J = \dfrac{G_j}{\sum_{j=1}^{m} G_j} \quad (4-125)$$

其中 $G_j = 1 - \dfrac{H(yj)}{Lnm}$ （$1 \leq j \leq n$）。

在该式中，指标的熵权越大，表明该指标所占的比重越大；熵权越小，表明该指标所占的比重越小。

②优化次序的物元模型。若事物 N 共有 n 个特征，分别记为 c_1，c_2，$\cdots$，c_n，事物 N 的第 i 特征 C_i 的量值为 V_i（$i = 1, 2, \cdots, n$），则称 $R = \begin{bmatrix} N & c_1 & v_1 \\ & c_2 & v_2 \\ & \vdots & \vdots \\ & c_n & v_n \end{bmatrix} =$

(N, C, V) 为 R 的 n 维物元。其中，$C = \begin{bmatrix} c_1 \\ c_2 \\ \vdots \\ c_n \end{bmatrix}$，$V = \begin{bmatrix} v_1 \\ v_2 \\ \vdots \\ v_n \end{bmatrix}$。

为形成空间布局优化次序评价等级物元，令有 m 个优化次序等级，形成 m 个评价等级物元。

$$R_j = (N_j, C_n, V_{jn}) = \begin{bmatrix} N_j & c_1 & v_{j1} \\ & c_2 & v_{j2} \\ & \vdots & \vdots \\ & c_n & v_{jn} \end{bmatrix} = \begin{bmatrix} N_j & c_1 & \langle a_{j1}, b_{j1} \rangle \\ & c_2 & \langle a_{j2}, b_{j2} \rangle \\ & \vdots & \vdots \\ & c_n & \langle a_{jn}, b_{jn} \rangle \end{bmatrix}$$

其中，N_j 为所划分的优化次序评价等级中的第 j 个评价等级，C_i 表示评价优化次序的各个特征，V_i 表示优化次序对应评价等级标准的量值范围，a_{jn} 为范围下限，b_{jn} 为范围上限。

③优化次序的经典域、节域和待评物元。

A. 经典域，N 为要评价的优化次序，建立相应的物元，记为矩阵：

$$R = \begin{bmatrix} N & c_1 & v_1 \\ & c_2 & v_2 \\ & \vdots & \vdots \\ & c_n & v_n \end{bmatrix} = (N, C, V) = \begin{bmatrix} N & c_1 & \langle a_{1n}, b_{1n} \rangle \\ & c_2 & \langle a_{2n}, b_{2n} \rangle \\ & \vdots & \vdots \\ & c_n & \langle a_{in} b_{in} \rangle \end{bmatrix}$$

其中，C_i 表示评价优化次序的各个特征；V_i 表示优化次序各个特征的取值范围，成为 C_i 的经典域。

B. 关于节域，构造经典域的节域 R_j，记为矩阵：

$$R_j = (N_j, C_i, V_{ij}) = \begin{bmatrix} N_j & c_1 & v_{1j} \\ & c_2 & v_{2j} \\ & \vdots & \vdots \\ & c_n & v_{nj} \end{bmatrix} = \begin{bmatrix} J_j & c_1 & \langle a_{1j}, b_{1j} \rangle \\ & c_2 & \langle a_{2j}, b_{2j} \rangle \\ & \vdots & \vdots \\ & c_n & \langle a_{ij} b_{ij} \rangle \end{bmatrix}$$

其中，N_j、C_i 为优化次序的全体，V_{nj} 为 N_j 的各个特征的取值范围。

C. 关于待评物元，构造 $R_0 = \begin{bmatrix} N_0 & c_1 & v_1 \\ & c_2 & v_2 \\ & \vdots & \vdots \\ & c_n & v_n \end{bmatrix}$ 为优化次序的待评物元。其中，

N_0 为所要评价的优化次序，V_n 是各个特征的实际取值范围。

④优化次序影响因子的关联度

在对优化次序进行分析之前，需进行影响因子的可拓学关联度计算。关联函数如（4-126）式：

$$K_j = \begin{cases} \dfrac{\rho(v_i, V_{ij})}{\rho(v_i, V_{ip}) - \rho(v_i, V_{ij})}, & \rho(v_i, V_{ip}) \neq \rho(v_i, V_{ij}) \\ -\dfrac{\rho(v_i, V_{ij})}{|V_{ij}|}, & \rho(v_i, V_{ip}) = \rho(v_i, V_{ij}) \end{cases}, \quad (4-126)$$

其中 $|V_{ij}| = b_{ij} - a_{ij}$；$p(x, \langle a, b \rangle) = \left| x - \dfrac{a+b}{2} \right| - \dfrac{b-a}{2}$，$\rho(v_i, V_{ip})$、$\rho(v_i, V_{ij})$ 分别为实际值与经典域和节域的"距"。

当关联度 $K_j(v_i) > 0$ 时，表明海水养殖空间布局优化次序的第 i 个因素指标 X_i 具有较多 j 级属性，此时 X_i 属于第 j 级；当关联度 $K_j(v_i) < 0$ 时，表明海水养殖空间布局优化次序的第 i 个因素指标 X_i 不具有第 j 级的属性，不属于第 j 级，且 $K_j(v_i)$ 越小，距第 j 级越远；当 $K_j(v_i) = 0$ 时，表明海水养殖空间布局优化次序的第 i 个因素指标 X_i 在第 j 级的临界点上。

（4）优化次序的可拓综合评价。待评物元优化次序的可拓综合关联度公式为：

$$\sum_{i=1}^{n} W_j K_i(v_i) \tag{4-127}$$

其中，W_j 为熵权，$K_i(v_i)$ 为指标的关联度。综合关联度将熵权学与可拓学相结合，用指标权重与指标关联度的乘积表示。式（4-128）为待评海水养殖空间布局优化次序与第 j 级关联度的乘积。按照最大隶属度原则，在所求各省份的综合关联度中，最大综合关联度所处的等级即为该省份海水养殖空间布局优化次序的等级。

2. 海水养殖空间布局优化次序的实证分析

中国沿海十个省份（上海市除外）辽宁、河北、天津、山东、江苏、浙江、福建、广东、广西、海南在全国海水养殖业中占据重要地位。2015 年，中国沿海十省份渔业经济总产值占全国渔业经济总产值的 60%。但由于各地经济基础、海域条件的差异，其空间布局差异日益显著。以我国沿海十个省份为待评物元，以 2015 年数据为基础，基于熵权可拓决策模型对海水养殖空间布局优化次序进行实证分析。

（1）优化次序指标的数据标准化处理。为统一各指标值的变化范围，对不同数量级的原始数据，在计算前进行标准化处理。根据指标值与综合关联度相关性的正负，将 8 个指标分为两类，并根据公式（4-122）、公式（4-123）进行计算，结果如表 4-85 所示。

表 4-85　　　　　　　　　　　　　标准化数据

指标	X_1	X_2	X_3	X_4	X_5	X_6	X_7	X_8
辽宁	0.2512	0.9393	0.3823	0.3600	0.5880	1	0.7808	0.7772
河北	0.0185	0.7087	0	0.1228	0.0995	0.1230	0.9884	0.9963
天津	0	0	1	0	0	0	0.9913	1
山东	0.2284	1	0.4707	1	1	0.6022	0.3101	0.5048
江苏	0.1916	0.0520	0.8081	0.1755	0.1771	0.1921	0	0.5179
浙江	0.1508	0.2016	0.8879	0.3785	0.1851	0.0890	0.4671	0.7500
福建	0.4313	0.9108	0.3161	0.7582	0.8086	0.1752	0.8323	0.5258
广东	0.1205	0.5846	0.0780	0.5158	0.6061	0.2061	0.0470	0
广西	0.2487	0.4580	0.6412	0.2551	0.2270	0.0558	0.7726	0.8412
海南	1	0.3645	0.0999	0.1962	0.0498	0.0150	1	0.9990

资料来源：农业部渔业渔政管理局：《中国渔业统计年鉴》（2016）；国家统计局：《中国统计年鉴》（2016）。

（2）构建基于熵权可拓决策模型的海水养殖空间布局优化次序模型。

①对优化次序指标权重的求解。运用熵权法求解标准化数据指标权重。首先根据公式 $H(y_i) = -\sum_{i=1}^{m} y_i \ln y_i$ 进行信息熵求解，其次根据计算公式 $W_j = \dfrac{G_j}{\sum_{j=1}^{k} G_j}$

进行熵权求解。其中，$G_j = 1 - \dfrac{H(y_i)}{Lnm}$ （$1 \leqslant j \leqslant n$）。求得的各指标熵权如表 4-86 所示：

表 4-86 各指标熵权

X_1	X_2	X_3	X_4	X_5	X_6	X_7	X_8
0.1627	0.1029	0.1134	0.1111	0.1499	0.2198	0.0897	0.0504

表 4-86 结果显示，指标 X_6、X_1、X_5 的熵权较大，熵权值分别为 0.2198、0.1627、0.1499，均超过 8 个指标熵权均值 0.125。这表明在我国海水养殖空间布局中，海水养殖业面积、海洋渔业产值所占比重、海水养殖产量是目前影响海水养殖空间布局优化次序的主要因素。

②确定优化次序的节域和待评物元。将海水养殖空间布局优化次序划分为五个等级：Ⅰ（最优）、Ⅱ级（优）、Ⅲ级（中）、Ⅳ级（劣）、Ⅴ级（最劣）。关于我国海水养殖空间布局优化次序的评价，我国渔业部门尚未公布权威性且为业界所认可的标准量值。本章根据中国渔业统计年鉴的相关数据并结合国内外学者的研究，建立海水养殖空间布局优化次序的经典域物元矩阵与节域物元矩阵。优化次序的待评物元以辽宁省为例结果如式（4-128）。

$$R_{01} = (P, C_i, V_i) = \begin{bmatrix} P & X_1 & \langle 8, 10 \rangle \\ & X_2 & \langle 50, 60 \rangle \\ & X_3 & \langle 20000, 25000 \rangle \\ & X_4 & \langle 800000, 1000000 \rangle \\ & X_5 & \langle 4000000, 5000000 \rangle \\ & X_6 & \langle 800000, 1000000 \rangle \\ & X_7 & \langle 0, 20000 \rangle \\ & X_8 & \langle 0, 40000 \rangle \end{bmatrix}$$

$$R_{02} = (P, C_i, V_i) = \begin{bmatrix} P & X_1 & \langle 6, 8 \rangle \\ & X_2 & \langle 40, 50 \rangle \\ & X_3 & \langle 15000, 20000 \rangle \\ & X_4 & \langle 600000, 800000 \rangle \\ & X_5 & \langle 3000000, 4000000 \rangle \\ & X_6 & \langle 600000, 800000 \rangle \\ & X_7 & \langle 20000, 40000 \rangle \\ & X_8 & \langle 40000, 80000 \rangle \end{bmatrix}$$

$$R_{03} = (P, C_i, V_i) = \begin{bmatrix} P & X_1 & \langle 4, 6 \rangle \\ & X_2 & \langle 30, 40 \rangle \\ & X_3 & \langle 10000, 15000 \rangle \\ & X_4 & \langle 400000, 600000 \rangle \\ & X_5 & \langle 2000000, 3000000 \rangle \\ & X_6 & \langle 400000, 600000 \rangle \\ & X_7 & \langle 40000, 60000 \rangle \\ & X_8 & \langle 80000, 120000 \rangle \end{bmatrix}$$

$$R_{04} = (P, C_i, V_i) = \begin{bmatrix} P & X_1 & \langle 2, 4 \rangle \\ & X_2 & \langle 20, 30 \rangle \\ & X_3 & \langle 5000, 10000 \rangle \\ & X_4 & \langle 200000, 400000 \rangle \\ & X_5 & \langle 1000000, 2000000 \rangle \\ & X_6 & \langle 200000, 400000 \rangle \\ & X_7 & \langle 60000, 80000 \rangle \\ & X_8 & \langle 120000, 160000 \rangle \end{bmatrix}$$

$$R_{05} = (P, C_i, V_i) = \begin{bmatrix} P & X_1 & \langle 0, 0 \rangle \\ & X_2 & \langle 10, 20 \rangle \\ & X_3 & \langle 0, 5000 \rangle \\ & X_4 & \langle 0, 200000 \rangle \\ & X_5 & \langle 0, 1000000 \rangle \\ & X_6 & \langle 0, 200000 \rangle \\ & X_7 & \langle 80000, 100000 \rangle \\ & X_8 & \langle 160000, 200000 \rangle \end{bmatrix}$$

$$R_p = (P, C_i, V_i) = \begin{bmatrix} P & X_1 & \langle 0, 10 \rangle \\ & X_2 & \langle 10, 60 \rangle \\ & X_3 & \langle 0, 20000 \rangle \\ & X_4 & \langle 0, 1000000 \rangle \\ & X_5 & \langle 0, 5000000 \rangle \\ & X_6 & \langle 0, 1000000 \rangle \\ & X_7 & \langle 0, 100000 \rangle \\ & X_8 & \langle 0, 200000 \rangle \end{bmatrix}$$

$$R_0 = (P_0, C_i, V_i) = \begin{bmatrix} P & X_1 & 2.7305 \\ & X_2 & 51.4594 \\ & X_3 & 16639.64 \\ & X_4 & 363926 \\ & X_5 & 2941965 \\ & X_6 & 933068 \\ & X_7 & 17246 \\ & X_8 & 44391 \end{bmatrix} \qquad (4-128)$$

(3) 优化次序的可拓综合评价。

①各指标关于优化次序等级的关联度。将我国沿海十省份各指标的原始数据代入公式 (4-126)，得出各项指标关于优化次序的等级关联度。根据最大隶属度原则，判断各指标所在优化次序的等级。各省份指标关联度如表 4-87 所示。以辽宁省为例介绍各参数代表意义，将辽宁省海洋渔业产值/GDP ($X_1 = 2.7305$) 代入公式 (4-126)，得出其相应的关联度分别为：$K_J(x_1)_1 = -0.659$，$K_J(x_1)_2 = -0.545$，$K_J(x_1)_3 = -0.317$，$K_J(x_1)_4 = 0.365$，$K_J(x_1)_5 = -0.211$，可以判定辽宁省海洋渔业产值/GDP 的值属于Ⅳ（劣）级，同理可得其他省份各指标的优化次序等级，如表 4-87 所示。

表 4-87　　　　　各省份海水养殖空间布局优化次序等级

	X_1	X_2	X_3	X_4	X_5	X_6	X_7	X_8
辽宁	Ⅳ	Ⅰ	Ⅱ	Ⅳ	Ⅲ	Ⅰ	Ⅰ	Ⅱ
河北	Ⅴ	Ⅱ	Ⅲ	Ⅴ	Ⅴ	Ⅴ	Ⅰ	Ⅰ
天津	Ⅴ	Ⅴ	Ⅰ	Ⅴ	Ⅴ	Ⅴ	Ⅰ	Ⅰ
山东	Ⅳ	Ⅰ	Ⅱ	Ⅰ	Ⅰ	Ⅲ	Ⅲ	Ⅲ
江苏	Ⅳ	Ⅴ	Ⅰ	Ⅴ	Ⅴ	Ⅴ	Ⅳ	Ⅲ
浙江	Ⅳ	Ⅴ	Ⅰ	Ⅳ	Ⅴ	Ⅴ	Ⅲ	Ⅱ
福建	Ⅲ	Ⅰ	Ⅱ	Ⅱ	Ⅰ	Ⅴ	Ⅰ	Ⅲ
广东	Ⅴ	Ⅲ	Ⅲ	Ⅲ	Ⅱ	Ⅴ	Ⅳ	Ⅴ
广西	Ⅳ	Ⅲ	Ⅱ	Ⅳ	Ⅳ	Ⅴ	Ⅰ	Ⅰ
海南	Ⅰ	Ⅳ	Ⅲ	Ⅳ	Ⅴ	Ⅴ	Ⅰ	Ⅰ

②各指标关于优化次序等级的综合关联度。将计算得出的各指标对应等级关联度的值与表 4-86 中各指标权重代入公式 (4-128)，得出我国十个沿海省份各等级的综合关联度。根据最大隶属度原则，判断出各省份所属的等级。同样以

辽宁省为例，计算得出 $K_1 = -0.144$，$K_2 = -0.277$，$K_3 = -0.391$，$K_4 = -0.390$，$K_5 = -0.597$，可以判断出辽宁省属于Ⅰ（最优）级。同理，可以判断出其他各省份的等级，如表4-88所示。

表4-88   2015年海水养殖空间布局优化次序等级

关联度	N_{01}	N_{02}	N_{03}	N_{04}	N_{05}	优化次序等级
K_J（辽宁）	-0.144	-0.277	-0.391	-0.390	-0.597	Ⅰ
K_J（河北）	-0.625	-0.670	-0.598	-0.511	6.180	Ⅴ
K_J（天津）	-0.667	-0.916	-0.937	-0.915	-0.174	Ⅴ
K_J（山东）	-0.052	-0.384	-0.375	-0.438	-0.600	Ⅰ
K_J（江苏）	-0.642	-0.608	-0.513	-0.174	-0.069	Ⅴ
K_J（浙江）	-0.525	-0.538	-0.488	-0.288	-0.117	Ⅴ
K_J（福建）	-0.219	-0.212	-0.354	-0.413	-0.428	Ⅱ
K_J（广东）	-0.573	-0.404	-0.232	-0.172	-0.154	Ⅴ
K_J（广西）	-0.530	-0.476	-0.467	-0.220	-0.236	Ⅳ
K_J（海南）	-0.479	-0.723	-0.673	-0.601	-0.311	Ⅴ

③优化次序的各等级特征

A. 各省份优化次序等级差距较大。辽宁、山东省处于Ⅰ级，优化次序最优，在进行布局时优先考虑；福建省处于Ⅱ级，优化次序较优；广西壮族自治区处于Ⅳ级，优化次序较劣；河北、天津、江苏、浙江、广东、海南省处于Ⅴ级，优化次序最劣。

B. 各省份最高级与次高级综合关联度差距不同。天津、福建、广东、广西壮族自治区最高级与次高级综合关联度差小于0.1，表明其优化次序更易向前一级转化；辽宁、山东、江苏、浙江、海南最高级与次高级综合关联度差处于0.1~1之间，表明其优化次序存在向前一级转化的可能；河北最高级与次高级综合关联度差大于1，表明其优化次序较难改变，将长期保持稳定状态。

C. 各等级优化次序具有空间依赖性。同处渤海海域范围的辽宁、河北、天津、山东四省份优化次序等级差距较大。a. 辽宁、山东处于Ⅰ级优化次序，优化次序最优。辽宁、山东均为海洋大省，海洋资源丰富，海域面积宽广，因此在进行空间布局时压力较小。b. 天津、河北处于Ⅴ级优化次序，优化次序最劣。天津、河北以化工、冶金为主要产业，海水养殖业占比较小，海域面积较小，在进行空间布局时具有较大的空间压力。

D. 各等级区域优化次序的主要制约因素不同。Ⅰ级区域主要限制因素均为

X_1（海洋渔业产值/GDP），Ⅱ级、Ⅳ级区域主要限制因素为 X_6（海水养殖业面积），Ⅴ级区域主要限制因素为 X_6（海水养殖业面积）、X_1（海水养殖产量）。各区域主要限制因素的差异为各区域进一步优化路径决策提供了依据。

3. 我国海水养殖空间布局分级区域优化次序的应用

（1）我国海水养殖空间布局优化次序的分级应用。根据第三部分各省份海水养殖空间布局优化次序的分级结果，得出以下结论：辽宁、山东省为我国海水养殖空间布局优化次序的Ⅰ级区域，福建省为Ⅱ级区域。Ⅰ、Ⅱ级区域的三个省份优化次序等级较高，海水养殖空间布局较合理，区域优化时应充分发挥其技术优势和丰富的海洋资源，以在最短的时间内获得最大的综合效益。

在Ⅰ、Ⅱ级区域（辽宁、山东、福建）优先优化具有两个优点：其一，该区域省份具有较为明显的布局优势。辽宁省海洋资源丰富，海域宽广；山东省海水养殖量大，海洋渔业占比大，海域面积宽阔；福建省海岸线曲折，港湾众多。其二，弥补该区域的主要限制因素，促进该区域海洋渔业的进一步发展。Ⅰ、Ⅱ级区域的主要限制因素为 X_1（海洋渔业产值/GDP），在该区域优先布局海水养殖业，提高海洋渔业在该区域所占比重，促进优化次序进一步优化。

（2）我国海水养殖空间布局优化次序的区域应用。根据第三部分各省份海水养殖空间布局优化次序的分级结果，得出以下结论：河北、天津、江苏、浙江、广东、海南为Ⅴ级区域。对于该区域省份，应用优化次序结论，在进行转移决策时考虑各省份的主要限制因素以及最高级与次高级关联度的差距。

①实现海水养殖布局由天津向山东、辽宁转移。A. 山东、辽宁省具有接受天津市海水养殖布局转移的条件。山东、辽宁省属于Ⅰ级区域，现有海水养殖空间布局较为合理，海域面积宽广，海洋资源丰富，综合效益较高。B. 转移的成本较低。天津与山东、辽宁省同属于渤海海域，距离较近，成本较低。

②实现海水养殖布局由河北向山东、辽宁转移。①河北省现有海水养殖布局不合理。河北省最高级与次高级关联度大于1，将长期稳定处于Ⅴ级，因此河北省海水养殖业应有序转移。②转移的生态压力和成本较低。河北、山东、辽宁省都濒临渤海海域，海洋环境相似，进行海水养殖布局转移时具有较小的生态压力和转移成本。

③实现海水养殖布局由海南向广东、广西转移。A. 广东、广西布局优势明显。海南省最高级与次高级关联度差距为0.1678，广东省为0.0182，广西壮族自治区为0.0156，广东省和广西壮族自治区最高级与次高级关联度差距小于海南省，更易向前一级转化。B. 转移的生态压力和成本较低。海南与广东、广西同属南海海域，海南与广东、广西具有明显的地缘优势。地缘优势使得双方不仅具有较低的转移成本，而且在养殖品种上更为相似。

4. 结论

本章从渔业经济、渔业生产、渔业灾害三个方面选取指标构建优化次序指标体系，并在此基础上基于熵权可拓决策模型构建海水养殖空间布局优化次序模型。对2015年我国十个沿海省份优化次序进行实证研究，得出结论：（1）在选取的八个指标中，海水养殖业面积、海洋渔业产值所占比重、海水养殖产量是目前影响海水养殖空间布局优化次序的主要因素。（2）各省份优化次序等级差异较大。辽宁、山东省为Ⅰ级区域，优化次序最优；福建省为Ⅱ级区域，优化次序优；广西壮族自治区为Ⅳ级区域，优化次序劣；河北、天津、江苏、浙江、广东、海南省为Ⅴ级区域，优化次序最劣。（3）各省份最高级与次高级综合关联度差距不同。差距较大的省份优化次序不易改变；差距较小的省份优化次序较易向次高级关联度所在等级转化。（4）根据优化次序结论，对海水养殖空间布局优化次序进行分级区域应用。得出Ⅰ、Ⅱ级区域优先优化的分级应用；Ⅴ级区域实现海水养殖布局由天津向山东、辽宁转移、河北向山东、辽宁转移、海南向广东、广西转移的三种区域应用。

第五章 海洋渔业空间布局优化（下）

本章主要研究海洋渔业空间布局的优化方案及优化策略。优化方案一节，运用响应面法分析海洋渔业空间布局适应性，基于空间布局优化路径决策模型研究山东半岛蓝区海水养殖空间布局优化路径，并形成优化方案。优化策略一节，研究海洋渔业空间布局优化决策的方法、标准，并运用 CLUE‑S 模型、二维空间矩阵、灰色局势决策模型分别落实海洋渔业空间布局优化决策应用。最终构建海洋渔业空间布局优化决策支持系统，应用于典型海域。

第一节 海洋渔业空间布局优化方案

一、海域承载力视角下海洋渔业空间布局适应性优化研究

1. 海域承载力视角下海洋渔业空间布局适应性优化模型构建

本章对海域承载力视角下海洋渔业空间布局适应性优化界定为：如果海域承载力在 t 阶段对海洋渔业空间布局的响应值优于 t－1 阶段，表明 t 阶段的海洋渔业空间布局相比 t－1 阶段更适应海域承载力，t 阶段海洋渔业空间布局适应性得以优化。适应性优化是一个过程，是海洋渔业空间布局不断调整以更好适应海域承载力的过程，是对海域承载力施压减小的过程，这一过程体现在海域承载力的响应值优于前一阶段上。

（1）模型构建原理——响应面法。响应面法[①]的基本思想是通过近似构造一个具有明确表达形式的多项式来表达隐式功能函数。本质上，响应面法是一套统计方法，用这种方法来寻找考虑了输入变量值的变异或不确定性之后的最佳响应值。响应面法的分析主要分为两个阶段：一阶段是确定当前的输入因子是接近还是远离响应面的最优位置。如果输入因子远离最优位置，通常采用响应面的一阶拟合模型估计系数：

---

① 王永菲、王成国：《响应面法的理论与应用》，载《中央民族大学学报（自然科学版）》2005 年第 3 期。

$$y = \beta_0 + \sum_{i=1}^{k} \beta_i \chi_i + \varepsilon \tag{5-1}$$

另一阶段的主要目的是获得响应面在最优位置附近某个小范围内的一个精确逼近并识别出最优过程的条件。在响应面的最优点附近，用二阶模型来逼近响应面：

$$y = \beta_0 + \sum_{i=1}^{k} \beta_i \chi_i + \sum_{i=1}^{k} \beta_{ii} \chi_i^2 + \sum_{i<j}^{k} \beta_{ij} \chi_i \chi_j + \varepsilon \tag{5-2}$$

通过二阶模型估计（5-2）中的系数，进一步确定最优点的位置。

（2）模型构建变量。本章基于响应面法，构建海域承载力视角下海洋渔业空间布局适应性优化模型，通过拟合海域承载力与海洋渔业空间布局的响应关系，得出海洋渔业空间布局适应性优化最佳方案。

①海域承载力目标变量。选取海域承载力指数[1]作为海域承载力的目标变量，海域承载力作为海洋渔业空间布局的基础，会对海洋渔业空间布局的调整做出响应。海域承载力的内涵[2]包括两个层次：一是海域承载力的承压部分，即海洋的自我维持与自我调节能力以及资源与环境子系统的供给能力；二是海域承载力的压力部分，指海洋人地系统内社会经济子系统的发展能力，用海洋所能维持的社会经济规模和具有一定生活水平的人口数量表征。海洋渔业空间布局作为一个经济子系统属于海域承载力的压力部分。

②海洋渔业空间布局影响变量。在模型框架下，海洋渔业空间布局是作为海域承载力响应变量的影响因子。本章选取海洋渔业空间布局影响变量如下。

第一，海洋渔业空间布局总量。根据海域承载力的内涵，海域承载力的压力部分可用海洋所能维持的社会经济规模表征。海洋渔业空间布局总量选取海水产品产值为代表，表示海洋渔业空间布局作为一种经济布局对海域承载力的总体压力，是从海域承载力的海洋产业经济功能出发，指出海洋渔业空间布局经济规模对海域承载力的施压。

第二，海洋渔业空间布局产业结构。选取海洋渔业第一产业与第三产业产值比作为代表指标，目的是体现海洋渔业空间布局对海域承载力的适应能力。定义海洋渔业第一产业产值等于海洋捕捞业和海水养殖业产值之和，第三产业为海洋休闲渔业[3]。原因是海洋渔业第一产业高度依赖海洋资源环境的耗竭，对海域承

---

[1] 海域承载力指数是基于 P-S-R 理论框架，从资源、环境、人口和经济和政策四方面选取压力、状态和响应类指标，包括年海洋捕捞量、亿元 GDP 入海废水量、海洋产业产值增长率、近海严重污染海域面积、海域污染治理项目数等在内的 27 个指标，构建海域承载力评价指标体系，对应选取山东半岛蓝区数据，根据层次分析法计算而得。

[2] 韩增林、狄乾斌、刘锴：《海域承载力的理论与评价方法》，载《地域研究与开发》2006 年第 1 期，第 1~5 页。

[3] 根据《山东渔情》（2011 年 12 月山东省海洋与渔业厅内部发行资料），山东省渔业经营收入数据显示，山东半岛蓝区海洋休闲渔业比重占到山东省休闲渔业比重的 84.2%，由于海洋休闲渔业产值数据受限，使用山东省休闲渔业产值数据进行实证，不会对海洋渔业空间布局适应性优化分析造成重大偏差。

载力形成直接压力，海洋渔业第三产业即休闲渔业则将海域承载力作为发展条件，更加重视对海域承载力的保护和提升。因此在海洋渔业空间布局中增加海洋渔业第三产业的比重，有利于增强海洋渔业空间布局对海域承载力的适应能力。

第三，海洋渔业空间布局产出密度。海洋渔业空间布局对海域承载力的施压不仅体现在经济总量规模上，还体现在产出密度上[1]。海域承载力的海洋产业经济功能体现在海洋资源、环境系统对海洋渔业的支撑上，同时海洋渔业空间布局产出密度过大反过来形成对海域承载力的压力。选取海水养殖业空间布局产出密度作为代表指标[2]。海上养殖和滩涂养殖是海水养殖业空间布局的主要形式，进一步选取海上养殖和滩涂养殖单位面积产量作为海洋渔业空间布局产出密度代表变量。

第四，海洋渔业空间布局集聚度。空间集聚是空间布局的一种重要表现形式，劳动力作为海洋渔业发展的重要投入要素，一定程度上，海洋渔业空间布局劳动力集聚度代表海洋渔业生产开发强度。对某一特定区域来说，劳动力集聚度越高，海洋渔业空间布局强度越大，进而对海域承载力的压力越大。海域承载力是海洋对人类活动的最大支持程度[3]，将海洋渔业劳动力集聚度作为海洋渔业空间布局集聚度的代表变量有一定合理性。

（3）海域承载力视角下海洋渔业空间布局适应性优化模型求解。根据响应面优化原理，构建海域承载力视角下海洋渔业空间布局适应性优化模型，将海域承载力指数设为 y，海洋渔业空间布局的各个变量包括海水产品产值、海洋渔业第一产业与第三产业产值比、海上养殖单位面积产量、滩涂养殖单位面积产量和海洋渔业劳动力集聚度分别设为 χ_1,χ_2,χ_3,χ_4,χ_5。设定海域承载力视角下海洋渔业空间布局适应性优化的一阶拟合模型为：

$$y = \beta_0 + \beta_1 \chi_1 + \beta_2 \chi_2 + \beta_3 \chi_3 + \beta_4 \chi_4 + \beta_5 \chi_5 + \varepsilon \quad (5-3)$$

响应面分析软件 Design – Expert 通过一阶拟合，可以识别出海域承载力视角下海洋渔业空间布局适应性优化条件，即如何通过海洋渔业空间布局各变量的优化组合，实现海域承载力指数的最优值。海域承载力视角下海洋渔业空间布局适应性优化的二阶拟合模型为：

$$y = \beta_0 + \beta_1 \chi_1 + \beta_2 \chi_2 + \beta_3 \chi_3 + \beta_4 \chi_4 + \beta_5 \chi_5 + \beta_{11} \chi_1^2 + \beta_{22} \chi_2^2 + \beta_{33} \chi_3^2 + \beta_{44} \chi_4^2 + \beta_{55} \chi_5^2$$
$$+ \beta_6 \chi_1 \chi_2 + \beta_7 \chi_1 \chi_3 + \beta_8 \chi_1 \chi_4 + \beta_9 \chi_1 \chi_5 + \beta_{10} \chi_2 \chi_3 + \beta_{11} \chi_2 \chi_4 + \beta_{12} \chi_2 \chi_5 + \beta_{13} \chi_3 \chi_4$$
$$+ \beta_{14} \chi_3 \chi_5 + \beta_{15} \chi_4 \chi_5 + \varepsilon \quad (5-4)$$

---

① 在经济总量既定的情况下，海洋渔业空间布局产出密度大对海域承载力的压力更集中，更明显；相反，布局的产出密度相对较小，对海域承载力的压力则更分散，对于特定海域的影响则有所弱化，一定程度上降低对特定海域的海域承载力的损害。

② 由于海洋捕捞业布局较为分散，包括近海捕捞和远洋捕捞等，海洋休闲渔业对海域承载力的施压较小，选取海水养殖业空间布局产出密度作为代表。

③ 刘康、韩立民：《海域承载力本质及内在关系探析》，载《太平洋学报》2008 年第 9 期，第 69 ~ 75 页。

在设定各变量的范围和目标值最优值的前提下,通过二阶拟合,响应面软件则根据变量范围和最优目标值设定求解出海域承载力视角下海洋渔业空间布局适应性优化方案结果,并按照目标值接近最优值的程度对各优化方案进行排序。对海域承载力指数最优值的不断逼近,并对海洋渔业空间布局因子做出相应调整就是海域承载力视角下海洋渔业空间布局适应性优化结果求解的过程。

通过 Design – Expert 软件对海域承载力视角下海洋渔业空间布局适应性优化结果进行求解,需要设定海域承载力指数和海洋渔业空间布局变量范围,以明确优化目标和优化方案的可行范围。将海域承载力指数的最优值设为 1,设定海域承载力指数范围为 [0.8741,1][1],保证优化值高于研究期内的海域承载力指数值。结合山东半岛蓝区海洋渔业实际发展情况,海水产品总产值的范围设为 [700,1159.14],上限是以 2012 年数据为基数增长 15% 而得;海上养殖和滩涂养殖单位面积产量均结合研究期内山东半岛蓝区实际情况设定范围(见表 5 – 1),分别是 [7,11.71] 和 [6,8.29]。海洋渔业空间布局劳动力集聚度遵循对海洋渔业集聚协调发展贡献[2]最大化原则,设立其目标值为 2.49。

表 5 – 1　　山东半岛蓝区海洋渔业空间布局适应性优化实证数据

	2006 年	2007 年	2008 年	2009 年	2010 年	2011 年	2012 年
海域承载力指数 CCMR	0.6234	0.6215	0.7274	0.6882	0.7572	0.8741	0.5954
海水产品总产值(亿元)	441.54	472.68	548.45	599.76	678.53	799.6	1007.95
海洋渔业第一产业与第三产业产值比	24.80	13.21	17.24	17.76	17.39	13.04	18.20
海洋渔业第一产业产值(亿元)	442.99	472.70	540.39	599.78	678.51	599.78	1028.92
海水养殖业产值(亿元)	257.72	273.08	331.68	383.31	419.19	383.31	655.61
海洋捕捞业产值(亿元)	185.27	199.62	208.71	216.4668	259.32	216.47	373.31
休闲渔业产值(亿元)	17.86	35.77	31.34	33.78	39.01	45.99	56.53
海上养殖单位面积产量(吨/公顷)	10.64	11.71	10.19	9.59	7.98	8.73	9.74
海上养殖产量(吨)	2408369	2211579	2262147	2467737	2563467	2699725	3028391
海上养殖面积(公顷)	226451	188897	222089	257271	321044	309346	310996
滩涂养殖单位面积产量(吨/公顷)	8.29	7.34	6.86	7.43	8.01	7.22	6.15

---

[1]　为了实现海洋渔业空间布局适应性优化,优化阶段的海域承载力指数响应必须高于前一阶段,因此选取前一阶段的最大值 0.8741(见表 5 – 1)为下限,基于层次分析法评价得出的海域承载力指数最大值为 1,取为上限。

[2]　此处所指的协调发展是指海洋渔业集聚与海域承载力之间的协调关系,基于协调度模型,构建海域承载力视角下海洋渔业集聚协调度模型得出,海洋渔业空间布局劳动力集聚度为 2.49 时,山东半岛蓝区海洋渔业集聚协调度达最大值 0.75,因此选取 2.49 为变量目标值,纳入适应性优化变量设定中。

续表

	2006年	2007年	2008年	2009年	2010年	2011年	2012年
滩涂养殖产量（吨）	1087324	1143965	1221950	1184403	1238489	1304115	1178004
滩涂养殖面积（公顷）	131235	155906	178245	159375	154534	180660	191405
海洋渔业劳动力集聚度	2.11	2.09	2.22	2.18	2.49	2.03	2.18

注：海洋渔业劳动力集聚度 = $\dfrac{\dfrac{\text{山东半岛蓝区海洋渔业专业从业人员}}{\text{该区就业人员}}}{\dfrac{\text{全国海洋渔业专业从业人员}}{\text{全国就业人数}}}$。

资料来源：清洁海域比例来源于历年《山东海洋环境质量公报》；海水产品总产值来源于历年《山东统计年鉴》；海洋渔业第一产业与第三产业比重、海水养殖和滩涂养殖单位面积产量根据《中国渔业统计年鉴》数据计算得到；海洋渔业空间布局劳动力集聚度由《中国渔业统计年鉴》和《山东统计年鉴》相关数据计算而得，其中海洋渔业空间布局劳动力集聚度用区位商表示。

2. 海域承载力视角下海洋渔业空间布局适应性优化实证分析

根据所建立的海域承载力视角下海洋渔业空间布局适应性优化模型，运用山东半岛蓝区数据进行实证分析，求解该区海域承载力视角下海洋渔业空间布局适应性优化方案，为山东半岛蓝区海洋渔业空间布局优化提供思路和依据。

（1）主要数据。根据海域承载力视角下海洋渔业空间布局适应性优化模型，整理得出山东半岛蓝区海域承载力视角下海洋渔业空间布局适应性优化实证所需数据。

（2）海域承载力视角下海洋渔业空间布局适应性优化方案求解。海域承载力视角下海洋渔业空间布局适应性优化方案是一种海洋渔业空间布局安排，是在某种海洋渔业空间布局安排下，海洋渔业空间布局适应性得以优化，体现在海域承载力指数优于前一阶段上。海域承载力视角下海洋渔业空间布局适应性优化方案是包括了海水产品总产值、海洋渔业第一产业与第三产业产值比、海水养殖单位面积产量、滩涂养殖单位面积产量、海洋渔业劳动力集聚度在内的海洋渔业空间布局安排，在这样的布局安排下，海洋渔业空间布局适应性得以优化。

利用 Design‑Expert 软件，得到海域承载力指数预测值 Y 与编码自变量 A（海水产品总产值）、B（海洋渔业第一产业和第三产业的产值比）、C（海上养殖单位面积产量）、D（滩涂养殖单位面积产量）、E（海洋渔业空间布局劳动力集聚度）的回归方程为：

$$Y = 0.73 - 0.16A - 0.062B - 0.34C - 0.055 - 0.094E$$

$$(R^2 = 0.95,\ AdjR^2 = 0.70)$$

模型的拟合优度为 0.95，说明拟合优度良好，可以用于进一步的优化分析，识别出最优过程条件。得出不同方案下的海域承载力视角下海洋渔业空间布局适应性优化结果，如表 5-2 所示。

表 5-2　　海域承载力视角下海洋渔业空间布局适应性优化方案结果

	海水产品总产值（亿元）	海洋渔业第一产业与第三产业产值比	海水养殖单位面积产量（吨/公顷）	滩涂养殖单位面积产量（吨/公顷）	海洋渔业劳动力集聚度	海域承载力指数
方案1	700.88	12.50	7.00	6.00	2.49	0.9961
方案2	750.12	12.50	7.00	6.00	2.49	0.9741
方案3	839.99	12.50	7.00	6.00	2.49	0.9339
方案4	948.31	12.50	7.00	6.00	2.49	0.8852

方案1-4在不同程度上实现了对海洋渔业空间布局适应性的优化，体现在4个方案下的海域承载力指数均大于前一阶段的最大值0.8741。方案1最大程度地实现了海域承载力视角下海洋渔业空间布局适应性优化。对比海域承载力指数值可知，4个方案下海洋渔业空间布局适应性优化程度大小排序为方案1＞方案2＞方案3＞方案4；方案1下海域承载力指数最接近于1，海域承载力得到最大程度的改善，海洋渔业空间布局适应性优化程度最高；方案2、方案3次之，方案4下海域承载力指数2011年的水平（0.8741）相近，海洋渔业空间布局适应性优化程度最低；方案2、方案3、方案4的海水产品规模总量逐渐递增，海域承载力指数逐渐递减，说明在追求海洋渔业空间布局经济效益过快增长的同时，海域承载力受到了削弱，海域承载力视角下海洋渔业空间布局适应性优化效果依次减弱。

（3）海域承载力视角下海洋渔业空间布局适应性优化路径分析。

①海域承载力视角下海洋渔业空间布局适应性优化路径特征分析。海域承载力视角下海洋渔业空间布局适应性优化路径，是指海域承载力视角下海洋渔业空间布局适应性不断优化的演变过程，具体来说是指随着海洋渔业空间布局不断调整，海域承载力指数不断提升，海域承载力条件不断优化的演变路径。优化方案结果进一步表明，基于响应面法构建的海域承载力视角下海洋渔业空间布局适应性优化模型，为山东半岛蓝区海洋渔业空间布局适应性优化提供了优化路径。以方案1为例，得出海域承载力视角下海洋渔业空间布局适应性优化路径，见图5-1阶段Ⅱ演变路径部分，其中横轴表示海洋渔业空间布局时期，纵轴表示海域承载力指数。

如图5-1所示，可将海洋渔业空间布局适应性演变路径分为两阶段，阶段Ⅰ为经济发展视角下海洋渔业空间布局适应性演变路径，随着海洋渔业空间布局经济规模的不断扩大（见表5-1），海洋渔业空间布局对海域承载力的适应性呈波动下降趋势，海域承载力指数平均水平为0.6982，期间海域承载力条件没有得到较大改善。阶段Ⅱ为海域承载力视角下海洋渔业空间布局适应性优化路径。

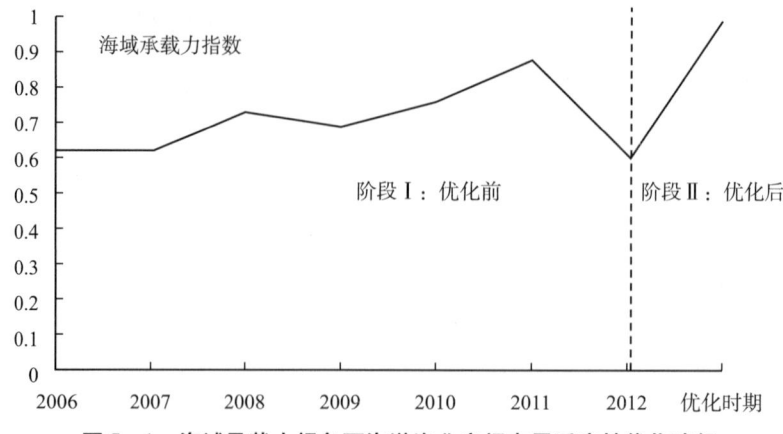

图 5-1　海域承载力视角下海洋渔业空间布局适应性优化路径

注：基于响应面法构建的海域承载力视角下海洋渔业空间布局适应性优化模型，能定量得出海洋渔业空间布局优化调整，图 5-1 中有关优化时期的长短则需在实际发展中规划。

优化结果显示（见表 5-2），随着海洋渔业空间布局的调整，即将海水产品产值规模、海洋渔业第一产业与第三产业产值比、海上养殖和滩涂养殖单位面积产量、海洋渔业空间布局劳动力集聚度分别调整在 700.88 亿元、12.5∶1、7 吨/公顷、6 吨/公顷、2.49 水平上，海域承载力指数上升至 0.9961 并接近最大值 1，海域承载力条件出现明显改善，表明海域承载力视角下海洋渔业空间布局适应性实现优化。

②适应性优化路径下的海洋渔业空间布局调整分析。为实现海洋渔业健康可持续发展，海洋渔业空间布局应该选择海域承载力视角下海洋渔业空间布局适应性不断优化的发展路径，兼顾经济效益和海域承载力发展。如果长期坚持以经济效益优先而忽略海域承载力的海洋渔业空间布局，将会导致海洋渔业空间布局对海域承载力的适应性不断减弱，海洋渔业发展最终会受到海域承载力的束缚。根据适应性优化结果（见表 5-2），相比阶段 I，海域承载力视角下海洋渔业空间布局适应性优化路径下的海洋渔业空间布局有了以下调整。

第一，海水产品产值规模过快增长有所控制。海域承载力视角下海洋渔业空间布局适应性优化路径[①]下的海水产品产值规模控制在 700.88 亿元，较 2010 年增长 3%。相比 2011 年和 2012 年高达 17.8% 和 26% 的年增长速度，适应性优化路径下的海水产品产值增长速度有较大幅度的放缓，对海水产品产值规模过快增长有所控制[②]，降低了海洋渔业空间布局对海域承载力的总体压力，海域承载力

[①] 此处及下文所指的海域承载力视角下海洋渔业空间布局适应性优化路径仍是以表 2 中的优化方案 1 结果为例说明。

[②] 海水产品产值规模过快增长的适度控制，尤其应继续对近海捕捞加以控制，对于海水养殖业的增长需有所引导，养殖方式上鼓励深海网箱养殖，养殖品类上形成对名贵种类的合理布局，针对过度集聚造成的海水养殖业自身污染，进而导致海域承载力下降的产业布局，政府应规划产业转移或退出。

指数也相应地由 2012 年的 0.5954 上升至 0.9961。

第二，海洋渔业第三产业比重有所提升。阶段 I 海洋渔业第一产业与第三产业产值比平均水平为 17.38，而适应性优化路径下的产值比降为 12.5，表明海洋渔业第三产业即海洋休闲渔业比重相对提高。相对于传统海洋渔业而言，海洋休闲渔业大大降低了海洋环境污染和渔业资源的过度消耗，更能适应海域承载力的发展。

第三，海上养殖和滩涂养殖产出密度适度下调。阶段 I 海上养殖和滩涂养殖单位面积产量最低水平分别为 7.98 吨/公顷和 6.15 吨/公顷，适应性优化路径下养殖密度均调整为 7 吨/公顷，基本处于前一阶段的最低水平上。目前由于山东半岛蓝区部分地区的海水养殖业空间布局单纯追求高产量，忽略了海水养殖业单位面积产量过高给海洋生态系统带来的损害，导致该地区海域承载力下降。海上养殖和滩涂养殖单位面积产量的适度下调，有利于兼顾经济效益和海域承载力条件，使海域承载力视角下海洋渔业空间布局适应性得到优化。

第四，海洋渔业劳动力空间集聚度对海洋渔业集聚协调发展贡献最大化。适应性优化路径下选取 2.49 作为最优的海洋渔业劳动力集聚度。原因是在海洋渔业集聚与海域承载力协调发展的条件下，既发挥了海域承载力的海洋产业经济功能，又能将海洋渔业空间布局对海域承载力的压力控制在合理范围内，海洋渔业空间布局对海域承载力的适应性更高。

3. 结论

基于响应面法，以山东半岛蓝区为例，对海域承载力视角下海洋渔业空间布局适应性优化进行研究，得出以下三点结论。（1）通过构建海域承载力视角下海洋渔业空间布局适应性优化模型求解适应性优化方案结果，得出四个方案下的适应性优化结果，当山东半岛蓝区海水产品产值规模、海洋渔业第一产业与第三产业产值比、海上养殖和滩涂养殖单位面积产量、海洋渔业劳动力空间集聚度分别调整为 700.88 亿元、12.5∶1、7 吨/公顷、6 吨/公顷、2.49 时，海域承载力指数上升至 0.9961，海洋渔业空间布局适应性优化程度最高。（2）海洋渔业空间布局适应性演变路径表现为两个发展阶段，阶段 I 为经济发展视角下的海洋渔业空间布局适应性演变路径，该阶段海域承载力指数呈波动下降趋势；阶段 II 为海域承载力视角下海洋渔业空间布局适应性优化路径，经过海洋渔业空间布局的合理调整，海域承载力指数上升至 0.9961 并接近最大值 1，海域承载力条件有明显改善。为实现海洋渔业的健康可持续发展，应该选择海域承载力视角下海洋渔业空间布局适应性不断优化的发展路径。（3）要实现山东半岛蓝区海域承载力视角下海洋渔业空间布局适应性优化，应适度控制海水产品产值规模过快增长，提高海洋休闲渔业产值比重，合理调控海上养殖和滩涂养殖产出密度以及根据对海洋渔业集聚与海域承载力系统协调发展贡献最大化原则，选取海洋渔业劳动力集聚度进行海洋渔业空间布局调整。

二、基于空间布局优化路径决策模型的海水养殖空间布局优化研究

1. 模型假设

设山东半岛蓝区海水养殖空间分布划分为 n（通常 n≥3）个子空间，$x_j(0)(j=1, 2, \cdots, n)$ 表示当前空间 j 占整体的比例，空间 j 占整体的合理比例为 α_j。通过模型计算找到一个路径，在该路径上保持整体一定优化调整速度，将 $x_j(0)$ $(j=1, 2, \cdots, n)$ 调整到 α_j，并且耗用时间最短。

（1）系统状态。决策变量 $x_j(k)(j=1, 2, \cdots, n)$ 表示 k 时子空间 j 占总空间的比例，控制变量 $u_j(k)$ 表示 k+1 时子空间 j 的优化率，$v(k)$ 表示 k+1 时总空间的优化率。$x_j(k+1)$ 与 $x_j(k)$ 有如下关系：

$$x_j(k+1) = j=1, 2, \cdots, n; k=0, 1, \cdots, N-1 \qquad (5-5)$$

始端状态满足始端状态满足 $\sum_{j=1}^{x} X_j(0) = 1$ $\qquad (5-6)$

终端状态满足 $\dfrac{X_j(N-1)(1+u_j(N-1))}{1+V(N-1)} = \alpha_j$, $j=1, 2, \cdots, n$ $\qquad (5-7)$

N 是满足上式的最小整数。

（2）目标函数。在保持蓝区海水养殖总空间的优化率为 $v(k)(k=0, 1, \cdots, N-1)$ 的条件下，将子空间 $j(j=1, 2, \cdots, n)$ 的比例由 $x_j(0)$ 调整到，并且整个时间最短。因此设目标函数为：

$$J = \sum_{k=0}^{n-1}\sum_{j=1}^{n}\left[\dfrac{X_j(k)(1+u_j(k))}{1+v(k)} - \alpha_j\right]^2 \qquad (5-8)$$

其中，$u_j(k)$ 满足：$\sum_{k=0}^{n-1} X_j(k)u_j(k) = V(k)$，$k=0, 1, \cdots, N-1$；$m_j(k) \leq u_j(k) \leq M_j(k)$，$j=1, 2, \cdots, n; k=0, 1, \cdots, N-1$。

$u_j(k)$ 的取值范围由海水养殖空间布局内部子空间关联所决定，每一个子空间的优化必然影响其他相关子空间的优化，同时受其他相关子空间优化的制约。

（3）模型求解。由于模型终端状态知道，所以本章采用正序寻优途径，求模型最优解。首先要计算 $u(k)^*(k=0, 1, \cdots, N-1)$，进而求得 $J_0^*(x(N))$。显然 $u(0)^*$ 是非线性规划式（5-9）的最优解。

$$\begin{cases} \text{Min} z = J = 2 \\ \text{s. t.} \\ m_j(0) \leq u_j(0) \leq M_j(0), j=1, 2, \cdots, n \end{cases} \qquad (5-9)$$

其中，$x_j(0)$, $m_j(0)$, $M_j(0)(j=1, 2, \cdots, n)$ 和 $v(0)$ 给定，且式（5-9）是线性约束的非线性规划，采用通常求解方法求解。由于非线性规划式（5-9）具有一些特殊性，据此本文提出一种简便求解方法，对该方法的求解过程进行

讨论。

由于当前子空间比例不合理，必存在 j∈{j=1, 2, …, n}，$x_j(0) \neq \alpha_j$，不失一般性，可设：$x_j(0) < \alpha_j (j=1, 2, \cdots, r)$，$x_j(0) = \alpha_j (j=r+1, \cdots, q)$，$x_j(0) > \alpha_j (j=q+1, \cdots, n)$。

第1步，取初始可行解。令：

$$u^{\sim 1}(0) = \begin{pmatrix} v(0) \\ v(0) \end{pmatrix} \quad (5-10)$$

由 $m_j(k) \leq u_j(k) \leq M_j(k)$，j=1, 2, …, n 以及 $\sum_{k=0}^{n} x_j(0) u_j(0) = v(0)$，可知，$u^{\sim 1}(0)$ 是可知解，转第2步。

第2步，寻找先将可行方向和步长。取方向：

$$d_1(0) = \begin{pmatrix} d_1^1 \\ d_n^1 \end{pmatrix} \quad (5-11)$$

d_j^1 按下面规则取值：

$$d_j^1 = 0, \quad j \in \{r+1, \cdots, q\}$$
$$d_j^1 = (1+v(0))E_j, \quad j \notin \{r+1, \cdots, q\}$$

其中，

$$E_j = \frac{\alpha_j}{x_j(\alpha)} - \frac{\sum j \notin \{r+1, \cdots, q\} \alpha_j}{\sum j \notin \{r+1, \cdots, q\} x_j(0)} \quad (5-12)$$

令 $u^2(0) = u^{\sim 1}(0) + sd^1$

由 $u^{\sim 1}(0)$ 定义如下结果：

$$\sum_{j=1}^{n} X_j(0) u_j^2(0) = V(0) \quad (5-13)$$

若不是式 (5-9) 的最优解，必有充分小的正数 s，使下面式子成立。

$$m_j(0) \leq u_j^2(0) \leq M_j(0) \quad (5-14)$$

$$\sum_{j=1}^{n} \left[\frac{X_j(0)(1+u_j^2(0))}{1+V(0)} - \alpha_j \right]^2 < \sum_{j=1}^{n} \left[\frac{X_j(0)(1+u_j^{-1}(0))}{1+V(k)} - \alpha_j \right]^2 \quad (5-15)$$

因此，d^1 为下降可行方向。

令，$s_j^2 = \min\left\{\dfrac{M_j - V(0)}{d_j^1}, \dfrac{(\alpha_j-1)(1+v(0))}{d_j^1}\right\}$，j=1, 2, …, r

$s_j^1 = \min\left\{\dfrac{M_j - V(0)}{d_j^1}, \dfrac{(\alpha_j-1)(1+v(0))}{d_j^1}\right\}$，j=q+1, …, n

取 $S^1 = \min\{s_j^1 | j=1, 2, \cdots, r, q+1, \cdots, n\}$，令 $u_j^{\sim 2}(0) = u_j^{\sim 1}(0) + s^1 d^1$，

$$\begin{pmatrix} u_j^{\sim 2}(0) \\ u_j^{\sim 1}(0) \end{pmatrix} = \begin{pmatrix} \alpha_1 \\ \alpha_n \end{pmatrix}$$

取 $u^*(0) = u_1^{-2}(0)$，

整个求解过程结束，此时有 N=1；若式（5-10）不成立，转入下一步。

第 3 步，第 2 步中等于 s^1 的 j，在下降可行方向中取 0，其他值的取法同第二步。如此迭代下去，直至整个运算结束（不超过 n-1 步）。

设非线形规划（5-9）运算到第 b_1 步结束，取 $u^*(0) = u^{-b1+1}(0)$，$u^*(0)$ 获得。获得了 $u^*(0)$，用 $u^*(0)$ 的值可以算出 $J_1^*(x(N-1))$。采用求 $u^*(0)$ 的方法，求 $u^*(1)$，算出 $J_2^*(x(N-2))$。如此继续下去，求出 $u^*(0)$，$u^*(1)$，…，$u^*(N-1)$，算出 $J_0^*(x(N))$，完成整个模型的求解，得到蓝区海水养殖空间布局优化结构调整过程路径优化决策。

2. 基于空间布局优化路径决策模型的山东半岛蓝区海水养殖空间布局优化实证分析

（1）数据来源。本章以 2010 年为基期，规划目标年为 2020 年。决策变量的设置以山东半岛蓝区海水养殖空间分布的养殖面积为基础，结合研究地区的社会经济及海洋经济发展状况，综合考虑相关数据的可获得性，最终确定了池塘养殖（x_1）、底播养殖（x_2）、浅海养殖（x_3）三种海水养殖空间分布为变量，且这些变量在地域上相互独立，并能充分反映研究区域的实际状况，符合空间布局优化路径决策模型对决策变量的要求。数据主要来源于《中国渔业统计年鉴》（见表5-3、表5-4）。

表 5-3　　　　　　　　　　海水养殖空间分布

海水养殖空间分布	池塘	底播	浅海
面积	x_1	x_2	x_3

表 5-4　　　　　山东半岛蓝区各市海水养殖面积　　　　　单位：hm²

海水养殖空间分布	池塘	底播	浅海
当前面积	954655.2	954655.2	79554.6
新选划面积	150280	451162	401339
规划年面积	1104935	1405817	480893.6

（2）山东半岛蓝区海水养殖空间分布比例调整过程优化模型求解。根据上述讨论，建立如下山东半岛蓝区海水养殖空间比例调整过程的优化模型：

状态方程：

$$X_j(k+1) = \frac{X_j(k)(1+u_j(k))}{1+V(k)}, \quad j=1,2,3,4; \quad k=0,1,\cdots,N-1$$
(5-16)

初始状态：根据当前海水养殖空间布局类型的养殖面积占总养殖面积的比例计算得到当前山东半岛蓝区海水养殖的空间比例，如表5-5所示。

表5-5　　　　　　　　山东半岛蓝区海水养殖空间比例　　　　　　单位：%

海水养殖空间分布	池塘	底播	浅海
当前比例	48	48	4
合理比例	38	48	14

$$X_0 = \begin{pmatrix} 48 \\ 48 \\ 4 \end{pmatrix}$$
(5-17)

终端状态：在目前海水养殖空间布局养殖面积的基础上，根据山东半岛蓝区海水养殖的实际情况进行规划，结合各池塘养殖、底播养殖及浅海养殖的新选划面积，计算得出海水养殖空间布局的最优比例（见表5-5）。

$$X_{N-1} = \begin{pmatrix} 38 \\ 48 \\ 14 \end{pmatrix}$$
(5-18)

目标函数：

$$J = \sum_{k=0}^{n-1} \sum_{j=1}^{3} \left[\frac{X_j(k)(1+u_j(k))}{1+V(k)} - \alpha_j \right]^2$$
(5-19)

其中

$$\begin{pmatrix} \alpha_1 \\ \alpha_2 \\ \alpha_3 \end{pmatrix} = \begin{pmatrix} 6\% \\ 6\% \\ 6\% \end{pmatrix}$$

控制变量 $u_j(k)$ 满足

$$\sum_{j=1}^{n} X_j(k) u_j(k) = 6\%, \quad k=0,1,\cdots,N-1$$

$$2\% \leq u_1(k) \leq 10\%, \quad k=0,1,\cdots,N-1$$
$$5\% \leq u_2(k) \leq 15\%, \quad k=0,1,\cdots,N-1$$
$$8\% \leq u_3(k) \leq 20\%, \quad k=0,1,\cdots,N-1$$

（3）山东半岛蓝区海水养殖空间布局优化路径分析。应用上述方法进行求解，可得山东半岛蓝区海水养殖空间布局优化的优化路径（见表5-6）。

表 5-6　　　　　　　山东半岛蓝区海水养殖空间布局优化路径　　　　　　单位：%

	0 年	1 年	2 年	3 年	4 年	5 年	6 年	7 年	8 年	9 年	10 年
$u_1(k)$	2	2	2	5.3	5.1	4.7	4.4	4	3.5	2.9	
$u_2(k)$	8.8	8.5	8.1	5	5	5	5	5	5	5	
$u_3(k)$	20	20	20	20	20	20	20	20	20	20	
$x_1(k)$	48	46.2	44.5	42.8	42.5	42.1	41.6	41	40.2	39.3	38
$x_2(k)$	48	49.3	50.4	51.4	51	50.5	50	49.5	49	48.5	48
$x_3(k)$	4	4.5	5.1	5.8	6.5	7.4	8.4	9.5	10.8	12.2	14

如表 5-6 所示，经过模型计算得到了山东半岛蓝区海水养殖的空间分布中池塘养殖面积经过 2%、2%、2%、5.3%、5.1%、4.7%、4.4%、4%、3.5%、2.9% 的优化率，从 2010 年所占 48% 的比例在 2020 年达到 38% 的最优占比；底播养殖则经过前 3 年 8.8%、8.5%、8.1% 的优化比率之后连续 7 年经过 5% 的优化比率在 2020 年恢复至最优比例 48%；浅海养殖连续 10 年经过 20% 的优化比率，从 4% 的比例上升至 14% 的最优占比。三种海水养殖空间都从当前所占的比例经过 10 年不断优化将达到合理比例。

3. 结论及对策

（1）结论。

①山东半岛蓝区海水养殖中池塘养殖从当前所占 48% 的比例，经过 2% 的优化得到第一年减少至 46.2% 的比例，经过第一年 2% 的优化率，在第二年减少至 44.5% 的比例，之后又经过连续 8 年的不断优化，在第十年达到了池塘养殖在海水养殖空间中应当占有的合理比例 38%；②底播养殖经过 8.8%、8.5%、8.1% 的优化率，在第三年达到最大占比 51.4% 之后连续 7 年经过 5% 的优化率在第十年恢复至 48% 的所占比例；③浅海养殖的优化率连续 10 年保持在 20% 的水平上，最终达到 14% 的合理比例。

（2）对策。

①山东半岛蓝区适宜开发池塘养殖区域的面积为 $3.4 \times 10^5 hm^2$，目前已开发近 $1.1 \times 10^5 hm^2$，仍旧有 $2.3 \times 10^5 hm^2$ 未得到开发，未开发区域主要位于滨州至潍坊岸段，为盐碱地及荒滩，约 $2 \times 10^5 hm^2$ 可开发进行海水及地下半咸水池塘养殖，可新建标准化海水养殖池塘，但要注意建设防风暴潮设施；②底播养殖区已开发的大多在 $0 \sim -20m$ 的区域内，而 $-20m$ 以外深海海域基本未开发，这是今后山东半岛蓝区开发的重点之一，适合开发刺参、海胆、甲壳类等大规模底播养殖，可在东营市城东海域，潍坊市及莱州市的莱州湾沿海海域，威海市北部海域，胶南、日照东南部海域等区域开发底播养殖；③目前山东半岛蓝区浅海海域可进行筏式、网箱养殖的区域已基本开发，部分地区养殖密度过大，造成水域环

境污染，影响了养殖效益，可开发的浅海养殖区域主要集中在长岛、威海市、荣成市、乳山市等周边海域；④在大力开发海水养殖区域的同时，正确处理经济发展、资源节约、环境保护、生态安全的关系，保证各海水养殖空间的比例在合理的范围之内。

第二节 海洋渔业空间布局优化策略

一、优化决策方法

（一）基于空间多标准分析的海水养殖空间布局优化决策方法依据

1. 修正的空间多标准分析法

空间多标准分析（SMCA）由玛莉安·范·赫维宁于1999年首次提出，将多标准分析与空间维度相结合，之后应用于多目标土地利用规划决策中。空间多标准分析主要是依靠GIS技术获取空间数据，对评价结果进行空间输出，得出空间布局决策。基于多属性决策理论和最优化理论，对空间多标准分析方法进行修正，其方法思路修正为"建立数据库—构建多标准指标体系—指标权重确定—优化目标确定—优化备选方案设定—备选方案优选决策—决策方法检验与修正—建立决策支持系统"（见图5-2）。

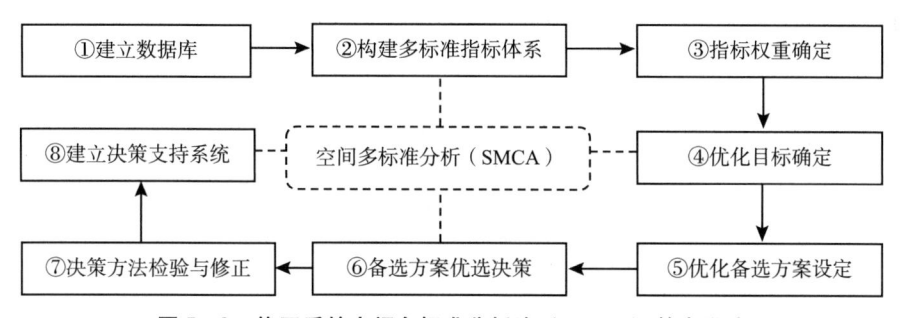

图5-2 修正后的空间多标准分析法（SMCA）基本思路

修正后的空间多标准分析综合运用多标准分析和GIS空间分析技术法，突出多标准指标体系的构建，增加优化目标确定、优化备选方案设定、备选方案优选决策环节，强调方案决策的设定。在此基础上，修正后的空间多标准分析对决策方案进行进一步检验与修正，并建立决策支持系统，对其决策进行完善，使得空间多标准分析法更具有解决多目标的空间布局决策问题的能力，突出能通过多种具体方法组合得出决策结果、灵活性高等优势。

2. 构建海水养殖空间布局优化标准模型

基于最优化理论构建海水养殖空间布局优化标准模型,从海水养殖最优产量、最优结构、最优用海比例和最优布局次序四个核心方面求解海水养殖空间布局优化标准,作为优化决策依据。

(1) 最优产量标准。建立海水养殖产量模型:

$$Q = f(x_1, x_2, x_3, x_4, x_5) \qquad (5-20)$$

式(5-20)中,Q 代表区域产量,x_1 表示海域承载力等资源环境约束条件,x_2 表示生产者利润,x_3 表示消费者福利,x_4 表示政府管理政策,x_5 表示其他影响因素,如跨海大桥、海底隧道等海陆关联工程。借鉴产业布局中产业专门化率,即 Z = (q/g)/(Q/G) 来衡量海水养殖集聚的程度,构建海水养殖最优产量模型为 Z = [f(x_1, x_2, x_3, x_4, x_5)/g]/(Q/G)。当 Z = 1 时,即是在该产量下,达到了该区域的承载阈值。

(2) 最优结构标准。在最优产量的基础上,构建最优品种结构模型:

$$S_i = \frac{x_i}{\sum x_i} \qquad (5-21)$$

式(5-21)中,x_i 指该品种最优产量,S_i 即最优品种结构。根据海水养殖最优品种结构,确定各地区海洋养殖种类的最优布局比例。

(3) 最优用海比例标准。运用线性规划方法,构建海水养殖用海规模优化目标函数:

$$\max(U_1, U_2, U_3, U_4) \qquad (5-22)$$

式(5-22)中,$U_1 \sim U_4$ 分别表示生产者、消费者、政府和自然的效用;以最优产量、功能区划等为约束条件,分别计算滩涂、近海、深海等不同海域空间的最优布局面积;最终计算最优用海比例标准。

(4) 最优布局次序标准。计算不同养殖品种的空间布局优势度综合排名值 WT_{ni},

$$WT_{ni} = \sum_{i=1}^{m} \left(\lambda_i^n - 100 EN_{ij} \bigg/ \sum_{i=1}^{m} EN_{ij} \right)^2 \qquad (5-23)$$

$WT = \frac{1}{n} \sum WT_{ni}$,

$WT = \frac{1}{n} \sum WT_{ni}$,$nq_i = \{n: WT_{ij} = \min WT_{ki}(k = 1, 2, \cdots, m)\}$,$nq = \frac{1}{n} \sum_{j=1}^{n} nq_j$

$$(5-24)$$

式(5-23)中,$\lambda_i^n = \begin{cases} \frac{100}{n}, & \text{当 } i \leq r \text{ 时} \\ 0, & \text{当 } i > r \text{ 时} \end{cases}$

其中,评价指标包括经济效益、社会福利效益和生态效益指标。WT 值越大,该品种的综合竞争力越强，则在区域养殖布局时应对此品种重点考虑。通过测算、比较不同海域海水养殖空间布局优势度综合排名值，确定海水养殖空间布局优化次序。

（二）基于空间多标准分析的海水养殖空间布局优化决策方法建立

空间多标准分析一般可概括为包含"数据库建立—多标准指标体系构建—指标权重确定—优化目标确定—备选方案设定—备选方案优选决策—决策方法的检验及修正—建立决策支持系统"八部分的方法框架。基于空间多标准分析，筛选组合具体方法，形成海水养殖空间布局优化决策方法。

1. 数据库建立

数据库是海水养殖空间布局优化决策方法的基础，主要包括备录数据库和指标数据库。备录数据库包括海水养殖空间布局优化指标体系中的备录数据，主要涉及研究地区的海洋经济发展状况等数据。指标数据库包括海水养殖空间布局优化指标体系的相关数据。数据库建立的常见方法包括 ArcGIS 工具、LabSQL 数据库等方法，由于海水养殖空间布局优化决策涉及空间数据，而空间分析是基于地理对象的位置和形态特征的空间数据分析技术，因此选择 ArcGIS 空间分析工具提取和传输空间信息。收集海水养殖空间布局的空间数据，包括海水养殖用海、海水养殖相关产业和设施，以及近海、深海、滩涂等海洋空间资源的空间分布数据。收集海水养殖空间布局非空间数据，包括海水养殖经济产出数据、要素投入类数据以及海洋生态环境类数据等，建立海水养殖空间布局数据库。

2. 多标准指标体系构建

海水养殖空间布局优化指标体系是综合了最优海水养殖产量、最优海产品养殖结构、最优海水养殖用海比例、最优海水养殖布局次序四方面的直接与间接、现实与潜在、软要素与硬要素的综合指标。在指标体系的构建上，海水养殖空间布局应充分考虑最优产量标准、最优结构标准、最优用海比例标准、最优布局次序四个标准，参阅以往学者构建的有关海洋空间资源利用、海水养殖生态及空间冲突的指标体系后，在坚持科学性、客观性、可比性、可操作性和系统性五大原则的基础上，制定了海水养殖空间布局优化指标体系，如表 5 – 7。

表 5 – 7　　　　　　　　　　海水养殖空间布局优化指标体系

一级	二级	三级
海水养殖空间布局优化指标体系	最优产量标准	养殖面积产量情况

（续表中三级列内容）
- 水产品总产量
- 水产养殖总产量
- 海水养殖产量
- 养殖总面积
- 海水养殖面积

续表

一级	二级	三级
海水养殖空间布局优化指标体系	最优产量标准	资源环境约束	气候及地质状况
		水动力
		叶绿素 a 含量
		营养盐
		增养殖区水质达标率
		浮游植物种类
		潮汐类型判断比值
		渔业灾情造成损失
	居民生活质量指标	沿海地区人均 GDP
		沿海地区人均财政收入
		沿海地区年末人均可支配收入
		沿海地区人均消费水平
	海洋事务调控管理能力	已出台海水养殖法律法规数量
		海水养殖海域使用面积占海域总面积的百分比
		海水养殖科技成果登记数
		海水养殖执法检查人员数量
	最优结构标准	品种最优产量	鱼类产量
		甲壳类产量
		贝类产量
		藻类产量
		其他产品产量
	最优品种结构	鱼类生物资源种类
		甲壳类生物资源种类
		贝类生物资源种类
		藻类生物资源种类
		其他产品生物资源种类
	最优用海比例标准	海洋资源量	海域面积
		海岸线长度
		海岛数量
		海洋类型自然保护区数量
		海洋类型自然保护区面积

续表

一级	二级	三级
海水养殖空间布局优化指标体系	最优用海比例标准 / 海水养殖空间资源量	池塘资源面积
		滩涂资源面积
		浅海资源面积
		海湾资源面积
		盐田资源面积
		工厂化养殖面积
	最优布局次序标准 / 经济效益	海水养殖产值
		水产品加工产值
		水产苗种产值
		海水养殖利用率
		海水养殖平均水平
		海水养殖产值增值
		海水养殖劳动力数量
		渔民人均纯收入
	社会效益	海洋功能区划相符程度
		海水养殖基础设施支撑
		海水养殖科技支撑
		海水养殖人才支撑
	生态效益	近岸海域污染面积与海岸线长度比率
		远岸海域污染面积与海岸线长度比率
		沿海地区工业废水排放达标率
		沿海地区工业固体废物处理量
		沿海地区工业废气排放达标率
		海洋风暴潮损失占海水养殖产值比率
		其他海洋灾害损失占海水养殖产值比率
		海洋生物多样性

3. 指标筛选与权重确定

指标筛选部分主要是为了实现方法的灵活性和适应性，能够根据实际需要和数据的可得性构建合适的指标体系。指标筛选部分的设计主要包括指标筛选规则的确定、筛选指标体系的方法和指标权重确定及调整的设计。

(1) 指标筛选规则。本方法允许调整第三层指标，而第一层及第二层指标不允许改变。为保证筛选的指标体系符合科学性和系统性原则，本方法制定了两条筛选规则：①必须为每个二层指标至少选择一个三层指标；②选择的三层指标权重之和必须占总权重的 60% 以上。第一条规则保证了指标体系的完整性，确保最优产量、最优结构、最优用海比例和最优布局次序的二层指标未发生变化，均至少有一个三层指标来衡量。第二条规则保证了指标体系的重要性。原指标体系建立在科学性、客观性基础之上，要求选择的指标体系权重占总权重的 60% 以上，能确保选择的指标是在原始指标体系中占有较大重要程度，能继承原指标体系的科学性和系统性，能有效测评海水养殖空间布局。

(2) 筛选指标体系的方法。海水养殖空间布局优化决策的多标准指标体系应具有清晰的逻辑递进关系，选择鱼骨图法，同时增加 RST 有效性检验法对指标体系进行修正。①初步构建指标体系。以经济效益最大化、生态效益损失最小化、功能区划相符和海域空间协调等原则，选取具体指标构建多标准指标体系。②指标体系修正。对初步构建的指标体系进行独立性、空间普适性和时间一致性检验，并进行进一步筛选和修正。③计算各指标最优标准。根据最优产量、最优结构、最优用海比例、最优布局次序等核心优化标准，推算指标体系中各指标的最优标准。

(3) 指标权重确定及调整。①筛选确权方法。本章采用粗糙集-AHM 法确定权重，一方面能够综合主、客观信息进行确权，同时也克服 AHP 确权对样本数据一致性要求高的不足。②确定各指标主观权重。综合目标层、准则层和指标层的权重计算结果，计算得到指标体系中各指标的主观权重。③权重修正。计算客观信息下的指标权重，对主观权重进行调整与修正，最终确定多标准指标权重。④权重调整。筛选后的指标体系需对其权重进行调整。依次计算选择的原始指标权重占所有选择指标的原始权重之和的比重作为新的内置权重，从而得到调整后的指标体系权重。

4. 优化决策目标

通过对典型海域海水养殖空间布局进行评价和问题诊断，确定其优化决策目标。(1) 筛选海水养殖空间布局评价方法。本方法选择云模型，能够表示海水养殖空间布局优化决策中包含的定量和定性信息，并更好地反映不确定性。(2) 现状评价。以典型海域岸线及海域图为研究底图，收集海域海水养殖空间布局的空间及非空间数据，加入数据库；通过对典型海域进行实地调查，并与当地海水养殖管理部门、海水养殖科研机构、海水养殖企业等一线从业、管理、研究人员进行座谈，根据科学性、代表性和可行性原则对空间多标准指标体系进行筛选；基于粗糙集理论设计权重打分问卷，向一线从业、管理和科研人员发放，获得权重确定的主观依据，基于数据库对主观权重进行修正，最终确定典型区域海水养殖空间布局优化决策的指标权重。(3) 根据存在问题确定典型海域优化决策目标。

基于典型海域空间数据库和修正多标准指标体系，对典型海域海水养殖空间布局现状进行评价及问题诊断，确定优化目标。

5. 决策备选方案设定

决策备选方案设定方法为：（1）根据优化决策目标，分析造成布局现状与优化标准存在差距的主要影响因素，拟定符合目标的全部可能性方案。（2）选择备选方案设定方法，常用方法包括基于粗糙集理论的方法和基于软集理论的方法，在此采用基于粗糙集理论的属性简约方法。（3）方案预筛选。依据典型海域海洋功能区划、经济区发展规划、全国海洋主体功能区划及典型海域海水养殖发展规划以及典型海域海水养殖技术现状，进行方案初筛选；对海水养殖企业、海水养殖户、其他海洋产业代表、消费者及政府等利益相关者进行偏好调研，并对方案再次筛选。（4）根据预筛选结果最终设定5~7个备选方案。

6. 备选方案优选决策

（1）筛选优选决策方法。根据我国海水养殖空间布局备选方案特征，优选决策方法选择云模型方法，可以对不同备选方案进行评分，剔除低于现有布局方案和合理标准的备选方案，保留的备选方案进入排序决策阶段。排序决策方法选择格序决策法，根据最优标准和备选方案最低值建立上、下阈界，计算不同乐观指数下备选方案的综合差异值，对备选方案进行排序，剔除在不同乐观指数下均排名后序的备选方案，保留的方案进入模拟决策阶段。模拟决策方法选择CA动态模拟法，以现有布局方案为参照，对备选方案进行短期、中期和长期内的动态模拟，依据最优标准比较布局效果，决策生成海水养殖空间布局优化方案。（2）以典型海域现有布局作为参照方案，首先对备选方案依次进行评价和排序，剔除该海域养殖空间布局优化的劣方案，然后对最终保留的2~5个备选方案进行动态模拟并生成模拟图，比较不同备选方案及参照方案在5年、10年、20年期的布局效果，决策该海域海水养殖空间布局优化方案。（3）为避免典型海域海水养殖空间布局优化决策偏误，在典型海域选择不同决策参与者样本进行多次重复决策，通过举行不同人员组成的专家座谈与利益相关者偏好调查，获得不同版本的多标准指标体系、指标权重与备选方案，进而生成若干典型海域养殖空间布局优化方案集。（4）识别影响典型海域海水养殖空间布局效果的潜在外部因素，如水产品市场价格变动、风暴潮、水产动物疾病、海水养殖组织形式变革等，估计发生概率。（5）运用决策树法，估计不同最优方案在潜在外部影响因素下的变化，估算典型海域养殖空间布局收益增加与发生损失的概率及其回报值，计算并比较不同优化方案的期望收益，选择期望收益最大方案为典型海域养殖空间布局优化的最优方案。

7. 决策方法的检验及修正

对形成的决策方法进行算例检验。以传统空间多标准分析、灰色局势决策法、决策树等方法为参照，检验所形成方法对海水养殖空间布局优化决策的适用性、可行性和科学性,根据检验结果对所形成方法进行修正。

(三) 基于空间多标准分析的海水养殖空间布局优化决策方法的系统集成

对基于空间多标准分析的海水养殖空间布局优化决策方法进行系统集成,运用 Visual Fox、MATLAB 等语言编写程序,建立海水养殖空间布局优化决策支持系统。决策支持系统的建立主要包括系统结构设计、系统方法库建立、系统数据库建立和系统辅助模块设计四部分。

1. 海水养殖空间布局优化决策方法的系统结构设计

在基于空间多标准的海水养殖空间布局优化决策方法建立的基础上,设计海水养殖空间布局优化决策支持系统结构:(1) 设计含海水养殖空间布局优化决策的多标准指标体系、权重确定、海水养殖空间布局优化目标确定、海水养殖空间布局备选方案设定、海水养殖空间布局优化方案优选决策等功能的五大主结构决策支持系统框架;(2) 基于空间多标准分析的海水养殖空间布局优化决策方法,设计五大主结构的子结构内容、系统操作界面和按键功能,如在多标准指标体系中设置指标筛选和权重调整功能,并允许决策者根据区域养殖布局优化决策需求和数据可行性筛选指标微调权重。

2. 海水养殖空间布局优化决策方法的系统方法库建立

集成基于空间多标准分析的海水养殖空间布局优化决策方法。(1) 建立决策支持系统方法库,内置指标体系检验方法、权重确定方法、备选方案设定方法、评价决策方法、排序决策方法、模拟决策方法等;(2) 实现方法库与决策支持系统其他模块的关联,确保决策功能对决策方法库的流畅调用,与相应的系统结构及内置按键实现关联,如将布局备选方案设定模块中的"预筛选"按钮与方法库中的属性简约法进行关联;(3) 实现方法库与数据库的关联,确保数据库为海水养殖空间布局优化决策方法运行提供保障,如将"评价决策"与"空间数据库"及"非空间数据库"同时关联。

3. 海水养殖空间布局优化决策方法的系统数据库建立

建立决策支持系统数据库,与海水养殖空间布局优化决策数据库对应,包括空间数据库与非空间数据库两部分。(1) 空间数据库包括海水养殖空间分布数据、渔港及港口航道等海水养殖相关设施空间布局数据、其他海域空间利用类型数据等。(2) 非空间数据库包括各类海水养殖的经济产出数据、资本投入类数据以及海洋生态环境类数据等。将其与决策支持系统进行程序关联,实现决策支持系统对海水养殖空间数据及非空间数据的调用析取、语言转化和操纵使用。

4. 海水养殖空间布局优化决策方法的系统辅助模块设计

在决策支持系统中设计加入海水养殖空间布局相关规划文件查看、海水养殖空间布局优化决策调查问卷查看、海水养殖空间布局最优决策方案打印等辅助模块，增强决策支持系统的应用便捷性。

（四）结论

以优化我国海水养殖空间布局为目标，以决策方法构建为核心，基于空间多标准分析方法，形成一套我国海水养殖空间布局优化决策方法。（1）基于修正后的空间多标准分析法，构建海水养殖空间布局优化决策方法基本框架，即"数据库建立—空间多标准指标体系构建—指标权重确定—优化目标确定—备选方案设定—方案优选决策—决策支持系统设计"。（2）基于最优化理论构建海水养殖空间布局优化标准模型，从海水养殖最优产量、最优结构、最优用海比例和最优布局次序四个核心方面求解海水养殖空间布局优化标准，作为优化决策依据。（3）针对我国海水养殖空间布局优化特征，在海水养殖空间布局优化标准的基础上，参阅以往学者构建的有关海洋空间资源利用、海水养殖生态及空间冲突的指标体系，制定海水养殖空间布局优化指标体系，并筛选组合各步骤方法，形成海水养殖空间布局优化决策具体方法。（4）构建基于空间多标准分析的海水养殖空间布局优化决策支持系统。对基于空间多标准分析的海水养殖空间布局优化决策方法进行系统集成，编写系统平台、决策方法库与数据库，并相互关联，建立具有可操作性、易操作性和可复制性的我国海水养殖空间布局优化决策支持系统。

二、优化决策标准

（一）基于空间多标准分析的海水养殖空间布局优化标准指标体系构建

1. 海水养殖空间布局优化标准指标体系选取的空间多标准分析依据

基于最优化理论构建优化标准决定模型，从海水养殖最优产量、最优结构、最优用海比例和最优布局次序四个核心方面求解海水养殖空间布局优化标准，作为优化决策依据。

2. 基于空间多标准分析的海水养殖空间布局优化标准的指标选取

在指标选取上，海水养殖空间布局优化标准应充分考虑海水养殖产量优化标准、结构优化标准、用海比例标准和布局次序标准四个核心方面，因此设定一层指标为海水养殖产量优化标准、结构优化标准、用海比例标准和布局次序标准。参阅以往学者构建的有关海水养殖产量优化标准、结构优化标准、用海比例标准和布局次序标准的指标体系后，在坚持科学性、客观性、可比性、可操作性和系统性等五大原则的基础上，制定了海水养殖空间布局优化标准指标体系，如表 5-8 所示。

表 5-8　　海水养殖空间布局优化标准指标体系

一层	二层	三层
产量优化标准	经济效益	GOP 比重
		GOP 增长率
		GOP
		水产流通增加值增长率
		海岸带经济密度
		海域经济密度
		滩涂湿地经济密度
	海水养殖环境约束	叶绿素 a 含量
		浮游植物种类
		人均海水养殖资源量
		污染造成水产品损失
	海洋事务调控	海洋功能区划相符程度
		涉海基础设施支撑
		涉海科技支撑
		涉海人才支撑
结构优化标准	空间结构优化	区位商
		地理联系度
		空间基尼系数
		集聚度
		均衡度
	产业结构优化	产业冲突程度
		产业合作程度
用海比例标准	不同养殖方式用海	池塘养殖空间占比
		底播养殖空间占比
		浅海养殖空间占比
	海水养殖业用海	海水养殖业用海面积占比
		人均海水养殖用海面积
	海洋保护区用海	区域类海洋保护区面积占近岸管辖面积比例
布局次序标准	社会效益	海洋水产品加工率
		海洋渔业人口增长率
		海洋渔业从业人员增加率
		规模以上企业数量

(海水养殖空间布局优化指标体系)

续表

	一层	二层	三层
海水养殖空间布局优化指标体系	布局次序标准	生态效益	沿海地区工业固体废弃物排放处理率
			保护区水质达标率
			增养殖区水质达标率
			入海排污达标率

3. 基于空间多标准分析的海水养殖空间布局优化的指标权重测度

在指标权重的确定上,本章采用层次分析法确定海水养殖空间布局优化标准指标的权重。根据指标体系编写调查问卷,邀请 20 名海洋产业布局方面的专家学者进行填写,利用 expert choices 软件确定最终指标权重。本章将此权重作为原始权重。

在实际应用中,可根据研究需要对指标进行删减调整,调整后的指标体系需对其权重进行调整。依次计算选择的原始指标权重占所有选择指标的原始权重之和的比重作为新的权重,从而得到调整后的指标体系权重。原始权重是基于层次分析法计算得出的,层次分析法的原理是比较指标的相对重要性,而新权重的计算方法是建立在原始权重的基础之上,仍以指标间的相对重要性为基础,所以新权重的计算方法具有可行性。

(二)基于空间多标准分析的海水养殖空间布局优化标准确定

1. 基于空间多标准分析的海水养殖空间布局优化标准的判定方法

对于有公认指标值的指标,本章借鉴公认指标值的分级标准,例如国际标准值、国家认可的标准值、官方发展规划指标值等。对于没有公认的分级标准的指标,先根据该指标前后 20 年的实际值确定其理论取值范围,然后综合考虑国内外该指标的发展特点和发展趋势,客观确定分级标准值。对于主观性强的指标值主要依据专家评分法并结合调查问卷来确定分级标准值。由于海水养殖业空间布局优化指标中大多数是未公认的指标值,本章主要采取第二种判定方法,结合空间多标准分析的最优产量标准、最优产业结构标准、最优用海比例标准和最优优化次序标准的计算方法,最终确定各指标的标准值。

在参阅《山东省海岸带规划》《山东省海洋功能区划(2011 - 2020 年)》《山东省海岛保护规划(2012 - 2020 年)》《山东半岛蓝色经济区发展规划》《山东省国民经济和社会发展第十二个五年规划纲要》等文件和一系列期刊文献,并向有关专家学者咨询后,制定了三层指标的优化标准和优化公式。

2. 基于空间多标准分析的海水养殖空间布局优化的最优标准

根据标准化公式和原始数据,计算得出三层指标的最优标准和范围,如

表 5-9 所示。

表 5-9　　海洋产业空间布局评价指标标准化方法

三层指标（指标符号）	最小合格标准	最优标准	最大合格标准	数据标准化计算公式
GOP 比重（X_1）		23%~25%		(1) $X_{17} \leq 23\%$，标准化数值为 0 (2) $23\% < X_{17} < 25\%$，标准化数值为 $1 - \lvert (X_{17} - 24\%)/1\% \rvert \times 100$ (3) $X_{17} \geq 25\%$，标准化数值为 0
GOP 增长率（X_2）		12%~15%		(1) $X_{18} \leq 12\%$，标准化数值为 0 (2) $12\% < X_{18} < 15\%$，标准化数值为 $100 - \lvert (X_{18} - 13.5\%)/1.5\% \rvert \times 100$ (3) $X_{18} \geq 15\%$，标准化数值为 0
GOP（X_3）		历年均值		(1) $X_{19} \geq$ 历年 GOP 均值，标准化数值为 100 (2) $X_{19} <$ 历年 GOP 均值，标准化数值为 0
水产流通增加值增长率（X_4）		0~40%		(1) $X_4 \leq 0\%$，标准化数值为 0 (2) $0\% < X_4 < 40\%$，标准化数值为 $\lvert (X_4 - 0\%)/40\% \rvert \times 100$ (3) $X_4 \geq 40\%$，标准化数值为 100
海岸带经济密度（X_5）	GDP×23%/海岸带面积×85.2%			(1) 若 $X_9 <$ GDP×23%/海岸带面积×85.2%，标准化数值为 0 (2) 若 $X_9 >$ GDP×23%/海岸带面积×85.2%，标准化数值为 $X_9/$(GDP×23%/海岸带面积×85.2%)×100
海域经济密度（X_6）	GDP×23%/海域面积×87.16%			(1) 若 $X_{11} <$ GDP×23%/海域面积×87.16%，标准化数值为 0 (2) 若 $X_{11} >$ GDP×23%/海域面积×87.16%，标准化数值为 $X_{11}/$(GDP×23%/海域面积×87.16%)×100
滩涂湿地经济密度（X_7）	GDP×23%/滩涂湿地面积×52.34%			(1) 若 $X_{10} <$ GDP×23%/滩涂湿地面积×52.34%，标准化数值为 0 (2) 若 $X_{10} >$ GDP×23%/滩涂湿地面积×52.34%，标准化数值为 $X_{10}/$(GDP×23%/滩涂湿地面积×52.34%)×100
叶绿素 a 含量（X_8）				
浮游植物种类（X_9）				

续表

三层指标（指标符号）	最小合格标准	最优标准	最大合格标准	数据标准化计算公式
人均海水养殖资源量（吨/人）（X_{10}）	0.1		0.13	(1) $X_{20} \leq 0.1$，标准化数值为 0 (2) $0.1 < X_{20} < 0.13$，标准化数值为 $\lvert (X_{20}-0.1)/0.03 \rvert \times 100$ (3) $X_{20} \geq 0.13$，标准化数值为 100
污染造成水产品损失（万吨）（X_{11}）			1.5	(1) $X_{11} \leq 0.1$，标准化数值为 $\lvert (X_{11}-1.5)/1.5 \rvert \times 100$ (2) $X_{11} \geq 1.5$，标准化数值为 0
海洋功能区划相符程度打分（X_{12}）		10		$X_{10}/10 \times 100$
涉海基础设施支撑（X_{13}）				(1) $X_{36}=1$，标准化数值为 100 (2) $X_{36}=2$，标准化数值为 80 (3) $X_{36}=3$，标准化数值为 60 (4) $X_{36}=4$，标准化数值为 40 (5) $X_{36}=5$，标准化数值为 20
涉海科技支撑（X_{14}）				(1) $X_{37} \geq 0.288$，标准化数值为 100 (2) $X_{37} < 0.288$，标准化数值为 0
涉海人才支撑（X_{15}）				(1) $X_{38} \geq 0.0183$，标准化数值为 100 (2) $X_{38} < 0.0183$，标准化数值为 0
区位商（X_{16}）	1.5		2.5	(1) $X_{31} \leq 1.5$，标准化数值为 0 (2) $1.5 < X_{31} < 2.5$，标准化数值为 $100 - \lvert (X_{31}-2)/0.5 \rvert \times 100$ (3) $X_{31} \geq 2$，标准化数值为 0
地理联系率（X_{17}）	50		75	(1) $X_{17} < 50$，标准化数值为 0 (2) $50 < X_{17} < 75$，标准化数值为 $100 - \lvert (X_{17}-50)/25 \rvert \times 100$ (3) $X_{17} > 75$，标准化数值为 0
空间基尼系数（X_{18}）	0.5		0.75	(1) $X_{33} < 0.5$，标准化数值为 0 (2) $0.5 < X_{33} < 0.75$，标准化数值为 $100 - \lvert (X_{31}-0.5)/0.25 \rvert \times 100$ (3) $X_{33} > 0.75$，标准化数值为 0
集聚度（X_{19}）	58.1		58.4	(1) $X_{19} \leq 58.1$，标准化数值为 0 (2) $58.1 < X_{19} < 58.4$，标准化数值为 $\lvert (X_{19}-58.1)/0.3 \rvert \times 100$ (3) $X_{19} \geq 58.4$，标准化数值为 100

续表

三层指标（指标符号）	最小合格标准	最优标准	最大合格标准	数据标准化计算公式
均衡度（X_{20}）	50		40	(1) $X_{20} \leq 40$，标准化数值为 100 (2) $40 < X_{20} < 50$，标准化数值为 $\lvert (X_{20}-50)/0.3 \rvert \times 100$ (3) $X_{20} \geq 50$，标准化数值为 0
产业冲突程度（X_{21}）		0		$100 - X_{34} \times 10$
产业合作程度（X_{22}）		10		$X_{35} \times 10$
池塘养殖空间占比（X_{23}）		28%~48%		(1) $X_{23} \leq 28\%$，标准化数值为 0 (2) $28\% < X_{23} < 48\%$，标准化数值为 $100 - \lvert (X_{23}-38\%)/10\% \rvert \times 100$ (3) $X_{23} \geq 48\%$，标准化数值为 0
底播养殖空间占比（X_{24}）		44.6%~51.4%		(1) $X_{24} \leq 44.6\%$，标准化数值为 0 (2) $44.6\% < X_{24} < 51.4\%$，标准化数值为 $100 - \lvert (X_{24}-48\%)/3.4\% \rvert \times 100$ (3) $X_{24} \geq 51.4\%$，标准化数值为 0
浅海养殖空间占比（X_{25}）		4%~24%		(1) $X_{25} \leq 4\%$，标准化数值为 0 (2) $4\% < X_{25} < 24\%$，标准化数值为 $100 - \lvert (X_{25}-14\%)/10\% \rvert \times 100$ (3) $X_{25} \geq 24\%$，标准化数值为 0
海水养殖业用海面积占比（X_{26}）		2.5%~4%		(1) $X_{26} \leq 2.5\%$，标准化数值为 0 (2) $2.5\% < X_{26} < 4\%$，标准化数值为 $100 - \lvert (X_{26}-3.25\%)/10\% \rvert \times 100$ (3) $X_{26} \geq 4\%$，标准化数值为 0
人均海水养殖用海面积（公顷/人）（X_{27}）	0.012		0.015	(1) $X_{27} \leq 0.012$，标准化数值为 0 (2) $0.012 < X_{27} < 0.015$，标准化数值为 $\lvert (X_{27}-0.012)/0.003 \rvert \times 100$ (3) $X_{27} \geq 0.015$，标准化数值为 100
区域类海洋保护区面积占近岸管辖面积比例（X_{28}）		30%~50%		(1) $X_{28} \leq 30\%$，标准化数值为 0 (2) $30\% < X_{28} < 50\%$，标准化数值为 $\lvert (X_{28}-30\%)/20\% \rvert \times 100$ (3) $X_{28} \geq 50\%$，标准化数值为 100
海洋水产品加工率（X_{29}）		75%~85%		(1) $X_{29} \leq 75\%$，标准化数值为 0 (2) $75\% < X_{29} < 85\%$，标准化数值为 $\lvert (X_{29}-75\%)/10\% \rvert \times 100$ (3) $X_{29} \geq 85\%$，标准化数值为 100

续表

三层指标 (指标符号)	最小合格标准	最优标准	最大合格标准	数据标准化计算公式
海洋渔业人口增长率 (X_{30})		0~20%		(1) $X_{30} \leq 0\%$,标准化数值为100 (2) $0\% < X_{30} < 20\%$,标准化数值为 $\lvert (X_{30}-20\%)/20\% \rvert \times 100$ (3) $X_{30} \geq 20\%$,标准化数值为0
海洋渔业从业人员增加率 (X_{31})		0~30%		(1) $X_{31} \leq 0\%$,标准化数值为0 (2) $0\% < X_{31} < 30\%$,标准化数值为 $\lvert (X_{31}-0)/30\% \rvert \times 100$ (3) $X_{31} \geq 30\%$,标准化数值为100
规模以上企业数量 (X_{32})	省平均水平			(1) $X_{20} \geq$ 省平均水平,标准化数值为100 (2) $X_{20} <$ 省平均水平,标准化数值为0
沿海地区工业固体废弃物排放处理率 (X_{33})		100%		$X_{33} \times 100$
保护区水质达标率 (X_{34})		100%		$X_{34} \times 100$
增养殖区水质达标率 (X_{35})	80%			$X_{35} \times 100$
入海排污达标率 (X_{36})		100%		$X_{36} \times 100$

(三) 基于空间多标准分析的海水养殖空间布局优化标准分级评价

1. 基于空间多标准分析的海水养殖空间布局优化标准的评分分级基准

每个指标的实际数据通过标准化公式都能得到一个得分,乘以权重最终会获得一个综合得分。这个综合得分用来判定目标区域的布局优化合理程度。本节具体说明这个合理程度如何分级。

(1) 综合评分计算。根据指标体系中各指标收集目标区域的原始数据、带入标准化公式处理后,得到每个优化指标的百分制得分。与相应的权重相乘,得到加权后海水养殖空间布局优化标准的综合评分。评分的最高分为100分,最低分为0分。作为海水养殖空间布局优化合理程度等级评定的依据。

(2) 综合评分等级划分。评分结果计算既要得到海水养殖空间布局优化标准的具体得分,还要对海水养殖空间布局优化标准的评分状况进行分级,以便对海水养殖空间布局优化现状有更直观的了解。

借鉴协调发展理论中我国学者对协调发展度的等级划分方法①,采用等差赋值法对综合评分进行等级划分,得到海水养殖空间布局优化标准的评价基准,共分为三大类,十小类。评分分级基准如表5-10所示。

表5-10　　　　　　　海水养殖空间布局优化分级基准

分级指标	Ⅰ	Ⅱ	Ⅲ	Ⅳ	Ⅴ	Ⅵ	Ⅶ	Ⅷ	Ⅸ	Ⅹ
综合评分	0~10	10~20	20~30	30~40	40~50	50~60	60~70	70~80	80~90	90~100
优化水平	极度差	非常差	差	较差	濒临差	勉强好	较好	好	良好	非常好
布局合理程度	不合理				过渡阶段		合理			
布局合理程度等级	极度不合理	严重不合理	中度不合理	轻度不合理	濒临不合理	勉强合理	初级合理	中级合理	良好合理	非常合理

资料来源:经作者整理所得。

2. 基于空间多标准分析的海水养殖空间布局优化标准成效判定

指标体系中一层指标反映的问题太大,三层指标反映的问题太细,二层指标既是三层指标的集中反映,又能体现一层指标,因此本章以二层指标作为成效问题的判定对象。结合表5-8,将标准化后的数据与相应权重相乘,得到三层指标得分。将同属于二层指标的三层指标得分相加,得到二层指标得分,计算二层指标得分与最优二层指标得分的比值,成效问题的判定以该得分比值为基础。若得分比值等于1,则意味着该地区在该指标上的建设成绩较为突出,认为是取得的成效。若得分比值小于0.6,则说明该地区在该指标上的建设与最优标准有较大差距,认为存在问题。对于得分比值在0.6和1之间的指标,虽然取得了一定的成绩,但也存在提升空间,因此下一步的优化对象是得分比值小于1的指标。得分比值计算中最优得分的计算方法是100×二层指标权重。

(四) 结 论

本章运用空间多标准分析方法,为海水养殖业空间布局优化制定一套评价标准体系。(1)选取最优产量、最优结构、最优用海比例、最优优化次序为一层指标,下设经济效益、海水养殖环境约束、海洋事务调控、空间结构优化、产业结构优化、不同养殖方式用海、海水养殖业用海、海洋保护区用海、社会效益、生态效益10个二层指标和36个三层指标,构成海水养殖空间布局优化标准指标体系。(2)根据空间多标准分析方法和最优化理论,结合各指标值在实际海水养殖

---

① 杨士弘:《城市生态环境学》,科学出版社1996年版。

活动中的实际值和专家意见，得出 36 个优化指标的最小合格标准、最大合格标准以及最优标准。(3) 根据最优标准的上、下限取值范围和指标的方向性制定数据标准化计算公式，以便将海水养殖空间布局优化指标原始数据标准化无量纲数据，与相应的权重相乘，得到加权后海水养殖空间布局优化标准的综合评分。评分的最高分为 100 分，最低分为 0 分。(4) 借鉴协调发展理论，采用等差赋值法对综合评分进行等级划分，建立海水养殖业空间布局优化分级基准，共分为不合理、过渡阶段、合理三大类，极度不合理、严重不合理、中度不合理、轻度不合理、濒临不合理、勉强合理、初级合理、中级合理、良好合理、非常合理 10 小类。(5) 以二层指标作为优化成效问题的判定对象，计算二层指标得分与最优二层指标得分的比值，若得分比值小于 0.6，则说明该地区在该指标上的建设与最优标准有较大差距，认为存在问题。对于得分比值在 0.6 和 1 之间的指标，虽然取得了一定的成绩，但也存在提升空间，因此下一步的优化对象是得分比值小于 1 的指标。

三、优化决策应用

（一）基于 CLUE-S 模型的我国海洋渔业空间布局优化模型及应用

1. 我国海水养殖业空间布局优化 CLUE-S 模型构建

CLUE-S 模型是基于栅格图形数据构建而成的，要完成对蓝区海水养殖业空间利用时空动态变化的模拟，必须对其输入以下 3 类栅格图形数据或模型参数：模拟初期蓝区海水养殖业各空间利用类型（鱼类、贝类、虾蟹类、藻类）的空间分布格局及其与相应驱动因素的关系系数；蓝区海水养殖业各空间利用类型的转换规则；历年蓝区海水养殖业各空间利用类型的面积。在综合分析空间分布概率适宜图、相关海域利用变化规则和初期相关海域利用分布现状图的基础上，根据总概率大小对相关海域利用的数量变化进行空间分配，从而实现对相关海域利用时空变化的动态模拟。

（1）基于 CLUE-S 的动态优化模拟模型构建。海水养殖业空间布局动态优化模拟是根据每栅格海水养殖业各类型布局的概率大小对蓝区海水养殖业进行空间分配的过程，这种分配是通过多次迭代实现的，具体的迭代分配步骤如下式：

$$SUM = k_{i,u} + ELSA_u + ITER \tag{5-25}$$

式 (5-25) 中，SUM 表示总概率，k 表示栅格 i 适合蓝区海水养殖业类型 u 的总概率，ELSA 表示蓝区海水养殖业类型 u 的转变规则参数，ITER 表示迭代变量值。在初次分配时，模拟的年度蓝区海水养殖业各类型的 ITER 值是相同的，并根据总概率 SUM 的大小对栅格 i 进行分配。初次分配完成后，比较蓝区海水养殖业不同类型初次分配面积和当年需求面积，若蓝区海水养殖业初次分配面积大于需求面积,就减小 ITER 值;反之,就增加 ITER 值,进行蓝区海水养殖业变化第二次分配,直到使各蓝区海水养殖业分配面积都满足需求。

(2) 模型参数设定。

①空间驱动因子。指驱动海水养殖业各类型空间布局发生变化和转换的因素。空间驱动因子有压力类、承压类及交流类3类因子。其中,压力类指标包括经济增长、人口发展、环境污染等方面;承压类指标包括资源评价、产业布局绩效、科技应用水平、环境容量等方面;交流类指标包括运输指数、海洋客运周转量、海洋货运周转量等。

根据区域蓝区海水养殖业空间布局特点及可行性原则,选择距港口距离、距海岸线距离、海域类型、养殖方式(单养、混养、间养)、受灾养殖面积、生物病害受灾面积、海水质量等级、海水养殖产值、集约程度(粗养、半精养、精养)9个自然和社会经济因素作为驱动因子。

②空间布局概率。蓝区海水养殖业分布模块中的分配要考虑备选驱动因素与空间制约因素之间的关系,衡量蓝区海水养殖业不同类型在每一空间的单元分布的适合程度,确定蓝区各海水养殖业类型在每一栅格分布概率,以便在动态模拟中使用。下面是逻辑斯蒂逐步回归模型,运用这种方法对蓝区经济空间分布概率进行诊断,公式如下:

$$\mathrm{Log}\left\{\frac{k_i}{1-k_i}\right\} = \alpha_0 + \alpha_1 X_{1j} + \alpha_2 X_{2j} + \alpha_n X_{nj} \qquad (5-26)$$

式(5-26)中,k_i 表示每个栅格可能出现蓝区某一海水养殖业类型某一相关海域类型的概率,X 表示各备选驱动因素,筛选出对蓝区海水养殖业类型格局影响比较显著的因素,剔除那些影响不显著的因素。最后得到蓝区各海水养殖业类型的空间分布概率适宜图。

③空间布局面积。假设不存在技术差异和技术进步,根据海水养殖业各类型的产量/产值间接计算初次分配面积(需求面积)。方法一:根据各类型产量与实际布局面积计算单位面积生产率;根据进出口差额计算实际需求产量;根据实际需求产量和单位面积生产率计算需求面积。方法二:根据各类型产量和标准生产率(国际、国家平均生产率)计算初次分配面积;根据进出口差额计算实际需求产量,从而计算需求面积。

④转换准则。指空间布局动态优化模拟过程中海水养殖业各类型用海发生转换时遵循的准则。

综合经济、社会、环境可持续发展准则,基于海域承载力视角设定海水养殖业空间布局动态优化转换准则。

在 CLUE-S 模型中,空间分析模块可以通过设置变化弹性参数 ELAS 的值来对每种海水养殖业布局指标进行衡量,利用变化的稳定程度赋值,使 ELAS 的值在 0~1 之间变化。

第一，ELAS=1，表示该类型在一般情况下不会转为其他蓝区海水养殖业类型，保持原来的蓝区海水养殖业类型可以超过10年以上。

第二，ELAS=0，表示该蓝区海水养殖业类型，一年之中会变化一次以上转为其他蓝区海水养殖业类型。

第三，ELAS=0~1，表示稳定程度介于以上两者之间的蓝区海水养殖业类型。

（3）检验布局合理精度。利用Kappa指数可以检验模拟精度，公式如下：

$$\text{kappa} = \frac{(p_0 - p_C)}{(p_p - p_C)} \quad (5-27)$$

式（5-27）中，p_0表示正确模拟的比例；p_C表示随机情况下期望的正确比例值；p_p表示理想分类情况下的正确模拟的比例。

2. 我国海洋渔业空间布局优化 CLUE-S 模型应用——以山东半岛蓝区海水养殖业为例

海洋渔业作为山东半岛蓝区的典型海洋产业，经过长时间的发展已经形成了以海水养殖业、海洋捕捞业、海洋水产品加工业及休闲渔业为主的海洋渔业产业体系。其中，近30年来海水养殖业取得显著发展，海带、紫菜、贻贝和对虾等主要经济品种的发展尤为突出，带动了沿海经济的发展，成为沿海地区的一大产业。中国海水养殖历史较悠久，且发展潜力巨大，如海涂、港湾、内海、浅海等均可发展人工养殖（如放流、人工鱼礁、外海大型网箱养殖）。中国现在是世界上海水养殖发达的国家，无论从养殖面积和总产量均居世界首位。但我国海水养殖业以贝藻养殖为主，在品种上还有很大的发展余地。

因此本章以海水养殖业为例，研究其空间布局优化的CLUE-S模型。海水养殖的空间布局类型主要为：鱼类、虾蟹类、贝类和藻类；涉及的海域类型为：滩涂、港湾、浅海和其他（围塘、深海）。

在布局模拟之前需要对模型的模拟精度进行检验，CLUE-S模型的运行至少需要一期的相关海域利用数据，而为验证模型的精度则至少需要两期的相关海域利用数据。比如，模拟可以选取研究区2009年和2012年两期数据，以研究2012年相关海域利用类型。以2009年为基期图，模拟2012年海域利用类型图，并用kappa指数对模拟结果进行检验。

（1）山东半岛蓝区海水养殖业空间布局优化CLUE-S模型模拟流程。

①数据来源与处理原则。假设本研究以山东半岛蓝区为研究区，以2009年为基期年，收集该区域相关海域利用及海水养殖业类型的调查数据库和相关图件、规划文件，并对相关图件进行处理。

实验操作平台采用地理信息处理软件ArcGIS 10.2，利用该软件进行空间因素的提取和预处理，统计数据处理分析应用的是IBM公司的SPSS 20.0，完成非空间模块的Logistic回归分析，动态模拟模型使用的是由荷兰瓦赫宁根大学开发的Dyna-CLUE模型。

②模拟流程图（见图 5-3）。

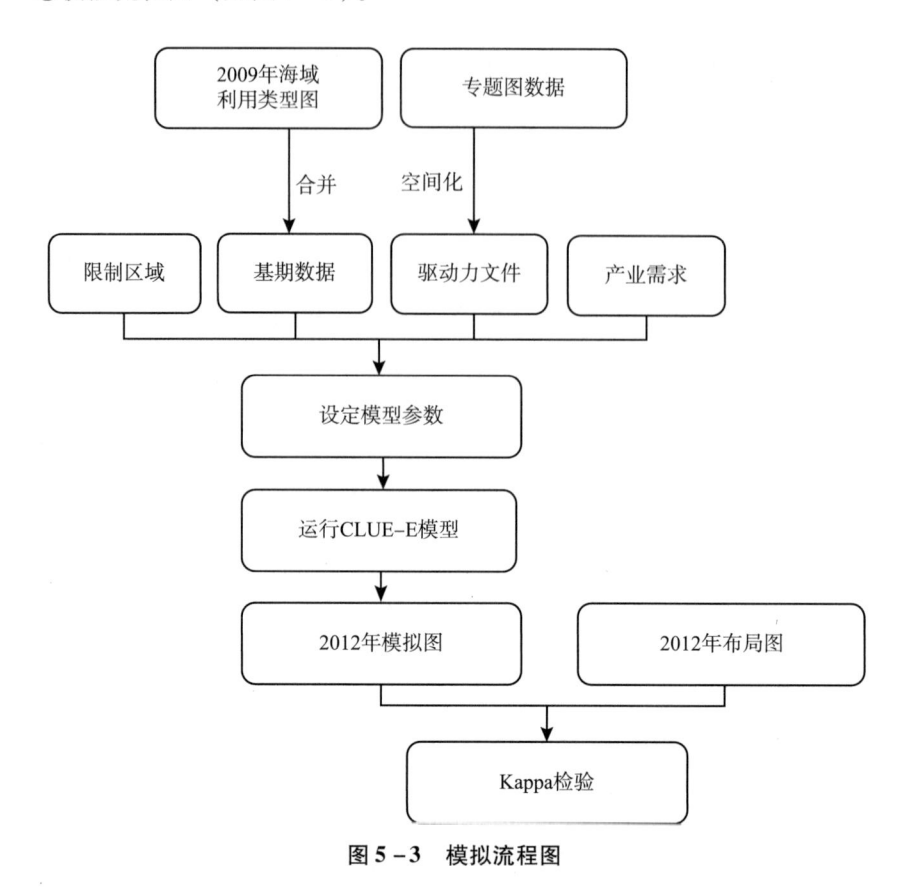

图 5-3　模拟流程图

（2）山东半岛蓝区海水养殖业空间布局优化 CLUE-S 模型参数文件设定

①参数文件说明。CLUE-S 模型需要输入的七个参数文件表如表 5-11 所示，这些文件在安装目录下直接修改即可。

表 5-11　　　　　　　　CLUE-S 模型输入文件说明表

文件名	说明
cov_all.0	模拟起始年份的海水养殖各类型图
demand.in *	海水养殖需求文件（*代表不同的海水养殖需求方案）
region_park *.fil	限制区域文件（*代表不同的限制区域文件）
allow.txt	海水养殖利用转移矩阵文件
sc1gr *.fil	驱动力文件（*代表驱动力的序号）
alloc1.reg	logistic 回归方程参数设定文件
main.1	模型的主要参数设置文件

cov_all. 0 文件是 ASCII RASTER 格式的起始年份海水养殖业空间利用类型图，其内容为海水养殖业各利用类型的编码。

demand. in * 文件是一个记事本文档，内容第一行为模拟的年数，从第二行开始为逐年的海水养殖各类型需求数量。

region_park *. fil 文件是 ASCII RASTER 格式的限制区域图，其内容为 0 和 -9998 两种，0 值区域是可以发生养殖类型转变的区域，-9998 值区是不能够转变的限制区域。但是 region_park *. fil 文件为必选文件，当不存在限制区域的时候，需要设定一个全部为 0 值的文件。

allow. txt 文件是一个记事本文档，其内容为一个 n×n 矩阵，其中 n 为海水养殖利用类型个数。矩阵中包含 0 和 1 两种代码，1 表示类型之间可以转变，0 表示不能转变。

sc1gr *. fil 文件是 ASCII RASTER 格式的驱动力空间分布位置图。

alloc1. reg 文件可以用记事本文档打开和编辑，其内容为 Logistic 回归结果参数，每行意义如下：

行 1：海水养殖业各利用类型编码；

行 2：海水养殖业各利用类型的回归方程常量；

行 3：海水养殖业各利用类型回归方程的解释因子系数（β 值）和驱动力因素编码；

以下：为重复另一种海域利用类型（顺序相同）。

main. 1 文件可以用记事本文档打开和编辑，也可以在模型界面中编辑。其主要参数和解释意义如表 5 - 12 所示。

表 5 - 12　　　　　　　　main. 1 文件主要参数表

行数	设置内容	数据格式
1	海水养殖业利用类型数	整型
2	区域数	整型
3	单个回归方程中驱动力变量的最大个数	整型
4	总驱动力个数	整型
5	行数	整型
6	列数	整型
7	栅格面积（单位公顷）	浮点型
8	X 坐标	浮点型
9	Y 坐标	浮点型

续表

行数	设置内容	数据格式
10	海域利用类型编码	整型
11	转移弹性系数	浮点型
12	迭代变量系数	浮点型
13	模拟的起始年份	整型
14	动态驱动力因子数及编码	整型
15	输出文件选择	0、1或2选其一
16	特定区域回归选择	0、1或2选其一
17	海域利用历史初值	0、1或2选其一
18	邻近区域选择计算	0、1或2选其一
19	区域特定优先值	整型

②参数文件设定

第一，设定 cov_all.0 文件。

考虑到模拟的类型不宜过多，需将详细的海水养殖业分类进行合并。初步将海水养殖业合并为鱼类、虾蟹类、贝类、藻类4个类别。依次赋编码为0、1、2、3。

这一过程在 Arc View 软件通过对2009年矢量数据属性表操作来完成，然后把合并好的矢量图转为 grid 文件（由于模型对单元格的行列数的上限有一定的限制，所以要根据研究区的大小适度设置单元格大小），再通过 Arc Toolbox 的 Grid to ASCII 命令把 grid 文件转变成模型识别的 ASCII 文件，命名为 cov_all.0，完成对 cov_all.0 文件的设定。

第二，设定 demand.in * 文件。

需求量预测是 CLUE-S 模型中必须输入量，模型要将不同情景下的海水养殖业各类型利用需求，进行空间分配和模拟。需求量预测模块模型没有自带，可以应用外部各种预测方法，如线性回归、趋势外推法等。假设以2012年的海水养殖业各类型利用数据作为模拟的需求数据。假定2009~2012年的海水养殖业类型变化为均匀速率变化，利用线性内插法计算出2009年、2010年、2011年、2012年的海水养殖业需求数据（见表5-13），公式（5-28）如下：

$$y = y_1 + \frac{(y_2 - y_1)(x - x_1)}{(x_2 - x_1)} \quad (5-28)$$

保存为".txt"文档，重命名为 demand.in5，完成 demand.in * 文件的设定。

表 5–13　　　　　　　　　　海水养殖业需求表　　　　　　　　　单位：hm²

年份	鱼类	虾蟹类	贝类	藻类
2009	11620	88576	299375	18757
2010	12100	85593	322889	18123
2011	8810	67513	346995	17977
2012	12621	62776	345962	17218

第三，设定 region_park*.fil 文件。

由于本研究中无限制区域，因此制作一个与 2009 年研究区大小一致，属性值为 0 的 grid 文件，并将其转成 ASCII 文件，重命名为 region_park3.fil，完成对 region_park*.fil 文件的设定。

第四，设定 allow.txt 文件。

海域利用类型互相转换的可能性矩阵设置。设定一个表格，表中列表示目前的海水养殖业利用类型，行表示其未来利用类型，如果转移值设为 1 表示可以转换，若为 0，则表示不能转换。根据研究区自然地理条件和经济社会发展水平，本研究设置的可能性转移矩阵如表 5–14 所示。保存为".txt"文档，重命名为 allow.txt 完成对 allow.txt 文件的设定。

表 5–14　　　　　　　　　　可能性转移矩阵

类型	鱼类	虾蟹类	贝类	藻类
鱼类	1	1	1	1
虾蟹类	1	1	1	1
贝类	1	1	1	1
藻类	1	1	1	1

第五，设定 sc1gr*.fil 文件。

CLUE–S 模型所需的驱动力因素是直接影响各海水养殖类型空间分布格局的驱动因素。基于海陆统筹和海域承载力的基本思想，选择距港口距离、距海岸线距离、海域类型、养殖方式（单养、混养、间养）、受灾养殖面积、生物病害受灾面积、海水质量等级、海水养殖产值、集约程度（粗养、半精养、精养）9 个自然和社会经济因素作为驱动力。

然后分别把这 9 个驱动力制作成模型可以调用的 ASCII 格式的 sc1gr*.fil 文件。

驱动因子相关数据如表 5–15 所示。

表 5-15　　　　　　　　　　　驱动因子相关数据

驱动因子	数据	
距港口距离	—	
距海岸线距离	—	
海域类型	类型	面积（公顷）
	滩涂	1352324
	港湾	—
	浅海	3026835
	其他	187191
养殖方式	方式	面积（公顷）
	网箱	58266
	筏式	1444225
	吊笼	872023
	底播	1786338
	工厂化	94223
受灾养殖面积（公顷）	47226	
生物病害受灾面积（公顷）	4171	
海水质量等级		
海水养殖产值（万元）	7490851	
集约程度	粗养、半精养、精养	

注：由于原始海域数据图的保密性，该模型的应用只局限于表 5-15 中部分数据的计算和模型的修正。

第六，设定 alloc1.reg 文件。

alloc1.reg 文件参数的设定是通过计算单一海水养殖类型和驱动力之间的 Logistic 回归方程的系数 β 值来完成的。首先通过 Arc View 软件的 Map Query 命令分别提取单一海水养殖业类型空间分布图，并转为 ASCII 文件，依次重命名为 cov0.0、cov1.0…cov4.0，然后通过模型自带的 covert.exe 工具把单一海水养殖类型图和驱动力文件一并转为 SPSS 软件可以读取的 .txt 文件，读入到 SPSS 软件中。在 SPSS 软件中，运行回归方程，计算出回归系数 β 值。采用 Pontius 等提出的 ROC 方法对回归结果进行检验，通过 SPSS 软件中 Graphs 菜单中的 ROC Curve 实现这一检验过程。

将 β 值设定为 ".txt" 文档，重命名为 alloc1.reg 完成 alloc1.reg 文件的设定。

第七，设定 main.1 文件。

由以上各文件的设定结果完成 main.1 文件设定如下，保存为 ".txt" 文档，命名为 main.1，完成 main.1 文件的设定。

(3) 山东半岛蓝区海水养殖业空间布局优化 CLUE-S 模型动态优化模拟方法。完成以上参数文件设定以后，运行 CLUE-S 模型。模型运行时的界面如图 5-4 所示，生成 2012 年海水养殖类型模拟图。CLUE-S 模型生成的模拟图文件格式是 ASCII 文件，这种格式的文件不能直接显示成空间图，需要用 Arc View 的 Import Date Source 命令将其读取为 grid 文件。最终生成空间化的 2012 年海水养殖类型模拟图。

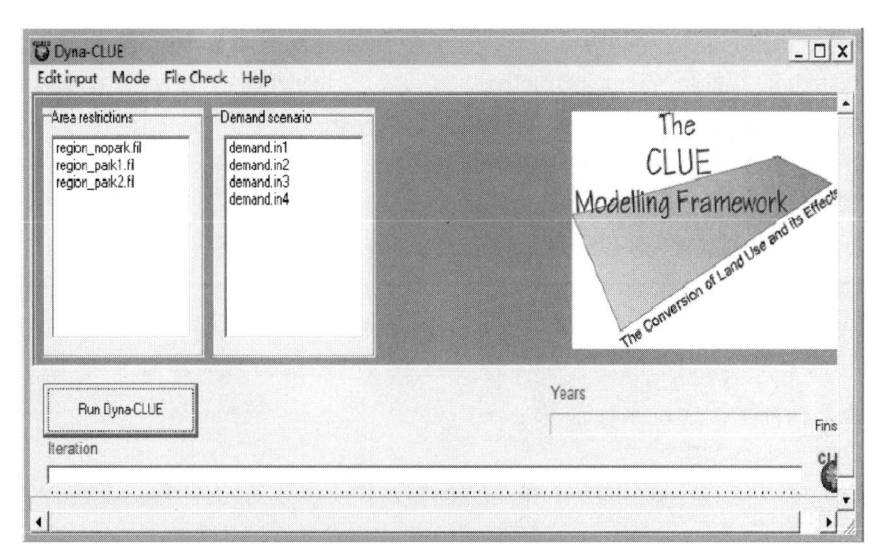

图 5-4　Dyna-CLUE 模型运行界面

（4）山东半岛蓝区海水养殖业空间布局优化 CLUE-S 模型精度检验。用 ArcView 的 Map Calcultor 命令把 2012 年模拟图和 2012 年实际海水养殖类型图做相减运算，提取出 0 值栅格个数，即正确模拟的栅格数，得到模拟正确栅格个数，计算出占总栅格数的比例。由于共有 4 个海水养殖业类型，每个栅格随机模拟情况下的正确率为 1/4。理想分类情况的正确模拟率为 1。由此计算出 Kappa 指数，指数越接近于 1，证明模拟结果越理想，反之，越不理想。由此可以判断 CLUE-S 模型是否可以很好地模拟山东半岛蓝区海水养殖业空间布局的变化。这是进行海水养殖业空间布局情景模拟的前提。

在经过以上步骤并得出 Kappa 指数接近于 1 的情况下，我们可以运用 CLUE-S 模型对山东半岛蓝区海水养殖业乃至我国海洋渔业空间布局的未来情景进行模拟，进而得出在不同的情景目标设定下我国海洋渔业的空间布局状况，以寻找出何种情景目标最适合我国海洋渔业的空间布局优化。下面假设上述方法可行，Kappa 指数接近于 1，以山东半岛海水养殖业为例，构建我国海洋渔业空间布局未来情景，探讨以 2009 年为基年，模拟 2016 年山东半岛蓝区海水养殖业的空间布局变化状况的方法。

（5）未来我国海洋渔业空间布局情景构建——以山东半岛蓝区海水养殖业为例。

①山东半岛蓝区海水养殖业空间布局变化情景构建。情景分析法是由美国 SHELL 公司的科研人员皮尔沃克（Pierre Wark）于 1972 年提出的。情景分析的"情景"含义是指事物所有可能的未来发展态势的描述，描述的内容包括对各种态势基本特征的定性和定量描述，情景即基于不同假设条件下未来可能出现的情况。本研究的情景分析主要研究不同条件下海水养殖类型的空间分布特征，而非数量特征，数量特征作为情景假设条件输入模型。

基于山东半岛蓝区海水养殖的空间布局特征，构筑自然增长情景、经济快速发展情景和生态保护情景三种情景方案，用以模拟未来某年度山东半岛蓝区海水养殖业在这三种不同情景方案下的空间利用格局。

第一，自然增长情景。

继续保持现有山东半岛蓝区海水养殖业各种类型的发展模式，以均匀速率逐年增加。

第二，经济发展情景。

加大贝类、藻类的养殖规模，扩大产量，以经济效益的提高为唯一最终目的。鱼类和虾蟹类保持原有速率均匀增加。

第三，生态养殖模式。

设置重叠利用类型，四种养殖类型面积均扩大。实行多元立体综合养殖，利用种间优势，多层次立体化，种间相互促进，造成良好的生态环境。如在虾池综合养殖海湾扇贝、太平洋牡蛎等和一些植物食性的鱼类，此种方法在天津、大连等地都取得了显著的生态效益。再如，养虾池内繁殖浮游植物也是改善水质的重要技术措施之一。

②不同情景下山东半岛蓝区海水养殖业空间布局模拟方法。基于以上三种情景方案计算或估算出未来某年度每个海水养殖利用类型的面积，作为海水养殖需求参数输入模型，比如，以 2009 年海水养殖数据为基期年份，模拟未来 2016 年的海水养殖业各类型的变化情况，如表 5-16 所示。这里特别要注意的是：在模拟不同情景方案时，需要对模型的一些参数进行重新设定。最终生成三种情景下的海水养殖业类型图。分别以模拟图和 2009 年海水养殖业类型图做叠加生成变化图。最后，根据模拟结果进行分析。分析这三种模式下，我国山东半岛蓝区海水养殖业的空间布局变化，以选出最适合山东半岛蓝区海水养殖业发展的模式。

表 5-16　　　　　　　不同情景方案下的海域需求表　　　　　　　单位：hm²

方案	鱼类	虾蟹类	贝类	藻类
自然增长	51316	39984	453485	15417
经济发展	51316	39984	553539	19822
生态养殖	49685	46603	473392	16298

3. 结论与对策

CLUE-S 模型本是土地利用动态模拟的一种模型，本章创新性提出将 CLUE-S 模型应用于海洋渔业的空间布局优化模拟中。以山东半岛蓝区海水养殖业为例，根据 CLUE-S 模型运行的前提条件，对空间驱动因子和转换准则等模型参数进行特殊处理，探讨该模型在海水养殖业空间布局动态模拟上的适用性。将海水养殖业的空间布局类型设定为鱼类、虾蟹类、贝类和藻类，以此为基础完成参数文件的设定和流程图的模拟，并指出检验方法。最后构建了未来山东半岛蓝区海水养殖空间布局的情景，为日后的模拟提供借鉴。用该方法研究海洋渔业的空间布局优化具有一定的创新型和可行性，但是由于原始海域数据图的保密性，该模型在海洋渔业空间布局优化的应用上仍具有很大的探讨空间。

要将该模型运用于海洋渔业的空间布局优化模拟，还需要注意以下几个方面：

（1）正确设定转换准则和空间驱动因子。转换准则的确定和空间驱动因子的选择决定了该模型在模拟应用中的结果。运用 CLUE-S 模型需要选择尽可能合理、全面的驱动因子，使驱动因子对海水养殖业类型变化具有更强的解释能力，但同时必须要考虑区域实际情况和数据的可获得性，使模型模拟结果更加科学、合理。

（2）合理选取基期年和模拟年，正确把握优化时间。有时由于客观条件的限制，某些年份的数据会存在缺失，或者存在数据源类型不一致的情况，这会影响到解译数据的可比性。同时，数据源不同，格式多样，为了试验要求，就需要对收集来的原始数据进行坐标转换、格式统一等数据预处理工作，在这一过程中不免会造成试验的误差。

（3）合理确定数据模拟精度。CLUE-S 模型是在 CLUE 模型基础上改进的，适合小范围（1km×1km）区域的空间利用格局的动态模拟，因此，CLUE-S 模型对单元格的行列数的上限有一定的限制。CLUE-S 模型中空间数据的模拟主要以栅格形式进行，进行栅格转换时，是以象元面积内占优势的空间利用类型为象元属性值，象元面积过大，会出现面积统计不准确，模拟精度不高，对于海水养殖业空间利用类型需要更高的分辨率，在下一步的研究中应当提高模型模拟的分辨率，降低模拟误差。

（二）基于二维空间矩阵的海水养殖业空间布局优化研究

1. 基于二维空间矩阵的海水养殖业空间布局优化指标体系及模型构建

（1）海水养殖业空间布局优化指标体系构建（见表 5-17）。

表 5-17　　　　　山东半岛蓝区海水养殖业空间布局优化指标体系

主题	指标
生态环境质量	海水养殖区综合环境等级
	沿海海域一二类海水比例
	海水富营养化指数
	工业废水排放总量
社会经济特征	海水养殖面积
	海水养殖总产量
	海水养殖产值

（2）海水养殖业空间布局优化指标体系计算方法。

①生态环境质量评价方法（见表5-18）。

表 5-18　　　　　　　　　　生态环境质量指标表

指标	标准	备注
沿海海域一二类海水比例	中国近海海域环境质量公报	沿海海域一二类海水比例分为四级分别为 0~25%，25%~50%，50%~75%，75%~100%
工业废水排放总量	中国海洋统计年鉴	按照山东省工业废水排放总量高低分为三个排放范围，对应每个地区排放量分别高、中、低
海水增养殖区综合环境等级	山东省海洋环境状况公报	海水养殖区综合环境等级分为四类：优良、较好、及格、较差
海水富营养化指数	中国近海海域环境质量公报	富营养化状态依据富营养化指数（E）计算结果确定。该指数计算公式为 E=［化学需氧量］×［无机氮］×［活性磷酸盐］×106/4500。E<1.0 贫营养；1.0≤E<2.0 轻度富营养化；2.0≤E<5.0 中度富营养化；5.0≤E<15.0 重富营养化；E≥15

②社会经济特征。海水养殖业的社会经济特征指标主要包括海水养殖面积、海水养殖产量以及海水养殖产值三个指标，三个指标综合反映了山东半岛蓝区各个地区的海水养殖社会经济特征。

（3）海水养殖业空间布局优化的二维空间矩阵分析。生态环境 E 与社会经济 S 分别分为会经济（S）总值分别分为优（EH）、中（EM）、差（EL），高（SH）、中（SM）、低（SL）三个等级。并建立如图 5-5 所示的二维空间矩阵，相交形成 9 个区域空间布局类型，每种组合类型代表着不同特征的空间布局。

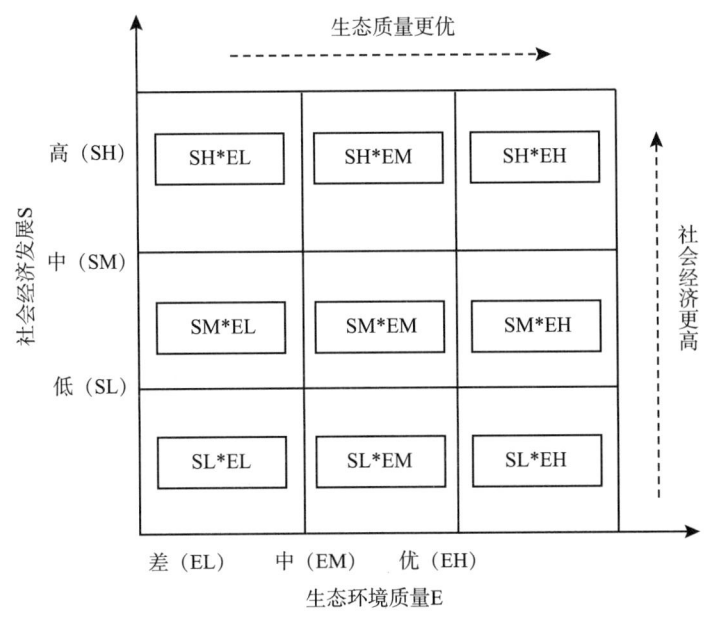

图 5-5 山东半岛蓝区海水养殖业空间布局二维矩阵分析图

2. 基于二维空间矩阵的海水养殖业空间布局优化实证分析

（1）数据来源及处理。由于数据资料来源有限，其中海水养殖业产值指标搜集不到 2014 年基础数据，本章采用能获得的最近年度数据替代。由于海水养殖业指标数据的不同单位和度量可能使计算的结果不具有对比性，所以部分数据在进行指标计算之前要按照下列公式对搜集到的数据进行标准化处理。

$$x_{ij} = \frac{(X_{ij} - X_{min})}{(X_{max} - X_{min})} \quad (5-29)$$

表 5-19 为 2014 年山东半岛蓝区海洋休闲渔业空间布局优化的部分指标原始数据。

表 5-19 基于二维空间矩阵的海水养殖业空间布局指标体系原始数据

	指标	青岛	烟台	威海	潍坊	东营	滨州	日照
生态环境	海水养殖区综合环境等级	优良	优良	优良	优良	优良	优良	优良
	沿海海域一二类海水比例	良好	良好	良好	良好	优	良好	良好
	海水富营养化指数	贫营养	中度	贫营养	轻度	贫营养	贫营养	贫营养

续表

指标		青岛	烟台	威海	潍坊	东营	滨州	日照
生态环境	工业废水排放总量（万吨）	9126.55	7976.56	2039.41	11048.99	9660.87	3473.33	1194.58
社会经济特征	海水养殖面积（千公顷）	33.829	152.394	73.203	66.192	107.533	74.343	40.993
	海水养殖总产量（吨）	780992	1160433	1658940	307500	312651	221652	313249
	海水养殖产值（万元）	751788	1099160	655193	134669	188027	130107	157189

资料来源：中华人民共和国统计局《中国统计年鉴》（2015）、国家海洋局《中国海洋经济统计公报》（2015）、国家海洋局《中国海洋统计年鉴》（2015）、《中国渔业统计年鉴》（2015）、《山东省统计年鉴》（2015）以及山东省渔业局及海洋环境公报（2015）、中国近岸海域环境质量公报（2015）。

（2）指标计算结果。

①生态环境质量指标计算结果。综合评价山东半岛蓝区海水养殖业生态环境质量时，全面考虑了影响山东半岛蓝区海水养殖业生态环境质量的各项因素，运用层次分析法，并建立对比矩阵，分别确定了沿海海域一二类海水比例、工业废水排放总量、海水增养殖区综合环境等级、海水富营养化指数的权重分别为0.1421，0.0493，0.6548，0.1538。在软件 arcgis10.2 中利用叠加分析将指标体系值及权重叠加到山东半岛蓝区数据中，可得出山东半岛蓝区七个地区的生态环境质量分级图。

山东半岛蓝区海水养殖业生态环境质量分为优、中、差三级，除烟台生态环境质量为差，潍坊生态环境质量为中外，其余五个部分地区的海水养殖生态环境质量均为优。主要原因是烟台沿海海水养殖部分海域海水中度富营养化，这对海洋生态环境质量造成明显的影响，潍坊沿海部分海域海水轻度富营养化，对海洋生态环境质量有一定的影响。

②社会经济特征指标计算结果。将海水养殖面积、海水养殖总产量、海水养殖产值三个单因子图层分别以 0.539、0.297、0.164 的权重加权叠加。叠加后得到的值综合反映了山东半岛蓝区海水养殖业的社会经济情况。

山东半岛蓝区中烟台和威海的海水养殖业社会经济水平处于山东半岛蓝区海水养殖业的总体较高位置；东营的海水养殖业社会经济特征方面处于山东半岛蓝区的中等水平；其余地区均处于比较落后水平。其中落后地区海水养殖业生产效率明显过低以及海水养殖模式过于单一。烟台和东营是山东半岛蓝区海水养殖面积最大的两个地区，但是东营的海水养殖产量却远远低于烟台的海水养殖产量。所以要改变目前生产效率过低的现状，必须要突破传统的养殖模式，引进先进的养殖技术，升级现有的养殖模式。

（3）山东半岛蓝色经济区海水养殖业二维空间矩阵分析。按所得综合值分为高、中、低三个等级，并将其进行二维矩阵分析，生成9种不同的特征组合类型，得到如图5-6所示的山东半岛蓝区二维空间矩阵图。

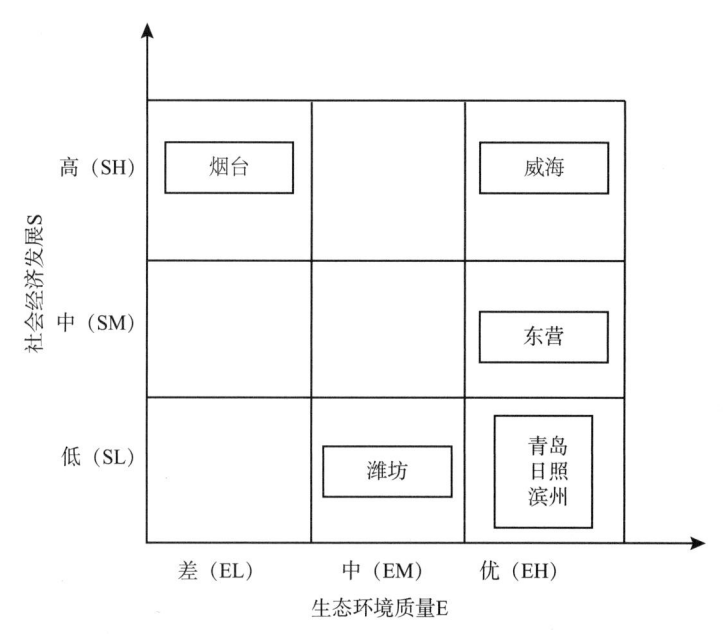

图5-6 山东半岛蓝区海水养殖业二维空间矩阵图

图5-6更加直观地表现出山东半岛蓝区七个地区海水养殖业的发展水平，七个地区分别分布在与社会经济发展水平和生态环境质量相对应的位置中。图5-6的作用是辅助下一步得出山东半岛蓝区海水养殖业空间布局图。

（4）山东半岛蓝色经济区海水养殖业空间布局分析。将各指标加权叠加而成的生态环境质量图层与社会经济特征图层在arcgis10.2中再进行叠加并且综合图5-6可以得到山东半岛蓝区海水养殖业空间布局图。

山东半岛蓝区海水养殖业空间布局图直接显示出山东半岛蓝区七个地区海水养殖业的发展水平。①其中威海处于山东半岛蓝区海水养殖业的领先地位，不论是社会经济特征还是生态环境质量均为山东半岛蓝区的最优地区。②青岛、日照、滨州虽然有较好的生态环境质量，但是海水养殖的社会经济水平却位于山东半岛蓝区较低水平。所以在维持生态环境最优的情况下，仍然要注重海水养殖业的社会经济水平的提高，即海水养殖生产效率的提高。③烟台地区是山东半岛蓝区海水养殖面积最大的地区，也是山东半岛蓝区生态环境质量最差的地区，这一强烈反差显示，在发展海水养殖产业的同时必须要注重生态环境的保护，必须采用更加环境保护性的海水养殖模式。④东营有着山东半岛蓝区第二大海水养殖面积，但是其综合社会经济水平却位于山东半岛蓝区的中等水平，所以必须要注重生产效率的提高及养殖模式的升级。⑤潍坊地区海水养殖业的社会经济水平位于山东半岛蓝区最低水平，生态环境质量是山东半岛蓝区中等水平，在日后的海水养殖生产活动过程中，不仅要注重生产效率的提高，更要注重生态环境质量的保护，需要综合提升海水养殖水平。

(5) 山东半岛蓝区海水养殖业空间布局优化策略。

①山东半岛蓝区海水养殖业空间布局优化区域划分。结合9种不同特征组合类型与研究区域实际发展情况，可以将山东半岛蓝区海水养殖业的空间布局分为三个区域。

山东半岛蓝区海水养殖业空间布局具体可分为三个区域进行优化，每个区域对应相应的策略，潍坊和青岛划为综合提升发展区域；青岛、日照、东营、滨州划为引进先进技术和优化养殖模式区域；烟台划为加强生态保护区域。

②山东半岛蓝区海水养殖业空间布局优化策略。要实现山东半岛蓝区海水养殖业的空间布局优化目标，由于各区域发展程度以及水平不同，所以不同区域有着不同的发展策略。

A. 综合提升发展区域。综合发展两个地区的海水养殖业，既要加强生态环境保护，同时也要提高海水养殖业的生产效率，继续升级现有的海水养殖模式。特别是对于潍坊地区来说，在增加海洋养殖业的社会经济水平的同时更要注重生态环境的保护。可以将海水养殖产生的污水、污泥进行无害化处理后进行循环利用，采用环境保护型的海水养殖模式。

B. 引进先进技术和优化养殖模式区域。该区域的首要任务是在保持现有生态环境质量水平的前提下，提升产业的生产效率、升级现有的海水养殖模式。这四个地区的生态环境质量均为较高水平，但是海水养殖业的社会经济水平位于山东半岛蓝区中下位置。所以提高海水养殖业的生产效率以及优化升级养殖模式是这四个地区的首要任务。其中东营应为重点建设区域，因为东营具有良好的生产条件，具有山东半岛蓝区第二大海水养殖面积，要充分利用现有资源进行海水养殖生产活动，提高该产业的社会经济水平。

C. 加强生态保护区域。烟台地区海域的海水中度富营养化，在发展海水养殖业的同时也要注重生态环境的保护。良好的海洋生态环境是海水养殖业继续发展的前提，在进行海水养殖生产活动时，应尽最大可能减少生产为生态环境带来的负面影响。该区域的海洋生态环境质量受到海水养殖业影响较大，要处理好海水养殖业产生的污水和污泥等废弃物，可以将废弃物进行处理之后循环利用。在采取手段改善目前生态环境的情况下要采用环境保护型的生产方式，所以该区域为加强生态保护区域。

3. 结论

区域产业的合理空间布局是解决生态问题和提高产业生产效率的有效途径，山东半岛蓝色经济区海水养殖业的空间布局还有待优化。其中山东半岛蓝色经济区的海水养殖业主要分布在山东半岛的七个地区，七个地区海水养殖业的发展均处在不同水平。(1) 威海处于山东半岛蓝区海水养殖业发展的领先地位，威海海水养殖业的社会经济特征与海水养殖业生态环境质量均为最好水平，是山东半岛蓝区唯一的两方面兼优的地区。(2) 青岛、滨州、日照这三个地区的海水养殖业均为生态环境质量为最优，但是海水养殖业所带来的社会经济水平为最低，其中滨州的海水养殖面积很大，但产量却很低。(3) 潍坊的生态环境质量为中，海水养殖业的社会经济水平为低，潍坊部分海域有轻度的富营养化，潍坊地区的海水养殖面积处于山东半岛蓝区中等水平，但是海水养殖的产量却处于山东半岛蓝区的较低水平。(4) 东营地区生态环境质量水平较高，但是海水养殖业的社会经济水平为中等，东营的海水养殖面积是山东半岛蓝区的第二位，仅次于烟台，但是在海水养殖面积较高的情况下，产量却很低。(5) 烟台是山东半岛蓝区海水养殖面积最大的地区，也是山东半岛蓝区生态环境质量最低的地区。综合七个地区的海水养殖业特征主要将其分为三个区域进行优化：综合提升发展区域、引进先进养殖技术及优化养殖模式区域和加强生态保护区域。

(三) 基于灰色局势决策模型的海水养殖空间布局优化决策研究

1. 关于海水养殖空间布局优化决策的灰色局势决策模型分析

灰色局势决策是一种运用数学语言将决策四要素（事件、对策、效果、目标）的相互关系进行综合考察的决策分析方法。本章将构建灰色局势决策模型，研究我国海水养殖空间布局的优化决策。

灰色局势决策模型主要由三部分构成，第一部分是构建收入矩阵、成本矩阵、环境依赖度矩阵、生态损害矩阵四个决策矩阵；第二部分是按照固定的权重综合四个决策矩阵，形成海水养殖空间布局优化的多目标综合决策矩阵；第三部分是以多目标综合决策矩阵为基础，研究海水养殖空间布局优化的决策路径，最后得出海水养殖空间布局优化决策结果。

(1) 决策矩阵构造。本章的灰色局势决策模型中，事件 a_i 表示 i 省份的海水养殖方案，对策 b_j 表示第 j 类海水养殖对象，他们的二元组合 (a_i, b_j) 称为局势，它表示用第 j 个对策 (b_j) 相对于第 i 个事件 (a_i) 的局势。局势的效果测度为 r_{ij}，决策矩阵的每个元素称为决策单元，即：$\frac{r_{ij}}{s_{ij}} = \frac{r_{ij}}{(a_i, b_j)}$

①收入矩阵。根据收入等于单位面积产出乘以价格，本部分构建了收入矩阵。局势 (a_i, b_j) 表示 i 省养殖 j 类海水水产的单位面积产出，r_{ij} 表示 i 省养殖 j 类养殖对象的单位面积产出的测度结果。构建收入矩阵如下：

$$A = \begin{bmatrix} \dfrac{r_{11}}{s_{11}} & \dfrac{r_{12}}{s_{12}} & \dfrac{r_{13}}{s_{13}} & \dfrac{r_{14}}{s_{14}} \\ \dfrac{r_{21}}{s_{21}} & \dfrac{r_{22}}{s_{22}} & \dfrac{r_{23}}{s_{23}} & \dfrac{r_{24}}{s_{24}} \\ \dfrac{r_{31}}{s_{31}} & \dfrac{r_{32}}{s_{32}} & \dfrac{r_{33}}{s_{33}} & \dfrac{r_{34}}{s_{34}} \\ \dfrac{r_{41}}{s_{41}} & \dfrac{r_{42}}{s_{42}} & \dfrac{r_{43}}{s_{43}} & \dfrac{r_{44}}{s_{44}} \end{bmatrix}$$

②生产成本矩阵。根据总成本等于产出乘以平均生产成本，本部分构建了生产成本矩阵。局势（a_i，b_j）表示 i 省养殖 j 类海水水产的单位面积生产成本，r_{ij} 表示 i 省养殖 j 类养殖对象的单位面积生产成本的测度结果。构建生产成本矩阵如下：

$$B = \begin{bmatrix} \dfrac{r_{11}}{s_{11}} & \dfrac{r_{12}}{s_{12}} & \dfrac{r_{13}}{s_{13}} & \dfrac{r_{14}}{s_{14}} \\ \dfrac{r_{21}}{s_{21}} & \dfrac{r_{22}}{s_{22}} & \dfrac{r_{23}}{s_{23}} & \dfrac{r_{24}}{s_{24}} \\ \dfrac{r_{31}}{s_{31}} & \dfrac{r_{32}}{s_{32}} & \dfrac{r_{33}}{s_{33}} & \dfrac{r_{34}}{s_{34}} \\ \dfrac{r_{41}}{s_{41}} & \dfrac{r_{42}}{s_{42}} & \dfrac{r_{43}}{s_{43}} & \dfrac{r_{44}}{s_{44}} \end{bmatrix}$$

③环境依赖度矩阵。根据环境依赖度等于产出乘以各类养殖对象在环境依赖中所占的权重，本部分构建了环境依赖度矩阵。局势（a_i，b_j）表示 i 省养殖 j 类养殖对象对环境的依赖度，r_{ij} 表示 i 省养殖 j 类养殖对象对环境的依赖度的测度结果。构建环境依赖度矩阵如下：

$$C = \begin{bmatrix} \dfrac{r_{11}}{s_{11}} & \dfrac{r_{12}}{s_{12}} & \dfrac{r_{13}}{s_{13}} & \dfrac{r_{14}}{s_{14}} \\ \dfrac{r_{21}}{s_{21}} & \dfrac{r_{22}}{s_{22}} & \dfrac{r_{23}}{s_{23}} & \dfrac{r_{24}}{s_{24}} \\ \dfrac{r_{31}}{s_{31}} & \dfrac{r_{32}}{s_{32}} & \dfrac{r_{33}}{s_{33}} & \dfrac{r_{34}}{s_{34}} \\ \dfrac{r_{41}}{s_{41}} & \dfrac{r_{42}}{s_{42}} & \dfrac{r_{43}}{s_{43}} & \dfrac{r_{44}}{s_{44}} \end{bmatrix}$$

④生态损害矩阵。根据生态损害等于权重乘以产出，本部分构建了生态损害矩阵。局势（a_i，b_j）表示 i 省养殖 j 类养殖对象对生态的损害，r_{ij} 表示 i 省养殖 j 类养殖对象对生态的损害的测度结果。构建生态损害矩阵如下：

$$D = \begin{bmatrix} \dfrac{r_{11}}{s_{11}} & \dfrac{r_{12}}{s_{12}} & \dfrac{r_{13}}{s_{13}} & \dfrac{r_{14}}{s_{14}} \\ \dfrac{r_{21}}{s_{21}} & \dfrac{r_{22}}{s_{22}} & \dfrac{r_{23}}{s_{23}} & \dfrac{r_{24}}{s_{24}} \\ \dfrac{r_{31}}{s_{31}} & \dfrac{r_{32}}{s_{32}} & \dfrac{r_{33}}{s_{33}} & \dfrac{r_{34}}{s_{34}} \\ \dfrac{r_{41}}{s_{41}} & \dfrac{r_{42}}{s_{42}} & \dfrac{r_{43}}{s_{43}} & \dfrac{r_{44}}{s_{44}} \end{bmatrix}$$

收入、成本、环境依赖度、生态损害是影响海水养殖空间布局优化决策的重要因子，本章通过构建四个决策因子的决策矩阵，测度收入、成本、环境依赖度、生态损害对决策的影响程度。

（2）基于海水养殖空间布局优化的多目标综合决策矩阵。本部分按照固定权重综合收入矩阵、生产成本矩阵、环境依赖矩阵、生态损害矩阵，构建多目标综合决策矩阵。记局势 s_{ij} 在第 $p(p=1,2,3,4)$ 个目标下的效果测度为 $r_{ij}^{(p)}$，其对应的决策元为 $\dfrac{r_{ij}^{(p)}}{s_{ij}}$，其决策矩阵为：

$$M^P = \begin{bmatrix} \dfrac{r_{11}^{(p)}}{s_{11}} & \dfrac{r_{12}^{(p)}}{s_{12}} & \dfrac{r_{13}^{(p)}}{s_{13}} & \dfrac{r_{14}^{(p)}}{s_{14}} \\ \dfrac{r_{21}^{(p)}}{s_{21}} & \dfrac{r_{22}^{(p)}}{s_{22}} & \dfrac{r_{23}^{(p)}}{s_{23}} & \dfrac{r_{24}^{(p)}}{s_{24}} \\ \dfrac{r_{31}^{(p)}}{s_{31}} & \dfrac{r_{32}^{(p)}}{s_{32}} & \dfrac{r_{33}^{(p)}}{s_{33}} & \dfrac{r_{34}^{(p)}}{s_{34}} \\ \dfrac{r_{41}^{(p)}}{s_{41}} & \dfrac{r_{42}^{(p)}}{s_{42}} & \dfrac{r_{43}^{(p)}}{s_{43}} & \dfrac{r_{44}^{(p)}}{s_{44}} \end{bmatrix}$$

如果第 p 个决策目标的权重值为 σ_p，则对于局势 s_{ij}，可以得到如下的综合效果测度公式：$r_{ij}^{(\Sigma)} = \sum_{p=1}^{i} \sigma_p r_{ij}^p$

（3）基于灰色局势决策模型的海水养殖空间布局优化的决策路径。海水养殖空间布局优化决策依据综合决策矩阵的测度效果选择最佳的局势，即 i 省海水养殖的最优水产 j。基于灰色局势决策模型的海水养殖空间布局优化的决策路径有三种：按行决策路径、按列决策路径、优势度决策路径。

①海水养殖空间布局优化按行决策路径。对于多目标综合决策矩阵 M^p，在每个行向量中选取测度效果满足条件的决策元 r_{ij}，则 s_{ij} 表示较优局势，即对策 b_j 是相对事件 a_i 的较优局势。

②海水养殖空间布局优化按列决策路径。对于多目标综合决策矩阵 M^p，在

每个列向量中选取测度效果满足条件的决策元 r_{ij}，则 s_{ij} 表示较优局势，即表示事件 a_i 是相对于对策 b_j 的适合事件。

③海水养殖空间布局优化优势度决策路径。对于多目标综合决策矩阵 M^p，优势分析指分析决策元的优势程度，它是相对于两组事件（或对策）而言的，一般通过计算两组列（行）向量对应元素的比值（即优势度）来得到 i 省的占优局势和占劣局势。

2. 基于灰色局势决策模型的海水养殖空间布局优化决策的实证分析

本章选取广东省、浙江省、山东省、辽宁省四个省份，对它们的海水养殖空间布局进行优化决策。选择这四个省份的主要原因有：(1) 四个省份分处我国渤海、黄海、东海、南海四个海域，海域环境差异明显，展开研究后得出的研究结果具有代表性；(2) 广东省、浙江省、山东省、辽宁省四个省份从南到北跨越纬度大，纬度差异显著，海水养殖的自然条件有较大差异；(3) 广东省、浙江省、山东省、辽宁省四个省份经济发展水平不同，消费水平、市场偏好存在差异。

(1) 目标矩阵实证分析。根据时间序列的相似性，选取 2008~2013 年主要海水养殖水产品（海带、贝类、鱼类、海参）的平均单产作为目标产量，选取全国主要海水水产的平均市场价格作为目标单价。

①收入矩阵分析。将数据代入矩阵模型 A，确定单位面积的收入矩阵如下（单位：元/吨）：

$$\begin{bmatrix} 43.2 & 38.5 & 17.8 & 171.9 \\ s_{11} & s_{12} & s_{13} & s_{14} \\ 22.9 & 6.5 & 11.4 & 12.1 \\ s_{21} & s_{22} & s_{23} & s_{24} \\ 11.27 & 32.7 & 10.5 & 38.1 \\ s_{31} & s_{32} & s_{33} & s_{34} \\ 13.6 & 24.4 & 19.5 & 17.28 \\ s_{41} & s_{42} & s_{43} & s_{44} \end{bmatrix}$$

因为在收入矩阵中收入越高对海水养殖业布局越有利，所以采用上限目标测度模型 $r_{ij} = \dfrac{\mu_{ij}}{\mu_{max}}$（其中 μ_{ij} 为局势 s_{ij} 的实际效果；μ_{max} 为所有局势 s_{ij} 的最大值），得到收入矩阵决策矩阵 A 如下：

$$\begin{bmatrix} 0.251 & 0.224 & 0.104 & 1.000 \\ s_{11} & s_{12} & s_{13} & s_{14} \\ 0.133 & 0.038 & 0.066 & 0.071 \\ s_{21} & s_{22} & s_{23} & s_{24} \\ 0.065 & 0.190 & 0.061 & 0.222 \\ s_{31} & s_{32} & s_{33} & s_{34} \\ 0.079 & 0.142 & 0.113 & 0.101 \\ s_{41} & s_{42} & s_{43} & s_{44} \end{bmatrix}$$

由收入矩阵得出决策结果如下：A. 广东省、浙江省养殖海参所获得的收入最高，养殖鱼类所获得的收入最低；辽宁省养殖海带所获得的收入最高，养殖海参的收入最低；山东省养殖贝类的收入最高，养殖海带所获得的收入最低。B. 该实证结果符合实际情况，海参属于高消费产品，对市场的质量要求较高，而广州、浙江经济发达，对海参的需求量大，因而养殖海参所获得的收入最高。

②生产成本矩阵分析。以单产乘以平均生产成本作为目标成本，代入矩阵模型 B，确定生产成本矩阵如下：

$$\begin{bmatrix} 17.75 & 6.47 & 3.04 & 95.5 \\ s_{11} & s_{12} & s_{13} & s_{14} \\ 9.44 & 0.34 & 1.95 & 7.11 \\ s_{21} & s_{22} & s_{23} & s_{24} \\ 4.60 & 1.69 & 1.79 & 22.35 \\ s_{31} & s_{32} & s_{33} & s_{34} \\ 5.58 & 1.26 & 0.57 & 10.16 \\ s_{41} & s_{42} & s_{43} & s_{44} \end{bmatrix}$$

因为在生产成本矩阵中成本越低对海水布局越有利，所以采用下限目标测度模型 $r_{ij} = \dfrac{\mu_{min}}{\mu_{ij}}$（其中 μ_{ij} 为局势 s_{ij} 的实际效果；μ_{min} 为所有局势 s_{ij} 的最小值），得到生产成本矩阵的决策矩阵 B 如下：

$$\begin{bmatrix} 0.02 & 0.05 & 0.11 & 0.003 \\ s_{11} & s_{12} & s_{13} & s_{14} \\ 0.04 & 1.00 & 0.17 & 0.05 \\ s_{21} & s_{22} & s_{23} & s_{24} \\ 0.07 & 0.20 & 0.19 & 0.01 \\ s_{31} & s_{32} & s_{33} & s_{34} \\ 0.06 & 0.27 & 0.59 & 0.03 \\ s_{41} & s_{42} & s_{43} & s_{44} \end{bmatrix}$$

由成本矩阵得出决策结果如下：A. 广东省、山东省养殖海参的生产成本最高，养殖鱼类的生产成本最低；辽宁省养殖海带的生产成本最高，养殖贝类的生产成本最低；浙江省养殖海参的生产成本最高，养殖贝类的生产成本最低。B. 广东省、浙江省、山东省的养殖环境相较于辽宁省来说较差，因此这三个省份养殖海参的成本高于辽宁省；但是辽宁省的养殖环境对养殖海带不利，因而辽宁省养殖海带的生产成本是最高的。

③环境依赖度矩阵分析。海水养殖的空间选择很大程度上受限于海水环境，如溶氧量、盐度、pH 值等。将养殖对象对环境的依赖度分为重度依赖、中度依赖、一般依赖，三种程度对应的值分别为 3、2、1。假定海水养殖对环境的依赖

度为1，则海带、贝类、鱼类、海参对环境的依赖度所占的权重分别为0.26、0.18、0.24、0.32。养殖对象对环境的依赖度等于单产乘以权重，代入矩阵模型C，得到环境依赖度矩阵如下：

$$\begin{bmatrix} 11.83_{s_{11}} & 2.99_{s_{12}} & 2.81_{s_{13}} & 3.01_{s_{14}} \\ 6.29_{s_{21}} & 0.50_{s_{22}} & 1.8_{s_{23}} & 0.22_{s_{24}} \\ 3.07_{s_{31}} & 2.54_{s_{32}} & 1.67_{s_{33}} & 0.70_{s_{34}} \\ 3.72_{s_{41}} & 1.89_{s_{42}} & 3.07_{s_{43}} & 0.32_{s_{44}} \end{bmatrix}$$

因为环境依赖矩阵中环境依赖越低对海水养殖布局越有利，所以采用下限目标测度模型 $r_{ij} = \dfrac{\mu_{min}}{\mu_{ij}}$（其中 μ_{ij} 为局势 s_{ij} 的实际效果；μ_{min} 为所有局势 s_{ij} 的最小值），得到环境依赖矩阵的决策矩阵 C 如下：

$$\begin{bmatrix} 0.018_{s_{11}} & 0.073_{s_{12}} & 0.078_{s_{13}} & 0.073_{s_{14}} \\ 0.034_{s_{21}} & 0.440_{s_{22}} & 0.122_{s_{23}} & 1.000_{s_{24}} \\ 0.072_{s_{31}} & 0.087_{s_{32}} & 0.132_{s_{33}} & 0.314_{s_{34}} \\ 0.059_{s_{41}} & 0.116_{s_{42}} & 0.072_{s_{43}} & 0.688_{s_{44}} \end{bmatrix}$$

由环境依赖度矩阵得出决策结果如下：A. 不同品种在各个省份的环境依赖程度存在一定差异。在四个省份中海带依赖度均为最高，贝类依赖程度均适中。但鱼类与海参的养殖环境依赖度则不同，鱼类在广东省养殖对环境的依赖度最低，海参在浙江省、辽宁省、山东省养殖对环境的依赖度最低。B. 在四个省份中，不同养殖对象对环境的依赖度的差异主要取决于养殖对象自身的习性和四省份各异的自然环境。

④生态损害矩阵分析。海水养殖会对当地生态造成一定程度的损害，如水质污染、富营养化、生态圈破坏等，但是对于具体水产对生态的损害的评价，目前没有统一标准。本章假定海带、贝类、鱼类、海参对生态环境的损害所占的权重都为0.25，采用生态的损害值等于单产乘以权重，代入矩阵模型D，得到生态损害矩阵如下：

$$\begin{bmatrix} \dfrac{11.38}{s_{11}} & \dfrac{4.15}{s_{12}} & \dfrac{2.93}{s_{13}} & \dfrac{2.35}{s_{14}} \\ \dfrac{6.05}{s_{21}} & \dfrac{0.70}{s_{22}} & \dfrac{1.88}{s_{23}} & \dfrac{0.18}{s_{24}} \\ \dfrac{2.95}{s_{31}} & \dfrac{3.52}{s_{32}} & \dfrac{1.73}{s_{33}} & \dfrac{0.55}{s_{34}} \\ \dfrac{3.58}{s_{41}} & \dfrac{2.63}{s_{42}} & \dfrac{3.20}{s_{43}} & \dfrac{0.25}{s_{44}} \end{bmatrix}$$

因为生态损害矩阵中生态损害越低对海水养殖布局越有利,所以采用下限目标测度模型 $r_{ij} = \dfrac{\mu_{min}}{\mu_{ij}}$(其中 μ_{ij} 为局势 s_{ij} 的实际效果;μ_{min} 为所有局势 s_{ij} 的最小值),得到生态损害矩阵的决策矩阵 D 如下:

$$\begin{bmatrix} \dfrac{0.016}{s_{11}} & \dfrac{0.043}{s_{12}} & \dfrac{0.061}{s_{13}} & \dfrac{0.076}{s_{14}} \\ \dfrac{0.029}{s_{21}} & \dfrac{0.257}{s_{22}} & \dfrac{0.096}{s_{23}} & \dfrac{1.000}{s_{24}} \\ \dfrac{0.061}{s_{31}} & \dfrac{0.051}{s_{32}} & \dfrac{0.104}{s_{33}} & \dfrac{0.327}{s_{34}} \\ \dfrac{0.050}{s_{41}} & \dfrac{0.068}{s_{42}} & \dfrac{0.056}{s_{43}} & \dfrac{0.720}{s_{44}} \end{bmatrix}$$

由生态损害矩阵得出决策结果如下:A. 在广东省、辽宁省、山东省,海带对生态环境的损害度最高,海参对生态环境的损害度最低;在浙江省,贝类对生态环境的损害度最高,海参对生态环境的损害度最低。B. 不同水产的生长习性和各个区域不同的自然环境除了会影响养殖对象对环境的依赖度之外,还会导致不同养殖对象对生态环境损害的差异。

(2)关于海水养殖空间布局优化的多目标综合决策矩阵效果测度。取收入矩阵、生产成本矩阵、环境依赖度矩阵、生态损害矩阵四个目标矩阵的权重均为 0.25,代入模型 M^P,得到相应的综合决策矩阵 E 如下:

$$\begin{bmatrix} \dfrac{0.076}{s_{11}} & \dfrac{0.098}{s_{12}} & \dfrac{0.097}{s_{13}} & \dfrac{0.288}{s_{14}} \\ \dfrac{0.059}{s_{21}} & \dfrac{0.433}{s_{22}} & \dfrac{0.113}{s_{23}} & \dfrac{2.121}{s_{24}} \\ \dfrac{0.067}{s_{31}} & \dfrac{0.132}{s_{32}} & \dfrac{0.147}{s_{33}} & \dfrac{0.118}{s_{34}} \\ \dfrac{0.062}{s_{41}} & \dfrac{0.151}{s_{42}} & \dfrac{0.207}{s_{43}} & \dfrac{0.384}{s_{44}} \end{bmatrix}$$

该综合决策矩阵区别于收入决策矩阵、生产成本决策矩阵、环境依赖度决策矩阵、生态损害决策矩阵对海水养殖空间布局决策的单一效果测度,它根据固定的权重综合测度了收入、生产成本、养殖环境、生态损害四种决策因子对海水养殖空间布局决策的影响。本部分将依据此矩阵的综合测度结果,对海水养殖空间布局的优化决策进行实证分析。

(3) 基于灰色局势决策模型的海水养殖空间布局优化决策的实证分析。

①基于灰色局势决策模型测度结果的按行决策路径实证分析。在按行决策路径下,选取矩阵 E 第一行 r_{1j} 的最大值 $r_{14}=0.288$,即矩阵第一行的最优局势为 s_{14};选取矩阵第二行 r_{2j} 的最大值 $r_{24}=2.121$,即矩阵第二行的最优局势为 s_{24};选取矩阵第三行 r_{3j} 的最大值 $r_{33}=0.147$,即矩阵第三行的最优局势为 s_{33};选取矩阵第四行 r_{4j} 的最大值 $r_{44}=0.384$,即矩阵第四行的最优局势为 s_{44}。根据最优局势 s_{14}、s_{24}、s_{33}、s_{44},本章得出决策,广东、辽宁、浙江、山东发展海水养殖最优的养殖对象分别为海参、海参、鱼类、海参。

②基于灰色局势决策模型测度结果的按列决策路径实证分析。在按列决策路径下选取矩阵 E 第一列 r_{i1} 的最大值 $r_{11}=0.076$,即矩阵第一列的最优局势为 s_{11};选取矩阵第二列 r_{i2} 的最大值 $r_{22}=0.433$,即矩阵第二列的最优局势为 s_{22};选取矩阵第三列 r_{i3} 的最大值 $r_{43}=0.207$,即矩阵第三列的最优局势为 s_{43};选取矩阵第四列 r_{4j} 的最大值 $r_{24}=2.121$,即矩阵第四列的最优局势为 s_{24}。根据最优局势 s_{11}、s_{22}、s_{43}、s_{24},本章得出决策,海带在广东省养殖效果最佳,海参、贝类在辽宁省养殖效果最佳,鱼类在山东省养殖最佳。

③基于灰色局势决策模型测度结果的优势度决策路径实证分析。广东省与辽宁省相比,养殖对象的优势度分别为 1.28、0.23、0.86、0.13,即广东对辽宁的占优局势为 S_{11},占劣局势为 S_{12}、S_{13}、S_{14}。广东对辽宁的优势养殖对象是海带,劣势养殖对象为贝类、鱼类、海参。辽宁与浙江相比,养殖对象的优势度分别为 0.88、3.28、0.88、17.9,即辽宁对浙江的占优局势为 S_{22}、S_{24},占劣局势为 S_{21}、S_{23}。辽宁对浙江的优势养殖对象为贝类、海参,劣势养殖对象为海带、鱼类。浙江与山东相比,养殖对象的优势度分别为:1.08、0.87、0.71、0.30,即浙江对山东的占优局势为 S_{31},占劣局势为 S_{32}、S_{33}、S_{34}。浙江对山东的优势养殖对象为海带,劣势养殖对象为贝类、鱼类、海参。

(4) 基于灰色局势决策模型的我国海水养殖空间布局优化决策方案选择。根据按行决策路径、按列决策路径、优势度决策路径的实证结果,分别得出了广东省、浙江省、山东省、辽宁省各自的占优局势和占劣局势,确定了四个省份的优势养殖对象和劣势养殖对象,为海水养殖空间布局优化决策方案的选择提供了依据。

①广东省海水养殖空间布局优化决策方案。实证结果表明广东省的最优局势为 S_{14},即广东省发展海水养殖最优的养殖对象为海参;第一列 r_{i1} 的最大值 $r_{11}=0.076$,即海带养殖在广东省占优。因此,相较于广东省现在的养殖方案中将贝

类作为主要养殖对象,海参海带作为次要养殖对象,广东省海水养殖方案应作出如下优化:海水养殖要将海参放在第一位,并适当扩大海带的养殖规模,养殖对象应该依次为海参、贝类、海带、鱼类。

②辽宁省海水养殖空间布局优化决策方案。实证结果表明辽宁省的最优局势为 S_{24},即辽宁省发展海水养殖最优的养殖对象为海参;第二列 r_{i2} 的最大值 r_{22} = 0.433,第四列 r_{4j} 的最大值 r_{24} = 2.121,即海参养殖和贝类养殖在辽宁省占优。因此,相较于辽宁省现在的养殖方案中将贝类作为主要养殖对象,鱼类、海参作为次要养殖对象,辽宁省海水养殖方案应做出如下优化:将海参放在海水养殖的第一位,并适当扩大贝类的养殖规模,养殖对象应该依次为海参、贝类、鱼类、海带。

③浙江省海水养殖空间布局优化决策方案。实证结果表明浙江省的最优局势为 s_{33},即浙江省发展海水养殖最优的养殖对象为海参。根据海水养殖空间布局优化按列决策路径浙江省的实证结果,四种养殖对象在浙江省并无明显占优。因此相较于浙江省现在的养殖方案中将贝类作为主要养殖对象,海带、海参作为次要养殖对象,因此浙江省海水养殖方案应做出如下优化:提高养殖技术,扩大海参在浙江省海水养殖中所占的比例,养殖对象应该依次为鱼类、海参、贝类、海带。

④山东省海水养殖空间布局优化方案。实证结果表明山东省的最优局势为 s_{44},即山东省发展海水养殖最优的养殖对象为海参;矩阵第三列 r_{i3} 的最大值 r_{43} = 0.207,即鱼类在山东省养殖具有优势。因此,相较于山东省现在的养殖方案中将贝类作为主要养殖对象,海参、鱼类作为次要养殖对象,山东省应对海水养殖方案作出如下优化:首要扩大海参的养殖规模,提高对海参养殖的技术和资金投入,并适当扩大鱼类的养殖规模,养殖对象应该依次为海参、鱼类、贝类、海带。

3. 结论

本章基于海水养殖空间布局优化的灰色局势决策模型,研究了广东省、辽宁省、浙江省、山东省四个省份的海水养殖空间布局优化决策,得出以下四方面结论。(1) 基于灰色局势决策模型构建了收入矩阵、成本矩阵、环境依赖度矩阵、生态损害矩阵,全面地分析了养殖收入、收入成本、环境依赖、生态损害这四种决策因子对海水养殖空间布局优化决策的影响。(2) 广东省的优势局势依次为 s_{14}、s_{12}、s_{13}、s_{11},辽宁省的优势局势依次为 s_{24}、s_{22}、s_{23}、s_{121},浙江省的优势局势依次为 s_{33}、s_{32}、s_{34}、s_{31},山东省的优势局势依次为 s_{44}、s_{43}、s_{42}、s_{41}。(3) 广东省的海水养殖空间布局优化决策方案为:广东省的海水养殖应该依次发展海参、贝类、海带、鱼类;辽宁省的海水养殖空间布局优化决策方案为:辽宁省的海水养殖应该依次发展海参、贝类、鱼类、海带;浙江省的海水养殖空间布局优化决策方案为:浙江省的海水养殖应该依次发展鱼类、贝类、海参、海带;山东省的海水养殖空间布局优化决策方案为:山东省的海水养殖应该依次发展海参、鱼类、贝类、海带。(4) 因为广东省经济发达,对高端营养品海参的需求量大,因此应将海参作为优势养殖对象。辽宁省能够发挥其自然环境的独特性,养殖高品质的海参。浙江省的决策方案符合其海水养殖的经济条件和自然条件分布均衡的实际条件。山东省一方面纬度较广州和浙江高，海域环境更适合养殖海参；另一方面劳动力丰富，相对于自然环境脆弱的辽宁省具备扩大海参的养殖规模的条件。

（四）海洋休闲渔业空间布局优化策略研究

1. 海洋休闲渔业空间布局优化策略选择的模型构建

运用 DP 矩阵模型选择海洋休闲渔业空间布局优化策略。模型运行步骤如下：①定位。以山东半岛蓝色经济区的七个代表城市为例，通过构建海域承载力视角下海洋休闲渔业空间布局评价指标体系，以该指标体系为基础，结合层次分析法对目前布局进行合理评价，以此对山东半岛蓝色经济区海洋休闲渔业的目前布局状况在矩阵中进行量化定位；②设计。在定位的基础上，构建山东半岛蓝区海洋休闲渔业空间布局 DP 战略矩阵，将定位结果转入 DP 战略矩阵图中，使结果更直观；③优化。找出各自城市对应的优化战略对策，实现对海洋休闲渔业空间布局的合理优化。

（1）海洋休闲渔业空间布局 DP 策略矩阵定位基础。

①评价指标体系分析。从海域承载力视角来看，海洋渔业空间布局受经济社会和自然环境的双重影响，且海洋渔业空间布局与经济和自然相互作用。由于同一海域内经济的增长，人口密度的增加，小规模企业的过度聚集，相似产业的无序竞争，休闲渔业会在促进该海域经济发展的同时，给海域造成一定经济社会的压力；同理，海洋休闲渔业相对于传统渔业而言，大大减少了环境的污染和渔业资源的过度消耗，提高单位面积的海域资源利用率和渔业产出，增强海域承载力，但与此同时休闲渔业也会因为缺乏保护、无序竞争等原因，造成资源的消耗和环境的破坏。这种相互影响可以通过一系列评价指标体系定量分析，在坚持科学性、客观性、可比性、可操作性和系统性等五大原则的基础上，反复考察以往学者关于空间布局的测评指标在不同尺度上的异同点和适用性，结合数据资料的可获取性，本章主要从经济社会因素和资源环境因素两方面来构建海域承载力视角下休闲渔业空间布局的评价指标体系。

②评价指标体系构建。经过上述分析，构建评价指标体系如表 5-20 所示。

表 5-20　海域承载力视角下我国海洋休闲渔业空间布局评价指标体系

一级指标	二级指标	三级指标
经济社会评价 A_1	经济增长 B_1	海洋休闲渔业经营收入（万元）C_1
		单位用海旅游收入（万元）C_2
	人口数量 B_2	海洋休闲渔业从业人数（人）C_3
		海洋休闲渔业游客人数（人）C_4

续表

一级指标	二级指标	三级指标
经济社会评价 A_1	布局规模 B_3	规模以上企业占企业总数的比例 C_5
	区位条件 B_4	交通条件 C_6
		基础设施 C_7
		客源市场 C_8
		旅游服务 C_9
		无序竞争程度 C_{10}
资源环境评价 A_2	景区环境 B_5	海洋休闲渔业工业废水直排入海量（万吨）C_{11}
		破坏性开采程度 C_{12}
		沿岸海域综合水质（-）C_{13}
		海水自净能力（-）C_{14}
		山东海洋类型自然保护区个数（个）C_{15}
		环境容量 C_{16}
		人类活动对动物栖息地的影响 C_{17}
	资源评价 B_6	单位海域面积海洋休闲渔业资源量（-）C_{18}
		单位海域可用休闲渔业资源量（-）C_{19}
		景区渔业资源的科学、观赏、休闲价值 C_{20}

（2）海洋休闲渔业空间布局 DP 战略矩阵设计。政策指导矩阵（Directional Policy Matrix，简称 DP 矩阵）是由荷兰皇家壳牌公司开发的一个业务组合计划工具，是在波士顿矩阵（简称 BCG 矩阵）的基础上发展而成。如图 5-7 所示，该矩阵是一个三乘三矩阵，对应的是九个不同的战略方格，通过构建各区域的指标体系，描绘某个行业的前景和市场竞争力，从而对该行业的各个区域进行量化定位，在此基础上，找出各自区域对应的战略对策，以实现对该行业空间布局的合理优化。

修正 DP 矩阵，将其运用于对海洋休闲渔业空间布局优化。通过对经济社会和资源环境两方面进行合理评价，对海域承载力视角下我国山东半岛蓝区的海洋休闲渔业空间布局进行定量分析。在此基础上，以山东半岛蓝区代表城市青岛、烟台、威海、潍坊、日照、东营和滨州七市为例，构建山东半岛蓝区海洋休闲渔业空间布局 DP 战略矩阵，将 DP 矩阵分为九个不同的战略方格，将上述定位结果转入 DP 战略矩阵图中，以使结果更直观。根据 DP 战略矩阵图，明确指出落入不同区间的不同城市在具体情况中应当采用的具体策略，制定不同的发展战略，以优化山东半岛蓝区现有的海洋休闲渔业的空间布局。我国海洋休闲渔业空间布局 DP 战略矩阵，如图 5-8 所示。

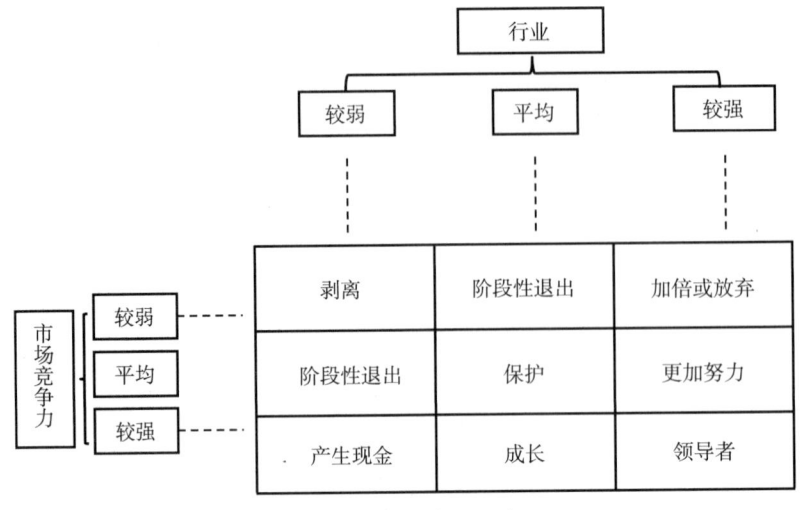

图 5-7 DP 战略矩阵

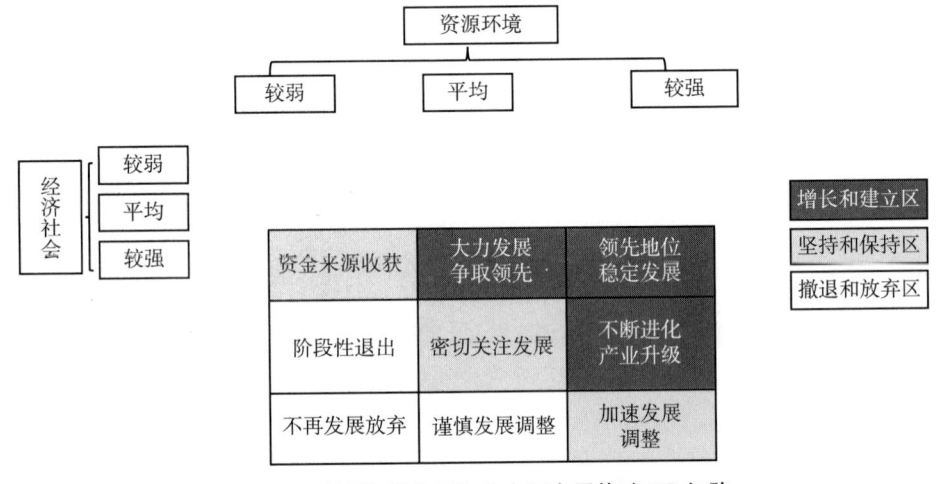

图 5-8 我国海洋休闲渔业空间布局战略 DP 矩阵

（3）海洋休闲渔业空间布局 DP 战略矩阵优化实施。根据以上评价指标体系和 DP 矩阵就可以有针对性地对山东半岛蓝区七城市的空间布局现状进行优化，提出各自的优化策略，使其在目前状态下向上一级调整发展，而不是沦为下一级。在上述我国海洋休闲渔业空间布局 DP 战略矩阵中，三种类型区域（增长和建立区、坚持和保持区、撤退和放弃区）相互转化的模型如图 5-9 所示。

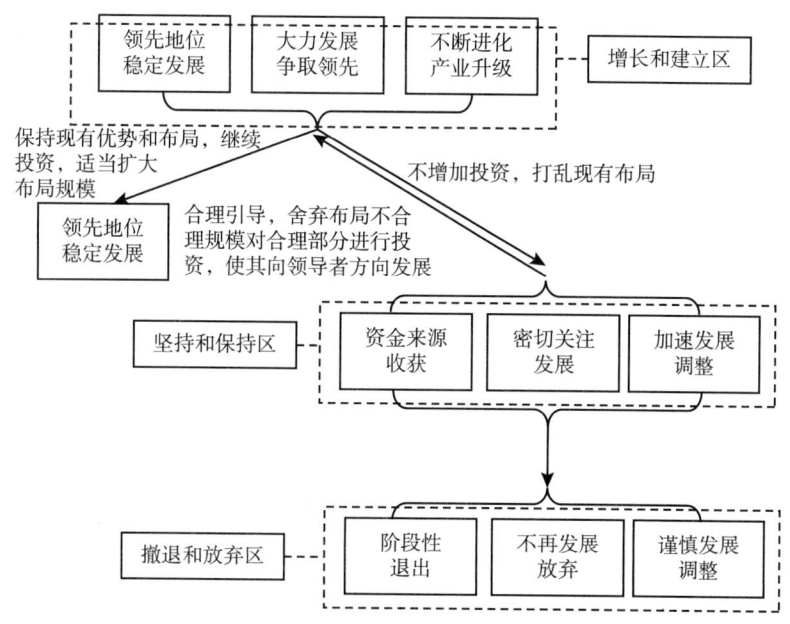

图 5-9　海洋休闲渔业空间布局战略 DP 矩阵布局类型转化图

2. 山东半岛蓝区海洋休闲渔业空间布局优化策略选择

（1）定位结果的确定。

①数据来源与指标权重。根据数据的可获得性和研究的实际需要，数据主要来源于国家海洋局《中国海洋统计年鉴》（2010）、《中国渔业统计年鉴》（2010）、《山东省统计年鉴》（2010）以及《山东渔业统计年鉴》（2010）。由于数据资料来源有限，有些指标搜集不到基础数据，采用平均值来代替数据空缺的指标评价值。

我国海洋休闲渔业空间布局的海域承载力评价指标体系的赋权方法：通过层次分析法，根据各指标的重要程度赋予一定的权重，权重之和为 1，权重的计算过程参考相关资料，在此不再赘述。权重结果如表 5-21 所示。

表 5-21　海域承载力视角下我国海洋休闲渔业空间布局评价指标权重

一级指标	二级指标	三级指标	权重
经济社会评价 A_1 0.432	经济增长 B_1	海洋休闲渔业经营收入（万元）C_1	0.030
		单位用海旅游收入（万元）C_2	0.036
	人口数量 B_2	海洋休闲渔业从业人数（人）C_3	0.013
		海洋休闲渔业游客人数（人）C_4	0.031
	布局规模 B_3	规模以上企业占企业总数的比例 C_5	0.037

续表

一级指标	二级指标	三级指标	权重
经济社会评价 A_1 0.432	区位条件 B_4	交通条件 C_6	0.055
		基础设施 C_7	0.057
		客源市场 C_8	0.069
		旅游服务 C_9	0.048
		无序竞争程度 C_{10}	0.056
资源环境评价 A_2 0.568	景区环境 B_5	海洋休闲渔业工业废水直排入海量（万吨）C_{11}	0.045
		破坏性开采程度 C_{12}	0.072
		沿岸海域综合水质（-）C_{13}	0.068
		海水自净能力（-）C_{14}	0.049
		山东海洋类型自然保护区个数（个）C_{15}	0.034
		环境容量 C_{16}	0.070
		人类活动对动物栖息地的影响 C_{17}	0.068
	资源评价 B_6	单位海域面积海洋休闲渔业资源量（-）C_{18}	0.059
		单位海域可用休闲渔业资源量（-）C_{19}	0.061
		景区渔业资源的科学、观赏、休闲价值 C_{20}	0.042

②各城市综合得分。基于以上权重集，根据 Thomson 回归法，确定各因子的得分系数矩阵 A。则 $Y_1 = A_1B_1 + A_2B_2 + A_3B_3$，$Y_2 = A_4B_4 + A_5B_5$。由此计算各个城市的最终得分和排名。计算结果如表 5-22 所示。

表 5-22 各城市得分计算结果

城市	经济社会评价 Y_1 排名	得分	资源环境评价 Y_2 排名	得分	简称
青岛	2	1.365	3	0.634	QD
烟台	3	1.006	4	0.525	YT
威海	1	1.785	1	1.023	WH
潍坊	4	0.983	2	0.954	WF
东营	5	0.870	5	-0.013	DY
滨州	7	0.543	6	-0.026	BZ
日照	6	0.510	7	-0.198	RZ

表5-22显示，用各城市首字母代表该城市，得分数值大于0代表该城市在这项指标上位于全省的平均水平之上，反之则在全省平均水平之下；大于1代表该城市在这项指标上处于全省领先地位。

从山东半岛蓝区海洋休闲渔业整体布局来看，青岛、烟台、威海、潍坊总体较合理，东营、滨州、日照稍差。从两项指标比较来看，各城市的布局在经济社会方面要普遍好于资源环境方面。从经济社会指标看，威海、青岛、烟台在休闲渔业空间布局方面比较合理，发展水平处于全省领先地位；潍坊、东营、滨州、日照相比前三个城市相对较弱，但均处于全省平均水平之上，都具有向空间布局合理和发展水平较高方向转化的潜力。从资源环境指标看，威海处于全省领先水平，环境状况较好，资源丰富程度较高；青岛、烟台和潍坊相对较弱，但都具有向好的方向转化的条件；相比之下，滨州、日照、东营在资源环境方面较差，处于全省平均水平之下。

（2）山东半岛蓝区七城市海洋休闲渔业空间布局DP战略矩阵设计。根据以上得分结果，将0作为海域承载力视角下我国山东半岛蓝区海洋休闲渔业空间布局评价的经济社会和资源环境"平均"和"较弱"的分界线，将1作为经济社会和资源环境"较强"和"平均"的分界线。据此，我们就可以建立海域承载力视角下我国山东半岛蓝区海洋休闲渔业空间布局政策指导矩阵（见图5-10），将上述定位结果转入该矩阵图中，从而能够直观有效地对山东半岛蓝区7个城市休闲渔业的发展进行战略定位。

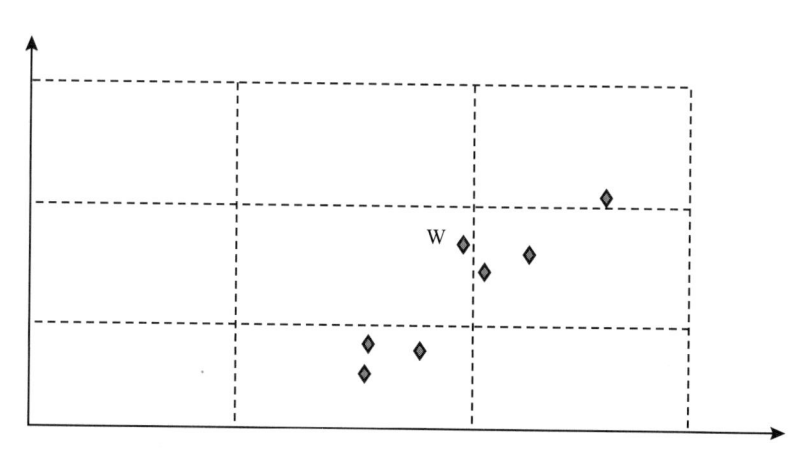

图5-10　海域承载力视角下海洋休闲渔业空间布局战略DP矩阵

（3）山东半岛蓝区海洋休闲渔业空间布局优化策略。从图5-10可以看出，山东半岛蓝区七城市主要集中在四个方格中。从山东半岛蓝区整体来看，海洋休闲渔业空间布局总体合理，但仍然存在个别地区布局不均衡的问题，存在调整和进一步合理化的空间。优化策略如下：坚持以市场为导向，以有利于提高渔业的经济效益、社会效益和生态效益为出发点,遵循"科学规划、合理布局、保持特色、保护资源、持续发展"的原则,充分发挥当地的自然资源与人文资源优势,建立起适应不同消费层次、不同类型的休闲渔业项目,以威海为龙头,带动青岛、烟台、潍坊的发展,引导东营、滨州、日照逐步走向布局合理化,打造我省休闲渔业特色品牌。针对山东半岛蓝区各城市在布局中的具体问题,制定各自的优化策略如下。

①山东半岛蓝区中威海应采取保持领先地位、稳定发展的布局优化策略。威海作为山东省休闲渔业的领军者,应继续保持现在的发展势头,充分发挥近海资源优势,进一步布局建设千公里休闲渔业产业带,规划建设特色休闲渔业产业项目。到2015年,争取实现休闲渔业总收入达到50亿元,占全市旅游业总收入的12%以上。威海市现有休闲渔业场所1400余处,水面面积3.5万亩,已开发海礁、海岛、渔船、网箱垂钓、拾贝捡螺、浅海抓蟹捕虾、渔家乐、水上餐厅、海上游艇等多种休闲项目。依托海岸线,兼具良好的经济和海域承载力,威海应将产业项目布局规划作为发展休闲渔业产业的重要内容,初步建成10处综合性休闲渔业示范基地、10处海上游钓区、10处海上田园观光体验区、10处陆上池塘垂钓区、10处渔家乐功能服务区,开辟一批公共休闲垂钓区,建设一批海洋科普宣传基地,组织一批形式多样的休闲渔业活动,打造初具规模、覆盖全市的休闲渔业产业发展格局。按照海陆统筹原则,建设集渔业生产、观光、垂钓、度假、餐饮、娱乐、购物于一体的综合性休闲渔业园区型示范基地,打造休闲渔业"旗舰"。与此同时,加强休闲渔业项目与"好客山东""休闲汇"等旅游品牌的有机结合,以渔业带动旅游,以旅游带动渔业。

②山东半岛蓝区中青岛和烟台应采取不断进化、产业升级的优化布局策略。青岛和烟台近几年成为山东省休闲渔业发展的新的主力军。青岛海岸线曲折,海域辽阔,拥有730.64公里的大陆海岸线,49处海湾和69个岛屿,管辖海域面积138万公顷。其海域生态环境多样,各类海洋渔业资源丰富,从自然资源上看非常适于多种海洋休闲渔业活动的开展。但是与威海相比,单位休闲渔业收入较低,且产生了严重的环境污染,经济和海域承载力都有待提高。究其原因,青岛的休闲渔业发展极度不平衡。在各种休闲渔业类型中,主要针对旅游者的水族馆业非常发达。而与水族馆业的高度发达相比,其他类型的休闲渔业则相去甚远。"汇滨垂钓"作为一项经济产业一直未形成规模,观赏渔业和观光渔业处在起步阶段。因此,青岛必须多样化发展休闲渔业,将渔业资源与渔业相关联的休闲、观光旅游等产业紧密结合,在发展养殖生产的同时,全面协调发展二产、三产,实现效益的最大化和经济效益、生态效益的统一。同时,提高全区休闲渔业园区的基础设施水平和承载能力,再争创省级休闲渔业示范点,实现休闲渔业点的全面发展和合理布局。

烟台近几年渔业经济增长迅速,为了解决渔民转产转业等问题,要把发展休闲渔业特别是休闲海钓产业作为推动现代渔业发展、优化产业结构的主要方向之一，打造一批能够满足海钓需求的一流海洋钓场，实现亲海、亲水的休闲渔业。今后，烟台要着重搞好规划，以创建休闲渔业示范基地为重心，突出各地渔业资源优势，拓展渔业文化内涵，打造内容丰富、形式多样的休闲渔业特色品牌。同时，对于发展过程中出现的环境污染要集中力量予以治理。相比潍坊，烟台的单位产值，单位资源量较低，单位海域承载力较低，且环境污染严重，因此，烟台应在今后的发展中以提高效率，增加单产为主要目标，同时兼顾生态环境，实现休闲渔业的可持续发展。

③山东半岛蓝区中潍坊应坚持密切关注发展的布局优化策略。潍坊市休闲渔业已经发展到500多处，产值达2亿多元，每年接待游客8000万人次。潍坊应继续发挥自己生态良好，环境清洁的优势，以渔为媒，多业发展，以其他产业为主，渔业为辅，多业结合。同时，以原有水产养殖设施为基础建设高标准休闲娱乐设施，发展集郊游、垂钓、鱼鲜品尝为一体的休闲渔业景区。最重要的是坚持发展以名特优品种为特色的休闲渔业，比如，以鲟鱼、虹鳟为主的餐饮、垂钓业。但是，潍坊的休闲渔业存在小型规模企业聚集，缺乏大规模核心企业，所以，潍坊应注重大规模休闲渔业企业的发展，以大企业带动小企业的发展，实现产业布局的合理均衡。

④山东半岛蓝区中滨州、日照和东营应采取谨慎发展、进一步调整的布局优化策略。近几年，这三个城市休闲渔业从无到有，在实践中不断探索，已经取得了一定的成绩，但与威海、青岛、烟台、潍坊相比存在明显的差距和不足。在发展海洋休闲渔业方面它们存在着共同的缺点：休闲渔业规模小，服务水平档次低，结构单一，布局分散，经营不规范等。因此，这三个城市休闲渔业经济发展水平普遍较低，且环境保护较差。但在发展中又各有特色，所以各自的优化方案如下：

日照休闲渔业尚处在起步阶段，现有的渔业设施难以与现代休闲渔业相配套，就目前的休闲渔业项目而言，仍然以"渔家乐"为主，其他有些项目虽然已经开发，但尚未形成规模，大规模综合性休闲场所的建设还很缺乏。发展休闲渔业还未做好规划布局，渔业资源、环境资源和人力资源的优化配置与合理利用等问题也需要进一步研究。因此，日照休闲渔业今后要在政府部门的帮助下，完善基础设施，科学规划、分阶段地进行旧渔村改造并将其发展成为规模进一步扩大、组织更加紧密、产品相对丰富、综合效益较高的休闲度假渔村，改变产业层次结构，实现传统渔业向现代休闲渔业的转变。

东营应秉承以人为本、以市场为主导的发展战略。现代化休闲渔业的建设，应朝着陆域公园化模式、海域游钓和拾海模式等大众化消费服务方向发展，覆盖餐饮、观光、健身、疗养、娱乐等多方位综合性服务项目，满足不同客源的不同需求，扩大休闲渔业的创收范围。在东营市创办休闲渔业基地，具有分布区域广，可利用资源潜力大，土地资源优势极为突出，沟渠路电配套齐全等特点。优越的资源加之东营传统的渔具渔法，可拓宽服务领域，活跃休闲渔业市场，能达到事半功倍的效果。同时要引入生态概念，以生态求效益，以生态谋发展，实现人与自然的和谐统一。

在山东半岛蓝区的休闲渔业发展中，滨州属于较为落后的地区。因此在日后的发展中，滨州政府和滨州市海洋与渔业局应大力引导和扶持滨州休闲渔业的发展，借助"黄蓝"国家战略的推进，进一步促进渔业第一产业与第三产业的结合，加快全市休闲渔业发展进程，提升渔业经济效益，将建设休闲渔业标准化示范区作为一项重点工作予以推进。紧抓休闲渔业健康养殖和标准化生产，促进全市渔业结构调整优化。避免随着经济、生态压力的增大而使滨州的海域承载力进一步下降，使其沦为退出的行列。

（五）基于 GCRN 决策模型的海水养殖空间布局优化决策研究——以山东半岛蓝区为例

1. 关于海水养殖空间布局优化决策的 GCRN 模型分析

GCRN（灰色关联相对贴近度）决策模型是一种多指标决策模型，借鉴理想点法中理想解与负理想解的双基准思想，将理想解法的距离尺度与传统灰色关联法有机结合。综合考量各方案与理想方案、负理想方案的灰色关联度，进而测算各方案的灰色关联相对贴近度。利用灰色关联相对贴近度判断方案的优劣，进行决策，确定最优方案。

（1）基于 GCRN 模型的方案指标分析矩阵构造。确定海水养殖方案的影响因素，依据影响因素选取指标数据分析矩阵所需指标，建立 m 个方案 n 个指标的分析数据矩阵 M 如下：

$$M = \begin{bmatrix} x_{11} & x_{12} & \cdots & x_{1n} \\ x_{21} & x_{22} & \cdots & x_{2n} \\ x_{m1} & x_{m2} & \cdots & x_{mn} \end{bmatrix}$$

其中，第 i 个方案序列为 $X_i = (X_{i1}, X_{i2}, \cdots, X_{in})$，$(i = 1, 2, \cdots, m)$ 理想方案序列为 $X_l = (X_{l1}, X_{l2}, \cdots, X_{ln})$，$X_{lj}$ 为第 j 类指标中的最优值；负理想方案序列为 $X_f = (X_{f1}, X_{f2}, \cdots, X_{fn})$，$X_{fj}$ 为第 j 类指标中的最差值，$(j = 1, 2, \cdots, n)$。

（2）基于 GCRN 模型的各方案指标的无量纲化处理。为保证数据的整体性，剔除残缺数据对海水养殖空间布局优化决策的影响，对分析数据矩阵中的各方案指标序列进行无量纲化处理。得到无量纲化后的数据矩阵 X'、理想方案 X'_l 和负理想方案 X'_f 如下：

$$\begin{bmatrix} X'_{11} & X'_{12} & \cdots & X'_{1n} \\ X'_{21} & X'_{22} & \cdots & X'_{2n} \\ X'_{m1} & X'_{m2} & \cdots & X'_{mn} \end{bmatrix}$$

理想方案序列为：$X'_l = (X'_{l1}, X'_{l2}, \cdots, X'_{ln})$

负理想方序列案为：$X'_f = (X'_{f1}, X'_{f2}, \cdots, X'_{fn})$

（3）基于 GCRN 模型的海水养殖空间布局优化决策。基于 GCRN 模型的山东省蓝区海水养殖空间布局优化决策由三部分组成。构建各方案与理想方案的灰色关联度模型；构建各方案与负理想方案的灰色关联度模型；依据各方案与理想方案、负理想方案的灰色关联度构建灰色关联相对贴近度模型，得出最优方案应满足的条件，进行优化决策。

①各方案与理想方案的灰色关联度构建。基于海水养殖空间布局优化决策的 GCRN 决策模型，构建各方案与理想方案的灰色关联度计算公式如下：

$$\Delta = |X_{lj} - X_{ij}|$$

$$\frac{\min_i \min_j \Delta_{lij} + \mu \max_i \max_j \Delta_{lij}}{\Delta_{lij} + \mu \max_i \max_j \Delta_{lij}}$$

$$r_{li} = \frac{1}{n} \sum_{j=1}^{n} \varepsilon_{lij}$$

利用上式对无量纲化处理后的数据矩阵 $X'_i = (X'_{i1}, X'_{i2}, \cdots, X'_{in})$ 进行数据运算，计算各方案与理想方案的灰色关联度 $\gamma_{li} = (\gamma_{l1}, \gamma_{l2}, \cdots, \gamma_{lm})^T$。

②各方案与负理想方案的灰色关联度构建。基于海水养殖空间布局优化决策的 GCRN 决策模型，构建各方案与负理想方案的灰色关联度计算公式如下：

$$\Delta_{fij} = |X_{fj} - X_{ij}|$$

$$\frac{\min_i \min_j \Delta_{fij} + \mu \max_i \max_j \Delta_{fij}}{\Delta_{fij} + \mu \max_i \max_j \Delta_{fij}}$$

$$r_{fi} = \frac{1}{n} \sum_{j=1}^{n} \varepsilon_{fij}$$

利用上式对无量纲化处理后的数据矩阵 $X'_i = (X'_{i1}, X'_{i2}, \cdots, X'_{in})$ 进行数据运算，计算各方案与负理想方案的灰色关联度：

$$\gamma_{fi} = (\gamma_{f1}, \gamma_{f2}, \cdots, \gamma_{fm})^T$$

上式中，$i = 1, 2, \cdots, m$；$j = 1, 2, \cdots, n$；$\min_i \min_j \Delta_{lij}$ 和 $\min_i \min_j \Delta_{fij}$ 分别为指标序列 X'_i 与理想方案 X'_l 和负理想方案 X'_f 的绝对值差值最小值，$\max_i \max_j \Delta_{lij}$ 和 $\max_i \max_j \Delta_{fij}$ 分别为绝对值差值最大值；ε_{lij} 和 ε_{fij} 分别为指标序列 X'_i 与理想方案 X'_l 和负理想方案 X'_f 的灰色关联系数，γ_{li} 和 γ_{fi} 分别为第 i 个方案与理想方案 X'_l 和负理想方案 X'_f 的灰色关联度，μ 为分辨系数，一般取 0.5。

③基于灰色关联相对贴近度的海水养殖空间布局优化决策模型。灰色关联相对贴近度反映了各方案与理想方案、负理想方案之间的拟合程度，是判断海水养殖空间布局优化方案优劣的标准。由各方案与理想方案的灰色关联度、各方案与负理想方案的灰色关联度计算灰色关联相对贴近度：

$$s_i = \frac{\gamma_{li}}{\gamma_{li} + \gamma_{fi}} \quad (i = 1, 2, 3, \cdots, m)$$

最优方案的灰色关联相对贴近度应满足条件：

$$s^* = \max s\{(s_i | i = 1, 2, 3, \cdots, m)\}$$

2. 基于 GCRN 模型的海水养殖空间布局优化决策实证分析

山东半岛蓝色经济区是中国第一个以海洋经济为主题的区域发展战略。蓝色经济区所属地区中以日照市、青岛市、威海市最为典型。日照市、青岛市、威海市由南向北分布在蓝色经济区的西海岸，海岸线长，发展海水养殖的空间大。三个城市的南北跨度几乎覆盖了整个蓝区，纬度差异比较大，养殖环境、生态环境差异显著。三个城市的海水养殖面积、海水养殖产量在蓝色经济区都位居前列，海水养殖业比较发达。因此选取这三个城市作为本章研究的目标区域。

（1）方案指标分析矩阵的数值模型。海水养殖的主要影响因素为经济效益、环境依赖度、生态损害等。养殖收入、养殖成本主要反映发展海水养殖的经济效益，环境依赖度主要反映发展海水养殖的自然条件是否满足，生态损害主要反映发展海水养殖的生态效益。三个影响因素相互作用，共同影响海水养殖空间布局优化决策方案。因此，本章选取经济效益、环境依赖度、生态损害作为方案指标分析矩阵的三个指标。

日照市、青岛市、威海市主要养殖对象为鱼类、甲壳类、贝类、藻类。①根据 2008~2015 年三个城市主要养殖对象的总产量、平均售价和生产成本计算养殖成本、养殖收入。②海水养殖的空间选择很大程度上受限于海水环境，如溶氧量、盐度、pH 值等。将养殖对象对环境的依赖度分为重度依赖、中度依赖、一般依赖，三种程度对应的值分别为 3、2、1。假定海水养殖对环境的依赖度为单位 1，则鱼类、甲壳类、贝类、藻类对环境的依赖度所占的权重分别为 0.26、0.18、0.24、0.32，养殖对象对环境的依赖度等于单产乘以权重。③海水养殖会对当地生态造成一定程度的损害，如水质污染、富营养化、生态圈破坏等，但是目前评价具体水产对生态的损害还没有统一量化标准。所以本章假定鱼类、甲壳类、贝类、藻类对生态环境的损害所占权重都为 0.25，生态的损害值等于单产乘以权重。确立方案指标分析矩阵如下：

$$A = \begin{Bmatrix} 1.657 & 1.571 & 1.504 \\ 1.000 & 0.800 & 0.600 \\ 22.900 & 21.921 & 23.845 \\ 2.849 & 2.732 & 2.990 \end{Bmatrix}$$

由矩阵 A 得出，理想方案序列为 $X_l = (1.657, 1.000, 23.845, 2.900)$；负理想方案序列为 $X_f = (1.504, 0.600, 2.921, 2.732)$。

（2）基于海水养殖空间布局优化的各方案指标序列的无量纲化处理。通过对方案指标分析矩阵进行矩阵运算，实现对各方案指标序列的无量纲化处理，无量纲化处理后的指标分析矩阵如下：

$$B = \begin{Bmatrix} 1.000 & 0.928 & 0.872 \\ 0 & 0.200 & 0.400 \\ 0.968 & 1.000 & 0.937 \\ 0.933 & 1.000 & 0.851 \end{Bmatrix}$$

无量纲化处理后的理想方案序列为 $X'_i = (1.000, 0.400, 1.000, 1.000)$；无量纲化处理后的负理想方案序列为 $X'_f = (0.872, 0, 0.937, 0.851)$。

(3) 海水养殖空间布局优化决策的实证分析。

①各方案与理想方案的灰色关联度结果实证。因为既有养殖现状和成本的限制，海水养殖的空间布局无法全部调整，只能依据实际情况进行局部调整。日照市、青岛市、威海市主演养殖对象为鱼类、甲壳类、贝类、藻类，局部调整的可能性只能有四种，如表 5-23 所示。

表 5-23　　　　　青岛市、烟台市、日照市可能的优化方案

	养殖对象优先调整的次序			
方案一	1. 贝类	2. 鱼类	3. 甲壳类	4. 藻类
方案二	1. 鱼类	2. 贝类	3. 甲壳类	4. 藻类
方案三	1. 甲壳类	2. 贝类	3. 鱼类	4. 藻类
方案四	1. 藻类	2. 贝类	3. 甲壳类	4. 鱼类

将无量纲化处理后的数据矩阵 $X'_i = (X'_{i1}, X'_{i2}, \cdots, X'_{in})$ 代入第二部分构建的各方案与理想方案的灰色关联度模型，得出青岛市各方案与理想方案的灰色关联度为 (0.789, 0.815, 0.753, 0.920)；日照市各方案与理想方案的灰色关联度为 (0.645, 0.903, 0.727, 0.890)；烟台市各方案与理想方案的灰色关联度为 (0.713, 0.762, 0.897, 0.651)。

依据养殖成本、收入、环境损害、环境依赖度四个指标的测算结果，青岛市海水养殖空间布局优化方案中优先提高藻类的养殖量与理想方案的灰色关联度最高，为 0.920；烟台市海水养殖空间布局优化方案中优先提高鱼类的养殖量与理想方案的灰色关联度最高，为 0.903；日照市海水养殖空间布局优化方案中优先提高甲壳类的养殖量与理想方案的灰色关联度最高，为 0.897。

②基于 GCRN 模型的各方案与负理想方案的灰色关联度结果实证。将无量纲化处理后的数据矩阵 $X'_i = (X'_{i1}, X'_{i2}, \cdots, X'_{in})$ 代入第二部分构建的各方案与负理想方案的灰色关联度模型。得出青岛市各方案与负理想方案的灰色关联度为 (0.506, 0.433, 0.51, 0.310)，烟台市各方案与负理想方案的灰色关联度为 (0.670, 0.385, 0.621, 0.581)，日照市各方案与负理想方案的灰色关联度为

(0.500, 0.655, 0.405, 0.732)。

依据养殖成本、收入、环境损害、环境依赖度四个指标的测算结果，青岛市海水养殖空间布局优化方案中优先提高藻类的养殖量与负理想方案的灰色关联度最低，为 0.310；烟台市海水养殖空间布局优化方案中优先提高鱼类的养殖量与负理想方案的灰色关联度最低，为 0.385；日照市海水养殖空间布局优化方案中优先提高甲壳类的养殖量与负理想方案的灰色关联度最低，为 0.405。

日照市、青岛市、威海市三个城市中日照的海水养殖方案与负理想方案的差距最大，为 0.506，这说明了日照市海水养殖方案优化空间较大。日照市经济与其他另外两个城市相比，属于欠发达地区，无论市场规模、市场质量还是技术水平都不如另外两个城市，这就导致日照市的海水养殖方案与负理想方案的拟合度高。

③基于灰色关联相对贴近度的海水养殖空间布局优化决策结果实证。将无量纲化处理后的数据矩阵 $X'_i = (X'_{i1}, X'_{i2}, \cdots, X'_{in})$ 代入第二部分构建的灰色关联相对贴近度模型，计算各方案的灰色关联相对贴近度。依据各方案与理想方案、负理想方案的灰色关联度，得出青岛市各方案的灰色关联相对贴近度 s_i = (0.609, 0.653, 0.640, 0.720)，此时，$s_4 > s_2 > s_3 > s_1$，$s^* = s_4$。烟台市各方案的灰色关联相对贴近度 s_i = (0.579, 0.612, 0.440, 0.531)，此时 $s_2 > s_1 > s_4 > s_3$，$s^* = s_2$。日照市各方案的灰色关联相对贴近度 s_i = (0.550, 0.496, 0.620, 0.540)，此时，$s_3 > s_1 > s_4 > s_2$，$s^* = s_3$。青岛市各方案的灰色关联度都要普遍高于其他两个城市的同种方案。青岛市经济在三个城市中最发达，市场的规模和质量都要高于其他两个城市，发展海水养殖的收入较高。技术水平最为重要的外部条件，对生产率有着重要的影响。青岛市海水养殖技术较为发达，先进的养殖技术可以降低发展海水养殖的成本，一定程度上克服海水养殖环境限制，降低对养殖海域的环境损害度。

将三个城市各方案的灰色关联相对贴近度计算结果排序，以此判断各个方案的优劣，进行决策，得出以下三方面结论。①青岛市海水养殖空间布局各个可能的优化方案中，第四种方案与理想方案、负理想方案的拟合程度最高。最大灰色关联相对贴近度为 $s_4 = 0.720$，即青岛市应优先提高藻类的养殖量。②烟台市海水养殖空间布局各个可能的优化方案中，第二种方案与理想方案、负理想方案的拟合程度最高。最大灰色关联相对贴近度 $s_2 = 0.612$，即烟台市应优先提高鱼类的养殖量。③日照市海水养殖空间布局各个可能的优化方案中，第三种方案与理想方案、负理想方案的拟合程度最高。最大灰色关联相对贴近度为 $s_3 = 0.620$，即日照市应优先提高甲壳类的养殖量。

3. 基于 GCRN 模型的海水养殖空间布局优化决策方案

本部分将依据 GCRN 模型测度的各方案灰色关联相对贴近度的结果，确定山东省蓝色经济区海水养殖空间布局优化方案的依据，作出决策，得到海水养殖空间布局优化方案。

(1) 基于 GCRN 模型的海水养殖空间布局优化方案决策依据。

①在 GCRN 模型中,结合了欧氏距离和灰色关联度的灰色关联相对贴近度是判断方案优劣的标准,只需将各个方案灰色关联相对贴近度的计算结果进行排序即可作出方案优选。②青岛市、烟台市、日照市海水养殖空间布局优化方案分别有四种,优先提高贝类养殖量、优先提供鱼类养殖量、优先提高甲壳类养殖量、优先提高藻类养殖量。依据 GCRN 决策模型对山东省蓝色经济区的海水养殖空间布局进行优化决策就是在四种优化方案中选择灰色关联相对贴近度最大的一种方案。③青岛市各方案的灰色关联相对贴近度为 (0.609, 0.653, 0.640, 0.720),$s^* = s_4$,即四个优化方案中青岛市应优先选择第四种优化方案。烟台市各方案的灰色关联相对贴近度为 (0.579, 0.612, 0.440, 0.531),$s^* = s_2$,即四个优化方案中烟台市应优先选择第二种优化方案。日照市各方案的灰色关联相对贴近度为 (0.550, 0.496, 0.620, 0.540),$s^* = s_3$,即四个优化方案中日照市应优先选择第三种优化方案。

(2) 基于 GCRN 模型的山东省蓝区海水养殖空间布局优化决策方案。基于 GCRN 决策模型分别测算了青岛市、烟台市、日照市四种可能优化方案的相对关联贴近度,确定了山东省蓝色经济区海水养殖空间布局优化方案优选的依据。本部分将作出决策,确定青岛市、烟台市、日照市的海水养殖空间布局优化方案。①青岛市现有的海水养殖方案为贝类、鱼类、甲壳类、藻类。在海水养殖空间布局优化决策中应优先提高藻类的养殖数量,调整贝类的养殖方式,降低养殖成本。因此青岛市海水养殖的优化决策方案为贝类、藻类、鱼类、甲壳类。②威海市现有的海水养殖方案为贝类、藻类、甲壳类、鱼类。在海水养殖的空间布局优化决策中应优先提高鱼类的养殖数量,增加收入。威海市海水养殖的优化决策方案为贝类、甲壳类、藻类、鱼类。③日照市现有的海水养殖方案为贝类、鱼类、甲壳类、藻类。在海水养殖的空间布局优化决策中应优先提高甲壳类的养殖数量,积极适应市场偏好,增加收入。日照市海水养殖的优化决策方案为贝类、甲壳类、鱼类、藻类。

(3) 基于 GCRN 模型的海水养殖空间布局优化决策方案分析。青岛市最优海水养殖方案是贝类、藻类、鱼类、甲壳类,威海市最优海水养殖方案是贝类、甲壳类、藻类、鱼类,日照市最优海水养殖方案是贝类、甲壳类、鱼类、藻类。

青岛市海水养殖最终的优化选择是提高海藻类的养殖量,主要是由于环境依赖度和环境损害这两个指标的限制。青岛市这两个指标在 GCRN 决策过程中占比重较大,导致优先提高海藻养殖量这一方案与理想方案的灰色关联度较大。该方案与理想方案较高的灰色关联度引起灰色关联相对贴近度的值升高,拉升了优先提高海藻养殖量这一方案在四个方案中的次序,使其成为最优方案。

威海市、日照市海水养殖最终的优化选择是优先提高鱼类的养殖量和甲壳类的养殖量，主要是由于经济效益指标的限制。威海市和日照市的这个指标在 GCRN 决策过程中占比重都比较大，导致优先提高鱼类养殖量和甲壳类养殖量的方案与理想方案的灰色关联度较大。该方案与理想方案较高的灰色关联度引起灰色关联相对贴近度的值升高，使其成为最优方案。

4. 结论

本章基于 GCRN 决策模型，对青岛、威海、日照的海水养殖空间布局优化进行决策，得出以下四方面结论。（1）基于 GCRN 决策模型，本章选取了经济效益、环境依赖度、生态损害这三个海水养殖空间布局的主要影响因素作为方案指标分析矩阵指标，构建了方案指标分析矩阵 A，得出理想方案的指标序列和负理想方案的指标序列。（2）将方案指标矩阵进行无量纲化处理，提高数据的整体性，修正残次数据对 GCRN 模型决策所造成的偏差。无量纲化处理后，得到新的理想指标序列（1.657，1.000，23.845，2.900）和负理想指标序列（0.872，0，0.937，0.851）。（3）基于 GCRN 模型，依据无量纲化处理后的方案指标矩阵，测算得三个城市各优化方案的灰色关联相对贴近度分别为（0.609，0.653，0.640，0.720）、（0.579，0.612，0.440，0.531）、（0.550，0.496，0.620，0.540）。青岛市、烟台市、日照市的最大灰色贴近度分别为 s_4、s_2、s_3，则三个城市最佳优化方案分别为提高藻类养殖量、提高鱼类养殖量、提高甲壳类养殖量。（4）基于 GCRN 决策模型确定三个城市海水养殖空间布局优化决策方案如下，青岛市的优化决策方案为提高藻类的养殖数量，海水养殖方案调整为贝类、藻类、鱼类、甲壳类；威海市的优化决策方案为响应市场偏好，提高收入，海水养殖方案调整为贝类、甲壳类、藻类、鱼类；日照市的优化决策方案为响应市场偏好，提高经济类海水养殖对象的养殖数量，海水养殖方案调整为贝类、甲壳类、鱼类、藻类。

第三节　海洋渔业空间布局优化决策支持系统

一、基于空间多标准分析的海水养殖空间布局优化决策支持系统设计

海水养殖空间布局优化决策支持系统是以空间多标准分析框架为基础，用于评价海水养殖空间布局现状，识别海水养殖空间布局取得的成效和存在的问题，针对现状制定优化路径、优化方案、优化对策。海水养殖空间布局优化决策服务

系统在"海洋产业空间布局现状评价及优化模式制定"系统的基础上，基于 VF 语言环境编写而成，具有良好的人机交互界面。系统适用于沿海省、市、组团城市和经济开发区等地区的海水养殖空间布局现状评价和优化模式研究，适合区域经济和海洋经济管理、规划及政策决策部门，海洋经济管理研究者使用。

（一）系统架构设计

海水养殖空间布局优化决策支持系统架构设计，是在空间多标准分析原有框架结构基础上进行修正及丰富，最终形成海水养殖空间布局优化决策支持系统三层架构模式。三层架构分为数据层、业务层、操作层，以此实现对海水养殖空间布局的评价和优化，提供决策支持服务平台。

1. 系统架构设计方法

空间多标准分析（SMCA）由玛莉安·范·赫维宁于 1999 年首次提出，将多标准分析与空间维度相结合，之后应用于多目标土地利用规划决策中。空间多标准分析主要是依靠 GIS 技术获取空间数据，对评价结果进行空间输出，得出空间布局决策。基于多属性决策理论和最优化理论，本章对空间多标准分析方法进行修正，其修正后的基本框架如图 5-11 所示。

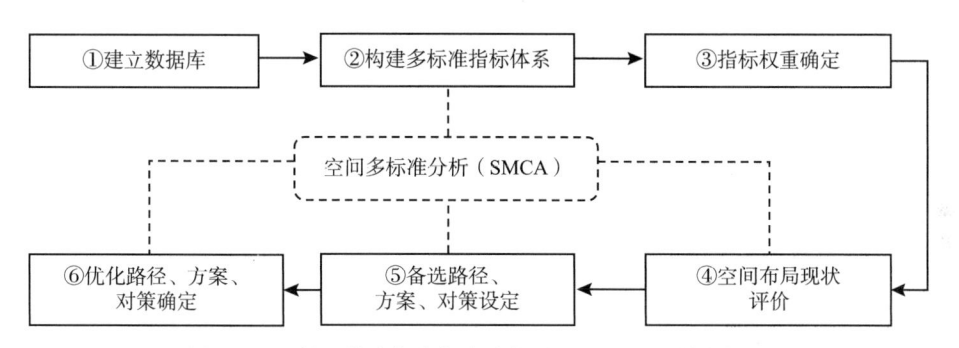

图 5-11 修正的空间多标准分析法（SMCA）基本框架

修正后的空间多标准分析综合运用多标准分析和 GIS 空间分析技术法，突出多标准指标体系的构建，增加空间布局现状评价、备选路径、方案、对策设定、优化路径、方案、对策确定环节，为决策支持系统设计提供整体的框架思路。

2. 系统三层架构设计

根据修正后的空间多标准分析法基本框架，设计海水养殖空间布局优化决策支持系统整体架构。决策支持系统采取三层架构模式，架构分为数据层、业务层、表现层。基于空间多标准分析法中的"建立数据库"，形成第一层架构数据层；基于"构建多标准指标体系""指标权重确定""空间布局现状评价""备选路径、方案、对策设定""优化路径、方案、对策确定"，形成第二层架构业务层;基于系统最终展现给用户的界面内容,形成第三层架构操作层,方便用户根据自身情况对系统进行操作,并为用户提供最终结果展示。基于空间多标准分析的海水养殖空间布局优化决策支持系统总体架构如图5-12所示。

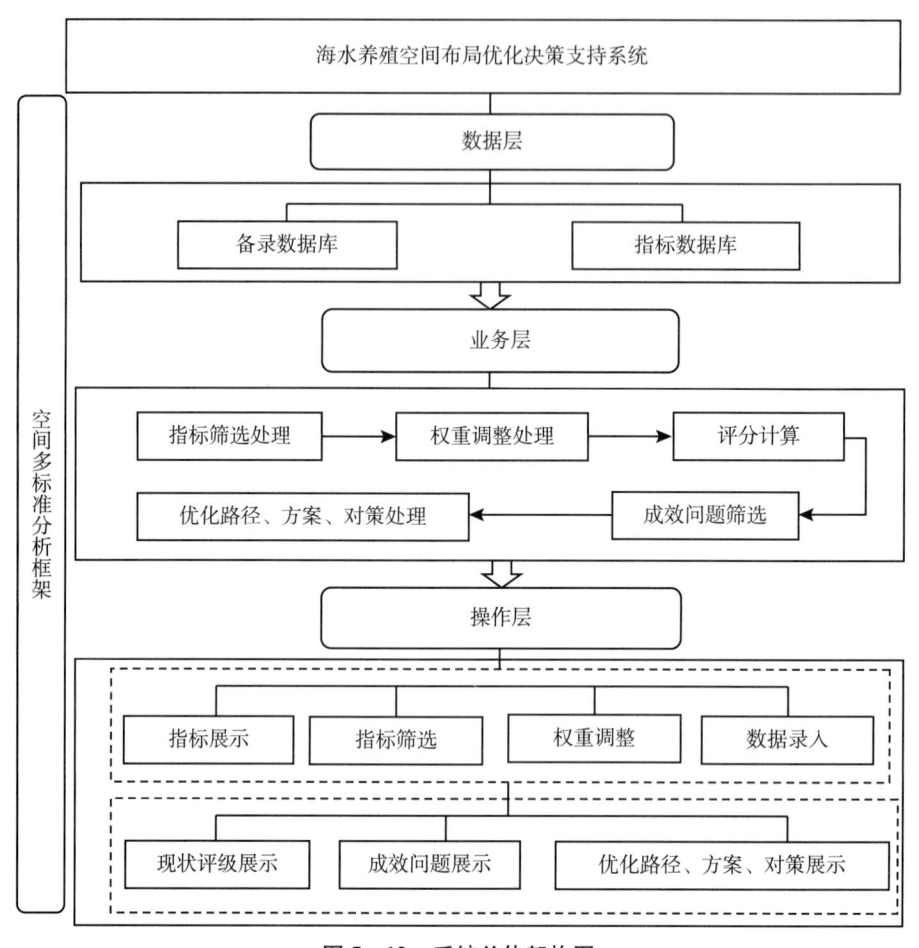

图 5-12 系统总体架构图

(1) 系统数据层。数据层是海水养殖空间布局优化决策支持系统的核心,包括备录数据库和指标数据库。备录数据库存放海水养殖空间布局评价体系中的备录数据,主要涉及评价地区的海洋经济发展状况等数据。指标数据库存放海水养殖空间布局评价指标体系的相关数据。系统将用户输入的数据存入数据层,业务层调用数据层数据进行处理,并将结果反馈至表现层。

(2) 系统业务层。业务层是基于用户的操作指令和系统内置的编程指令,对数据层的数据进行处理。本系统的业务层主要包括指标筛选处理、权重调整处理、海水养殖空间布局评分计算、成效问题筛选和优化路径、方案、对策处理等过程，是联系数据层和表现层的中间桥梁。

（3）系统操作层。操作层是用户针对自身情况对系统进行操作，同时系统将处理后的结果展示给用户，是系统与用户对接的接口。本系统操作层主要包括指标展示、指标筛选、权重调整、数据录入、现状评级展示、成效问题展示和优化路径、方案、对策展示等过程。

（二）系统功能设计

海水养殖空间布局优化决策支持系统以对海水养殖空间布局的评价与优化为核心，因此基于空间多标准分析方法，在系统功能上设计了指标体系、现状评价和优化三个模块，如图 5-13 所示。

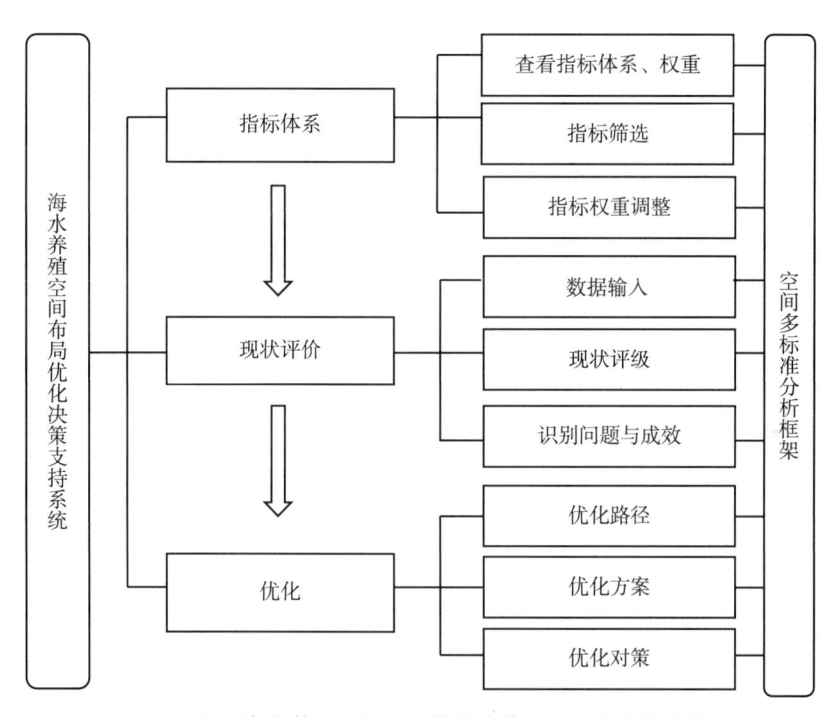

图 5-13 海水养殖空间布局优化决策支持系统功能设计

指标体系模块用于查看海水养殖空间布局优化的指标体系和指标权重，并允许用户对指标体系和指标权重进行调整。现状评价模块基于用户的外部数据，提供海水养殖空间布局评价和成效问题识别等服务。优化模块主要基于现状评价模块结果和用户操作指令，制定海水养殖空间布局优化路径、方案和对策。

1. 海水养殖空间布局优化决策支持系统指标体系模块设计

海水养殖空间布局优化决策支持系统的指标体系模块包括指标体系、指标权重查看部分、指标筛选和指标权重调整等三个部分。指标体系、指标权重查看部分用于展示海水养殖空间布局优化的指标体系和指标权重。指标筛选部分为用户提供指标体系筛选服务，便于用户根据数据的可获得性对原始指标进行筛选，重新构建合适的指标体系。指标权重调整部分为用户提供指标权重调整服务，便于用户根据实际需要对系统内置权重进行调整。

（1）海水养殖空间布局评价指标体系、指标权重查看设计。指标体系、指标权重查看部分的设计主要包括构建海水养殖空间布局评价指标体系和确定指标体系权重两个部分。

①海水养殖空间布局优化指标体系构建，是充分考虑海水养殖最优产量标准、最优结构标准、最优用海比例标准、最优布局次序四个标准，参阅以往学者构建的有关海洋空间资源利用、海水养殖生态及空间冲突的指标体系后，在坚持科学性、客观性、可比性、可操作性和系统性五大原则的基础上，制定了海水养殖空间布局优化指标体系，见表 5-24。

②确定指标体系权重方面，本系统根据指标体系编写调查问卷，邀请对海洋经济、海水养殖比较了解的 20 名教授、研究生进行填写。将所得数据采用层次分析法，通过 expert choices 软件确定海水养殖空间布局评价指标的权重，如表 5-24 所示。表 5-24 中所示权重作为系统的原始内置权重，后期用户可根据自身需要按照下文权重调整规则调整此权重。

表 5-24　　　　　　　　海水养殖空间布局评价指标体系

一层（权重）	二层（权重）	三层（权重）
海水养殖空间布局优化指标体系	最优产量标准（0.2983）	经济效益（0.1429）
		GOP 比重（0.0131）
		GOP 增长率（0.0121）
		GOP（0.0162）
		水产流通增加值增长率（0.0115）
		海岸带经济密度（0.037）
		海域经济密度（0.041）
		滩涂湿地经济密度（0.012）
	海水养殖环境约束（0.065）	汞含量（0.002）
		镉含量（0.002）
		人均海水养殖资源量（0.03）
		污染造成水产品损失（0.031）

续表

一层（权重）	二层（权重）	三层（权重）
最优产量标准（0.2983）	海洋事务调控（0.0904）	海洋功能区划相符程度（0.0122）
		涉海基础设施支撑（0.0201）
		涉海科技支撑（0.026）
		涉海人才支撑（0.0321）
最优结构标准（0.097）	空间结构优化（0.0597）	区位商（0.0118）
		地理联系度（0.0115）
		空间基尼系数（0.005）
		集聚度（0.0118）
		均衡度（0.0116）
	产业结构优化（0.0373）	产业冲突程度（0.0131）
		产业合作程度（0.0242）
最优用海比例标准（0.2879）	不同养殖方式用海（0.0656）	池塘养殖空间占比（0.0221）
		底播养殖空间占比（0.0331）
		浅海养殖空间占比（0.0104）
	海水养殖业用海（0.133）	海水养殖业用海面积占比（0.082）
		人均海水养殖用海面积（0.051）
	海洋保护区用海（0.0893）	区域类海洋保护区面积占近岸管辖面积比例（0.0893）
最优布局次序标准（0.3168）	社会效益（0.01229）	海洋水产品加工率（0.0404）
		海洋渔业人口增长率（0.033）
		海洋渔业从业人员增加率（0.007）
		规模以上企业数量（0.0425）
	生态效益（0.1939）	沿海地区工业固体废弃物排放处理率（0.009）
		保护区水质达标率（0.0611）
		增养殖区水质达标率（0.0568）
		入海排污达标率（0.067）

（一层总表头：海水养殖空间布局优化指标体系）

（2）海水养殖空间布局评价指标筛选设计。指标筛选部分主要是为了实现系统运用的灵活性和适应性，让用户能够根据实际需要和数据的可得性构建合适的指标体系。指标筛选部分的设计主要指指标筛选规则的设计。

本系统允许用户调整第三层指标。为保证用户筛选的指标体系符合科学性和系统性原则，本系统制定了两条筛选规则：①用户必须为每个二层指标至少选择一个三层指标；②用户选择的三层指标权重之和必须占总权重的60%以上。第一条规则保证了指标体系的完整性,确保评价最优产量、最优结构、最优用海比例和最优布局次序的二层指标未发生变化,均至少有一个三层指标来衡量。第二条规则保证了指标体系的重要性。原指标体系建立在科学性、系统性基础之上,要求用户选择的指标体系权重占总权重的60%以上,能确保选择的指标是在原始指标体系中占有较大重要程度,能继承原指标体系的科学性和系统性,能有效评价海水养殖空间布局。

(3) 海水养殖空间布局评价权重调整设计。权重调整部分是为了让用户能够根据本地区的现实情况对指标权重进行调整。权重调整部分的设计关键在于权重调整规则,为保证调整后权重的科学性和规范性,本系统制定了权重调整规则:①本系统权重的调整综合考虑用户外置权重和系统内置权重。系统内置权重是对专家学者进行问卷调查的结果,具有一定的科学性,而用户外置的权重则代表了本地区的实际情况;②系统最终权重的确定方法是指标的内置权重的60%与用户外置权重的40%之和,作为最终的权重;③对调整后的指标体系权重进行调整,依次计算选择的原始指标权重占所有选择指标的原始权重之和的比重作为新的内置权重,从而得到调整后的指标体系权重。

2. 海水养殖空间布局优化决策支持系统现状评价模块设计

海水养殖空间布局优化决策支持系统现状评价模块包括海水养殖空间布局分级评价部分和海水养殖空间布局成效问题识别部分。分级评价部分是基于用户选择的指标体系和用户外部数据,计算得到海水养殖空间布局得分,根据分级基准对合理程度进行分级。成效问题识别部分是基于二层指标体系的得分,根据问题成效的判定标准,识别出取得的成效和存在的问题。

(1) 海水养殖空间布局分级评价设计。分级评价部分是根据用户的外部数据和系统内置指令,处理得到海水养殖空间布局的发展现状。分级评价部分的设计包括外部数据处理、评分结果计算及分级基准确定两个环节。

①外部数据处理。外部数据处理的关键是对数据进行标准化处理。在参阅《山东省海岸带规划》《山东省海洋功能区划》《山东省海岛保护规划》《蓝区发展规划》《山东省十二五规划》等文件和相关期刊文献,并向20名海水养殖专家学者咨询后,制定了三层指标的优化标准和优化公式,如表5-25所示。

表5-25　　　　海水养殖业空间布局评价指标标准化方法

三层指标 (指标符号)	最小合格标准	最优标准	最大合格标准	数据标准化计算公式
GOP比重 (X_1)		23% ~ 25%		(1) $X_1 \leq 23\%$,标准化数值为0 (2) $23\% < X_1 < 25\%$,标准化数值为 $1 - \lvert (X_1 - 24\%)/1\% \rvert \times 100$ (3) $X_1 \geq 25\%$,标准化数值为0

续表

三层指标（指标符号）	最小合格标准	最优标准	最大合格标准	数据标准化计算公式
GOP 增长率（X_2）		12%~15%		(1) $X_2 \leq 12\%$，标准化数值为 0 (2) $12\% < X_2 < 15\%$，标准化数值为 $100 - \|(X_2 - 13.5\%)/1.5\%\| \times 100$ (3) $X_2 \geq 15\%$，标准化数值为 0
GOP（X_3）		历年均值		(1) $X_3 \geq$ 历年 GOP 均值，标准化数值为 100 (2) $X_3 <$ 历年 GOP 均值，标准化数值为 0
水产流通增加值增长率（X_4）		0~40%		(1) $X_4 \leq 0\%$，标准化数值为 0 (2) $0\% < X_4 < 40\%$，标准化数值为 $\|(X_4 - 0\%)/40\%\| \times 100$ (3) $X_4 \geq 40\%$，标准化数值为 100
海岸带经济密度（X_5）	GDP×23%/海岸带面积×85.2%			(1) 若 $X_5 <$ GDP×23%/海岸带面积×85.2%，标准化数值为 0 (2) 若 $X_5 >$ GDP×23%/海岸带面积×85.2%，标准化数值为 $X_5/($GDP×23%/海岸带面积×85.2%$) \times 100$
海域经济密度（X_6）	GDP×23%/海域面积×87.16%			(1) 若 $X_6 <$ GDP×23%/海域面积×87.16%，标准化数值为 0 (2) 若 $X_6 >$ GDP×23%/海域面积×87.16%，标准化数值为 $X_6/($GDP×23%/海域面积×87.16%$) \times 100$
滩涂湿地经济密度（X_7）	GDP×23%/滩涂湿地面积×52.34%			(1) 若 $X_7 <$ GDP×23%/滩涂湿地面积×52.34%，标准化数值为 0 (2) 若 $X_7 >$ GDP×23%/滩涂湿地面积×52.34%，标准化数值为 $X_7/($GDP×23%/滩涂湿地面积×52.34%$) \times 100$
汞含量（mg/L）（X_8）	0.00005		0.0005	(1) $X_8 \leq 0.00005$，标准化数值为 100 (2) $0.1 < X_8 < 0.13$，标准化数值为 $\|(X_8 - 0.0005)/0.00045\| \times 100$ (3) $X_8 \geq 0.0005$，标准化数值为 0
镉含量（mg/L）（X_9）	0.001		0.01	(1) $X_9 \leq 0.001$，标准化数值为 100 (2) $0.1 < X_9 < 0.13$，标准化数值为 $\|(X_9 - 0.01)/0.03\| \times 100$ (3) $X_9 \geq 0.01$，标准化数值为 0

续表

三层指标 （指标符号）	最小合格标准	最优标准	最大合格标准	数据标准化计算公式
人均海水养殖资源量（吨/人）（X_{10}）	0.1		0.13	(1) $X_{10} \leq 0.1$，标准化数值为 0 (2) $0.1 < X_{10} < 0.13$，标准化数值为 $\lvert (X_{10}-0.1)/0.03 \rvert \times 100$ (3) $X_{10} \geq 0.13$，标准化数值为 100
污染造成水产品损失（万吨）（X_{11}）			1.5	(1) $X_{11} \leq 0.1$，标准化数值为 $\lvert (X_{11}-1.5)/1.5 \rvert \times 100$ (2) $X_{11} \geq 1.5$，标准化数值为 0
海洋功能区划相符程度打分（X_{12}）		10		$X_{12}/10 \times 100$
涉海基础设施支撑（X_{13}）				(1) $X_{13}=1$，标准化数值为 100 (2) $X_{13}=2$，标准化数值为 80 (3) $X_{13}=3$，标准化数值为 60 (4) $X_{13}=4$，标准化数值为 40 (5) $X_{13}=5$，标准化数值为 20
涉海科技支撑（X_{14}）				(1) $X_{14} \geq 0.288$，标准化数值为 100 (2) $X_{14} < 0.288$，标准化数值为 0
涉海人才支撑（X_{15}）				(1) $X_{15} \geq 0.0183$，标准化数值为 100 (2) $X_{15} < 0.0183$，标准化数值为 0
区位商（X_{16}）	1.5		2.5	(1) $X_{16} \leq 1.5$，标准化数值为 0 (2) $1.5 < X_{16} < 2.5$，标准化数值为 $100 - \lvert (X_{16}-2)/0.5 \rvert \times 100$ (3) $X_{16} \geq 2$，标准化数值为 0
地理联系率（X_{17}）	50		75	(1) $X_{17} < 50$，标准化数值为 0 (2) $50 < X_{17} < 75$，标准化数值为 $100 - \lvert (X_{17}-50)/25 \rvert \times 100$ (3) $X_{17} > 75$，标准化数值为 0
空间基尼系数（X_{18}）	0.5		0.75	(1) $X_{18} < 0.5$，标准化数值为 0 (2) $0.5 < X_{18} < 0.75$，标准化数值为 $100 - \lvert (X_{18}-0.5)/0.25 \rvert \times 100$ (3) $X_{18} > 0.75$，标准化数值为 0
集聚度（X_{19}）	58.1		58.4	(1) $X_{19} \leq 58.1$，标准化数值为 0 (2) $58.1 < X_{19} < 58.4$，标准化数值为 $\lvert (X_{19}-58.1)/0.3 \rvert \times 100$ (3) $X_{19} \geq 58.4$，标准化数值为 100

续表

三层指标（指标符号）	最小合格标准	最优标准	最大合格标准	数据标准化计算公式
均衡度（X_{20}）	50		40	(1) $X_{20} \leq 40$，标准化数值为100 (2) $40 < X_{20} < 50$，标准化数值为 $\mid (X_{20}-50)/0.3 \mid \times 100$ (3) $X_{20} \geq 50$，标准化数值为0
产业冲突程度（X_{21}）		0		$100 - X_{21} \times 10$
产业合作程度（X_{22}）		10		$X_{22} \times 10$
池塘养殖空间占比（X_{23}）		28%~48%		(1) $X_{23} \leq 28\%$，标准化数值为0 (2) $28\% < X_{23} < 48\%$，标准化数值为 $100 - \mid (X_{23}-38\%)/10\% \mid \times 100$ (3) $X_{23} \geq 48\%$，标准化数值为0
底播养殖空间占比（X_{24}）		44.6%~51.4%		(1) $X_{24} \leq 44.6\%$，标准化数值为0 (2) $44.6\% < X_{24} < 51.4\%$，标准化数值为 $100 - \mid (X_{24}-48\%)/3.4\% \mid \times 100$ (3) $X_{24} \geq 51.4\%$，标准化数值为0
浅海养殖空间占比（X_{25}）		4%~24%		(1) $X_{25} \leq 4\%$，标准化数值为0 (2) $4\% < X_{25} < 24\%$，标准化数值为 $100 - \mid (X_{25}-14\%)/10\% \mid \times 100$ (3) $X_{25} \geq 24\%$，标准化数值为0
海水养殖业用海面积占比（X_{26}）		2.5%~4%		(1) $X_{26} \leq 2.5\%$，标准化数值为0 (2) $2.5\% < X_{26} < 4\%$，标准化数值为 $100 - \mid (X_{26}-3.25\%)/10\% \mid \times 100$ (3) $X_{26} \geq 4\%$，标准化数值为0
人均海水养殖用海面积（公顷/人）（X_{27}）	0.012		0.015	(1) $X_{27} \leq 0.012$，标准化数值为0 (2) $0.012 < X_{27} < 0.015$，标准化数值为 $\mid (X_{27}-0.012)/0.003 \mid \times 100$ (3) $X_{27} \geq 0.015$，标准化数值为100
区域类海洋保护区面积占近岸管辖面积比例（X_{28}）		30%~50%		(1) $X_{28} \leq 30\%$，标准化数值为0 (2) $30\% < X_{28} < 50\%$，标准化数值为 $\mid (X_{28}-30\%)/20\% \mid \times 100$ (3) $X_{28} \geq 50\%$，标准化数值为100
海洋水产品加工率（X_{29}）		75%~85%		(1) $X_{29} \leq 75\%$，标准化数值为0 (2) $75\% < X_{29} < 85\%$，标准化数值为 $\mid (X_{29}-75\%)/10\% \mid \times 100$ (3) $X_{29} \geq 85\%$，标准化数值为100

续表

三层指标（指标符号）	最小合格标准	最优标准	最大合格标准	数据标准化计算公式
海洋渔业人口增长率（X_{30}）		0~20%		(1) $X_{30} \leq 0\%$，标准化数值为 100 (2) $0\% < X_{30} < 20\%$，标准化数值为 $\lvert (X_{30} - 20\%)/20\% \rvert \times 100$ (3) $X_{30} \geq 20\%$，标准化数值为 0
海洋渔业从业人员增加率（X_{31}）		0~30%		(1) $X_{31} \leq 0\%$，标准化数值为 0 (2) $0\% < X_{31} < 30\%$，标准化数值为 $\lvert (X_{31} - 0\%)/30\% \rvert \times 100$ (3) $X_{31} \geq 30\%$，标准化数值为 100
规模以上企业数量（X_{32}）	省平均水平			(1) $X_{32} \geq$ 省平均水平，标准化数值为 100 (2) $X_{32} <$ 省平均水平，标准化数值为 0
沿海地区工业固体废弃物排放处理率（X_{33}）		100%		$X_{33} \times 100$
保护区水质达标率（X_{34}）		100%		$X_{34} \times 100$
增养殖区水质达标率（X_{35}）	80%			$X_{35} \times 100$
入海排污达标率（X_{36}）		100%		$X_{36} \times 100$

②评分结果计算及分级基准确定。A. 评分结果计算。将标准化后的数据与相应的权重相乘，得到评分结果。评分的最高分为 100 分，最低分为 0 分。B. 评分分级基准确定。借鉴协调发展理论中我国学者对协调发展度的等级划分方法，采用等差赋值法对综合评分进行等级划分，得到海水养殖空间布局合理程度的评价基准。海水养殖空间布局优化分级基准共分为三大类，十小类，如表 5 – 26 所示。

表 5 – 26　　　　　　海水养殖空间布局优化分级基准

分级指标	Ⅰ	Ⅱ	Ⅲ	Ⅳ	Ⅴ	Ⅵ	Ⅶ	Ⅷ	Ⅸ	Ⅹ
综合评分	0~10	10~20	20~30	30~40	40~50	50~60	60~70	70~80	80~90	90~100

续表

优化水平	极度差	非常差	差	较差	濒临差	勉强好	较好	好	良好	非常好
布局合理程度	不合理				过渡阶段		合理			
布局合理程度等级	极度不合理	严重不合理	中度不合理	轻度不合理	濒临不合理	勉强合理	初级合理	中级合理	良好合理	非常合理

资料来源：经作者整理所得。

（2）海水养殖空间布局成效问题判定设计。由于指标体系中一层指标反映的问题太宽泛，三层指标反映的问题太细，而二层指标既是三层指标的集中反映，又能突出体现一层指标，所以本系统选择二层指标作为成效问题的判定对象。

成效问题判定设计包括判定过程和判定标准两方面。①判定过程。根据表 5-24，将标准化后的外部数据与相应权重相乘，得到三层指标得分。将同属于二层指标的三层指标得分相加，得到二层指标得分。最优二层指标得分是 100 * 二层指标权重所得。成效问题判定以二层指标得分与最优二层指标得分的比值为基础。②判定标准。若得分比值等于 1，则意味着该地区在该指标上的建设成绩较为突出，认为是取得的成效；若得分比值小于 0.6，则说明该地区在该指标上的建设与最优标准有较大差距，认为是存在的问题；若指标得分比值在 0.6 和 1 之间，则表明取得了一定的成绩，但也存在提升空间。

3. 海水养殖空间布局优化决策支持系统优化模块设计

优化模块设计包括优化路径设计、优化方案设计和优化对策设计三个部分，三者层层递进。优化路径部分是针对该地区现状，以布局满分为最终目标，基于经济优先发展、生态保护优先、综合发展三项原则制定优化路径。优化方案部分是在优化路径的基础上，根据行动中的不同侧重点，如侧重政府行政力量推动、侧重机制创新、侧重政策激励和引导，制定优化方案。优化对策部分是对优化方案的进一步具体化，针对每个优化方案制定具体的实施对策，便于用户付诸实践。

（1）海水养殖空间布局优化路径设计。海水养殖空间布局优化路径设计包括确定优化路径目标、设计优化路径原则、制定优化路径过程三方面。①确定优化路径目标。优化路径部分的设计目标是以用户为导向，以成效问题模块中得分比值小于 1 的二层指标为优化对象，随着路径经过阶段目标点，对应的二层指标得分提升至最优得分，布局总分进一步提高，直至布局得分达到满分。②设计优化路径原则。为了满足用户的多样化需求，本系统为阶段目标点的排序制定了三条原则：经济优先发展原则；生态保护优先原则；兼顾经济发展和生态保护综合原则。③制定优化路径过程。以优化对象的得分比值达到1作为阶段目标点,以布局原始得分为起点,基于三原则中的某一原则,对阶段目标点的先后顺序进行排列,制定阶段目标点(起点)到下一阶段目标点的最短路线,起点、阶段目标点和路线共同构成了优化路径。

(2) 海水养殖空间布局优化方案设计。本系统以优化路径为依托,根据用户对方案侧重点的要求,设计优化方案。海水养殖空间布局优化方案设计包括优化方案侧重原则设计、优化方案设计过程两方面。①优化方案侧重原则设计。本系统设定了三条侧重原则,分为侧重政府行政力量推动、侧重机制创新、侧重政策激励和引导。侧重政府行政力量推动意味着政府强大的行政力量、政府支持确保优化方案的实施。侧重机制创新意味着通过一系列创新的机制来发挥激励和引导作用从而保证优化方案的实施。侧重政策激励、约束和引导意味着通过制定一系列政策来发挥激励、约束和引导作用从而保证优化方案的实施。②优化方案设计过程。系统根据地区政府行政力量强弱和政策、机制引导效果选择不同侧重点。根据三条侧重原则各制定一个优化方案,即每条优化路线有一个优化方案,有若干目标点,就相对应的有若干优化方案。

(3) 海水养殖空间布局优化对策设计。海水养殖空间布局优化对策设计包括优化对策设计依据、优化对策设计过程两方面。①优化对策设计依据。本系统制定的优化对策是经过咨询20名海水养殖、海洋经济领域教授、研究生等人的意见,依据《山东省海岸带规划》《山东省海洋功能区划》《山东省海岛保护规划》《蓝区发展规划》《山东省十二五规划》等一系列海洋发展规划和期刊文献设计而成。②优化对策设计过程。在优化路径和优化方案制定原则的双重约束下,本系统为用户制定唯一的优化对策,即根据一定原则选择一条路径,在这条路径下根据行动的侧重点选择一个优化方案,该优化方案对应唯一的一套优化对策。海水养殖空间布局优化对策是优化方案的具体实施方法。

(三) 决策过程设计

本系统的三个模块是先后承接,紧密联系的关系。指标体系模块是系统运行的基础,也是系统开始工作的第一步。现状评价模块是系统的过渡模块,也是优化模块运行的前提。优化模块和系统的核心,是指标体系模块和现状评价模块工作的最终目的,是为用户提供主要服务。根据系统中的指标体系模块、现状评价模块和优化模块中各部分的逻辑顺序,设计系统的决策过程如图5-14所示。

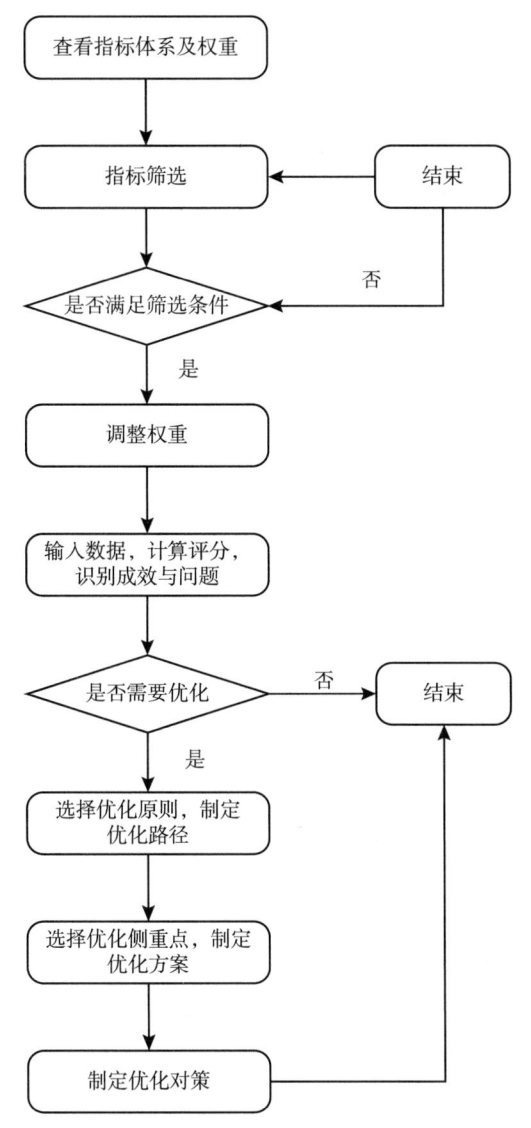

图 5-14　海水养殖空间布局优化决策支持系统决策过程

二、海水养殖空间布局优化决策支持系统的应用：以山东半岛蓝区为例

以山东半岛蓝区为例应用系统。根据山东半岛蓝区数据的可得性，调整指标体系和指标权重。系统根据输入的数据对海水养殖空间布局进行现状评价，识别其取得的成效和存在的问题，制定海水养殖空间布局优化路径，方案和对策。

(一) 指标体系模块应用

根据山东半岛蓝区数据的可得性对海水养殖空间布局优化指标体系进行筛选,所选指标原权重占全部指标权重的95.3%,说明所选指标在原指标体系中具有代表意义。筛选后的指标体系和调整后指标权重如表5-27所示。

表5-27　山东半岛蓝区海洋养殖空间布局筛选后指标体系及权重

指标	调整后权重
GOP比重	0.0131
GOP增长率	0.0121
GOP	0.0162
水产流通增加值增长率	0.0115
海岸带经济密度	0.037
海域经济密度	0.053
人均海水养殖资源量	0.03
污染造成水产品损失	0.035
海洋功能区划相符程度	0.0122
涉海基础设施支撑	0.0201
涉海科技支撑	0.026
涉海人才支撑	0.0321
区位商	0.0128
地理联系度	0.0195
集聚度	0.0138
均衡度	0.0136
产业冲突程度	0.0131
产业合作程度	0.0242
池塘养殖空间占比	0.0221
底播养殖空间占比	0.0331
浅海养殖空间占比	0.0104
海水养殖业用海面积占比	0.082
人均海水养殖用海面积	0.051
区域内海洋保护区面积占近岸管辖面积比例	0.0893
海洋水产品加工率	0.0404

续表

指标	调整后权重
海洋渔业从业人员增加率	0.04
规模以上企业数量	0.0425
保护区水质达标率	0.0611
增养殖区水质达标率	0.0608
入海排污达标率	0.072

资料来源：根据系统输出结果整理所得。

（二）现状评价模块应用

1. 山东半岛蓝区海水养殖空间布局得分分析

将2015年山东半岛蓝区的指标数据①输入系统，经运算得到山东半岛蓝区的海水养殖空间布局现状，结果如表5-28所示。

表5-28　　山东半岛蓝区海水养殖空间布局二层指标得分

二层指标	分数	最优得分	成效/问题
经济效益	7.487	14.29	问题
海水养殖环境约束	0.465	6.5	问题
海洋事务调控	9.04	9.04	成效
空间结构优化	1.624	5.97	问题
产业结构优化	1.02	3.73	问题
不同养殖方式用海	6.56	6.56	成效
海水养殖业用海	1.562	13.3	问题
海洋保护区用海	7.656	8.93	—
社会效益	9.834	12.29	—
生态效益	9.811	19.39	问题

资料来源：根据系统输出结果整理所得。

山东半岛蓝区海水养殖空间布局总体得分为55.059，参照海水养殖空间布局评分分级基准表（表5-26）可知，2015年山东半岛蓝区海水养殖空间布局处于合理与不合理之间的过渡阶段，急需对海水养殖空间布局进行优化与改善。其中，依据成效问题判断标准，山东半岛蓝区海水养殖空间布局在海洋事务调控、

---

① 《山东渔业年鉴》当前更新到2015年，2016年数据尚未公布。

不同养殖方式用海方面取得 2 项成效，在经济效益、海水养殖环境约束、空间结构优化、产业结构优化、海水养殖业用海、生态效益方面存在 6 项问题。

2. 山东半岛蓝区海水养殖空间布局成效分析

（1）山东半岛蓝区在海洋事物调控方面取得成效。山东半岛蓝区在二层指标海洋事物调控的得分为 9.04，与最优分数比值为 1，依据成效问题判断标准，意味着山东半岛蓝区在海洋事物调控指标上的建设成绩较为突出，认为是取得的成效。山东相对于其他省份具有较长的海岸线、广阔的海洋资源和深厚的海洋基础，山东省作为海洋大省与其他海洋省份相比，在海洋功能区划及海洋事务管理上都较为完善。此外，山东半岛蓝区海洋科技优势得天独厚，是全国海洋科技力量的"富集区"，拥有海洋科研、教学机构 55 所，在海水养殖的科技水平及海水养殖人才具有很强的优势。

（2）山东半岛蓝区在不同养殖方式用海方面取得成效。山东半岛蓝区在二层指标不同养殖方式用海的得分为 6.56，与最优分数比值为 1，依据成效问题判断标准，意味着山东半岛蓝区在不同养殖方式用海指标上的建设成绩较为突出，认为是取得的成效。山东半岛蓝区不用养殖方式用海取得成效的原因在于，有效的规划和充分的利用海洋空间资源，积极提升池塘、底播、浅海等可利用资源的海水养殖经济产出，实现了充分投入和最大产出。2015 年山东半岛蓝区已充分实现和以往单品养殖不同的养殖方式，采取扇贝、藻类、海珍品等上中下三层的立体养殖"生态方"模式，一亩海变三亩海。

3. 山东半岛蓝区海水养殖空间布局问题分析

（1）经济效益方面存在产业链条不健全问题。山东半岛蓝区海水养殖业仍主要限于初级养殖阶段，后续的海产品精品培育、海产品深加工业，海洋生物产业等发展较缓，产业链有待延长完善。由此产生经济效益水平较低，表现为二级指标经济效益的得分为 7.487，占最优得分的 52.39%。目前山东半岛蓝区养殖产品的加工主要以低档次的粗加工、大包装水平为主，整体水平很低。精加工和深加工的产品比较少，甚至精加工或者深加工之后的产品尚未达到基本的质量要求，在基础加工时就受到打压。

（2）海水养殖环境约束方面存在制约海水养殖产量问题。山东半岛蓝区在海水养殖区域高度集中于沿岸，长期高密度、高强度养殖以及不断加大的陆源排污，导致养殖环境和种质量的下降，养殖病害频发，表现在二级指标空间资源利用率的得分为 0.465，只占最优得分的 7.15%。沿海城市的发展，加速了沿海城市人口的快速增长，人们的生活污染、工业污染越来越严重，对海洋资源造成了极大的危害。随着养殖规模的不断扩大，养殖品种、生产方式的传统单一化，人工养殖过程中投饵量的增加，养殖业自身污染日益加重，导致海域环境质量日趋下降，已直接威胁到养殖业的健康发展。

（3）空间结构优化方面存在空间资源管理水平较低问题。山东半岛蓝区海水养殖用海管理水平较低，易造成养殖密度过大等问题出现，对海水养殖整体效益造成影响。在二层指标空间结构优化的得分仅为 1.624，达到最优得分的 27.2%，说明山东半岛蓝区海水养殖的空间结构有待提高，海水养殖密度、均衡度有待改善。同时海域使用管理水平有待优化，整体未形成系统的、完整的海域利用空间规划，造成海水养殖海域利用水平较低，并存在其他产业占用、围填海等现象。

（4）产业结构优化方面存在海水养殖种类、养殖方式结构不合理问题。山东半岛蓝区海水养殖品种中，高值虾、蟹类及鱼、藻类所占比重较低，而低质水产品养殖较高，急需进一步优化养殖结构、养殖方式、调整产业结构。一家一户分散式经营方式制约，养殖业仍以粗放式经营为主，在短期内并没有形成真正的高中低档品种与多种生产方式相结合的综合发展格局。山东半岛蓝区在二级指标产业结构优化上的得分为 1.020，只达到最优得分的 27.35%。其中海水养殖业产业冲突较大，同质化现象严重，而产业合作程度较低是山东半岛蓝区海水养殖产业结构失衡的具体表现。

（5）海水养殖业用海方面存在占比减少问题。海水养殖业用海失衡是山东半岛蓝区发展海水养殖过程中存在的比较严重的问题，在二层指标海水养殖业用海的得分仅为 1.562，只达到最优得分的 11.74%。山东半岛蓝区海水养殖业用海面积减少的原因主要包括工业建设用海增多、旅游用海增多，同时为了配合整体山东省三次产业结构的调整，优化各沿海城市产业结构，致使海水养殖用海比例缩减。山东半岛蓝区沿海产业和临港经济的快速发展，海岸线开发强度的加大，沿岸大量海水养殖塘和养殖滩涂被改为工业、港口等用地，海水养殖面积锐减。沿海的城市建设，海港、跨海大桥与海底隧道等交通工程建设，致使沿海地区用于海水养殖用地逐渐减少，威胁到了沿海及近海的海水养殖面积及单产量等。

（6）生态效益方面存在沿海化工业及工业建设影响水质环境问题。当前海域布局未能促进海水养殖与其他海洋产业友好并存，未能实现产业间协调发展。山东半岛蓝区在海水养殖布局上不能科学合理地对海洋各产业进行布局，沿海化工业及工业建设引起的环境污染，严重影响到海水养殖所需的水质环境。同时沿海工业等挤占海水养殖海域空间，造成生态效益水平较低，表现为二级指标经济效益的得分 9.811，占最优得分的 50.6%。

（三）优化模块应用

系统根据现状评价模块结果和用户选择指令，制定针对山东半岛蓝区海水养殖空间布局优化的优化路径、方案和对策。

1. 山东半岛蓝区海水养殖空间布局优化路径

山东半岛蓝区海水养殖空间布局对海洋保护区用海的负面影响较小，在二级指标得分为 7.656，达到了最优得分的 85.65%，但山东半岛蓝区海水养殖空间布局存在的问题显示，山东半岛蓝区的海水养殖布局在经济方面存在较多问题，同时生态效益在二级指标得分为 9.811，达到了最优得分的 50.6%。因此，为山东半岛蓝区选择经济优先发展为原则、生态保护为底线制定优化路径，如图 5-15 所示。针对不同目标点，得出各自的优化路线，故形成 8 条 R0 至 R8 优化路线，如表 5-29 所示。

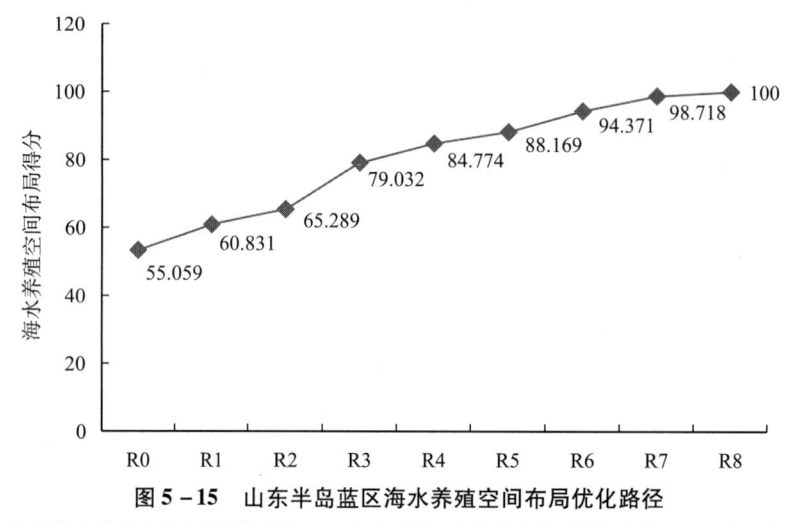

图 5-15　山东半岛蓝区海水养殖空间布局优化路径

注：R0 为海水养殖空间布局原始得分，R1 为实现第一步优化路径后的海水养殖空间布局得分。

表 5-29　　　　　　　山东半岛蓝区海水养殖空间布局优化路线

	阶段目标点	路线	布局得分
R0	布局得分（起点）	—	55.059
R1	海水养殖业用海	R0→R1：积极拓展养殖海域空间，控制海水养殖业用海最优区间	60.831
R2	空间结构优化	R1→R2：优化海水养殖空间结构，重点提高养殖空间利用效率	65.289
R3	产业结构优化	R2→R3：加快产业结构的优化调整，提高整体发展水平	79.032
R4	经济效益	R3→R4：延长产业链，拓宽海水养殖销售市场，提高经济效益	84.774
R5	海水养殖环境约束	R4→R5：注重海域环境质量，创造良好的渔业发展环境	88.169
R6	生态效益	R7→R8：提高海水养殖布局的生态正效益，完善养殖海域防御系统	94.371

续表

阶段目标点	路线	布局得分
R7	社会效益	R8→R9：多主体协同合作发展，提高海水养殖空间布局社会效益	98.718
R8	海洋保护区用海	R9→R10：合理规划海洋保护区用海，禁止占用水产种质资源保护区	100.000

2. 山东半岛蓝区海水养殖空间布局优化方案及对策

通过对沿海 11 个城市（连云港、南通、宁波、舟山、莆田、厦门、广州、珠海、北海、荣成、长岛）进行实地调研，分析得出海水养殖空间布局优化决策的主体包括政府、企业、协会、养殖户、科研院校等，客体包括养殖面积、养殖种类、养殖方式等，其中主体在海水养殖空间布局优化中占据主要地位，并且政府及机关领导人是主体的核心。因此为山东半岛蓝区选择侧重政府行政力量推动的优化方案及对策，如表 5-30 所示。

表 5-30　侧重政府行政力量推动的山东半岛蓝区海水养殖空间布局优化方案及对策

路线	方案	对策
R0→R1：积极拓展养殖海域空间，控制海水养殖业用海最优区间	制定养殖海域规划，设立养殖用海保护"蓝线"，开展深远海养殖活动和建立海外养殖基地	①政府层面科学制定养殖海域规划、统筹围海造地项目审批工作，并以地方立法加以固化等手段，尽快扭转近海建设无序、养殖海域和滩涂严重挤占的混乱局面。②设立养殖用海保护"蓝线"，建立海水养殖基本保护区，不得随意改变海域的规划用途。③鼓励和支持资金雄厚、技术先进的海水养殖龙头企业开展深远海养殖活动和建立海外养殖基地，以此带动更多的海水养殖主体实现养殖海域从近海海域向深远海域、从我国管辖海域向海外国家适养海域的双重拓展，最大限度地拓宽未来我国海水养殖资源开发的战略空间
R1→R2：优化海水养殖空间结构，重点提高养殖空间利用效率	发展集约化健康养殖模式，降低贷款门槛和抵押条件，确保海水养殖资源开发经营资金的有效供给	①政府积极引导企业突出海水养殖资源开发立体作业的生产特点，大力发展不同栖息水层海洋水产资源的集约化健康养殖模式（例如鱼、虾、蟹、贝、藻类混养和梯级养殖、深水抗风浪网箱养殖等）最大限度地提升已养海域的空间利用效率。②海水养殖资源开发活动客观上需要大量的资金投入，由此应加大对海水养殖资源开发经营主体的金融扶持力度。政府层面不仅要降低贷款门槛和抵押条件，还要采取提高信用额度、优惠贷款利率或提供政府贴息贷款等措施，确保海水养殖资源开发经营资金的有效供给

续表

路线	方案	对策
R2→R3：加快产业结构的优化调整，提高整体发展水平	掌握地区养殖业中的优势种类，调整优化海水养殖品种结构，持续推进海水养殖模式创新发展	①政策引导企业以名、特、优、新品种引进培育和传统养殖品种改良为重点，与高校科研院所积极合作与交流，开展苗种培育，依靠种苗繁育更新，促进结构优化调整。②积极推进海参、鲍鱼、海胆、海水珍珠等海珍品的养殖规模，同时尽快扭转长期以来偏重海洋动物资源开发的工作局面，加大以海洋藻类为主要代表的海洋植物资源开发力度，通过海水养殖品种结构的持续优化系统提升海水养殖资源开发的经济效益，同时有效缓解或解决养殖海域的富营养化问题。③在保持传统的底播养殖、筏式养殖、吊笼养殖和池塘养殖规模的基础上，政府积极引导推广抗风浪深水网箱养殖和陆基工厂化循环海水养殖模式
R3→R4：延长产业链，拓宽海水养殖销售市场，提高经济效益	发展高端消费市场，搭建电商销售服务平台，有效延伸海水养殖资源开发的价值链条	①大力发展高端特色品牌海产品养殖和海洋观赏鱼类养殖，休闲旅游业，开展养殖海域旅游观光、养殖海产品垂钓、特色餐饮、海上影视基地等活动，进一步拓展海水养殖资源开发的经营空间，有效延伸海水养殖资源开发的价值链条。②针对中高端消费市场，政府层面引导和支持资金雄厚、经营能力突出的海水养殖资源开发经营主体搭建电商销售服务平台，开展养殖海产品电子商务，确保养殖海产品及时完成网络销售。③针对中低端消费市场，重点依托渔业协会大力发展订单，以养殖海产品加工龙头企业培育为基础，以渔业协会为中介，积极探寻"风险共担、利益共享"的养殖海产品订单机制。加快推进海水养殖资源开发与休闲旅游业的融合发展
R4→R5：注重海域环境质量，创造良好的渔业发展环境	加大适养海域环境执法力度，发展藻类和底播养殖修复海洋生态环境	①政府层面加大适养海域环境执法力度，具体通过加强适养海域环境执法队伍建设、强化适养海域的跟踪监测工作、提高对海域排污船舶和企业的惩罚强度等，最大限度地降低或根除适养海域的外源性污染。②适度发展藻类和底播养殖等具有固碳修复海洋生态环境作用的养殖活动，在促进适养海域立体开发的同时，最大限度地降低海水富营养化引致的赤潮等海洋次生灾害
R5→R6：提高海水养殖布局的生态正效益，完善养殖海域防御系统	增强全民海洋渔业环境保护意识，完善养殖海域自然灾害防控体系建设	①政府层面开展海洋与渔业法规宣传，通过广泛深入持久地开展《海洋环境保护法》等法规宣传，进一步增强全民海洋渔业环境保护意识。②研究所高校层面加强海水养殖技术推广应用工作，引导新型海水养殖主体科学控制放养密度、量化投饵数量、改进投饵方式、规范防疫用药标准等，最大限度地降低养殖海域的内源性污染。针对我国海域自然灾害频发的不利局面，重点完善包括海域监测预警系统、海域防灾系统、海域抗灾系统、海域救灾系统和海域灾后恢复系统等内容的养殖海域自然灾害防控体系建设

续表

路线	方案	对策
R6→R7：多主体协同合作发展，提高海水养殖空间布局社会效益	水产科研机构、高等院所联合开展海水养殖科技研发工作，统筹海水养殖科技研发多元化投入，提高海水养殖主体风险应对能力	①政府层面建议农业部、科技部联合财政部通过设立海水养殖科技专项的形式提高政府财政对海水养殖科技研发的投入水平，加强针对海水养殖品种、饲料、防疫用药、养殖模式的基础科学研究，重点深化海水养殖容量的科研工作。②采取减免税、加大转移支付等手段支持海水养殖生产经营企业技术创新，引导和支持它们与水产科研机构、高等院所联合开展海水养殖科技研发工作。③完善渔业合作经济组织的宣传推介工作，优化海水养殖合作经济组织发展环境，引导和支持成立以单一海水养殖品种为主或以属地命名的海水养殖合作经济组织
R7→R8：合理规划海洋保护区用海，禁止占用水产种质资源保护区	加强基础研究工作，避免出现保护对象不科学、保护区范围不合理以及保护区盲目和重复建设等问题	政府应在以规划的国家级水产种质资源保护区的基础上，从保护区数量、区域布局、类型结构、保护物种等方面加强基础研究工作，制定各级水产种质资源保护区建设规划，避免出现保护对象不科学、保护区范围不合理以及保护区盲目和重复建设等问题

如表 5-30 所示，山东半岛蓝区海水养殖空间布局优化选择了"以经济优先发展为原则，生态保护为底线"的优化路径，制定出侧重政府行政力量推动的 8 条优化线路（R0 至 R8）及相对应的 8 个优化方案，并针对每个优化方案提出了具体的优化对策。

三、结论

（1）本文以提升海水养殖空间布局合理程度为目标，以提供海水养殖布局优化决策支持为核心，基于修正的空间多标准分析法，设计编写了海水养殖空间布局优化决策支持系统。（2）海水养殖空间布局优化决策支持系统在系统架构设计上，以空间多标准分析框架为依托，采用三层架构模式，分为表现层、业务层和数据层。（3）海水养殖空间布局优化决策支持系统在系统功能设计上，根据空间多标准分析步骤，设计了指标体系、现状评价和优化三个模块，为用户提供指标查看与筛选、权重调整、数据输入、布局评分与布局合理程度分级、成效问题识别、优化路径、方案和对策制定等服务。（4）指标体系、现状评价和优化三个模块是先后承接，紧密联系的关系，根据系统中的指标体系模块、现状评价模块和优化模块中各部分的逻辑顺序，设计了系统的决策过程流程图。（5）以山东省山东半岛蓝区为例，对系统进行应用。经系统运算，得到山东半岛蓝区海水养殖空间布局得分为 53.291，评级为勉强合理。山东半岛蓝区取得了海洋事务调控较强和不同养殖方式用海比例合理 2 项成效，存在海水养殖业用海比例失衡，海水养殖空间结构和产业结构失衡，海水养殖环境恶化，生态效益整体水平较差，同时海水养殖受环境约束程度较高六项问题。(6) 根据山东半岛蓝区的具体情况及沿海 11 城市实地调研情况，为其选择了"以经济优先发展为原则，生态保护为底线"的优化路径，系统制定出侧重政府行政力量推动的 8 条优化线路（R0 至 R8）及相对应的 8 个优化方案，并针对每个优化方案提出了具体的优化对策，为山东半岛蓝区的海水养殖空间布局优化提供了较好的决策支持。

第六章 海洋交通运输业空间布局优化

海洋交通运输业空间布局优化，是在结合超效率 DEA 模型和 Malmquist 指数对我国沿海省份的海洋交通运输业的布局效率进行研究的基础上，提出相应对策，同时进一步研究海洋交通运输业空间布局优化方案，并针对方案运用灰色局势决策模型制定相应的优化策略。

第一节 海洋交通运输业空间布局优化评价

一、研究综述

（一）海洋交通运输业研究综述

塔利（Talley W K，2013）研究了海洋运输业中承运人利润、港口吞吐量和托运人物流成本对承运人、港口和托运人选择的影响，发现利润对承运人在海洋运输中的选择有直接或间接的正向影响，港口吞吐量对一个港口的选择也有直接或间接的正向影响，托运人成本则对托运人有直接或间接的反向影响；卡林·莫里西，卡塔尔·奥多诺休（Karyn Morrissey，Cathal O'Donoghue，2013）运用投入产出方法分析了爱尔兰海洋交通运输业集群的潜能，研究发现在爱尔兰的都柏林地区存在海洋经济活动的集群并提出应采取加强都柏林地区港口基础设施建设，对海洋运输部门进行明确定位等措施来促进海洋交通运业的集群。国内对海洋交通运输业的研究较少，主要集中在海洋交通运输业碳排放和海洋交通运输业与整体经济关系的研究。纪建悦，孔胶胶（2012）运用 STIRFDT 模型对我国海洋交通运输业碳排放进行预测研究，研究表明控制碳排放量主要依靠单位周转量能耗的降低；纪建悦、孔胶胶（2011）构建了海洋交通运输业碳排放恒等式，运用 LMDI 分解技术，分析了影响我国海洋交通运输业碳排放量的关键因素，得出了海洋交通运输业减排的关键在于调整能源结构的结论；张晋青（2010）利用灰色关联度模型研究了辽宁省海洋交通运输业与辽宁省海洋经济发展的关系，结合区位熵和偏离份额分析法对辽宁省海洋交通运输业在环渤海地区的竞争力进行了定位，并在此基础上对辽宁省海洋交通运输业发展提出了对策与建议。赵昕、梁明星（2010）以渔业产值、港口吞吐量、滨海旅游收入为自变量，GDP 为因变量进行多元线性回归，测算了青岛海洋渔业、海洋交通运输业和滨海旅游业对青岛整体经济的影响，实证表明海洋交通运输业对整体经济有明显的拉动作用，笔者提出应加强青岛港的龙头位置，加大港口基础设施建设，提高港口运作效率，加快港口相关产业的发展来促进青岛海洋交通运输业的发展，进而拉动青岛的整体经济。

（二）DEA 模型研究综述

DEA（Data Envelop Analysis，数据包络分析）及其改进模型常用于社会经济系统的绩效评价。亚历山大·科特·波维达（2013）运用超效率 DEA 模型，以 1 为投入变量，GDP、基尼系数的倒数、未满足的基本需求的倒数等作为产出变量研究了 1993～2007 年哥伦比亚各地区的经济发展和增长情况；彼得·万可、卡洛斯·巴罗斯（2013）运用两阶段 DEA 模型，以分行个数，员工数目为投入指标，行政费用和人事费用为中间指标，股东权益和固定资产为产出指标，研究了巴西各银行的成本效率和生产效率，得出了巴西各银行是异构的结论；Aydın Çelen, Neşe Yalçın（2012）结合模糊层次分析法，逼近理想解排序法和 DEA 模型研究了土耳其电力分销市场的配电效率；Yu‐Shan Chen, Bi‐Yu Chen (2010) 利用 DEA 模型和 Malmquist 指数研究了 2004～2007 年台湾晶圆制造业的经营效率，得出了台湾晶圆制造业必须提高综合技术效率和纯技术效率来改善经营绩效的结论；王双（2013）从资源环境、经济增长、制度环境三个方面构建了海洋经济竞争力评价指标，利用 DEA 模型测算了 2001～2010 年我国沿海主要经济区的经济竞争力，分析了资源禀赋、产业结构、科技水平、环境保护、政策支持五个因素对海洋经济竞争力的影响，并根据各海洋经济区竞争力强弱，提出了提升竞争力的发展建议；谢子远、鞠芳辉、孙华平（2012）运用超效率 DEA 模型测度了 2006～2009 年我国区域海洋创新效率，分析了我国海洋科技创新效率的影响因素分析并进行了实证检验，研究发现海洋科研机构规模、高级职称人员比重与海洋科技创新效率正相关，专业技术人员比重及研究生比重与海洋科技创新效率负相关，提出了提高海洋科技创新效率的相应对策；程娜（2012）分析了我国海洋第二产业的发展特征，以 2006～2010 年的海洋第二产业不同控股类型的上市公司为样本构建了 DEA 模型，实证表明：非国有控股类涉海企业的经营效率要比国有控股类高，大部分的国有控股类涉海企业都处于无效率的规模报酬递减的经营状态中，海洋第二产业的经营效率受产权结构、经营规模、技术创新能力和经营管理水平等因素的影响；范斐、孙才志、张耀光（2011）运用 DEA

模型和 Malmquist 生产力指数分析了 1995～2008 年环渤海经济圈 17 个沿海城市的海洋经济效率，实证表明：环渤海经济圈沿海城市海洋经济的效率都是不断提升的，技术进步的有效变动是海洋经济效率提升的主要原因，一些沿海城市海洋经济发展因存在纯技术无效或者纯规模无效或者纯技术与纯规模均无效从而导致综合运行效率欠佳。

二、超效率 DEA 模型及 Malmquist 指数介绍

（一）超效率 DEA 模型介绍

DEA 模型是基于投入和产出变量，利用数学规划的方法，用于评价决策单元（decision making unit，DMU）相对效率的非参数估计方法，由查恩斯（A. Charnes）和库珀（W. W. Cooper）等于 1978 年提出。DEA 模型主要有四个优点：(1) 基于多个投入和产出变量，不限制投入产出变量的个数；(2) 不需要假设投入和产出变量的函数关系；(3) 通过判断 DMU 是否位于生产可能集的"生产前沿面"上来判断是否为 DEA 有效；(4) 不存在内生性问题。基于以上优点，DEA 模型被广泛运用于社会经济系统的相对效率评价中。

经过三十多年的发展，国内外学者对 DEA 模型进行了扩充和完善，出现了超效率 DEA 模型等。一般的 DEA 模型只能评价 DMU 是否相对有效，不能对相对有效的 DMU 进行排序，而超效率 DEA 模型则可以实现相对有效 DMU 之间的比较。超效率 DEA 模型的形式为：

$$\min[\mu - \varepsilon(e^T s^+ + \hat{e}^T s^-)]$$

$$\text{s.t.} \sum_{j=1, j\neq k}^{n} x_j \lambda_j + s^- = \mu x_k$$

$$j = 1, y \neq k$$

$$j = 1, j \neq k$$

$$\lambda_j \geq 0, j = 1, \cdots, n$$

$$s^+ \geq 0, s^- \geq 0$$

$$e = (1, \cdots, 1) \in E^m$$

$$\hat{e} = (1, \cdots, 1) \in E^t \tag{6-1}$$

模型共有 t 个投入变量，m 个产出变量，n 个 DMU。S^- 和 x_k 为 t 维向量，x_k 为第 k 个 DMU（DMU－k）的投入向量，S^- 为负偏差变量。S^+ 和 y_k 为 m 维向量，y_k 为 DMU－k 的产出向量，S^+ 为正偏差变量。ε 为非阿基米德无穷小。λ_j 为 DMU－j 被引用的权重。μ 为 DMU－k 相对效率值。μ，λ_j，S^+，S^i 为待估参数。

设 μ，λ_j，S^+，S^i 为上述模型的最优解，有：

（1）若 $u^k=1$ 且 $e^T s^+ + b^T s^b = 0$，则 DMU-k 为 DEA 有效。这意味着 DMU-K 在技术和规模上均有效。当 $u^k=1$ 但 $e^T s^+ + e^T s^b = 0$，则 DMU-k 为 DEA 弱有效，即规模有效和技术有效不能同时满足。

（2）若 $u^k>1$，则 DMU-k 为 DEA 有效，技术和规模都是有效的，且投入等比例增加 u^k-1 倍，DMU-k 在样本中仍能保持相对有效。

（3）若 $u^k<1$ 且 $e^T s^+ + e^T s^b = 0$，则 DMU-k 为非 DEA 有效，这表明 DMU-k 在技术和规模都是无效的，可将投入减至（$\mu^k x_{ki}, b^T s^i$），产出增至（$y_k + S^+$）来提升效率，达到 DEA 有效。

（二）Malmquist 指数介绍

Malmquist 指数是由 Malmquist 在消费分析的过程中首先提出，后在 1982 年经卡夫、克里斯特伦和迪威特将其与距离函数结合建立起来的用于考察全要素生产率增长（total factor productivity change，TFP-ch）的生产力指数。由于当时 Malmquist 指数中距离函数计算的复杂性，其运用并不广泛。直到 DEA 理论的快速发展，费尔（Fare）等提出可以通过 DEA 方法来计算 Malmquist 指数中的距离函数，Malmquist 指数才被广泛运用于效率分析领域。

根据 Shephard 距离函数将全要素生产率增长分解为综合技术变动（technical change，TECH-ch）和技术效率变动（technical efficiency change，TE-ch）。在规模报酬不变的假设下，TFP-ch 的计算公式为：

$$\text{TFP-ch} = \left| \frac{d^t(x_j^{t+1}, y_j^{t+1})}{d^t(x_j^t, y_j^t)} \times \frac{d^{t+1}(x_j^{t+1}, y_j^{t+1})}{d^{t+1}(x_j^t, y_j^t)} \right|^{\frac{1}{2}} \quad (6-2)$$

x_j^t 表示决策单元 j 第 t 期的投入向量，y_j^t 表示决策单元 j 第 t 期的产出向量。$d^t(x_j^{t+1}, y_j^{t+1})$ 表示的是以 t 期为技术参考，t+1 期的决策单元 j 的距离函数，也即以 t 期的技术表示的 t+1 期的技术效率水平。TFP-ch>1 表示全要素生产率出现了增长；TFP-ch<1 表示全要素生产率在下降。

将 Malmquist 指数分解可得到：

$$\text{TFP-ch} = \text{TECH-ch} \times \text{TE-ch} \quad (6-3)$$

$$\text{TECH-ch} = \left| \frac{d^t(x_j^{t+1}, y_j^{t+1})}{d^{t+1}(x_j^{t+1}, y_j^{t+1})} \times \frac{d^t(x_j^t, y_j^t)}{d^{t+1}(x_j^t, y_j^t)} \right|^{\frac{1}{2}} \quad (6-4)$$

$$\text{TE-ch} = \frac{d^{t+1}(x_j^{t+1}, y_j^{t+1})}{d^t(x_j^t, y_j^t)} \quad (6-5)$$

TECH-ch>1 意味管理组织效率的提升，反之则为降低；TE-ch>1 意味着技术效率提升，反映了技术进步，反之则为技术衰退。

Malmquist 指数的距离函数的 DEA 模型为：

$$d^t(x_j^t, y_j^t) = \min\mu$$
$$s.t. \sum_{j=1,j\neq k}^{n} x_j^t \lambda_j + s^- = \mu x_k^t$$
$$\sum_{j=1,j\neq k}^{n} y_j^t \lambda_j - s^+ = y_k^t$$
$$\lambda_j \geq 0, \quad j = 1, \cdots, n$$
$$s^+ \geq 0, \quad s^- \geq 0 \tag{6-6}$$
$$d^t \geq (x_j^{t+1}, y_j^{t+1}) = \min\mu$$
$$s.t. \sum_{j=1,j\neq k}^{n} x_j^{t+1} \lambda_j + s^- = \mu x_k^t$$
$$\sum_{j=1,j\neq k}^{n} y_j^{t+1} \lambda_j - s^+ = y_k^t$$
$$\lambda_j \geq 0, \quad j = 1, \cdots, n$$
$$s^+ \geq 0, \quad s^- \geq 0 \tag{6-7}$$

三、指标与数据

（一）指标选取、数据来源及数据处理

因 2012 年的数据还未公布，本章选取 2007~2011 年 11 个沿海省份（天津，河北，辽宁等）作为 DMU，选取沿海交通固定投资完成额为投入指标，沿海地区旅客吞吐量，货物吞吐量，国际标准集装箱重量，海洋货物周转量，海洋旅客周转量 5 个指标为产出指标。本章数据来源于《中国海洋统计年鉴》和中华人民共和国交通运输部（http://www.moc.gov.cn/）。对沿海交通固定投资完成额进行不变价处理，以消除价格影响。

（二）指标 Pearson 相关性检验

超效率 DEA 模型要求投入和产出指标符合同向性关系，即投入和产出同方向变动。因此需对投入和产出指标进行 Pearson 相关性检验。相关系数越高，则效率评价结果越可靠。求解各年投入和产出指标的 Pearson 相关系数，计算平均值，得到结果如表 6-1 所示。

表 6-1　2007~2011 年海洋交通运输业投入产出指标 Pearson 相关系数

	旅客吞吐量	货物吞吐量	集装箱重量	旅客周转量	货物周转量
固定投资完成额	0.92	0.98	0.95	0.94	0.95

资料来源：由 EXCEL 软件运算整理得出。

表 6-1 显示投入和产出指标的 Pearson 相关系数都在 0.92 以上，相关性非常好，因此本章认为指标选取合适，可用于实证分析。

四、海洋交通运输业效率实证分析

(一) 描述性效率分析

海洋货物周转量和海洋旅客周转量能较好地反映海洋交通运输能力。本章选取这两个指标，计算 11 个沿海省份 2007~2011 年的平均值，进行描述性效率分析。

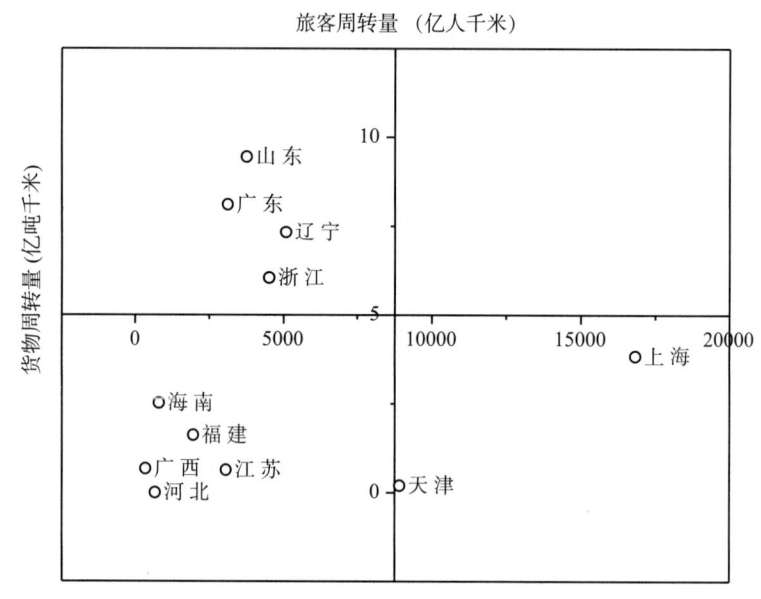

图 6-1 海洋交通运输业描述性效率分析

资料来源：图表为作者根据数据整理所得。

图 6-1 显示上海货物周转量最大，旅客周转量居中；天津货物周转量较大，但是旅客周转量较小；山东、广东、辽宁和浙江货物周转量适中，旅客周转量也较大；海南、福建、广西、江苏和河北的货物周转量和旅客周转量都较小。沿海省份中没有旅客周转量和货物周转量都比较大的省份。

(二) 超效率 DEA 模型结果分析

表 6-2　2007~2011 年海洋交通运输业超效率 DEA 模型效率分数及排名结果

地区	2007 年 效率分数	排名	2008 年 效率分数	排名	2009 年 效率分数	排名	2010 年 效率分数	排名	2011 年 效率分数	排名
天津	54.39%	8	19.50%	11	31.35%	9	26.09%	8	15.02%	10
河北	57.21%	6	72.66%	5	34.50%	8	33.80%	5	18.61%	8
辽宁	67.66%	5	169.23%	2	68.47%	6	24.62%	9	19.97%	6
上海	251.10%	1	108.83%	4	160.27%	3	369.05%	1	669.70%	1
江苏	16.60%	11	23.05%	9	73.59%	4	28.75%	7	19.42%	7
浙江	88.39%	4	54.39%	7	45.50%	7	30.85%	6	24.13%	5
福建	30.47%	10	37.88%	8	27.21%	10	16.43%	10	18.36%	9
山东	143.54%	3	67.28%	6	70.47%	5	75.73%	4	78.89%	4
广东	55.21%	7	134.50%	3	242.38%	1	258.39%	2	166.19%	3
广西	35.61%	9	19.70%	10	12.97%	11	8.07%	11	8.30%	11
海南	195.77%	2	413.55%	1	223.78%	2	208.10%	3	188.98%	2

资料来源：由 EMS 软件运算整理得出。

表 6-2 显示 2007~2011 年每年都只有 3~4 个省份的海洋交通运输业的经营效率为 DEA 有效，其中海南和上海在 5 年中均保持 DEA 有效，广东除了 2007 年外其余年份都是 DEA 有效。广东和上海是我国海洋经济实力较强的省份，同时在我国对外贸易中占据非常重要的战略地位，这就要求二者在港口建设、港口布局、船队管理、船队设施配备等方面都要优于其他沿海省份，对投入资源的利用更有效，产出效率更理想，从而其海洋交通运输业的效率要高于其他沿海省份。海南的固定投资完成额一直是沿海省份里最小的，但近几年来海南一直在加强港口建设，致力于形成"四方五港"格局，为海南国际旅游岛服务，这推动了海南海洋交通运输业的大力发展，使海南的海洋交通运输业效率位居前列。广西一直徘徊在 9，10 和 11 名，效率较低。广西海洋资源丰富，具有很大的发展潜力，但海运航线不足、船舶工业落后、港口现代化建设不完善、海洋科技落后等问题导致了其在海洋交通运输业上的低效率。在 2007~2011 年中 DEA 效率和排名变化较大的有：山东由 2007 年的 DEA 有效变为 2008~2011 年的无效；辽宁由 2008 年的 DEA 有效变为 2009~2011 年的无效，排名由 2008 年的第 2 名变为 2010 年的第 9 名后又升至 2011 年的第 6 名；江苏一直处于 DEA 无效状态，但排名变化较大，由 2008 年第 9 名上升至 2009 年第 4 名后又降至 2011 年第 7 名。其

余沿海省份在 2007~2011 年一直为 DEA 无效，排名波动也不大。同一年各沿海省份的效率分数相差非常大。2011 年位居首位的上海的效率分数是 669.70%，最后一名广西的效率分数却只有 8.3%，这意味着上海再增加 569.70% 的投入，仍可保持相对有效，广西却要将投入至少减少 91.7% 才能实现 DEA 有效。各沿海省份效率之间的巨大差异与自身的港口、船队建设有非常大的关系。

（三）Malmquist 指数计算结果分析

1. 纵向分析

表 6-3　　　　2007~2011 年海洋交通运输业各年平均效率值

年份	效率值			规模报酬状态和 DMU 单元数		
	综合技术效率	纯技术效率	规模效率	规模不变	规模递减	规模递增
2007	0.641	0.768	0.819	3	3	5
2008	0.631	0.718	0.875	2	4	5
2009	0.604	0.737	0.814	3	3	5
2010	0.495	0.548	0.865	3	2	6
2011	0.457	0.508	0.847	3	2	6

资料来源：由 Deap2.1 软件运算整理得出。

规模效率反映了 DMU 所处的规模状态，纯技术效率反映了 DMU 对资源的利用情况，综合技术效率则结合了规模效率和纯技术效率，综合反映了 DMU 的管理组织水平。表 6-3 显示我国海洋交通运输业的综合技术效率较低，呈现递减的趋势。2007~2011 年综合技术效率均未超过 0.65，整个行业处于综合技术效率无效的状态。效率值由 2007 年的 0.641 下降到了 2011 年的 0.457。整个行业纯技术效率也较低，呈现递减的趋势，这说明整个行业对于投入资源的利用是无效率的，造成了投入资源的浪费，且利用效率逐年降低。整个行业的规模效率保持相对稳定，但效率值也不高，在 0.8 左右徘徊，这意味着整个行业的规模是无效的，没有获得规模效益。由综合技术效率 = 纯技术效率 × 规模效率可知，纯技术效率或规模效率的低下都能造成较低的综合技术效率。我国海洋交通运输业的规模效率一直大于纯技术效率，由此可知纯技术效率是导致我国海洋交通运输业综合技术效率低下的主要原因。我国港口和船队的管理效率低下，港口综合能力不高，缺少世界一流的船队，船队的配备设施也难以媲美发达国家水平，这些都导致了我国海洋交通运输业纯技术效率的低下，进而造成了较低的综合技术效率。

从规模报酬状态和 DMU 单元数来看，规模报酬递减的 DMU 个数在减少，2011 年已减至 2 个；规模报酬不变的 DMU 个数保持相对稳定，维持在 3 个；规模报酬递增的 DMU 个数维持在 5~6 个。这说明，我国沿海省份的海洋交通运输业的规模大部分仍然偏小，有很大的提升潜能。这也与前文分析得出的我国海洋交通运输业规模效率不高保持一致。各沿海省份可以通过调整经营规模，发挥规模经济的作用，来提升海洋交通运输业的效率。

2. 横向分析

表 6-4　　　　　　　2011 年海洋交通运输业各省份的效率值

地区	综合技术效率	纯技术效率	规模效率	规模报酬
天津	0.150	0.178	0.845	递增
河北	0.186	0.210	0.884	递增
辽宁	0.200	0.206	0.972	递减
上海	1.000	1.000	1.000	不变
江苏	0.194	0.329	0.590	递增
浙江	0.241	0.251	0.959	递增
福建	0.184	0.214	0.860	递增
山东	0.789	1.000	0.789	递减
广东	1.000	1.000	1.000	不变
广西	0.083	0.198	0.419	递增
海南	1.000	1.000	1.000	不变

资料来源：由 Deap2.1 软件运算整理得出。

表 6-4 显示 2011 年我国沿海地区的综合技术效率值呈现两极分化，上海、广东和海南的综合技术效率为 1，位于技术效率前沿，山东的综合技术效率为 0.789，高于大部分沿海省份；天津、河北、辽宁、江苏、浙江、福建的综合技术效率分布在 0.15~0.24 之间，广西壮族自治区的综合技术效率只有 0.083。各地区的规模效率集中分布在 0.5~0.9 之间。纯技术效率差异较大，上海、山东、广东和海南的纯技术效率为 1，实现了对投入资源的有效利用，其余沿海省份则均未超过 0.35，资源利用效率较低。所有沿海省份的规模效率都远大于纯技术效率，这意味着纯技术效率低下是制约各地区海洋交通运输业效率提升的主要因素。从规模报酬来看，天津、河北、江苏、浙江、福建和广西是规模报酬递增的，同时它们的规模效率都小于 1，处于规模无效状态，因此可以扩大这几个省份的经营规模来实现规模经济，达到规模有效。同样地，需缩小辽宁和山东的规模来实现规模有效。其余年份的分析与此类似，不再赘述。

3. 动态分析

表6-5　2007~2011年各省份Malmquist指数及各项效率变动

地区	综合技术效率变动	技术效率变动	纯技术效率变动	规模效率变动	Malmquist指数
天津	0.725	1.292	0.754	0.962	0.937
河北	0.755	1.243	0.767	0.984	0.939
辽宁	0.737	1.144	0.686	1.074	0.843
上海	1	1.186	1	1	1.186
江苏	1.04	1.21	1.037	1.003	1.259
浙江	0.723	1.254	0.708	1.021	0.906
福建	0.881	1.257	0.875	1.007	1.107
山东	0.942	1.133	1	0.942	1.068
广东	1.16	1.344	1	1.16	1.559
广西	0.695	1.254	0.726	0.957	0.871
海南	1	1.111	1	1	1.111
均值	0.865	1.219	0.858	1.008	1.054

资料来源：由Deap2.1软件运算整理得出。

表6-5显示有6个省份的Malmquist指数大于1，5个省份的Malmquist指数小于1。其中广东省的Malmquist指数最大，为1.559，这说明广东省的全要素生产率提升最快，达到了55.9%。就均值而言，整个海洋交通运输业的Malmquist指数为1.054，这意味着整个行业的全要素生产率增长了5.4%，这主要得益于技术效率提升了21.9%，不仅抵消了纯技术效率的负增长，还带动了全要素生产率的增长。各省份的技术效率变动都大于1，这表明每个省份的技术都有一定的进步；各省份的规模效率变动集中分布在0.9~1.1之间，这意味着规模效率也没有发生大的变动，但仍有天津、河北、辽宁、浙江和广西的Malmquist指数小于1，从前面的分析可知主要是受纯技术效率负增长的影响。

表6-6　2007~2011年海洋交通运输业Malmquist指数及各项效率变动

时段	综合技术效率变动	技术效率变动	纯技术效率变动	规模效率变动	Malmquist指数
2007~2008年	0.936	1.034	0.866	1.081	0.967
2008~2009年	0.967	1.227	1.058	0.914	1.187
2009~2010年	0.730	1.623	0.680	1.073	1.185

续表

时段	综合技术效率变动	技术效率变动	纯技术效率变动	规模效率变动	Malmquist 指数
2010~2011 年	0.848	1.072	0.869	0.976	0.909
均值	0.865	1.219	0.858	1.008	1.054

资料来源：由 Deap2.1 软件运算整理得出。

表 6-6 显示我国海洋交通运输业的 Malmquist 指数呈现震荡波动的趋势。年均 Malmquist 指数为 1.054，这意味着全要素生产率较上年平均增长了 5.4%。

2007~2008 年的 Malmquist 指数为 0.967，较上一年降低了 3.3%，主要是受纯技术效率的影响。2007~2008 年规模效率变动和技术效率变动都大于 1，这说明规模效率和技术效率都有所提高，这在一定程度上抵消了纯技术效率的负增长造成的影响，避免了全要素生产率大范围的降低。2008~2009 年和 2009~2010 年的全要素生产率出现了明显的上升。2008~2009 年主要得益于技术效率和纯技术效率的提升，虽然规模效率出现了少许下降，但影响不大。2009~2010 年则主要是因为技术效率的大幅提升，不仅抵消了纯技术效率的急剧降低造成的影响，还带动了全要素生产率的提升。2010~2011 年的全要素生产率有所下降，主要是没有发生明显的技术效率提升以消除纯技术效率降低造成的影响。

近几年来，我国在港口建设、航道整治、装卸工艺、装备产品等技术上都取得了进步，在一些重大工程关键技术上也取得了突破，拉近了与世界先进水平的差距，推动了我国海洋交通运输业的发展，为我国海洋交通运输业全要素生产率的提升提供了动力。与此相对应，2007~2011 年我国海洋交通运输业的技术效率变动均大于 1，但是进步的幅度波动较大，不能成为全要素生产率稳定的增长点，如何有效利用科研投入，促进技术进步是实现生产率快速增长的重要课题。目前我国码头泊位严重不足，泊位等级不高，港口现有设备数量较少，设施陈旧落后，港口综合能力不高，海洋运输船队老化陈旧，运力不足，这些问题导致了我国海洋交通运输业在管理上的低效率，最直接的表现就是 2007~2011 年中只有 2008~2009 年的纯技术效率变动大于 1，其余均小于 0.87。不稳定的技术进步和低效率的管理水平的共同作用结果就是震动波荡的 Malmquist 指数，2007~2011 年我国海洋交通运输业的 Malmquist 指数的变动趋势明显体现了这一特点。因此，如何从技术进步和管理效率两方面出发来提升全要素生产率是促进我国海洋交通运输业发展的关键所在。

五、结论与对策

本章选取沿海交通固定投资完成额作为投入指标，海洋旅客吞吐量、海洋货物吞吐量、集装箱重量、旅客周转量和货物周转量作为产出指标，结合超效率 DEA 模型和 Malmquist 指数对 2007~2011 年我国沿海省份的海洋交通运输业的效率进行了研究，得到了五个结论：（1）2007~2011 年间每年海洋交通运输业经营效率达到 DEA 有效的只有 3~4 个省份，上海、广东和海南位居前列；（2）我国海洋交通运输业综合技术效率低下，主要是因为纯技术效率较低；整个行业规模效率不高，处于规模报酬递增的省份有 6~7 个，规模偏小，有待调整规模来获得规模经济；（3）同年不同省份的综合技术效率呈现两极分化，2011 年上海、海南、广东的综合技术效率为 1，而广西只达到了 0.083，与其他沿海省份有一定差距，纯技术效率是造成差异的主要因素；（4）2007~2011 年各沿海省份的海洋交通运输业都发生了明显的技术进步，但 Malmquist 指数相差较大，纯技术效率的不同变动是造成差异的主要原因；（5）2007~2011 年我国海洋交通运输业 Malmquist 指数呈现震荡波动的趋势，技术效率变动和纯技术效率变动的差异是导致各时段 Malmquist 指数不同的主要原因。

我国海洋交通运输业经营效率的提升面临的最大障碍就是纯技术效率低下。因此，本章认为应该从港口、船队和人才建设三方面出发，来提升纯技术效率：（1）大力加强港口建设。继续深化"港口先行"的思想，优化港口布局，拓展港口功能，大力发展港口经济。加强港口群建设，尽快形成大中小结合，功能齐全的港口群。各沿海省份应因地制宜，合理规划港口发展，利用自身优势，发展不同类型的港口。加快老港改造，新港建设，配备现代化设施，提高港口的综合水平。（2）大力加强船队建设。合理调整船队运输结构，提高船队的技术装备水平，加强船队管理和运输调度，提高船队综合运输能力和服务水平。借鉴发达国家船队建设经验，取长补短，力求打造世界一流船队。（3）大力加强海运人才建设。加大对海洋交通运输业的科研投入，鼓励自主创新，不断吸收高质量的海运人才，举办各类宣传、培训活动，提高海运人才的整体素质水平，形成以知识带动海洋交通运输业发展的局面。

第二节 海洋交通运输业空间布局优化方案

一、海域承载力视角下海洋交通运输业空间布局优化 DP 战略模型的构建

（一）海域承载力视角下海洋交通运输业空间布局 DP 战略矩阵的构建原理

政策指导矩阵（Directional Policy Matrix，简称 DP 矩阵）是由荷兰皇家壳牌

公司创立的一种新的战略分析技术，在波士顿矩阵（简称 BCG 矩阵）的原理基础上发展而成。以往学者们在研究中所采用的 BCG 矩阵虽然能够指明研究对象现有业务所处的状况，但对于将来的指导意义不大。DP 矩阵通过对行业竞争能力和行业发展前景的定量综合分析来定出各主体的位置，指出了在不同情况中应当采用的具体策略，更适合在制定战略中使用。该矩阵模型通过从市场前景和竞争能力两个维度对研究对象进行考察并将其分为强、中、弱 3 类。由此，DP 矩阵被分为 9 个不同的战略方格，共计三大战略区间，落入不同区间的地区需要采取不同的战略方式，制定不同的发展战略和实施策略（见图 6-2）。

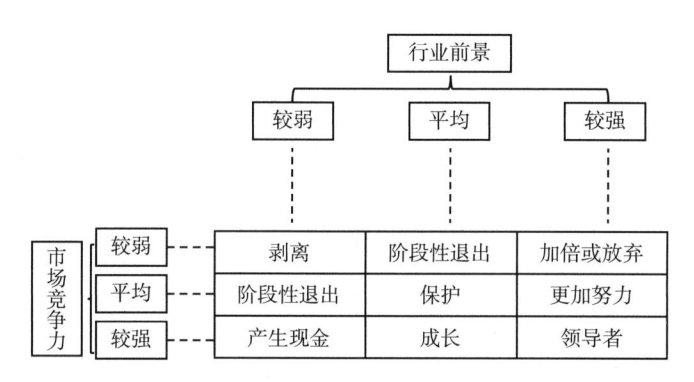

图 6-2　壳牌公司 DP 战略矩阵

以 11 个沿海省份为研究对象，通过构建海域承载力视角下海洋交通运输业空间布局评价指标体系，以该指标体系为基础，结合层次分析法对其目前布局进行合理评价。并在引入 DP 矩阵的基础上，对我国沿海省份海洋交通运输业的目前布局状况在矩阵中进行量化定位，提出适合各省份海洋交通运输业对应的发展战略。

（二）指标体系设计

从海域承载力视角来看，海洋交通运输业空间布局受经济社会和自然环境的双重影响，且海洋交通运输业空间布局与经济和自然相互作用。由于同一海域内经济的增长，规模以上港口密度的增加，海洋客运和货运往来繁忙，海洋交通运输业会在促进该海域经济发展的同时，给海域造成一定经济社会的压力；同理，海洋交通运输业相对于第一产业海洋渔业而言，提高单位面积的海域资源利用率和经济产出，增强海域经济社会承载力，但与此同时海洋交通运输业由于缺乏合理空间规划，产业同构所造成的缺乏保护、无序竞争，极大地损害海洋生态，造成资源消耗和环境破坏。这种相互影响可以通过一系列评价指标体系定量分析，在坚持科学性、客观性、可比性、可操作性和系统性等五大原则的基础上，反复考察以往学者关于空间布局的测评指标在不同尺度上的异同点和适用性，结合数据资料的可获取性，本章主要从经济社会因素和资源环境因素两方面来构建海域承载力视角下海洋交通运输业空间布局的评价指标体系如表6-7所示。

表6-7　海域承载力视角下我国海洋交通运输业空间布局评价指标体系

一级指标	二级指标	三级指标
经济社会评价 A_1	经济增长 B_1	沿海地区生产总值（亿元）C_1
		海洋第三产业生产总值（亿元）C_2
	布局规模 B_2	海洋第三产业生产总值（亿元）C_3
		旅客吞吐量（万人）C_4
	区位条件 B_3	一线港口数量（个）C_5
		二线港口数量（个）C_6
		三线港口数量（个）C_7
		国际标准集装箱运量（万标准箱）C_8
资源环境评价 A_2	景区环境 B_4	工业废水直排入海量（万吨）C_9
		当年竣工治理废水项目（个）C_{10}
		海洋类型自然保护区个数（个）C_{11}
		近海及海岸湿地面积（平方千米）C_{12}
	资源评价 B_5	赤潮灾害面积（平方千米）C_{13}

（三）海域承载力视角下海洋交通运输业空间布局优化DP战略模型的设计和实施

本章基于海洋交通运输业空间布局与经济社会和自然环境相互影响的作用原理对DP矩阵进行修正，将其运用于对海洋交通运输业空间布局优化上。通过对经济社会和资源环境两方面进行合理评价，对海域承载力视角下我国沿海11省份的海洋交通运输业空间布局进行定量分析。在此基础上，构建我国海洋交通运输业空间布局DP战略矩阵，将DP矩阵分为九个不同的战略方格，将上述定位结果转入DP战略矩阵图中，以使结果更直观。根据DP战略矩阵图，明确指出落入不同区间的不同省份在具体情况中应当采用的具体策略，制定不同的发展战略，以优化我国现有的海洋交通运输业空间布局。我国海洋交通运输业空间布局DP战略矩阵如图6-3所示。

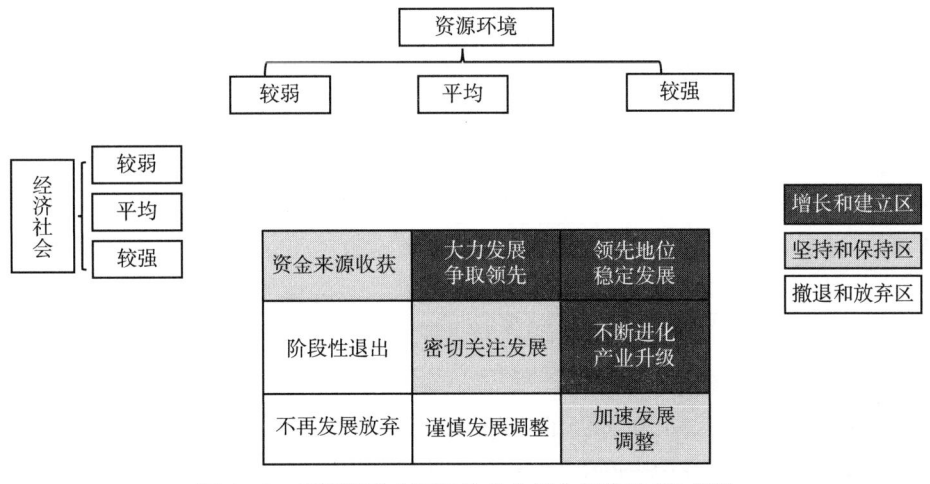

图 6-3　我国海洋交通运输业空间布局战略 DP 矩阵

二、海域承载力视角下我国海洋交通运输业的空间布局优化模型应用

（一）当前布局结果的确定

1. 数据来源

根据数据的可获得性和研究的实际需要，本章的数据主要来源于国家海洋局《中国海洋统计年鉴》（2015），由于数据资料来源有限，有些指标搜集不到基础数据，本章采用平均值来代替数据空缺的指标评价值，并对搜集到的数据进行标准化处理。

采用层次分析法计算海域承载力视角下我国海洋交通运输业空间布局评价体系中各个指标所占的比重。计算结果如表 6-8 所示。

表 6-8　海域承载力视角下我国海洋交通运输业空间布局评价指标权重

一级指标	二级指标	三级指标	权重
经济社会评价 A_1	经济增长 B_1	沿海地区生产总值（亿元） C_1	0.358
		海洋第三产业生产总值（亿元） C_2	0.119
	布局规模 B_3	海洋第三产业生产总值（亿元） C_3	0.097
		旅客吞吐量（万人） C_4	0.097
	区位条件 B_3	一线港口数量（个） C_5	0.031
		二线港口数量（个） C_6	0.012
		三线港口数量（个） C_7	0.005
		国际标准集装箱运量（万标准箱） C_8	0.031

续表

一级指标	二级指标	三级指标	权重
资源环境评价 A_2	景区环境 B_4	工业废水直排入海量（万吨）C_9	0.067
		当年竣工治理废水项目（个）C_{10}	0.020
		海洋类型自然保护区个数（个）C_{11}	0.037
		近海海岸湿地面积（平方千米）C_{12}	0.094
	资源评价 B_5	赤潮灾害面积（平方千米）C_{13}	0.031

2. 各省份综合得分

基于以上权重集，确定各因子的得分系数矩阵，计算各个省份的最终得分和排名。计算结果如表 6-9 所示。

表 6-9 各省份得分计算结果

省份	经济社会评价 Y_1 排名	经济社会评价 Y_1 得分	资源环境评价 Y_2 排名	资源环境评价 Y_2 得分	简称
天津	9	0.14	9	0.10	TJ
河北	8	0.23	10	0.08	HB
辽宁	5	0.28	6	0.12	LN
上海	6	0.27	7	0.12	SH
江苏	3	0.41	1	0.20	JS
浙江	4	0.37	3	0.16	ZJ
福建	7	0.23	11	0.08	FJ
山东	2	0.56	4	0.14	SD
广东	1	0.72	2	0.18	GD
广西	10	0.08	8	0.11	GX
海南	11	0.05	5	0.14	HN

表 6-9 中，用各省份首字母代表该省份，得分数值大于 0.2 代表该省份在这项指标上位于全国的平均水平之上，反之则在全省平均水平之下；大于 0.4 代表该省份在这项指标上处于全国领先地位。

从全国海洋交通运输业的整体布局来看，广东、山东、浙江、江苏最好，辽宁、上海、福建、海南处于平均水平，广西、河北、天津最差。从两项指标比较来看，各省份的布局在经济社会方面要普遍好于资源环境方面。从经济社会指标看，广东、山东、江苏在海洋交通运输业空间布局方面比较合理，发展水平处于全国领先地位；河北、辽宁、上海、浙江、福建相比前三个省较弱，但均处于全国平均水平之上，都具有向空间布局合理和发展水平较高方向转化的潜力。从资源环境指标看，江苏省处于全国领先水平，环境状况较好，资源丰富程度较高；浙江、广东、山东、海南相对较弱，但都具有向好的方向转化的条件；相比之下，广西、福建、上海、河北、辽宁、天津在资源环境方面较差。

（二）我国沿海 11 省份海洋交通运输业空间布局 DP 战略矩阵设计

根据以上得分结果，将 0.1 作为海域承载力视角下我国沿海 11 省份海洋交通运输业空间布局评价的经济社会和资源环境"平均"和"较弱"的分界线，将 0.2 作为经济社会和资源环境"较强"和"平均"的分界线。据此，我们就可以建立海域承载力视角下我国沿海 11 省份海洋交通运输业空间布局政策指导矩阵（见图 6-4），将上述定位结果转入该矩阵图中，从而能够直观有效地对我国沿海 11 省份海洋交通运输业的发展进行战略定位。

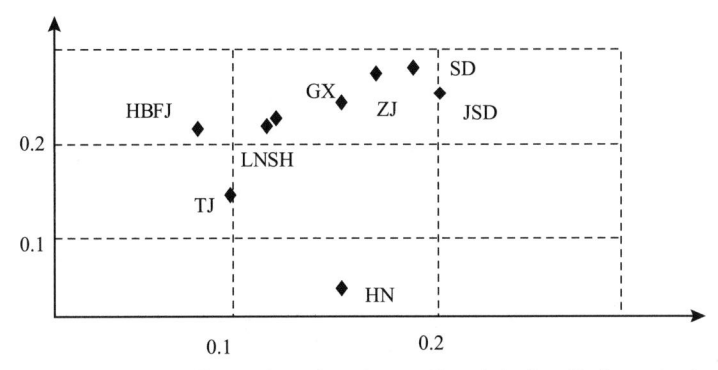

图 6-4　海域承载力视角下海洋交通运输业空间布局战略 DP 矩阵

（三）基于 DP 战略矩阵的我国沿海 11 省份海洋交通运输业空间布局优化方案

1. 江苏省应采取保持领先地位，稳定发展的布局优化策略

江苏省应该采取以下三方面战略：（1）充分借鉴国外海洋交通运输业发达地区的发展经验，通过自主创新合作开发等多种渠道共同打造更具效率的海洋交通运输业；（2）政府应建立一种协调、互补、高效的管理体制，加强各港口的合作配合。（3）加大对海洋教育人才方面的投入，培育先进的海洋人才，挖掘有潜力的创新型海洋人才。

2. 广东、山东、浙江、辽宁、上海应坚持大力发展、争取领先的布局优化策略

五省应该采取以下三方面战略：（1）构建完善本省沿海交通运输业尤其是港口空间体系，将沿海港口城市在空间上更好的衔接，形成一个优势互补的链式发展；（2）充分挖掘本省的交通运输业特色，突出地方优势，打造地方特色；

(3) 把沿海各城市联合起来，树立联盟意识加强区域之间的交通运输合作，形成板块之间的区域合作，打造地区港口品牌形象。

3. 河北、福建应坚持资金来源收获的布局优化策略

河北、福建两省应该采取以下三方面战略：（1）注重海洋交通运输业的发展，结合当地海洋资源环境条件，充分利用已经开发好的资源，注意高效环保；（2）政府要加强政策约束以及执法监管力度，加强交通运输业发展的质量以及基础设施和配套设施的配置，规范市场主体的行为，在海域承载力的能力范围下实现可持续发展。

4. 天津应采取密切关注发展的布局优化策略

天津市应该采取以下两方面战略：（1）在发展海洋交通运输业的过程中更加注重产业的准确定位以及更加准确的了解市场需求；（2）提高天津港的经营开发水平，传统交通运输市场开发和地方产业特色相结合，加强天津港发展与国家政策的结合。

5. 海南、广西应采取谨慎发展、进一步调整的布局优化策略

海南、广西应该采取以下两方面战略：（1）努力调整海洋交通运输业的结构，完善服务系统和基础设施。加强对生态环境的管理，合理整合市场资源，加强对海域承载力的保护力度，控制环境污染；（2）加大政府对本产业的引导性投入，加强品牌港口的开发，重视相关人才梯队的建设，谨慎科学规划产业下一步的发展。

第三节 海洋交通运输业空间布局优化策略

一、关于海洋交通运输空间布局优化决策的灰色局势决策模型分析

灰色局势决策是一种运用数学语言将决策四要素（事件、对策、效果、目标）的相互关系进行综合考察的决策分析方法。本章将构建灰色局势决策模型，研究我国海洋交通运输空间布局的优化决策。

灰色局势决策模型主要由三部分构成，第一部分是构建收入矩阵、成本矩阵、环境依赖度矩阵、生态损害矩阵四个决策矩阵；第二部分是按照固定的权重综合四个决策矩阵，形成海洋交通运输港口选址的多目标综合决策矩阵；第三部分是以多目标综合决策矩阵为基础，研究海洋交通运输港口选址的决策路径，最后得出海洋交通运输港口选址决策结果。

（一）决策矩阵构造

本章的灰色局势决策模型中，设有 j 个选址集，对策 b_j 表示第 j 个海洋交通

运输港口选址地，即对策有 j 个。事件 a_i 表示海洋运输港口选址，是唯一事件，即 i=1。他们的二元组合（a_i，b_j）称为局势，它表示用第 j 个对策（b_j）相对于第 i 个事件（a_i）的局势。局势的效果测度为 r_{ij}，决策矩阵的每个元素称为决策元，即：$\dfrac{r_{ij}}{s_{ij}} = \dfrac{r_{ij}}{(a_i, b_j)}$

1. 收入矩阵

本部分以运输效益测度并构建收入矩阵。其中运输综合效益以规模以上沿海港口货物吞吐量来衡量。局势（a_i，b_j）表示 i 海洋交通运输港口选址决策中 j 个选址方案的港口货物吞吐量，r_{ij} 表示 i 海洋交通运输港口选址决策中 j 个选址方案的港口货物吞吐量的测度结果。构建收入矩阵如下：

$$A = \begin{bmatrix} \dfrac{r_{11}}{s_{11}} & \dfrac{r_{12}}{s_{12}} & \dfrac{r_{13}}{s_{13}} & \dfrac{r_{14}}{s_{14}} \\ \dfrac{r_{21}}{s_{21}} & \dfrac{r_{22}}{s_{22}} & \dfrac{r_{23}}{s_{23}} & \dfrac{r_{24}}{s_{24}} \\ \dfrac{r_{31}}{s_{31}} & \dfrac{r_{32}}{s_{32}} & \dfrac{r_{33}}{s_{33}} & \dfrac{r_{34}}{s_{34}} \\ \dfrac{r_{41}}{s_{41}} & \dfrac{r_{42}}{s_{42}} & \dfrac{r_{43}}{s_{43}} & \dfrac{r_{44}}{s_{44}} \end{bmatrix}$$

2. 成本矩阵

根据海洋交通运输成本特殊性，本部分以港口生产用码头泊位数代替海洋运输成本，构建了成本矩阵。局势（a_i，b_j）表示 i 海洋交通运输港口选址决策中 j 个选址方案的运输成本，r_{ij} 表示 i 海洋交通运输港口选址决策中 j 个选址方案的运输成本的测度结果。构建成本矩阵如下：

$$B = \begin{bmatrix} \dfrac{r_{11}}{s_{11}} & \dfrac{r_{12}}{s_{12}} & \dfrac{r_{13}}{s_{13}} & \dfrac{r_{14}}{s_{14}} \\ \dfrac{r_{21}}{s_{21}} & \dfrac{r_{22}}{s_{22}} & \dfrac{r_{23}}{s_{23}} & \dfrac{r_{24}}{s_{24}} \\ \dfrac{r_{31}}{s_{31}} & \dfrac{r_{32}}{s_{32}} & \dfrac{r_{33}}{s_{33}} & \dfrac{r_{34}}{s_{34}} \\ \dfrac{r_{41}}{s_{41}} & \dfrac{r_{42}}{s_{42}} & \dfrac{r_{43}}{s_{43}} & \dfrac{r_{44}}{s_{44}} \end{bmatrix}$$

3. 环境依赖度矩阵

根据环境依赖度等于海洋货物运输量乘以各海洋交通运输港口选址地点在环境依赖中所占的权重，本部分构建了环境依赖度矩阵。局势表示 i 海洋交通运输港口选址决策中 j 个选址方案对环境的依赖度，表示 i 海洋交通运输港口选址决策中 j 个选址方案环境的依赖度的测度结果。构建环境依赖度矩阵如下：

$$C = \begin{bmatrix} \dfrac{r_{11}}{s_{11}} & \dfrac{r_{12}}{s_{12}} & \dfrac{r_{13}}{s_{13}} & \dfrac{r_{14}}{s_{14}} \\ \dfrac{r_{21}}{s_{21}} & \dfrac{r_{22}}{s_{22}} & \dfrac{r_{23}}{s_{23}} & \dfrac{r_{24}}{s_{24}} \\ \dfrac{r_{31}}{s_{31}} & \dfrac{r_{32}}{s_{32}} & \dfrac{r_{33}}{s_{33}} & \dfrac{r_{34}}{s_{34}} \\ \dfrac{r_{41}}{s_{41}} & \dfrac{r_{42}}{s_{42}} & \dfrac{r_{43}}{s_{43}} & \dfrac{r_{44}}{s_{44}} \end{bmatrix}$$

4. 生态损害矩阵

海洋运输的生态损害主要表现为海水水质污染。根据生态损害等于权重乘以货物周转量，本部分构建了生态损害矩阵。局势（a_i，b_j）表示 i 海洋交通运输港口选址决策中 j 个选址方案对生态的损害，r_{ij} 表示 i 海洋交通运输港口选址决策中 j 个选址方案对生态的损害的测度结果。构建生态损害矩阵如下：

$$D = \begin{bmatrix} \dfrac{r_{11}}{s_{11}} & \dfrac{r_{12}}{s_{12}} & \dfrac{r_{13}}{s_{13}} & \dfrac{r_{14}}{s_{14}} \\ \dfrac{r_{21}}{s_{21}} & \dfrac{r_{22}}{s_{22}} & \dfrac{r_{23}}{s_{23}} & \dfrac{r_{24}}{s_{24}} \\ \dfrac{r_{31}}{s_{31}} & \dfrac{r_{32}}{s_{32}} & \dfrac{r_{33}}{s_{33}} & \dfrac{r_{34}}{s_{34}} \\ \dfrac{r_{41}}{s_{41}} & \dfrac{r_{42}}{s_{42}} & \dfrac{r_{43}}{s_{43}} & \dfrac{r_{44}}{s_{44}} \end{bmatrix}$$

收入、成本、环境依赖度、生态损害是影响海洋交通运输空间布局优化决策的重要因子，本章通过构建四个决策因子的决策矩阵，测度收入、成本、环境依赖度、生态损害对决策的影响程度。

（二）基于海洋交通运输空间布局优化的多目标综合决策矩阵

本部分按照固定权重综合收入矩阵、生产成本矩阵、环境依赖度、生态损害矩阵，构建多目标综合决策矩阵。记局势 s_{ij} 在第 $p(p=1, 2, 3, 4)$ 个目标下的效果测度为 $r_{ij}^{(p)}$，其对应的决策元为 $\dfrac{r_{ij}^{(p)}}{s_{ij}}$，其决策矩阵为：

$$M^P = \begin{bmatrix} \dfrac{r_{11}^{(p)}}{s_{11}} & \dfrac{r_{12}^{(p)}}{s_{12}} & \dfrac{r_{13}^{(p)}}{s_{13}} & \dfrac{r_{14}^{(p)}}{s_{14}} \\ \dfrac{r_{21}^{(p)}}{s_{21}} & \dfrac{r_{22}^{(p)}}{s_{22}} & \dfrac{r_{23}^{(p)}}{s_{23}} & \dfrac{r_{24}^{(p)}}{s_{24}} \\ \dfrac{r_{31}^{(p)}}{s_{31}} & \dfrac{r_{32}^{(p)}}{s_{32}} & \dfrac{r_{33}^{(p)}}{s_{33}} & \dfrac{r_{34}^{(p)}}{s_{34}} \\ \dfrac{r_{41}^{(p)}}{s_{41}} & \dfrac{r_{42}^{(p)}}{s_{42}} & \dfrac{r_{43}^{(p)}}{s_{43}} & \dfrac{r_{44}^{(p)}}{s_{44}} \end{bmatrix}$$

如果第 p 个决策目标的权重值为 σ_p，则对于局势 s_{ij}，可以得到如下的综合效果测度公式：$r_{ij}^{(\Sigma)} = \sum_{p=1}^{i} \sigma_p r_{ij}^p$

（三）基于灰色局势决策模型的海洋交通运输空间布局优化的决策路径

海洋交通运输港口选址决策依据综合决策矩阵的测度效果选择最佳的局势，即 i 海洋交通运输港口选址方案中的最优方案 j 选址方案。基于灰色局势决策模型的海洋交通运输港口选址决策路径有三种：按行决策路径、按列决策路径、优势度决策路径。

1. 海洋交通运输港口选址按行决策路径

对于多目标综合决策矩阵 M^P，在每个行向量中选取测度效果满足条件的决策元 r_{ij}，则 s_{ij} 表示较优局势，即对策 b_j 是相对事件 a_i 的较优局势。

2. 海洋交通运输港口选址按列决策路径

对于多目标综合决策矩阵 M^P，在每个列向量中选取测度效果满足条件的决策元 r_{ij}，则 s_{ij} 表示较优局势，即表示事件 a_i 是相对于对策 b_j 的适合事件。

3. 海洋交通运输港口选址优势度决策路径

对于多目标综合决策矩阵 M^P，优势分析指分析决策元的优势程度，它是相对于两组事件（或对策）而言的，一般通过计算两组列（行）向量对应元素的比值（即优势度）来得到 i 省的占优局势和占劣局势。

二、基于灰色局势决策模型的海洋交通运输空间布局优化决策的实证分析

本章选取广东省、浙江省、山东省、辽宁省四个省份，对它们的海洋交通运输港口选址进行决策。选择这四个省份的主要原因有：（1）四个省份分处我国渤海、黄海、东海、南海四个海域，海域环境差异明显，展开研究后得出的研究结果具有代表性；（2）辽宁省、浙江省、山东省、广东省四个省份从南到北跨越纬度大，纬度差异显著，海洋交通运输的自然条件有较大差异；（3）广东省、浙江省、山东省、辽宁省四个省份经济发展水平不同，消费水平、市场偏好存在差异。

（一）目标矩阵实证分析

根据本章的研究区域，初步确定了候选地址为 4 个，分别为广东省，浙江省，山东省，辽宁省，对这四个选址对策的评价指标分别为沿海港口货物吞吐量、港口生产用码头泊位数、环境依赖度、货物周转量，其中沿海港口货物吞吐量为效益型指标；港口生产用码头泊位数、货物周转量为成本型指标；环境依赖

度为中性指标。

(二) 收入矩阵分析

将海洋运输港口货物吞吐量数据带入矩阵模型 A，确定运输收入矩阵（单位：万吨）。因为在收入矩阵中收入越高对海洋交通运输港口选址布局越有利，所以采用上限目标测度模型 $r_{ij} = \frac{\mu_{ij}}{\mu_{max}}$（其中 μ_{ij} 为局势 s_{ij} 的实际效果；μ_{max} 为所有局势 s_{ij} 的最大值），得到收入矩阵决策矩阵 A 如下：

$$\left(\frac{0.753}{S_{11}} \quad \frac{0.786}{S_{12}} \quad \frac{0.934}{S_{13}} \quad \frac{1.000}{S_{14}} \right)$$

由收入矩阵得出决策结果如下：（1）广东省海洋交通运输港口所获得的货物吞吐量最高，收入最高；辽宁省海洋交通运输港口货物吞吐量最低，收入最低。（2）最高和最低收入的港口收入相差 0.247，差距较大。广东省与仅位于其后的山东省港口货物吞吐量差距仅为 0.066，差距较小。辽宁省与浙江省的货运吞吐量水平相当，二者海洋交通运输港口收入水平相当。

(三) 生产成本矩阵分析

本章以海洋交通运输港口生产用码头泊位数衡量港口成本，因为在成本矩阵中成本越低对海洋交通运输港口选址布局越有利，所以采用下限目标测度模型 $r_{ij} = \frac{\mu_{min}}{\mu_{ij}}$（其中 μ_{ij} 为局势 s_{ij} 的实际效果；μ_{min} 为所有局势 s_{ij} 的最小值），得到生产成本矩阵的决策矩阵 B 如下：

$$\left(\frac{0.683}{S_{11}} \quad \frac{0.224}{S_{12}} \quad \frac{1.000}{S_{13}} \quad \frac{0.181}{S_{14}} \right)$$

由成本矩阵得出决策结果如下：（1）广东省的海洋交通运输港口布局成本最高，辽宁省海洋交通运输港口布局成本最低。广东省的成本高达辽宁省成本的3.778 倍。（2）总体来看，山东省、辽宁省的海洋交通运输港口布局成本均处于较低成本水平，相比之下，广东省与浙江省的海洋交通运输港口布局成本则处于较高水平。

(四) 环境依赖度矩阵分析

海洋交通运输港口的选址空间很大程度上受海水环境，海洋深度等因素的影响。将海洋交通运输港口的选址对象对环境的依赖度分为重度依赖、中度依赖、一般依赖，三种程度对应的值分别为 3、2、1。假定海洋交通运输港口选择对环境的依赖度为 1，则辽宁省、浙江省、山东省、广东省港口选址对环境的依赖度所占的权重分别为 0.01、0.21、0.03、0.75。海洋交通运输港口对环境的依赖度等于海洋交通运输港口货运量乘以权重。

因为环境依赖矩阵中环境依赖越低对海洋交通运输布局越有利，所以采用下限目标测度模型 $r_{ij} = \dfrac{\mu_{min}}{\mu_{ij}}$（其中 μ_{ij} 为局势 s_{ij} 的实际效果；μ_{min} 为所有局势 s_{ij} 的最小值），得到环境依赖矩阵的决策矩阵 C 如下：

$$\left(\dfrac{1.000}{S_{11}} \quad \dfrac{0.013}{S_{12}} \quad \dfrac{0.499}{S_{13}} \quad \dfrac{0.005}{S_{14}} \right)$$

由环境依赖度矩阵得出决策结果如下：（1）不同港口选址目标省份的环境依赖程度存在一定差异。在四个省份中，辽宁省依赖度为最高，浙江省、广东省依赖程度均适中，山东省的环境依赖度最低。（2）在四个省份中，不同省份海洋交通运输港口布局对象对环境的依赖度的差异主要取决于海洋深度。

（五）生态损害矩阵分析

海洋交通运输港口会对当地生态造成一定程度的损害，如水质污染、富营养化等，但是对于具体水产对的生态的损害的评价，目前没有统一标准。本章假定四种海洋交通运输路径对生态环境的损害所占的权重都为 0.25，采用生态的损害值等于海洋交通运输港口货物周转量乘以权重，代入矩阵模型，得到生态损害矩阵。因为生态损害矩阵中生态损害越低对海洋交通运输越有利，所以采用下限目标测度模型 $r_{ij} = \dfrac{\mu_{min}}{\mu_{ij}}$（其中 μ_{ij} 为局势 s_{ij} 的实际效果；μ_{min} 为所有局势 s_{ij} 的最小值），得到生态损害矩阵的决策矩阵 D 如下：

$$\left(\dfrac{0.126}{S_{11}} \quad \dfrac{0.133}{S_{12}} \quad \dfrac{1.000}{S_{13}} \quad \dfrac{0.094}{S_{14}} \right)$$

由生态损害矩阵得出决策结果如下：在广东省海洋交通运输港口对生态环境的损害度最高，山东省海洋交通运输港口对生态环境的损害度最低；浙江省、辽宁省对生态环境的损害度适中，且损害度相差不大。山东省与广东省的海洋运输港口对生态损害度水平相差较大。

（六）关于海洋交通运输空间布局优化的多目标综合决策矩阵效果测度

取收入矩阵、生产成本矩阵、环境依赖度矩阵、生态损害矩阵四个目标矩阵的权重均为 0.25，代入模型 M^P，得到相应的综合决策矩阵 E 如下：

$$\left(\dfrac{0.0648}{S_{11}} \quad \dfrac{0.0003}{S_{12}} \quad \dfrac{0.4660}{S_{13}} \quad \dfrac{0.00001}{S_{14}} \right)$$

该综合决策矩阵区别于收入决策矩阵、生产成本决策矩阵、环境依赖度决策矩阵、生态损害决策矩阵对海洋交通运输空间布局决策的单一效果测度，它根据固定的权重综合测度了辽宁省、山东省、浙江省、广东省四种决策方案对海洋交通运输港口选址布局决策的影响。可以看出，首先，山东省海洋交通运输港口对于收入目标、成本、环境依赖度、生态损害的综合目标测度结果显示为效果最佳，即在山东省布局海洋交通运输港口是最优选择。其次，广东省、浙江省的海洋交通运输港口的布局不能较好地满足综合测度目标。

第七章 海洋油气业空间布局优化

海洋油气业空间布局优化是按照现有资源进行规划，有其较强的自然属性和政治属性，所以在此布局的基础上，本章运用可拓物元、DEA、SCP 分析等模型，重点研究海洋油气业的产业安全评价、预警机制建立、布局可持续性评价以及市场绩效评价，并从生态补偿和政府管制两方面对海洋油气业优化进行深入研究，为海洋油气业空间布局后期优化提供了借鉴。

第一节 海洋油气业空间布局优化评价

一、布局安全评价

（一）基于可拓物元模型的我国海洋油气业安全评价及预警机制研究

1. 我国海洋油气业安全评价的可拓物元模型构建

（1）可拓物元模型的构建。可拓学是用形式化的工具，从定性和定量两个角度去研究解决矛盾问题的规律和方法，它通过建立多指标参数的质量评定模型，来完整地反映样品的综合质量水平。它把质与量有机结合起来，引入了物元概念，即以事物、特征及关于该特征的量值三者所组成的三元组，记作 R =（事物，特征，量值）。物元的概念正确地反映了质与量之间的关系，可以更贴切地描述客观事物变化的过程。

如果事物 N 的特征有 n 个，我们可以引入该事物的多维特征物元矩阵。设某个事物 N 的特征有 n 个，这 n 个特征为 c_1, c_2, $\cdots$, c_n，其对应的量值 v_1, v_2, $\cdots$, v_n，建立该事物的多维特征物元矩阵如下：

$$R_0 = \begin{bmatrix} N_0 & c_1 & v_1 \\ & c_2 & v_2 \\ & \vdots & \vdots \\ & c_n & v_n \end{bmatrix}$$

其中，R 表示 n 维特征物元矩阵，$R_i = (N, C_i, V_i)$ $(i = 1, 2, \cdots, n)$ 表示 R 的特征物元矩阵。

（2）海洋油气业经典域物元和节域物元的确定。经典域物元是指将事物的安全度定性地分为不同的等级，将它们综合描述为定性、定量综合测度物元模型。针对我国的海洋油气业，我们假定其安全测度的因素指标有 m 个，即为 $x_1, x_2, \cdots, x_m$，以这部分指标为基础，根据统计聚类分析或专家评价，将海洋油气业安全度定性地分为 m 个等级。由此我们可以得出我国海洋油气业经典域物元矩阵：

$$R_j = (N_j, C_i, V_{jn}) = \begin{bmatrix} N_j & c_1 & v_{j1} \\ & c_2 & v_{j2} \\ & \vdots & \vdots \\ & c_n & v_{jn} \end{bmatrix} = \begin{bmatrix} N_j & c_1 & \langle a_{j1}, b_{j1} \rangle \\ & c_2 & \langle a_{j2}, b_{j2} \rangle \\ & \vdots & \vdots \\ & c_n & \langle a_{jn}, b_{jn} \rangle \end{bmatrix}$$

其中，R_j 表示我国海洋油气业安全处于第 j 级时的物元模型，N_j 表示第 j 级时海洋油气业安全度，$v_{jn} = \langle a_{jn}, b_{jn} \rangle$ $(j = 1, 2, \cdots, n; k = 1, 2, \cdots, m)$ 表示海洋油气业安全是第 j 级时第 k 个因素指标的取值范围。

节域物元是指综合测度事物安全各因素指标的允许取值范围形成的物元模型。对应的我国海洋油气业经典域物元矩阵为：

$$R_j = (N_j, C_n, V_{ij}) = \begin{bmatrix} N_j & c_1 & v_{1j} \\ & c_2 & v_{2j} \\ & \vdots & \vdots \\ & c_n & v_{nj} \end{bmatrix} = \begin{bmatrix} J_i & c_1 & \langle a_{1j}, b_{1j} \rangle \\ & c_2 & \langle a_{2j}, b_{2j} \rangle \\ & \vdots & \vdots \\ & c_n & \langle a_{ij}, b_{ij} \rangle \end{bmatrix}$$

其中，R_j 表示我国海洋油气业安全度综合测度的物元模型的节域，N_j 表示海洋油气业安全度的所有等级，$v_{jk} = \langle a_{jk}, b_{jk} \rangle$ 表示 N_j 中系统安全度因素指标 X_k 取值的允许范围，且 $V_{0jk} \subset V_{pk}$；$j = 1, 2, \cdots, n; k = 1, 2, \cdots, m$。

（3）待评海洋油气业物元矩阵的确立。待评物元是指根据已经建立的评价标准区间和指标临界区间，将待评事物的各项评价指标算出的具体数值，再通过换算公式换算成具体分值，从而得到的物元模型。

对于待评海洋油气业的安全度，我们把各个因素指标所检测到的数据或分析结果用下面的物元矩阵，即待评海洋油气业物元矩阵表示：

$$R_0 = \begin{bmatrix} N_0 & c_1 & v_1 \\ & c_2 & v_2 \\ & \vdots & \vdots \\ & c_n & v_n \end{bmatrix}$$

其中，N_0 表示待评海洋油气业安全度，$v_n (k = 1, 2, \cdots, n)$ 表示待评海洋油气业安全度中第 k 个因素指标的评价值。

(4) 海洋油气业安全评价的可拓学评价方法。在建立了上述海洋油气业安全综合测度物元模型后，需对待评油气业安全度的等级进行评价。为此，首先需要根据海洋油气业安全度测度指标的特点，确立待评产业的物元矩阵和经典物元矩阵的关联函数，然后根据关联函数确定待评海洋油气业的安全等级。

设区间 $V_{0jk} = \langle a_{0jk}, b_{0jk} \rangle$ 表示产业安全是第 j 级时第 k 个因素指标 X_k 的取值范围，区间 $V_{pk} = \langle a_{pk}, b_{pk} \rangle$ 则表示因素指标 X_k 取值的允许范围，$V_{0jk} \subset V_{pk}$，点 V_j 表示待评产业安全度的第 k 个因素指标的评价值，其中 j = 1, 2, …, n; k = 1, 2, …, m。则

$$p(V_k, V_{0jk}) = \left| V_k - \frac{a_{0jk,} + b_{0jk}}{2} \right| - \frac{1}{2}(b_{0jk} - a_{0jk,}) \quad (7-1)$$

$$p(V_k, V_{pk}) = \left| V_k - \frac{a_{pk,} + b_{pk}}{2} \right| - \frac{1}{2}(b_{pk} - a_{pk,}) \quad (7-2)$$

式（7-1）和式（7-2）分别称为点 V_k（评价值）与区间 V_{0jk} 和区间 V_{pk} 的"接近度"。我们可以根据 $p(V_k, V_{pk})$ 的正负来判断待评海洋油气业安全第 k 个因素指标 X_k 的评价值是否超出其取值范围，根据 $p(V_k, V_{pk})$ 的正负，来判断待评海洋油气业安全第 k 个因素指标 X_k 的等级及处于该等级的程度。则：

$$K_j(V_k) = \frac{p(V_k, V_{0jk})}{p(V_k, V_{pk}) - p(V_k, V_{0jk})} (j = 1, 2, …, n; k = 1, 2, …, m)$$

$$(7-3)$$

式（7-3）为待评物元的第 k 个因素指标 X_k 关于第 j 级产业安全度的关联度。

在关联度中，$K_j(V_k)$ 当 $K_j(V_k) > 0$，表示产业安全度的第 k 个因素指标 X_k 属于第 j 级，$K_j(V_k)$ 越大，说明第 k 个因素指标 X_k 具有第 j 级的属性越多；当 $K_j(V_k) < 0$，表示产业安全度的第 k 个因素指标 X_k 不属于第 j 级，$K_j(V_k)$ 越小，说明第 k 个因素指标 X_k 距离第 j 级越远；当 $K_j(V_k) = 0$，表示产业安全度的第 k 个因素指标 X_k 处于第 j 级的临界点上。

若 $a_i (\sum_{i=1}^{m} a_i = 1)$ 为海洋油气产业安全度测度指标的权重系数，则 $K_j(R) = \sum_{i=1}^{m} a_i K_j(V_k)$ 为待评海洋油气产业安全度与第 j 级的关联度。若 $K_{0j}(P) = \max_{(j=1,2,…,n)} K_j(R)$，则该年海洋油气产业的安全度等级则为第 j 级。

2. 基于可拓物元模型的我国海洋油气业安全评价实证分析

(1) 我国海洋油气业安全评价指标及其权重确定。根据产业安全理论的研究成果，结合油气业发展的特点，构建出海洋油气产业安全评价指标体系。整个体系共有 4 个二级指标，二级指标下面有 9 个三级指标（见表 7-1）。

表 7-1　　　　　　　　海洋油气产业安全评价指标体系

一级指标	二级指标	三级指标	权重
海洋石油业安全	产业市场占有率 Y1	海洋石油出口量占全国石油出口量比例 X1	0.110
	产业环境 Y2	海洋石油勘探污水入海值 X2	0.142
		探明储量增长率 X3	0.106
	产业规模 Y3	海洋油气业产值增加值 X4	0.126
		勘探投入 X5	0.114
		海洋油田生产井 X6	0.108
	产业技术能力 Y4	海洋科研课题数增长率 X7	0.093
		海洋高校硕士及以上人数增长率 X8	0.074
		从业人员 X9	0.127

我国海洋油气产业安全评价指标体系的赋权方法为：通过层次分析法，根据各指标的重要程度赋予一定的权重，权重之和为 1，权重的计算过程参考相关资料，在此不再赘述。

（2）我国海洋油气业安全评价经典域、节域和待评物元的确定。将我国海洋油气业安全评价问题 R 划分为很安全 N_{01}、较安全 N_{02}、临界安全 N_{03}、较不安全 N_{04}、很不安全 N_{05} 五级，可写出各等级物元的经典域。本章对海洋油气业安全等级标准的确定，是以国内外学者对油气工业的研究以及国际油气先进国的参考依据的指标数据，并根据中国海洋石油总公司的研究结论作为评价指标的区域范围，则可得出海洋油气产业安全物元评价模型的经典域物元矩阵 R_{01}、R_{02}、R_{03}、R_{04}、R_{05} 和节域物元矩阵 R_p 为：

$$R_{01} = \begin{bmatrix} N_{01} & X_1 & \langle 0, 20 \rangle \\ & X_2 & \langle 0, 10 \rangle \\ & X_3 & \langle 0, 2 \rangle \\ & X_4 & \langle 0, 30 \rangle \\ & X_5 & \langle 0, 8 \rangle \\ & X_6 & \langle 0, 4 \rangle \\ & X_7 & \langle 0, 20 \rangle \\ & X_8 & \langle 0, 20 \rangle \\ & X_9 & \langle 0, 5 \rangle \end{bmatrix} \quad R_{02} = \begin{bmatrix} N_{02} & X_1 & \langle 20, 40 \rangle \\ & X_2 & \langle 10, 30 \rangle \\ & X_3 & \langle 2, 4 \rangle \\ & X_4 & \langle 30, 90 \rangle \\ & X_5 & \langle 8, 16 \rangle \\ & X_6 & \langle 4, 8 \rangle \\ & X_7 & \langle 20, 40 \rangle \\ & X_8 & \langle 20, 40 \rangle \\ & X_9 & \langle 5, 15 \rangle \end{bmatrix}$$

$$R_{03} = \begin{bmatrix} N_{03} & X_1 & \langle 40, 60 \rangle \\ & X_2 & \langle 30, 50 \rangle \\ & X_3 & \langle 4, 7 \rangle \\ & X_4 & \langle 90, 180 \rangle \\ & X_5 & \langle 16, 24 \rangle \\ & X_6 & \langle 8, 12 \rangle \\ & X_7 & \langle 40, 60 \rangle \\ & X_8 & \langle 40, 60 \rangle \\ & X_9 & \langle 15, 25 \rangle \end{bmatrix} \quad R_{04} = \begin{bmatrix} N_{04} & X_1 & \langle 60, 80 \rangle \\ & X_2 & \langle 50, 75 \rangle \\ & X_3 & \langle 7, 12 \rangle \\ & X_4 & \langle 180, 270 \rangle \\ & X_5 & \langle 24, 32 \rangle \\ & X_6 & \langle 12, 16 \rangle \\ & X_7 & \langle 60, 80 \rangle \\ & X_8 & \langle 60, 80 \rangle \\ & X_9 & \langle 25, 40 \rangle \end{bmatrix}$$

$$R_{05} = \begin{bmatrix} N_{05} & X_1 & \langle 80, 100 \rangle \\ & X_2 & \langle 75, 100 \rangle \\ & X_3 & \langle 12, 20 \rangle \\ & X_4 & \langle 270, 360 \rangle \\ & X_5 & \langle 32, 40 \rangle \\ & X_6 & \langle 16, 20 \rangle \\ & X_7 & \langle 80, 100 \rangle \\ & X_8 & \langle 80, 100 \rangle \\ & X_9 & \langle 40, 60 \rangle \end{bmatrix} \quad R_p = \begin{bmatrix} N_p & X_1 & \langle 0, 100 \rangle \\ & X_2 & \langle 0, 100 \rangle \\ & X_3 & \langle 0, 20 \rangle \\ & X_4 & \langle 0, 360 \rangle \\ & X_5 & \langle 0, 40 \rangle \\ & X_6 & \langle 0, 20 \rangle \\ & X_7 & \langle 0, 100 \rangle \\ & X_8 & \langle 0, 100 \rangle \\ & X_9 & \langle 0, 60 \rangle \end{bmatrix}$$

确定待判物元，即确定评价对象关于各指标 x_k 的具体量值，具体数据来源于中国海洋统计年鉴、中国统计年鉴以及中国海洋石油总公司的研究结论，以2007年为例，待判物元矩阵为：

$$R_{2007} = \begin{bmatrix} N_{2007} & X_1 & 72 \\ & X_2 & 72 \\ & X_3 & 7.4 \\ & X_4 & 259 \\ & X_5 & 26.8 \\ & X_6 & 12.8 \\ & X_7 & 76 \\ & X_8 & 67 \\ & X_9 & 37 \end{bmatrix}$$

（3）我国海洋油气业关于各指标安全等级的关联度。将2007年的具体数据输入模型，代入公式（7-3）可得各个指标对应评价等级的关联度。根据判断标准，$K_4(V_1) = \max K_j(V_1)$，$j \in (1, 2, 3, 4, 5)$，因此判定第一个指标的安全级别属于 N_{04}，即较不安全级别，同样求出2007年其他各项指标对应各等级的关联度及安全级别。

根据计算的各指标关联度以及所对应的权重（权重见表7-1），通过加权求和，计算得出所有指标对应各评价等级的综合关联度分别为 $K_1(p2007) = -0.6103$，$K_2(p2007) = -0.5018$，$K_3(p2007) = -0.2807$，$K_4(p2007) = 1.843$，$K_5(p2007) = -0.2055$，依据判断标准，$K_4(p2007) = \max K_j(p2007)$，$j \in (1, 2, 3, 4, 5)$，判定我国海洋油气产业2007年安全级别属于 N_{04}，即较不安全级别。2007年我国海洋油气业安全评价指标对应各等级的关联度、多指标综合关联度计算结果及安全级别评定结果如表7-2所示。

表7-2　　　　　2007年我国海洋油气业安全水平相关计算结果

关联度	$K_j(v_1)$	$K_j(v_2)$	$K_j(v_3)$	$K_j(v_4)$	$K_j(v_5)$	$K_j(v_6)$	$K_j(v_7)$	$K_j(v_8)$	$K_j(v_9)$	$K_j(2007)$
N_{01}	-0.650	-0.689	-0.422	-0.694	-0.588	-0.550	-0.700	-0.589	-0.582	-0.6103
N_{02}	-0.533	-0.600	-0.315	-0.626	-0.450	-0.400	-0.600	-0.450	-0.489	-0.5018
N_{03}	-0.300	-0.440	-0.051	-0.439	-0.175	-0.100	-0.400	-0.175	-0.343	-0.2807
N_{04}	0.400	0.120	0.057	0.122	0.269	0.125	0.200	0.269	0.150	0.1843
N_{05}	-0.222	-0.097	-0.383	-0.098	-0.283	-0.308	-0.143	-0.283	-0.115	-0.2055
安全级别	较不安全	较不安全	较不安全	较不安全	较不安全	较不安全	较不安全	较不安全	较不安全	较不安全

（4）我国海洋油气业关于安全等级 j 的关联度及安全等级评定。采用同样方法计算我国海洋油气业其他年份的相关结果。本章选取我国2001～2007年作为研究对象，分析八年以来我国海洋油气业安全水平的变化趋势，计算结果见表7-3。

表7-3　　　　2001～2007年我国海洋油气业安全水平相关计算结果

关联度	N_{01}	N_{02}	N_{03}	N_{04}	N_{05}	安全级别
$K_j(p2001)$	-0.2490	0.0017	-0.2823	-0.5000	-0.6504	较安全
$K_j(p2002)$	-0.1581	-0.1375	-0.3355	-0.5369	-0.5849	较安全
$K_j(p2003)$	-0.3348	-0.1227	-0.1391	-0.3185	-0.5420	临界安全
$K_j(p2004)$	-0.3970	-0.2095	-0.1043	-0.2588	-0.4292	临界安全
$K_j(p2005)$	-0.4717	-0.2005	-0.0638	-0.1750	-0.3433	临界安全
$K_j(p2006)$	-0.5894	-0.4771	-0.2522	-0.0345	-0.1872	较不安全
$K_j(p2007)$	-0.6103	-0.5018	-0.2807	0.1843	-0.2055	较不安全

由表 7-3 可得出，我国海洋油气业安全状态，从较安全到临界安全再到较不安全，八年来产业安全整体水平有变低的趋势。虽然我国油气产业在技术创新和制度创新方面取得了进步，但综合各种因素的实际情况却不容乐观。目前海洋油气业产业安全处于较不安全级别，系统不够稳定。从表 7-2 单个指标的安全级别来看，处于较不安全水平，有待进一步改善。而海洋石油勘探污水入海值（V_2）、海洋油气业增加值（V_4）和从业人员（V_9）成为制约海洋油气产业安全的瓶颈因素。我国海洋油气业在海洋石油勘探污水的排放，油气业产值的增加是否与海洋油气资源相匹配，海洋油气从业人员的数量的控制和素质的提高等方面还亟待提高。相对稍好的海洋石油出口量占全国石油出口量比例（V_1）、勘探投入（V_5）、海洋油田生产井（V_6）、海洋科研课题数（V_7）和海洋高校硕士及以上人数（V_8）影响不明显，但随着油气产品结构向高科技化升级，国外竞争愈加激烈，也应防患于未然，引起我们的重视，"每一根木板都不能短"才能让我们的海洋油气产业更加安全和完善。

3. 我国海洋油气业安全预警机制的建立

（1）我国海洋油气业安全预警机制运行目标。海洋油气业安全预警机制指对未来油气市场影响因素及其走势进行分析和预测，对不稳定运作状态和不正常因素及时发出预警指示的活动。其实质是对海洋油气业未来的市场活动趋势进行预期性评价，提前发现海洋石油勘探污水入海值上升，海洋油气业产值激增以及从业人员增长等因素对海洋油气业的不利影响，为采取规范、划界措施提供依据。主要目标包括：正确测评和诊断我国当前海洋油气业安全总体运行状态；正确预测海洋油气业安全状态的变动趋势并及时发出预警指示；采取有效防范划界措施。

（2）我国海洋油气业安全预警指标体系的构建。建立科学、有效的指标体系是建立我国海洋油气业安全预警机制的核心，即明确海洋油气业安全因素，而科学进行警源分析则是构建合理有效的海洋油气业预警指标体系的基础。我国海洋油气业安全警源，按来源可分为内部警源和外部警源。内部警源是影响海洋油气业安全系统内部的影响因素，包括勘探投入、探明储量增长率、海洋油田生产井、探明储量增长率、海洋石油勘探污水入海值等；外部警源是影响海洋油气业安全系统外部的影响因素，主要指海洋科研课题数增长率、从业人员增长、海洋高校硕士及以上人数增长率等。

（3）监测评价和预警过程。将海洋油气业具体年份的具体指标数据输入模型，代入公式（7-3）可得各个指标对应评价等级的关联度。根据判断标准，$K_j(V_k) = \max K_j(V_k)$，$j \in (1, 2, 3, 4, 5)$ 因此判定产业安全度的第 k 个因素指标 X_k 的安全级别属于 N_{0j}，$j \in (1, 2, 3, 4, 5)$，即第 j 级，若 $a_i(\sum_{i=1}^{m} a_i = 1)$ 为海洋油气产业安全度测度指标的权重系数，则 $K_j(R) = \sum_{i=1}^{m} a_i K_j(V_k)$ 为待评海洋油气产业安全度与第 j 级的关联度。若 $K_{0j}(P) = \max\limits_{(j=1,2,\cdots,n)} K_j(R)$，则该年海洋油气产业的安全度等级则为第 j 级。

基于所建立的海洋油气业安全指标体系，首先应用各种定性与定量方法确定警素静态和动态的安全变化区间，即安全警限。

指标体系的综合评价结果的判定标准列示如表 7-4 所示。

表 7-4　　　　　　　指标体系的综合评价结果的判定标准

评价等级的关联度	安全状态	状态指示灯	是否发出预警信号
$K_{01}(P) = \max\limits_{(j=1,2,\cdots,n)} K_j(R)$	危险	红	是
$K_{02}(P) = \max\limits_{(j=1,2,\cdots,n)} K_j(R)$	较不安全	黄	是
$K_{03}(P) = \max\limits_{(j=1,2,\cdots,n)} K_j(R)$	临界安全	绿	否
$K_{04}(P) = \max\limits_{(j=1,2,\cdots,n)} K_j(R)$	较安全	兰	否
$K_{05}(P) = \max\limits_{(j=1,2,\cdots,n)} K_j(R)$	安全	紫	否

将模型中求得的安全等级与以上标准对照，得出其安全状态，从而决定是否发出预警信号。当发出预警信号时，针对实际情况采取措施，改进我国海洋油气产业的安全状况。以 2007 年为例，$K_4(p2007) = \max K_j(p2007)$，说明我国海洋油气产业 2007 年安全级别属于较不安全级别，指示灯提示黄色状态，应当发出预警信号，我国海洋油气产业的安全状况亟待提高。从模型中我们明确到海洋石油勘探污水的排放过度，油气业产值的增加与海洋油气资源不相匹配，海洋油气从业人员的数量的激增和素质的缺乏是造成我国海洋油气产业不安全的主要因素。因此，我们应该采取控制海洋石油勘探污水的排放，结合海洋油气资源制定合理的开采规模和速度，减少海洋油气从业人员数量、提高海洋油气从业人员素质等措施来改善我国海洋油气业的安全状况。

4. 结论

通过构建指标体系和可拓物元模型，对 2001～2007 年我国海洋油气产业安全状况进行评价。结果表明，我国海洋油气业安全状态，从较安全到临界安全再到较不安全，八年来产业安全整体水平有变低的趋势，目前海洋油气产业安全处于较不安全级别。随着油气产品结构向高科技化升级，国外竞争愈加激烈，除了海洋石油勘探污水的排放，油气业产值的增加是否与海洋油气资源相匹配，海洋油气从业人员的数量的控制和素质的提高等主要限制因素需要改善外,重点还在于如何调整海洋油气市场占有率,有效利用国内科研资源及国外先进成果,协调勘探投入与产出收益的关系,发展一个开放、强大的海洋油气业。

(二) 基于 DEA 模型的我国海洋油气业安全评价及预警机制建立

1. 我国海洋油气业安全评价的 DEA 模型的构建

(1) DEA 方法的基本思想和模型。DEA(数据包络分析法)是美国运筹学家查恩斯(Charns)和罗德斯(Rhodes)教授于 1978 年提出的,是以相对效率概念为基础对同类多指标输入和多指标输出经济系统的相对有效性进行评价的一种非参数分析方法。

设有 n 个决策单元 DMU_j,j = 1,2,3,…,n。DMU_j 的输入为,X_j = $(X_{1j}, X_{2j}, …, X_{mj})^T$ 输出为 $y_j = (y_{1j}, y_{2j}, …, y_{mj})^T$,m 为输入指标数目,t 为输出指标数目。运用 DEA 中的模型分析我国海洋油气业安全度评价问题,模型如下:

$$\min\theta - \varepsilon\left[\sum_{r=1}^{t} s_r^+ + \sum_{i=1}^{m} s_i^-\right] ST = \begin{cases} \sum_{j=1}^{n} \lambda_j X_{ij} + s_i^- = \theta X_{ij0} \\ \sum_{j=1}^{n} \lambda_j y_{rj} - s_r^+ = y_{rj} \\ s_i^- \geq 0, s_r^+ \geq 0 \\ \lambda_j \geq 0, j = 1, 2, 3, …, n \end{cases}$$

该模型的评价指标体系由 m 个输入和 t 个输出指标组成,分别表示"消耗的经济资源"和"输出的成效"。设 X_{ij} 为第 j 个决策单元对第 i 种类型投入的投入量,y_{rj} 为第 j 个决策单元对第 r 种类型投入的产出量,s_r^+ 与 s_i^- 分别为剩余变量和松弛变量,也称为产出不足和投入冗余,ε 为一非阿基米德无穷小量,可取(ε = 10^{-6}),λ_j、s_i^-、s_r^+、θ 为待估计参量。

上述模型即为 CCR 模型,它的含义是找 n 个 DMU 的某种线性组合,使其产出在不低于第 j_0 个 DMU 产出的条件下,投入尽可能小。该模型的经济含义:

(1) 若 θ = 1,s_i^- 和 s_r^+ 中至少有一个大于零时,则 DMU_j 为弱 DEA 有效。

(2) 若 θ = 1 且 $s_i^- = s_r^+ = 0$,则 DMU_j 为 DEA 有效。

(3) 若 θ < 1,则 DMU_j 为 DEA 无效。

(4) 令 $X_0^* = \theta X_0 - s_i^-$,$y_0^* = y_0 + s_r^+$,则 (X_0^*, y_0^*) 为 (X_0, y_0) 在生产有效前言面上的投影,即相对于原来的 n 个 DMU 是有效的。

(5) 若存在 λ_j(j=1,2,3,…,n),使 $\sum_{j=1}^{n} \lambda_j = 1$ 成立,则 DMU_j 为规模效益不变,即规模有效;若 $\sum_{j=1}^{n} \lambda_j < 1$,则 DMU_j 为规模效益递增;若 $\sum_{j=1}^{n} \lambda_j > 1$,

则 DMU_j 为规模效益递减,且 $\sum_{j=1}^{n}\lambda_j$ 的值越大,规模递减趋势越大。

(2) 我国海洋油气业安全评价的 DEA 模型构建。应用 DEA 方法在海洋产业安全度评价的示意图如图 7-1 所示。

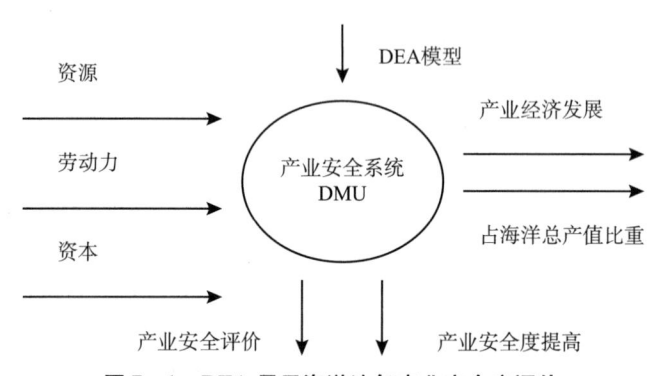

图 7-1 DEA 用于海洋油气产业安全度评价

针对海洋油气业安全系统,产业安全度高,意味着系统能用较少的代价(如油气资源、劳动力等)获得海洋油气业的高速发展。用 DEA 表述为:把资源、劳动力和资本投入等因素作为系统的输入,把海洋油气业的发展作为输出,海洋油气业的 DEA 效率评价指数 θ 用来衡量各时期的海洋油气业安全状态。θ 值越大,表示海洋油气业越能用较少的损失换得海洋油气业的较强的发展能力,因此 θ 值越大,海洋油气业的安全度越高,反之,则产业安全度越低。因此,θ=1,表示产业发展处于安全状态;θ=0,表示产业发展安全状态处于危机状态;θ 越接近 1,产业发展安全状态越好,反之,产业发展安全状态越差。

本章选择需要评估的年份作为决策单元,即 2000~2006 年作为 7 个决策单元,根据评价目的和选择指标的要求,设置输入指标为海洋油气业探明储量、海洋油气业从业人员、海洋科研课题数和海洋油气业勘探投入;输出指标为海洋油气业总产值、海洋油气业占主要海洋总产值的比重,则评价第 j_0 个决策单元综合效率的具有阿基米德无穷小的 CCR 模型为:

$$\min\theta - \varepsilon\left[\sum_{r=1}^{2}s_r^+ + \sum_{i=1}^{4}s_i^-\right]ST = \begin{cases} \sum_{j=1}^{8}\lambda_j X_{ij} + s_i^- = \theta X_{ij0} \\ \sum_{j=1}^{8}\lambda_j y_{rj} - s_r^+ = y_{rj} \\ s_i^- \geq 0, s_r^+ \geq 0 \\ \lambda_j \geq 0, j = 1, 2, 3, \cdots, 8 \end{cases}$$

2. 我国海洋油气业安全评价的实证分析

(1) 数据的选取。由于数据的有限性,本章选择对海洋油气业 7 年产业安全状况进行分析,即以 2000~2006 年的海洋油气业产业安全状况为评价对象,评价原始数据如表 7-5 所示。

表 7-5　　　　　　　　预测输入输出指标一览表

投入指标	2000 年	2001 年	2002 年	2003 年	2004 年	2005 年	2006 年
探明储量(百万桶油当量/年)	1757.4	1787.1	2015.8	2128.5	2230.0	2362.6	2528.5
从业人员(万人)	2.0526	1.9297	1.9920	0.4900	2.4629	5.4795	7.4
海洋科研课题数(个)	3310	3093	3232	3617	3820	4372	6593
勘探投入(百万)	552.869	1039.297	1318.297	848.072	1316.160	1293.687	1705.075
产出指标							
总产值(亿元)	383.77	320.68	360.53	447.72	597.89	817	1145
占主要海洋总产值的比重(%)	9.28	4.43	3.98	4.25	4.36	4.81	6.22

注:资料来源于中国海洋统计年鉴(2001~2007),中国海洋石油有限公司年度报告(2000~2007)

(2)我国海洋油气业安全评价的 DEA 模型求解。根据 DEA 模型,对决策单元 2000 年的投入产出情况列方程如下:

$$\begin{aligned}
&\min[\theta - 10^{-6}(s_1^- + s_2^- + s_3^- + s_4^- + s_5^+ + s_6^+)] \\
&1757.4\lambda_1 + 1787.1\lambda_2 + 2015.8\lambda_3 + 2128.5\lambda_4 + 2230\lambda_5 + 2362.5\lambda_6 \\
&\quad + 2528.5\lambda_7 + s_1^- = 1757.4\theta \\
&2.0526\lambda_1 + 1.9297\lambda_2 + 1.9920\lambda_3 + 0.4900\lambda_4 + 2.4629\lambda_5 + 5.4795\lambda_6 \\
&\quad + 7.4\lambda_7 + s_2^- = 2.0526\theta \\
&3310\lambda_1 + 3093\lambda_2 + 3232\lambda_3 + 3617\lambda_4 + 3820\lambda_5 + 4372\lambda_6 + 6593\lambda_7 + s_3^- = 3310\theta \\
&552869\lambda_1 + 1039297\lambda_2 + 1318297\lambda_3 + 848072\lambda_4 + 1316160\lambda_5 + 1293687\lambda_6 \\
&\quad + 1705075\lambda_7 + s_4^- = 552869\theta \\
&383.77\lambda_1 + 320.68\lambda_2 + 360.53\lambda_3 + 447.72\lambda_4 + 597.89\lambda_5 + 817\lambda_6 \\
&\quad + 1145\lambda_7 - s_5^+ = 383.77 \\
&9.28\lambda_1 + 4.43\lambda_2 + 3.98\lambda_3 + 4.25\lambda_4 + 4.36\lambda_5 + 4.81\lambda_6 + 6.22\lambda_7 - s_6^+ = 9.28 \\
&\lambda_j \geq 0, \ j = 1, 2, 3, \cdots, 7 \\
&s_1^-, s_2^-, s_3^-, s_4^-, s_5^+, s_6^+ \geq 0
\end{aligned}$$

其他年份的投入产出情况同上列方程,故省略。利用 LINDO 软件,我们求得 2000~2006 年的我国海洋油气产业安全水平 DEA 评价结果,如表 7-6 所示。

表7-6　　2000~2006年的我国海洋油气产业安全水平DEA评价结果

	2000年	2001年	2002年	2003年	2004年	2005年	2006年
$\sum \lambda_j$	1	0.878	0.407	0.498	0.624	0.673	0.765
θ	1	0.973	0.918	0.804	0.853	0.918	0.941
$k = 1/\theta \sum \lambda_j$	k = 1	k < 1	k < 1	k < 1	k < 1	k < 1	k < 1
相对效性	有效	无效	无效	无效	无效	无效	无效
规模有效性	恰当	递减	递减	递减	递减	递减	递减
技术有效性	有效	无效	无效	无效	无效	无效	无效
DP1	0.0004	0.0005	0.0004	0.0004	0.0003	0.0001	0.0001
DP2	0.0919	0.0234	0.0208	0.1462	0.1096	0.0571	0.0411
DP3	0.0000	0.0000	0.0000	0.0000	0.0000	0.0001	0.0001
DP4	0.0005	0.0006	0.0005	0.0003	0.0002	0.00001	0.00001
DP5	-0.0005	-0.0000	-0.0000	-0.0011	-0.0008	-0.0011	-0.0007
DP6	-0.5429	-0.0678	-0.0604	-0.0472	-0.0354	-0.0235	-0.0169
安全状态	安全	基本安全	基本安全	基本安全	基本安全	基本安全	基本安全

注：DP（Dual Prices）为影子价格，指对应约束中不等式右端项若增加或减少1个单位投入，相对效率值的减少量或增加量。

（3）我国海洋油气业安全评价的DEA模型结果分析。

①安全度分析。从表7-6的评价结果中可以看出，2000年我国海洋油气业为DEA有效，即产业安全状态达到最佳；其他年份的DEA均小于1，为非DEA有效，即产业状态处于非安全状态。总体来看，自2000年以后我国海洋油气业安全度水平下降，而一直保持在基本安全水平。

②投影分析。下面对表7-6中非DEA有效的单元做投影分析，并进行改进和调整，求出投入的可缩减量和产出的可增加量，如表7-7所示。

表7-7　　　　　　　我国海洋油气业非DEA有效单元的改进量

年份	θ	探明储量	从业人员	海洋科研课题数	勘探投入	总产值	占海洋产值的比重
2001	0.973	2524.76	0.106	84	80.7	17.11	2.5
2002	0.918	1944.35	0.096	65	68.9	16.25	1.8
2003	0.804	1525.16	0.089	60	57.7	15.14	1.5
2004	0.853	1224.71	0.066	54	40.7	13.81	1.2
2005	0.918	1004.96	0.048	47	36.8	11.92	0.9
2006	0.941	940.27	0.036	32	20.7	8.11	0.5

从对非 DEA 有效单元进行调整，我们可以得出，海洋油气资源的开发在一定程度上缓解对油气资源需要的压力，这在促进我国海洋产业发展的同时，却也带来了安全隐患。世界各国海上油气业的产值包括原油产值和油气勘探开采技术产值已占整个海洋产值的 60% 左右，而我国海洋油气产值还不足 10%。由此可见，我国海洋油气业与发达国家相比还存在较大的差距。我国现阶段的海洋石油勘探与开发技术水平、对海洋石油资源的探明程度都是影响我国海洋石油生产能力的重要因素。虽然我国已将海洋石油工业列入国家高技术产业，但仍存在一些关键技术没有解决，制约着我国海洋油气业的发展，如高温高压钻井、测井、测试指标，完井试油技术，海上边际油田开发技术，水下多相流油气自动开采技术等，都需要不断研究开发。同时由于油气资源具有隐蔽性，勘探成果对于储量的增加具有突发性，虽然勘探作为石油开发的前期投入是巨大而有风险的，但我国的资源形势是能够保证给予勘探投入最终回报的，要坚持不懈地在勘探方面投入资金和人力。

③影子价格分析。影子价格可以用来测定非 DEA 的 DMU 的输入输出指标对效率值的影响程度。对表 7-6 中的影子价格进行大小比较，要提高我国海洋油气业安全水平应首先考虑提高海洋油气业产值占总海洋产值的比重，其次是增加海洋油气业的从业人员，建立对一流人才具有吸引力的激励机制，增加研究经费，鼓励创新，提高科研人员的待遇，给予重大贡献者以丰厚物质回报和精神奖励，尽快整合科技力量，组建科研团队，建立科学理论和高新技术的创新基地。

从整个行业面上来看，普遍的趋势是海洋油气业产值占总海洋产业比重的影子价格大于从业人员的影子价格，从业人员的影子价格大于勘探投入的影子价格，这说明我国海洋油气业的经济活动的重点在于如何提高我国海洋油气业在海洋产业中的比重以及增加勘探收入，提高我国海洋油气资源的探明储量。

④规模有效性分析。所有非 DEA 有效的单元均为技术无效，说明各投入之间的组合没有达到最优，存在输入剩余或输出亏空。从 K 值我们可以看出自 2001 年开始投入产出是规模效益递减，综合技术无效。

3. 我国海洋油气业安全预警机制的建立

（1）安全预警机制运行目标。海洋油气业安全预警机制指对未来油气业的开采活动和市场影响因素及其走势进行分析和预测，对不稳定运作状态和不正常因素及时发出预警指示的活动。主要目标包括：正确测评和诊断我国当前海洋油气业安全总体运行状态；正确预测海洋油气业安全状态的变动趋势并及时发出预警指示；采取有效防范划界措施。

（2）安全预警指标标准值的确定。建立科学、有效的指标体系是建立我国海洋油气业安全预警机制的核心，即明确海洋油气业安全警示。我国海洋油气业安全警源，是影响海洋油气业安全的要素，包括海洋油气业探明储量、海洋油气业从业人员、勘探直接投资、海洋科研课题数、海洋油气业产值、海洋油气业占海洋产业总值比重等。

（3）监测评价和预警过程。基于所建立的海洋油气业安全指标体系，产业安全度高，意味着系统能用较少的代价（如油气资源、劳动力等）获得海洋油气业的高速发展。用 DEA 表述为：把资源、劳动力和资本投入等因素作为系统的输入，把海洋油气业的发展作为输出，海洋油气业的 DEA 效率评价指数 θ 用来衡量各时期的海洋油气业安全状态，从而预报不正常状态的时空范围和总体安全等级（一般划分为安全、基本安全、临界安全、不安全和危险），进而提出防范措施。其中，海洋油气业安全等级预报的综合方法是运用计量经济方法，构建关于预警度的海洋产权安全等级模型，将所预测的单个企业安全预警度代入以下式子中：

$$\min\theta - \varepsilon\left[\sum_{r=1}^{2} s_r^+ + \sum_{i=1}^{4} s_i^-\right] ST = \begin{cases} \sum_{j=1}^{8} \lambda_j X_{ij} + s_i^- = \theta X_{ij0} \\ \sum_{j=1}^{8} \lambda_j y_{rj} - s_r^+ = y_{rj} \\ s_i^- \geq 0, s_r^+ \geq 0 \\ \lambda_j \geq 0, j = 1, 2, 3, \cdots, 8 \end{cases}$$

得到海洋油气业 DEA 效率评价指数 θ，判断总体安全等级，这属于一种等级回归技术，需结合经验方法、专家方法等，以提高预警的可靠性。

针对海洋油气业安全系统，θ 值越大，表示海洋油气业越能用较少的损失换得海洋油气业的较强的发展能力，因此 θ 值越大，海洋油气业的安全度越高，反之，则产业安全度越低。

指标体系的综合评价结果的判定标准如表 7-8 所示。

表 7-8　　　　　　　指标体系的综合评价结果的判定标准

效率评价指数 θ	安全状态	状态指示灯	是否发出预警信号
[1, 0.8)	安全	紫	否
(0.8, 0.6]	基本安全	兰	否
(0.6, 0.4]	临界安全	绿	否
(0.4, 0.2]	不安全	黄	是
(0.2, 0]	危险	红	是

因此，θ=1，表示产业发展处于安全状态；θ=0，表示产业发展安全状态处于危机状态；θ 越接近 1，产业发展安全状态越好，反之，产业发展安全状态越差。

4. 结论

通过构建指标体系和评价模型，对 2000～2006 年我国海洋油气业产业安全状况进行了评价,并对海洋油气业发展过程中投入产出的规模有效性、技术有效性等做出测算,分析维持我国海洋油气业安全中需要关注的关键因素,说明我国海洋油气业的经济活动的重点在于如何提高我国海洋油气业在海洋产业中的比重以及增加勘探收入,提高我国海洋油气资源的探明储量。基于海洋油气业安全指标体系,建立我国海洋油气业安全的预警机制。

二、布局可持续性评价

1. 海洋不可再生资源可持续开发的系统动力学机制模型

(1) 海洋不可再生资源可持续开发的因果反馈图。因果关系图用于分析海洋不可再生资源可持续开发系统内各因素的相互影响关系。由于整个系统包含的因素较多,为了便于分析,可以将海洋可持续开发系统划分为海洋不可再生资源和环境子系统、社会经济子系统两个子系统,每个子系统都有自己的结构特点和独特的功能,其中一个子系统的输出是其他子系统的输入,子系统之间彼此联系。

社会经济子系统提供海洋不可再生资源开发所需要的勘探和开发投资,提供经济生产技术水平支持,以及各种宏观的经济,它包括市场价格、利润、技术水平等方面。其中技术进步在整个系统中处于支配地位,通过影响和支配生产来决定系统中各要素的地位、作用和相互关系。而勘探直接投资和开发直接投资的变化可以作为海洋可持续发展的衡量指标。

海洋不可再生资源可持续开发是以海洋资源和环境为物质基础。海洋资源和环境的状况不仅影响系统的整体功能和运行,而且对系统的发展方向和过程也起到重要的作用。

社会经济子系统考虑利润、投资以及生产能力等因素,主要的因果反馈回路是:正反馈(见图 7-2)。

利润 → 投资 → 生产能力 → 采出量 → 利润(正反馈)

图 7-2 海洋不可再生资源可持续发展的社会经济子系统因果关系

海洋不可再生资源和环境子系统主要考虑资源储量、采出量、资源承载能力和污染物排放等因素,主要的因果反馈回路是:正反馈(见图 7-3)。

污染物排放 → 资源储量 → 资源承载能力 → 生产能力 → 污染物排放

图 7-3 海洋不可再生资源可持续发展的环境子系统因果关系

根据现有资源的实际利用情况，资源和环境子系统主要研究海洋石油资源的开发和利用。

因果反馈关系图用于帮助分析系统内各因素的相互影响关系，在此只考虑系统内主要因素的影响，略去了次要因素的影响。由于正反馈联系使系统内各因素的变化加强和放大，既是系统不稳定的原因，也是系统得以发展和进化的动力。从对各子系统的主要因果关系分析中可以看出，正反馈回路是各子系统的主要反馈回路，说明在不考虑子系统间的相互影响时，各子系统的发展都偏向于不稳定，敏感于子系统的初始变化。

（2）海洋不可再生资源可持续开发系统的动力学机制模型流图与方程。因果与相互关系图只能描述反馈结构的基本方面，不能表示不同性质的变量的区别，这是它的弱点。为了清晰地描述影响反馈系统的动态性能的积累效应，采用系统动力学流图来描述系统的动态反馈机制。

根据系统动力学原理，首先对石油开发总体结构和反馈机制进行研究，根据实际情况划分系统的子块；然后根据系统中变量的因果关系确定变量的种类；第三，确定系统中各反馈回路之间的耦合关系，并将各子块耦合为一个复杂系统；最后就是建立系统中各变量的系统动力学方程，初步估计有关参数，利用 Vensim 软件构件计算机仿真模型的流图。

参照以上思路，将海洋石油勘探开发可持续发展系统动力学模型流图组建如图 7-4 所示。

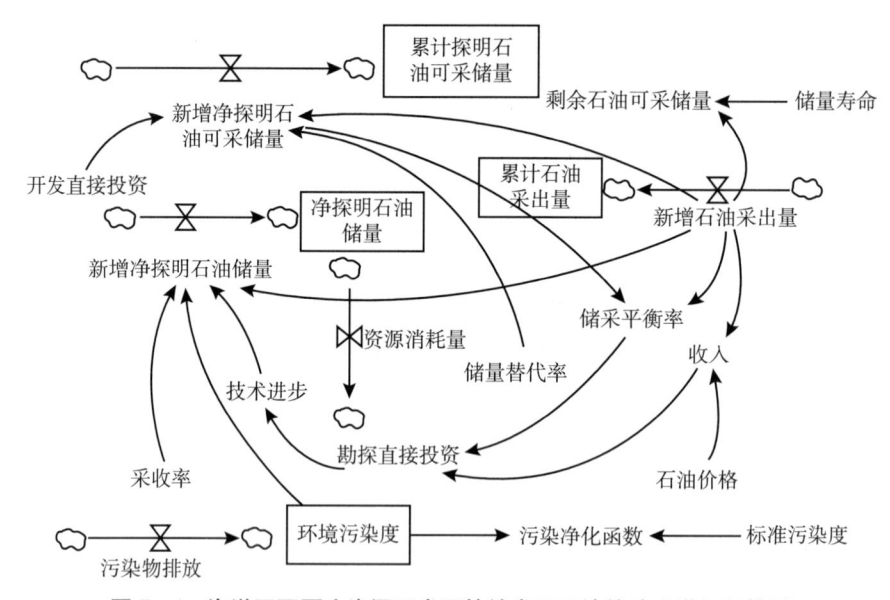

图 7-4 海洋不可再生资源开发可持续发展系统的动力学机制模型

方程式的建立是海洋石油开发可持续发展系统动力学模型最重要的一环，下面给出模型中关键的状态方程、速率方程和辅助方程如表7-9所示（以下用到的单位调整值均为避免单位不统一而设置，作用仅为调整单位，数值为1）。

表7-9　　　　海洋石油资源开发可持续发展系统动力学模型方程式

变量	方程式
累计探明石油储量	新增石油采出量×储量替代率
累计探明石油可采储量	INTEG（+新增探明石油可采储量，初始值）
累计石油采出量	INTEG（+新增石油采出量，初始值）
剩余可采储量	储量寿命×新增石油采出量
储采平衡率	新增探明石油可采储量/新增石油采出量
收入	新增石油采出量×石油价格
勘探投资比例	a+b储采平衡率+c收入×单位调整1
环境污染度	INTEG（+污染物排放，初始值）
污染物排放	海洋产业产值×单位海洋产业产值排污系数
污染净化函数	with lookup（环境污染度/标准污染度，数组）

注：储采平衡率指一口油井、一个油田或一个国家每年新增可采储量与年开采量的比值，或剩余可采储量与年产量的比值，它是判断一个油田是否可持续稳产、生产的重要指标。将储采平衡率设为 x_1，收入设为 x_2，勘探投资比例设 y，用 eviews 软件进行回归分析，$y = 241619.6 - 6297.703x_1 + 0.024477x_2$。

2. 海洋石油资源可持续开发的动力学机制的实证分析

（1）数据的选取。海洋石油资源开发可持续发展的动力学机制模型建立后，选取适合的数据变量进行实证分析，其中主要包括的数据有勘探直接投资（ec）、新增净探明石油可采储量（po）、石油价格（p）、储量替代率（rr）、收入（tr）、储采平衡率（b）和新增采出量（po）等（见表7-10）。

表7-10　　　　　　　　海洋石油资源开发数据

年份	新增净探明可采储量（百万桶）	勘探直接投资（×10⁶元）	收入（×10⁶元）	储采平衡率（%）	储量替代率（%）	新增采出量（百万桶）	价格（元）
1995	428.4	—	—	16.6	226	36.865	—
1996	496			11.5	233	56.7575	169.776
1997	979.8	458252	12372.84	19.8	1079	63.729	155.4338
1998	1176.4	584067	9312.341	23.1	481	64.2035	96.94826

续表

年份	新增净探明可采储量（百万桶）	勘探直接投资（×10⁶元）	收入（×10⁶元）	储采平衡率（%）	储量替代率（%）	新增采出量（百万桶）	价格（元）
1999	1241.6	246402	15310.59	23.6	170	63.97501	156.5427
2000	1215.8	552869	24223.92	20.1	104	75.31666	233.5337
2001	1245.9	1039297	20819.56	18.7	131	83.53901	193.1852
2002	1424.4	1318323	26373.82	15.9	281	108.9981	201.545
2003	1436.1	848072	40950.27	16.3	187	111.8594	232.6665
2004	1455.6	1316160	55222.06	15.9	173	116.616	293.0815
2005	1457.4	1293687	69455.74	15.3	186	130.2568	387.5493
2006	1489.8	1705075	88947.28	15.1	199	136.0428	469.539
2007	1564.1	3432419	90723.83	15.2	142	135.7169	503.841
2008	1578.3	3409546	125977.4	13	60	154.0548	620.2325

（2）海洋石油资源可持续开发的动力学机制模型的检验。将1995～2008年中海油公司开采海洋石油资源的数据输入模型，可以得到一组模拟数据，将模拟数据与实际数据进行比较，我们可以得到表7-11。

选取的三个指标即新增净探明石油可采储量、销售收入和储采平衡率在模型中的地位重要而且处于整个回路的开始、中间和结尾，因此具有很强的代表意义。由表7-11可以看出，各重要参考变量的模拟值与实际值的变化趋势一致。从总体上看，模型中各重要参考模拟值与真实值相差不大，从模拟出的数据来看，模拟的误差在20%～30%，说明模拟结果比较接近现实，模拟可靠，是开发科学决策的重要依据。

表7-11　　　　　　　　　　　相对误差表

年份	新增净探明石油可采储量/百万桶	模拟新增净探明石油可采储量/百万桶	相对误差/%	销售收入/百万元	模拟销售收入/百万元	相对误差/%	储采平衡率/%	模拟储采平衡率/%	相对误差/%
1995	428.4	611.959	0.299953	—	9636.059	0.19	16.6	11.62078	0.29
1996	496	652.7113	0.240093	12372.84	9905.637	0.33	11.5	8.738933	0.24
1997	979.8	1261.834	0.223511	9312.341	6224.418	0.34	19.8	15.37448	0.22
1998	1176.4	1483.101	0.206797	15310.59	10014.82	0.27	23.1	18.32299	0.21

续表

年份	新增净探明石油可采储量/百万桶	模拟新增净探明石油可采储量/百万桶	相对误差/%	销售收入/百万元	模拟销售收入/百万元	相对误差/%	储采平衡率/%	模拟储采平衡率/%	相对误差/%
1999	1241.6	1509.81	0.177645	24223.92	17588.98	0.22	23.6	19.40758	0.18
2000	1215.8	1513.865	0.19689	20819.56	16138.5	0.16	20.1	16.14251	0.19
2001	1245.9	1562.179	0.20246	26373.82	21968.02	0.36	18.7	14.91399	0.20
2002	1424.4	1733.07	0.178106	40950.27	26025.93	0.38	15.9	13.06812	0.18
2003	1436.1	1823.308	0.212366	55222.06	34177.99	0.27	16.3	12.83844	0.21
2004	1455.6	1854.194	0.214969	69455.74	50480.94	0.28	15.9	12.48199	0.21
2005	1457.4	1992.929	0.268715	88947.28	63877.4	0.25	15.3	11.18867	0.27
2006	1489.8	2054.246	0.274771	90723.83	68379.74	0.24	15.1	10.95097	0.27
2007	1564.1	2062.897	0.241794	125977.4	95549.8	0.22	15.2	11.52473	0.24
2008	1578.3	2002.712	0.211919	12372.84	9636.059	0.19	13	10.24506	0.21

3. 海洋不可再生资源可持续开发的策略分析

海洋可持续发展策略分析基于海洋可持续发展的系统动力学仿真模型进行。海洋不可再生资源的可持续利用就是对资源的协调利用、高效利用、公平利用和环保利用。

（1）海洋不可再生资源的协调利用。对海洋不可再生资源的协调利用包括三个方面，首先是人与海洋间的协调，即海洋不可再生资源对区域社会经济发展和人类生存、发展和享乐等方面的需求程度的满足，与人类海洋开发活动对海洋自然进化引导间的协调；其次是资源与资源及资源与生态环境间的协调。每种资源都不是孤立存在的，而是存在于复杂的生态系统之中，如果人类遵循生态规律开发海洋不可再生资源，则使生态系统中各个环节良性互动。如果人类违背了海洋生态规律，不合理的开发和利用不可再生资源，就会使海洋资源难以存在、形成和积累，那么这种影响将会通过它所在的生态系统网络形式辐射开，从而构成对其他海洋资源存在的影响[1]。

（2）海洋不可再生资源的高效利用。对海洋不可再生资源的高效利用包括两方面，一是高度生产效率，即以尽可能低的海洋资源消耗产出尽可能高的经济效

---

[1] 韩美：《海洋资源的特性与可持续利用》，载《经济地理》2004年第4期，第478~482页。

益；二是高度海洋资源利用率，即在生态系统的整体性允许情况下，达到在时空上对资源的最大利用率。本章以海洋石油资源为例进行分析，考虑到我国海洋石油资源开发的实际情况，选择了新增净探明石油可采储量、储采平衡率和销售收入这三个指标作为模型参量。得出结论，投资是影响新增净探明石油可采储量、储采平衡率和销售收入这三个指标可持续发展的主要因素，增加总投资，意味着勘探投资和开发投资都增加，因此可以同时增加新增探明石油储量和当年采油量，对于油田增储稳产可以起到重要的作用。勘探投资的增加，会带来技术的进步。技术影响了海洋开发的各个方面，技术的提高使生产效率提高，污染治理加强，资源消耗增多，同时由于海洋污染减少，海洋环境得到改善，为海洋经济生产创造了更好的环境。

（3）海洋不可再生资源的公平利用。对海洋不可再生资源的选择利用机会应该是公平的，这种公平性体现在当地人之间，也体现在世代人之间。当地人之间要求海洋开发活动不应带来或造成环境资源的破坏，参与资源开发活动中的区域和人类，不应对没有参与活动的区域和人类造成影响。而世代人之间的公平，则要求当地人在进行海洋不可再生资源的开发时不应过度开发，消耗海洋生态系统生产力，导致后代人无法利用该不可再生资源。

（4）海洋不可再生资源的环保利用。环保利用就是要将环境保护战略持续应用于海洋不可再生资源的整体开发过程中，增加生态效率，减少环境风险。本章以海洋石油资源为例，海洋石油资源开发过程中，特别要注意保护工作，因为石油进入海水后，对生物资源的危害是相当严重的，石油进入海洋使海水中大量的溶解氧被石油吸收掉，油膜覆盖水面，使海水和大气隔离，造成海水缺氧，使海洋生物死亡。被石油污染的海洋之短期内虽然对成鱼并不产生明显的危害，但是对幼鱼和鱼孵的危害是很大的，在油污染的海水中孵化出来的幼鱼不具有生命力。油污染使经济鱼、贝类产生油臭味，降低海产品的食用价值，海水被油污染的长期危害使鱼、贝类积累某些致癌物质，通过食物链到达人类这一级，从而危害人类健康。

4. 结论

运用 vensim 软件建立了海洋石油开发可持续发展的系统动力学模型，根据对海洋石油勘探、开发流程及工艺的研究，确定了各指标的因果关系和内在信息反馈机制，将整个勘探开发系统进行了模拟，绘出海洋石油勘探开发系统动力学因果关系图和流图与主要反馈回路。经过反复试算，调节各种经验参数，寻求海洋石油资源开发的可持续性发展。研究表明投资是影响新增净探明石油可采储量、储采平衡率和销售收入这三个指标可持续发展的主要因素，提出增大总投资、保持适当的勘探开发投资比例、努力提高技术等对策建议。

第二节 海洋油气业空间布局市场绩效优化

一、我国海洋油气业绩效评价的 DEA 模型的构建

DEA（数据包络分析法）于 1978 年由运筹学家查恩斯、库珀和罗得岛提出，应用数学规划模型比较决策单元之间的相对效率，对评价对象做出评价，能充分考虑决策单元本身最优的投入产出方案。他们创立了 CCR 模型，是用来研究多输入-多输出部门的规模有效与技术有效的卓有成效的方法。DEA 无须任何权重假设，以决策单元输入输出的实际数据求得最优权重，排除了很多主观因素，具有很强的客观性。

假设决策单元 DMU_j 有 n 个，j = 1，2，3，…，n。DMU_j 的输入为 $x_j = (x_{1j}, x_{2j}, \cdots, x_{mj})^T X_j = (X_{1j}, X_{2j}, \cdots, X_{mj})^T$，输出为 $y_j = (y_{1j}, y_{2j}, \cdots, y_{tj})^T$，m 为输入数目，t 为输出数目。我国海洋油气业绩效评价主要运用 CCR 模型，模型如下：

$$\min\theta - \varepsilon\left[\sum_{r=1}^{t} s_r^+ + \sum_{i=1}^{m} s_i^-\right] ST = \begin{cases} \sum_{j=1}^{n} \lambda_j X_{ij} + s_i^- = \theta X_{ij0} \\ \sum_{j=1}^{n} \lambda_j y_{rj} - s_r^+ = y_{rj} \\ s_i^- \geqslant 0, s_r^+ \geqslant 0 \\ \lambda_j \geqslant 0, j = 1, 2, 3, \cdots, n \end{cases}$$

m 个输入和 t 个输出分别表示"耗费的资源"和"产出的成效"，构成 CCR 模型的评价指标体系。设 X_{ij} 为第 j 个决策单元对第 i 种类型投入的投入量，y_{rj} 为第 j 个决策单元对第 r 种类型投入的产出量，s_r^+ 与 s_i^- 与分别为剩余变量和松弛变量，也称为产出不足和投入冗余，ε 为一非阿基米德无穷小量，可取（ε = 10^{-6}），λ_j，s_i^-，s_r^+，θ 为待估计参量。

CCR 模型的原理是构建 n 个 DMU 的某种线性组合，条件是其产出不低于第 j_0 个 DMU 产出，使得投入尽可能小。为得到最优的投入产出方案，定义如下：

(1) 若 θ = 1，至少某个输入或者输出大于 0，则 DMU_j 为弱 DEA 有效，决策单元的活动不是同时为技术效率最佳和规模最佳。

(2) 若 θ = 1 且 $s_i^- = s_r^+ = 0$，则 DMU_j 为 DEA 有效，决策单元的经济活动同时为技术有效和规模有效。

(3) 若 θ < 1，则 DMU_j 为 DEA 无效，经济活动既不是技术效率最佳，也不

是规模最佳。

(4) 令 $X_0^* = \theta X_0 - s_i^-$，$y_0^* = y_0 + s_r^+$，$(X_0^*, y_0^*)$ 相对于原来的 N 个 DMU 是有效的。

(5) 如果存在 $\lambda_j(j=1, 2, 3, \cdots, n)$，使 $\sum_{j=1}^{n} \lambda_j = 1$ 成立，则 DMU_j 规模收益不变；如果存在 $\sum_{j=1}^{n} \lambda_j < 1$，则 DMU_j 规模收益递增；如果存在 $\sum_{j=1}^{n} \lambda_j > 1$，则 DMU_j 规模收益递减。

我国各时期的海洋油气业绩效评价用 θ 值衡量。θ 值越大，意味着我国海洋油气产业越能够以较少的代价（资源、资金和人力等）获得该产业较强的发展，因此 θ 值越大，我国海洋油气业的绩效水平越高。θ=1，表示我国海洋油气产业发展处于最优绩效水平；θ=0，表示我国海洋油气产业发展绩效水平最差；θ 越趋向 1，我国海洋油气产业绩效水平越高，θ 越趋向 0，我国海洋油气产业绩效水平越差。

本章选取 9 个决策单元（2001~2009 年），选取的输入指标有沿海地区海洋原油产量、沿海地区海洋天然气产量、海洋原油产量占全国原油产量比重、海洋油田生产井，输出指标有海洋油气业总产值、海洋油气业占主要海洋总产值的比重，则评价我国海洋油气业综合效率的 CCR 模型为：

$$\min \theta - \varepsilon \left[\sum_{r=1}^{2} s_r^+ + \sum_{i=1}^{4} s_i^- \right] ST = \begin{cases} \sum_{j=1}^{9} \lambda_j X_{ij} + s_i^- = \theta X_{ij0} \\ \sum_{j=1}^{9} \lambda_j y_{rj} - s_r^+ = y_{rj} \\ s_i^- \geq 0, s_r^+ \geq 0 \\ \lambda_j \geq 0, j = 1, 2, 3, \cdots, 9 \end{cases}$$

二、我国海洋油气业绩效评价的实证分析

（一）选取数据

本章评价对象是 2001~2009 年我国海洋油气产业绩效状况，原始数据如表 7-12 所示。

表 7-12　　　　　我国海洋油气产业绩效评价指标体系一览表

指标	2001 年	2002 年	2003 年	2004 年	2005 年	2006 年	2007 年	2008 年	2009 年
沿海地区海洋原油产量（万吨）	2142.95	2405.55	2545.43	2842.21	3174.66	3239.91	3178.37	3421.13	3698.19

续表

指标	2001年	2002年	2003年	2004年	2005年	2006年	2007年	2008年	2009年
沿海地区海洋天然气产量（万立方米）	457212	464689	436930	613416	626921	748618	823455	857847	859173
海洋原油产量占全国原油产量比重（%）	13.07	14.40	15.01	16.16	17.51	17.54	17.06	18.00	19.52
海洋油田生产井（口）	1780	2348	2499	2795	2439	2632	3198	3624	4215
海洋油气业总产值（亿元）	320.68	360.53	447.72	597.89	866.91	1121	1890	2764	3512
占全国海洋产业总产值的比重（%）	3.37	3.20	3.75	4.08	4.91	5.27	7.54	9.30	10.88

资料来源：《中国海洋统计年鉴（2002~2010）》。

（二）我国海洋油气业绩效评价的 DEA 模型求解

运用 DEA 模型，根据 2001 年决策单元的投入产出情况列方程如下：

$$\min[\theta - 10^{-6}(s_1^- + s_2^- + s_3^- + s_4^- + s_5^+ + s_6^+)]$$

$2142.95\lambda_1 + 2405.55\lambda_2 + 2545.43\lambda_3 + 2842.21\lambda_4 + 3174.66\lambda_5 + 3239.91\lambda_6 + 3178.37\lambda_7 + 3421.13\lambda_8 + 3698.19\lambda_9 + s_1^- = 2142.95\theta$

$457212\lambda_1 + 464689\lambda_2 + 436930\lambda_3 + 613416\lambda_4 + 626921\lambda_5 + 748616\lambda_6 + 823455\lambda_7 + 857847\lambda_8 + 859173\lambda_9 + s_2^- = 457212\theta$

$13.07\lambda_1 + 14.40\lambda_2 + 15.01\lambda_3 + 16.16\lambda_4 + 17.51\lambda_5 + 17.54\lambda_6 + 17.06\lambda_7 + 18.00\lambda_8 + 19.52\lambda_9 + s_3^- = 13.07\theta$

$1780\lambda_1 + 2348\lambda_2 + 2499\lambda_3 + 2795\lambda_4 + 2439\lambda_5 + 2632\lambda_6 + 3198\lambda_7 + 3624\lambda_8 + 4215\lambda_9 + s_4^- = 1780\theta$

$320.68\lambda_1 + 360.53\lambda_2 + 447.72\lambda_3 + 297.89\lambda_4 + 866.91\lambda_5 + 1121\lambda_6 + 1890\lambda_7 + 2764\lambda_8 + 3512\lambda_9 - s_5^+ = 320.68$

$3.37\lambda_1 + 3.20\lambda_2 + 3.75\lambda_3 + 4.08\lambda_4 + 4.91\lambda_5 + 5.27\lambda_6 + 7.54\lambda_7 + 9.30\lambda_8 + 10.88\lambda_9 - s_6^+ = 3.37$

2002~2009 年的投入产出情况同上列规划方程，因此省略。借助 LINDO 软件，获得 2001~2009 年我国海洋油气业绩效水平 DEA 评价结果（见表 7-13）。

表 7-13　　2001~2009 年我国海洋油气业绩效水平 DEA 评价结果

指标	2001年	2002年	2003年	2004年	2005年	2006年	2007年	2008年	2009年
$\sum \lambda_j$	0.309743	0.294118	0.344669	0.375000	0.451287	0.484375	0.693015	0.854779	1

续表

指标	2001年	2002年	2003年	2004年	2005年	2006年	2007年	2008年	2009年
θ	0.733464	0.543800	0.677752	0.525239	0.779899	0.775699	0.913401	0.994176	1
$k = 1/\theta \sum \lambda_j$	k>1	k>1	k>1	k>1	k>1	k>1	k>1	k>1	k=1
相对有效性	无效	无效	有效	无效	有效	无效	无效	无效	有效
规模有效性	递增	递增	递增	递增	递增	递增	递增	递增	恰当
技术有效性	无效	无效	无效	无效	无效	无效	无效	无效	有效
DP1	0.000001	0.000001	0.000001	0.000001	0.000001	0.000001	0.000001	0.000001	0.000001
DP2	0.000001	0.000002	0.000002	0.00002	0.000001	0.000001	0.000001	0.000001	0.000001
DP3	0.000001	0.000001	0.000001	0.000001	0.000001	0.000001	0.000001	0.000001	0.000001
DP4	0.000304	0.000001	0.000001	0.000001	0.000152	0.000094	0.000054	0.000038	0.000033
DP5	-0.00001	-0.00001	-0.00001	-0.000001	-0.000001	-0.000001	-0.000001	-0.000001	-0.00001
DP6	-0.196653	-0.169534	-0.180226	-0.125839	-0.137739	-0.115509	-0.099987	-0.093816	-0.091589

（三）我国海洋油气业绩效评价的 DEA 模型结果分析

1. DEA 效率的总体分析（见图 7-5）

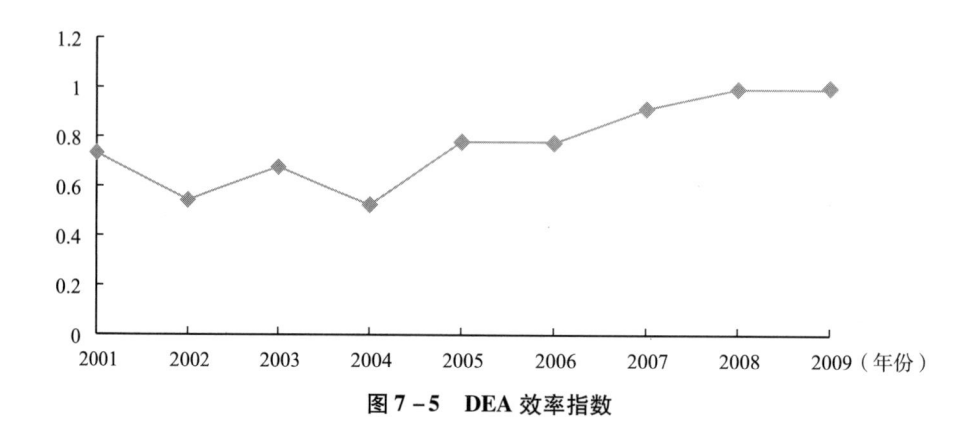

图 7-5 DEA 效率指数

（1）由图 7-4 显示，2001~2008 年的效率指数都没达到 1 的有效标准，根据 DEA 的经济解释，则这些年份我国海洋油气业的绩效没能达到最优，我国海洋油气业的经济活动既不是技术效率最佳，也不是规模最佳。2009 年效率指数为 1，且至少某个输入或者输出大于 0，则 2009 年我国海洋油气业绩效为弱 DEA 有效，我国海洋油气业的经济活动的技术效率最佳和规模最佳不能同时出现。2002 年和 2004 年绩效水平呈下降趋势，原因在于我国海洋油气业存在过度开采和由于技术水平低下导致的资源利用不足现象。自 2004 年后，绩效水平呈递增趋势，往绩效优化的方向发展，原因在于我国海洋油气业注重科学合理开采和科技水平逐步提高。

(2) 由表 7-13 显示，2001~2008 年的 k 值都大于 1，表示规模收益递增，意味着我国海洋油气业的规模有待扩大，必须加大海洋油气业的投入（资金、技术等）以达到最优规模。

(3) 由表 7-13 显示，2001~2008 年技术有效性都为无效，说明了我国海洋油气业由于科技制约导致各项投入组合的比例没有达到最优，存在输入剩余或输出亏空。应促进科技创新以提高我国海洋油气业的科技水平。

2. 投影分析

表 7-14　　　　　非 DEA 有效海洋油气业的松弛变量的求解结果

年份	θ	s_1^-	s_2^-	s_3^-	s_4^-	s_5^+	s_6^+
2001	0.7335	426.29	69255.85	3.54	0.00	767.14	0.00
2002	0.5438	220.44	0.00	2.09	37.14	672.41	0.00
2003	0.6778	450.52	0.00	3.45	240.92	762.76	0.00
2004	0.5655	220.50	24708.39	1.82	0.00	719.11	0.00
2005	0.7799	806.97	101201.67	4.85	0.00	718.01	0.00
2006	0.7757	721.89	164540.56	4.15	0.00	580.13	0.00
2007	0.9134	340.23	156725.25	2.05	0.00	543.87	0.00
2008	0.9942	240.07	118447.84	1.21	0.00	237.99	0.00

利用表 7-12 和表 7-14 的值和下面两个计算公式：$\Delta x_i = (1-\theta)x_i + s_i^-$（投入冗余）；$\Delta y_i = s_r^+$（产出不足）。可以分别计算出 2001 年到 2008 年海洋油气业投入产出效率非 DEA 有效的投入冗余量和产出不足量。

(1) 由表 7-15 显示，2001~2008 年我国海洋油气业既有投入冗余又有产出不足，并且产出不足主要表现在海洋油气业总产值方面。主要原因在于我国海洋油气业存在过度开采和由于技术水平低下导致的资源利用不足现象。

表 7-15　　　　非 DEA 有效我国海洋油气业的投入指标冗余量和产出指标不足量

年份	θ	沿海地区海洋原油产量（万吨）	沿海地区海洋天然气产量（万立方米）	海洋原油产量占全国原油产量比重（%）	海洋油田生产井（口）	海洋油气业总产值（亿元）	占主要海洋产业总产值的比重（%）
2001	0.7335	997.39	191072.85	7.02	467.43	767.14	0.00
2002	0.5438	1317.85	211991.12	8.66	1108.30	627.14	0.00

续表

年份	θ	沿海地区海洋原油产量（万吨）	沿海地区海洋天然气产量（万立方米）	海洋原油产量占全国原油产量比重（%）	海洋油田生产井（口）	海洋油气业总产值（亿元）	占主要海洋产业总产值的比重（%）
2003	0.6778	1270.66	140778.85	8.29	1046.10	762.76	0.00
2004	0.5655	1455.44	291237.64	8.84	1214.43	719.11	0.00
2005	0.7799	1505.71	239186.98	8.70	536.82	718.01	0.00
2006	0.7757	1448.60	332455.58	8.08	590.36	580.13	0.00
2007	0.9134	615.48	228036.45	3.53	276.95	543.87	0.00
2008	0.9942	259.91	16423.35	1.31	21.02	237.99	0.00

（2）利用 2001～2008 年投入指标冗余量和产出指标不足量，可以计算出海洋油气业达到 DEA 有效时投入产出指标的值。

比如，以 2007 年为例，通过公式 $X_0^* = \theta X_0 - s_i^-$，$y_0^* = y_0 + s_r^+$ 计算得到的 (X_0^*, y_0^*)，相对于原来的 n 个 DMU 来说是有效的。通过公式计算得到 2007 年海洋油气业投入产出指标的投影点。这意味着要想达到 DEA 有效，必须要减少沿海地区原油产量 615.48 万吨，从现有产量 3178.37 万吨减少到 2562.89 万吨；减少沿海地区海洋天然气产量 228036.45 万立方米，从现有产量 823455 万立方米减少到 595418.55 万立方米；减少海洋原油产量占全国原油产量比重 3.53%，从现有比重 17.06% 减少到 13.53%；减少海洋油田生产井 276.95 口，从现有数量 3198 口减少到 2921.05 口。海洋油气业总产值增加 543.87 亿元，从现在的 1890 亿元增加到 2433.87 亿元。根据这一计算结果，可以具体探讨有关提高海洋油气业投入产出效率的途径与方法。

3. 影子价格分析

影子价格用来测定非 DEA 的 DMU 的输入输出指标对效率值的影响程度。由表 7-13 显示，从整个行业层面上看，普遍的趋势是海洋油气业产值占总海洋产业比重的影子价格大于海洋油田生产井的影子价格，海洋油田生产井的影子价格大于沿海地区海洋天然气产量的影子价格，这说明要提高我国海洋油气业的绩效水平，提高我国海洋油气业在海洋产业中的比重以增加海洋油田生产井的数量是重点。应首先提高海洋油气业产值占主要海洋产值的比重，其次就是增加海洋油田生产井的数量。

三、我国海洋油气业市场绩效改进分析

（一）促进我国海洋油气业的科技创新

2001~2008 年我国海洋油气业的技术有效性均为无效，因此必须提高我国海洋油气业科技水平。促进海洋油气业的科技创新可从以下几个方面做出努力。

（1）加大海洋企业研究开发的投入力度，强化海洋企业创新能力建设。

（2）制约我国海洋油气业的关键技术，如高温高压钻井、测井、测试指标，完井试油技术，海上边际油田开发技术，水下多相流油气自动开采技术等，需要不断研究开发。

（3）加快落实海洋人才强国战略和知识产权战略。注重创新型、应用型、复合型和技能型海洋优秀人才的培养以及海洋类知识产权的创造和运用。

（二）消除垄断以促进市场有效竞争

我国海洋油气业属于垄断或寡头垄断市场。对国有海洋油气业进行改革有助于提高我国海洋油气业的绩效水平。国有海洋油气业的改革方式如下：

（1）建立产权清晰、权责明确、政企分开、管理科学的现代企业制度，当前要特别注意实现产权明晰和政企职责分开，转变政府职能。

（2）退出海洋油气业竞争性市场领域，让市场的力量来调配资源配置。

（三）破除市场壁垒并鼓励民间资本进入

我国海洋油气业的发展存在投资壁垒、政策壁垒、技术壁垒等各种市场壁垒。破除市场壁垒有利于海洋油气业绩效水平的提升。具体可通过以下几种方式：

（1）支持民间资本进入海洋油气勘探开发领域，与国有石油企业合作开展油气勘探开发。

（2）支持民间资本以独资、控股、参股等方式建设海洋原油、天然气、成品油的储运和管道输送设施及网络。

（3）鼓励民间资本发展海洋油气加工转化和炼油产业。

（四）提高政府的政策引导力

我国海洋油气产业的发展必须借助政府这只"有形的手"。提高政府的政策引导力可采取如下措施：

（1）加大科研成果转化投入，提高创新能力，掌握核心技术。

（2）政府应利用金融、财政等政策对我国海洋油气业予以资金扶持。

（3）对我国海洋油气业发展进行规划，合理开发利用海洋油气资源，促进海

洋油气业由"粗放型"向"质量效益型"转变。

第三节 海洋油气业空间布局生态补偿优化

一、海洋油气产业规制中的生态补偿价值评估机制分析

海洋油气产业生态补偿机制的实施，需要生态补偿价值评价体系的完善。当生态价值能被定量后，生态补偿价值就有了参考标准，从而实际操作时就有据可循。因此，面对我国出台海洋油气产业生态补偿机制的要求，生态价值评估机制的建立及价值量化指标的构建也就成了急需解决的问题。[①]

（一）海洋油气产业规制中的生态补偿价值评估机制

1. 海洋油气产业规制中的生态补偿标准

补偿标准是实现海洋油气产业的生态补偿的依据，直接关系到生态补偿的效果以及补偿者的承受能力。补偿标准的确定是对生态补偿机制相关方的利益进行权衡和较量的过程。制定补偿标准是要找出能被生态补偿主体和生态补偿对象共同认可的补偿额度，以达到改善或恢复海洋生态服务功能的目的，有效矫正海洋生态环境保护时利益相关者之间的利益分配关系。上述所讲的补偿方式都涉及到补偿标准的问题，其中，讨论最多的是资金补偿形式的补偿标准。

（1）海洋油气产业的生态补偿标准溢出效益法核算。海洋油气资源具有外部性特征，对周边地区和产业会产生生态溢出效益。溢出效益法是以海洋油气产业生态保护、海洋生态重建所带来的环境效益的外溢作为补偿标准的确定依据。基于溢出效益法的海洋油气产业的生态补偿标准计算的是其年均生态溢出效益。则海洋油气产业生态补偿的年均生态溢出效益包括海洋油气资源的溢出效益和海洋油气生态服务溢出效益。

（2）海洋油气产业的生态补偿标准成本法核算。成本法以海洋油气产业的生态保护与建设成本作为补偿标准的确定依据。根据实地调研，不难统计出海洋油气产业对于海洋环境的直接经济投入、间接经济投入及需要的经济补偿量。

①海洋油气产业直接成本现值 $C_1 = \sum_{n=1}^{l} \sum_{j=1}^{m} c_n(E_j)(1+ni)$，$c(E_j)$ 表示直接成本项，n 为计算周期，i 表示银行利率，j 为直接成本的项数。

[①] 刘崴：《未来我国生态补偿机制与经济发展的几点思考》，载《特区经济》2006 年第 9 期，第 189~190 页。

②海洋油气产业间接成本现值 $C_2 = \sum_{n=1}^{l} \sum_{k=1}^{m} c_n(I_k)(1+ni)$，$c(I_k)$ 为间接成本项，n 为计算周期，i 表示银行利率，k 为直接成本的项数。则总成本现值核算模型为 $C = \dfrac{\left[\sum_{n=1}^{l} 1\{\sum_{j=1}^{m} c_n(E_j) + \sum_{k=1}^{m} c_n(I_k)\}(1+ni)\right]}{N}$，N 为计算总年数。

然而这种补偿标准主要考虑海洋生态环境保护的过程，次要考虑海洋生态环境保护的结果，而没有重视海洋生态环境的质量，没有考虑到海洋生态环境保护工作中产出与投入的效率问题，有可能导致对海洋生态环境过度投入，产生不必要的浪费。

2. 海洋油气产业规制中的生态补偿规模[①]

（1）初级补偿规模。海洋有机体和海洋生态系统受到干扰时，会表现出一种缓和干扰、调节自身状态使生存得以维持的能力，这可以看作是海洋生态系统对生态负荷的还原能力。初级补偿是在考虑海洋自洁能力的条件下，将受污海洋生态环境恢复到没有污损发生时的基线状态。初级补偿的规模如图所示，如海洋油气资源泄漏对海洋渔业会产生严重影响，此时鱼类的数量为 M_1，等海洋生态环境适合鱼类生长时，要使鱼类自然繁殖到污染前的数量 M_1，需要到时间 T_3，如果对海洋鱼类进行人工放养，可是时间缩短到 T_2，节省的时间为 $T_3 - T_2$ 此时初级补偿的补偿规模为 $M_0 - M_1$，如图7-6所示。

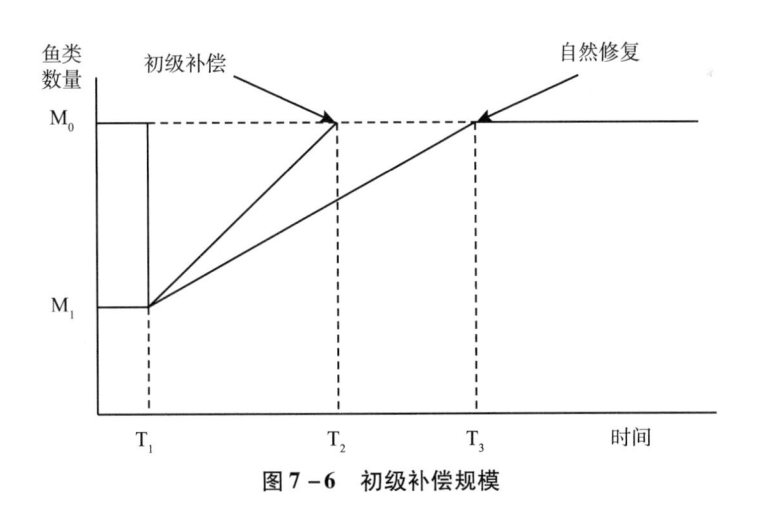

图7-6 初级补偿规模

（2）超额补偿规模。即使对海洋环境进行了初级补偿，但要恢复到原来的状态，可能需要几年甚至是十几年的时间，在恢复期，鱼类繁殖能力会丧失，引起

[①] 黄明娜：《海洋资源损害补偿机制——厦门案例研究》，厦门大学硕士学位论文，2008年。

生产力的降低，最终由于海洋油气污染导致鱼类产量的减少，此时可以通过超额补偿来弥补完全恢复期产生的临时损失。超额补偿的规模 A 可通过图来描述，如果额外补偿行为在 T_4 开始，这一行为提供了超过鱼类基线状态数量 M_0 的额外数量 $M_2 - M_0$ 来弥补 $T_2 - T_1$ 这一恢复期的临时损失 C（见图 7-7）。

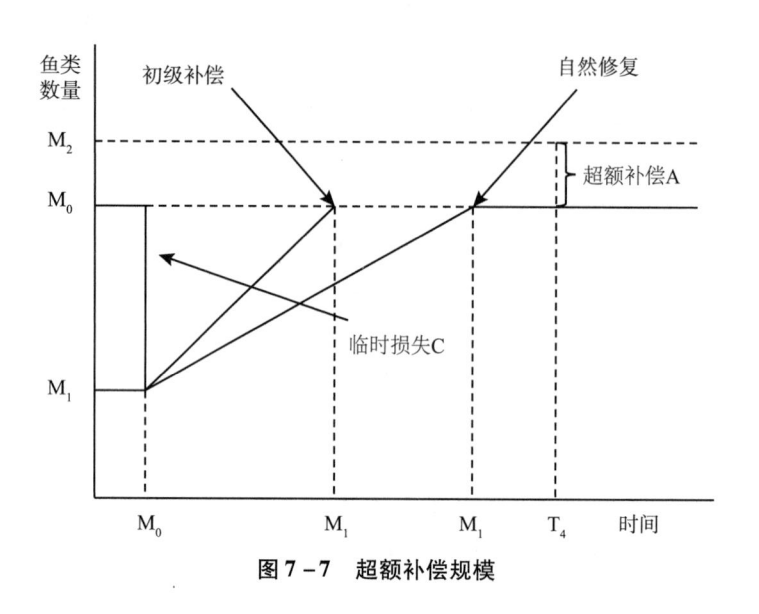

图 7-7　超额补偿规模

利用海洋鱼类的例子，来确定恢复期的临时损失 C，进而确定额外补偿的规模 A。临时损失 $C = \sum_{t=0}^{t=T_2-T_1} R(t)(1+r)^{-t}$，R(t) 表示由于海洋油气污染，海洋鱼类在时间 t 内产量的减少量。$A = \sum_{t=0}^{t=T_2-T_1} C(t)(1+r)^{-t}$，C(t) 表示由于超额补偿行为在恢复期内鱼类的增加量。超额补偿的规模 A 由临时损失的贴现值与超额补偿的贴现值相等来确定。

（二）海洋油气产业生态资本评估机制

生态资本评估机制是建立生态补偿机制的必要条件。对海洋生态环境服务和海洋油气资源的价值进行评估一方面可以提高海洋油气资源使用者对海洋生态环境和海洋油气资源方面的成本意识，促进海洋油气资源使用效率的提高；另一方面可以为海洋生态环境的可持续发展奠定基础。[1]

---

[1] 闫伟：《生态补偿的市场机制初步研究》，吉林大学硕士学位论文，2009 年。

1. 海洋油气产业的海洋环境价值评估[①][②]

环境价值的度量，还没有形成一套成熟的方法体系，评估手段在西方国家研究较多，可以借鉴国外的环境价值评估方法来对海洋油气产业所依存的海洋环境价值进行评估。

（1）直接观察法。直接观察法即直接市场法，将实际市场的海洋油气产品和服务的交易价值作为生态系统服务的价值，是一种应用最广泛的方法，这种方法评估难度小、直观、易算，需要完善各种基础数据的采集和汇总工作，要加强各部门的分工和协作。其难点在于必须要有足够数据建立海洋损害函数模型，同时要考虑海洋油气资源的市场价格是否有波动，人们受到海洋油气产业相关活动所造成的污染时所采用的防护、回避、转移等措施。但是海洋环境作为生产要素投入并不是它唯一的功能表现。因此，在多数情况下，这种评估并不代表海洋环境质量的全部效益。

（2）间接观察法。间接观察法通过替代产品的市场价格变化推算海洋环境资源隐含的价值，以使用技术手段得到与海洋生态系统相同的服务的结果所需的费用来间接估算海洋环境价值。这种方法除将环境质量作为一个影响因素外，还考虑其他因素的影响，因此在应用时会遇到数据资料的获取、相关变量和独立变量的计量以及支付意愿与总资产价值变化的吻合性问题。此外，间接观察法的使用需要完善的市场条件。

（3）直接假设法。直接假设方法是构造一个人为的假设市场，直接访问消费者对环境服务的评价来衡量海洋环境资源的价值。例如，通过人们对海洋环境服务的改变给予评估，在一个给定价格下，人们愿意购买多少环境服务。

（4）间接假设法。当既找不到海洋环境质量对经济影响的实际数据，又找不到能间接反映人们对海洋环境质量评估的产品和服务时，可采用假设方法来了解消费者支付一定数额的货币交换某一程度环境质量变化的意愿，从而评估出海洋环境价值。利用征询问题的方式诱导人们对海洋生态环境的偏好，并导出人们对海洋生态环境保护和改善而支付的意愿，从而诱导出其价值。由于假设方法评价不是消费者的实际行为，而只是消费者的意愿，因而存在着产生各种偏倚的可能性。

2. 海洋油气资源开发的绿色评价模型评估[③]

对海洋油气资源开发实施绿色评价，首先需要对海洋油气资源开发活动的相关收益和成本进行测算，具体项目包括：

（1）计算海洋油气资源开发的年总效益 WI，此效益包括油气资源开发产生的直接效益 DI 和由此带来的外部效益 IDI。此处的外部效益指海洋油气资源产业

[①] 饶云聪：《生态补偿应用研究——以海南省为例》，重庆大学硕士学位论文，2008 年。
[②] 周玲玲：《溢油对海洋生态污损的评估及指标体系研究》，中国海洋大学硕士学位论文，2006 年。
[③] 杨上光：《海洋资源开发的绿色评价模型研究》，福建师范大学硕士学位论文，2002 年。

对周边地区和关联产业产生带动作用所产生的效益。

（2）计算海洋油气资源开发需要投入的年生产成本 PC。

（3）计算海洋油气资源开发所产生的年外部成本 EC，此外部成本是海洋油气资源开发活动对海洋生态环境所造成的损失的环境成本，也即海洋油气产业规制中的生态补偿价值。

（4）计算海洋油气资源开发的年纯收益 NI，纯收益为年总收益减外部成本和年生产成本的值，即 NI = WI – EC – PC。

（5）计算海洋油气开发时资源损耗的价值 C。

完成以上数据的测算后，就可以计算出海洋油气开发的年总成本 WC，WC = EC + UC + PC，仅用年总成本不能反映效益成本差异，利用效费比，可以计算出单位成本所带来的纯效益，借鉴成本内部化的思想，利用海洋油气资源使用成本、环境成本、纯效益与年总成本的比来构建海洋油气资源开发的绿色评价模型。

$$p = \frac{纯收益}{年总成本} = \frac{\sum_{t=1}^{n} NI_t (1+r)^{-1}}{\sum_{t=1}^{n} WC_t (1+r)^{-1}}$$

$$= \frac{\sum_{t=1}^{n} [WI_t - (C_t + EC_t + PC_t)](1+r)^{-1}}{\sum_{t=1}^{n} (C_t + EC_t + PC_t)(1+r)^{-1}}$$

$$= \frac{\sum_{t=1}^{n} [DI_t + IDI_t - (C_t + EC_t + PC_t)](1+r)^{-1}}{\sum_{t=1}^{n} (C_t + EC_t + PC_t)(1+r)^{-1}} \quad (7-4)$$

式（7-4）中：p 为纯收益与年总成本的比，r 为社会折现率，n 为计算期。通过这个绿色模型，可以算出海洋油气资源不同开发利用方式下的纯收益与年总成本的比，后进行对比、排序、优化，从而判断出不同海洋油气资源开发发式的优劣。

二、海洋油气产业规制中的生态补偿营运机制

海洋油气产业规制中的生态补偿营运机制包括生态补偿的市场机制分析和生态补偿的融资渠道。

（一）海洋油气产业规制中生态补偿的市场机制分析

1. 排污权交易制度

排污权交易是典型的利用市场营运机制治理海洋环境污染的方法。在满足海

洋生态环境要求的条件下，政府制定合理的排污权，通过交易控制海洋油气产业中经营过程中污染物的排放量。[①] 政府作为海洋油气资源的拥有者，在海域生态负荷范围内，通过拍卖、招标等方式，将一定的排污权出售或者分配给海洋油气产业的利益相关者。持有排污权的单位可以自己使用，也可以交易。交易价格随市场价格机制自由波动。

排污权交易制度对于政府来说一方面可以通过出售排污权来获得一定的生态补偿资金；另一方面也可将排污权转向海洋油气产业内经济效益好的企业，促进海洋生态经济的发展。这是政府掌握海洋环境状况，根据不同对象和情况对海洋油气产业采取有针对性地规制的重要手段。

2. 绿色保证金制度

绿色保证金是海洋油气产业内的企业在勘探、开发海洋油气资源之前在有关的管理部门缴存的一笔环境污染保证金，待企业经营活动完成后对海洋环境的危害在规定的范围内，保证金可以归还。如果对海洋生态环境的危害超过了一定标准，那么这笔保证金就自动地被没收并入到海洋生态保护与污染治理的专项基金中去。绿色保证金制度以经济制裁的形式有效地保证了海洋油气企业在经营过程中的环保行为，激励企业尽可能以最有效的方式进行海洋生态重建，以保护海洋生态环境达到令社会满意的水平[②]。

3. 押金——退款制度

押金——退款制度是政府对海洋油气企业征收与排污成比例的排污费，返还与产出成比例的排污费。这种制度能避免政府管理部门对海洋油气产业征收排污费难的窘境，能有效地降低政府的监督成本，在一定程度上还能缓解政府执行力低的困境。这种制度主要能有效地调动海洋油气企业减污积极性，使其在经营过程中注重技术创新。

4. "三同时"制度

"三同时"制度是指在海洋油气资源开发项目中，其防治海洋环境污染和海洋生态破坏的设施必须与主体工程同时设计、同时施工、同时使用的一项法律制度，这是一项新的控制污染源的法律制度。"三同时"制度就是在海洋油气产业经营项目正式启动前，先缴纳一定数额的保证金，此数额应大于预期海洋环境损害的价值。一旦该项目没有实现"三同时"的要求，导致海洋环境污染超过预定的水平，经营者就会失去其保证金，而政府则用没收来的保证金来进行海洋生态环境恢复。

[①] 吴健：《排污权交易——环境容量管理制度创新》，中国人民大学出版社2005年版。
[②] 《论区域绿色生产力发展战略》，引自《中国生产力学会2001年国际大会论文集》，复旦大学出版社2001年版，第386~398页。

（二）海洋油气产业规制中生态补偿的融资机制[①]

我国海洋油气产业规制中生态补偿的融资方式应该是政府、民间组织、企业、集体和个人共同参与的多元化投融资机制，以拓宽海洋油气资源保护与海洋生态环境建设的融资渠道。要发挥政府的导向、组织和协调作用，利用政策打通海洋环保投融资的"瓶颈"，把金融机构的融资优势和政府的组织协调优势结合起来，推进海洋环保投融资市场建设，为重点海洋油气产业生态补偿领域提供大额贷款支持。政府要发挥财政、信贷和证券三种融资方式的合力。利用财政融资的杠杆和基础性作用，调动更多的资金进入生态补偿领域。增强信贷融资的支持力度和效率，积极为环保投融资走向资本市场创造条件。同时加强海洋油气产业的对外合作交流，争取国际性金融机构的优惠贷款和民间社团组织及个人的捐助，用于海洋油气产业生态补偿的建设。可考虑试行的融资方式有：

1. 海洋油气资源补偿税

海洋油气补偿税是政府为了保护海洋生态环境与海洋油气资源的可持续利用而对一切开发、利用海洋油气资源的单位和个人，按照其开发、利用海洋油气资源的程度或污染、破坏海洋生态环境的程度征收的一种补偿金。课征生态补偿税的主体是开发、利用海洋油气资源和在此过程中对海洋生态环境造成污染的单位和个人，包括近海直接排污企业和开采海洋石油及海洋交通运输企业。相应的，计征依据为开发、利用、破坏海洋油气资源的程度以及对海洋生态环境的污染危害程度，[②] 这一税费的征收可以促使海洋油气资源开发利用者节约海洋油气资源、减少污染排放和保护海洋生态环境。不能支付足额资源补偿资金的企业将不允许对海洋油气资源进行开发利用。这种补偿方式可以减少国家的财政支出。同时，它也使海洋油气产业获益者付出了应有的代价，资源补偿税使海洋油气资源开发者支付了相应的成本，使他们意识到利用海洋油气资源必须进行生态补偿，从而促进了海洋油气产业生态补偿机制的执行效能。

2. 培育和发展海洋油气产业生态资本市场

首先支持海洋油气产业内具有竞争优势或比较优势的生态环保企业进行股份制改造，利用股票市场，将经营效益好的企业推荐上市；其次再发行海洋生态环保债券，通过适度举债将社会上的消费基金、保险基金等引导到海洋油气资源保护和生态环境治理等国家重点工程上来。

3. 发行海洋生态彩票

发行海洋生态彩票可以吸引民间组织团体尤其是个人对海洋油气产业生态重

[①] 孙新章、谢高地、张其仔等：《中国生态补偿的实践及其政策取向》，载《资源科学》2006年第4期。

[②] 张莉、何春林、乔俊果：《广东省绿色海洋经济发展的效益评价》，载《太平洋学报》2008年第8期，第78~87页。

建资金的投入。海洋生态彩票所融集的资金还可用作海洋生态重建的风险基金，以应对海洋油气泄漏等突发性海洋生态环境问题所面临的资金短缺。

4. 推广优惠信贷

依靠海洋生态建设的信贷政策来推行优惠信贷。在确保金融机构信贷安全的前提下，政府提供政策性的担保，用作海洋生态环境建设的启动资金，以低息甚至是无息贷款的形式向有利于海洋生态环境的经营活动提供贷款，鼓励没有能力独立从事海洋生态环境保护的个人或者小规模组织参与进来。这种优惠信贷的启动不仅可以解决生态重建的资金困难，还可以提高海洋环境保护的生态效率。[①]

(三) 海洋油气产业规制中的生态补偿激励与处罚机制

1. 海洋油气产业规制中的生态补偿激励机制

对海洋生态建设与油气资源维护做出明显贡献的生态企业及其个人给予生态补偿奖励。对企业发展生态产业、开发生产环保产品和节能减排产品、实施循环经济项目，给予产品税收优惠、或免去所得税、或给予其产生的环境效益适当的奖励、或给予优先贷款与优惠贷款支持；对各地政府使用绿色 GDP 指标对海洋油气产业的发展状况进行考核评估，表现优秀的部门给予干部优先提升、给予部门一定比例的环境津贴支持，以推动决策者、决策部门对海洋油气产业实施积极的产业规制。

海洋油气产业规制中的生态补偿激励机制旨在让海洋油气产业中的受规制方能够按照政府规制的预期目标行事。激励机制要同时具备约束和激励功能具有效率，政府制定合理的生态补偿激励机制，有利于有效的配置海洋油气资源，有利于实现社会福利的最大化。[②]

2. 海洋油气产业规制中的生态补偿处罚与理赔机制

制定生态补偿激励与处罚机制，对污染与破坏海洋环境的海洋油气产业内的企业，给予一定程度的处罚；对相关的政府职能部门，给予干部限制提拔、或不被提拔的处罚。通过生态补偿监督委员会定期检查、评估与监督海洋油气产业生态补偿资金的执行效果以及海洋生态建设或生态维护状况，每年向主管机构提交 1~2 次海洋油气产业生态补偿评估报告并给出海洋油气产业生态补偿执行的年度调整计划，主管机构以此下达年度海洋油气产业生态补偿执行计划。

对海洋生态环境造成严重污染的油气产业相关单位和在特殊保护海域内超标开采油气资源的企业，由政府有关部门依照法律规定限定其在一定期限内缴纳生态补偿金，实现治理目标。对海洋油气产业内逾期未完成生态补偿的单位，除按照国家规定收取超生态补偿金外，还可以根据对海洋生态环境造成危害的大小处

---

① 颜海波：《流域生态补偿法律机制研究》，山东科技大学硕士学位论文，2007 年。
② 洪恩华：《自然资源开发利用激励机制研究》，载《经济前沿》2008 年第 5 期。

以罚款，或者责令停止、关闭。

三、海洋油气产业规制中生态补偿的政府监管机制分析

（一）海洋油气产业规制中的生态补偿监管机制

1. 建立生态补偿资金监督委员会

生态补偿资金监督委员会是保障对海洋油气产业生态补偿资金有效运作行使监督功能的基本职能部门。建立与完善海洋油气产业生态补偿监管机制的内容：至少应包括建立与完善生态补偿费征收的监督机制，生态补偿资金的使用监督机制，实施生态补偿的信息公开制度，实施生态补偿项目公开申请与公平评审机制，生态补偿资金运作效益评估制度，生态补偿受益区年度生态补偿资金实施与运作报告制度。

2. 公众参与监督制度

建立海洋油气产业生态补偿机制的公众参与监督制度，引入专家参与海洋油气产业管理机制，健全研究海域生态补偿资金监督体系的社会化和民主化，以降低监督机构的管理成本，提高监督效率。要将海洋油气产业生态补偿资金监督委员会建成社会公众参与监督的民主化平台，邀请利益相关者各方共同参与到海洋油气产业生态补偿资金运作的监督程序中来。

3. 现场检查制度

现场检查制度是指依法享有海洋生态补偿行政监督管理权的部门，按照法定程序进入管辖海域内海洋油气产业相关企业的现场，对海洋油气资源的开采、使用及海洋生态补偿的状况进行监督检查的一项法律制度。它具有现场检查且不需要经被检查单位同意的特性。这一制度能促使海洋油气产业内的单位加强对海洋生态环境的自我监督管理，减少海洋油气资源浪费和海洋生态环境保护。

（二）海洋油气产业规制中的生态补偿监管机制博弈模型分析

1. 无寻租行为生态补偿监管机制博弈模型

在海洋油气产业相关企业的生态补偿问题上，主要存在着两个主体，政府和海洋油气产业相关企业。政府在海洋油气产业生态补偿监管机制的设计和运行过程中，拥有制订补偿标准、收取补偿费用、监管验收、审计等权利；海洋油气产业内的企业按照政府规定交纳生态补偿费，用以环境治理和生态重建。海洋产业内的企业总是希望尽可能少交或不交生态补偿费、少治理或不治理环境污染，以减少成本，实现利润最大化；而政府代表公众则是尽可能行使监管权力，保护公共海洋生态，以维护公共利益。这是一次监督博弈，在博弈过程中，海洋油气产业内的企业对生态破坏的程度、生态治理与恢复的资金投入拥有较全面的信息，

而政府对相关信息掌握不充分，无法直接观察到海洋油气产业内的企业生态补偿的努力程度，因而政府必须设计有效的海洋资源生态补偿监管机制，这是一个不完全信息下的混合战略。

假设：（1）政府对海洋油气产业内的企业行为的监管分为两种情况，即实质性监管和形式性监管。（2）海洋油气产业内的企业的行为选择也分为两种情况，一是海洋油气产业内的企业严格按照政府主管部门所确定的补偿标准按时足额缴纳，配合政府的监督、验收、审计和检查，从事规范的补偿行为；二是海洋油气产业内的企业故意不缴补偿费，从事违规的补偿行为。（3）海洋资源生态补偿中，政府的监督成本为 C。（4）政府对海洋油气产业内的企业违规补偿行为的处罚为 F。（5）海洋油气产业内的企业从事规范补偿行为所要缴纳的生态补偿费为 M。（6）海洋油气产业内的企业开采海洋资源所获得的收益为 A。

政府的监督成本主要包括监督人员的工资以及其他劳务费、监督设备投入等等。其函数表示为 $C = \varphi(L, K, T, S, \sigma)$。L 为监督人员的劳动投入，K 为监督设备投入，T 为监督的技术水平，S 为社会法律环境，σ 为其他影响因素。

$\partial C/\partial L > 0$，$\partial C/\partial K > 0$，表示监督劳动投入和设备投入与监督成本成正相关；$\partial C/\partial T < 0$ 表示监督技术水平与监督成本成反相关；$\partial C/\partial S < 0$ 表示社会法律等环境与监督成本成反相关。建立博弈模型，如表 7-16 所示。

表 7-16　　　　　　　无寻租行为生态补偿监管机制博弈模型

		海洋油气产业内的企业	
		规范补偿行为	违规补偿行为
政府	实质性监管	M-C, A-M	M-C+F, A-M-F
	形式性监管	M, A-M	O, A

在政府的收益与损失的比较中，政府实质性监管的成本应该少于从生态补偿中获得的收益、罚款额之和。否则，政府就会因为监管成本过高而放弃实质性监管，海洋油气产业内的企业就不会从事规范的生态补偿。因此该模型是求解 $C \leq M + F$ 条件下的纳什均衡。

设政府进行实质性监管的概率为 ρ，海洋油气产业内的企业选择违规补偿的概率为 γ，则海洋油气产业内的企业的期望收益为：

$U(\rho, \gamma) = \rho(1-\gamma)(A-M) + \rho\gamma(A-M-F) + (A-M)(1-\gamma)(1-\rho) + A\gamma(1-\rho)$

给定 ρ，海洋油气产业内的企业选择规范补偿（$\gamma=0$）和违规补偿（$\gamma=1$）的期望效用分别为：$U_1(\rho, 0) = \rho(A-M) + (1-\rho)(A-M)$

$U_2(\rho, 1) = \rho(A-M-F) + (1-\rho)A$

令 $U_1(\rho, 0) = U_2(\rho, 1)$，解得，$\rho^* = \dfrac{M}{M+F}$ （7-5）

若政府实施实质性监管的概率小于$\frac{M}{M+F}$，海洋油气产业内的企业的最优选择是违规补偿；若政府实施实质性监管的概率大于$\frac{M}{M+F}$，海洋油气产业内的企业的最优选择就是规范补偿；若概率等于$\frac{M}{M+F}$，海洋油气产业内的企业将随机选择违规或规范补偿。

政府的期望收益为：

$$U(\rho, \gamma) = \rho(1-\gamma)(M-C) + \rho\gamma(M-C+F) + M(1-\rho)(1-\gamma) + 0 \times \gamma(1-\rho)$$

给定γ，政府选择实质性监管（$\rho=1$）和形式性监管（$\rho=0$）的期望效用分别为：

$$U(\gamma, 1) = \gamma(M-C+F) + (1-\gamma)(M-C)$$
$$U_2(\gamma, 0) = \gamma \times 0 + (1-\gamma)M$$

令$U(\gamma, 1) = U_2(\gamma, 0)$，解得，

$$\gamma^* = \frac{C}{M+F} \qquad (7-6)$$

若海洋油气产业内的企业进行违规补偿的概率大于$\frac{C}{M+F}$，政府的最优选择就是实质性监督；若海洋油气产业内的企业进行违规补偿的概率小于$\frac{C}{M+F}$，政府的最优选择就是形式性监督；若海洋油气产业内的企业进行违规补偿的概率等于$\frac{C}{M+F}$，政府可随机选择实质性监督或形式性监督。

因此，混合战略纳什均衡是$\gamma^* = \frac{C}{M+F}$，$\rho^* = \frac{M}{M+F}$，即海洋油气产业内的企业违规补偿的概率为$\gamma^* = \frac{C}{M+F}$，政府进行实质性监管的概率为$\rho^* = \frac{M}{M+F}$，此时，海洋油气产业内的企业的违法收益和政府部门的收益均为0。

政府选择实质性监管行为的概率ρ的取值与罚款（F）、缴纳补偿费（M）的金额有关。将式（7-5）中的F、M分别对ρ求偏导数，得$\frac{\partial F}{\partial \rho} > 0$，$\frac{\partial M}{\partial \rho} > 0$。政府对海洋油气产业内的企业违规补偿行为的处罚力度越大，政府实施实质性监管的概率越大；海洋油气产业内的企业的投资越多，实质性监管的概率越大。

海洋油气产业内的企业选择违规补偿行为的概率γ的取值与缴纳补偿费（M）的金额、检查监督成本（C）、罚款（F）有关。将式（7-6）中的C、M、F分别对γ求偏导数，得$\frac{\partial C}{\partial \gamma} > 0$，$\frac{\partial M}{\partial \gamma} < 0$，$\frac{\partial F}{\partial \gamma} < 0$。政府的监管成本越大，监管的效率越低，海洋油气产业内的企业选择违规补偿的概率就越大。若监管工作分散在多

个政府职能部门，随着海洋资源开采的生态补偿内涵和工作范围的不断扩大，监管成本会有不断增大的趋势，即 C→M+F，则 $\gamma^* \to 1$，此时政府的监管机制是无效的；若生态补偿的效用越大，整个社会对生态补偿就越重视，海洋油气产业内的企业选择违规补偿行为的概率就越小；政府监管罚款越多，海洋油气产业内的企业因震慑作用而选择违规行为的概率就越小。

上述的均衡解从一个侧面说明，政府部门把握好监督的概率，就可以有效地降低海洋油气产业内的企业违规补偿行为的概率。经过一段时间的动态博弈后，双方的收益都会接近于 0，即出现政府部门不监督，同时也没有违规补偿行为发生这一最优结果。

2. 修正的无寻租行为生态补偿监管机制博弈模型

对于政府部门来说，实施全方位实时监察是不现实的，确定一个有效的监察范围和监察频率来实现对海洋油气产业内的企业的违规补偿行为进行监督至关重要。假设政府部门每年都进行 n(n>0) 次定期监察且时间间隔相同，每次监察成本都为 C；政府辖区总面积为 m(m>0)，每次随机监察的区域面积为 p(p>0)；违规补偿行为在第 i(i>0) 次被监察到。海洋油气产业内的企业与政府之间的博弈模型可以用表 7-17 的支付矩阵来表示。

表 7-17　　　　修正的无寻租行为生态补偿监管机制博弈模型

		海洋油气产业内的企业	
		规范补偿行为	违规补偿行为
政府	i 次监察到	M−iC, A−M	M−iC+F, A−M−F
	i 次未监察到	M−iC, A−M	iC, A

对政府监察范围和执法行为做如下理想化假设：（1）其管辖范围 m 可等分为 a(a>0) 块相邻且不重复的面积为 p 的监察区域；（2）违规补偿行为总可以包含在一块面积为 p 的区域中；（3）如果违规补偿行为发生在某个监察区域 p 中，只要巡查到该区域，就可以被监察到。（4）违规补偿行为开始于上一次监查工作结束之时。

设某区域违规补偿行为，在前 (i−1) 次未被监察到的概率为 ξ，到第 i 次才被监察到的概率为 η，则

$$\xi = \left[\frac{a-1}{a}\right]^{i-1} \times \frac{1}{a} = \frac{(a-1)^{i-1}}{a^i}$$

$$\eta = \left[\frac{a-1}{a}\right]^{i} = \frac{(a-1)^{i}}{a^i}$$

政府部门和海洋油气产业内的企业的期望收益分别为:

$$\prod_{政府} = (M - iC + F)\gamma\xi + \xi(M - iC)(1 - \gamma) + \eta\gamma(-iC) + (1 - \gamma)\eta(M - iC)$$

$$= \frac{(a - 1)^{i-1}(F\gamma + aM - aiC - a\gamma M + \gamma M)}{a^i} \quad (7-7)$$

$$\prod_{开采者} = \xi(A - M)(1 - \gamma) + \xi(A - M - F)\gamma + (A - M)\eta(1 - \gamma) + A\eta\gamma$$

$$= \frac{(a - 1)^{i-1}(aA - aM + aM\gamma - M\gamma - F\gamma)}{a^i} \quad (7-8)$$

只有当违规补偿行为的海洋油气产业内的企业的收益为零时，违规补偿行为才会终止。政府监管的目的不是为了获取正收益，而是为了有效减少违规补偿行为的发生，以减少社会效益的损失，为达到此目的甚至可以接受负收益。当政府监督的收益为 0 时，既节省了多余的监察成本又有效地遏制了违规补偿行为发生，政府监督的效率最高。纳什均衡条件下政府部门和海洋油气产业内的企业的收益均为 0。令式 (7-7) = 0，式 (7-8) = 0，解得，

$$i = \frac{A}{C} \quad (7-9)$$

$$a = \frac{(F + M)\gamma}{\gamma M + A - M} \quad (7-10)$$

式 (7-9)、式 (7-10) 分别表示有效的监察概率与监察范围。海洋油气产业内的企业开采海洋资源所获得的收益 A、处罚力度 F 和政府的监督成本 C 是制约政府有效监察频率和监督范围的重要因素。降低政府监督成本、加大对违规补偿行为的处罚力度有利于遏制海洋油气产业内的企业违规补偿行为的发生。

3. 有寻租行为的生态补偿监管机制博弈模型

当存在寻租行为时，博弈的分析就变为三个参与人：非法海洋油气产业内的企业、执法人员、监管机构。在这个生态补偿监管模型中，监督机构通过执法人员对海洋油气产业内的企业实行监管，将监管机构看作委托人，执法人员作为代理人，两者之间构成委托代理关系，监管机构的效用依赖于执法人员是否尽职监管，执法人员的利益依赖于监管机构的评价（如发现寻租行为，相关失职人员会被追究责任）。同样，监管机构和海洋油气产业内的企业之间也是委托代理关系，因此，监管机构面临两个代理人。当委托人企图利用一个代理人监督另一个代理人时，该委托人会面临两个代理人之间存在寻租行为而被欺骗的危险。

设海洋油气产业内的企业无违规补偿行为时其收益为 0，有违规补偿行为时收益为 R。为了不被查处，海洋油气产业内的企业需要付出一定的成本 M 来隐藏自己的不当行为，而被监管机构发现的概率是 P，发现后被打击时需缴纳相应的违法处罚 C。若执法人员打击违规补偿行为，只能获得正常的工资 W，若不打击违规补偿行为，可以获得额外收益（即寻租收益）H，同时面临被发现的概率也为 P，并会受到相应的处罚 E（如被免职等）。于是得到表 7-18 这样一个

博弈矩阵。

表 7-18　有寻租行为的生态补偿监管机制博弈模型

		执法人员	
		打击违规补偿行为	不打击违规补偿行为
海洋油气产业内的企业	无违规补偿行为	0, W	0, W−P×E
	有违规补偿行为	R−M−P×C, W	R−M−H, W+H−P×E

出现执法人员与海洋油气产业内的企业寻租行为的条件就是行动组合（有违规补偿行为，不打击违规补偿行为）成为纳什均衡的条件，表示为：

$$\begin{cases} W+H-P\times E>W & (7-11) \\ R-M-P\times C>0 & (7-12) \\ H<P\times C & (7-13) \end{cases}$$

式（7-11）表示在给定海洋油气产业内的企业有违规补偿行为时，执法人员不打击违规补偿行为的盈利大于打击时的盈利；式（7-12）表示，海洋油气产业内的企业有违规补偿行为时的盈利大于无违规补偿行为时的盈利；式（7-13）表示，海洋油气产业内的企业的寻租成本小于有违规补偿行为的预期惩罚额。

如果要杜绝这种不法现象的发生，关键就是要使（有违规补偿行为，不打击违规补偿行为）难以成为一个均衡。既然式（7-11）、式（7-12）、式（7-13）同时满足是该均衡成立的条件，那么只要使三个式子中的任何一个不成立，就足以破坏该均衡，即 H≥P×C 或 W+H−P×E≤W 或 R−M−P×C≤0 中的任何一个式子成立即可。

4. 修正的有寻租行为生态补偿监管机制博弈模型

海洋油气产业内的企业和执法人员之间的寻租行为会给双方带来额外收益，但整个国家的海洋生态损失会很大。

执法人员和海洋油气产业内的企业都有寻租和不寻租两种策略，假设二者存在寻租行为的概率为 β；p 为海洋油气产业内的企业的寻租收益；c 为海洋油气产业内的企业对执法人员的贿赂成本，也是执法人员的寻租收益；d 为寻租行为所导致的海洋资源的额外损失。

监管机构对是否寻租有治理和不治理两种策略，并以概率 θ 对寻租行为进行治理，治理有效的概率为 r，治理费用为 g；m 为监管机构对寻租海洋油气产业内的企业的惩罚因子；n 为监管机构对寻租的执法人员的惩罚因子。根据假设条件，三方静态博弈得益模型如表 7-19 所示。

表 7-19　　　　　　修正的有寻租行为生态补偿监管机制博弈模型

海洋资源开采者的额外收益与执法人员的额外收益		监管机构		
		治理 (θ)		不治理 ($1-\theta$)
		有效 (γ)	无效 ($1-\gamma$)	
	寻租 (β)	p - c - mp c - nc mp + nc - d - g	p - c c - d - g	p - c c - d
	不寻租 ($1-\beta$)	0 0 - g	0 0 - g	0 0 0

（1）在寻租行为发生概率为的情况下，监督机关进行治理或不治理的期望收益分别为：

$$E_1 = \beta[(mp + nc - d - g)\gamma + (1-\gamma)(-d-g)] + (1-\beta)[\gamma(-g) + (1-\gamma)(-g)]$$
$$E_2 = \beta(-d)$$

执法人员与海洋油气产业内的企业在选择寻租或不寻租策略时，应使监管机构采取治理或不治理所得到的期望收益相等，即 $E_1 = E_2$，解得执法人员与海洋油气产业内的企业寻租策略的最佳概率为：

$$\beta^* = \frac{g}{\gamma(mp + nc)}$$

（2）当监管机构对寻租行为以概率 θ 进行治理时，海洋油气产业内的企业寻租和不寻租的期望收益分别为：$E_3 = 0$

$$E_4 = \theta[\gamma(p - c - mp) + (1-\gamma)(p-c)] + (p-c)(1-\theta)$$

由 $E_3 = E_4$，得到海洋油气产业内的企业达到博弈均衡时，监管机构进行治理的最佳概率为：$\theta_1 = \frac{p-c}{mp\gamma}$

（3）当监管机构对寻租以概率 θ 进行治理时，执法人员寻租与不寻租的期望收益分别为：

$$E_5 = 0$$
$$E_6 = \theta[\gamma(c - nc) + (1-\gamma)c] + (1-\theta)c$$

由 $E_5 = E_6$，得到执法人员达到博弈均衡时，监管机构进行治理的最佳概率为 $\theta_2 = \frac{1}{n\gamma}$。

综合上述，博弈混合策略纳什均衡解（7-14）为：

$$\{\beta^*, \theta_1\} = \left[\frac{g}{\gamma(mp + nc)}, \frac{p-c}{mp\gamma}\right]$$
$$\{\beta^*, \theta_2\} = \left[\frac{g}{\gamma(mp + nc)}, \frac{1}{n\gamma}\right] \quad (7-14)$$

根据纳什均衡解（7-14），可以得出以下几条结论：

①执法人员和海洋油气产业内的企业选择以 β^* 的概率进行寻租活动并各自取得额外收益。若双方寻租概率 $\beta > \beta^*$，监管机构的最优选择是加强对二者的治理；若 $\beta < \beta^*$，监管机构监督力度减弱；若 $\beta = \beta^*$，监管机构的监管具有随机性。寻租的概率 β^* 受 m、g、γ、n、p 和 c 影响。监管机构不能控制 p 和 c，只能通过改变 m、g、γ、n 来影响寻租概率 β^*。寻租的最优概率与监管成本 g 成正比，与 m、g、γ、n 成反比。监管机构应设法降低监督成本 g，加大对寻租双方的处罚强度 m、n，提高治理效率 γ。

②监管机构对寻租危害性的认识决定了其是否对寻租进行有效治理。若监管机构选择从海洋油气产业内的企业入手进行治理，治理的最优概率为 $\theta_1 = \dfrac{p-c}{mp\gamma}$。若 $\theta > \theta_1$，海洋油气产业内的企业的寻租可能性小；若 $\theta < \theta_1$，则海洋油气产业内的企业寻租的可能性大；若 $\theta = \theta_1$，则寻租就带有随机性。监管机构只能控制与最优治理概率成反比的 m 和 γ 因子，所以应该加大对海洋油气产业内的企业寻租的惩罚力度和提高治理效率。

③若监管机构选择从治理执法人员着手治理寻租行为，此时治理的最优概率为 $\theta_2 = \dfrac{1}{n\gamma}$，监管机构要加重对执法人员的惩罚因子 n 的份额，提高治理效率 γ。

④进一步研究发现，当监管机构为了遏制寻租行为，在对执法人员采取的策略不变的条件下，加重对寻租海洋油气产业内的企业的惩罚，会使海洋油气产业内的企业的寻租净收益变为负值，能起到抑制海洋油气产业内的企业寻租的作用；但这并不能抑制执法人员的寻租欲望，执法人员可能会用其他手段限制海洋油气产业内的企业的正常经济行为。所以，监管机构加重对执法人员的惩罚比加重对海洋油气产业内的企业的惩罚更能有效治理寻租行为。在机制设计上，惩罚腐败执法人员和违法海洋油气产业内的企业并举是最优选择。

5. "超国家"政府监督下越境海洋资源开采的生态补偿监管机制博弈模型

至于越境海洋资源开采生态补偿的监管机制问题，如果存在"超国家"政府（其角色相当于国内外部性问题中的国家政府）对各国进行监督、控制或严惩，就会促使各国在越境海洋资源开采时进行规范的生态补偿，因此需讨论"超国家"政府与某个国家个体之间的监督博弈关系。

假设 A 为（国家）个体从自身利益出发，自愿对越境海洋资源开采做的生态补偿；B 为"超国家"政府从全局考虑认为个体应做的贡献；C 为对个体达不到要求所做的"惩处"如罚款，或通过其他手段间接对个体发展所产生不良影响的量化。这里 A>0，B>0，C>0 且 B>A。这样，"超国家"政府可采取的策略有监管和不监管两种；国家个体的策略也有两种，即按自愿贡献还是按应该贡献来进行生态补偿。他们之间的博弈矩阵如表 7-20 所示。

表7-20　"超国家"政府监管下越境海洋资源开采的生态补偿监管机制博弈模型

		"超国家"政府	
		监管	不监管
（国家）个体	应该贡献	-B, B,	-B, B,
	自愿贡献	-A-C, A+C,	-A, A

根据 C 值的不同，可以分成以下两种情形：

（1）当 A+C<B，此时纳什均衡为（自愿贡献，监督），说明即使"超国家"政府对国家个体做了一定的监督与惩罚，但当惩罚力度不够时，国家个体宁愿接受惩罚，而拿出 A+C，虽然低于应该贡献的值 B，但相对于其最初的自愿贡献 A，已有所提高。

（2）当 A+C≥B，此时纳什均衡为（应该贡献，监督），这说明在"超国家"政府采取严惩措施的情况下，国家个体不敢冒风险而宁愿主动按应该贡献的量对越境海洋资源的开采进行生态补偿。这表明"超国家"政府强有力的手段对各国的海洋资源开采的生态补偿监管有相当大的促进作用。

上述两种情况，都明显地表现出"超国家"政府监督对越境海洋资源开采的生态补偿起到了积极作用，惩罚力度越大对国家个体约束越有效。

四、海洋油气产业规制中的生态补偿评价机制

（一）海洋油气资源生态承载力评价

1. 基于能值生态足迹的海洋油气资源生态承载力

从能值角度出发，海洋生态足迹指在一定的人口和经济条件下，为了维持海洋资源消费所需的生产性海洋面积。其中，消费项目主要分为生物资源消费和能源资源消费，生物资源消费主要为海产品，能源资源消费主要为原油、原煤、天然气。

为了便于计算海洋油气资源生态承载力，将海洋生态系统的自然资源分为可更新资源和不可更新资源两类。模型主要考虑 7 种可更新资源：太阳辐射能、风能、雨水势能、雨水化学能、地热能、海洋能和地球旋转能。海洋能主要包括温差能、潮汐能、波浪能、潮流能、海流能、盐差能等。潮汐是由于日月引潮力的作用，使地球上的海水产生周期性的涨落现象，潮汐能可以用于发电、捕鱼、产盐及发展航运、海洋生物养殖；潮流能是指海水流动的动能，主要是指海底水道和海峡中较为稳定的流动以及由于潮汐导致的有规律的海水流动；潮汐能和潮流能源自月球、太阳和其他星球的引力，其他海洋能均源自太阳辐射；地热能是由

地壳抽取的天然热能，可用于水产养殖；上述各种能量共存于一个大海洋系统，共同对海洋生态系统产生作用，图7-8展示了海洋生态系统的能量流动和转换。

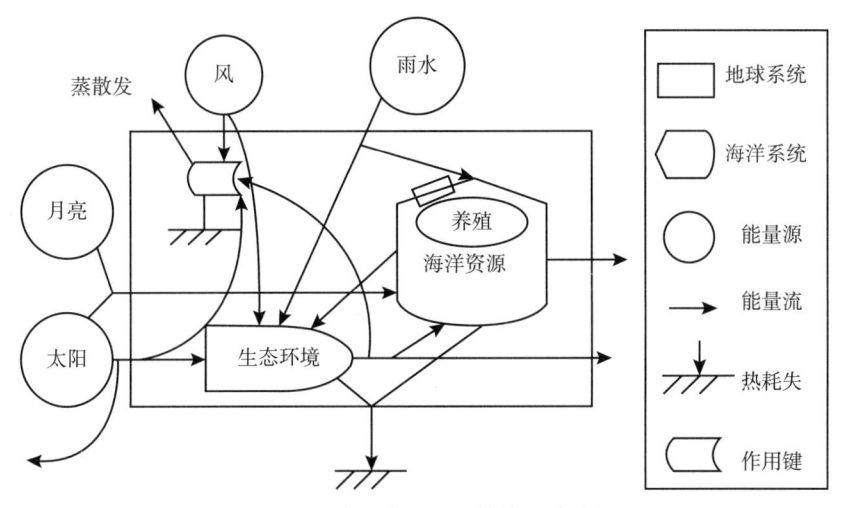

图7-8 海洋资源能量转换系统分析

能值是直接或间接形成资源、产品等类型能量之量。各种能量共存于一个大系统中，系统内部具有等级关系。按照热力学第二定律，同一性质的能量在传递、转化的过程中会有能量耗散流失，能量由低级向高级传递时，其量会越来越小。高等级能量的产生必定消耗大量低等级能量，所以等级越高的能量，其能质越高。为了定量分析各种不同类别的能量，从能值角度将海洋生态系统内流动和储存的各种类别的能量转换为同一标准的能值。这一转换就涉及能值转换率的概念。能值转换率是指每单位某种类别的能量（J）中所含的能值之量。[1] 太阳辐射能是对地球整个生态系统起作用的全球性能源，海洋资源、海洋产品或劳务在形成过程中，都直接或间接地消耗太阳能量，故以太阳能值来衡量各种能量的能值大小，单位为太阳能焦耳（sej），相对应的能值转换率为太阳能值转换率，即单位能量中所含的太阳能值之量（sej·J^{-1}），也就是单位某种能量需要多少太阳能焦耳转化而来，它是衡量不同类别能量的能质的尺度，其表达式为：

$$\tau = \frac{M}{B}$$

τ为太阳能值转换率，M为太阳能值，B为可用能，B可通过能量形式转化得出。[2] 不同类别的资源具有不同的能量，不同的能值，因而不同资源具有不同

---

[1] 梁飞：《海洋经济和海洋可持续发展理论方法及其应用研究》，天津大学博士学位论文，2003年。
[2] 苗丽娟、王玉广、张永华、王权明：《海洋生态环境承载力评价指标体系研究》，载《海洋环境科学》2006年第3期，第75~77页。

的能值转换率,各种能值转换率如表 7-21 和表 7-22 所示。

表 7-21　　　　　　　　可更新资源的太阳能值转换率

可更新资源	太阳辐射能	风能	潮汐能	雨水势能	雨水化学能	地热能	地球旋转能
能值转换率	1.000	6.63×10^2	2.356×10^4	8.888×10^3	1.820×10^4	6.055×10^3	2.900×10^4
项目	能源消费项目						

资料来源:王建源、陈艳春、李曼华、冯建设:《基于能值分析的山东省生态足迹》,载《生态学杂志》2007 年第 9 期,第 1505~1510 页。

表 7-22　　　　　　　　不可更新资源的太阳能值转化率

不可更新资源	原煤	原油	天然气	海洋水产品
能值转换率	3.98×10^4	5.3×10^4	4.8×10^4	2.0×10^6
消费项目	能源资源消费			生物资源消费

资料来源:洪棉棉、王菲凤:《基于能值分析的生态足迹模型的改进及实证研究》,载《福建师范大学学报(自然科学版)》2009 年第 4 期,第 113~119 页。

一个海洋系统全部资源所具有的能值就是该海洋系统为人类所能提供的极限能值,相应的会有极限海洋生态承载力和极限海洋生态足迹。如果对同一海洋系统进行不同程度的开发,对海洋系统实际起作用的太阳能值就不同,对应的生态承载力和生态足迹也会不同,根据具体的开发利用程度计算的海洋油气资源的生态承载力和海洋油气资源的生态足迹分别定义为现实海洋油气资源人均生态承载力和现实海洋油气资源生态足迹。

(1)不同能质资源的太阳能值计算公式[①]。不同能质资源的能量计算公式各不相同,而不同能质资源的太阳能值是各种能量乘以该资源对应的太阳能值转换率,各种资源具体的太阳能值计算公式如下:

太阳辐射能能值 = 太阳辐射能量 × 太阳能值转换率 = 海洋面积(km^2) × 10^6(m^2/km^2) × 太阳年辐射量(J/m^2a) × 太阳能值转换率

风能能值 = 风能 × 太阳能值转换率 = 海洋面积(km^2) × 10^6(m^2/km^2) × 空气层高度(m) × 空气密度(kg/m^3) × 涡流扩散系数(m^2/s) × 风速梯度^2(m/sm) × 3.154×10^7(s/a) × 太阳能值转换率

雨水势能能值 = 雨水势能能量 × 太阳能值转换率 = 海洋面积(km^2) × 10^6

[①] 刘晶:《基于能值——生态足迹模型的吉林省生态安全研究》,吉林大学硕士学位论文,2008 年;孙东林、刘圣、姚成、钦佩:《用能值分析理论修改生物承载力的计算方法——以苏北互花米草生态系统为例》,载《南京大学学报(自然科学)》2007 年第 5 期,第 501~508 页;王栋:《基于能值分析的区域海洋环境经济系统可持续发展评价研究——以环渤海区域为例》,中国海洋大学硕士学位论文,2009 年。

(m^2/km^2)×年降水量（mm/a）×10^{-3}（m/mm）×雨水密度（kg/m³）×重力加速度（m/s²）×平均海拔高度（m）×太阳能值转换率=海洋面积（km²）×10^6（m²/km²）×年降水量（mm/a）×10^{-3}（m/mm）×1000（kg/m³）×9.8（m/s²）×平均海拔高度（m）×太阳能值转换率

雨水化学能能值=雨水化学能量×太阳能值转换率=海洋面积（km²）×10^6（m²/km²）×年降水量（mm/a）×10^{-3}（m/mm）×雨水密度（kg/m³）×雨水的吉布斯自由能（J/kg）×太阳能值转换率=海洋面积（km²l_y）×年降水量（mm/a）×10^{-3}（m/mm）×1000（kg/m³）×4.94×10^3（J/kg）×太阳能值转换率

浪能能值=波浪能×太阳能值转换率=海岸长度×$\frac{1}{8}$×密度（kg/m³）×地心吸力（m/sec²）×浪高²×速率×太阳能值转换率=海岸长度×$\frac{1}{8}$×1.025×10^3（kg/m³）×9.8（m/s²）×浪高²×速率×太阳能值转换率

地球旋转能能值=地球旋转能×太阳能值转换率=海洋面积（km²）×10^6（m²/km²）×热通量（J/m²a）×太阳能值转换率=海洋面积（km²）×10^6（m²/km²）×1.45×10^6（J/m²a）×太阳能值转换率

海产品能值=海产品量×太阳能值转换率=年捕捞量（g/a）×0.22×单位净重热量（kcal/g）×4186（J/kcal）×太阳能值转换率=年捕捞量（g/a）×0.22×5.0（kcal/g）×4186（J/kcal）×太阳能值转换率

原油能值=年通量（kg/a）×平均低位发热量（J/m³）×太阳能值转换率=年通量（kg/a）×41816×10^3（J/m³）×太阳能值转换率

天然气能值=年通量（m³/a）×平均低位发热量（J/m³）×太阳能值转换率=年通量（m³/a）×38931×10^3（J/m³）×太阳能值转换率

潮汐（地热）能能值=潮汐（地热）能能量×太阳能值转换率

（2）能值生态足迹的计算。首先计算所考察海域的海洋能值密度P_1，P_1=海洋总能值/海洋面积，然后将各消费项目的人均能值换算成对应的生产性海洋面积，得到能值生态足迹计算公式：

$$E_f = \sum_{i=1}^{n} a_i = \sum_{i=1}^{n} \frac{c_i}{P_i}$$

E_f为人均生态足迹，a_i为第i种资源的人均生态足迹，c_i为第i种资源的人均能值，P_1为所考察海域的海洋能值密度。

（3）能值生态足迹方法的海洋油气资源生态承载力。某海域的生态承载力为研究海域内的总能值与全球平均能值密度之比，计算公式为：

$$E = \frac{e}{P_2}$$

E为海洋油气资源人均生态承载力，E为资源的人均太阳能值；P_2为全球平均能值密度。

而全球平均能值密度 P_2 又可表示为：

$$P_2 = \frac{U}{S}$$

U 为全球年均总能量，S 为全球总面积。

根据 Odum 等的研究成果可知，全球年均总能值 U 为 1.583×10^{25} sej，全球总面积 S 为 $5.1 \times 10^{10} hm^2$，因此由上述公司可得到全球平均能值密度 P_2 为 $3.104 \times 10^{14} sejhm^{-2}$。[1]

由于不可更新资源的消耗速度快于其再生速度，随着人类对资源的不断利用，不可更新资源将会日益枯竭，只有利用可更新资源，海洋生态承载力才具有可持续性，在计算海洋油气资源生态承载力时只需考虑可更新资源。为避免重复计算，根据能值理论，同一性质的能量投入只取其最大值。风能、雨水化学能和雨水势能都是太阳光的转化形式，只取其最大项雨水化学能。[2] 潮汐能由月亮和太阳对地球引力所引起，与太阳光性质不同，应该单独计算。而潮流能是由潮汐导致的动能，属于同一性质，应归入潮汐能中，则海洋系统的可更新资源只取雨水化学能、潮汐能、地热能和地球旋转能，从而得到基于能值生态足迹方法的海洋油气资源的生态承载力，并确定海洋油气资源是出于生态赤字还是出于生态盈余的状态。

2. 海洋油气资源生态承载力与海洋油气产业生态补偿的关系研究

在海洋油气资源生态承载力的基础上，使用生态系统方法对其超载部分进行生态补偿，促进海洋油气资源的合理开发，为制定有效决策提高依据。

海洋油气产业内的相关企业，在从事经营活动时会对海洋环境造成的污染，影响海洋鱼类的产量。海洋油气企业增加污染物的排放，会减少其自身的生产成本，同时增加渔业产业的生产成本。如果海洋油气资源的开采处于合理水平，海洋油气资源的生态承载力处于平衡状态，油气企业的污染排放量不会对渔业产生影响。如果出于生态赤字，海洋油气产业必然会加大污染物的排放，进而影响海洋渔业生产。假设海洋油气企业的成本函数为 $C_1(Y, X)$，渔业的成本函数为 $C_2(Z, X)$，X 表示海洋油气企业排入海洋的污染数量，Y 表示海洋油气企业的产量，Z 表示渔业企业的鱼类产量。在海洋油气企业和渔业企业都追求利润最大化的前提下，两者的目标函数为：

海洋油气企业：$\max[P_1 Y - C_1(Y, X)]$，P_1 为油气资源价格

---

[1] 王建源、陈艳春、李曼华、冯建设：《基于能值分析的山东省生态足迹》，载《生态学杂志》2007 年第 9 期，第 1505～1510 页。

[2] 李娟、黄民生、陈世发、甜姗娜：《基于能值理论的福州市生态足迹分析》，载《中国农学通报》2009 年第 10 期，第 215～219 页。

渔业企业：$\max[P_2Y - C_2(Z, X)]$，P_2 为鱼的价格

两企业利润最大化的条件为：

$$P_1 = \frac{\partial C_1(Y^* - X^*)}{\partial Y}; \quad P_2 = \frac{\partial C_2(Z^* - X^*)}{\partial Z}$$

其中，X^*，Y^*，Z^* 分别代表最佳排污量，油气企业的最优产量，鱼类的最优产量。油气企业每增加一份油气生产，每增加一份污染量，其成本都应该增加，这以成本包括私人成本和社会成本。如果政府不对海洋油气产业进行规制，要求海洋油气企业给予渔业企业生态补偿，渔业企业无法控制海洋油气企业的排污量且追索成本巨大，这一社会成本 D 就要由渔业企业承担。n 年后海洋油气企业给予渔业企业的补偿价值为 $P = \frac{D}{(1+i)^n}$。

（二）非帕累托改进与海洋油气产业规制中的生态补偿机制

非帕累托改进是指在重新配置资源和产品的实践中，一些人状况变好的同时，另一些人状况会变坏，这种情况必然引起利益受损集团的阻挠。帕累托改进是指在重新配置资源和产品的实践中，一些人的状况变好，其他人的状况却没有变坏，意味着其他人的状况没变或者变好，这种情况一般不会遇到阻挠。要想消除这种阻挠，借鉴福利经济学提出的"补偿原理"，可将非帕累托改进转化为帕累托改进，改变资源配置后，将新增加的收益在各个利益相关者之间进行再分配，从而避免有人遭受绝对或相对的损失。

海洋油气产业规制中的生态补偿机制是以保护海洋油气资源为目的，调节海洋油气产业利益相关者利益的公共制度。从福利经济学的角度上讲，海洋油气产业的生态补偿机制是一种卡尔多——希克斯改进，政府通过转移支付对海洋油气产业相关主体的利益进行重新分配，使海洋油气产业中获得利益的人的增加的效益足以弥补此过程中蒙受效益损失的人，以实现双赢。海洋油气产业政府规制中的生态补偿机制，作为一种制度概念，其功能是为了在非帕累托改进的情况下，使一个人境况的改善所得到的收益补偿了另一个人由此遭受的损失后还能有剩余，从而逐步实现帕累托最优。海洋油气产业政府规制中的生态补偿机制是一种消除改革过程中可能出现的阻力的基本思想，是维持既得利益的一种理想方式。

（三）海洋油气产业规制中的生态补偿政策评价[①]

在对海洋油气产业规制中的生态补偿政策进行评价时，可将政策评价方法中的前后比较法和费用效益法相结合，具体方法是先利用海洋油气资源开发的绿色

---

① 于江海、冯晓森：《评价生态补偿实施效果的方法探讨》，载《安徽农业科学》2006 年第 2 期，第 305~307 页。

评价模型中计算的年纯收益 NI 来评价政策实施前的净效益,再用同样的方法评价政策后的净效益,再按照前后比较法将这两个阶段的净效益进行对比,同时还要考虑海洋油气开发中产生的外部效益 IDI 和年外部成本 EC,以此衡量海洋油气产业产生的社会成本。此法通过政策实施前后所得净效益、外部效益和年外部成本的相互对比,可直观定量的评价政策实施的效果。

第四节 海洋油气业空间布局政府管制优化

一、我国海洋油气产业市场的 SCP 分析模型及指标体系

(一) 我国海洋油气产业市场的 SCP 概念模型

本文借鉴的是哈佛学派的 SCP 分析框架,即以实证研究为手段,认为结构、行为和绩效之间存在因果关系,即 S→C→P 框架。笔者借鉴 S→C→P 框架建立了分析我国海洋油气产业市场的 SCP 概念模型。该模型是一个具有因果关系的结构方程模型,第一部分是结构模型,第二部分就是测量模型 (见图 7-9)。

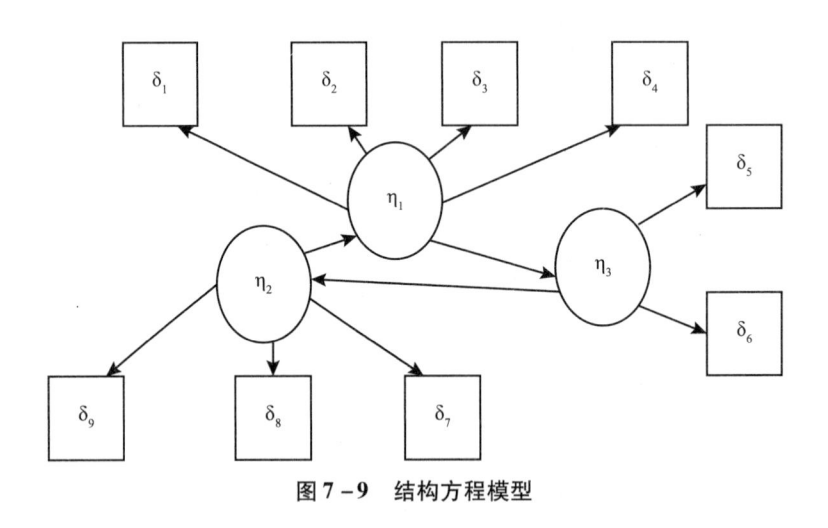

图 7-9 结构方程模型

(二) 我国海洋油气产业市场的 SCP 指标体系

1. 指标体系

由于目前国内没有建立一套适应海洋油气产业市场结构、市场行为和市场绩效的评价指标体系,笔者借鉴其他企业 SCP 分析指标体系设计方法,并结合相关

石油产业的研究成果,将我国海洋油气产业 SCP 指标体系分为三个层次。第一层次为海洋油气业结构模块（δ_6）,第二层次为海洋油气业市场绩效（δ_8）和市场行为（δ_8）两大模块,第三层次为前两个层次下的细化指标,分别表征市场结构的市场集中度（δ_1）、规模集中度（δ_2）、产品差异性（η_2）、进入和退出壁垒高低（η_2）等;表征市场行为的价格市场化程度（δ_1）、勘探开发支出（δ_2）以及表征绩效的资产收益率（δ_4）、营业收入利润率（δ_6）、油气产量（δ_7）。

2. 指标说明

（1）市场集中度：中国海洋石油公司的石油产量/同期国内石油产量。

（2）规模集中度：用中国海洋石油公司的总资产占整个油气业总资产的比重来表示。

（3）产品差异性：用德尔菲法确定,问题的设计使用 10 分制的语义差别尺度法,即如果某个专家的评分超过 6 分,就表示其倾向于认为产品的差异性程度大。计算方法：差异程度 = 认为差异性大的人数/调查的总人数。分数值越高则产品的差异性越大。

（4）进入和退出壁垒高低：方法和数据的获取同（3）。

（5）价格市场化程度：方法和数据的获取同（3）。

（6）勘探开发投入程度：用中国海洋石油公司历年在勘探开发方面投入的费用/同期该公司总支出来表示。

（7）净资产收益率：中国海洋石油公司净利润/同期该公司净资产。

（8）营业收入利润率：中国海洋石油公司净收入/同期该公司总收入。

（9）油气产量：中国海洋石油公司历年石油天然气产量。

二、我国海洋油气产业市场的 SCP 实证分析

（一）数据选取

根据数据的可得性,本章选取了 1997~2008 年的数据进行分析。文中所用数据如无特殊说明均来自中国海洋石油有限公司年报（1999~2008 年）、中国石油天然气有限公司年报（1999~2008）、中国石油化工有限公司年报（1999~2008）、中国门户发展网站以及笔者所作的调查。

（二）我国海洋油气产业市场的 SCP 状况

1. 我国海洋油气产业市场结构

（1）市场集中度和规模集中度（见表 7-23）。

表7-23　　　　　我国海洋油气业产业市场集中度、规模集中度

	1997年	1998年	1999年	2000年	2001年	2002年
市场集中度（%）	0.25	0.249	0.253	0.29	0.31	0.38
规模集中度（%）	3.109	3.2669	3.643	4.05	5.11	6.69
	2003年	2004年	2005年	2006年	2007年	2008年
市场集中度（%）	0.389	0.3807	0.399	0.4	0.39	0.43
规模集中度（%）	7.384	8.0599	8.12	9.54	9.09	9.6

由表7-23中可以看出，中国海洋石油公司所引导的海洋油气产业对中国油气业业务的支配程度很低，中国石油天然气股份有限责任公司和中国石油化工股份有限责任公司对中国油气生产和加工一直保持着一种高垄断型市场结构，产业内上下游、海上陆地和国内外市场的分割现象仍然在局部存在，统一、开放的市场格局还没有完全形成。三大公司（以下分别简称中石油、中石化、中海油）实行上下游分割垄断，彼此之间的竞争十分微弱，中石油的业务基地主要分布长江以北的华北、东北和西北地区，中石化的油气区域主要位于长江以南的华中、华南和华东地区，并且国外石油开采权依然控制在中石油集团、中石化集团手中。而中海油的业务基地主要分布在沿海地带及近海。2004年，国务院下令原油勘探"内部相互开放"，中石油获得了国土资源部授予的勘探及开采南海石油天然气的许可证，打破了海上石油的勘探开发权由中海油独家所有的现状。至2008年底，海洋石油天然气总计净探明储量只有2515.4百万桶油当量，而中石油为4001百万桶油当量、中石化则有12768.6百万桶油当量。

（2）产品差异化。产品差别化是指产业内相互竞争的企业所产生的具有不可完全替代关系的商品状态，是一种非常有效的非价格竞争方式。产品差异化有助于提高产品的市场占有率和市场份额，而由于石油及其产品本身的特点，其差异不是很大，同质化程度很高。国外石油公司主要是通过提高服务水平，增加广告投入从而树立品牌形象。而在中国，由于市场供不应求，石油产业市场程度很低，石油公司的业务和服务水平之间的差异非常细小，其创造产品差异化的意识不足，影响了产业的竞争力。中国海洋石油公司在海洋石油产业中处于相对的垄断地位，这决定了它的竞争意识的薄弱。

（3）进入和退出壁垒。中国实行的是石油资源的国家所有制，《矿产资源法》及对外合作开采海洋、陆上石油资源条例等配套法规，从法律上对石油上游环节的准入做出了严格的限制。石油资源由中央政府一级管理。只有获得中央政府颁发特许勘探许可证或开采许可证的企业，才能成为专营石油天然气的勘探开采商。相比陆上，海上石油开采属于高风险、高技术、高投入。建设一个中型的海上油田，投资将在3亿~6亿美元，一个大型油田总投资将高达20亿~30亿

美元。这也是海上石油开采令人望而却步的原因。目前，只有中石化集团、中石油集团、中海油等少数国有公司享有这种开采特权，中海油几乎垄断了我国海上油气资源的勘探、开发和销售，中石油集团和中石化集团（在自营范围）也涉足海上油气的开发，而因此海洋石油业的政策性进出入壁垒很高。

从石油产业链下游的零售终端来看，根据商务部出台的《成品油市场暂行管理办法》，申请从事成品油经营的先决条件是具有稳定的成品油供应渠道，这要求经营者必须与成品油批发供应商签订相应的协议。然而，成品油批发市场处于垄断地位的非中石油集团、中石化集团、中海油（2009年开始获得批发资格）莫属，三大集团控制着成品油的调配和批发，民企还需要通过两大集团获得油源。而且，在商务部公布的申请条件中，"拥有不低于1万吨的成品油进口码头"和"拥有库容不低于5万立方米的成品油储罐"这两项要求是一个多数民营企业跨不过的门槛。投资一个库容大于5万立方米油库大约要2亿~3亿元，而投建"1万吨的成品油码头"比前者投资更多，绝大多数企业目前还不具备这两个条件。同时，申请进口原油牌照的门槛比此更高。有专家认为，虽然"非公36条"在政策上给石油民企一个突破上游的支持，但落实到具体的细则上需要各部门协调，高门槛使得难以形成充分竞争的市场格局。

2. 我国海洋油气产业市场行为

（1）价格行为。石油及其大部分石化产品都与国计民生息息相关，所以国家对它们的生产和销售严格控制，原油与油制品的价格也受计划的指导，从国家对石油产品价格的管制轨迹可以看出海洋油气业的价格行为。

1998年6月，国家改变了以往单独由政府制定成品油价格的模式。从1998年6月起到现在，我国的成品油定价机制改革经历了四个阶段：

第一阶段开始的标志是1998年6月《原油、成品油价格改革方案》的出台。这次价格改革的主要内容是成品油零售价实行政府指导价，由原国家计委按进口到岸完税成本为基础结合国内合理流通费用来制定各地零售中准价。

第二阶段开始于2000年6月，政府对成品油价格形成机制进一步改革，国内成品油价格开始进入与国际成品油市场"挂钩联动"阶段，即国内成品油价格参考国际市场价格变动，当时参考的是新加坡成品油市场价格。

第三阶段则开始于2001年11月，国内成品油价格"挂钩联动"机制进一步完善，形成了与新加坡、鹿特丹、纽约三大成品油市场一揽子价格为定价基础，根据国内关税，加上国家确定的流通费用，形成国内成品油零售中准价。

第四阶段以"原油成本法"为定价机制。2007年，国家发改委宣布以布伦特、迪拜和米纳斯三地原油价格的加权平均值为基准，再加上成本和适当利润以及关税和流通费用等，形成成品油零售基准价。

（2）产品开发创新行为。

表7-24　　　　　　我国海洋油气业产业勘探开发支出比重　　　　　　单位:%

1997年	1998年	1999年	2000年	2001年	2002年	2003年	2004年	2005年	2006年	2007年	2008年
6.42	7.26	2.35	4.59	10.2	9.67	3.35	4.00	3.88	3.71	6.93	4.73

由表7-24中可以看出中国海洋石油公司在油气勘探开发方面的支出比重一般处于4%~7%的水平,2001年达到历年来的最高值10.2%。由于海洋油气开发生产很容易受到海洋环境的影响,海洋环境中的台风、海冰和地震等自然灾害的出现都会对海洋油气安全生产造成严重影响,并带来巨大的经济损失,甚至是人员的伤亡。因此要建立和加强海洋油气勘探开发技术和装备能力。

3. 我国海洋油气产业市场绩效

表7-25　　　我国海洋油气业产业净资产收益率、利润率和油气产量

	1997年	1998年	1999年	2000年	2001年	2002年
净资产收益率 NPR（%）	101.89	24.36	49.03	63.87	23.89	22.91
利润率（%）	38.859	68.288	54.758	66.554	160	152.78
油气产量（百万桶油当量/年）	201229	206884	208815	239337	261379	346639
	2003年	2004年	2005年	2006年	2007年	2008年
净资产收益率 NPR（%）	24.83	28.59	34.40	28.69	23.27	27.69
利润率（%）	113.58	102.21	105.97	121.21	148.05	127.2
油气产量（百万桶油当量/年）	356729	382513	424108	457482	469407	530728

由表7-25可以看出1997年中海油的净资产收益率达到了101.89%,此后一直都保持在20%~30%,其营业收入利润率一直都是保持百分百以上的高水平,可见我国海洋石油业具有良好的市场绩效。2007年,中海油入选《福布斯》全球2000大排行榜第395位,《福布斯》亚洲神奇50强以销售额为标准,位列第13位,证明了中海油上游主业在发展质量上已步入全球企业的第一阵营。中国海洋石油事业在国家基本没有直接对油气勘探开发投资的情况下,获得了高速健康的发展。

三、基于 SCP 分析的海洋油气业政府管制改革对策

在中国石油产业传统的政府规制体制下,海洋石油天然气产业的主要业务是由中央政府垄断经营,政府既是规制正常的制定者和监督者,同时又是具体业务的实际经营者,这就决定了这种垄断的性质是一种典型的行政性垄断,而不是基

于自然垄断要求的经济性垄断。这种高度政企合一的政府规制体制会造成以下弊端：中海油没有市场主体地位；垄断经营使中海油缺乏竞争活力；石油价格的形成机制不能刺激其成本效益；相对单一的投资渠道使得海洋油气业的投资不足。因此，基于对海洋油气业的 SCP 分析，提出以下海洋油气业政府管制政策的改革对策。

(一) 经济性管制

1. 市场进入管制

市场进入管制是政府对石油产业进行经济性管制的一个重要方面。世界上主要的油气生产国如美国、英国、加拿大，在油气资源的勘探、开发、生产管理方面，都是政府实施了适当的进入管制政策。我国对开采许可证的发放和美国、英国、加拿大一样，都采用申请许可证制，但是我国开采许可证的有效期更长，这样虽然有利于我国对海洋油气资源的宏观管理。但是同时在海洋油气产业上游领域，三大国有石油公司之间"划地域而治"的做法以及对外合作的专营权使得海洋油气业行业准入存在一定的障碍；在下游领域也没用完全向市场开发，存在着政府控制现象。

政府在协调、组织深海石油勘探开采时，应采取相应的措施，鼓励石油公司向深海海域进军，可以在税收政策上给予一定的优惠，必要时可以设立相应的海外深海油气资源风险基金，以降低企业深海海域勘探开发的风险等，这样就可以打破海上石油的勘探开发权由中海油独家所有的现状，使得国内石油公司，在相互竞争中获取更多的海上开采经验和技术。

2. 价格管制

按照可竞争市场理论，潜在进入的竞争威胁能阻止垄断行为的产生而不需要政府管制。这种潜在竞争压力促使垄断厂商制定适当价格来获得平均利润。在这一过程中，政府需要做的就是为市场竞争扫除障碍，建立能够自由进出的可竞争市场。当然，竞争机制的引入还需要依据产业的自然垄断性来权衡竞争是否可行。一般来说，对于海洋油气产业中的非自然垄断业务，政府可放松管制，交由市场竞争来调整；对于强自然垄断业务（油气运输、天然气配售管网等），政府应把其从非自然垄断业务中分离出来，由一家或极少数几家企业垄断经营。政府以这类业务作为管制重点，建立模拟竞争机制。还可以引入激励性管制，如价格上限管制，区域间标尺竞争等。通过垄断、竞争和管制三者协调配合和共同作用来实现有效竞争的理想状态。纵观整个油气产业链，从竞争程度上看，上游的勘探开发、管道长运领域竞争程度并不高，而中游的炼油业务随着外企在中国的设厂有一定的竞争性，下游的燃气输配领域具有一定的竞争，成品油销售市场是相对竞争充分的领域。长期来看，一方面，随着石油产业的生产效率不断提高，成本水平相对下降。这就要求政府对规制价格进行周期性调整；另一方面，在国际油价变化进行石油价格调整时，要进行全盘的考虑，政府不能随随便便涨价，影响工业体系乃至整个经济体系的稳定。比如 2005 年，国际原油价格持续上升并长期处于高位，政府就进行合理规制，限制成品油价格，出现成品油价格和原油价格倒挂现象。

(二) 行政性管制

1. 决策体制

重大海洋事务属于国家战略问题，需要国家最高层统一协调决策。为此，许多沿海国家都建有统一协调的海洋决策体制，实践证明行之有效。美国有海洋政策委员会，2004 年的海洋政策报告已经完成，提出了一系列重点海洋政策建议。俄罗斯成立了政府海洋委员会，是军事、安全、海洋、法律、经济、外贸六个委员会之一；海洋委员会主席由总理担任，副主席有国防部长、交通部长、产业部长、海洋水文气象总局局长。我国面临的重大海洋战略问题比很多国家都突出，因此应该设立高层次决策机构。建议在中央成立海洋事务协调领导小组，或在国务院成立海洋委员会，由外交、军事、计划、财政、科技、海洋、农业（渔业）、交通、能源等部门参加，统筹研究、协调解决涉海的重大问题，包括海洋权益问题、海上运输通道问题、远海作战动员体制问题等，以及南海综合对策问题、东海油气资源争端问题等。

2. 行政管理体制

由于海水的流动性、海洋权益的特殊性、海洋事务的国际性等特点，这些工作与陆地的同类工作相比有很大差别，是一种特殊的工作，需要国家有一个独立的直属机构，部门管理的国家海洋局不适应这种要求。从具体情况分析，海洋经济已成为国民经济新增长点，国务院需要有一个部门统筹规划海洋经济发展。维护我国管辖海域海洋权益和安全需要及时快速处理涉外海洋事务，国家应该有独立的工作机构；维护我国在全球的海洋利益，也需要一个专职海洋机构；海洋法律法规日益增多，需要有一个独立海洋行政机构。目前，国务院涉海部门比较多，职能有交叉，需要相互配合，国务院需要有一个协调和监督机构；军事海洋环境保障工作是涉及海上安全的长期任务，我国未设立专职的海军海洋局，军事海洋环境保障工作采取军民兼用的方式，目前由国家海洋局承担，因此需要也应该将国家海洋局扩建为国务院直属行政机构，全面承担拟订海洋法律、政策和规划，维护海洋权益和安全，管理海域使用，保护海洋生态，管理海洋科研、海洋公共设施建设和海洋公益服务等任务，以作为发展海洋经济，建设海洋强国和实现民族复兴的重要举措。

3. 社会性管制

社会规制是不分产业的规制，主要包括：防止公害、保护环境、保护健康、生产安全等。政府对石油行业迫切需要进行社会规制的一个方面就是环保规制。

目前，在环保方面，可根据建设项目对环境的影响程度，进行分级管制，对环境影响比较大的项目，要在建设前举行论证会、听证会，或其他形式，征求有关部门、单位，专家、公众的意见，防止因决策失误对环境的破坏。同时，对生产企业的"三废"处理等问题，尽可能地通过排放权拍卖和建立清洁生产奖励、超标排放严重处罚等激励性的管制措施，外部不经济性内部化。对安全生产管制方面，则要采取事前控制、事后追究责任的制度。石油、石化和化工行业生产特点和其在国民经济中的重要地位，决定了其安全生产的重要性。

四、结论

综合来说，我国的油气业改革取得了重要的阶段性成果，海洋油气业市场结构由过去中海油的完全垄断演变为寡头垄断形态，企业的市场行为也发生了很大变化，但是由于垄断的市场结构并未发生根本变化，行业一体化渠道并不顺畅，所以政府对于海洋油气业的管制在经济性、行政性和社会性方面进行改革，使海洋油气业各方面机制更加完善。

第八章 滨海旅游业空间布局优化

本章主要基于空间基尼系数研究滨海旅游业空间布局评价，并运用基于熵权可拓决策模型研究滨海旅游业优化次序，同时运用灰色决策模型制定滨海旅游业空间布局优化方案，做出我国滨海旅游业发展战略选择。

第一节 滨海旅游业空间布局评价

一、基于空间基尼系数的滨海旅游业空间布局集聚差距模型构建

滨海旅游业的空间布局集聚差距是指滨海旅游业在某个特定地理区域内高度集中，产业资本要素在空间范围内不断汇聚，从而呈现滨海旅游业空间布局差距的一种现象。

（一）方法选取

产业集聚差距的测度指标有标准差系数、产业集中率、赫芬达尔指数、产业空间集中指数、地理联系率、区位基尼系数、产业空间集聚指数。但基于数据的可获得性及分析问题的重点不同，本章选取空间基尼系数，从地区和品种两方面、各省份和各区域两个视角来分析中国滨海旅游业空间布局的集聚差距情况。

（二）空间基尼系数基本原理介绍

美国经济学家保罗·克鲁格曼（Paul R. Krugman）在运用洛伦兹曲线和基尼系数测定行业在区域间分配均衡程度时提出空间基尼系数，该方法以地区单位和产业份额为考核对象，对产业集聚差距程度进行研究，衡量产业在地域空间的分布均衡程度。

空间基尼系数计算方法：$G_i = \dfrac{1}{2n^2 \bar{S_i}} \sum\limits_{k=1}^{n} \sum\limits_{j=1}^{n} |S_{ij} - S_{ik}|$

假设该地区由 n 个地理单元组成，i 代表某个需要测算空间基尼系数的产业，S_{ij}、S_{ik} 是产业 i 在地理单元 j 和地理单元 k 中所占的份额，$\overline{S_i}$ 是产业 i 在各地理单元中所占份额的均值。

一个产业在各个地理单元间分布越均匀，集聚差距越小，该产业的空间基尼系数就越小；当所有地域单元在一个产业中所占的份额都相等时，该产业的空间基尼系数就为零；如果一个产业完全集中在一个地理单元上，该产业的空间基尼系数就接近于1。

（三）滨海旅游业空间布局集聚差距模型构建

1. 全国沿海省份游客人数比重计算

滨海旅游业集聚现象本质是该产业在空间中的非均衡分布，通过构建全国沿海省份游客人数比重表，可以直观地看出我国滨海旅游业整体的空间集聚差距情况。

2. 空间基尼系数计算及分析

滨海旅游业空间基尼系数的具体计算公式为：

$$G_i = \frac{1}{2n^2 \overline{S_i}} \sum_{k=1}^{n} \sum_{j=1}^{n} |S_{ij} - S_{ik}| \qquad (8-1)$$

式中，G_i 代表我国滨海旅游业的空间基尼系数；n 表示研究的省份数量或区域数量；j、k 分别代表不同的省份，且 j≠k；S_{ij}、S_{ik} 分别表示 j 省或 k 省滨海旅游业占全国滨海旅游业的比重；$\overline{S_i}$ 表示全国范围内各省滨海旅游业占全国滨海旅游业比重的平均值。

判断标准如表 8-1 所示。

表 8-1　　　　我国滨海旅游业空间布局集聚差距程度判断标准

空间基尼系数	空间布局集聚差距程度
(0, 0.4)	低度
(0.4, 0.5)	中度
(0.5, 1)	高度

3. 加权平均空间基尼系数计算及分析

将沿海各省份划分为东北（辽宁省）、华北（天津市、河北省）、华东（山东省、江苏省、浙江省、福建省）、华南（广东省、广西壮族自治区、海南省）四个区域，以各区域旅游人数所占比重确定各区域的权重。重复上述第1、2步，得出加权平均空间基尼系数，从而进一步分析区域之间的集聚差距状况。

二、基于空间基尼系数的滨海旅游业空间布局集聚差距实证分析

建立滨海旅游业空间布局集聚差距模型，从我国沿海省份及沿海区域两个视角对我国滨海旅游业的空间布局集聚差距进行测度并分析。

（一）数据的选取

本章采用空间基尼系数测度我国沿海省份滨海旅游业的空间布局集聚差距情况，选取沿海十一个省份作为研究区域，本章所用样本数据来源于 2010 年及 2011 年的《中国海洋经济统计年鉴》。考虑到数据的可获得性，本章选取 2010 年及 2011 年我国沿海省份的滨海旅游人数作为研究指标，对我国滨海旅游业的空间布局集聚差距展开探讨。

（二）空间基尼系数求解及结果分析

2010 年及 2011 年我国滨海旅游业旅游人数如表 8-2 所示。

表 8-2　　　　　　　　2011 年我国滨海旅游业旅游人数　　　　　　单位：万人

地区	2010 年	2011 年
全国	119592.6767	139819.6371
天津	6284.0682	10678.0615
河北	3992.2337	4816.4372
辽宁	11771.602	13703.9035
上海	22196.7216	23747.6144
江苏	4302.1796	5143.7141
浙江	26781.0414	31007.7516
福建	8588.8398	9650.0987
山东	16247.518	19019.0038
广东	15844.29	17831.1700
广西	1965.3008	2355.3073
海南	1618.8816	1866.5750

资料来源：《中国海洋经济统计年鉴（2013~2014）》。

2010 年及 2011 年我国滨海旅游业旅游人数比重如表 8-3 所示。

表 8-3　　　　　2011 年我国滨海旅游业旅游人数比重表　　　　单位：%

地区	2010 年	2011 年
天津	5.2546	7.6370
河北	3.3382	3.4448
辽宁	9.8431	9.8011
上海	18.5603	16.9845
江苏	3.5974	3.6788
浙江	22.3935	22.1770
福建	7.1817	6.9018
山东	13.5857	13.6025
广东	13.2485	12.7530
广西	1.6433	1.6845
海南	1.3537	1.3350

资料来源：根据《中国海洋经济统计年鉴（2013~2014）》数据计算而得。

由表 8-2 及表 8-3 可得，我国沿海省份滨海旅游业旅游人数占比较大的省份分别是浙江省、上海市、山东省及广东省，这与当地较好的地理区位及开放的政策环境以及历史地位是分不开的；而占比较小的省份分别是河北省、江苏省、广西壮族自治区、海南省，这几个省份的滨海旅游业发展较缓慢，还未形成与其他省份竞争的足够优势。

根据公式（8-1）计算可得：2010 年我国滨海旅游业的空间基尼系数为 0.4136，2011 年我国滨海旅游业整体的空间基尼系数为 0.3828。从全国滨海旅游业来看，空间基尼系数在 2010 年时位于 0.4~0.5，属于中度空间集聚差距程度；2011 年空间基尼系数却低于 0.4，属于低度空间集聚差距程度。空间基尼系数在这两年均在 0.4 上下徘徊，说明我国滨海旅游业空间布局集聚差距不是很明显，还没有形成大规模的集聚，旅游人数较多的省份的优势还没有完全显现出来。

（三）加权平均空间基尼系数结果及分析

将以上研究中的 11 个沿海省份按照既有标准划分为东北（辽宁）、华北（河北、天津）、华东（山东、江苏、浙江、福建、上海）、华南（广东、广西、海南）四个区域，并在此基础上计算全国滨海旅游业及三种主要品种的空间基尼系数，从而在区域范围内研究滨海旅游业空间集聚差距的具体情况。

由表 8-4 可知，(1) 华东地区滨海旅游人数所占比重最大，超出全国滨海旅游总人数的一半；但是华东地区滨海旅游人数有所下降，尽管滨海旅游业在华东地区的集聚比较明显但是集聚效应在减弱。(2) 其次是华南地区,该区域的滨海旅游业近几年来得到大力发展,潜力较大,地理集聚效应在不断增强。(3) 所占份额最小的是华北地区。由于滨海旅游面积相对较小,且近几年滨海旅游接近饱和;但该区域的旅游人数呈增长趋势,这是因为其紧邻北京,受到首都旅游带动作用的影响。

表 8-4　　　　　　2010~2011 年我国沿海区域滨海旅游人数比重　　　　　　单位:%

区域	2010 年	2011 年
东北	9.8431	9.8011
华北	8.5928	11.0818
华东	65.3186	63.3446
华南	16.2455	15.7725

资料来源:根据《中国海洋经济统计年鉴 (2013~2014)》数据计算而得。

表 8-5　　　　　　2010~2011 年我国沿海区域加权平均空间基尼系数

	2010 年	2011 年
加权平均空间基尼系数	0.4414	0.4133

资料来源:根据《中国海洋经济统计年鉴 (2013~2014)》数据计算而得。

根据表 8-5 可得,以各区域滨海旅游面积比重为权重的加权平均空间基尼系数均大于以各省份滨海旅游面积为权重的空间基尼系数,说明我国滨海旅游业区域分布不均衡程度更高,集聚差距相应地也更高。从时间跨度上来看,2011 年的加权平均空间基尼系数小于 2010 年的系数值,表明我国滨海旅游业的空间集聚差距在缩小,还未形成真正意义上的集聚中心,有待进一步发展。

(四) 我国滨海旅游业空间布局集聚差距影响因素分析

本章基于演化经济地理学的分析思路,分析影响我国滨海旅游业集聚差距的主要因素。演化经济地理学认为,经济活动的空间集聚并非是基于企业和消费者的理性区位决策,而是地方化知识历史积累的结果,关注制度、地理集聚在其中的作用,同时强调历史的重要性。因此,本章从滨海旅游业集聚演变过程中经历的自然集聚、社会集聚和经济集聚三种状态研究中国滨海旅游业地理集聚的影响因素。

1. 自然因素直接影响我国滨海旅游业空间布局集聚差距

滨海旅游业的生产发展受地区自然因素的约束较大,自然禀赋条件是影响滨海旅游业集聚差距的主要因素,适合发展滨海旅游业的水域面积大小及水域环境

2. 社会因素对我国滨海旅游业空间布局集聚差距起着催化作用

如果说自然禀赋条件是影响滨海旅游业集聚的基础性条件，那么制度就是滨海旅游业地理集聚的催化因素。2008年自然灾害使南海领域滨海旅游业遭遇重创，这促使滨海旅游业向黄渤海海域集聚。国家支渔惠渔政策的实施，有效调动了渔民生产积极性，促使滨海旅游规模不断扩大。而且，黄渤海海域的滨海旅游长期以来拥有最大的发展规模和最高的产出数量，这促进了该区域滨海旅游业的集聚，促使了滨海旅游业空间布局集聚差距的进一步扩大。

3. 经济因素推动我国滨海旅游业空间布局集聚差距进一步扩大

各省滨海旅游从业人员数量呈现不同的变化趋势：河北省、辽宁省、山东省、福建省、广西壮族自治区、海南省滨海旅游从业人员数量呈现增长趋势，这主要是因为滨海旅游业集聚需要的专业人员数量增多，从而导致滨海旅游业空间布局集聚差距进一步扩大；江苏省、浙江省、广东省滨海旅游从业人员数量出现小幅下降趋势。以上两点都表明在滨海旅游面积不断增加、产值不断提高的情况下，劳动力需求存在缺口，同时也表明滨海旅游技术的进步使所需要的劳动力数量有所减少。

第二节 滨海旅游业空间布局优化次序

一、基于熵权可拓决策的滨海旅游空间布局优化次序模型的构建

本章基于熵权可拓决策模型，综合考虑滨海旅游业经济、滨海旅游业生产、自然灾害三个方面构建滨海旅游空间布局优化次序模型，对优化次序进行数理分析。

（一）建立优化次序评价指标体系

依据系统性、代表性原则，从滨海旅游业经济、滨海旅游业生产、自然灾害三个方面选取六个评价指标，构建优化次序评价指标体系，优化次序评价指标体系如表8-6所示。

表8-6　　　　　　　　优化次序评价指标体系

评价指标	单位
各省份旅游收入/GDP X_1	%
接待入境过夜游客人数 X_2	人次

续表

评价指标	单位
旅行社数量 X_3	家
星级饭店数量 X_4	座
海洋类型自然保护区面积 X_5	平方千米
风暴潮灾害受灾面积 X_6	千公顷

(二) 对优化次序评价指标进行标准化处理

为减小误差,对原始数据进行标准化处理。根据指标对综合关联度的正负相关性,在进行标准化处理时将指标分为两类:一类为正相关指标;另一类为负相关指标。

(1) 正相关指标 $X_i (i = 1, 2, \cdots, 6)$ 有:

$$V_{ij} = \frac{v_{ij} - a_{ij}}{b_{ij} - a_{ij}} \quad (8-2)$$

(2) 负相关指标 $X_i (i = 7, 8)$ 有:

$$V_{ij} = \frac{b_{ij} - v_{ij}}{b_{ij} - a_{ij}} \quad (8-3)$$

其中,V_{ij} 为标准化数据,v_{ij} 为原始数据,a_{ij} 为第 i 行的最小值,b_{ij} 为第 i 行的最大值。

(三) 构建基于熵权可拓决策模型的滨海旅游业空间布局优化次序模型

1. 优化次序的指标权重

为保证指标权重的合理性,本章采用熵权法进行计算。

在信息论中,
$$H(y_j) = -\sum_{i=1}^{m} y_{ij} \ln y_{ij} \quad (8-4)$$

公式 (8-4) 为信息熵,其中 $y_{ij} = \dfrac{v_{ij}}{\sum_{i=1}^{m} v_{ij}}$,熵权的计算公式为:

$$W_j = \frac{G_j}{\sum_{j=1}^{m} G_j} \quad (8-5)$$

其中 $G_j = 1 - \dfrac{H(y_j)}{\ln m} (1 \leq j \leq n)$。

在式 (8-5) 中,指标的熵权越大,表明该指标所占的比重越大;熵权越小，表明该指标所占的比重越小。

2. 优化次序的物元模型

若事物 N 共有 n 个特征，分别记为 c_1，c_2，…，c_n，事物 N 的第 i 特征 C_i 的量值为 V_i（i=1，2，…，n），则称 $R = \begin{bmatrix} N & c_1 & v_1 \\ & c_2 & v_2 \\ & \vdots & \vdots \\ & c_n & v_n \end{bmatrix} = (N, C, V)$ 为 R 的 n 维物元。其中，$C = \begin{bmatrix} c_1 \\ c_2 \\ \vdots \\ c_n \end{bmatrix}$，$V = \begin{bmatrix} v_1 \\ v_2 \\ \vdots \\ v_n \end{bmatrix}$。

为形成空间布局优化次序评价等级物元，令有 m 个优化次序等级，形成 m 个评价等级物元。

$$R_j = (N_j, C_n, V_{jn}) = \begin{bmatrix} N_j & c_1 & v_{j1} \\ & c_2 & v_{j2} \\ & \vdots & \vdots \\ & c_n & v_{jn} \end{bmatrix} = \begin{bmatrix} N_j & c_1 & \langle a_{j1}, b_{j1} \rangle \\ & c_2 & \langle a_{j2}, b_{j2} \rangle \\ & \vdots & \vdots \\ & c_n & \langle a_{jn} b_{jn} \rangle \end{bmatrix}$$

其中，N_j 为所划分的优化次序评价等级中的第 j 个评价等级，C_i 表示评价优化次序的各个特征，V_i 表示优化次序对应评价等级标准的量值范围，a_{ij} 为范围下限，b_{ij} 为范围上限。

3. 优化次序的经典域、节域和待评物元

（1）关于经典域，N 为要评价的优化次序，建立相应的物元，记为矩阵：

$$R = \begin{bmatrix} N & c_1 & v_1 \\ & c_2 & v_2 \\ & \vdots & \vdots \\ & c_n & v_n \end{bmatrix} = (N, C, V) = \begin{bmatrix} N & c_1 & \langle a_{1n}, b_{1n} \rangle \\ & c_2 & \langle a_{2n}, b_{2n} \rangle \\ & \vdots & \vdots \\ & c_n & \langle a_{in} b_{in} \rangle \end{bmatrix}$$

其中，C_i 表示评价优化次序的各个特征；V_i 表示优化次序各个特征的取值范围，成为 C_i 的经典域。

（2）关于节域，构造经典域的节域 R_j，记为矩阵：

$$R_j = (N_j, C_i, V_{ij}) = \begin{bmatrix} N_j & c_1 & v_{1j} \\ & c_2 & v_{2j} \\ & \vdots & \vdots \\ & c_n & v_{nj} \end{bmatrix} = \begin{bmatrix} J_i & c_1 & \langle a_{1j}, b_{1j} \rangle \\ & c_2 & \langle a_{2j}, b_{2j} \rangle \\ & \vdots & \vdots \\ & c_n & \langle a_{ij} b_{ij} \rangle \end{bmatrix}$$

其中，N_j、C_i 为优化次序的全体，V_{ij} 为 N_j 的各个特征的取值范围。

(3) 关于待评物元，构造 $R_0 = \begin{bmatrix} N_0 & c_1 & v_1 \\ & c_2 & v_2 \\ & \vdots & \vdots \\ & c_n & v_n \end{bmatrix}$ 为优化次序的待评物元。其中，N_0 为所要评价的优化次序，V_n 是各个特征的实际取值范围。

4. 优化次序影响因子的关联度

在对优化次序进行分析之前，需进行影响因子的可拓学关联度计算。关联函数如（8-6）式：

$$K_j(v_i) = \begin{cases} \dfrac{\rho(v_i, v_{ij})}{\rho(v_i, v_{ip}) - \rho(v_i, v_{ij})}, & \rho(v_i, v_{ip}) \neq \rho(v_i, v_{ij}) \\ -\dfrac{\rho(v_i, v_{ij})}{|V_{ij}|}, & \rho(v_i, v_{ip}) = \rho(v_i, v_{ij}) \\ -\rho(v_i, v_{ij}) - 1, & \rho(v_i, v_{ip}) = 0 \end{cases} \quad (8-6)$$

其中 $|V_{ij}| = b_{ij} - a_{ij}$；$p(x, \langle a, b \rangle) = \left| x - \dfrac{a+b}{2} \right| - \dfrac{b-a}{2}$，$\rho(v_i, v_{ip})$、$\rho(v_i, v_{ij})$ 分别为实际值与经典域和节域的"距"。

当关联度 $K_j(v_i) > 0$ 时，表明滨海旅游空间布局优化次序的第 i 个因素指标 X_i 具有较多 j 级属性，此时 X_i 属于第 j 级；当关联度 $K_j(v_i) < 0$ 时，表明滨海旅游空间布局优化次序的第 i 个因素指标 X_i 不具有第 j 级的属性，不属于第 j 级，且 $K_j(v_i)$ 越小，距第 j 级越远；当 $K_j(v_i) = 0$ 时，表明滨海旅游空间布局优化次序的第 i 个因素指标 X_i 在第 j 级的临界点上。

（四）优化次序的可拓综合评价

待评物元优化次序的可拓综合关联度公式为：

$$\sum_{i=1}^{n} W_j K_i(v_i) \quad (8-7)$$

其中，W_j 为熵权，$K_i(v_i)$ 为指标的关联度。综合关联度将熵权学与可拓学相结合，用指标权重与指标关联度的乘积表示。（8-7）式为待评滨海旅游空间布局优化次序与第 j 级关联度的乘积。按照最大隶属度原则，在所求各省份的综合关联度中，最大综合关联度所处的等级即为该省份滨海旅游空间布局优化次序的等级。

二、滨海旅游空间布局优化次序的实证分析

中国沿海 11 个省份辽宁、河北、天津、山东、上海、江苏、浙江、福建、

广东、广西、海南在全国滨海旅游业中占据重要地位。但由于各地经济基础、海域条件的差异，其空间布局差异日益显著。以我国沿海11个省份为待评物元，以2014年数据为基础，基于熵权可拓决策模型对滨海旅游空间布局优化次序进行实证分析。

（一）优化次序指标的数据标准化处理

为统一各指标值的变化范围，对不同数量级的原始数据，在计算前进行标准化处理。根据指标值与综合关联度相关性的正负，将6个指标分为两类，并根据公式（8-2）、公式（8-3）进行计算，结果如表8-7所示。

表8-7　　　　　　　　　　　　标准化数据

指标	X_1	X_2	X_3	X_4	X_5	X_6
辽宁	1	0.06	0.49	0.42	0.40	1
天津	0.61	0	0.01	0	0.01	1
河北	0	0	0.57	0.40	0.01	1
山东	0.18	0.07	0.97	0.85	0.23	0.97
上海	0.59	0.17	0.48	0.75	0.02	1
江苏	0.52	0.07	1	0.95	0.03	0.72
浙江	0.71	0.09	0.96	0.20	0.03	0.79
福建	0.26	0.08	0.26	0.38	0.04	0.69
广东	0.50	1	0.82	1	0.15	0
广西	0.81	0.07	0.11	0.42	0	0.81
海南	0.53	0	0	0.05	1	0.68

资料来源：国家海洋局：《中国海洋统计年鉴》（2015）；国家旅游局：《中国旅游年鉴》（2015）。

（二）构建基于熵权可拓决策模型的滨海旅游空间布局优化次序模型

1. 对优化次序指标权重的求解

运用熵权法求解标准化数据指标权重。首先根据公式 $H(y_i) = -\sum_{i=1}^{m} y_i \ln y_i$ 进行信息熵求解，其次根据计算公式 $W_j = -\dfrac{G_j}{\sum_{j=1}^{n} G_j}$ 进行熵权求解。其中，$G_j = 1 - \dfrac{H(y_i)}{\ln m}$（$1 \leq j \leq n$）。求得的各指标熵权如表8-8所示。

表 8-8　　　　　　　　　　　各指标熵权

X_1	X_2	X_3	X_4	X_5	X_6
0.0070	0.2791	0.0525	0.0566	0.3285	0.2763

表 8-8 结果显示，指标 X_5、X_2、X_6 的熵权较大，熵权值分别为 0.3285、0.2791、0.2763。这表明在我国滨海旅游空间布局中，海洋类型自然保护区面积、接待入境过夜游客人数、风暴潮灾害受灾面积是目前影响滨海旅游空间布局优化次序的主要因素。

2. 确定优化次序的节域和待评物元

将滨海旅游空间布局优化次序划分为五个等级：Ⅰ（最劣）、Ⅱ级（劣）、Ⅲ级（中）、Ⅳ级（优）、Ⅴ级（最优）。关于我国滨海旅游空间布局优化次序的评价，我国渔业部门尚未公布权威性且为业界所认可的标准量值。本文根据中国渔业统计年鉴的相关数据并结合国内外学者的研究，建立滨海旅游空间布局优化次序的经典域物元矩阵与节域物元矩阵。优化次序的待评物元以辽宁省为例结果如式（8-7）。

$$R_{01} = (P, C_i, V_i) = \begin{bmatrix} P & X_1 & \langle 0, 0.2 \rangle \\ & X_2 & \langle 0, 0.2 \rangle \\ & X_3 & \langle 0, 0.2 \rangle \\ & X_4 & \langle 0, 0.2 \rangle \\ & X_5 & \langle 0, 0.2 \rangle \\ & X_6 & \langle 0.8, 1 \rangle \end{bmatrix}$$

$$R_{02} = (P, C_i, V_i) = \begin{bmatrix} P & X_1 & \langle 0.2, 0.4 \rangle \\ & X_2 & \langle 0.2, 0.4 \rangle \\ & X_3 & \langle 0.2, 0.4 \rangle \\ & X_4 & \langle 0.2, 0.4 \rangle \\ & X_5 & \langle 0.2, 0.4 \rangle \\ & X_6 & \langle 0.6, 0.8 \rangle \end{bmatrix}$$

$$R_{03} = (P, C_i, V_i) = \begin{bmatrix} P & X_1 & \langle 0.4, 0.6 \rangle \\ & X_2 & \langle 0.4, 0.6 \rangle \\ & X_3 & \langle 0.4, 0.6 \rangle \\ & X_4 & \langle 0.4, 0.6 \rangle \\ & X_5 & \langle 0.4, 0.6 \rangle \\ & X_6 & \langle 0.4, 0.6 \rangle \end{bmatrix}$$

$$R_{04} = (P, C_i, V_i) = \begin{bmatrix} P & X_1 & \langle 0.6, 0.8 \rangle \\ & X_2 & \langle 0.6, 0.8 \rangle \\ & X_3 & \langle 0.6, 0.8 \rangle \\ & X_4 & \langle 0.6, 0.8 \rangle \\ & X_5 & \langle 0.6, 0.8 \rangle \\ & X_6 & \langle 0.2, 0.4 \rangle \end{bmatrix}$$

$$R_{05} = (P, C_i, V_i) = \begin{bmatrix} P & X_1 & \langle 0.8, 1.0 \rangle \\ & X_2 & \langle 0.8, 1.0 \rangle \\ & X_3 & \langle 0.8, 1.0 \rangle \\ & X_4 & \langle 0.8, 1.0 \rangle \\ & X_5 & \langle 0.8, 1.0 \rangle \\ & X_6 & \langle 0, 0.2 \rangle \end{bmatrix}$$

$$R_P = (P, c_i, v_i) = \begin{bmatrix} P & X_1 & \langle 0, 1 \rangle \\ & X_2 & \langle 0, 1 \rangle \\ & X_3 & \langle 0, 1 \rangle \\ & X_4 & \langle 0, 1 \rangle \\ & X_5 & \langle 0, 1 \rangle \\ & X_6 & \langle 0, 1 \rangle \end{bmatrix}$$

$$R_{06} = (P, C_i, V_i) = \begin{bmatrix} P & X_1 & \langle 0, 1 \rangle \\ & X_2 & \langle 0, 1 \rangle \\ & X_3 & \langle 0, 1 \rangle \\ & X_4 & \langle 0, 1 \rangle \\ & X_5 & \langle 0, 1 \rangle \\ & X_6 & \langle 0, 1 \rangle \end{bmatrix}$$

$$R_0 = (P_0, C_i, V_i) = \begin{bmatrix} P & X_1 & 1 \\ & X_2 & 0.06 \\ & X_3 & 0.49 \\ & X_4 & 0.42 \\ & X_5 & 0.40 \\ & X_6 & 1 \end{bmatrix} \quad (8-8)$$

(三) 优化次序的可拓综合评价

1. 各指标关于优化次序等级的关联度

将我国沿海十一省份各指标的原始数据代入公式 (8-6), 得出各项指标关于优化次序的等级关联度。根据最大隶属度原则，判断各指标所在优化次序的等级。各省份指标关联度如表 8-9 所示。以辽宁省为例介绍各参数代表意义，将辽宁省旅游收入/GDP(X_1=1) 代入公式 (8-6)，得出其相应的关联度分别为：$K_J(x_1)_1 = -0.0127$，$K_J(x_1)_2 = -0.0113$，$K_J(x_1)_3 = -0.0098$，$K_J(x_1)_4 = -0.0084$，$K_J(x_1)_5 = -0.0070$，可以判定辽宁省旅游收入/GDP的值属于 V 级（最优），同理可得其他省份各指标的优化次序等级。

表 8-9　　　　　　2015 年滨海旅游空间布局优化次序等级

关联度	N_{01}	N_{02}	N_{03}	N_{04}	N_{05}	优化次序等级
K_J(辽宁)	-0.420	-0.547	-0.623	-0.840	-0.976	I
K_J(天津)	-1.637	-1.002	-1.102	-1.245	-1.383	II
K_J(河北)	-1.637	-1.002	-1.102	-1.245	-1.383	II
K_J(山东)	-0.847	-0.459	-0.714	-0.777	-0.725	II
K_J(上海)	-0.282	-0.698	-0.864	-0.953	-1.066	I
K_J(江苏)	0.632	-0.656	-0.539	-0.744	-0.768	I
K_J(浙江)	-0.032	-0.460	-0.724	-0.803	-0.807	I
K_J(福建)	-0.068	-0.307	-0.605	-0.737	-0.803	I
K_J(广东)	-0.764	-0.988	-1.089	-1.098	-1.094	I
K_J(广西)	0.095	-0.616	-0.873	-1.020	-1.128	I
K_J(海南)	-0.999	-0.844	-0.997	-1.085	-1.135	II

2. 各指标关于优化次序等级的综合关联度

将计算得出的各指标对应等级关联度的值与表 8-8 中各指标权重代入公式 (8-7)，得出我国 10 个沿海省份各等级的综合关联度。根据最大隶属度原则，判断出各省份所属的等级。同样以辽宁省为例，计算得出 $K_1 = -0.420$，$K_2 = -0.547$，$K_3 = -0.623$，$K_4 = -0.840$，$K_5 = -0.976$，可以判断出辽宁省属于 I （最劣）级。同理，可以判断出其他各省份的等级。

3. 优化次序的各等级特征

（1）各省份滨海旅游业等级较低。各省份滨海旅游业空间布局等级为 I 级或 II 级，普遍偏低。海洋用途种类较多，各省份尚未对海洋空间管理形成统一的规划，滨海旅游业的空间布局等级较低。

（2）各省份优化次序等级差距较大。天津、河北、山东、海南省处于 II 级，优化次序较劣，在进行布局时优先考虑；其余省份优化次序处于福建省处于 I 级，优化次序最劣，再布局时考虑进一步优化。

(3) 各省份最高级与次高级综合关联度差距不同。山东、广东、海南省最高级与次高级综合关联度差小于0.5，表明其优化次序更易向前一级转化；辽宁、天津、河北、上海、浙江、福建省最高级与次高级综合关联度差处于0.5~1，表明其优化次序存在向前一级转化的可能；江苏、广西最高级与次高级综合关联度差大于1，表明其优化次序较难改变，将长期保持稳定状态。

第三节 滨海旅游业空间布局优化方案

一、文献综述

（一）灰色局势决策模型研究综述

目前对灰色系统理论的研究分为两个方面，一方面是灰色系统理论内涵的解释和完善；另一方面是灰色理论在其他学科和领域的应用。灰色局势决策通过构建决策矩阵和多目标综合决策矩阵，对决策目标进行效果测度，实现决策方案的选择（王道波等，2004）。灰色系统理论以"部分信息已知，部分信息未知"的"小样本""贫信息"不确定性系统为研究对象，实现对系统运行行为、演化规律的正确描述和有效监控（邓聚龙，1987）。灰色系统理论通过从已知数据中生成、开发和提取有价值的信息，实现对事物运动规律的探索（刘思峰等，2010）。提出了基于灰色关联贴近度的多目标层次决策（李翠凤，2006）。提出了一类多目标灰色局势决策方法（王霞，2011）。提出了一种基于灰色目标和前景理论的决策方法（shuliyan，2016）。提出了基于区间灰语言变量加权集结算子的多属性群决策方法（chee peng Lim，2013）。灰色系统建模思想是直接将时间序列转化为微分方程，从而建立抽象系统的发展变化动态模型，即GM（温丽华，2003）。对灰色关联分析模型的研究进展进行了系统梳理（刘思峰等，2013）。研究了灰色系统理论中灰色预测GM（1，1）模型的预测公式（杨华龙等，2011）。将灰色系统理论应用到传染病预测中（张丽萍，2015）。将已有的灰色神经网络组合模型和灰色神经网络多序列预测模型应用于股票价格预测（徐进华，2009）。

（二）滨海旅游业空间布局优化研究综述

国外关于滨海旅游业的研究始于20世纪后半叶，认为旅游地竞争力的可持续性，不仅体现在经济上和生态上，也包含社会文化、政治等方面的可持续性，提出了旅游地可持续竞争力模型（Brent，2000 [7]）；有学者详细分析了旅游目的地产品的构成要素，构建出用于分析旅游产品竞争力的"旅游产品综合概念模型"，并选取加拿大的维多利亚旅游地加以论证，认为旅游目的地竞争力强弱越来越集中于旅游者对于旅游产品质量、价值的感知（Murphy，2000）。对广东省的滨海旅游业的开发监督体系进行了研究，在借鉴世界滨海旅游开发监督经验的基础上，确定了滨海旅游开发监督的四大子系统，包括组织体系、对象体系、政策法规体系和技术体系（江娟，2008）；对辽宁省的滨海旅游发展对策进行了分析，提出了辽宁省在发展滨海旅游业时的问题，同时也提出了一些应对措施（刘英杰，2015）；通过复杂网络原理对环渤海地区的滨海旅游业进行了分析研究（李雯，2013）；研究河北省和天津市的滨海旅游业，提出了大力发展滨海旅游加快构筑河北沿海经济隆起带（从佳琦，2009）；对天津滨海旅游区发展的优劣势进行分析，并在此基础上提出了滨海旅游区可持续发展的对策（徐文苑，2012）。

二、关于滨海旅游业空间布局优化决策的灰色局势决策模型分析

灰色局势决策是一种运用数学语言将决策四要素（事件、对策、效果、目标）的相互关系进行综合考察的决策分析方法。本章将构建灰色局势决策模型，研究我国滨海旅游业空间布局的优化决策。

灰色局势决策模型主要由三部分构成，第一部分是构建收入矩阵、成本矩阵、环境承载力矩阵、生态损害矩阵四个决策矩阵；第二部分是按照固定的权重综合四个决策矩阵，形成滨海旅游业空间布局优化的多目标综合决策矩阵；第三部分是以多目标综合决策矩阵为基础，研究滨海旅游业空间布局优化的决策路径，最后得出滨海旅游业空间布局优化决策结果。

（一）决策矩阵构造

本章的灰色局势决策模型中，事件 a_i 表示 i 省份的滨海旅游业方案，对策 b_j 表示第 j 类旅游种类，他们的二元组合（a_i，b_j）称为局势，它表示用第 j 个对策（b_j）相对于第 i 个事件（a_i）的局势。局势的效果测度为 r_{ij}，决策矩阵的每个元素称为决策单元，即：$\frac{r_{ij}}{s_{ij}} = \frac{r_{ij}}{(a_i, b_j)}$。

1. 收入矩阵

根据收入等于年平均旅游人数乘以价格，本部分构建了收入矩阵。局势（a_i，b_j）表示 i 省第 j 类旅游景观的收入，r_{ij} 表示 i 省第 j 类旅游种类的收入的测度结果。构建收入矩阵如下：

$$A = \begin{bmatrix} \frac{r_{11}}{s_{11}} & \frac{r_{12}}{s_{12}} & \frac{r_{13}}{s_{13}} & \frac{r_{14}}{s_{14}} \\ \frac{r_{21}}{s_{21}} & \frac{r_{22}}{s_{22}} & \frac{r_{23}}{s_{23}} & \frac{r_{24}}{s_{24}} \\ \frac{r_{31}}{s_{31}} & \frac{r_{32}}{s_{32}} & \frac{r_{33}}{s_{33}} & \frac{r_{34}}{s_{34}} \\ \frac{r_{41}}{s_{41}} & \frac{r_{42}}{s_{42}} & \frac{r_{43}}{s_{43}} & \frac{r_{44}}{s_{44}} \end{bmatrix}$$

2. 成本矩阵

根据总成本等于旅游人数乘以平均成本，本部分构建了生产成本矩阵。局势（a_i，b_j）表示 i 省第 j 类旅游景观的成本，r_{ij}表示 i 省第 j 类旅游种类的成本的测度结果。构建成本矩阵如下：

$$B = \begin{bmatrix} \frac{r_{11}}{s_{11}} & \frac{r_{12}}{s_{12}} & \frac{r_{13}}{s_{13}} & \frac{r_{14}}{s_{14}} \\ \frac{r_{21}}{s_{21}} & \frac{r_{22}}{s_{22}} & \frac{r_{23}}{s_{23}} & \frac{r_{24}}{s_{24}} \\ \frac{r_{31}}{s_{31}} & \frac{r_{32}}{s_{32}} & \frac{r_{33}}{s_{33}} & \frac{r_{34}}{s_{34}} \\ \frac{r_{41}}{s_{41}} & \frac{r_{42}}{s_{42}} & \frac{r_{43}}{s_{43}} & \frac{r_{44}}{s_{44}} \end{bmatrix}$$

3. 环境承载力矩阵

根据环境承载力等于平均旅游年收入乘以各类旅游种类在环境承载力中所占的权重，本部分构建了环境承载力矩阵。局势（a_i，b_j）表示 i 省第 j 类旅游种类对环境的依赖度，r_{ij}表示 i 省第 j 类旅游种类对环境依赖度的测度结果。构建环境承载力矩阵如下：

$$C = \begin{bmatrix} \frac{r_{11}}{s_{11}} & \frac{r_{12}}{s_{12}} & \frac{r_{13}}{s_{13}} & \frac{r_{14}}{s_{14}} \\ \frac{r_{21}}{s_{21}} & \frac{r_{22}}{s_{22}} & \frac{r_{23}}{s_{23}} & \frac{r_{24}}{s_{24}} \\ \frac{r_{31}}{s_{31}} & \frac{r_{32}}{s_{32}} & \frac{r_{33}}{s_{33}} & \frac{r_{34}}{s_{34}} \\ \frac{r_{41}}{s_{41}} & \frac{r_{42}}{s_{42}} & \frac{r_{43}}{s_{43}} & \frac{r_{44}}{s_{44}} \end{bmatrix}$$

4. 生态损害矩阵

根据生态损害等于权重乘以年平均旅游收入，本部分构建了生态损害矩阵。局势（a_i，b_j）表示 i 省第 j 类旅游种类对生态的损害，r_{ij}表示 i 省第 j 类旅游种类对生态的损害的测度结果。构建生态损害矩阵如下：

$$D = \begin{bmatrix} \dfrac{r_{11}}{s_{11}} & \dfrac{r_{12}}{s_{12}} & \dfrac{r_{13}}{s_{13}} & \dfrac{r_{14}}{s_{14}} \\ \dfrac{r_{21}}{s_{21}} & \dfrac{r_{22}}{s_{22}} & \dfrac{r_{23}}{s_{23}} & \dfrac{r_{24}}{s_{24}} \\ \dfrac{r_{31}}{s_{31}} & \dfrac{r_{32}}{s_{32}} & \dfrac{r_{33}}{s_{33}} & \dfrac{r_{34}}{s_{34}} \\ \dfrac{r_{41}}{s_{41}} & \dfrac{r_{42}}{s_{42}} & \dfrac{r_{43}}{s_{43}} & \dfrac{r_{44}}{s_{44}} \end{bmatrix}$$

收入、成本、环境承载力、生态损害是影响滨海旅游业空间布局优化决策的重要因子，本章通过构建四个决策因子的决策矩阵，测度收入、成本、环境依赖度、生态损害对决策的影响程度。

（二）基于滨海旅游业空间布局优化的多目标综合决策矩阵

本部分按照固定权重综合收入矩阵、成本矩阵、环境承载力矩阵、生态损害矩阵，构建多目标综合决策矩阵。记局势 s_{ij} 在第 $p(p=1,2,3,4)$ 个目标下的效果测度为 $r_{ij}^{(p)}$，其对应的决策单元为 $\dfrac{r_{ij}^{(p)}}{s_{ij}}$，其决策矩阵为：

$$M^P = \begin{bmatrix} \dfrac{r_{11}^{(p)}}{s_{11}} & \dfrac{r_{12}^{(p)}}{s_{12}} & \dfrac{r_{13}^{(p)}}{s_{13}} & \dfrac{r_{14}^{(p)}}{s_{14}} \\ \dfrac{r_{21}^{(p)}}{s_{21}} & \dfrac{r_{22}^{(p)}}{s_{22}} & \dfrac{r_{23}^{(p)}}{s_{23}} & \dfrac{r_{24}^{(p)}}{s_{24}} \\ \dfrac{r_{31}^{(p)}}{s_{31}} & \dfrac{r_{32}^{(p)}}{s_{32}} & \dfrac{r_{33}^{(p)}}{s_{33}} & \dfrac{r_{34}^{(p)}}{s_{34}} \\ \dfrac{r_{41}^{(p)}}{s_{41}} & \dfrac{r_{42}^{(p)}}{s_{42}} & \dfrac{r_{43}^{(p)}}{s_{43}} & \dfrac{r_{44}^{(p)}}{s_{44}} \end{bmatrix}$$

如果第 p 个决策目标的权重值为 σ_p，则对于局势 s_{ij}，可以得到如下的综合效果测度公式：$r_{ij}^{(\Sigma)} = \sum\limits_{p=1}^{i} \sigma_p r_{ij}^p$。

（三）基于灰色局势决策模型的我国滨海旅游业空间布局优化的决策路径

滨海旅游业空间布局优化决策依据综合决策矩阵的测度效果选择最佳的局势，即 i 省滨海旅游发展的最优旅游景观。基于灰色局势决策模型的滨海旅游业空间布局优化的决策路径有三种：按行决策路径、按列决策路径、优势度决策路径。

1. 滨海旅游业空间布局优化按行决策路径

对于多目标综合决策矩阵 M^p，在每个行向量中选取测度效果满足条件的决策单元 r_{ij}，则 s_{ij} 表示较优局势，即对策 b_j 是相对事件 a_i 的较优局势。

2. 滨海旅游业空间布局优化按列决策路径

对于多目标综合决策矩阵 M^p，在每个列向量中选取测度效果满足条件的决策单元 r_{ij}，则 s_{ij} 表示较优局势，即表示事件 a_i 是相对于对策 b_j 的适合事件。

3. 滨海旅游业空间布局优化优势度决策路径

对于多目标综合决策矩阵 M^p，优势分析指分析决策单元的优势程度，它是相对于两组事件（或对策）而言的，一般通过计算两组列（行）向量对应元素的比值（即优势度）来得到 i 省的占优局势和占劣局势。

三、基于灰色决策模型的滨海旅游业空间布局优化决策的实证分析

本章选取广东省、浙江省、山东省、辽宁省四个省份，对它们的滨海旅游业空间布局进行优化决策。选择这四个省份的主要原因有：（1）这四个省份都是滨海旅游较发达省份，是我国滨海旅游业发展最具代表性的省份。（2）辽宁和山东是北方滨海旅游资源最多的省份，滨海种类分别为 14 个和 19 个；相比北方省份而言，沿海优秀城市旅游资源较多，分别是 5 个和 13 个。（3）浙江和广东是南方滨海旅游资源最多的省份，滨海旅游资源都是 27 个，也是沿海优秀旅游城市较多，分别是 13 个和 12 个。他们之间的旅游资源既存在着一定的相似性又各具特色，形成一种替代竞争关系，所以选择这四个省份作为研究对象具有代表性和针对性。

（一）目标矩阵实证分析

根据时间序列的相似性，选取 2008~2016 年主要景区的平均旅游接待人数作为目标人数，选取全国主要滨海旅游业的平均市场价格作为目标价格。

1. 收入矩阵分析

将数据带入矩阵模型 A，确定单位面积的收入矩阵如下（单位：元/年）：

$$\begin{bmatrix} 43.2 & 38.5 & 17.8 & 171.9 \\ s_{11} & s_{12} & s_{13} & s_{14} \\ 22.9 & 6.5 & 11.4 & 12.1 \\ s_{21} & s_{22} & s_{23} & s_{24} \\ 11.27 & 32.7 & 10.5 & 38.1 \\ s_{31} & s_{32} & s_{33} & s_{34} \\ 13.6 & 24.4 & 19.5 & 17.28 \\ s_{41} & s_{42} & s_{43} & s_{44} \end{bmatrix}$$

因为在收入矩阵中收入越高对滨海旅游业布局越有利，所以采用上限目标测度模型 $r_{ij} = \dfrac{\mu_{ij}}{\mu_{max}}$（其中 μ_{ij} 为局势 s_{ij} 的实际效果；μ_{max} 为所有局势 s_{ij} 的最大值），得

到收入矩阵决策矩阵 A 如下：

$$\begin{bmatrix} \dfrac{0.251}{s_{11}} & \dfrac{0.224}{s_{12}} & \dfrac{0.104}{s_{13}} & \dfrac{1.000}{s_{14}} \\ \dfrac{0.133}{s_{21}} & \dfrac{0.038}{s_{22}} & \dfrac{0.066}{s_{23}} & \dfrac{0.071}{s_{24}} \\ \dfrac{0.065}{s_{31}} & \dfrac{0.190}{s_{32}} & \dfrac{0.061}{s_{33}} & \dfrac{0.222}{s_{34}} \\ \dfrac{0.079}{s_{41}} & \dfrac{0.142}{s_{42}} & \dfrac{0.113}{s_{43}} & \dfrac{0.101}{s_{44}} \end{bmatrix}$$

由收入矩阵得出决策结果如下：（1）广东省、浙江省发展滨海旅游观光业所获得的收入最高，滨海休闲旅游类所获得的收入最低；辽宁省发展度假旅游业所获得的收入最高，滨海休闲旅游类的收入最低；山东省滨海文化旅游类的收入最高，度假旅游类所获得的收入最低。（2）该实证结果符合实际情况，广州、浙江有着充裕海洋种类以及雄厚经济基础，周边区域目标旅客的收入较高，用于旅游的消费较多。

2. 成本矩阵分析

以平均旅游接待人数乘以平均成本作为目标成本，带入矩阵模型 B，确定生产成本矩阵如下：

$$\begin{bmatrix} \dfrac{17.75}{s_{11}} & \dfrac{6.47}{s_{12}} & \dfrac{3.04}{s_{13}} & \dfrac{95.5}{s_{14}} \\ \dfrac{9.44}{s_{21}} & \dfrac{0.34}{s_{22}} & \dfrac{1.95}{s_{23}} & \dfrac{7.11}{s_{24}} \\ \dfrac{4.60}{s_{31}} & \dfrac{1.69}{s_{32}} & \dfrac{1.79}{s_{33}} & \dfrac{22.35}{s_{34}} \\ \dfrac{5.58}{s_{41}} & \dfrac{1.26}{s_{42}} & \dfrac{0.57}{s_{43}} & \dfrac{10.16}{s_{44}} \end{bmatrix}$$

因为在生产成本矩阵中成本越低对滨海旅游业布局越有利，所以采用下限目标测度模型 $r_{ij} = \dfrac{\mu_{\min}}{\mu_{ij}}$（其中 μ_{ij} 为局势 s_{ij} 的实际效果；$\mu_{\min}$ 为所有局势 s_{ij} 的最小值），得到生产成本矩阵的决策矩阵 B 如下：

$$\begin{bmatrix} \dfrac{0.02}{s_{11}} & \dfrac{0.05}{s_{12}} & \dfrac{0.11}{s_{13}} & \dfrac{0.003}{s_{14}} \\ \dfrac{0.04}{s_{21}} & \dfrac{1.00}{s_{22}} & \dfrac{0.17}{s_{23}} & \dfrac{0.05}{s_{24}} \\ \dfrac{0.07}{s_{31}} & \dfrac{0.20}{s_{32}} & \dfrac{0.19}{s_{33}} & \dfrac{0.01}{s_{34}} \\ \dfrac{0.06}{s_{41}} & \dfrac{0.27}{s_{42}} & \dfrac{0.59}{s_{43}} & \dfrac{0.03}{s_{44}} \end{bmatrix}$$

由成本矩阵得出决策结果如下:(1)广东省、山东省发展滨海观光旅游类的成本最高,文化类旅游业的成本最低;辽宁省发展滨海文化旅游业的成本最高,发展滨海观光旅游类的成本最低;浙江省发展观光旅游的生产最高,度假旅游类的成本最低。(2)广东省、浙江省、山东省对观光旅游资源的投入相较于辽宁省来说较大,因此这三个省份发展观光旅游的成本高于辽宁省。

3. 环境承载力矩阵分析

滨海旅游业的空间选择很大程度上受限于沿海海域环境,将各类旅游种类对环境的依赖度分为重度依赖、中度依赖、一般依赖,三种程度对应的值分别为3、2、1。假定滨海旅游业对环境的依赖度为1,则观光旅游类、度假旅游类、文化旅游类、休闲旅游类对环境的依赖度所占的权重分别为0.26、0、18、0.24、0.32。旅游种类对环境的依赖度等于年平均接待人数乘以权重,代入矩阵模型C,得到环境依赖度矩阵如下:

$$\begin{bmatrix} 11.83 & 2.99 & 2.81 & 3.01 \\ s_{11} & s_{12} & s_{13} & s_{14} \\ 6.29 & 0.50 & 1.8 & 0.22 \\ s_{21} & s_{22} & s_{23} & s_{24} \\ 3.07 & 2.54 & 1.67 & 0.70 \\ s_{31} & s_{32} & s_{33} & s_{34} \\ 3.72 & 1.89 & 3.07 & 0.32 \\ s_{41} & s_{42} & s_{43} & s_{44} \end{bmatrix}$$

因为环境依赖矩阵中环境依赖越低对滨海旅游业的布局越有利,所以采用下限目标测度模型 $r_{ij} = \dfrac{\mu_{min}}{\mu_{ij}}$ (其中μ_{ij}为局势 s_{ij} 的实际效果;μ_{min}为所有局势 s_{ij} 的最小值),得到环境依赖矩阵的决策矩阵 C 如下:

$$\begin{bmatrix} 0.018 & 0.073 & 0.078 & 0.073 \\ s_{11} & s_{12} & s_{13} & s_{14} \\ 0.034 & 0.440 & 0.122 & 1.000 \\ s_{21} & s_{22} & s_{23} & s_{24} \\ 0.072 & 0.087 & 0.132 & 0.314 \\ s_{31} & s_{32} & s_{33} & s_{34} \\ 0.059 & 0.116 & 0.072 & 0.688 \\ s_{41} & s_{42} & s_{43} & s_{44} \end{bmatrix}$$

由环境依赖度矩阵得出决策结果如下:(1)不同类旅游类别在各个省份的环境依赖程度存在一定差异。在四个省份中观光旅游类对环境依赖度均为最高,休闲旅游类对环境的依赖程度均适中。但文化旅游类与度假旅游类对环境依赖度则不同,文化旅游类在山东省对环境的依赖度最低,度假旅游类在浙江省、辽宁省、山东省对环境的依赖度最低。(2)在四个省份中,不同旅游类别对环境的依

472 | 我国海洋产业空间布局优化研究

赖度的差异主要取决于各旅游类别的特点和四省份各异的自然环境。

4. 生态损害矩阵分析

发展滨海旅游会对当地生态造成一定程度的损害,如水质污染、富营养化、生态圈破坏等,但是对于具体滨海旅游类别对生态损害的评价,目前没有统一标准。本章假定观光旅游类、度假旅游类、文化旅游类、休闲旅游类生态环境的损害所占的权重都为0.25,采用生态的损害值等于年平均接待人数乘以权重,代入矩阵模型 D,得到生态损害矩阵如下:

$$\begin{bmatrix} \dfrac{11.38}{s_{11}} & \dfrac{4.15}{s_{12}} & \dfrac{2.93}{s_{13}} & \dfrac{2.35}{s_{14}} \\ \dfrac{6.05}{s_{21}} & \dfrac{0.70}{s_{22}} & \dfrac{1.88}{s_{23}} & \dfrac{0.18}{s_{24}} \\ \dfrac{2.95}{s_{31}} & \dfrac{3.52}{s_{32}} & \dfrac{1.73}{s_{33}} & \dfrac{0.55}{s_{34}} \\ \dfrac{3.58}{s_{41}} & \dfrac{2.63}{s_{42}} & \dfrac{3.20}{s_{43}} & \dfrac{0.25}{s_{44}} \end{bmatrix}$$

因为生态损害矩阵中生态损害越低对滨海旅游业布局越有利,所以采用下限目标测度模型 $r_{ij} = \dfrac{\mu_{min}}{\mu_{ij}}$(其中 μ_{ij} 为局势 s_{ij} 的实际效果;μ_{min} 为所有局势 s_{ij} 的最小值),得到生态损害矩阵的决策矩阵 D 如下:

$$\begin{bmatrix} \dfrac{0.016}{s_{11}} & \dfrac{0.043}{s_{12}} & \dfrac{0.061}{s_{13}} & \dfrac{0.076}{s_{14}} \\ \dfrac{0.029}{s_{21}} & \dfrac{0.257}{s_{22}} & \dfrac{0.096}{s_{23}} & \dfrac{1.000}{s_{24}} \\ \dfrac{0.061}{s_{31}} & \dfrac{0.051}{s_{32}} & \dfrac{0.104}{s_{33}} & \dfrac{0.327}{s_{34}} \\ \dfrac{0.050}{s_{41}} & \dfrac{0.068}{s_{42}} & \dfrac{0.056}{s_{43}} & \dfrac{0.720}{s_{44}} \end{bmatrix}$$

由生态损害矩阵得出决策结果如下:(1)在广东省、辽宁省、山东省,观光旅游类对生态环境的损害度最高,文化旅游类对生态环境的损害度最低;在浙江省,度假旅游类对生态环境的损害度最高,休闲类旅游对生态环境的损害度最低。(2)不同旅游类别和各个区域不同的自然环境除了会影响旅游类别对环境的依赖度之外,还会导致不同旅游类别对生态环境损害的差异。

(二)关于滨海旅游业空间布局优化的多目标综合决策矩阵效果测度

取收入矩阵、成本矩阵、环境依赖度矩阵、生态损害矩阵四个目标矩阵的权重均为0.25,代入模型 M^p,得到相应的综合决策矩阵 E 如下:

$$\begin{bmatrix} \underline{0.076} & \underline{0.098} & \underline{0.097} & \underline{0.288} \\ s_{11} & s_{12} & s_{13} & s_{14} \\ \underline{0.059} & \underline{0.433} & \underline{0.113} & \underline{2.121} \\ s_{21} & s_{22} & s_{23} & s_{24} \\ \underline{0.067} & \underline{0.132} & \underline{0.147} & \underline{0.118} \\ s_{31} & s_{32} & s_{33} & s_{34} \\ \underline{0.062} & \underline{0.151} & \underline{0.207} & \underline{0.384} \\ s_{41} & s_{42} & s_{43} & s_{44} \end{bmatrix}$$

该综合决策矩阵区别于收入决策矩阵、成本决策矩阵、环境承载力决策矩阵、生态损害决策矩阵对滨海旅游业空间布局决策的单一效果测度，它根据固定的权重综合测度了收入、成本、环境承载力、生态损害四种决策因子对滨海旅游业空间布局决策的影响。本部分将依据此矩阵的综合测度结果，对滨海旅游业空间布局的优化决策进行实证分析。

（三）基于灰色局势决策模型的滨海旅游业布局优化决策的实证分析

1. 基于灰色局势决策模型测度结果的按行决策路径实证分析

在按行决策路径下，选取矩阵 E 第一行 r_{1j} 的最大值 $r_{14}=0.288$，即矩阵第一行的最优局势为 s_{14}；选取矩阵第二行 r_{2j} 的最大值 $r_{24}=2.121$，即矩阵第二行的最优局势为 s_{24}；选取矩阵第三行 r_{3j} 的最大值 $r_{33}=0.147$，即矩阵第三行的最优局势为 s_{33}；选取矩阵第四行 r_{4j} 的最大值 $r_{44}=0.384$，即矩阵第四行的最优局势为 s_{44}。根据最优局势 s_{14}、s_{24}、s_{33}、s_{44}，本章得出决策，广东、辽宁、浙江、山东发展滨海旅游的最优类别分别为观光旅游类、度假旅游类、休闲旅游类、文化旅游类。

2. 基于灰色局势决策模型测度结果的按列决策路径实证分析

在按列决策路径下选取矩阵 E 第一列 r_{i1} 的最大值 $r_{44}=0.076$，即矩阵第一列的最优局势为 s_{11}；选取矩阵第二列 r_{i2} 的最大值 $r_{22}=0.433$，即矩阵第二列的最优局势为 s_{22}；选取矩阵第三列 r_{i3} 的最大值 $r_{43}=0.207$，即矩阵第三列的最优局势为 s_{43}；选取矩阵第四列 r_{4j} 的最大值 $r_{24}=2.121$，即矩阵第四列的最优局势为 s_{24}。根据最优局势 s_{11}、s_{22}、s_{43}、s_{24}，本章得出决策，文化旅游类在山东省发展效果最佳，度假旅游类在辽宁省发展效果最佳，观光旅游类在山东省发展最佳。

3. 基于灰色局势决策模型测度结果的优势度决策路径实证分析

广东省与辽宁省相比，旅游类别的优势度分别为：1.28、0.23、0.86、0.13，即广东对辽宁的占优局势为 s_{11}，占劣局势为 s_{12}、s_{13}、s_{14}。广东对辽宁的优势旅游类别是观光旅游类，劣势旅游类别为度假旅游类。辽宁与浙江相比，旅游类别的优势度分别为 0.88、3.28、0.88、17.9，即辽宁对浙江的占优局势为 s_{22}、s_{24}，占劣局势为 s_{21}、s_{23}。辽宁对浙江的优势旅游类别为度假旅游类，劣势旅游类别为观光旅游类。浙江与山东相比，旅游类别的优势度分别为：1.08、0.87、0.71、0.30，即浙江对山东的占优局势为 s_{31}，占劣局势为 s_{32}、s_{33}、s_{34}。浙江对山东的优势旅游类别为观光旅游类，劣势旅游类别为文化旅游类。

4. 基于灰色局势决策模型的我国滨海旅游业空间布局优化决策方案选择

根据按行决策路径、按列决策路径、优势度决策路径的实证结果，分别得出了广东省、浙江省、山东省、辽宁省各自的占优局势和占劣局势，确定了四个省份的优势旅游类别和劣势旅游类别，为滨海旅游业空间布局优化决策方案的选择提供了依据。得出各省份优化方案如下。

（1）广东省应着重注意海域承载力的保护以及发展，结合自身的岭南文化打造广东蓝色滨海旅游业产业带，以海岸生活、休闲文化为内涵，以家庭休闲度假以及商务会议度假为重点，打造多元化、高品质、生态化的滨海旅游度假地。在发展过程中注重发展品质，重点发展具有地方特色、环境以及文化的高品质滨海旅游度假产品，培育国际一流的滨海旅游产品品牌。通过滨海旅游业的发展，带动经济的发展，从而促进广东的区域经济的均衡发展。在发展的过程中坚持严格保护、科学管理、合理开发、永续利用的原则，在海域承载力的允许范围下，开发滨海旅游资源，积极倡导生态旅游，协调好各个功能区、规划区之间的发展。

（2）浙江省应充分借鉴国内外滨海旅游业发达地区的发展经验，加大滨海旅游资源的开发力度和深度，通过自主创新合作开发等多种渠道共同打造具有国际影响力的滨海旅游品牌和形象。政府应建立一种协调、互补、高效的管理体制，消除一些"各扫门前雪"现象。加大对海洋教育人才方面的投入，培育先进的海洋人才，挖掘有潜力的创新型海洋人才。

（3）山东省在发展滨海旅游业的过程中更加注重滨海旅游产品的准确定位以及更加准确的了解游客需求，从而投其所好。提高山东滨海旅游资源的经营开发水平，旅游资源开发和地方文化相结合，文化与产业结合，加强滨海资源与旅游品牌的结合。加强各个产业支架的融合集成发展，政府要加强对滨海旅游市场的管理，规范市场的发展，遏制不良行为的发生。

（4）辽宁省应注重滨海旅游资源的开发，结合当地文化特色、充分开发辽宁省具备开发潜力的滨海旅游资源，充分利用已经开发好的资源，带动整个滨海旅游的发展，提升滨海旅游产品质量。在宣传方法上，做出修改和创新，突出自身的整体形象，加强宣传的多样性。政府要加强政策约束以及执法监管力度，加强滨海旅游服务的质量以及基础设施和配套设施的配置，规范滨海旅游业的竞争秩序，在海域承载力的能力范围下实现可持续发展。

四、结论

本章基于滨海旅游业空间布局优化的灰色局势决策模型，研究了广东省、辽宁省、浙江省、山东省四个省份的滨海旅游业空间布局优化决策，得出以下四方面结论。（1）基于灰色局势决策模型构建了收入矩阵、成本矩阵、环境承载力矩阵、生态损害矩阵，全面地分析了收入、成本、环境承载力、生态损害这四种决策因子对滨海旅游业空间布局优化决策的影响。（2）广东省的优势局势依次为 s_{14}、s_{12}、s_{13}、s_{11}，辽宁省的优势局势依次为 s_{24}、s_{22}、s_{23}、s_{21}，浙江省的优势局势依次为 s_{33}、s_{32}、s_{34}、s_{31}，山东省的优势局势依次为 s_{44}、s_{43}、s_{42}、s_{41}。（3）广东省的滨海旅游业空间布局优化决策方案为：注意海域承载力的保护以及发展，结合自身的岭南文化打造广东蓝色滨海旅游业产业带，以海岸生活、休闲文化为内涵，以家庭休闲度假以及商务会议度假为重点，打造多元化、高品质、生态化的滨海旅游度假地。辽宁省的滨海旅游业空间布局优化决策方案为：注重滨海旅游资源的开发，结合当地文化特色、充分开发辽宁省具备开发潜力的滨海旅游资源，充分利用已经开发好的资源，带动整个滨海旅游的发展，提升滨海旅游产品质量。浙江省的滨海旅游业空间布局优化决策方案为：加大滨海旅游资源的开发力度和深度，通过自主创新合作开发等多种渠道共同打造具有国际影响力的滨海旅游品牌和形象。山东省的滨海旅游业空间布局优化决策方案为：提高山东滨海旅游资源的经营开发水平，旅游资源开发和地方文化相结合，文化与产业结合，加强滨海资源与旅游品牌的结合。

第四节 滨海旅游业空间布局优化策略

一、海域承载力视角下我国滨海旅游业发展战略选择模型的构建

滨海旅游业发展较好海域承载力就较大，同时，海域承载力也反作用于滨海旅游业。本章以我国沿海六个省份为代表，从海域承载力和发展潜力两个方面构建海域承载力视角下滨海旅游业发展战略的指标体系，结合层次分析法得出各指标权重，利用因子分析法计算出各沿海省份得分，构建我国沿海地区滨海旅游业发展的 DP 战略矩阵，将定位结果转入 DP 战略矩阵图中，找出各省份对应选择的发展战略，并对我国沿海六个省份的滨海旅游业发展战略选择进行研究，提出合理化建议。

（一）海域承载力视角下我国滨海旅游业发展战略评价指标体系构建

随着海洋环境的日趋恶化，测度和评价滨海旅游业的发展目的是为了在确保海域承载力的基础上进一步提高滨海旅游业发展，并制定出更好的发展战略。因此，评估滨海旅游业发展除了进行发展潜力的评价外，还需对海域承载力进行评

估,对海域承载力进行评估不仅能反映滨海旅游业发展状况,还体现出海洋环境资源的承受力。在此基础上,首先,坚持科学性、客观性、可比性、可操作性和系统性五大原则,反复考察以往学者关于滨海旅游业发展指标在不同尺度上的异同点和适用性;其次,结合理论分析和专家咨询,根据评价要求仔细分析每个指标的针对性、系统性以及代表性,决定指标的选取。然后结合数据资料的可获取性,以及在进一步专家咨询意见的基础上,遵循指标与评价方法的一致性原则上,选取以下 19 个评价指标,构建海域承载力视角下滨海旅游业发展评价指标体系,如表 8-10 所示。

表 8-10　基于 DP 矩阵的我国滨海旅游业发展战略选择评价指标体系

目标层	准则层	指标层
海域承载力 A_1	资源承载评价 B_1	人均可用滨海旅游量(-)C_{B1-1}
		滨海旅游业资源总量(-)C_{B1-2}
		可承载的滨海旅游业游客人数(人)C_{B1-3}
		滨海旅游资源垄断度(-)C_{B1-4}
		滨海旅游资源品位度(-)C_{B1-5}
	资源环境评价 B_2	海水自净能力(-)C_{B2-1}
		单位海域可用旅游业资源量(-)C_{B2-2}
		景区资源的科学、观赏价值(-)C_{B2-3}
发展潜力 A_2	环境支持力 B_3	污水处理率(-)C_{B3-1}
		烟尘去除率(-)C_{B3-2}
		人均绿地面积(-)C_{B3-3}
		每万人拥有公厕数(-)C_{B3-4}
		生活垃圾无害化处理率(-)C_{B3-5}
	经济保障力 B_4	地区人均 GDP(元)C_{B4-1}
		城市化水平(-)C_{B4-2}
		第三产业占 GDP 比重(-)C_{B4-3}
	政府推动力 B_5	地方财政收入(亿元)C_{B5-1}
		研发经费占地方财政收入的比重(-)C_{B5-2}
		滨海旅游人才比重(-)C_{B5-3}

(二) 确定权重集

采用层次分析法结合 experts choices 软件,计算基于海域承载力视角下我国滨海旅游业发展指标体系中各个指标的权重,计算结果如表 8-11 所示。

表 8-11　　　　海域承载力视角下我国滨海旅游业评价指标权重

目标层	准则层	指标层	权重
海域承载力 A_1 0.532	资源承载评价 B_1 0.319	人均可用滨海旅游量（-）C_{B1-1}	0.122
		滨海旅游业资源总量（-）C_{B1-2}	0.069
		可承载的滨海旅游业游客人数（人）C_{B1-3}	0.032
		滨海旅游资源垄断度（-）C_{B1-4}	0.042
		滨海旅游资源品位度（-）C_{B1-5}	0.054
	资源环境评价 B_2 0.213	海水自净能力（-）C_{B2-1}	0.077
		单位海域可用旅游业资源量（-）C_{B2-2}	0.041
		景区资源的科学、观赏价值（-）C_{B2-3}	0.095
发展潜力 A_2 0.468	环境支持力 B_3 0.198	污水处理率（-）C_{B3-1}	0.047
		烟尘去除率（-）C_{B3-2}	0.035
		人均绿地面积（-）C_{B3-3}	0.049
		每万人拥有公厕数（-）C_{B3-4}	0.029
		生活垃圾无害化处理率（-）C_{B3-5}	0.038
	经济保障力 B_4 0.185	地区人均 GDP（元）C_{B4-1}	0.082
		城市化水平（-）C_{B4-2}	0.075
		第三产业占 GDP 比重（-）C_{B4-3}	0.028
	政府推动力 B_5 0.085	地方财政收入（亿元）C_{B5-1}	0.047
		研发经费占地方财政收入的比重（-）C_{B5-2}	0.021
		滨海旅游人才比重（-）C_{B5-3}	0.017

资料来源:通过向有关专家进行问卷调查使用 AHP 方法计算得到。

(三) DP 模型构建

政策指导矩阵 (Directional Policy Matrix, DP 矩阵) 是一个三乘三矩阵,对应着不同的阶段,通过所构建的指标体系得出各项业务现在所处的阶段,并找出各个阶段所对应的战略对策,从而实现对该项业务的空间布局的合理优化。

本章通过构建指标体系,结合因子分析法,计算沿海省份的海域承载力和发展潜力,从而引入 DP 矩阵,对具有代表性的沿海六省份进行定位,提出所适应的滨海旅游业发展战略。

二、海域承载力视角下我国滨海旅游业发展战略的实证分析

(一)数据来源及说明

1. 样本说明

本章选取我国六个滨海旅游省份从北向南依次是辽宁、山东、河北、江苏、浙江和广东,之所以选取这 6 个滨海省份作为研究对象,首先是因为这六个省份都是滨海旅游较发达省份,是我国滨海旅游业发展最具代表性的省份。其次,通过表 8-12 可知,辽宁和山东是北方滨海旅游资源最多的省份,滨海资源分别为14 个和 19 个,相比北方省份而言,主要是沿海优秀旅游城市资源较多分别是 5 个和 13 个;浙江和广东是南方滨海旅游资源最多的省份,滨海资源都是 27 个,也是沿海优秀旅游城市较多,分别是 13 个和 12 个。他们之间的旅游资源既存在着一定的相似性又各具特色,形成一种替代竞争关系,所以选择这六个省份作为研究对象具有代表性和针对性。

表 8-12 滨海资源在沿海各省的分布

沿海省份	国家级旅游度假区	国家级自然保护区	国家级风景名胜区	沿海优秀旅游城市	沿海历史文化名城	沿海5A级景区	总数
辽宁	1	3	4	5	0	1	14
河北	0	1	1	1	0	1	4
天津	0	1	0	1	1	1	4
山东	1	1	2	13	1	1	19
江苏	0	1	1	3	1	0	6
上海	1	0	0	1	1	2	5
浙江	1	1	5	13	4	3	27
福建	1	2	6	4	3	1	7
广东	1	4	4	12	4	2	27
广西	1	3	0	2	0	0	8
海南	1	3	0	2	1	1	8

资料来源:作者根据各省份旅游局官方网站整理所得。

2. 数据来源标准化处理

由于数据资料来源有限,本章采用平均值来代替数据缺失。本章的数据主要

来源于《中国统计年鉴》(2015)、各省份统计年鉴(2015)、国家旅游局网站和各省份的旅游局网站。为了解决量纲不一致问题，对数据进行标准化处理，方法见式(8-9)、式(8-10)。

$$x_{ij} = \frac{(X_{ij} - X_{min})}{(X_{max} - X_{min})} \quad (8-9)$$

$$x_{ij} = 1 - \frac{(X_{ij} - X_{min})}{(X_{max} - X_{min})} \quad (8-10)$$

(二) 海域承载力视角下我国滨海旅游业发展战略选择的实证结果分析

本章建立的指标体系属于多指标综合评价体系，因子分析法作为多指标综合评价方法之一，是从多个变量中选择少数几个综合变量的一种降为多元统计分析方法，能够达到简化数据、消除自变量共线性以及指标权重确定随意性等问题的目的。

1. 各省份综合得分

基于以上利用层次分析法计算得到的各个指标所占的比重，根据因子分析法，计算各省份得分结果如表8-13所示。

表8-13　　各省份得分计算结果

省份	海域承载力 Y_1 排名	海域承载力 Y_1 得分	发展潜力 Y_2 排名	发展潜力 Y_2 得分	简称
辽宁	4	0.672	5	0.763	LN
河北	6	-0.024	6	0.593	HB
山东	5	-0.018	1	1.108	SD
江苏	2	1.015	3	0.902	JS
浙江	1	1.031	4	0.817	ZJ
广东	3	0.906	2	1.095	GD

资料来源：作者通过 SPSS 软件计算整理得到。

表8-13中用首字母代表各省份，得分数值大于0代表该省份在这项指标上位于全国的平均水平之上，反之则在全国平均水平之下；大于1代表该省份在这项指标上处于全国领先地位。

由表8-13可知，在海域承载力对滨海旅游业的发展影响方面，浙江和江苏的得分均大于1，处于全国领先地位，广东和辽宁得分大于0小于1，处于全国的平均水平之上，山东和河北得分小于0，处于全国平均水平之下；在滨海旅游业发展潜力方面，山东和广东均大于1处于全国领先地位，这与各省份经济状况相符合，而江苏、浙江、辽宁和河北得分大于0小于1处于全国平均水平之上，具有很大的发展空间、市场前景广阔。综合两者得出，广东、江苏和浙江发展水平比较高，山东和辽宁发展处于一般水平，河北省发展水平处于不利状态。

2. DP 矩阵的应用

本章对 DP 战略矩阵进行修正，总结以往学者指标体系的构建，从海域承载力和发展潜力两个方面构建指标体系，以我国沿海六个省份为例，构建我国沿海地区滨海旅游业发展战略的 DP 矩阵，将 DP 矩阵分为强、中、弱三类，由此 DP 矩阵被分成三大战略区间分别是稳定发展战略、密切关注战略以及调整战略，再将上述定位结果转入 DP 战略矩阵图中，以使结果更直观。根据 DP 战略矩阵图，明确指出落入不同区间的不同省份在具体情况中应当选择的具体策略，制定不同的发展战略。我国滨海旅游业发展战略 DP 矩阵如图 8-1 所示。

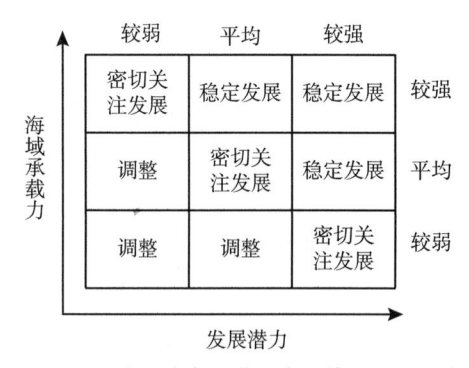

	较弱	平均	较强	
海域承载力	密切关注发展	稳定发展	稳定发展	较强
	调整	密切关注发展	稳定发展	平均
	调整	调整	密切关注发展	较弱

发展潜力

图 8-1 我国滨海旅游业发展战略 DP 矩阵

根据表 8-13 得分结果，以 0 作为海域承载力视角下我国滨海旅游业发展战略选择测评的海域承载力和发展潜力"平均"和"较弱"的分界线，以 1 作为海域承载力和发展潜力"较强"和"平均"的分界线。据此，我们可以建立海域承载力视角下我国滨海旅游业发展战略的政策指导矩阵（见图 8-2），将上述定位结果转入该矩阵图中，从而能够更加直观有效地对我国沿海地区 6 个省份的滨海旅游业的发展战略选择进行更好的定位。

从图 8-2 可以看出，我国沿海六个省份主要分布在 DP 矩阵的五个方格中。从整体来看，滨海旅游业发展战略的选择总体合理，但仍然存在个别省份不均衡的问题，存在调整和进一步合理化的空间。优化战略如下：在海域承载力的视角下坚持以市场为导向，以有利于提高滨海旅游业的经济效益、社会效益和生态效益为出发点，遵循"科学规划、合理布局、保持特色、保护资源、持续发展"的原则，充分发挥自然资源与人文资源优势，重点结合海域承载力的情况和对滨海旅游业发展战略的影响，以广东、江苏和浙江为龙头，带动山东、辽宁的发展，引导河北逐步走向战略合理化。在合理化的过程中要同时监测滨海旅游业空间布局对海域资源造成的影响和压力，保持好海域承载能力。

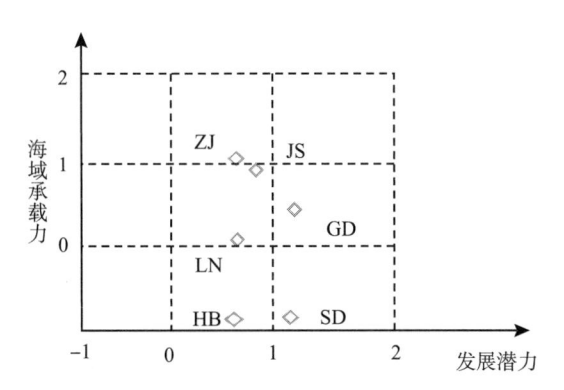

图 8-2　海域承载力视角下我国滨海旅游业政策指导矩阵

3. 基于 DP 矩阵的各省份滨海旅游业发展战略

（1）广东、江苏和浙江适宜选择稳定型发展战略。广东省应该采取以下三方面战略：①着重注意海域承载力的保护以及发展，结合自身的岭南文化打造广东蓝色滨海旅游业产业带，以海岸生活、休闲文化为内涵，以家庭休闲度假以及商务会议度假为重点，打造多元化、高品质、生态化的滨海旅游度假地。②在发展过程中注重发展品质，重点发展具有地方特色、环境以及文化的高品质滨海旅游度假产品，培育国际一流的滨海旅游产品品牌。通过滨海旅游业的发展，带动经济的发展，从而促进广东的区域经济的均衡发展。③在发展的过程中坚持严格保护、科学管理、合理开发、永续利用的原则，在海域承载力的允许范围下，开发滨海旅游资源，积极倡导生态旅游，协调好各个功能区、规划区之间的发展。

江苏省应该采取以下三方面战略：①构建完善沿海旅游空间体系，将沿海三市在空间上更好的衔接，形成一个优势互补的链式发展；②提升旅游产品，充分挖掘文化特色，突出滨海特色，滨海旅游产品增加海洋文化的展现，围绕海来开发旅游产品，增加游客的美感；③把沿海三个城市联合起来，树立联盟意识加强区域之间的旅游合作，形成板块之间的区域合作，打造品牌形象。

浙江省应该采取以下三方面战略：①充分借鉴国内外滨海旅游业发达地区的发展经验，加大滨海旅游资源的开发力度和深度，通过自主创新、合作开发等多种渠道共同打造具有国际影响力的滨海旅游品牌和形象；②政府应建立一种协调、互补、高效的管理体制，消除一些"各扫门前雪"现象；③加大对海洋教育人才方面的投入，培育先进的海洋人才，挖掘有潜力的创新型海洋人才。

（2）山东和辽宁适宜选择密切关注型发展战略。山东省应该采取以下三方面战略：①在发展滨海旅游业的过程中更加注重滨海旅游产品的准确定位以及更加准确的了解游客需求,从而投其所好;②提高山东滨海旅游资源的经营开发水平,旅游资源开发和地方文化相结合,文化与产业结合,加强滨海资源与旅游品牌的结合;③加强各个产业支架的融合集成发展,政府要加强对滨海旅游市场的管理,规范市场的发展,遏制不良行为的发生。

辽宁省应该采取以下三方面战略:①注重滨海旅游资源的开发,结合当地文化特色、充分开发辽宁省具备开发潜力的滨海旅游资源,充分利用已经开发好的资源,带动整个滨海旅游的发展,提升滨海旅游产品质量;②在宣传方法上,做出修改和创新,突出自身的整体形象,加强宣传的多样性;③政府要加强政策约束以及执法监管力度,加强滨海旅游服务的质量以及基础设施和配套设施的配置,规范滨海旅游业的竞争秩序,在海域承载力的能力范围下实现可持续发展。

(3)河北省适宜选择调整型发展战略。河北省应该采取以下两方面战略:①努力调整滨海旅游业的结构,完善服务系统和基础设施。加强对生态环境的管理,合理整合滨海旅游资源,加强对海域承载力的保护力度,控制环境污染,注重滨海旅游对海域承载力的管理。②加大政府对滨海旅游业的引导性投入,提高旅游信息服务水平,完善接待设备,同时,努力加强滨海旅游产品的开发,重视旅游人才队伍的建设。

三、结论

本章从海域承载力和发展潜力两个方面构建海域承载力视角下滨海旅游业发展战略选择指标体系,结合层次分析法构建面向我国沿海省份的政策指导矩阵,之后将各个省份的滨海旅游业发展战略状况在矩阵中进行量化定位分析。结果显示:①广东、江苏和浙江适宜选择稳定发展型战略,其中广东省海域承载力得分是0.906,发展潜力是1.095,江苏省海域承载力是1.015,发展潜力是0.902,浙江省的海域承载力得分是1.031,发展潜力是0.817。这三个省份本身就有着充裕海洋资源以及雄厚经济基础,所以其滨海旅游业发展比较靠前,其可继续利用自身优势进一步加大滨海旅游业发展,创造国际旅游品牌,进一步开发滨海旅游资源。②山东和辽宁适宜选择密切关注发展型战略,其中山东海域承载力得分是-0.018,发展潜力是1.108,辽宁省海域承载力得分是0.672,发展潜力是0.763。这两个省份有良好的经济基础,可以发挥经济的带动作用,带动滨海旅游业的发展,政府加大对市场的监管力度,保证市场质量,同时开发与当地文化特色相结合的滨海旅游产品。③河北省适宜选择调整发展型战略,河北省的海域承载力得分是-0.024,发展潜力是0.593。河北省的滨海旅游业竞争力比较弱,所以其应调整滨海旅游业的结构,加强对海域承载力的保护力度,在确保海域承载力不受损坏的前提下,调整发展战略,加大发展力度努力加强滨海旅游产品的开发。

第九章 海洋风能产业空间布局前期研究

我国海洋风能产业尚未发展到空间布局程度，分析其主要原因在于海洋风能产业化水平较低，不能规模化、规范化的布局，所以首要解决的难题便是进行产业化研究，突破布局瓶颈，为后期空间布局优化铺路。所以本章主要针对海洋风能产业空间布局前期的产业化进行研究，深入阐述了海洋风能理论基础，重点落实了产业化评价指标体系、产业化实现机制以及海洋风能产业布局前期产业化财政支持，整体构成海洋风能产业空间布局前期研究。

第一节 海洋风能理论基础

一、海洋能理论

（一）海洋能的内涵

海洋能，即海洋可再生能源，一般意义上指依附在海水中的可再生能源，海洋通过各种物理过程接收、储存和散发能量。[①] 海洋能既不同于储存于海底的海底矿物能源，也不同溶存于海水中的海洋化学矿物资源，而是依存于海水自身中，以动能、势能、热能、物理化学能等形态，通过海洋自身物理运动而呈现的可再生能源。广义的海洋能指发生、蕴藏于包括海洋上空、海水中、海底等全部海洋范围内的可再生能源。

（二）海洋能的分类

海洋能包括的种类很多，从狭义上分主要包括潮汐能、波浪能、海洋温差能、海流能及海洋盐度差能等种类。

[①] 江伟钮、陈方林：《资源环境法词典》，中国法制出版社2005年版。

（1）潮汐能：指海水在月球等天体的引力作用下有规律的进行升降运动而产生的势能。

（2）波浪能：指海水在风的作用下沿水平方向周期运动而产生的能量，以动能和势能形态表现。

（3）海洋温差能：又称海洋热能，指由于表层海水吸收太阳照射温度升高而与深层海水温度存在温度差而产生的能量。

（4）海流能：指海水流动而产生的动能。

（5）海洋盐差能：指含盐度高的海水与江河入海口处的淡水之间存在的盐度差而产生的能量，以物理化学能形态表现。

从广义上看，海洋能还应包括海洋风能，海洋风能包括近岸风能和离岸风能。

（三）海洋能的特点

与其他能源相比，海洋能具有以下特点：

（1）能量巨大：海洋面积占地球表面积的 70.8%，平均水深 3800m，蕴藏着巨大的能量，据估测全球海洋能超过 10^{10}MW。

（2）可再生性：海洋能本质上可以分为三个来源：太阳辐射产生热能、天体间万有引力产生动能和势能、海水与淡水之间存在盐度差产生的物理化学能。因此只要太阳仍旧照射地球、天体间仍旧存在万有引力、海水中各种盐类存在，海洋能就可以周而复始的再生。

（3）能储密度低：尽管海洋中蕴藏着巨大的海洋能量，但单位体积海水中的能量较小，只有对较大面积的海洋进行开发利用才能获得较大的能量。

（4）清洁性：相比其他能源，海洋能开发对周边环境及周边居民的外部负效应较小，属于清洁能源。

二、海洋风能理论

（一）海洋风能的内涵

海洋风能是指太阳辐射到海水表面时由于各处海水表面受热不同而存在温差进而形成风，由此产生的能量。海洋风能是以热能为内在动因、以动能为外在表现的能量。

（二）海洋风能的优点

海洋风能与陆地风能相比，具有能量更大、节约土地、外部负效应更小等优点。（1）能量更大：海上风力相较陆地风力更大，且风级波动较小，因此海洋风能相较陆地风能而言，蕴藏着更大的能量，具有更大的开发潜力；（2）节约土地：由于海洋风能设施主要建设于离岸海上，因此相较陆地风能建设而言，海洋风能开发可以充分利用无人居住的海洋面积而避免使用陆地居住、耕种、植被面积；（3）外部负效应更小：海洋风能设施主要建设在远离居民区的海上，可以减小海上风机对居民造成的噪音影响及对城市规划的景观影响，外部负效应相较陆地风能更小。

海洋风能与其他海洋能相比，最主要的优点是技术难度相对较低。目前风能利用技术相较温差能、盐差能、波浪能等能源而言更为成熟，国际上海陆风能产业化程度在新能源产业中相对较高，我国也实现了陆地风能产业化，都为海洋风能的开发利用提供经验借鉴和技术支撑。

（三）海洋风能的缺点

与陆地风能相比，海洋风能具有较为明显的由海洋能开发自身特性引起的缺点，主要包括防腐要求高、建设技术要求高、抗风险要求高等。（1）防腐要求高：由于海洋风能开发利用设施长期浸泡于海水中，因此对建设材料的防腐等级有很高要求；（2）建设技术要求高：海洋风能开发利用设施建设基本以海上或海底作业为主，相对陆上作业为主的陆上风能开发建设，对施工技术水平、维修技术水平要求更高；（3）抗风险要求高：由于海上常有海洋风暴等自然灾害来袭，因此对海洋风能开发利用设施的抗风险能力和建设质量要求相较陆上风能更高。

与其他海洋能相比，海洋风能的缺点主要有能量密度低、较不稳定等缺点。由于海洋风能的能量来源于空气流动，而空气的密度很小，因此海洋风能的能量密度相较其他海洋能而言更低；而由于空气流动在不同季节、不同时间变化十分明显，因此海洋风能相较其他海洋能而言较不稳定，波动较大。

三、产业化相关理论

（一）产业化内涵

产业化的概念是从产业的概念发展而来的。所谓产业，泛指经济社会中独立的生产制造部门，属于介于"宏观"和"微观"之间的"中观"范畴。"化"表示性质或状态的转变，使之达成某种规模或达到某个标准。

因此，产业化是指某种生产部门或产业在市场经济条件下，以行业需求为导向，以实现效益为目标，依靠专业服务和质量管理，实现系列化、规模化和品牌化的经营方式和组织形式，形成系统化的流畅产业供应价值链的过程。产业化是当某一产业在达到一定的规模程度后以市场经济的形式运作、以盈利为目的、与资金有密切关系的动态发展过程。

以海洋风能产业化为例，其基本内涵是，以市场需求为导向，以经济效益为目的，依靠政策导向和科技进步，对海洋风能开发建设实行区域化规划、专业化生产、企业化管理及配套化服务，形成新能源产业、企业发展与服务多元化共同发展的经营方式和产业组织形式。

（二）产业化发展阶段

产业化也即产业形成和发展的过程，主要包括：产业化导入阶段、产业化发展阶段、产业化稳定阶段和产业化动荡阶段四个阶段。

（1）导入阶段：是指产业的技术研究开发和生产技术的形成阶段，主要包括研发、产品化及商品化三个阶段。产品设计处于起步阶段，制造工艺过程的组织是松散的，产品与工艺都经历相对频繁的大变动，整个产业基本处于人力、物力和财力的大量投入时期，主要依靠政府的投入，一些研究机构的科研及个别企业的加入。目前我国海洋风能产业化进程尚处于导入阶段。

（2）发展阶段：是指全面开展生产技术成果的商业运作的初级阶段，包括小批量生产和大规模生产两阶段，这一时期，生产技术逐步改进，制造工艺过程趋于成熟，产品和工艺得到不断完善。在小规模生产阶段，产品开始投入市场，市场处于一种观望的态度，但市场的需求呈现快速增长的趋势，进入该产业企业开始增多，但产业总体上没有实现盈利，行业规范不标准；在大规模生产阶段：生产工艺成熟，行业标准走向成熟（包括部件标准、生产标准及检测标准等），市场走向成熟，产业开始全面盈利，大量企业涌进该产业，部分产品开始国际化道路。

（3）稳定阶段：是指商业化运作成熟阶段，这一阶段整个产业全面盈利，生产规模依旧保持增长的势头，但是趋于稳定，有一定程度的下降趋势；技术成熟，分工专业化、区域化，形成了成熟的产业链及配套的产业集群，形成产业群链结合发展模式；产品多样化、差异化、国际化；行业标准系统化；市场成熟，趋于饱和状态，市场竞争激烈，有企业退出，也有企业进入。新的相关技术或是产业开始出现，但趋势不明显。

（4）动荡阶段：新的相关技术或是产业开始崛起，旧的产业机制已经不适应市场，生产规模开始缩减，利润萎缩，企业开始收缩规模或是退出市场竞争，整个产业体系呈现在动荡之中。

第二节 海洋风能产业空间布局前期产业化研究

一、我国海洋风能产业化评价指标体系的构建

1. 评价指标体系构建原则

海洋风能产业化评价是一个复杂的系统。海洋风能产业化评价指标体系的构

建应考虑对海洋风能产业的结构进行分解,构造多层次的指标评价体系。先对子指标评价系统进行分析研究,然后逐步得出整个评价体系的综合评价值。海洋风能产业化评价指标体系构建的过程中,除了遵守目的性、导向性、合理性等基本原则外,还需遵循科学性和完备性、实用性和可操作性、可比性和独立性及可估算和可计量原则。

2. 评价指标体系理论框架

根据评价指标体系构建的原则,结合海洋风能开发利用的现状与产业化影响因素的分析,充分考虑指标体系实际操作的可行性,运用系统的观点,构建出海洋风能产业化评价体系框架。该指标评价体系可分为三个层次:

第一个层次:目标层(A),即海洋风能产业化综合评价。

第二个层次:准则层(B),主要由四个指标构成,分别为经济性指标(B_1)、技术性指标(B_2)、产业功能指标(B_3)、社会生态指标(B_4)。其中经济性指标反映企业生产经营及产业产值状况[①],技术性指标则反映海洋风能产业的科研投入与科技成果状况,产业功能指标反映海洋风能的产业规模,社会生态指标则主要评价海洋风能产业的发展对社会就业及生态环境产生的影响。

第三个层次:指标层(C),是海洋风能产业化评价指标体系的核心部分,主要由 21 个指标构成。我国海洋风能产业化综合评价体系框架如图 9 - 1 所示。

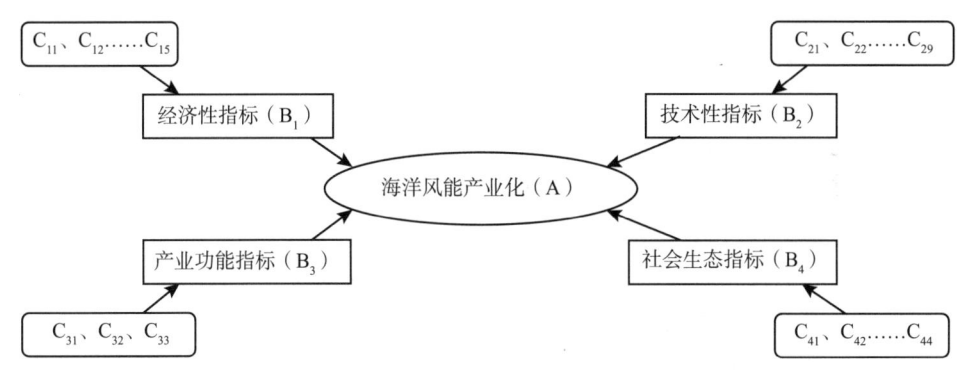

图 9 - 1 海洋风能产业化评价体系框架

3. 评价指标的计算与说明

海洋风能产业增加值(C_{11})指一年内海洋风能产业为社会提供全部产品和服务增加的价值,反映海洋风能产业创造新增价值的生产水平;

海洋风能产业增加值占海洋总产值的比重(C_{12})用一年内海洋风能产业增

---

① 范德成、周豪:《区域高新技术产业化系统评价指标体系研究》,载《科技进步与对策》2007 年第 24 期,第 155~157 页。

加值占全国海洋生产总值的比值来表示，衡量海洋风能产业在所有海洋产业中的地位；

海洋风能产业产品市场产销率（C_{13}）用一年内海洋风能产业工业销售产值与海洋风能产业工业总产值之比来表示，反映海洋风能产业市场占有份额情况；

企业营业利润总额（C_{14}）为海洋风能产业的企业在一年内所实现的营业利润总额，反映海洋风能产业企业获取经济效益的能力；

企业纳税金额（C_{15}）为海洋风能产业的企业在一年内应纳税金的总额，反映海洋风能企业对税收、对社会的贡献能力；

海洋风能产业 R&D 人员投入总数（C_{21}）用一年内海洋能源开发技术行业从事科技活动的人员数量来表示；

海洋风能产业 R&D 人员占全部劳动力比重（C_{22}）表示一年内从事海洋风能产业全部从业人员中科技研发人员所占的比重，反映海洋风能产业科技人员的投入水平及产业内部对产业化活动中人力资源的配置情况；

海洋风能产业 R&D 资金支出总额（C_{23}）指一年内海洋风能产业科技经费的筹集额，反映海洋风能产业获取资金支持的能力；

研究生及以上 R&D 人员所占比重（C_{24}）指一年内所有从事海洋风能产业科技活动人员中研究生及研究生以上学历的人员所占的比重，反映海洋风能产业科技人员的学历水平；

具有高级职称的 R&D 人员所占比重（C_{25}）指一年内所有从事海洋风能产业的科技活动人员具有高级职称的人员所占的比重，反映海洋风能产业科技人员专业技术资格水平；

拥有发明专利数总量（C_{26}）指一年内海洋风能产业拥有的发明专利的数量；

科技论文发表量（C_{27}）指一年内海洋风能产业发表的科技论文的数量；

海洋风能产业 R&D 资金投入量占增加值的比重（C_{28}）指一年内海洋风能产业投入的资金数额与海洋风能产业增加值的比值，揭示为实现海洋风能产业化所提供的资金支持和保障程度；

海洋风能产业科研机构课题数量占所有海洋产业课题数量的比重（C_{29}）指一年内海洋风能产业科研机构课题数量与所有行业海洋科研机构科技课题数量的比值；

海洋风能产业企业数量占所有行业企业数的比重（C_{31}）指一年内海洋风能产业企业数量与所有行业企业数量的比值，反映海洋风能产业规模；

海洋风能产业总产值占所有行业总产值的比重（C_{32}）用一年内海洋风能产业总产值与全国海洋生产总值的比值来表示，反映海洋风能产业的产值规模；

海洋风能产业大中型企业数量占规模以上企业数量的比重（C_{33}）用一年内全国海洋风能产业大中型企业数量与全国规模以上海洋风能产业企业单位数的比值来表示，反映海洋风能产业的规模效应；

就业贡献率（C_{41}）用一年内海洋风能产业就业人数与所有涉海人员的比值来表示，反映海洋风能产业吸收社会就业的能力；

废水排放达标率（C_{42}）用一年内沿海地区海洋风能产业符合排放标准的废水排放量与工业废水排放量的比值来表示，反映海洋风能产业废水处理能力；

固体废物处置及综合利用量（C_{43}）指一年内沿海地区海洋风能产业工业固体废物处置量与综合利用量的总和，反映海洋风能产业对废物的处置及综合利用的能力；

污染治理项目数（C_{44}）反映当年竣工的沿海地区海洋风能产业污染治理项目的数量，反映海洋风能产业对治理污染的重视程度。

4. 指标体系评价方法的选择

（1）数据的标准化处理。海洋风能产业化评价指标都是有度量单位的，采用这些不同量纲和数量级的指标数据得到的综合评价结果不具有可比性。为了保证评价结果的客观性和科学性，在确定各个因素的相对权重之前，需要先对初始指标数据进行归一标准化处理①，以消除指标性质和量纲的影响。海洋风能产业化评价指标体系中，对于促进海洋风能产业化进程的指标的正向因子，采用公式（9-1）进行数据标准化处理。对于阻碍海洋风能产业化进程的指标的负向因子，采用公式（9-2）进行数据标准化处理②：

$$C = \frac{(X_i - X_{min})}{(X_{max} - X_{min})} \quad (9-1)$$

$$C = 1 - \frac{(X_i - X_{min})}{(X_{max} - X_{min})} \quad (9-2)$$

（2）评价指标的权重计算。层次分析法（Analytic Hierarchy Process，AHP）是由美国运筹学家萨蒂于20世纪70年代中期提出的一种系统分析方法③，主要用于解决多准则、多目标或无结构特征的复杂问题的决策分析。层次分析法的基本原理是把复杂的系统分解为目标、准则、方案等多个层次，在此基础上进行定性和定量分析相结合的决策。

①确定决策目标，建立层次结构模型。

②采用专家评分法（Delphi），由专家按照1~9判断尺度表对各指标进行两两比较，构造出相应的判断矩阵，判断矩阵是定性过渡到定量的重要环节，如表9-1所示。

---

① 王昆、宋海洲：《三种客观权重赋权法的比较分析》，载《技术经济与管理研究》2003年第6期，第48~49页。

② 王强、黄鹄：《基DPSIR模型的农业产业化可持续发展评价研究》，载《安徽农业科学》2009年第30期，第14907~14909页。

③ 李斌：《高校科技成果产业化筛选评价指标探讨》，载《产业研究》2010年第8期，第46~48页。

表9-1 判断矩阵

A_k	B_1	B_2	…	B_j	…	B_n
B_1	b_{11}	b_{12}	…	b_{1j}	…	b_{1n}
B_2	b_{21}	b_{22}	…	b_{2j}	…	b_{2n}
…			…	…	…	…
B_i	b_{i1}	b_{i2}	…	b_{ij}	…	b_{in}
…			…	…	…	…
B_n	b_{n1}	b_{n2}	…	b_{nj}	…	b_{nn}

表9-1中，b_{ij}是指相对于指标A_k，指标B_i对指标B_j相对重要程度的数值表示。b_{ij}可以取1，2，3，…，9及它们的倒数的任意值。1表示两个指标同样重要，3表示B_i指标比B_j指标稍微重要，5表示B_i指标比B_j指标比较重要，7表示B_i指标比B_j指标十分重要，9表示B_i指标比B_j指标绝对重要。2，4，6，8代表前述几种重要性判断取值的折衷值，如表9-2所示。

表9-2 判断矩阵影响因素标度表

b_{ij}	两指标相比较
1	同样重要
3	稍微重要
5	比较重要
7	十分重要
9	绝对重要
2，4，6，8	介于以上相邻两种情况之间
以上各数的倒数比较	两目标反过来比较

③求判断矩阵的最大特征值λ_{max}和特征向量ω。由判断矩阵A确定权重有许多方法，本章采用特征向量中的和积法。

第一，将判断矩阵每一列归一化，$\overline{b_{ij}} = \dfrac{b_{ij}}{\sum\limits_{k=1}^{n} b_{kj}}$，$i, j = 1, 2, …, n$。

第二，将每一列经归一化后的矩阵按行相加，$M_i = \sum\limits_{j=1}^{n} \overline{b_{ij}}$，$i = 1, 2, …, n$。

第三，将向量$M = (M_1, M_2, …, M_n)^T$归一化 $W_i = \dfrac{M_i}{\sum\limits_{j=1}^{n} M_j}$，$i = 1, 2, …, n$

所求得 W = (W₁, W₂, …, Wₙ)ᵀ 即为所求特征向量。

④对判断矩阵 A 进行一致性检验,确定指标体系各指标的权重。求解判断矩阵的特征向量后,要对判断矩阵的一致性进行检验,检查决策者在构造判断矩阵时判断思维是否具有一致性。一致性检验是通过计算一致性指标和检验系数来检验的。首先计算一致性指标 $CI = \frac{\lambda_{max} - n}{n - 1}$,检验系数 $CR = \frac{CI}{RI}$。其中,RI 是平均一致性指标。一般地,当 CR < 0.1 时,认为判断矩阵具有满意的一致性,否则,需要重新调整判断矩阵。

(3) 建立海洋风能产业化评价模型。通过构建海洋风能产业化评价指标体系,并对各个指标进行无量纲化处理,设定相应权重之后,可以建立海洋风能产业化综合评价模型。

$$A = \sum_{i=1}^{4} W_i B_i \qquad (9-3)$$

$$B_i = \sum_{j=1}^{m} W_{ij} C_{ij} \qquad (9-4)$$

(9 – 3) 式中,A 代表海洋风能产业化的综合评价值,反映我国风能产业化发展的整体水平。综合评价值的大小与海洋风能产业化水平呈正相关关系,即综合评价数值越大,海洋风能产业化水平越高;W_i 表示准则层第 i 项指标的权重;B_i 表示准则层第 i 个指标的数值;W_{ij} 表示第 i 个准则层中第 j 个指标的权重;C_{ij} 表示第 i 个准则层中第 j 个指标的标准化数值。按照该模型计算出海洋风能产业化评价值,范围为 0 ~ 1。将其划分为与产业化进程相对应的四个阶段[①],如表 9 – 3 所示。

表 9 – 3　　　　综合评价值划分阶段及代表的产业化发展阶段

综合评价值	产业化发展阶段
0.85 < D ≤ 1	海洋风能产业化发展成熟阶段
0.55 < D ≤ 0.85	海洋风能产业化发展中级阶段
0.35 < D ≤ 0.55	海洋风能产业化发展初级阶段
0 < D ≤ 0.35	海洋风能产业化准备阶段

最后依据表 9 – 2 对海洋风能产业化综合评价值进行具体分析及评价。

---

① 刘志民、马彦民、倪峰等:《农业高新技术产业化评价指标体系研究》,载《中国科技论》2003 年第 3 期,第 71 ~ 74 页。

二、我国海洋风能产业化水平实证研究

1. 数据来源及标准化处理

根据数据的可获得性和研究的实际需要,本章的数据主要来源于国家统计局《中国统计年鉴》(2007~2011)、国家海洋局政府网站、国家海洋局《中国海洋经济统计公报》(2007~2011)、国家海洋局《中国海洋统计年鉴》(2007~2011)、国家统计局工业交通统计司《中国工业经济统计年鉴》(2007~2011)。由于数据资料来源的有限性,有些指标搜集不到基础数据,本章采用平均值来代替数据空缺的指标评价值,如表9-4所示。并按照公式(9-1)、公式(9-2)对搜集到的数据进行标准化处理。

表9-4　　　海洋风能产业评价指标体系部分指标原始数值

部分评价指标	2006年	2007年	2008年	2009年	2010年
海洋风能产业增加值(亿元)	4.4	5.1	8	12	28
海洋风能产业就业人员(万人)	2.6	1	1	1.1	1.1
海洋风能产业从事科技活动人员数(人)	240	245	245	139	1209
海洋风能产业科研人员中研究生及以上学历的人数(人)	30	34	40	25	1144
海洋风能产业市场产销率	0.0692	0.0663	0.0601	0.0622	0.0591
海洋风能产业R&D人员占全部劳动力比例	0.0092	0.0245	0.0245	0.0126	0.1729
海洋风能产业R&D人员中具有高级职称的人员所占的比例	0.2833	0.2898	0.2898	0.3094	0.5741
海洋风能产业废水排放达标率	0.959	0.929	0.929	0.935	0.961
海洋风能产业污染治理项目数(项)	1028	2947	3321	2953	2135
海洋风能产业就业贡献率	0.0878	0.0317	0.0311	0.0336	0.0328
海洋风能产业增加值占海洋总产值的比重	0.0207	0.0203	0.027	0.0375	0.0728

2. 评价指标权重的确定

采用层次分析法计算海洋风能产业化评价体系中各个指标所占的比重。判断矩阵的构造、判断矩阵最大特征值和特征向量的计算、判断矩阵的一致性检验都通过yahhp 0.6.0软件进行,得到我国海洋风能产业化评价体系及各个指标所占的权重,如表9-5所示。

表9-5　　　　　　　海洋风能产业化评价指标体系及指标权重

目标层	准则层	权重	指标层	权重	单位
海洋风能产业化评价（A）	经济性指标（B₁）	0.2942	产业增加值（C₁₁）	0.2493	亿元
			产业增加值占海洋总产值的比重（C₁₂）	0.3045	%
			产品市场产销率（C₁₃）	0.1120	%
			企业营业利润总额（C₁₄）	0.1671	亿元
			企业纳税金额（C₁₅）	0.1671	亿元
	技术性指标（B₂）	0.3971	R&D 人员投入总数（C₂₁）	0.1239	人
			R&D 人员占全部劳动力比重（C₂₂）	0.1239	%
			R&D 资金支出总额（C₂₃）	0.1768	万元
			研究生以上R&D人员所占比重（C₂₄）	0.1084	%
			具有高级职称的R&D人员所占比重（C₂₅）	0.1084	%
			拥有发明专利数总量（C₂₆）	0.0636	项
			科技论文发表量（C₂₇）	0.0622	篇
			R&D 资金投入量占增加值的比重（C₂₈）	0.1267	%
			科研机构课题数量占所有海洋产业课题数量的比重（C₂₉）	0.1060	%
	产业功能指标（B₃）	0.1697	企业数量占所有行业企业数的比重（C₃₁）	0.2747	%
			总产值占所有行业总产值的比重（C₃₂）	0.5005	%
			大中型企业数量占规模以上企业数量的比重（C₃₃）	0.2249	%
	社会生态指标（B₄）	0.1390	就业贡献率（C₄₁）	0.3321	%
			废水排放达标率（C₄₂）	0.2226	%
			固体废物处置及综合利用量（C₄₃）	0.2226	万吨
			污染治理项目数（C₄₄）	0.2226	项

3. 评价结果及分析（见表9-6）

表9-6　　　　　　　海洋风能产业化评价结果

年份	海洋风能产业化评价值	产业化发展阶段
2006	0.2242	海洋风能产业化准备阶段
2007	0.2224	海洋风能产业化准备阶段

续表

年份	海洋风能产业化评价值	产业化发展阶段
2008	0.2226	海洋风能产业化准备阶段
2009	0.3710	海洋风能产业化发展初级阶段
2010	0.3711	海洋风能产业化发展初级阶段

根据海洋风能产业评价指标体系，通过对指标数据进行标准化处理，将标准化数据及各指标权重值代入我国海洋风能产业化综合评价模型，计算得到2006~2010年我国海洋风能产业化水平的综合评价值分别为：0.2242、0.2224、0.2226、0.3710、0.3711。按照产业化发展水平的划分标准，2006年、2007年和2008年我国海洋风能产业化发展处于产业化准备阶段，尚未实现产业化。2009年、2010年我国海洋风能产业化发展处于初级阶段的水平，距离达到产业化发展中级及成熟阶段还有很大的差距（见图9-2）。

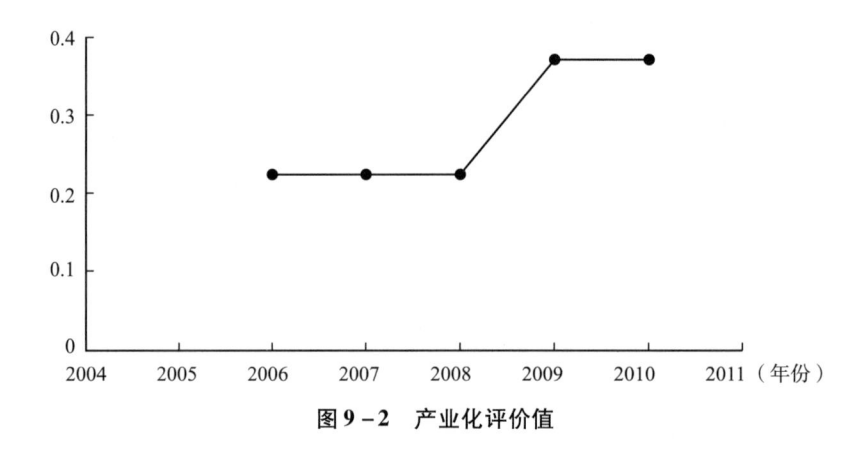

图 9-2 产业化评价值

第三节 海洋风能产业化布局实现机制

一、基于 DPSIR 模型的我国海风能产业化实现机制研究

（一）我国海洋风能产业化实现机制 DPSIR 模型

1. DPSIR 模型的基本思想

DPSIR 模型是联合国（IJN）1993 年为综合分析和描述环境问题及其与社会

发展的关系，综合 PSR 模型和 DSR 模型的优点提出，是一种基于因果关系组织信息及相关指数的框架，根据这个框架，存在着驱动力（Driving forces）—压力（pressure）—状态（state）—影响（Impact）—响应（Responses）的因果关系链[①]。其中，D 表示人类社会活动或者产业发展趋势等引起环境变化的潜在原因，P 表示人类活动对自然环境的影响，S 表示环境在上述压力下所处的状况，I 表示系统所处的状态对社会经济结构和环境的影响，R 表示人们应对这种影响所采取的应对策略。DPSIR 模型的初衷是描述人类活动与环境之间相互作用的关系，但其表达各元素信息之间相互作用联系的动力学特点，使其广泛应用于各个领域。

2. 我国海洋风能产业化 DPSIR 模型分析

海洋风能产业化是指海洋风能方面的技术成果向生产力的转移过程，利用高新技术推进海洋风能的市场化、规模化经营，逐步形成海洋风能产业簇群的过程。该过程实际上是一个从海洋风能利用技术研究、海洋风能项目的试验运行、海洋风能新产品开发（工程化、商品化）、海洋风能生产能力形成、到市场开发规模经营的动态过程。每一个环节之间相互作用和反馈，构成海洋风能产业化发展的动态系统，应用于海洋风能产业化的 DPSIR 概念模型，如图 9-3 所示。

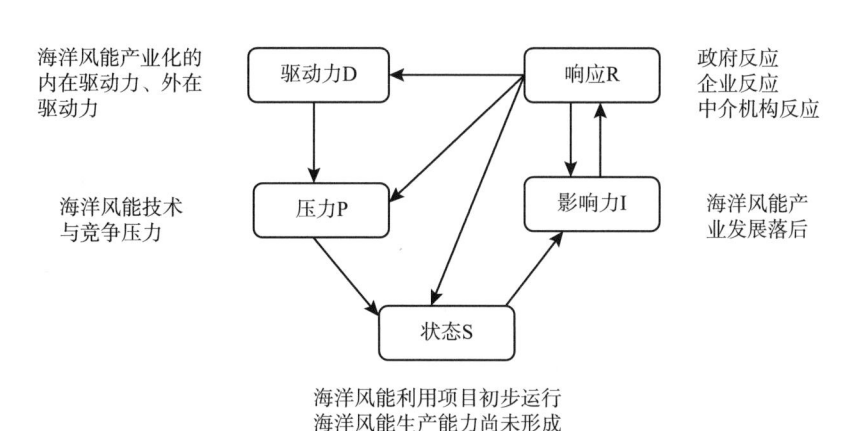

图 9-3　海洋风能产业化的 DPSIR 模型

在海洋风能产业化的 DPSIR 概念模型中，海洋风能产业化的驱动力分为内在驱动力与外在驱动力。内在驱动力主要有传统能源短缺、可再生能源、清洁能源利用的市场需求，以及西方发达国家海洋风能产业的蓬勃发展及其所带来的利益驱动。外在驱动力包括我国海洋风能丰富的自然禀赋、良好的政策环境以及海洋风能技术自身的不断发展。压力是指海洋风能产业关键技术难题与来自国外的海洋风能产业的竞争压力。状态是指在各种压力下，我国海洋风能生产力尚未形成

---

① 曹红军：《浅评 DPSIR 模型》，载《环境科学与技术》2005 年第 6 期，第 110~111 页。

的现状。影响体现在海洋风能产业发展相对落后，海洋风能的产业结构、消费结构、就业结构及海洋风能产业规模经济、市场需求与竞争环境的尚未形成。海洋风能产业化参与主体针对海洋风能产业化的驱动力、压力、状态及影响，采取各种响应措施，以消除减轻压力，改善现有状态与影响。在海洋风能产业化分析中，海洋风能产业化驱动力、压力、状态、影响与响应相互联系，相互作用共同构成海洋风能产业化 DPSIR 模型。

3. 我国海洋风能产业化实现机制 DPSIR 模型导出

海洋风能产业化 DPSIR 模型中，联结驱动力与压力的是海洋风能技术成果转化率与其市场开发程度，技术成果转化率的高低与市场开发程度的大小直接影响海洋风能产业生产力的大小，联结影响与响应的是对海洋产业化程度的评价，评价的结果决定各主体响应的方式和力度。基于海洋风能产业化 DPSIR 模型我国海洋风能产业化实现机制的基本设计思路是：通过海洋风能产业化参与主体政府、海洋风能企业、中介服务机构等发挥各自功能，形成多位一体的"混合驱动力"，针对海洋风能产业化发展的内外在驱动力、压力、状态及其产生的影响，构建海洋风能技术、市场和海洋风能产业发展环境方面的机制，实现协同效应。依据设计思路，导出我国海洋风能产业化实现机制 DPSIR 模型（见图 9-4）。

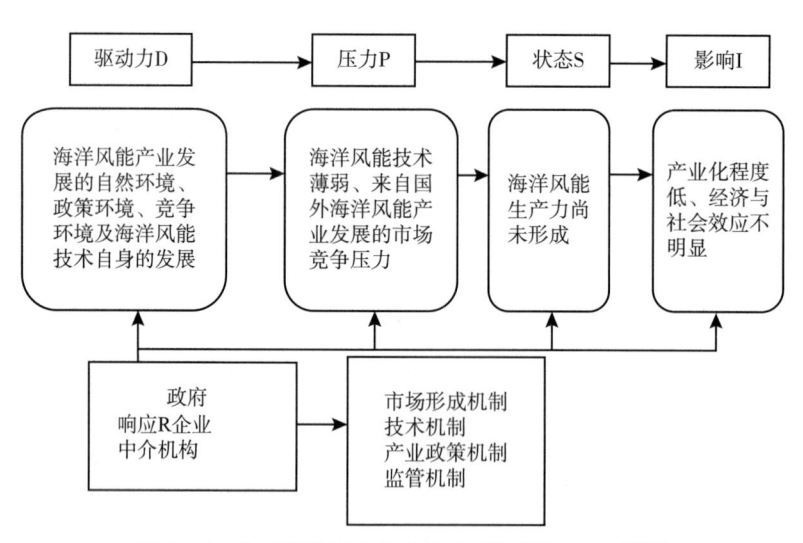

图 9-4 我国海洋风能产业化实现机制 DPSIR 模型

政府作为管理者，发挥其引导、激励、监督作用，诱导和激励其他社会主体进行反应；企业作为生产者及海洋风能技术创新的主体，努力提高海洋风能技术成果转化率，促成海洋风能市场形成，同时海洋风能各类中介机构如科技服务中介与金融中介等根据信息做出反应，在技术与资金等各方面为其他社会主体反应提供支持与保障，这样海洋风能产业各参与主体形成合力，依托 DPSIR 模型，从海洋风能产业化市场形成、技术、产业政策、监管四个方面构建其实现机制，以实现海洋风能产业化发展的目标。

（二）基于 DPSIR 模型的我国海洋风能产业化实现机制构建

1. 基于 DPSIR 模型的我国海洋风能产业化实现机制总体框架

依托海洋风能产业化 DPSIR 分析，构建海洋风能产业化实现机制，包括海洋风能产业化市场形成机制、技术机制、产业政策机制、监管机制。其中市场形成机制是基础，技术机制是关键，产业政策机制是动力，监管机制是保障，各机制相互作用、相互渗透，构成我国海洋风能产业化实现机制的基本框架，如图 9-5 所示。

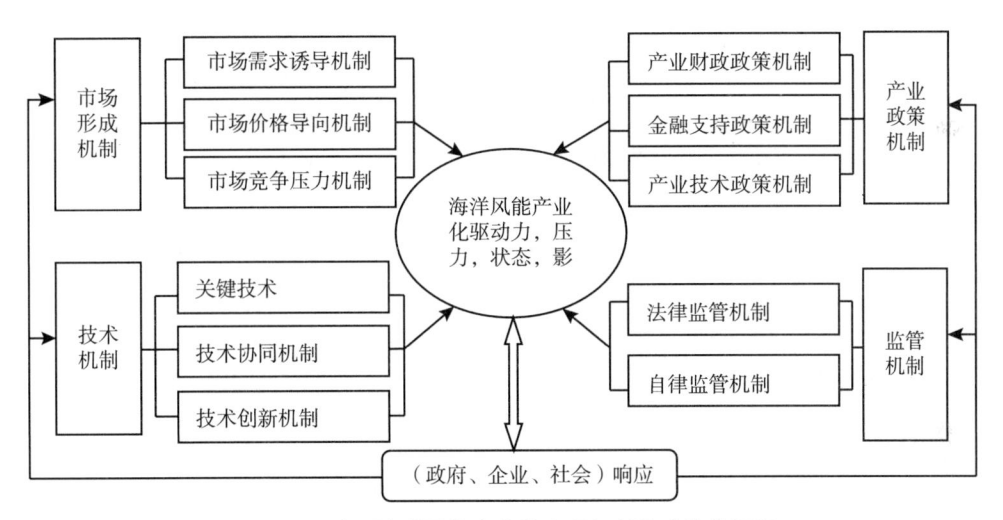

图 9-5 我国海洋风能产业化实现机制构建总体框架

2. 我国海洋风能产业化市场形成机制

（1）我国海洋风能产业化市场需求诱导机制。我国海洋风能产业化市场需求诱导机制可从消费者与企业两个方面进行设计，包括消费者市场诱导需求机制与企业市场需求诱导机制。前者主要包括消费需求培养与价格诱导。通过培养消费者海洋风能产品的消费需求意识，增强其消费偏好，引导消费者对海洋风能产品的需求选择。同时利用价格差异诱导海洋风能市场需求。后者包括海洋风能企业明确的市场定位与其市场需求诱导战略的制定。首先，海洋风能企业可依据 STP 范式即市场细分（segmenting）—目标市场（targeting）—市场定位（position），明确海洋风能产品的目标市场，做好市场定位，设法获得目标消费者心理认同，吸引消费者需求取向①；其次，制定市场需求诱导战略，包括市场调研战略、市场推广战略等，各战略相互配合相互协调以达到掌握海洋风能产品市场、诱导海洋风能市场需求的目的。

（2）我国海洋风能产业化市场价格导向机制。价格导向机制在海洋风能产业化实现中起着基础性作用，价格引导资源配置与商品流动。以海上风电产业为例，构建海洋风电并网价格形成机制，包括保护性电价制度、浮动定价机制与绿色定价机制。制定海上风电保护性上网电价；以陆上风电标杆价格作为参考价格，综合考虑各方面因素，制定合理的价格波动范围，采用浮动定价；将绿色电价政策应用于海上风电定价，海上风电的价格由政府补贴转向消费者认可，允许一些消费者以较高价格自愿选择购买海上风能电力，并制定相应的制度保证用户多支付的费用被真正用于海上风电产业的发展。

（3）我国海洋风能产业化市场竞争压力机制。可构建并完善特许权项目招标机制、可再生能源配额制度、碳排放配额制度以形成我国海洋风能产业化市场竞争压力机制。采用特许权招标的方式，使有技术、资金、资信实力的海洋风能企业参与竞争；实施可再生能源配额制，完善绿色证书与碳排放许可权交易，促进传统能源与可再生能源产业之间的竞争。另外，可借鉴北欧的电力系统实施场外交易机制，即消费者可以绕过国家电网，直接向电厂采购电价，届时由几家电厂竞标，最低价者得标，然后直接向消费者供电，不仅会增加常规能源电力企业与清洁电力能源企业之间的竞争，而且会增加各个企业内部之间的竞争，从而促进企业可再生能源技术水平与生产效率的提高。

3. 我国海洋风能产业化技术机制

（1）我国海洋风能产业关键技术。我国海洋风能产业关键技术包括海上风机设备制造技术、海上风场基础建设技术、智能电网技术等。①海上风机设备制造技术主要包括发电机设计技术、叶片设计、冷却控制技术及变流器设计技术。发电机设计技术的核心是根据海上风机的工作环境设计电机结构类型；风机材料的研制以及叶片翼型的改进是叶片技术研发的方向②；海上风机冷却系统的设计需考虑盐雾腐蚀的特殊海上环境；变流器技术的国产化对突破海洋风能产业关键技术起重要作用。②海上风机基础结构主要有单桩式、多桩式、重力式、沉箱式、浮体式和半潜式6种，其中浮体式支撑结构是由漂浮在海面上的盒式箱体构成，半潜式支撑结构浸于水中，由缆绳连接海底，目前都处于开发阶段③。③智能电网技术主要包括坚强、灵活的网络拓扑、开放标准的集成通信系统、高级传感与

---

① 赵卫东：《关注需求诱导拓展市场空间》，载《江苏商论》2003年第10期，第5~7页。
② 林鹤云、郭玉敬、孙蓓蓓等：《海上风电的若干关键技术综述》，载《东南大学学报：自然科学版》2011年第4期，第882~888页。
③ 宋础、刘汉中：《海上风力发电场开发现状及趋势》，载《电力勘测设计》2006年第2期，第55~58页。

计量技术、高级电力电子设备超导和储能技术、高级监控系统技术、智能调度技术和广域防护系统、分布式电网接入与并网技术等[1]。智能电网技术的研发对于安全可靠的接入海洋风能电力有重要意义。

（2）我国海洋风能技术协同机制。我国海洋风能技术协同机制的构建包括海洋风能行业专业性协会的建立、海上风机技术标准与认证体系的建立以及海洋风能产业第三方机构技术认证管理体系的发展与完善。①可效仿国内已有的其他行业协会的运行，建立海洋风能科技专委会，准确的勘察和评估我国海洋风能资源，收集全面详尽的国内外海洋风能技术信息；举办海洋风能技术交易博览会等。②对已运行的海上风电项目进行调研，分析研究海上风机实际指标与设计要求，制定海上风机技术标准，为海上风机制造提供基本的技术框架，建立包括海上风机型式认证和海上风电项目认证的海上风电认证体系。③引进第三方机构进行技术认证，以评估海洋风能产业的可持续性。以挪威船级社（DNV）为例，其凭借对海上风电开发的探索和认证管理的实践，已形成较完整有参考意义的技术认证及风险管理体系。自主研发了 DNV－OS－J101：《海上风机结构设计标准》(2007)。[2]

（3）我国海洋风能技术创新机制。我国海洋风能技术创新机制的构建包括构建海洋风能技术创新专利保护与交易机制、海洋风能技术引进机制、海洋风能技术创新"政产学研"合作机制。①技术创新专利保护与交易机制方面，可完善我国海洋风能技术专利布局，构筑海洋风能技术外围专利网，建立海洋风能技术专利联盟等。②技术引进机制包括海洋风能技术消化、吸收、再创新以及海洋风能技术自主创新等。可指定海洋风能模仿性技术创新与自主创新相结合的技术创新战略，吸收和消化国外已有的相对成熟的海洋风能技术，结合实际需求与我国海洋风能资源特点研发新技术。③构建海洋风能技术创新"政产学研"合作机制，在此机制下，构建海洋风能技术创新动力机制、运行机制、约束机制、激励机制，以保证海洋风能企业进行技术创新的动力源，创造技术创新的载体，规范技术创新机制有效运行，提高企业技术创新的积极性。

4. 我国海洋风能产业化产业政策机制

（1）海洋风能产业化产业财政政策机制。基于财政政策工具视角，设计我国海洋风能产业化产业财政政策机制，主要包含海洋风能财政投入机制与税收机制。①财政投入机制方面：第一，研发财政投入机制，在海洋风能技术如海上风电设备技术研发、关键技术创新体系建设等方面保证稳定资金投入，建立长效机制；第二，专项投资补贴机制，对专门的海洋风能示范项目、海洋风能

---

[1] 黄安平：《智能电网的发展和应用研究》，载《电力电气》2011 年第 11 期，第 22～28 页。
[2] 秦亮、张超：《海上风电认证方兴未艾》，载《中国船检》2011 年第 11 期，第 28～30 页。

设备的测试、维护给予专项补贴,如对海上风电场并网给予一定投资补贴,对海上风机试验运行调试与维护给予专用拨款等;第三,产品价格补贴机制,如对海上风电上网价格补贴。(2)税收机制方面:第一,税收优惠机制,包括给予海洋风能产业投资、企业投资贷款,海洋风能企业生产收入以及消费者海洋风能产品消费税税收优惠等;第二,进出口税收机制,对海洋风能进口产品征收保护性关税,对海洋风能产品出口实行出口退税等;第三,环境税税收机制,健全和完善我国现有的税收体制,合理征收资源税、生态税、碳税、气候税等环境税。

（2）海洋风能产业化产业金融支持政策机制。我国海洋风能产业化产业金融支持政策机制设计可着眼于海洋风能产业信贷与资本市场,主要包括海洋风能产业信贷支持政策机制、资本市场支持政策机制及海洋风能产业化供应链金融体系的构建。①信贷支持方面,实行信贷方向倾斜政策,如实行差别利率,组建政策性担保公司,为海洋风能产业提供融资担保,并引导由民间商业性担保公司和互助性担保公司积极展开我国海洋风能产业方面的融资担保业务[①]。②资本市场支持政策机制主要包括设计中小企业版市场准入机制,进行海洋风能产业特点的金融产品的创新、设计、研发与推广等。③建立海洋风能产业供应链金融,从供应链管理的角度,将海洋风能产业供应链上的相关企业看作一个整体,根据海洋风能行业特点与企业间交易中的链条关系确定融资方案,为海洋风能企业采购、生产、销售的各个阶段提供融资,弥补海洋风能产业的现金缺口的同时使整个海洋风能产业形成集群效应。

（3）海洋风能产业化产业技术政策机制。海洋风能产业化产业技术政策机制的构建包括制定海洋风能技术发展规划,重视海洋风能技术基础设施建设与维护,建立健全海洋风能企业孵化器机制。①技术发展规划方面,从海洋风能技术研发投入强度、海洋风能技术专利申请、技术成果转化强度、海洋风能技术创新基地建设布局等方面提出具体目标和指标,明确基础技术、核心技术,公布落后淘汰的技术,结合区域优势建立海洋风能技术发展示范区。②技术基础设施建设与维护方面,可搭建海洋风能科技资源信息公共平台,海洋风能技术咨询服务平台,组织海洋风能技术专业人员团队为海洋风能企业提供技术信息、进行技术诊断、承担技术设计、安装、检测、调试,以解决企业生产难题[②];推行并发展海洋风能中试服务业。③建立海洋风能企业孵化器机制,可对刚起步的海洋风能企业提供援助,集合海洋风能技术研发人员,利用专业性技术与资源网络为企业提供技术援助渠道,促进海洋风能企业成长与技术转移。

[①] 顾海峰:《战略性新型产业发展的金融支持体系及政策设计》,载《现代财经》2011年第9期,第76~83页。

[②] 苏珊、蔡莉:《技术基础设施和高技术产业化》,载《工业技术经济》1999年第3期,第53~55页。

5. 我国海洋风能产业化监管机制

（1）我国海洋风能产业化法律监管机制。我国海洋风能产业化法律监管机制的构建包括海洋风能产业化发展完整的法律制度框架的构建与海洋风能产业化发展各环节法律监督机制的构建。①法律制度框架的构建方面，主要是制定海洋风能产业发展的基本法，海洋风能开发项目审批的法律法规，海洋风能开发项目监管的法律法规，海洋风能技术知识产权保护法律法规，海洋风能行业协会的立法等，形成完整的法律制度框架，并在制度框架下根据海洋风能产业的具体情况制定科学性、可操作性的实施细则。②海洋风能产业化发展各环节法律监督机制的构建是指政府在制定各种政策优惠促进海洋风能产业研发、生产、消费各环节的同时，也要制定相应的法律监管制度。例如对海洋风能产业发展投融资渠道合法性的监管；对海洋风能产业项目质量与绩效的监管；对海洋风能产业技术重复引进、落后技术引进的监督；同时，在参与海洋风能产业发展的过程中，政府行为、中介组织行为也需要法律监管等。

（2）我国海洋风能产业化自律监管机制。海洋风能产业化自律监管机制能够弥补法律监管的不足，节省法律监管成本，提高海洋风能产业自律监管意识，主要包括海洋风能产业化行业自律监管与企业自律监管。①海洋风能产业化行业自律监管是从宏观的角度把握整个海洋风能行业总体的自律监管，通过制定海洋风能行业公约、行业标准、行业规章或惯例等规范企业行业行为，培育海洋风能行业文化，并且与政府技术监督、质量检测部门、环保部门合作在海洋风能产业认证、审查方面对企业进行监管。① ②海洋风能产业化企业自律监管是从微观的角度，具体到各个不同企业内部自身的监管。企业可依据海洋风能行业规章要求与海洋风能产业法律监管内容制定企业制度规章，对企业管理、财务、生产各方面进行细致严格监管，使海洋风能企业在符合行业标准的状态下运营，形成海洋风能企业自身特色企业文化，实现企业自律监管。

6. 结论

通过我国海洋风能产业化 DPSIR 模型分析，从市场、技术、产业政策、监管四个方面探讨我国海洋风能产业化实现机制，即海洋风能产业化市场形成机制、技术机制、产业政策机制与监管机制，其中，市场形成机制包括市场需求导向、价格导向与竞争压力机制；技术机制包括关键技术、技术协同、技术创新机制；产业政策机制包括财政、金融支持、产业技术政策机制，监管机制包括法律监管与自律监管机制。市场形成机制是基础，技术制是关键，产业政策机制是动力，监管机制是保障，它们之间相互联系、相互作用，共同构成我国海洋风能产业化实现机制主体，为我国海洋风能产业化发展提供依据。

---

① 吴文盛、陈静、牛建高：《低碳产业结构的实现机制研究》，载《经济研究》2011 年第 1 期，第 22～23 页。

二、我国海洋风能产业化实现机制研究

(一) 我国海洋风能产业化系统动力模型构建

海洋风能产业化系统是指以海洋风能产业实现规模化发展为目的、将生产企业、政府、市场、科研机构和服务机构等主体通过生产要素流、政策流、技术流、信息流等发生相互作用而有机整合从而有效运行的整体。

我国海洋风能产业化的实现除具备显著的经济效益和资源效益之外，还会通过增加就业、改变消费者用能观念而提高社会效益，以及因减少化石能源使用或影响海洋生物生长繁殖而带来环境效益的改变。从宏观视角看，我国海洋风能产业化系统应涵盖经济子系统、社会子系统、资源子系统和环境子系统。因此，本章所构建的我国海洋风能产业化系统模型将在考虑代表社会、资源、环境子系统的变量的基础上，对经济子系统内发生的"生产—收益"反馈回路进行重点研究。

1. 我国海洋风能产业化系统结构分析

(1) 系统主体结构分析。我国海洋风能产业化系统按主体结构划分包括：政府、企业、市场、科研机构和服务机构。政府是系统运行的主导者和监督者，通过政策导向引导市场机制、服务机制的建成、完善和监督；企业即海洋风能产业的生产、运输体系，包括海洋风电项目运营企业、海洋风能设备生产企业、海洋风能项目工程建设企业、海洋风能电网铺设及运营企业等，是系统运行的主要参与者；市场既包括并网电力消费市场、非并网电力消费市场，也包括以海洋风电生产配额、许可证等为对象的交易市场，是系统运行的效益出口；科研机构和服务机构是系统运行的支持和保障，为海洋风能产业化进程中的各个主体提供科技、人才、金融、信息支撑等。我国海洋风能产业化系统主体结构关系如图9-6所示。

(2) 系统循环结构分析。我国海洋风能产业化系统的循环结构是一条"投入—转化—产出—投入"的反馈闭循环。

投入主要包括：政策投入，包括财政政策、其他激励政策和监管政策等；资金投入；科研投入，包括科研机构研究、企业自主技术研发和技术引进等；服务投入，包括金融服务、信息服务、资讯服务等；以及人才投入等。

转化指在海洋风能产业化进程中能够表述投入与产出之间转变关系的因子，如经营费用、投入产出弹性、科研成果转化率、海洋风电上网比例等。

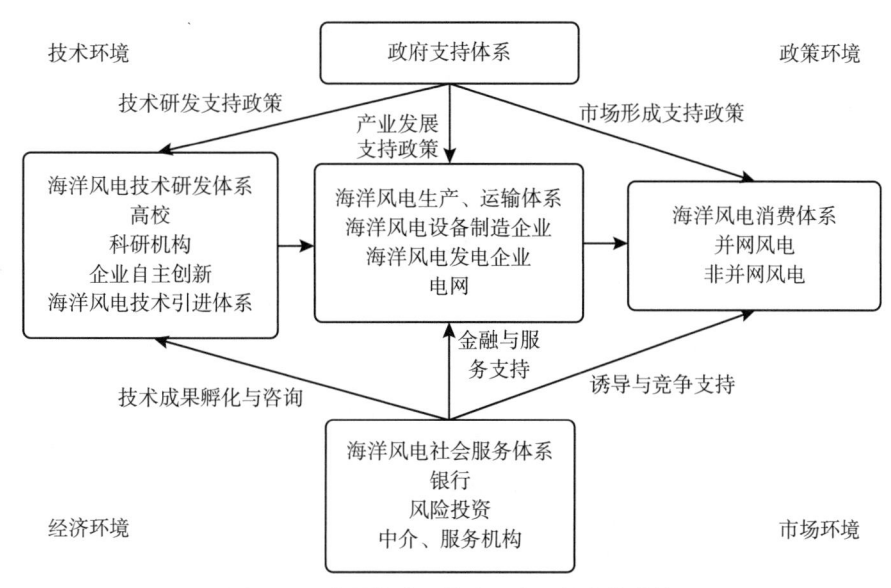

```
     技术环境                    政府支持体系                    政策环境
              技术研发支持政策      产业发展          市场形成支持政策
                                支持政策
        ┌──────────────┐    ┌──────────────┐    ┌──────────────┐
        │海洋风电技术研发体系│    │海洋风电生产、运输体系│    │海洋风电消费体系│
        │    高校      │───▶│海洋风电设备制造企业│───▶│   并网风电   │
        │   科研机构    │    │海洋风电发电企业  │    │  非并网风电  │
        │  企业自主创新  │    │     电网     │    │              │
        │海洋风电技术引进体系│   └──────────────┘    └──────────────┘
        └──────────────┘         金融与服
                                务支持
              技术成果孵化与咨询                    诱导与竞争支持
                            ┌──────────────┐
                            │海洋风电社会服务体系│
                            │     银行     │
                            │   风险投资    │
                            │ 中介、服务机构 │
     经济环境                    └──────────────┘                市场环境
```

图 9-6 我国海洋风能产业化系统主体结构

产出主要指因海洋风能产业化发展和实现而产生的经济效益、社会福利效益、能源效益和生态环境效益。产出效益将对投入产生反馈效应，从而实现循环。

概括来看，海洋风能产业化系统主要包括以下四条反馈回路：

①政策投入—资金投入、科技投入、服务投入、人才投入—转化因子—经济效益—财政收入、企业收入—政策投入、资金投入；

②政策投入—资金投入、科技投入、服务投入、人才投入—转化因子—社会福利效益—政策投入、人才投入；

③政策投入—资金投入、科技投入、服务投入、人才投入—转化因子—能源效益—经济效益—政策投入、资金投入；

④政策投入—资金投入、科技投入、服务投入、人才投入—转化因子—生态环境效益—社会福利效益—政策投入、人才投入。

其中，除包含"生态环境效益"的反馈回路具有不确定性外，其余三条回路均为正反馈（见图9-7）。

2. 我国海洋风能产业化系统因果分析

在系统结构分析的基础上，遵循代表性、科学性、可行性原则根据系统主体结构进行系统变量选择；遵循"投入—转化—产出"反馈回路分析系统变量间的作用关系，利用 VENSIM PLM 软件导出我国海洋风能产业化系统因果关系图，如图9-8所示。

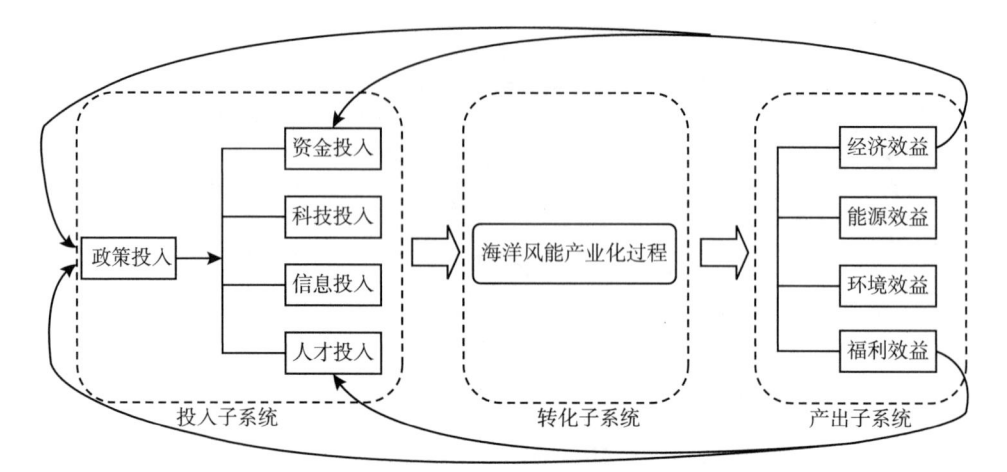

图 9-7 我国海洋风能产业化系统循环结构

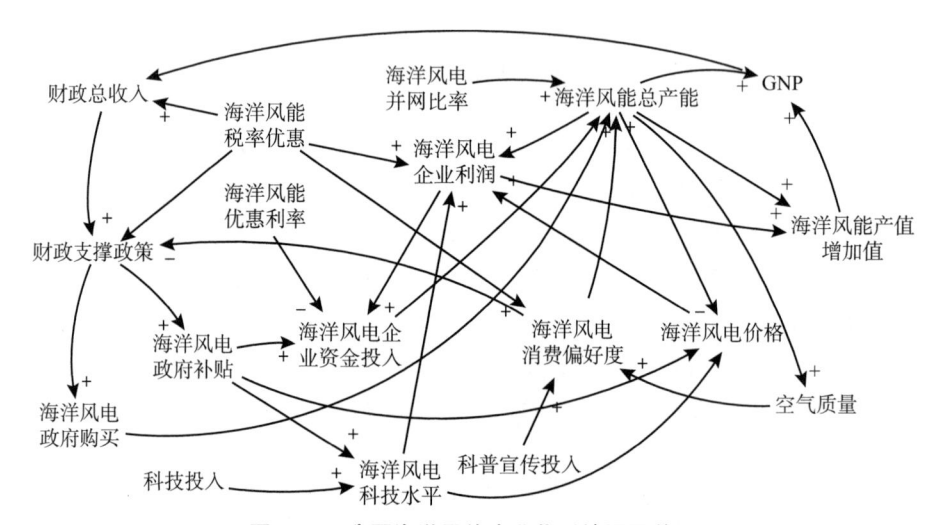

图 9-8 我国海洋风能产业化系统因果关系

3. 我国海洋风能产业化系统动力模型构建

基于我国海洋风能产业化系统结构和因果关系分析，在图 9-8 的基础上导出我国海洋风能产业化系统动力模型图，如图 9-9 所示。

（二）基于系统动力模型的我国海洋风能产业化财政支撑政策研究

我国海洋风能产业化实现的政府财政支撑政策主要包括政府购买、政府补贴和政府优惠税率，是海洋风能产业化实现的根本支撑和保障。基于前面所构建的我国海洋风能产业化系统动力模型，通过分析不同财政支撑政策在系统动力模型中的反馈回路路径研究不同财政支撑政策在我国海洋风能产业化实现进程中的执

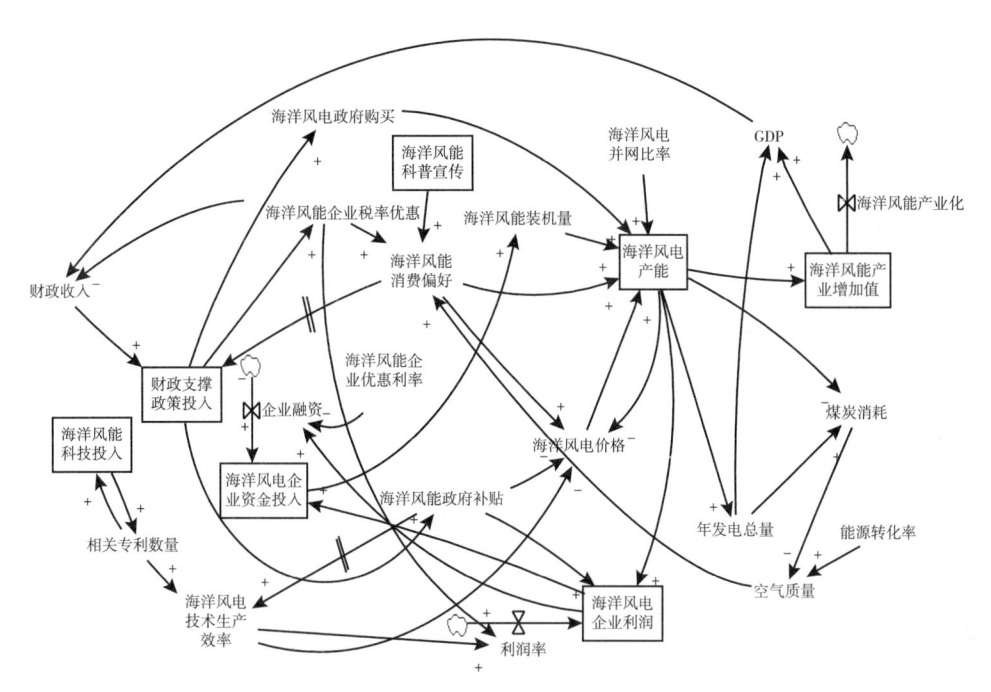

图 9-9　我国海洋风能产业化系统动力模型

行特点；并通过比较分析不同财政支撑政策的特点为我国海洋风能产业化不同阶段的财政支撑政策选择建议。

1. 我国海洋风能产业化政府购买支撑政策

（1）政策内涵。我国风能产业化政府购买支撑政策是指政府通过加大对海洋风能相关产品的采购力度，引导能源产业结构变动，并对消费者能源需求提供导向。具体政策包括：①建有海洋风电场的地方政府加大海洋风电采购力度，实行公共设施、政府部门、事业单位强制入网政策，努力率先实现海洋风能对传统能源的替代；②为使用海洋风电的企业所生产的产品提供"绿色标识"，政府对贴有"绿色标识"的产品实行优先购买、扩大采购等政策，鼓励其他生产型企业以海洋风能替代传统能源。

（2）系统分析。以"海洋风能产业增加值"为海洋风能产业化的评价指标，基于我国海洋风能产业化系统动力模型导出"政府购买"路径因果树：

政府购买——海洋风能产量——海洋风能产量

"政府购买"在海洋风能产业化系统中的作用路径主体为：政府购买—海洋风电产能—海洋风能产业增加值。政府购买反馈回路的运行机理为政府通过直接购买或激励其他企业购买海洋风电产品来扩大海洋风电需求量，从而扩大海洋风能产业的生产规模，形成海洋风能产业化的直接推动力。

政府购买回路长度较短，以海洋风电需求市场为作用对象，通过直接扩大海洋风能产量保障海洋风能产业化初期市场输出的稳定性，短期内即能达到显著的政策效果；但"政府购买"回路未包含涉及海洋风能生产企业和转化子系统的变量，政策实施的效果集中于系统的产出子系统，无法对我国海洋风能产业化实现过程形成内在性和根本性的效果。

2. 我国海洋风能产业化政府补贴支撑政策

（1）政策内涵。我国海洋风能产业化政府补贴支撑政策是指政府通过给予海洋风能专项补贴，以国家财政收入对海洋风能产业链各主体提供不同形式的补贴，从而控制海洋风电生产成本和价格，降低海洋风能产业进入壁垒，提高产业吸引力。具体政策包括：①对海洋风电设备生产制造企业提供技术研发补贴，根据企业申报的在研风机设备技术项目数量设定补贴标准，从而降低企业技术研发成本，鼓励风机制造企业自主研发。②对海洋风电项目营运企业提供电价补贴，使海洋风电价格控制在具有一定市场竞争力的范围内，保障海洋风电的市场需求；同时每年对海洋风电项目营运企业发放设备调试与维护的专项补贴，降低企业经营成本。

（2）系统分析。以"海洋风能产业增加值"为海洋风能产业化的评价指标，基于我国海洋风能产业化系统动力模型导出"政府补贴"路径因果树：

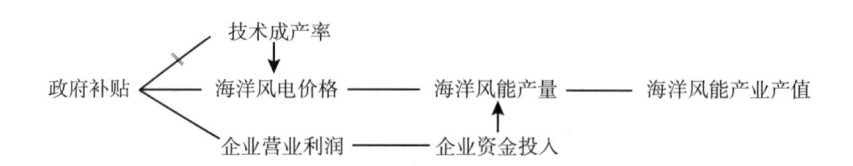

```
                技术成产率
                  ↘
政府补贴 ← 海洋风电价格 ——— 海洋风能产量 ——— 海洋风能产业产值
                  ↗
        企业营业利润 ——— 企业资金投入
```

"政府补贴"在我国海洋风能产业化系统中的作用路径主要包括三条：政府补贴—海洋风电技术水平—海洋风电价格—海洋风电产能—海洋风能产业增加值；政府补贴—海洋风电价格—海洋风电产能—海洋风能产业增加值；政府补贴—企业营业利润—企业资金投入—海洋风机总量—海洋风电产能—海洋风能产业增加值。其中，第一条作用路径存在延迟性，第三条作用路径包含了从产出子系统到投入子系统再到产出子系统的循环。

政府补贴反馈回路的运行机理为政府通过向海洋风能产业生产端企业提供补贴降低企业的生产、经营、研发成本，从而降低海洋风电价格，扩大市场需求，扩大市场规模；同时通过降低生产研发成本增加企业利润，吸引更多企业进入从而扩大产业规模。

政府补贴具有"回路多，对象多，涉及广"的特点。政府补贴政策的作用对象为海洋风能产业中的生产者，产业化初期为供给市场的稳定提供保障；同时多条长度不同的作用回路涉及转化和产出子系统，政策效果具有层次性和全面性；然而政府补贴对系统整体会产生较强的扶持效果，长期实施易导致系统内各主体对政府行政支持产生依赖性，不利于海洋风能产业竞争力的提升。

3. 我国海洋风能产业化优惠税率支撑政策

（1）政策内涵。我国海洋风能产业化优惠税率支撑政策是指政府通过调节海洋风能产业税收结构，为海洋风能产业参与企业提供税收优惠激励，从而提高产业吸引力，并实现一定程度的消费导向。具体政策包括：①所得税减免，对海洋风电设备制造企业、海洋风电项目营运企业、海洋风电电网企业等产业链上游企业在一定年限内实行所得税减免；②关税优惠，在一定年限内对海洋风电生产企业进口风机设备实行优惠税率，同时对海洋风电消费企业实行一定程度的出口退税；③环境税抵免，对海洋风电消费企业，根据其海洋风电消费数量占消耗能源总量的比例实行分段环境税抵免。

（2）系统分析。以"海洋风能产业增加值"为海洋风能产业化的评价指标，基于我国海洋风能产业化系统动力模型导出"优惠税率"因果树主干：

```
                 海洋风电偏好
优惠税率  <                        > 海洋风能产量 —— 海洋风能产业产值
                 利润率
```

"优惠税率"在海洋风能产业化系统中的作用路径主体为两条：优惠税率—利润率—企业营业利润—企业资金投入—海洋风机总量—海洋风电产能—海洋风能产业增加值；优惠税率—海洋风能消费偏好—海洋风电产能—海洋风能产业增加值。优惠税率反馈回路的运行机理是政府通过降低海洋风能产业内生产企业及海洋风能消费企业的赋税，提高产业内企业的自融资能力、海洋风能产业的吸引力和海洋风能消费偏好，从而扩大海洋风能产业生产规模和需求市场。

优惠税率作用路径具有"同步性，全面性，弱干预性"的特点。优惠税率政策的作用对象为海洋风能产业生产端企业和消费端企业，直接作用于转化子系统变量，政府通过对厂商和消费者实行优惠税率，对海洋风能产业的生产端和消费端均产生激励作用，同步推动海洋风能供给市场和需求市场扩张，保障产业内供、求相对平衡；且优惠税率对市场的行政干预力相对较小，产业发展具有较大的自我调节空间；然而优惠税率政策的运行基础为产业内企业存在营业利润以及海洋风电价格具有一定市场竞争力，因此优惠税率政策在海洋风能产业化初期的政策效果是微弱的。

4. 基于系统动力模型的我国海洋风能产业化财政支撑政策比较

总结前面财政支撑政策内涵和系统分析，从政策的作用对象、作用系统部位、作用机理、反馈回路数目和长度、效果评价等角度对我国海洋风能产业化政府购买支撑、政府补贴支撑和优惠税率支撑政策进行比较,结果如表9-7所示。

表9-7　基于系统动力模型的我国海洋风能产业化财政支撑政策比较

	政府购买	政府补贴	优惠税率
作用对象作用系统部位	需求端	生产端	生产端和需求端
	产出子系统	转化子系统、产出子系统	转化子系统
作用机理	扩大需求量	降低海洋风电价格,提高企业利润	提高利润率,加强海洋风电消费偏好
路径数目	一条	三条	二条
最短路径	三环	四环	四环
效果评价	效果较显著,但较为表面	具有一定延迟性,效果具有多层次性	短期效果相对较微弱,效果具有同步性和市场性

根据表9-7可得出结论,政府购买支撑政策直接作用于产出子系统,具有显著的产业扶持效果,适用于我国海洋风能产业化发展的起步和初期阶段;政府补贴支撑政策涉及转化和产出子系统的多个变量,在进行产业扶持的同时能够产生一定激励效果,适用于我国海洋风能产业化发展的初期和中期阶段;优惠税率支撑政策作用于转化子系统,需要一定产业基础作为生效前提,政策效果以对厂商和消费者的激励作用为主,行政干预力量较小且市场自调节空间较大,适用于我国海洋风能产业化发展的中期阶段和后期阶段。

(三) 结论

基于我国海洋风能产业化系统动力模型,研究政府购买、政府补贴和优惠税率等财政支撑政策在我国海洋风能产业化系统中的作用路径和特点,并对海洋风能产业化财政支撑策略进行比较,得出结论:政府购买支撑政策通过直接作用于我国海洋风能产业化系统的产出子系统实现需求市场扩张,短期内具有显著的扶持效果,但对系统整体运行不产生直接影响且行政干预力较大,因此政府购买支撑政策仅适用于海洋风能产业化发展的初期阶段;政府补贴支撑政策通过作用于我国海洋风能产业化系统的转化子系统和产出子系统实现成本和价格控制,在供给市场扩张的同时稳定需求市场,在一定时期内具有较强的扶持和激励效果,但对海洋风能产业化系统整体产生较大行政干预,从长期来看需避免产业内生产主体对行政力量产生依赖性,因此政府补贴支撑政策适用于我国海洋风能产业化发展的初期和中期阶段;优惠税率支撑政策在已具备一定产业竞争力的基础上通过作用于我国海洋风能产业化系统的转化子系统对厂商和消费者进行激励,实现供给市场和需求市场的同步扩张,因此优惠税率支撑政策适用于我国海洋风能产业化的中期和后期阶段。

由于目前我国海洋风能产业化尚处于初级阶段，相关数据统计体系仍很不完备，系统动力模型中所涉及的变量的数据和比例关系难以获得，因此尚无法利用系统仿真模拟对本章通过理论分析所得的观点进行验证和支持；存在不足拟在后续研究中进行完善。

第四节　海洋风能产业化布局优化策略
——以舟山示范区为例

一、舟山市海洋风能产业化发展的背景

1. 海洋风能国内外发展背景

随着化石能源的日益枯竭，发展可再生能源成为各国的当务之急。风能作为太阳能的一种转化形式，是一种重要的清洁的可再生能源。风能利用历史悠久，目前主要体现在风力发电、风帆助航、风力提水、风力制热及海水淡化等方面。随着各国对海洋资源越来越多的关注，风能的开发利用开始从陆地向海洋延伸，海洋风能成为各国发展和投资的热点。综合各方面的约束来看，目前海洋风能的利用还是主要集中在海洋风能发电上。因此，下面以海上风电为例来描述海洋风能利用的发展历程：海上风电发展大致可以分为两个阶段：第一阶段是500～700kW风机小型示范性项目建造阶段，20世纪70年代，一些欧洲国家就提出了利用海上风能发电的想法，到1997年，一些国家完成了样机的试制；第二阶段是兆瓦级、数兆瓦级以上的机组较大型项目建造商业应用阶段，2002年，欧洲建设5个新的海上风电场，功率为1.5～2MW的风力发电机组向公共电网输送电力。[1] 近年来，海洋风力发电发展迅速，海上风电场逐步商业化。由于整套政策体系的支持，丹麦、英国和德国成为海上风电发展最快速的国家，占据了世界市场份额的绝大部分。其中，2002年丹麦北海沿海完成了世界第一个真正意义上的大规模海上风电场——HornsRev海上风电场，标志着海上风能开发技术逐渐走向成熟，大规模的商业化开发海上风能时代的到来。

我国海洋风能发展起步较晚，近几年才开始快速发展。2009年，我国第一个商业化海上风电项目——东海大桥海上风电项目开始建设，该项目安装了34台国产单机容量3MW的离岸机组，总装机容量102MW，2010年实现了并网发电。虽然这样，目前我国仍缺乏海上风电建设的经验，在海上风能资源测评、海上风电区域规划、风电设备制造技术、海上风电施工技术、发电模式选择等方面

---

[1] 王晓宇：《我国海上风电发展现状及建议》，载《电器工业》2011年第2期。

还存在许多问题。总体来看我国海上风电项目仍处于探索、起步阶段。

2. 舟山市海洋风能产业化发展的必要性

舟山市是我国唯一以群岛建制的地级市，2011 年 6 月 30 日，国务院正式批复同意其设立为浙江舟山群岛新区。舟山市位于我国东部黄金海岸线与长江黄金水道的交汇处，拥有丰富的海洋风能资源。如若慎重规划进行产业化发展，无论是利用海洋风能进行发电还是进行海水淡化都对舟山市具有重要意义，这不仅可以缓解舟山市的电力缺口和用水困难，还可以调整舟山市的能源结构、减少环境污染，保障其能源和电力的安全供给。为此，舟山市作出了大力发展海洋风能产业的战略部署。

（1）缓解海岛用电困难。舟山市岛屿众多，目前仍有些岛屿处于电力供应不平衡的状态，而且舟山群岛新区正值全面建设之际，在经济社会快速发展的同时，地区用电需求也会保持旺盛的增长。例如，根据舟山市电力局的数据，2012 年舟山市一季度全社会用电量达 10.17 亿千瓦时，同比增长 5.58%，高于浙江省平均增长水平 1.68 个百分点。因为舟山市能源紧缺，所以其电力工业能源供应依赖于外界输入。如若外界输入出现问题，那么舟山市在其经济社会发展中就会出现过大的电力缺口，这样不仅会影响到海岛居民的日常生活，还会严重阻碍舟山市各个产业的发展。而在寻找清洁的可再生能源过程中，舟山市优质的海洋风能资源禀赋为解决舟山市电力的短缺提供了新的解决方案。

（2）减少环境污染。根据环境库兹涅茨曲线，当一个国家经济发展水平较低的时候，环境污染的程度较轻，但是随着人均收入的增加，环境污染由低趋高，环境恶化程度随经济的增长而加剧；当经济发展达到一定程度后，随着人均收入的继续增加，环境污染又由高趋低，其环境污染的程度逐渐减缓，环境质量逐渐得到改善。舟山市经济发展正处于曲线的前半段，即其环境污染程度会随着经济增长而加剧。因此，为了其海洋经济的可持续发展，舟山市绝对不能抱着"先污染后治理，先破坏后恢复"的想法，必须把环境因素放在突出位置，处理好经济发展和环境保护的关系，具体体现在要改变对传统能源的高度依赖，转向发展可再生能源。

（3）调整能源结构。舟山市能源消费主要由煤、石油、电组成，三者占到全市能源消费总量的九成还多。如表 9-8 所示，原煤在规模工业能耗中占大部分，而其中 80% 的原煤用来发电进行能源的二次转换，这给环境造成较大压力。另外，由于舟山市特殊的地理位置，其煤、石油、天然气等化石能源匮乏，基本全部依靠外部输入，因此常常受到外部制约。此时如若能够利用当地资源，发展清洁的可再生能源，不仅能减少环境污染，还可以优化舟山市能源结构，减少外部压力，在推动舟山市海洋经济的可持续发展的同时，加快舟山市城市化进程。[①]

[①] 曹望：《舟山能源结构与绿色能源策略浅析》，载《浙江海洋学院学报（人文科学版）》2009 年第 1 期。

表 9-8　　　　　　　2004~2010 年规模以上工业企业主要能源消费统计表

	2004 年	2005 年	2006 年	2007 年	2008 年	2009 年	2010 年
原煤（t）	2033743	1307808	1357987	1298503	1355317	1471849	1668916
汽油（t）	2416	2730	3738	5071	3921	4231	4386
石油（t）	42153	38275	49538	59326	59844	52454	54315
电力（10^4·kW·h）	76805	74238	91102	99346	127662	187242	213838
综合能源消费量（t 标准煤）	441605	798538	861486	868351	981583	1214468	1387310

3. 舟山市海洋风能产业化发展的意义

舟山市海洋风能的产业化发展具有重要意义，不仅可以在一定程度上改善市民的日常生活，还可以促进其主导产业的发展，带动相关产业的发展，更可以优化其能源结构、提高能源利用率，以此全面推进舟山市社会经济的可持续发展。

（1）有利于缓解部分岛屿的用电困难。近年来，舟山市电力缺口一直维持在十几万千瓦的水平。通过加紧海岛风能的开发利用，并配合其他能源发展形成互补的供电系统，可以有效缓解用电困难的局面。

（2）有利于促进其主导产业的发展。舟山市海洋风能产业化发展意味着可以提供更加充足、更加有保障的能源供给，以此支持舟山市渔业、港口、旅游业、船舶工业等主导产业的发展，拉动其经济增长。

（3）有利于带动相关产业的发展。利用国家制定的关于风电产业的各种标准和各种优惠，积极吸引专业化的资金投入，充分利用舟山市船舶工业等现有制造业的产业基础，加快风机设备制造等与风电直接相关的产业的发展，同时也可以整合资源实现风电产业与太阳能利用、海水淡化、海洋旅游等产业的联动，实现全面发展。

（4）有利于优化能源结构，减少碳排放。舟山市加快海洋风能的产业化发展进程，能够改变其以往依靠化石能源支撑供给、依靠火电提供电力的局面，优化能源结构，同时也对履行节能减排任务，减少环境污染具有重要意义。

二、舟山市海洋风能产业化潜力分析

1. 舟山市海洋风能资源评价

舟山市是我国以群岛建制的地级市，其群岛正处于我国东南沿海风能丰富的地带，拥有丰富的海洋风能资源。根据中央气象局科研院的数据显示，舟山市属于风能最佳区，舟山 3m/s 以上风速时效超过半年，6m/s 以上超过 2200 小时，不仅风力大，有效风能利用率高，而且风力周期性变化规律性强。[①] 这其中特别

---

① 丁良才：《舟山群岛发展新能源互补系统的可行性探讨》，载《风力发电》1990 年第 1 期。

是临近外海的衢山及嵊泗列岛等岛屿,年平均风速在 6~7m/s 左右,偏远海岛平均风速可达 7m/s 以上,风功率密度可大 3 级以上。总体来说,舟山市风能资源总量占浙江省的 1/3,其中海上风能资源也占全省海上风能资源的 1/3。[①]

为更好地说明问题,以下将以舟山市部分地区为例,用有效风速、有效风时、风能密度等指标来评价其风能资源。

(1) 风能资源评价指标。风能利用目前主要体现在风力驱动风机转动发电上。在风力发电工程中,只有当风速达到设计要求时,风机才会转动,人们通常把这种恰好使风机转动的风速称为启动风速,把恰好使风机达到额定输出功率的风速称为设计风速,凡达到设计风速后,由于调速器或限速器限制风轮的转速,输出功率不会再增大。因此,启动风速和设计风速之间的风速称为有效风速或额定风速。目前多数风机的启动风速为 3m/s,设计风速为 20m/s,所以 3~20m/s 的风速便是风机可利用的有效风速。而有效风速所持续的时间叫有效风时(t);有效风时占总时数(T)的百分率为有效风时频率(R),$R = t/T \times 100\%$。[②]

风能密度是用来描述气流在单位时间内垂直通过单位面积的风能 $W = 0.5\rho V^3$(W/m^2),ρ 为空气密度,V 为风速。风能密度是描述风能潜力最方便最有价值的指标。但实际上风速每时每刻都在变化,不能用某时的风速来计算风能密度,必须长期观察并记录数据才能得出其结果,因此常常把平均风速带入公式中得出平均风能密度,$W = 1/T \int 0.5\rho V^3 dt (W/m^2)$,W 为 0-T 时间段内的平均风能密度,$\rho$ 为空气密度,V 为对应时间段的风速。而用有效风速所求出的风能密度为有效风能密度。

在实际应用中,常常将一年每天 24 小时逐时测到的风速数据按某一间距,比如间隔 1m/s 分成各等级风速,如 $V_1(3m/s)$,$V_2(4m/s)$,$V_3(5m/s)$,…,$V_i(i+2m/s)$,然后把各个等级风速在该年出现的累积小时数 n_1,n_2,n_3,…,n_i 分别乘以相应各风速下的风能密度,然后加和并除以年总时数 N,即 $E_{平均} = (\sum 0.5 n_i \rho V_i^3)/N(W/m^2)$,则可求出某地一年的平均风能密度。在常温常压下,$\rho$ 的变化可以忽略不计,一般取 $\rho = 1.25 kg/m^3$。

(2) 数据选取[③]。以下以浙江省舟山市普陀区为例,选取普陀区内沈家门、东极岛、普陀山、朱家尖岛、蚂蚁岛、桃花岛、虾峙岛、六横岛、佛渡岛 9 个测站 2005~2007 年这 3 年的风资料进行统计分析,得到表 9-9 和表 9-10,其分别表示普陀区各站点风速 ≥3m/s、≥6m/s 年有效风速时的情况。

[①] 舟山市发展和改委委员会:《舟山市风力发电和海水淡化发展现状及对策建议》,2009 年 3 月 11 日。
[②] 何文岳:《嵊泗县风能资源状况及开发利用前景》,载《浙江气象科技》1996 年第 4 期。
[③] 曹美兰、张勇、韩信友:《普陀区风能资源分析》,载《中国气象学会 2008 年会论文集》2009 年 5 月 25 日。

表9-9　　　　　　　　普陀区各测站≥3m/s年有效风速时

站名	沈家门	东极	普陀山	朱家尖	蚂蚁	桃花	虾峙	六横	佛渡
年有效风速时（h）	6950	7708	6338	7396	6321	6527	7030	6609	5568

表9-10　　　　　　　　普陀区各测站≥6m/s年有效风速时

站名	沈家门	东极	普陀山	朱家尖	蚂蚁	桃花	虾峙	六横	佛渡
年有效风速时（h）	2671	4699	2797	3774	3166	2391	3957	3173	2206

从表9-9可见，舟山市普陀区各站点≥3m/s年有效风速时在5568~7708小时。从表9-10可见，舟山市普陀区各站点≥6m/s年有效风速时在2206~4699小时。根据中国风能分区约定，如表9-11所示，舟山市普陀区各站点的年有风速时达到国家风能"丰富区"的约定标准，具有很高的开发价值。

表9-11　　　　　　　　　　　中国风能分区

指标	丰富区	较丰富区	可利用区	贫乏区
年有效风能密度（W/m²）	>200	150~200	50~150	<50
年≥3m/s累计小时数（h）	>5000	4000~5000	2000~4000	<2000
年≥6m/s累计小时数（h）	>2200	1500~2200	350~1500	<350

另外，把各站点的平均风速代入 $W = 0.5\rho V^3 (W/m^2)$，进行计算，可以得到舟山市普陀区各站点的平均风能密度，如表9-12所示。

表9-12　　　　　　　　　普陀区各站点平均风能密度

站名	沈家门	东极	普陀山	朱家尖	蚂蚁	桃花	虾峙	六横	佛渡
平均风能密度（W/m²）	146.9	298.5	167.1	200.9	265.3	161.1	291.3	185.1	130.4

表9-12显示，舟山市普陀区各站点的风能密度大小有较明显差异。平均风能密度最大值在东极岛，达298.5W/m²，最小值在佛渡岛，达130.4W/m²。对照表9-11中国风能分区可知，东极岛、虾峙岛、蚂蚁岛、朱家尖岛的风能密度都在200W/m²以上，属于风能丰富区。其中尤其是东极岛和虾峙岛，风能密度

均在 290W/m² 以上。六横岛、普陀山、桃花岛风能密度在 161~185W/m²，属于风能较丰富区。而沈家门和佛渡岛则属于可利用区。

综上所述，舟山市普陀区 2005~2007 年间平均风速 ≥3m/s 的年有效风速时在 5568~7708 小时，平均风速 ≥6m/s 的年有效风速时在 2206~4699 小时。平均风能密度最大值达 298.5W/m²，最小值为 130.4W/m²。可见，普陀区风能资源非常丰富，具有很高的开发价值。另外，根据舟山市气象局其他资料显示，舟山市岱山县，大风日数全年平均为 118 天，最大年出现 200 多天，年均有效风速时 7500~8000 小时；舟山市嵊泗县年均有效风速时达 6000~8000 小时。

因此，从各方面看舟山市海洋风能资源都很丰富。

2. 舟山市海洋风能产业发展现状

舟山群岛丰富的风能资源是海洋赐予它最珍贵的资源禀赋，因此将其作为清洁可再生能源大力开发无论是对舟山市的经济发展还是对其环境保护都有重要意义。目前为止，舟山市海洋风能产业以风力发电为主。作为舟山市新兴主导产业之一，海洋风电产业得到了各方的重视和支持，发展至今已经二十余年。舟山市海洋风电场是从 1993 年开始建设的，到 2005 年，舟山市已经开始把海洋风电作为其一大特色优势产业，开始大规模开发建设。2008 年，舟山市为促进其海洋风能资源开发的高起点与科学发展，委托中国水电顾问集团华东勘测设计院编制发展规划，在与浙江省风电发展规划充分衔接的基础上完成了《舟山市风电发展规划》，研究提出了舟山市发展风电的总体思路、战略目标、主要原则、风电场空间布局、重点项目和政策措施等，为舟山市的海洋风电产业发展指明了方向。2009 年，舟山市制定了《舟山市新能源综合示范基地建设实施方案》，研究提出除了重点发展风电产业、实施风电产业化计划外，还要加强风能与太阳能的综合利用以及加强新能源产业的配套工作等。

在舟山市海洋风电产业快速发展的十几年中，舟山市大力引进了一批战略投资者，如目前已落户舟山、与各级政府签署合作协议的长江三峡工程开发总公司、中国华电、浙江国电等一批战略投资者；同时也建立起了一批海洋风电项目，如岱山县衢山风电场一期工程、定海区长白风电场、定海区岑港风电场等，也推进了一批海洋风电项目的前期工作，如定海区小沙风电场、嵊泗县嵊泗风电场一期工程、岱山县长涂岛及拷门风电场、岱山县衢山岛以西及七姊八妹岛海上风电场等。

（1）舟山市重点海洋风能项目。舟山市海洋风电产业发展多年，目前已经建立起了或正在建立起一批批的海洋风电项目。其中舟山市重点发展的海洋风电项目有：岱山县衢山风电场一期工程。衢山风电场位于舟山市衢山岛的中部和东山脊上，由浙江美达电力投资建设，从 2005 年 10 月 27 日动工到 2008 年 10 月底历时三年建设完工，该项目完成投资 4.7 亿元，共安装了 48 台单机容量为 850kW 的丹麦产的 V52 风电机组，总装机容量为 40.8MW。

定海区长白风电场。长白风电场位于舟山市定海区长白岛，由华电新能源公司投资建设，从 2010 年 6 月 22 日动工到 2011 年 12 月 25 日历时一年半建设完工，该项目共安装了 8 台单机容量为 1500kW 的风电机组，总装机容量为 12MW。

定海区岑港风电场。岑港风电场位于舟山市定海区岑港镇，由浙江舟山岑港风力发电有限公司投资建设，现已全部完工实现并网发电，该项目完成投资 4.29 亿元，共安装了 30 台单机容量为 1500kW 的风电机组，总装机容量为 45MW，其中马目山 23 台，狮子山 7 台，并同步配套扶植 110 千伏的场内升压站一座。

定海区小沙风电场。小沙风电场位于舟山市定海区小沙镇，由舟山华电小沙风力发电有限公司投资建设，该项目预计完成投资 3.75 亿元，预计共安装 34 台单机容量为 750kW 的风电机组，预计总装机容量为 25.5 MW。

嵊泗县嵊泗风电场。嵊泗风电场位于舟山市嵊泗县五龙乡六井潭、大悲山一带的山脊，该项目预计完成投资 4.8 亿元，预计共安装 30 台单机容量为 1500kW 的风电机组，预计总装机容量为 45MW，并同步建设 35 千伏的场内升压站一座和生产、生活配套设施。其中嵊泗风电场一期工程，由浙江丰源发电有限公司投资建设，预计 2012 ~ 2013 年建设完工，该项目预计完成投资 1.3 亿元，预计共安装 9 台单机容量为 1500kW 的风电机组及 35 千伏升压站及生产、生活配套设施。

除此之外，还有岱山县长涂岛及拷门风电场，预计总装机容量 65MW；岱山县衢山岛以西及七姊八妹岛海上风电场，一期工程预计总装机容量 100MW；普陀区六横海上风电场，由国电电力浙江分公司投资建设，该项目预计完成投资 90 亿元，预计总装机容量为 500MW，其中一期工程预计完成投资 45 亿元，预计完成装机容量 250MW 等。

除了发展传统意义上的风电场外，舟山市还发展了海洋风能与其他新能源的综合利用项目，如定位舟山市定海区长白岛为新能源综合应用示范岛，同时开展风电、光热、光电、光照等新能源的综合利用示范；定位舟山市东极镇东福山岛为风能应用岛，开展风光储柴及海水淡化综合系统工程的建设，该项目预计安装 4 台单机容量为 50kW 风电机组，辅助配备 2 台单机容量为 50kW 的太阳能发电机组、200kW 柴油机组和储能蓄电池，并建设日处理 50 吨海水淡化系统，通过蓄电池调节，利用低谷电进行海水淡化，满足当地居民及旅游人口用电用水需求等。

（2）舟山市海洋风能产业发展思路。舟山市海洋风能产业的发展思路就是要站在战略的高度加快推进其海洋风能综合利用的产业化进程。目前，舟山市正依托自身及其外部环境的优势，全力发展海洋风电产业，不断促进"基础研究——海洋风电场建设——大产业链"这种联动发展格局的形成，即不断向上游和下游产业延伸，积极培育海洋风电设备制造、海水淡化、海洋化工、海洋能源等产业的联动发展，力争把舟山市打造成浙江省一流、乃至全国一流的海洋新能源基地和海洋化工基地。因此，以目前舟山市海洋风电发展状况看，舟山市当前的主要任务是不断推进海洋风电大产业链的形成，不断向风电场的上下游延伸，牢牢抓住国家逐步提高风机设备国产化比例的机遇，大力引进战略投资者参与到风机设备的研究制造中，同时也要注重与其他相关产业的联动发展。

3. 舟山市海洋风电产业发展目标

根据《舟山市风电发展规划》的目标，到2010年，舟山市建成陆地风电装机容量97.8MW，"十一五"末开工近海风电示范项目100MW；2011～2015年，舟山市新建成陆地风电场约170MW、近海风电场600MW，至2015年，全市总装机容量达870MW左右，其中陆地风电场约270MW、近海风电场600MW；2016～2020年，新建成陆地风电场45MW、近海风电场900MW，至2020年，全市总装机容量为1820MW左右，其中陆地风电场约320MW、近海风电场1500MW。除了量上的要求，规划还提出了合理的开发时序，有序推进风电场项目的建设。在陆上风电场方面，提出在2010年前开工建设长白、岑港等风电场，2015年前开工建设长涂及拷门风电场、衢山风电场二期、嵊泗风电场等工程，2020年前新建并投产嵊泗风电场二期工程等。在海上风电场方面，提出"十二五"期末建成杭州湾近海风电场示范项目100MW装机容量，开工建设杭州湾近海风电场Ⅰ区30MW装机容量、Ⅲ区100MW装机容量，到2020年前建成杭州湾近海风电场Ⅱ区400MW装机容量。

随后，舟山市在十二五规划中提出要大力发展舟山市风电产业，不断推进其清洁能源的开发利用和示范，同时定位七姊八妹列岛、东福山岛等岛屿为清洁能源岛。另外规划中还提出要科学开发海洋风能资源，加快舟山市陆上和近海大型风电场的建设，积极培育风电设备制造，积极探索风电"非并网"利用方式，推进"风光柴"综合利用工程，并在接入系统条件较差的海域或海岛运用微网技术将风电直接用于海洋化工、海水淡化、海水制氢等产业，拓展风电开发领域；不断探索舟山市海洋风电产业的规模开发，力争使舟山市成为浙江省最大的海上能源基地和全国海洋新能源开发示范基地；加强舟山市海洋风能应用技术研发和成果转化，建设海洋风能海上试验场和中试基地。

三、舟山市海洋风能产业化发展评价

按照舟山市海洋风能产业的发展思路，产业化是舟山市海洋风能产业发展的必经之路。通常海洋风能产业化是指海洋风能方面的技术成果向生产力转移的过程，即利用高新技术推进海洋风能的市场化、规模化经营，逐步形成海洋风能产业簇群的过程。

从一般意义讲，产业化发展过程可以分为四个阶段：产业化导入阶段、产业化发展阶段、产业化稳定阶段和产业化动荡阶段。通常产业化导入阶段是指产业的技术研究开发和生产技术的形成阶段，主要包括三个阶段：研发、产品化及商品化阶段。这个阶段各方面处于起步阶段，产品与工艺处于不稳定状态，整个产业基本处于人力、物力和财力的大量投入时期，主要依靠政府的投入，一些研究机构的科研及个别企业的加入。产业化发展阶段是指全面开展生产技术成果的商业运作的初级阶段，包括小批量生产和大规模生产两阶段。这个阶段各方面处于逐步改善阶段，产品和工艺处于总体上升阶段。在小规模生产阶段，产品开始投入市场，市场处于一种观望的态度，但市场的需求呈现快速增长的趋势，进入该产业企业开始增多，但产业总体上没有实现盈利，行业规范不标准；在大规模生产阶段，生产工艺成熟，行业标准走向成熟（包括部件标准、生产标准及检测标准等），市场走向成熟，产业开始全面盈利，大量企业涌进该产业，部分产品开始国际化道路。产业化稳定阶段是指商业化运作成熟阶段。这个阶段整个产业全面盈利，生产规模依旧保持增长的势头，但是趋于稳定，有一定程度的下降趋势；技术成熟，分工专业化、区域化，形成了成熟的产业链及配套的产业集群，形成产业群链结合发展模式；产品多样化、差异化、国际化；行业标准系统化；市场成熟，趋于饱和状态，市场竞争激烈，有企业退出，也有企业进入。新的相关技术或是产业开始出现，但趋势不明显。产业化动荡阶段是指新的相关技术或是产业开始崛起，旧的产业机制已经不适应市场，生产规模开始缩减，利润萎缩，企业开始收缩规模或是退出市场竞争，整个产业体系呈现在动荡之中。

总结舟山市海洋风能产业多年的发展可以看出，目前舟山市海洋风能产业正处于产业化发展阶段，并逐步向产业化稳定阶段前进，即舟山市海洋风电技术成果的商业运作起步发展迅速，虽价格上还不存在优势，但随着政府的大力扶植，其风电质量、运输渠道和需求市场正得到逐步的完善，风电行业标准不断出台，不少企业投资进入；相信再经过一段时间的产业化发展舟山市海洋风电技术和市场会更加成熟，分工会更加专业化，最终会逐步形成成熟的海洋风电产业链及配套的产业集群。

1. 舟山市海洋风能产业化发展评价

上一部分中提到目前舟山市海洋风电产业正处于产业化发展阶段，并逐步向产业化稳定阶段前进，但并没有指出其产业化发展各方面的具体情况。因此在舟山市海洋风电产业化发展过程中，对其各方面进行评价是很有必要的。因为这样一则可以评价舟山市海洋风电产业化的程度和水平，二则可以比较其与其他各地区海洋风电产业化发展的状况，并从中总结海洋风电产业化发展的经验，为各种政策和措施的实施提供借鉴，以此确保舟山市海洋风电产业化发展道路的正确方向。

根据舟山市的实际情况，我们可以从经济效益、产业发展、社会生态效益等方面对舟山市海洋风电产业化发展进行评价，其中经济效益方面反映了舟山市海洋风电产业的规模、产值及盈利等情况；产业发展方面反映了舟山市海洋风电产业链发展及与其他相关产业联动发展等情况；社会生态效益方面反映了舟山市海洋风电产业改善民生、降低环境污染、节约常规能源等情况。

（1）经济效益评价。风电成本主要体现在风电场建设和风电设备上。通常风电项目都具有初期投资大但运营成本低的特点，风电项目一旦完工投产就无需再为能源开采支付成本，因此运营成本相比火电项目要低。另外，风电项目相对水电、火电、核电项目来说，建设周期较短，可以分期建设，机组自动化程度高、运营管理人员需求不多，而且项目建成后运营周期比较长，一般可达 20 年。虽说风电项目运营成本低，但以目前的技术水平看，风电项目的发电成本仍高于火电，盈利能力低，仍需政府各种优惠政策的扶持。但是考虑到舟山市特殊的地理位置、丰富的海洋风能资源和紧张的能源供给，发展海洋风电产业是有利可图的，而且随着风电技术的进一步发展，其经济效益会越来越明显。

舟山市海洋风电项目有陆上和海上两类。陆上风电项目已发展多年，海上风电项目刚刚开始起步。这其中重点项目有：衢山风电场一期工程总装机规模达 40.8MW，年发电量约 9000 万千瓦时；定海区长白风电场总装机规模 12MW，年发电量约 2400 万千瓦时；岑港风电场总装机规模达 45MW，年发电量约 9000 多万千瓦时；小沙风电场预计总装机规模达 25.5MW，预计年发电量约 7125 万千瓦时；嵊泗风电场预计总装机规模达 45MW，预计年发电量约 1 亿千瓦时；长涂岛及拷门风电场预计总装机规模达 65MW；衢山岛以西及七姊八妹岛海上风电场一期工程预计总装机规模达 100MW。六横海上风电场预计总装机规模达 500MW，预计年发电量约 6 亿千瓦时。

根据舟山市物价局的批复，目前舟山市已建成发电的风电场按照约 0.71 元每千瓦时作为含税临时上网电价，若上面提到的已建成发电的风电场生产出的电能全部并入电网销售，那么目前舟山市已建成投产的海洋风电项目年产值可达 1.45 亿元左右。

（2）产业发展评价。本着"基础研究——海洋风电场建设——大产业链"的发展思路，舟山市海洋风电产业除了要注重海洋风电场的建设，还要注重技术研发以及整条产业链的建设。基础研究方面，除了加强与各大院校的合作、加强专业人才的引进外，舟山市还不断建设出一批批科技创新的载体和平台，如中国（舟山）海洋科学城科技创意研发园区、国家海洋科技国际创新园、中国海洋科技引智园区、浙江大学舟山海洋研究中心、摘箬山海洋科技示范岛、浙江省海洋开发研究院等。这些载体和平台承担着海洋风电技术的开发、转移和示范等功能，同时也常常承担着技术装备的公共试验和教学实习等功能。而当遇到具体问题时，面对多样的选择，舟山市往往会因地制宜地选择合适的载体和平台进行海洋风电技术成果的转化与中试以及重大风电难题的攻关等。

除了基础研究，舟山市还着眼于海洋风电大产业链的建设。通常，风电产业链主要包括风机零部件制造、风机制造及风电场运营三大环节，每个环节下又分许多小环节。前面一直在强调的舟山市海洋风电场的建设只是风电场运营环节的一部分,除此之外舟山市风电"非并网"利用方式、"风光柴"综合利用工程等都是对风电场运营环节的拓展。这种拓展会带动相关产业的联动发展,如岛上"非并网"风电可以直接用于海水淡化、海洋化工等方面,又或是海洋风能与其他能源的综合利用更加节约开发成本,另外风电场中风车独有的美景还可以带动舟山市海洋旅游产业的进一步发展。

在风机设备制造方面,在发展临港装备制造业的大背景下,舟山市提出要在舟山经济开发区新港园区内规划新能源配套产业发展区块,重点引进大型海上风机设备制造项目及其他设备制造项目,以此来进一步发展风电设备制造业,完善风电产业链,促进舟山市海洋风电产业健康有序发展。

正是舟山市创造的这种良好的产业发展环境和氛围,使得舟山市海洋风电产业很容易产生集聚效应。

(3) 社会生态效益评价。我国海岸线长,岛屿众多,其中仍有不少岛屿虽地处偏远但仍有居民居住或军队常驻,而大多数这种偏远岛屿是大陆电网无法覆盖到的,岛上的居民或驻军只能依靠短时间的柴油发电来解决生活问题,因此寻找合适的能源供给对海岛居民来说具有重要意义。而海洋风能具有清洁无污染、储量大、可再生等优点,利用其进行发电供海岛居民使用正是解决海岛缺电的有效途径。

虽然舟山市离大陆较近,但是同样要面对海岛地区电力紧张、能源短缺等问题。因此舟山市利用其丰富的海洋风能资源进行发电,不仅可以改善其居民的生活质量,还可以促进各个产业的发展,最重要的是可以降低常规能源的消耗和对环境的污染。如果用节约下来的其他发电形式产生的电量价值作为风电节能效应的年度净收益,即 $V_1 = P_1 \times G$,P_1 为平均电价,G 为风电场年发电量,那么取舟山市生活用电价格每度 0.538 元,并按舟山市已建成投产的海洋风电场年发电量来计算,舟山市每年海洋风电节能效应的年度净收益为 1.1 亿元左右。

风电在节约其他发电形式产生电能的同时,也使得用于产生这些电能所消耗的化石能源数量减少,同时也使这些发电形式的各项投入和对环境的破坏有所减少。如果用节约下来的其他发电形式产生的电量所消耗的化石能源的经济价值来表示风电的资源节约价值,即 $V_2 = P_2 \times C \times G$,$P_2$ 为化石能源的市场价格,C 为每千瓦电能所消耗的化石能源数量,G 为风电场年发电量,因为舟山市火电主要消耗煤炭,所以不考虑燃油的成本,那么取平均煤炭价格约每吨 700 元、每千瓦时发电耗煤 350 克标煤,并按舟山市已建成投产的海洋风电场年发电量来计算,舟山市每年海洋风电资源节约价值为 4998 万元左右。[①]

除了减少化石能源的消耗,风电还可以减少有害物质的排放。虽然风电运行时会产生一定的噪音,会对一些鸟类的迁徙产生一定的影响,但其成本可以忽略

---

① 邢戬:《吉林省产业化开发风电的经济效益研究》,吉林大学硕士论文,2008 年。

不计。因此，舟山市海洋风电产业会减少传统发电形式带来的有害废弃物和有害气体，保护海岛生态环境。如岑港风电场工程作为 CDM 项目，与产生相同发电量的火电相比，其每年可节省标准煤约 3.39 万吨，减排 CO_2 约 77366 吨，减排 SO_2 约 679 吨，减排粉尘约 339 吨，减排灰渣约 6795 吨；小沙风电场作为 CDM 项目，与产生相同发电量的火电相比，预计其每年可节省标准煤约 2.49 万吨，预计减排 CO_2 约 46105 吨。

2. 舟山市海洋风能产业化发展 SWOT 评价[1]

（1）舟山市海洋风能产业化发展优势分析[2]。目前舟山市海洋风能利用主要体现在风力发电上，从风电产业化发展的条件来看，舟山市海洋风电产业具有较大优势，发展前景广阔。

①资源环境优势。如上面提到的，舟山市正处在我国东南沿海风能丰富地带，拥有丰富的海洋风能资源，其不仅风力大，有效风能利用率高，而且风力周期性变化规律性强，适宜开发利用。另外，舟山市浅海区域面积广，风能可开发区域大。据国家气象局研究院研究资料显示，若在舟山市浅海区域建造 1000kW 以上的大型风力发电机组，其发电成本会比岛上机组平均低 30%~50%。舟山市海域面积 2.08 万平方千米，其中水深 2~15m 的近海海域面积很广，初步估计在 1000 平方公里以上。在这些地域中可开发的有：长涂岛、长白岛、定海岑港和小沙镇、虾峙岛、衢山岛、嵊泗等地。总之，从自然条件来看，舟山市是风电场选址的优良区域，其十分适宜建造大规模、高密度的风力发电场。

②区位经济优势。目前，我国并网风电只能在风电场所在地区的电网内部进行消化。而舟山市正处于长江三角洲地区，这是我国经济最发达的经济区域之一，同时也是我国主要的电力负荷中心，其因煤、石油等化石能源的贫乏，只能依靠外部输入能源，所以开发利用自有的清洁可再生能源非常迫切。另外，区域性紧张的能源供给格局和较发达的经济发展水平使得该区域在价格上具有更大的承受能力，有利于风电产业化发展的起步。同时已经建立的区域性统一电网有利于并网风电的消化，可以帮助缓解电力缺口，保证能源的及时供给。

③市场优势。舟山市正处于长江三角洲地区，与我国电力最紧缺的城市群相邻，因此其风力发电的市场优势十分明显。而且，在可持续发展的大背景下，舟山市周遭各省份都正在着手改善本地区能源结构，逐步提高清洁可再生能源在全部能源消耗中的比重。所以舟山市作为长江三角洲地区风能最集中的城市，风电市场前景十分广阔。目前，许多国内外投资商已经对开发舟山市海洋风能资源表现出了较强意愿，其中不少已和舟山市签订风电项目开发合作协议并先行投资。

④产业发展优势。作为舟山市新兴主导产业之一，海洋风电产业得到了各方

---

[1] 周玲：《基于 SWOT 分析法的上海风电产业发展分析》，载《经济论坛》2012 年第 2 期。
[2] 罗丽：《促进舟山风电产业发展的对策研究》，载《经济生活文摘月刊》2012 年。

的重视和支持，发展至今已经二十余年。正是在各项政策的扶持和引导下，舟山市海洋风电产业得到了快速发展，使舟山市在大力引进一批战略投资者的同时还建立起了或正在建立一批批的海洋风电项目，再加上海洋风电配套产业的建设及相关产业联动发展等建议的不断提出，都使舟山市海洋风电产业化发展目标更加明确。

⑤政策优势。随着我国化石能源的日益枯竭和经济增长方式的转变，政府对风能的开发利用越来越重视，于是相继出台了《中华人民共和国可再生能源法》《中华人民共和国节能法》《可再生能源发电有关管理规定》《可再生能源发电价格和费用分摊管理试行办法》《可再生能源中长期发展规划》《能源产业结构调整指导目录》等多项扶持风电的政策和法规，使我国风电产业得到了快速发展。除此之外，舟山市委、市政府也很重视其海洋风能资源的开发利用，其已经把海洋风电产业作为最具潜力的新兴主导产业之一，作出了像"四个一工程"这样的部署，并提出要形成"基础研究——海洋风电场建设——大产业链"这种联动发展格局，即不断向上游和下游产业延伸，积极培育海洋风电设备制造、海水淡化、海洋化工、海洋能源综合利用等产业的联动发展，向舟山市海洋风电产业化发展的方向不断前进。

（2）舟山市海洋风能产业化发展劣势分析。与国内其他地域的风电产业发展相比，舟山市海洋风电产业化发展还存在着一些弱势和问题，面临着一些不容忽视的困难与挑战。

①规划评估劣势。由于我国海岸线较长，因此在海洋的各方面发展中必须对海岸线进行合理的功能规划才能确保海洋资源的合理配置。但目前来看，我国仍缺乏合理的海洋功能规划指导，仍有不少已获批的海上风电项目因与其他的功能开发相冲突而无法开工建设。在舟山市海洋风电产业发展中，《舟山市风电发展规划》的编制和评审阶段就出现过这样的问题，这种未能对海域进行全面合理规划所带来的问题给舟山市海洋风电产业的发展带来一定的挑战。

另外，海洋风能资源本身存在着不确定性，因此必须通过气象站观测资料和测风塔观测资料整理后进行模拟研究来确定和评估风能资源，也只有这样才能保证海洋风电项目的准确性和可靠性。但目前国内的测风设备尚不能完全满足海洋风电项目的建设要求，所以国内不少企业盲目抢风行为很容易造成海洋风电项目的前期准备工作不足。同样，虽然舟山市海洋风电产业发展多年，但由于设备尚不完善其海洋风能资源的规划评估工作仍存在问题。

除了在海洋风能资源的规划评估方面存在问题，舟山市还缺乏从资源开发到产业化发展过程的整体战略研究和规划，目前舟山市海洋风电产业发展的重点还是放在资源的开发上，对依托海洋风能资源开发所带动的风机设备制造业和其他联动产业的发展等都缺乏系统的研究和规划，这样不利于舟山市海洋风电产业的健康有序发展。

②投资风险劣势。风电的上网电价与其他发电形式的相比，缺乏竞争力，所以企业投资的成本需要很长一段时间才能收回，这使许多资金都不愿投入到风电建设中，而且风电一旦缺少了政府产业政策的支持与引导，很容易引起市场的混乱。除此之外，海上风电设备还需要考虑到海水冲击、海风腐蚀、台风袭击等问题，因此设备技术方面要求很高，自然造价也很高，而且大多依靠进口。通常这些依靠进口的核心设备在项目建设成本中会占很大一部分比例，这必然会给海洋风电项目带来很大的投资风险，从而拖后舟山市海洋风电产业化发展的进程。

③技术滞后劣势。虽然舟山市逐步开始关注风电设备制造，但毕竟起步较晚，还是缺乏先进的核心技术与稳定的市场，因此短时间内无法形成完整的产业链。而且虽然国家提倡风机国产化，但不可否认的是国内风机设备制造数量虽大但质量普遍不高，因此舟山市风电设备特别是大型风电机组在短期内还不得不依靠进口，使得舟山市风电建设成本还将处于较高的位置。另外风电场建成后，这些进口的风电设备还会不时地因为不适合舟山市的气候条件和资源状况而出现故障，从而影响风电场的正常运转。

技术问题一直是海洋风电产业化的关键之一，而设备制造的技术难题并不是技术难题的全部，在风电场建成投产后还有一个技术难题急需解决，即风机的维护问题。这是由于舟山市地处特殊的地理位置，使风电场中的风机常年处于含盐量很高的潮湿海洋性大气包围之中，海风、盐雾和空气湿度所带来的腐蚀作用比较严重。有关盐雾含量抽样调查结果显示，舟山市近海海洋大气含盐量在 110~919mg/m^3 左右，远远超过平均值（2~5mg/m^3），而且空气湿度很高，全年平均相对湿度为 77%~80%，全年平均绝对湿度也都大大超过钢铁腐蚀的临界湿度。因此，舟山市风电场中的风机很容易受到腐蚀，并且以目前的技术来看还难以解决这个问题。

除此之外，风电并网问题也是舟山市海洋风电产业化发展中急需解决的技术难题。这是因为风力的不稳定性无法完全适应现有的电网，所以时常影响电网的正常供应，伴随带来很多技术和经济难题，包括系统调峰调频问题、电网适应性问题、电压控制问题、安全稳定问题等。而且若风电场建设规划和电网建设规划一旦出现脱节问题，就会使风电场建成后面临无法及时并网的问题，造成资源浪费。

（3）舟山市海洋风能产业化发展机会分析。海洋风能作为清洁的可再生能源，其开发利用得到了各国的关注。从 2002 年世界第一个真正意义上的大规模海上风电场建成以来，海洋风能大规模的商业化开发已经发展了十余年。而我国的海洋风能商业化开发是以 2009 年我国第一个商业化海上风电项目——东海大桥海上风电项目为开端步入正轨的。

舟山市海洋风电产业发展多年，目前正处于产业化的初级阶段。而且从风电产业化发展的条件来看，舟山市海洋风电产业已具有较大的产业化潜力，其中无论是能源的迫切需求，还是已经初步成型的海洋风电市场和巨大的海洋风电发展前景，都给舟山市海洋风电产业化的发展带来了诸多机会。

（4）舟山市海洋风能产业化发展威胁分析[①]。受金融危机的影响，国内发电企业均出现集团型亏损，特别是火电企业的亏损面高达90%，而且风电市场中下游客户现金流呈现偏紧的态势，风电项目的CDM价格开始出现下滑，但是由于我国风电市场主要由政府主导，80%市场集中在国有大型电力集团手上，因此上述危险对中国的风电发展不会有大幅度的影响。

但值得注意的是，2009年我国取消了风电场建设中国产化70%的标准，减少了对外资的限制，为外企的进入提供了更加宽阔的平台，也为新进入市场的风电设备商设置了很高的进入壁垒。我国的风电产业起步较晚，因此面对国际风电商先进的技术和丰富的经验，国内风电商很难有财力和精力去研发新的技术，使得国内的小风电商很难生存，非常不利于国内风电市场的发展。因此，除去自身的问题外，舟山市在海洋风电产业化过程中还会面临来自外企的挑战。

3. 舟山市海洋风能产业化发展前景

舟山市将会继续推进其海洋风电的产业化进程，逐步完成从产业化发展阶段向产业化稳定阶段的过渡，不断完善海洋风电产业链的建设及实现相关产业的联动发展，最终实现海洋风电产业的产业化。

四、舟山市海洋风能产业化发展的实现机制

我国海洋风能产业化实现机制包括四个方面：市场形成机制、技术机制、产业政策机制、监管机制。市场形成机制包括海洋风电并网价格的形成机制、特许权项目招标机制等。技术机制包括风电设备制造技术创新、智能电网技术研发等。产业政策机制包括海洋风能产业财政、金融、技术政策机制。监管机制包括海洋风能发展过程中法律监管与自律监管机制。舟山市海洋风能产业化发展的实现机制在四个方面中各有体现。

1. 舟山市海洋风能产业化发展的市场形成机制

海洋风能产业化发展的市场形成机制可以分为市场需求诱导机制、市场价格导向机制和市场竞争压力机制三种。其中舟山市海洋风电产业化发展的市场形成机制主要包括市场价格导向机制和市场竞争压力机制。

（1）舟山市海洋风能产业化发展的市场价格导向机制。价格导向机制在海洋风能产业化实现中起着基础性作用，价格引导资源配置与商品流动。舟山市目前海洋风电产业化发展的市场价格导向机制以海洋风电并网价格形成机制为主。和风电一样，在考虑到外部效益的基础上，海洋风电也需要制定保护性的上网电价

---

① 周玲：《基于SWOT分析法的上海风电产业发展分析》，载《经济论坛》2012年第2期。

才能推动其产业化的发展，而且当风机技术、成本等条件发生变化时，再适时地调整海洋风电的保护性上网电价，这才是健康有序的海洋风电并网价格形成机制。

2009年之前我国一直采用的是"招标+核准"的模式来确定风电的上网电价，这种定价方式属于浮动电价政策，是风电产业初期发展的过渡性政策，不利于投资商形成固定预期。因此2009年国家发改委价格司发布了《关于完善风力发电上网电价政策的通知》，提出按风能资源状况和工程建设条件，将全国分为四类风能资源区，分别规定了每千瓦时0.51元、0.54元、0.58元和0.61元的风电标杆上网电价，同时还规定了政策的实施范围，即陆上风场包括沿海地区多年平均大潮高潮线以上的潮上滩涂地区和固有居民的海岛地区，都将统一执行所在风能资源区的风电标杆上网电价，而海上风电上网电价今后将根据建设进程另行制定。另外，《通知》还规定风电上网电价在当地脱硫燃煤机组标杆上网电价以内的部分，由当地省级电网负担；高出部分，通过全国征收的可再生能源电价附加分摊解决。总之这种新电价政策相较之前的旧电价政策不但可以减少低价竞争的局面、给出风电项目明确的预期，还可以进一步规范风电价格的管理、减少项目审批的程序。

（2）舟山市海洋风能产业化发展的市场竞争压力机制。市场竞争有利于企业提高劳动生产率降低生产成本。在竞争中，高耗能高污染的传统能源产业将逐渐被淘汰，竞争压力下，不断推动清洁能源如海洋风能产业的发展，也会推动企业间的竞争，进而促使企业不断研发新的清洁能源技术，开发新产品。特许权项目招标机制是目前我国风电产业主要采用的市场竞争机制，它是由政府或授权公司对特定的项目进行招标，定标后中标企业按特许权协议的规定承担项目的投资、建设和经营的所有责任和风险的一种开发方式。这种市场竞争机制在我国陆上风电场已发展多年，目前已进行到第六批，并且中标标准由开始的以价格确定变成后来的以综合实力来确定，展现出日渐成熟的态势。但是目前海上风电场的特许权项目招标机制才刚开始起步，还需要进一步的发展。因此，舟山市海洋风电产业要利用好这一市场竞争机制来寻找有实力的合作企业开发当地的海洋风能资源，同时还应避免故意压低价格等恶意竞争、盲目竞争的行为，最终推动产业化发展。

2. 舟山市海洋风能产业化发展的技术机制

海洋风电产业的关键技术主要包括风电设备制造技术、风场基础建设技术、智能电网技术等，它们贯穿了海洋风电产业整个产业链，是其发展的关键所在。因此，舟山市在海洋风电发展过程中应着力向着这三个方面进行技术攻关。

（1）舟山市海洋风能产业化发展的技术协同机制。要想产业化发展，光靠海洋风电企业自身的努力是不够的，还需要整个行业和政府的配合才行，同样的道理，要想海洋风电产业的关键技术有所突破，就必须建立起技术协同机制，寻求共同发展。技术协同机制主要包括海洋风电行业协会的建立、风机技术标准与认证体系的建立、海洋风电产业第三方机构技术认证管理体系的发展与完善等方面。

2011年，我国海洋风能资源调查与评估国家标准工作会议召开，会议希望经过多轮探讨后得到的标准将可以对海洋风能资源调查和评估中的术语定义、技术要求、试验方法和检验规则等技术内容进行规定，并希望通过这种标准化建设为大型海洋风电场的建设提供可靠的基础保障，推动海洋风电产业的进一步发展。另外，关于海洋风能开发利用标准化的研讨会也逐渐筹备召开，这些会议研讨内容大多涉及我国海洋风能产业现状及未来发展趋势、实施标准战略对于推进我国海洋风能产业化的重要作用和意义、国外海洋风能标准状况及对我国海洋风能产业发展的启示和关于海洋风能开发、利用标准化的新观点、新问题、新思考等方面，可以肯定地说，这些会议将会为海洋风能产业化发展指明方向、奠定基础。

（2）舟山市海洋风能产业化发展的"政产学研"技术合作机制。政府、海洋风能企业、高等院校等科研机构共同构成海洋风能"政产学研"技术合作机制主体。海洋风能企业是海洋风能技术创新的主体，高等院校等科研机构通过与企业的信息交流，为企业培养和输送创新型人才，并研究和解决海洋风能技术难题，在建设和维护海洋风能创新技术的基础设施方面发挥着重要作用。政府通过制定各种海洋风能产业技术政策，从财税、融资、法律等各方面给予海洋风能技术创新政策性扶持，管理和规范海洋风能技术创新中其他主体的活动，培育海洋风能技术创新环境、引领创新方向。

舟山市近几年开始加快"政产学研"技术合作的脚步。值得一提的是国内首个"海洋科技岛"在舟山市摘箬山岛落户，该科技岛于2011年3月开始动工到2012年6月正式建成投入使用，是舟山市与浙江大学围绕舟山市国家级海洋科教基地建设而合作共建的我国首个"海洋科技岛"，也是舟山市新能源应用综合示范基地中的研发实验岛。随着"海洋科技岛"的建成和投入使用，浙江大学将会在该岛及附近海域进行各类海洋装备关键技术攻关及应用前试验，其重点放在海洋新能源的成果转化与中试上。这些试验将涵盖海岛新能源互补开发利用技术示范（智能电网）、海岛供水系统示范（海水淡化工程等）、海洋产业技术示范、微藻能源示范、智慧海岛技术示范、海岛环卫处理系统示范、海洋科技展示等。最终通过各方努力，希望能够把摘箬山科技示范岛打造成开放式的深海基地，向全国高校科研院所、相关企业开放并提供相关的试验技术支撑服务。

整个"海洋科技岛"的建设充分体现了政府、企业、高等院校等科研机构的各种技术合作，涉及各类海洋产业的关键技术，其中就包含了海洋风电产业发展的关键技术，相信此举肯定会为舟山市海洋风电的产业化发展做出贡献。

（3）舟山市海洋风能产业化发展的产业政策机制。海洋风能产业化发展的产业政策机制是指一国以海洋风能产业整体为直接对象，对海洋风能产业给予特殊发展扶持、直接或间接干预海洋风能产业活动，引导海洋风能产业商品、服务、金融等市场形成和市场机制的建立，以此促进海洋风能产业化的实现。

舟山市在其海洋风电产业化发展的产业政策方面做出了大量的工作，如在建设的4个新能源应用示范岛中除了摘箬山岛外，舟山市还确定长白岛为新能源综合应用示范岛，开展风电、光热、光电、光照等新能源的综合利用示范，建设风力发电和太阳能光伏发电、太阳能供热等项目；确定东福山岛为风能应用示范岛，建设以风力发电为主，与柴油发电机组互补的独立供电系统，同时建设海水淡化系统，利用低谷电进行海水淡化，满足当地居民及旅游人口用水需要。推进以风能为主的新能源民用，在岛上道路建设风力发电路灯，在东福山岛30余艘渔船中全面推广安装渔船风力发电装置。结合风能供电系统项目建设，开展新能源发电技术在岛屿供电中并网分析和轻型直流输电技术在岛屿供电中并网可行性分析工作等。明显可以看出，舟山市4个新能源应用示范岛中有3个涉及海洋风能的利用，足以说明舟山市十分重视海洋风能产业的发展。

在配套产业建设方面，舟山市在其经济开发区新港园区内规划建设新能源配套产业区块，以此加快发展新能源装备制造。舟山市打算积极利用现有船舶装备制造的有利条件及港口优势，加强招商引资，重点引进建设大型海上风机设备制造项目及核心部件配套设备制造项目，同时注重引进船用风力发电装置研发生产项目，拉伸船用新能源的产业链。进一步做大原有风机标准件、风机机舱罩等配套制造业，不断推进海洋风电产业化发展。

（4）舟山市海洋风能产业化发展的监管机制。由于海洋风能产业高成本、高风险的特点，有必要设计出海洋风能产业化发展的监管机制，监管海洋风能产业活动以降低风险，提高资源利用率。这种监管主要包括法律监管与自律监管。我国法律监管已经开始起步，相继颁布了《节约能源法》《清洁生产促进法》《可再生能源法》，但与我国海洋风能产业直接相关的法律法规较少，目前主要有涉及海上风电产业的《海上风电开发建设管理暂行办法》与《海上风电开发建设管理暂行办法实施细则》，完整的法律监管体系尚未形成。除了法律监管外，海洋风能产业化自律监管机制还并未开始起步，目前还无法弥补法律监管的不足，因此还需大力提高海洋风能产业的自律监管意识，从行业和企业角度加强对各方面的监管。

五、舟山市海洋风能产业化发展的政策建议[①]

风电产业的发展是一个需要多方面协调配合的系统性工程，其风能资源的地域性和清洁性使之超越了一般的纯市场竞争问题，成为需要政府或其他公共部门

---

① 罗丽：《促进舟山风电产业发展的对策研究》，载《经济生活文摘月刊》2012年。

介入或干预的公共政策问题。面对舟山市海洋风电产业发展中存在的问题和面临的挑战，应按照"政府扶持、企业化运作、项目依托、效益共享"的原则，抓住有利时机推进其海洋风电产业化发展。

1. 坚持科学发展，有序开发

按照科学规划、适度开发的原则，合理安排开发时序，有序推进风电场项目建设。陆上风电场，早日完成小沙风电场、嵊泗风电场一期工程、长涂岛及拷门风电场等项目的建设。海上风电场，"十二五"期末建成杭州湾近海风电场示范项目100MW装机容量，开工建设杭州湾近海风电场Ⅰ区30MW装机容量、Ⅲ区100MW装机容量，到2020年前建成杭州湾近海风电场Ⅱ区400MW装机容量。深化风电场工程建设与海事、渔业、港口、环保和产业发展等相关专题论证。

2. 积极争取政策和资金支持

首先要积极宣传海岛风电的重大价值，引起浙江省政府及有关部门重视和支持，努力争取进入浙江省能源建设计划之中，特别要争取省电网公司加大对衢山—岱山、岱山—舟山的电缆铺设的投入，提高岱山—舟山、舟山—宁波的电网输送能力。其次要适当宣传电网铺设、机组建设等方面的困难，争取国家及省在风电上网定价、政府补贴等方面给予舟山市一定的优惠条件。最后要着力宣传海洋风电的环保与节能双重效益，大力宣传开发可再生能源和环境保护的重要性，争取省政府通过"以奖代补"的形式扶持舟山市海洋风电企业发展。有关部门要积极向省里争取减免税收、收购全部电量、还本付息电价、省电网摊销、低利息贷款等优惠政策，从而降低风电成本，以利于有效开发风能资源。

3. 鼓励多方参股，创新资本市场

首先要积极引导金融企业提供长期低息贷款，政府明确要求并经考核合格后给予贴息。其次要吸引战略投资者和吸收外资、民资进入风电产业。要加强资源整合，实行严格的项目准入制，重点选择国外知名能源企业和国内以五大电力集团和中国长江三峡工程开发总公司为主的专业化、实力型战略投资者，促进海上风电场项目高水平建设。最后要远期可在促进沿海开发的战略背景下探讨建立舟山私募股权基金的可行路径，利用私募股权基金促进浙江资金的流入、实现舟山经济联动发展创造条件，带动具有巨大发展潜力的舟山海洋风电产业的兴起和发展。

4. 研究推动非并网风电

目前非并网风电研究走在前列的是江苏省。以江苏省发改委宏观经济研究中心顾为东为首的专家，主攻非并网风电系统海水淡化等高能耗行业的应用，取得突破性成果，在两三年后大规模推广。非并网风电系统是指风电系统的终端负荷不是传统的单一电网，而是将风电直接应用于一系列能适应风电特性的高耗能产业及其他特殊领域。与传统风电并网的优势体现在：一是采用直流电，回避风电上网电压差（电流波动）、相位差、频率差难以控制问题，绕开电网这一限制风电大规模应用的瓶颈，也避免了大规模风电并网对电网系统的影响。二是突破终端负荷使用风电的局限，使大规模风电在非并网风电系统中的供电比重达到100%。非并网风电可应用于有色金属冶金、盐化工、大规模海水淡化、规模化制氢制氧等高耗能产业。舟山可利用海岛优势建设一系列利用非并网风电直接进行大规模海水淡化的产业基地。

5. 围绕海洋风电产业，促进形成新的产业链

依托大规模海洋风电场建设和运营等相关产业发展，为风电设备研发、设计、制造、控制等上游产业创造广阔的市场空间和发展机遇；推动非并网风电产业化进程，拓展非并网风电的应用领域和产业空间，向大规模海洋风电场建设和运营的下游拓展产业链，逐渐扩大当前以大规模海水淡化、海水制氢、盐化工、有色冶金等为主的非并同风电产业体系下游产业群；同时，带动与非并网风电相关联的风电场观光旅游、配套服务、项目投融资等产业发展（见图9-10）。

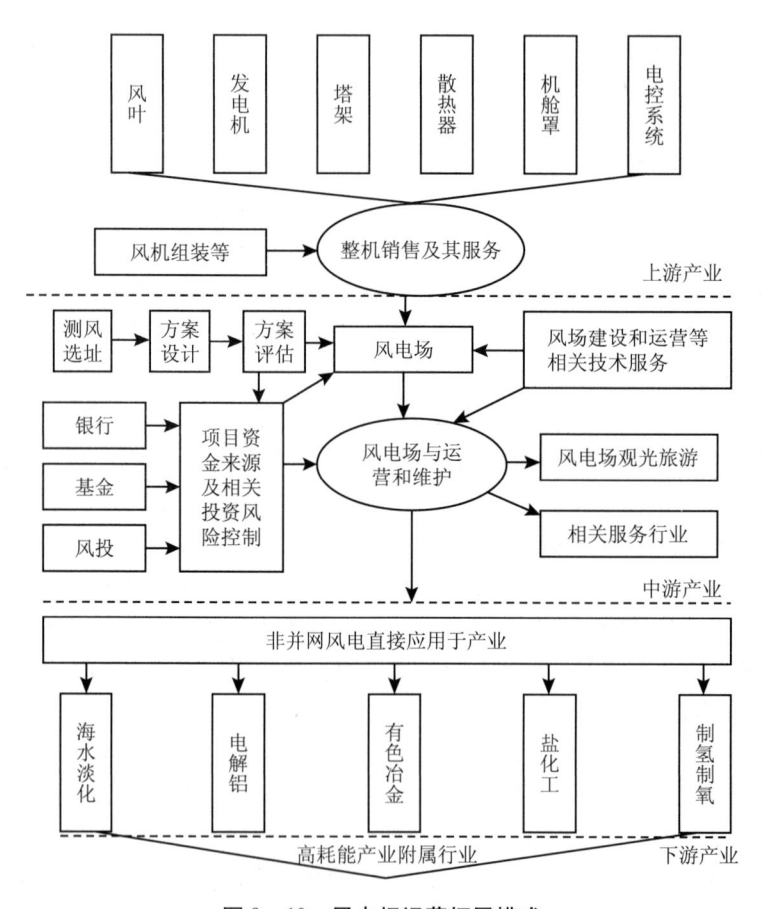

图 9-10 风电场运营拓展模式

首先要鼓励发展风电机制造业。目前，国内已批量生产 600kW 风电机组，风电机的国产化将成为现实。要抓住国家逐步提高风机设备国产化比例的机遇，积极争取国内外知名风电开发公司在舟山设立风能开发研究机构和装备制造研发机构，与国际风机和电器制造商合作，在舟山成立项目公司，加快项目运作等。舟山市有较强的船舶和机械制造业，还有电机、电器、电子等制造业，研发生产风电机设备有一定的基础和优势。因此，在促进舟山风电场建设的同时，我们应抓住机遇，引进国外先进风电机技术，扶持市内风电机制造产业，组织研制风电机设备，将风电机制造产业化。

其次要将开发风能资源和发展旅游结合起来。风力发电场是一道靓丽的旅游风景线，随着上海世博会的召开和洋山国际枢纽港的建成，舟山各项产业将迎来一个新的发展契机，舟山的风力发电将会进一步提高舟山的知名度，促进海岛旅游，美化海岛环境，旅游及有关单位要将风电场列入旅游景点开发建设规划中，并给予一定的支持，拓宽风电企业的收入途径。

最后要建设大型海水淡化基地和海水淡化制氢基地。以海水淡化应用为突破口，通过扩大海水淡化的应用规模带动海水淡化制造业的发展，以寸金海水淡化技术及综合利用技术的发展，最终形成应用—设备产业化—技术创新相互促进的良性发展模式。结合电力、石化等临港工业企业的节水改造和新建项目，为企业发展提供优质用水，降低生产用水成本。利用海水淡化所排放的浓缩海水制盐，拓展城市空间，同时开发高科技含量、高附加值的海洋精细化工产品，最大限度延伸海水淡化产业链。

第十章 海洋产业空间布局优化的对策建议

本章主要研究了海洋产业空间布局优化的国际借鉴，包括欧盟、美国、日韩、澳大利亚等海洋强国及地区，并依据本书研究成果，提出我国海洋产业布局优化对策建议。

第一节 海洋产业空间布局优化的国际借鉴

一、欧洲海洋产业空间布局优化借鉴

欧洲是全球海洋空间管理最发达的地区，比利时、荷兰、英国和德国等都制定专门的海洋空间规划，以兼顾经济、社会和生态效益为目标，对经济用海和生态用海进行了统一规划。欧洲海洋产业空间布局优化借鉴有以下几点。

（一）制定相关法律政策以保障海洋空间规划的实施

一些欧洲国家按照本国的需要或受欧洲立法和政策的驱动，分别评估并实施了海洋空间规划。荷兰已制定了"2015年北海综合管理计划"，其中就包括针对经济高效地利用其海洋空间构建的"空间规划政策框架"。德国的沿海州最近已将其空间规划管辖权扩展到德国的领海（TS），同时修订了"联邦空间规划法案"，扩大了国家部门性管辖权（包括海洋空间规划），把专署经济开发区纳入部门管理范围。英国目前正在考虑制定《海洋法案》（Marine Bill），借以规定一套管理程序，并对本国整个领海的海洋空间规划业绩进行测评。

（二）自上而下对海洋空间进行总体规划

欧洲国家在制定海洋空间管理规划时大都采用自上而下的管理模式。比利时制定《迈向北海的比利时空间结构规划》，制定海洋空间规划的步骤：首先，通过空间的适宜性分析，对人类活动进行合理的时空安排；其次，根据规划限制人

类活动的方式和强度，进行情景预测和不确定性因素分析；最后，形成满足不同目标需求的近期、远期规划方案。

（三）多目标、多限制的决策海洋空间布局

比利时在决策海洋空间布局时考虑法律限制因素（管辖权的限制）、技术制约因素（地理、水文、测深、化学和安全等方面的制约）、社会经济限制因素和生态限制因素等研究渔业、海洋风电场等海域使用的适宜性，并对各海域使用的空间范围进行了合理界定。

（四）运用环境评估测度海洋某种用途对海洋生态环境的影响

欧洲国家在进行海洋空间规划时，侧重环境评估测度海洋某种用途的影响。首先根据现有文献和专家判断对每种海洋用途对环境影响的规模进行定性打分，然后在某一影响指标内进行归纳。同时还对北海比利时海域的环境影响强度进行打分。打分是根据现有最佳实际强度数据进行的，得分可分为四类；根据这四类环境影响，为每种用途编制强度分类图。用影响表和强度图构成编制环境影响图的依据。

（五）充分利用空间信息技术

欧洲国家在制定海洋空间规划的过程中，充分利用空间信息技术。比利时、荷兰和德国等国家都建立海洋空间信息数据库，并利用 GIS 技术将海域使用活动、海洋生态系统特征（非生物特征、重要生物特征和生境分布）等各种信息分布图进行叠加，然后运用情景分析和公众参与确定规划方案。英国爱尔兰海多用途区划初步方案采用地理信息系统将空间资料信息在图上做了体现，并添加了相关属性信息进行描述。可利用 GIS 图层分析海洋环境、基础设施及其使用之间可能出现的兼容性和相互影响。

（六）欧盟可持续发展的海洋产业政策

欧洲立法和相关海洋产业管理包括欧盟水框架指令（WFD）、欧盟共同渔业政策（CFP）、欧盟近海海域综合管理建议书、欧盟海洋环境主题战略、欧洲未来海洋政策绿皮书等。通过一系列法律与政策的颁布与实施，使其对海洋产业的可持续发展管理从开始就有所依据，有坚实的政府的支持[①]。

二、美国海洋产业空间布局优化借鉴

美国使用以生态系统为基础、多样化利用的管理方法，按照"减少冲突、加

[①] 刘宣：《区域海洋管理的理论与实践研究进展》，载《浙江万里学院学报》2009 年第 5 期，第 67～69 页。

强利用之间的兼容性、长期保持生态系统的功能和服务、增强经济投资的确定性和可预测性"原则进行空间规划管理。美国海洋产业空间布局优化借鉴有以下几点。

(一) 制定国家和区域的海洋空间规划

美国制定了国家宏观的海洋空间规划，各大州根据自己的海洋特色分别制定了区域性的海洋空间规划，以保障海洋空间规划的实施。美国1972年《海岸带管理法》，开始了对海洋空间进行规划管理；2010年7月，美国公布了新的国家海洋政策《海洋、海岸和五大湖区国家管理政策》，提出对美国的沿海及海洋进行综合的空间规划管理；2013年4月颁布《国家海洋政策实施计划》，重点是强化联邦政府涉海部门间的协调，完善决策程序，改进涉海审批流程，更好地管理海洋、海岸带和五大湖的资源，以促进经济发展。

(二) 成立规划管理的组织机构和管理程序

为协调各区域的海洋空间管理，美国成立了国家海洋理事会和区域咨询委员会。美国成立了国家海洋理事会，是美国最高层政策指导与协调机构，针对联邦政府、州政府、部族首领等就有关海洋、海岸和大湖区的管理行动进行指导。美国还建立了区域咨询委员会，为区域规划部门提供有关沿海和海洋空间规划及其发展的咨询意见，保障总统令中有关海洋、海岸和大湖区的管理政策能够顺利实施。

(三) 利益相关者参与海洋空间规划管理的组织方式

美国在制定海洋空间规划的过程中，重视利益相关者的参与程度。在制定规划的关键环节，邀请利益相关者和公众参加。为了确保利益相关者和用户的参与程度，美国采用互动式会议和互联网技术使参与程度最大化；海洋委员会区域数据门户团队开发了可公开访问的在线空间数据服务器。美国马萨诸塞州、圣基茨和尼维斯州为保障公众参与，以信托形式、召开公众研讨会议对海洋空间布局进行有效的管理。

(四) 重视海洋能源的空间布局

美国在规划海洋空间的过程中，重视海洋能源的空间布局。美国各州在制定各自区域的海洋空间规划时，都侧重对海洋能源的空间布局问题。美国华盛顿制定可再生能源设施的海域选址；美国罗得岛州和俄勒冈州重点研究海上风电场的选址。

(五) 充分利用数据和可视化工具

美国在规划海洋空间布局时，充分利用数据和可视化工具。美国国家海洋和大气管理局滨海服务中心已经启动了一个全国沿海和海洋立法数字地图集。以地方为基础的决策支持工具，使管理者能够检查在不同地点不同活动的选址问题。美国搜集海洋相关数据的方法有：卫星、沿海雷达、飞机、轮船、书面和电话调查、个人访谈、税务和商业记录等。

（六）政治、经济、行政与联邦一致性的综合立法形式

鼓励各州相似机构合作，包括达成州际和区域性协议，制定合作程序，并在特别有关环境问题上采取联合行动，使开发过程有秩序化地开展，避免环境质量方面不必要的损失和努力。美国2004年出台了21世纪的新海洋政策《21世纪海洋蓝图》，该报告对海洋产业可持续发展的关注主要集中于对沿岸生态系统的考察和评价，创建有效的国家水质量监测网络，对海洋渔业实行可持续发展保护，对海洋珊瑚等生物进行系统分析，建立可持续的综合海洋观测系统，趋向于用先进的科学技术建立海洋观测的信息系统，系统性的观测海洋资源和环境的可持续发展能力。联邦要求各州以《21世纪海洋蓝图》为蓝本，根据各州具体情况制定相应的可持续发展的海洋产业政策。

（七）广泛的公众参与监督海洋产业的可持续发展

美国政府十分具体规定了公众参与监督海洋产业的可持续发展过程的要求，根据民众的相关要求对海洋产业发展管理进行了调整与改善，将政府的管理与民众的参与结合到一起。政府指导公众的公众参与活动，公众的要求反过来推动规划的进程，而且为谈判和协商解决开发利用中的矛盾提供了有利条件[①]。

三、日韩海洋产业空间布局优化借鉴

日本、韩国都是人多地少的国家，陆地面积有限，海洋空间宽广，海洋经济发达。日本和韩国在海洋空间规划上有很多共同特征，形成日韩模式。

（一）制定了完善具体的海洋战略、政策以及立法

日本海洋政策研究财团在2006年提出《海洋政策大纲》，涵盖了从海洋划界、海洋资源勘探开发到海洋教育等各方面事务；2007年7月《海洋基本法》正式实施，明确了"积极开发利用海洋""维护海洋生态环境""确保海洋安全""充实海洋科学力量""发展海洋产业""实现海洋综合管理""参与海洋领域国际协调"等基本方针；主要海洋规划是《21世纪海洋发展战略》，注重海洋的整

---

① 张灵杰：《美国近海海域综合管理及其对我国的借鉴意义》，载《世界地理研究》2001年第2期，第42~44页。

体协调发展。

韩国制定了非常完善具体的法律法规，使各海洋管理部门有法可依。《沿岸管理基本法》提出合理利用沿岸空间；《海洋开发基本法》《领海法》《海底矿物资源开采法》《海洋污染防治法》等提出保护海洋生态；主要海洋战略有"21世纪海洋水产战略"、《21世纪海洋韩国》，大力发展韩国海洋事业。

(二) 海洋资源开发利用效率高

日本在开发海洋渔业和油气资源的同时，更加大对海洋新能源的开发利用，利用海洋温差、海风和潮汐进行发电，从海水中抽取锂、铀等金属元素为核聚变能源和电子工业提供资源，还进行海底矿物质的开发利用。

韩国推进海洋矿物、能源和空间资源开发的商业化。韩国提出通过对太平洋深海海域资源和专属经济区海洋矿物资源的开发以及海水淡化技术的应用；开发超大型海上建筑浮游技术、海底空间利用技术，推进海洋空间利用技术多元化；开采西南太平洋区域的锰结壳和海底热液矿床等海底矿物质。

(三) 重视海洋产业的发展及空间布局

日本大力发展海洋产业，其海洋旅游业、海洋渔业、港口及运输业、海洋油气业已占据日本海洋经济总产值的70%左右。日本侧重发展临海工业带，日本钢厂、石油化学工业、造船业等都分布在东京湾以南的沿太平洋的带状工业地带上。

韩国重点发展海洋渔业、港口产业、海洋科技产业、海洋环保产业等具有竞争优势的海洋产业。2010年韩国国土海洋部制定了东、西部沿海地区发展综合计划，东部发展能源、物流中心地区，西部打造高科技产业带和海洋生态、文化、旅游产业。

(四) 重视海洋高新科技的开发利用

日本海洋科技开发涉及海洋环境探测技术、海洋生物资源开发工程技术、海水资源利用技术和海洋再生能源实验研究。日本海洋卫星、海洋的互联网海洋图像服务、深海研究计划、海洋走廊计划等在国际上有一定影响力。

韩国投入大量资金进行海洋科技开发，开发最尖端的港口物流营运信息系统，开发养殖技术和海洋牧场体系、清洁海洋能源开发；重视与美国、日本、欧盟等海洋科技发达国家在海洋信息、海洋生物、深海资源开发等领域的双边合作。

(五) 实施统一海上执法的海洋管理模式

日本和韩国都是实施集中统一的海上执法，且都是行政部门所属的海上执法机构执法。日本海上保安厅归国土交通省，韩国海洋警察厅隶属于海洋水产部。海上执法力量的职责是负责导航、助航设备、桥梁的管理，港口、商船、渔船的安全保障，海上搜救，通信保障，执行海上法规、条约，负责海洋环境保护，保证海上娱乐游艇的安全等。

四、澳大利亚海洋产业空间布局优化借鉴

澳大利亚政府于 1997 年、1998 年分别公布了《澳大利亚海洋产业发展战略》《澳大利亚海洋政策》和《澳大利亚海洋科技计划》3 个政府文件，提出了澳大利亚 21 世纪海洋战略与海洋经济发展的政策措施。其中，《澳大利亚海洋产业发展战略》的目的是统一产业部门和政府管辖区内的海洋管理政策，为保证海洋可持续利用提供框架，并为规划和管理海洋资源及其产业的海洋利用提供政策依据。

（一）实施海洋综合管理

综合管理模式是澳大利亚海洋产业发展的"护航舰"。澳大利亚实施的海洋综合管理模式有助于实现不同涉海组织间、管理组织间的协作，避免造成多部门、多层次齐抓共管使管理结构混乱分散、管理权威丧失、管理效率低下、权责不清的现象。

首先，合理划分联邦政府与各州、领地之间的海洋管理管辖权利，实现海洋资源的有效、合理利用。1979 年，澳大利亚政府出台《海岸和解书》，划分了联邦政府与各州、领地之间的领海控制范围权，使政府在海洋管理中处于管理控制有效地位，以最终实现海洋的统一管理。

其次，转变政府部门职能，实现产业与产业之间、部门与部门间的有序衔接。澳大利亚于 1997 年颁布的《海洋产业发展战略》明确规定了各部门间的管理职能和权责划分，改变了海洋产业管理的无序和重叠现状。

再次，依据法律法规，加强海洋管理。澳大利亚政府依据法律条例，使联邦政府和州政府之间互相帮助、协同合作。凡涉及外交、国防、移民、监管等的海洋工作通常由联邦政府处理，其他的海洋工作则由州政府或者地方政府管理。联邦政府通常只负责 3 海里以外的海域管理，而各州政府负责管理 3 海里之内的海洋事务。

最后，依据各区域特点，整合不同种类的海洋资源。通过对不同特点的海洋区域进行分析，澳大利亚将本国海域划分为 12 个海洋生态区域。这种以海洋特性为基础、对整个海域进行区分管理的方法，更有利于了解各海洋生态区的共性和特殊点，进而实现海洋资源开发与利用的合理化。

(二）提高科技含量，促进海洋新兴产业发展

澳大利亚政府于 1999 年出台了《澳大利亚海洋科技计划》，2009 年又出台了《海洋研究与创新战略框架》。这些政策为澳大利亚海洋新兴产业发展提供了强大的政策和技术支持。近年来，澳大利亚海洋科技研究成果丰硕：建立了海洋综合观测系统，开发了世界上最好的海洋生态系统模型，发现了可能影响澳大利亚气候的海洋气温变化，绘制了世界第一张海底矿物资源分布图，建立了海洋渔业捕捞机制、海洋天气预报系统、保护海上大型工程的模型等。海洋高科技的发展，为澳大利亚海洋产业的可持续发展提供了强大发展动力。

（三）重视海洋渔业资源的开发和养护

澳大利亚政府长期致力于海洋环境保护、可持续应用和生物多样性保护，目前共有 194 处海域属于保护范围，总面积近 65 万平方千米，包括海洋公园、鱼类栖息保留地、禁渔区和鱼类保护区等。此外，澳大利亚政府对渔业实行配额管理，建设人工鱼礁，保护海洋渔业资源；设立海洋生态保护区，对珊瑚礁、海草、湿地等海洋生态系统进行保护；重视发展水产养殖业，以减少捕捞量，保护海洋渔业资源。

（四）澳大利亚实行生物多样性保护策略

澳大利亚明确提出建立一批不同类型、具有代表性的海洋生态保护区，如珊瑚礁保护区、海草保护区、海上禁渔区以及沿海湿地保护带等，在西澳大利亚及昆士兰两个州还建设了人工鱼礁区。这些举措对于维持海洋生态功能、保护海洋生态环境发挥了重要作用。比如 2007 年，澳大利亚实施了一项全新的大堡礁"分区保护计划"，让大堡礁成为受到高度保护的最大礁脉群。新的分区保护计划实施后，1/3 的大堡礁地区禁止捕鱼。

第二节 我国海洋产业空间布局优化对策建议

一、我国海洋产业总体空间布局优化对策

（一）海洋渔业空间布局优化对策

1. 合理调整海洋渔业空间布局规划

（1）依据全国及区域海洋渔业规划和海洋功能区划，逐步调整现有海洋渔业

空间布局，努力使之与规划要求相一致，纠正或避免海洋渔业空间布局与海洋资源环境以及其他海洋产业布局之间的不适应和冲突。

（2）海洋休闲渔业需重新定位，做好长期规划。将休闲渔业纳入渔业发展的总体规划当中，规划中要综合区域资源特色和可进入性等因素，以市场需求为依据，切实避免近距离重复建设和低水平恶性竞争；要与旅游规划开发相结合，与餐饮等服务业建设相结合，形成集聚效用；各地区政府要明确行使休闲渔业管理职能的主管部门、立法部门和执法部门，明确权责，制定措施，狠抓落实。

2. 转变生产方式，实现海洋渔业集约化布局

（1）在保障海洋渔业资源养护的前提下，实现海洋渔业集约化生产布局，发展海水养殖业的立体化布局，提高海洋空间资源利用效率和单位资源收益，避免渔业资源无效率损耗，同时鼓励海洋捕捞业的远洋布局。

（2）降低海洋捕捞强度，调整海水养殖密度；扩大远洋捕捞比例，缓解近海渔业资源压力；进一步拓展海水养殖空间布局，发展深海网箱养殖、海岛周围养殖和人工鱼礁等养殖方式。

3. 优化海洋渔业产业结构

（1）继续优化海洋渔业结构，重视海洋渔业第二、第三产业的布局，延伸海洋渔业加工产业链，结合资源、市场、就业等因素优化水产品加工业布局，此外应重点结合海域承载情况对休闲渔业进行布局。

（2）加快发展海洋渔业第三产业。严格依据国家、山东省对蓝区的海洋功能区划进行海洋资源开发，从政策、技术、资金等方面对休闲渔业、海水产品运输与仓储、水产品流通业予以支持。

4. 统筹海洋渔业空间布局与海洋生态保护

（1）统筹海洋渔业空间布局与配套排污处理设施布局，同时监测海洋渔业布局对海域资源环境造成的影响和压力，努力将对海域环境的负面影响降到最低，保持海域承载能力，控制海域承载压力。

（2）统筹海洋环境保护与陆源污染防治，严格控制陆域未达标污染物进入海洋渔业海域，加强海洋生态系统保护和修复。

5. 加大科技投入，提升渔民素质

（1）提升捕捞从业人员的素质水平。通过宣传、讲座、培训等方式向从业人员传播海洋环保知识，提升自身素质和业务能力，推动山东半岛蓝区海洋捕捞业向生态可持续发展模式的成功转型。

（2）加大海洋渔业科技投入，提高海洋渔业经济环境整体效益，减少对海域承载力的压力和破坏。

6. 健全和完善海洋渔业管理制度和相关法律法规

（1）建立健全的捕捞准入、捕捞配额机制。以最优产量（MEY）作为捕捞限额；严格控制捕捞强度和渔船增长，将捕捞强度的影响控制在海域承载容量范围内，使海洋捕捞业走出可持续发展的道路。在配额管理方面，可参考冰岛的配额管理制度，采取以个人可转让配额为基础的配额综合管理系统对捕捞总量进行控制，具体包括建议配额可捕量、确定捕捞量、发放配额、捕捞许可和捕捞执法。

（2）建立科学完善的渔业管理法规体系。挪威在海洋捕捞业中建立了健全的海洋渔业资源法律法规体系，渔业管理行政体系，渔业法规监管机制，法规全面，效果显著。可向挪威借鉴相关经验，在山东半岛蓝区推行以法治渔。

7. 依靠政策扶持推进产业集聚，促进产业发展

（1）应针对地区集聚现状制定差异性的产业发展政策，以更好地引导产业空间布局进一步合理化并在此基础上促进地区经济发展。

（2）由于珠三角地区水产品加工业普遍存在集聚不足现象，今后政策的重点应是科学、合理地引导水产品加工业进行集聚。具体措施包括加强产业园区建设，完善园区配套设施；延长水产品加工业产业链，提高水产品加工业附加值，开展精深加工；通过各种优惠政策鼓励引导资本、技术等生产要素向本地区集聚，逐步引导其达到最佳集聚水平。

（二）港口空间布局优化对策

1. 整合港口资源

合理分配山东省"蓝区"的港口运输资源，充分发挥枢纽港、支线港、喂给港的作用，科学合理地确定港口群的规模、结构和布局，使得整个港口群的效益更优，对外更具竞争力。当前港口存在恶性竞争等问题，广西成立广西港务集团，对广西壮族自治区港口进行统一管理，舟山宁波港也进行了合并，以减少港口之间业务重叠和恶性竞争。全国应当借鉴经验，打破行政区划限制，整合港口资源，对港口进行统一规划和布局。

2. 港口依托产业规模化布局

依据 W-T 优势排序及灰色关联模型，识别东营—滨州示范区各海洋产业排序及海陆产业关联度，构建示范区海陆产业链，利于实现海陆统筹。提出在沿海区域建立海陆产业联合发展园区。海陆产业联合发展园区以港口为依托，首先，建立以海洋电力业为布局中心的联合发展园区，建立耗能较高的海陆产业联合生产园区，包含化工业、机械制造业、冶炼业、工程建筑业；同时，建立以海洋生物医药业为布局中心的联合发展园区，以海洋生物医药业为布局中心建立包含农牧渔医药加工、医药设备制造、医药物流仓储产业在内的产业园区。

3. 加强一带一路港陆联运建设

加强临港基础设施建设，充分发挥港口物流服务功能。依据东营—滨州示范区社会经济调研得出滨州临港基础设施仍需进一步完善的结论，建议加强滨州港临港基础设施和沿海高速公路交通网络建设，形成海洋化工园区与滨州港之间的快速运输通道，发挥港口物流对海洋产业集聚布局的服务支持作用。"蓝区"应当抓住一带一路契机，加强港口与内陆的联运建设，完善基础设施，使公路、铁路、水运、海运形成强大的交通网。

（三）围填海空间布局优化对策

1. 完善用海审批制度

（1）加强对项目用海的严格审批工作，确保对重大项目的"前—中—后"三期论证审批。依据东营—滨州示范区海域使用与功能区划一致性评价结果，提出继续对无证用海项目进行清查和限期整改，尤其杜绝与海洋保护区不兼容的海域使用项目，尽量避免与海洋保护区条件兼容的海域使用项目；对于项目用海出现拥挤、冲突的海洋功能区要做好严格控制及整顿协调工作。关于围填海建议先引进产业，后施行围填规划，谁申请谁围填，例如珠海高栏港一期，避免围填后造成的资源浪费。

（2）通过用海审批鼓励海域空间资源利用多样化。在不损害海洋生态系统功能的情况下充分发挥各海洋功能区的主功能，在海域使用项目的审批工作上要鼓励滨海旅游业、休闲渔业等项目用海申报，鼓励高附加值产品养殖项目用海与海水产业关联用海项目；建立生态友好和集约式养殖方式的用海审批便利通道，加强对传统养殖方式的审批程序。

2. 充分利用现有围填海资源

当前围填海资源存在浪费现象，专家建议调研、评估围填海现状，盘活现有围填海资源，促进现有围填海项目的转型，有效减少围填海这种人类活动模式对近海的压力，保护近海的生态环境。同时建立围填海项目审核部门，加大对围填海项目后期跟进力度，落实产业项目的进驻。

3. 因地制宜优化填海形态

在填海规划和工程实施过程中，应因地制宜优化填海区形态和保护关键近海地貌，尽量维护海岸自然系统功能。对于农业需求的填海，采取"连片式外推"的方式，在原有陆域基础上成片向海域围填，与原有陆域不分离；对于工业、城市和港口需求的填海，采取"分隔式"布局，即围填的区域与现有堤岸设施之间保持一定宽度距离，以水网分隔，采用曲折的岸线走向，形成类似于"人工岛"的空间形态，保证潮汐通道的畅通。

4. 完善海洋生态补偿制度

尽力完善海洋生态补偿制度，对生态负外部性高的海洋产业和用海项目征收生态补偿金，用于海洋空间生态修复、海洋生物资源修复以及生态型产业发展补贴。将海洋生态系统服务的产权归于国家和全体居民，对围填海、海洋化工业、海洋油气业等对海洋生态环境负效应较大的产业依据其外部性大小征收生态补偿金，从经济上制约大部分填海造陆项目的盲目实施，迫使用海行为主体节约用海；同时确保海洋生态修复的资金来源，重点用于开展岛陆生态修复、岸滩生态功能修复、提高海岛周边海域环境质量等。

5. 加大自然岸线保护力度

（1）对港口运输、海洋化工以及高能耗、高污染企业制定清出标准。依据港口岸线的开发利用必须符合岸线利用规划及海岸资源利用效率最大化原则，对于水运需求不大、投资强度和产出率较低的生产企业，要求远离港区、集中布置、成片发展；在产业布局方面优先发展那些可以利用自然条件和区位优势的企业，逐渐淘汰以往为了 GDP 的增长，过度引入产能落后的行业和企业；对已有化工园区中生产能力较弱的化工企业进行精简，实现海洋化工产业集约化发展。

（2）重点管理、监控海洋化工企业污染问题。海洋化工业具有高经济效益、低环境效益的特点，对海洋化工企业污染问题提出以下对策。要实施海洋化工企业集约式发展和污染集中处理，建设环境即时监测网络；应对已布局的企业进行排污达标监管，并严格审批环境效益低的海洋产业布局项目，合理规划企业用海、用地。

（四）海洋空间布局管理机制优化对策

1. 创新海洋空间布局管理体制

（1）建立区域海洋空间布局管理协调机制。依据全国各海洋产业多头管理，海洋产业发展缺乏宏观的统筹规划、决策和管理，难以发展海陆产业链的现状，提出创新海洋空间布局管理机制对策建议。建立海洋经济管理协调委员会，协调海洋产业各部门管理、决策；承担海洋产业经济数据统计、海洋产业经济运行公报发布、海洋产业经济运行状况研讨、海洋发展项目跟踪服务、与海洋经济类企业互动等职能。

（2）构建省际海洋合作发展协调机制。建立海洋经济省部联席会议，定期展开海洋经济研讨会，争取在海洋经济领域展开合作，加强在海洋产业布局决策、海洋产业投资等产业政策、海洋产业发展的基础设施建设以及海洋产业工业园、海陆统筹等方面的经验示范推广，形成区域海洋产业联动发展。

（3）加强海洋产业生态系统管理。我国部分海域水质受到陆域化工污水排放、季节性面源污染的影响，对海水池塘养殖、滨海旅游业等产生副作用，针对海洋产业生态系统管理提出优化对策。应重点监控入海口、入海河流两岸、入海排污口附近以及海水养殖业布局区域海水水质条件，联合海洋与渔业局、陆域环保局等环保部门，定期清查相关区域排污企业达标与否。

（4）改革海洋空间布局评价考核制度。依据实地调研调研[①]得出海洋产业空

[①] 2016 年 7 月对连云港、南通、宁波、舟山、厦门、莆田、广州、珠海、北海进行实地调研，2017 年 5 月对荣成、长岛进行实地调研。

间布局总体上仍处于初步发展水平结论，提出将园区产业布局的科学性作为地方政府招商引资政绩的一项重要指标，同时将海洋经济发展质量纳入地方政府政绩考核之中，必须考核海洋产业经济对生态环境的污染、对资源的耗竭程度。

2. 建立海洋空间布局监测考核体系

（1）建设海洋生态安全监测体系。遵循海洋经济与生态效益协调兼顾原则，依据生态承载力评价得出莱州湾整体生态环境承载力状况不容乐观，90%以上海域处于超载状态的结论，针对海洋生态安全提出对策建议。建立国家或区域的海洋监测系统，构建信息共享平台，划分环境质量等级体系，确定生态敏感区、脆弱区和生态安全阈值，对海洋生态安全实施实时跟踪监测。

（2）建设海洋空间事故监测体系。依据东营—滨州示范区社会经济调研得出海洋油气业具有高经济效益，低环境效益的特点，提出建立海上溢油事故实时监测及风险预警机制等对策建议，在项目用海审批上，严格执行项目环境影响评价、安全评价以及环保设施"三同时"制度。

（3）建设海洋灾害监测体系。依据水动力视角下提出海洋空间布局规划应考虑风暴潮条件的结论，提出进行建设规划时，应充分考虑风暴潮区划级别，其项目建设应达到防风暴潮灾害的相应设计标准，项目建设前应进行风暴潮影响评估，注重海岸带与海岛的防灾减灾联网系统，建设海岛防灾减灾监测站，加强避风港、防波堤、护岸等设施工程建设等对策。

3. 协调委员会

（1）完善全国海洋空间规划。借鉴欧洲海洋空间管理规划"自上而下"模式，在国家和省级规划的约束框架下，成立海洋产业布局规划委员会，负责对海洋产业布局和发展进行统一规划，在明确功能区功能定位、资源和区位优势和产业导向的基础上，进一步调整完善产业空间布局规划。在陆地主体功能区划和海洋功能区划的基础上，综合生态、地质、水文和经济视角进行科学论证，规划重点发展地区并明确其功能定位。以莱州湾—黄河口（东营—滨州）示范区为例提出以下海洋空间规划优化对策。

①依据生态承载力评价得出的莱州湾西部近岸海域已处于超载状态，黄河口附近海域压力指数呈升高趋势等结论，提出莱州湾—黄河口海洋空间规划优化对策。严格限制莱州湾西部和黄河口区域的产业再布局，同时淘汰已有的高污染、低效益的限制企业，在本区域划定生态修复区，适当发展生态友好型产业，港口建设应远离莱州湾西部岸线。

②依据水动力环境条件评价得出政府在规划设计产业布局时，应根据不同产业类型对水平力的敏感程度区分布局等结论，提出莱州湾顶适宜布局海洋工程建筑业、海洋油气业等低流速适宜的海洋产业；莱州湾口及黄河口北部适宜布局海洋牧场、海洋交通运输业等高流速适宜的海洋产业；海洋工程建筑业与海洋油气业等同为低流速适宜的海洋产业应尽量联合布局，海洋牧场与海洋交通运输业等

高流速适宜的海洋产业应尽量联合布局。

③依据海岸带地质承载力评估得出河口、利津、垦利重视岸线防护,且河口三角洲地貌泥沙堆积较多,形成了肥沃的滩涂地和良田,对区域地质环境变异具有一定保护作用的结论,提出东营市的河口、利津、垦利岸线适宜布局海水养殖业和生态农业;依据海水养殖空间布局适宜性评估得出的河口区养殖环境整体上处于上等水平,提出河口区可加大海水养殖业规模;依据海岸带陆域生态承载力评价得出的垦东防潮大堤饲草、饲料、浅海滩涂资源丰富的结论,提出在垦东防潮大堤两侧建设生态农业区对策建议;依据东营市海洋资源优势现状,推进东营海洋油气业、海洋生物医药业和海水综合利用业用海,在除莱州外西部以外的地区重点布局海洋化工业。

④依据社会经济调研结果分析得出的滨州市海水产品加工业和滨海旅游业处于规划起步阶段,但未来经济效益有较大提升空间的结论,提出滨州市的无棣、沾化适宜布局海水产品加工业和滨海旅游业;依据海岸带陆域生态承载力评价得出无棣、沾化等地地壳稳定,无大型断裂带,且海拔较高,海象环境稳定,整体环境脆弱性较低,未来的地质承载力较高的结论,提出未来可用于发展海洋战略性新兴产业的对策建议;依据滨州市海洋资源优势等,提出推进海洋中小型船舶业、海洋电力业和海洋综合利用业用海;依据海洋化工业经济效益高、环境效益低的特点提出海洋化工业布局要远离岸线的优化对策。

(2) 完善海洋生态补偿制度。依据海湾、海岛、河口生态承载力及围填海适宜性评估得出的结论,莱州湾生态环境承载力状况不容乐观,56%的有居民海岛人口和经济活动压力达警戒线以上,黄河口附近海域压力指数不断上升,人类排污、围填海对莱州湾造成的压力最大等。提出尽力完善海洋生态补偿制度,对生态负外部性高的海洋产业和用海项目征收生态补偿金,用于海洋空间生态修复、海洋生物资源修复以及生态型产业发展补贴。将海洋生态系统服务的产权归于国家和全体居民,对围填海、海洋化工业、海洋油气业等对海洋生态环境负效应较大的产业依据其外部性大小征收生态补偿金,从经济上制约大部分填海造陆项目的盲目实施,迫使用海行为主体节约用海;同时确保海洋生态修复的资金来源,重点用于开展岛陆生态修复、岸滩生态功能修复、提高海岛周边海域环境质量等。

(3) 为海洋空间布局优化提供信息保障。考虑海洋空间布局优化决策需同时掌握生态承载力、地质、水文、经济等多项因素,提出完善国家和省级海洋经济运行监测与评估系统的对策建议。全面统计海洋空间布局数据,同时建设信息共享平台,实现示范区与"蓝区"其他城市海洋产业及经济的信息共享,加强"蓝区"城市间的对话合作,相互借鉴,共同发展。

(4) 为海洋空间布局优化提供财政支持。

①实施优惠财税政策,对于符合示范区资源环境禀赋且有巨大发展潜力的海

洋产业—陆域产业链，在严格评估和审批建设项目可行性报告基础上，对优势关联布局项目予以财税政策上的支持；同时，制定优惠政策招商引资，创新引资方式，吸引社会资金投入海洋开发事业。

②促进海洋产业投资多元化，设立省、市级海洋经济发展专项资金和区域海洋开发建设基金，用于海洋基础设施和重点项目建设；同时，努力申报湿地、自然保护区建设国家级专项资金，对示范区湿地、自然保护区进行生态价值评估，形成资金预算方案，通过向上级政府系统申报以争取获得经济激励和资金支持。

（5）实现海洋环保服务业的配套布局。依据河口生态承载力评价得出的一切产业布局的出发点应以不断提高承压比为导向的结论，提出在莱州湾西部、黄河口等生态脆弱区域，建设海洋环保服务业配套布局能够有效提高海洋生态承载力的承压比，通过实现环保、生态旅游、科技产业以及涉海服务业的配套布局，实现海洋空间布局优化。

二、"蓝区"建设的海洋产业空间布局优化建议

（一）加强海域使用管理，确保海域空间资源利用的合法性和有序性

1. 保证示范区海域使用与海洋功能区划相符性

依据东营—滨州示范区海洋产业空间布局与规划相符性评价得出，东营—滨州示范区海域使用与海洋功能区划不一致的区域共有16处，其中3处与海洋功能区划的主功能不兼容，8处仅在一定条件下兼容。应尽快限期整改与海洋功能区划不兼容的海域使用区域，必须确保海洋特别保护区生态功能的完整性以及保留区海洋空间资源不被使用。首先，对与海洋特别保护区和保留区不兼容的2处渔业用海项目进行限期撤销，对逾期未撤离者收取阶梯形罚款；其次，对布局在海洋特别保护区内的海洋渔业（底播养殖）用海进行重点监督，对养殖品种和养殖方式制定严格标准，并对用海项目进行不定期抽查，确保海洋渔业用海对海洋特别保护区的生态环境影响为最小。

2. 继续加强对项目用海的严格审批工作

依据滨州市社会经济调研得出，滨州仍存在少数无证用海情况，针对滨州海域使用相符性提出优化对策。应对无证用海项目进行清查，并限期整改；对海洋保护区及周边功能区的海域使用类型进行重点监控，杜绝与海洋保护区不兼容的海域使用项目，尽量避免与海洋保护区条件兼容的海域使用项目。

3. 在不损害海洋生态系统功能的情况下充分发挥各海洋功能区的主功能

依据东营—滨州示范区确权海域使用现状得出，2011年和2013年均没有滨海旅游业确权海域使用，示范区滨海旅游业用海未表现出增加和改善的趋势，在滨海旅游业的用海布局方面仍存在很大的改进空间。建议在海域使用项目的审批

工作上要鼓励滨海旅游业、休闲渔业等项目用海申报,对于项目用海出现拥挤、冲突的海洋功能区要做好严格控制及整顿协调工作。

4. 提高"蓝区"海洋产业空间布局与规划的相符性

依据"蓝区"及东营—滨州示范区海洋产业空间布局与规划的相符性评价得出,"蓝区"及示范区均存在海洋产业空间布局与规划不相符的现状,包括滨州市海水养殖业滩涂资源未得到高效利用,长岛、荣成则养殖密度过大,海洋盐业粗犷发展;东营市海洋渔业产业关联度不高,广利港发展落后;东营—滨州示范区滨海旅游业相对落后,莱州湾等地海洋电力业欠发展,潍坊、日照等地海洋生物产业发展较为缓慢等。据此提出以下优化对策。(1)荣成、长岛、蓬莱、胶南等海洋渔业较发达地区应避免养殖密度过大和对环境造成负效应;(2)充分利用滨州发展滩涂贝类和鱼虾蟹类养殖的得天独厚的优势,规范滩涂养殖市场,加强养殖证制度及信息化建设,推进特种海产品养殖,加强贝类育苗生产开发,实现苗种自给;(3)青岛、威海、烟台三地作为滨海旅游业的龙头,应该充分发挥辐射作用,带动其他地区发展,并坚持特色化发展;(4)加强对滨州、潍坊等地海洋化工业的资金、技术投入,推动产业向纵深发展;(5)东营应均衡发展东营港和广北港,且两港口分工明确,同时加强对构建交通、信息化基础设施等体系的建设,最大化其辐射效应。

(二)优化海域使用产业结构,提高海洋空间资源利用水平

1. 遵循蓝区规划要求,协调丰富示范区海域使用结构

依据海洋产业空间布局优化评价及示范区海域使用现状分析得出东营—滨州示范区海域使用结构单一,产业用海不协调,其丰富程度落后于蓝区总体水平的结论,提出东营—滨州示范区应按蓝区规划要求优化海域使用结构,在符合海洋功能区划的前提下,推进规划要求重点布局的海洋产业用海,尤其鼓励海洋交通运输业、滨海旅游业、海洋电力工业、海水综合利用业、海洋生物医药业用海等对策建议。

2. 因海制宜,推进示范区优势海洋产业空间布局

针对目前示范区海域使用结构单一的现状,提出要根据东营、滨州海洋资源优势的差异性,确保示范区内的海域使用具有区域差异性的对策。港口建设用海审批时要充分考虑两市的区位优势、货源特点等进行取舍,重点推进滨州市中小型船舶工业、海洋电力业、滨海旅游业、海水综合利用业用海,重点推进东营市海洋油气业、滨海旅游业、海洋生物医药业用海。

3. 依托海洋自然保护区,加快滨海旅游业布局开发

依据滨州市社会经济调研得出滨州海岸线相对较短,海域资源受限,且海洋自然保护区占用较大面积的结论,针对滨州市滨海旅游业空间布局优化提出对策。应依托海洋自然保护区用海,鼓励滨海旅游业布局用海,加快滨海旅游业项目规划、发展，提高用海效益。滨州市滨海生态旅游资源较独特、滨海湿地生物景观奇特等，但目前滨海旅游投资少，项目开发不足。应在已有的依托海洋自然保护区的旅游项目基础上，继续加快引进滨海旅游投资项目，鼓励滨海旅游业用海，在项目用海、项目融资等方面予以一定倾斜。

（三）优化海洋产业用海方式，提高海域空间利用效率

1. 优化海洋渔业养殖结构，增加海洋渔业用海效益

依据东营—滨州示范区社会经济调研得出东营—滨州示范区海洋产业用海面积最大的为海洋渔业，但海洋渔业单位用海效益不高，且海洋渔业海洋空间资源投入与海洋渔业经济发展的关联性较低的结论，针对海洋渔业空间布局优化提出对策建议。在发展海洋渔业时应将重点放在生产方式的转变上，利用立体化生态养殖的优势，合理引进高附加值产品养殖项目，鼓励该类海洋渔业用海项目申报。

2. 优化海洋渔业用海方式，增强生态渔业用海审批便利

在巩固传统优势的基础上，充分发挥"生态渔业"优势，增加经济品种（如沙蚕）用海项目审批，同时鼓励海洋渔业与海洋生物医药业、海水综合利用业的联合用海项目。建立底播养殖、工厂化养殖等生态友好或集约式养殖方式的用海审批便利通道，加强对浅海养殖、池塘养殖等养殖方式的审批程序。

3. 实施新增用海产业布局规模比例优化决策

依据离散型线性规划模型对东营—滨州示范区新增用海最优比例分析得出的结论，对示范区新增用海布局规模比例优化决策提出建议。（1）滨州市方面，当备选布局产业为海洋船舶业和海洋电力业时，新增用海的最优比例为海洋船舶业：海洋电力业＝7∶1。当备选布局产业为海洋船舶业、海洋电力业和海洋交通运输业时，将新增用海全部用于海洋交通运输业为最优配置。当备选用海产业为海洋船舶业、海洋电力业、海洋交通运输业和其他涉海工业时，将新增用海全部用于其他涉海工业为最优配置。（2）东营市方面，即当备选用海产业为海洋渔业、海洋电力业及海洋油气业时，将新增用海全部用于海洋油气业为最优配置；考虑到海洋渔业的渔民就业问题，海洋油气业与海洋电力业、海洋渔业以30∶5∶1比例分配新增海洋空间资源的回报率略低于最优配置，为次优布局方案。在有限的渔业用海面积可采用立体化养殖等集约化渔业用海方式提高单位面积产值；当某区域内无可开发的油气资源时，按照海洋电力业与海洋渔业以5∶1比例分配新增用海面积，即为次优配置方案。

主要参考文献

[1] 安永刚、张合平：《长株潭核心区休闲产业布局研究》，载《经济地理》2009年第11期。

[2] 白首晏：《DEA方法在高校图书馆效率评价中的应用》，载《情报杂志》2002年第6期。

[3] 白文扬、李雨：《我国工业产业集中度实证研究》，载《中国工业经济》1994年第11期。

[4] 毕功兵、梁樑、杨锋：《两阶段生产系统的DEA效率评价模型》，载《中国管理科学》2007年第2期。

[5] 毕欣女：《我国海洋渔业产业化发展的科技需求及对策研究》，渤海大学，2013年。

[6] 卞亦文：《基于DEA理论的环境效率评价方法研究》，中国科学技术大学，2006年。

[7] 卞曰瑭、何建敏、庄亚明：《基于Lotka–Volterra模型的生产性服务业发展机理研究》，载《软科学》2011年第1期。

[8] 博登海默：《法理学：法律哲学与法律方法》，中国政法大学出版社1999年版。

[9] 卜凡、戴桂林：《海洋农牧化解决渔业资源过度捕捞问题效用的经济学分析》，载《中国渔业经济》2009年第2期。

[10] 蔡安宁、庄立、梁进社：《江苏省区域经济差异测度分析——基于基尼系数分解》，载《经济地理》2011年第12期。

[11] 蔡惠文、任永华、孙英兰等：《海水养殖环境容量研究进展》，载《海洋通报》2009年第2期。

[12] 蔡敏：《中国煤层气产业规制与产业发展》，载《资源与产业》2010年第4期。

[13] 曹可、苗丰民、赵建华：《海域使用动态综合评价理论与技术方法探讨》，载《海洋技术》2012年第2期。

[14] 曹可、吴佳璐、狄乾斌：《基于模糊综合评判的辽宁省海域承载力研究》，载《海洋环境科学》2012年第6期。

[15] 曹美兰、张勇、韩信友：《普陀区风能资源分析》，中国气象学会2008

年会，2008年。

[16] 曹荣湘：《经济安全：发展中国家的开放与风险》，中国社会科学出版社2006年版。

[17] 曹望：《舟山能源结构与绿色能源策略浅析》，载《浙江海洋学院学报（人文科学版）》2009年第1期。

[18] 曹志宏、梁流涛、郝晋珉：《黄淮海地区社会经济空间分异及集聚发展模式》，载《地理科学进展》2009年第6期。

[19] 车瑞银：《城乡一体化视角下离石区城乡空间布局优化探讨》，载《山西建筑》2014年第1期。

[20] 陈晨：《排污权有偿转让引起的思考》，载《煤炭经济研究》2008年第5期。

[21] 陈德宁、何一鸣、沈玉芳：《CEPA框架下"大珠三角"区域经济格局演变的动力模式研究》，载《经济地理》2009年第3期。

[22] 陈东景、李培英、杜军：《我国海洋经济发展思辨》，载《经济地理》2006年第2期。

[23] 陈功勋：《基于CLUE－S模型和GM的土地利用变化模拟研究》，南京大学，2012年。

[24] 陈广洲、解华明：《基于空间自相关的安徽省市域发展空间格局研究》，载《资源开发与市场》2008年第2期。

[25] 陈华、汪洋：《基于集群的山东半岛蓝色经济区问题研究》，载《山东经济战略研究》2009年第10期。

[26] 陈怀录、吴湧彬、罗君：《基于产业集群背景下的定西市产业结构空间布局优化研究》，载《经营管理者》2010年第14期。

[27] 陈金松等：《潮汐发电及其应用前景》，载《海洋开发与管理》2008年第11期。

[28] 陈京婷、杨宁生：《基于因子分析法的我国沿海各省海水养殖业竞争力评价》，载《中国渔业经济》2013年第3期。

[29] 陈可文：《中国海洋经济学》，海洋出版社2003年版。

[30] 陈黎明、邓玲玲：《基于典型相关分析的3E系统协调度评价研究》，载《统计与信息论坛》2012年第5期。

[31] 陈明宝、韩立民：《蓝色经济区建设的运行机制研究》，载《山东大学学报》2010年第4期。

[32] 陈琦、李京梅：《我国海洋经济增长与海洋环境压力的脱钩关系研究》，载《海洋环境科学》2015年第6期。

[33] 陈强、鲍悦华：《奥地利科技管理及对我国的启示》，载《中国科技论坛》2011年第2期。

[34] 陈清华：《海水养殖业对海底环境的影响》，载《海洋环境科学》2011年第6期。

[35] 陈秋玲、于丽丽：《我国海洋产业空间布局问题研究》，载《经济纵横》2014年第12期。

[36] 陈弢：《区域旅游发展协调度的时空差异研究》，载《地理研究》2014年第3期。

[37] 陈婉婷：《福建海洋生态经济社会复合系统协调发展研究》，福建师范大学，2015年。

[38] 陈卫东、顾培亮、刘波：《中国海洋可持续发展的SD模型与动态模拟》，载《数学的实践与认识》2009年第11期。

[39] 陈新军、曹杰、刘必林等：《基于贝叶斯Schaefer模型的西北太平洋柔鱼资源评估与管理》，载《水产学报》2011年第10期。

[40] 陈雨生、房瑞景、乔娟：《中国海水养殖业发展研究》，载《农业经济问题》2012年第6期。

[41] 程名望、史清华、王吉林：《国际贸易中环境成本内在化的经济学分析》，载《环境与贸易》2005年第5期。

[42] 程娜：《海洋生态系统的服务功能及其价值评估研究》，辽宁师范大学，2008年。

[43] 程啸天：《政策工具视角下的中国风电产业政策文本内容分析》，复旦大学，2011年。

[44] 褚同金：《海洋能资源开发利用》，化学工业出版社2005年版。

[45] 从佳琦：《河北旅游业发展的区域差异分析》，载《河北师范大学学报》2009年第4期。

[46] 崔登峰、朱金鹤：《基于灰色关联分析法的新疆FEEEP协调度研究》，载《西北人口》2014年第4期。

[47] 崔力拓、李志伟：《河北省海域承载力多层次模糊综合评价》，载《中国环境管理干部学院学报》2010年第4期。

[48] 崔胜辉、洪华生：《生态安全研究进展》，载《生态学报》2005年第4期。

[49] 崔毅、赵韵琪：《基于DEA方法的广东科技与金融结合效益评价》，载《特区经济》2011年第2期。

[50] 戴毓、周德群：《基于粗糙集理论的格序选择方法》，载《中国管理科学》2007年第6期。

[51] 单春红、胡珊珊：《海洋风能产业化的实现机制》，载《重庆社会科学》2013年第5期。

[52] 单春红、李怡昕、于谨凯：《基于空间布局优化路径决策模型的山东

半岛蓝区海水养殖空间布局优化研究》，载《浙江海洋学院学报（自然科学版）》2014 年第 6 期。

[53] 邓聚龙：《灰色系统理论》，华北理工大学出版社 1987 年版。

[54] 狄乾斌、韩增林：《海域承载力的定量化探讨——以辽宁海域为例》，载《海洋通报》2005 年第 1 期。

[55] 狄乾斌、韩增林：《辽宁省海洋经济可持续发展的演进特征及其系统耦合模式》，载《经济地理》2009 年第 5 期。

[56] 狄乾斌、韩增林、刘锴：《海域承载力研究的若干问题》，载《地理与地理信息科学》2004 年第 5 期。

[57] 刁艳华：《我国石油业产业规制的理论与实证研究》，载《资源与产业》2006 年第 6 期。

[58] 丁良才：《舟山群岛发展新能源互补系统的可行性探讨》，载《风力发电》1990 年第 1 期。

[59] 丁然、张曦：《我国海水养殖产量与相关影响因子的灰色关联度分析》，载《渔业信息与战略》2014 年第 3 期。

[60] 都晓岩：《泛黄海地区海洋产业布局研究》，中国海洋大学，2008 年。

[61] 杜碧兰：《海洋资源开发对我国可持续发展的作用》，载《海洋开发与管理》1997 年第 3 期。

[62] 杜小伟、刘群：《灰色 GM（1，1）模型和 Verhulst 模型在青岛市海水养殖产量预测中的应用》，载《浙江海洋学院学报》2011 年第 5 期。

[63] 杜云艳、周成虎、邵全琴等：《东海区海洋渔业资源环境的空间聚类分析》，载《高技术通讯》2002 年第 1 期。

[64] 法丽娜：《我国海洋产业生存与发展安全评价及政策选择》，载《世界经济情况》2008 年第 3 期。

[65] 樊刚：《市场机制与经济效率》，上海三联书店 1995 年版。

[66] 樊相宇：《基于 DEA 的高校院系效率评价》，载《西安邮电学院学报》2006 年第 6 期。

[67] 范德成、周豪：《区域高新技术产业化系统评价指标体系研究》，载《科技进步与对策》2007 年第 24 期。

[68] 范金、周忠民、包振强：《生态资本研究综述》，载《预测》2000 年第 5 期。

[69] 方创琳：《区域发展战略论》，科学出版社 2002 年版。

[70] 方芳、梁旭、李灿、熊紫倩：《空间多准则决策研究概述》，载《测绘科学》2014 年第 7 期。

[71] 方国华、黄显峰：《多目标决策理论及其应用》，科学出版社 2011 年版。

[72] 冯仕超、高小红、顾娟等:《基于 CLUE-S 模型的湟水流域土地利用空间分布模拟》,载《生态学报》2013 年第 3 期。

[73] 付会:《海洋生态承载力研究》,中国海洋大学,2009 年。

[74] 付姗璐:《我国可再生能源发电配额和强制上网的互补发展模式研究》,浙江大学,2008 年。

[75] 傅远佳:《海洋产业集聚与经济增长的耦合关系实证研究》,载《生态经济(中文版)》2011 年第 9 期。

[76] 盖美、张丽平、田成诗:《环渤海经济区经济增长的区域差异及空间格局演变》,载《经济地理》2013 年第 4 期。

[77] 干春晖:《产业经济学——教程与案例》,机械工业出版社 2006 年版。

[78] 高季章:《我国近海风能的若干问题探讨》,载《水利水电技术》2009 年第 9 期。

[79] 高乐华、高强:《海洋生态经济系统交互胁迫关系验证及其协调度测算》,载《资源科学》2012 年第 1 期。

[80] 高乐华、高强、史磊:《我国海洋生态经济系统协调发展模式研究》,载《生态经济》2014 年第 2 期。

[81] 高亮明、李炎、钟硕良等:《东山湾海水养殖布局变化的遥感研究》,载《海洋学研究》2014 年第 4 期。

[82] 高鹏、王利等:《基于 GIS 空间分析法的辽宁省产业结构空间格局演变研究》,载《资源开发与市场》2015 年第 10 期。

[83] 高新才、高新雨等:《基于 ESDA-GIS 的六盘山片区县域经济空间格局演变研究》,载《西北师范大学学报》2014 年第 4 期。

[84] 高源:《我国海洋产业集聚时空特征、驱动机理及其与区域要素协调发展研究》,辽宁师范大学,2012 年。

[85] 高源、韩增林、杨俊等:《中国海洋产业空间集聚及其协调发展研究》,载《地理科学》2015 年第 8 期。

[86] 苟三勇:《新形势下政府进行石油产业管制的对策建议》,载《商业时代》2006 年第 21 期。

[87] 谷祖莎:《贸易与环境的协调—环境成本内部化研究》,载《河南社会科学》2003 年第 6 期。

[88] 顾海峰:《战略性新兴产业演进的金融支持体系及政策研究——基于市场性金融的支持视角》,载《经济问题探索》2011 年第 11 期。

[89] 关伟、朱海飞:《基于 ESDA 的辽宁省县际经济差异时空分析》,载《地理研究》2011 年第 11 期。

[90] 桂昆鹏、徐建刚、张翔:《基于供需分析的城市绿地空间布局优化》,载《应用生态学报》2013 年第 5 期。

[91] 郭春香、龚浩、郭耀煌：《区间信度环境下基于偏好熵的随机格序排列方法》，载《运筹与管理》2013 年第 3 期。

[92] 郭春香、郭强、郭耀煌：《基于区间概率偏好的随机格序群决策方法》，载《西南交通大学学报》2012 年第 4 期。

[93] 郭春香、郭耀煌：《格序决策的格序化研究》，载《系统工程理论方法应用》2004 年第 5 期。

[94] 郭春香、郭耀煌：《格序决策的格序化研究》，载《系统管理学报》2004 年第 5 期。

[95] 郭付友、李诚固、陈才等：《2003 年以来东北地区人口城镇化与土地城镇化时空耦合特征》，载《经济地理》2015 年第 9 期。

[96] 郭涛、林盛、刘金培：《高校教师科研绩效评价：一种多准则决策分析模型》，载《统计与决策》2012 年第 9 期。

[97] 郭亚军、杨耀东、张瑞华：《区域产业结构的合理性及其评价方法》，载《工业技术经济》2003 年第 3 期。

[98] 郭延凤、于秀波、姜鲁光等：《基于 CLUE 模型的 2030 年江西省土地利用变化情景分析》，载《地理研究》2012 年第 6 期。

[99] 郭彦利：《北京地区物业服务产业化问题研究》，对外贸易经济大学，2011 年。

[100] 郭越、宋维玲：《海洋油气助推中国经济发展》，载《海洋经济》2011 年第 4 期。

[101] 郭祯、阎俊爱：《智能型煤矿突发事件应急决策支持系统研究》，载《山西财经大学学报》2014 年第 S2 期。

[102] 国家海洋局：《中国海洋统计年鉴（2006）》，海洋出版社 2006 年版。

[103] 国家海洋局：《908 专项办公室：《海域使用现状调查技术规程》，海洋出版社 2005 年版。

[104] 《海洋及相关产业分类 GB/T20794—2006》，中国标准出版社 2007 年版。

[105] 韩立民：《海洋产业结构与布局的理论与实证研究》，中国海洋大学出版社 2007 年版。

[106] 韩立民：《山东半岛蓝色经济区发展战略浅析》，2009 中国海洋论坛论文集，2009 年。

[107] 韩立民：《试论海洋产业结构的演进规律》，载《中国海洋报》2006 年 9 月 26 日。

[108] 韩立民、霍军：《海域承载力影响因素与评估指标体系研究》，中国海洋大学，2010 年。

[109] 韩立民、李大海：《"蓝色粮仓"：国家粮食安全的战略保障》，载

《农业经济问题》2015 年第 1 期。

［110］韩立民、栾秀芝：《海域承载力研究综述》，载《海洋开发与管理》2008 年第 9 期。

［111］韩立民、罗青霞：《海域环境承载力的评价指标体系及评价方法初探》，载《海洋环境科学》2010 年第 3 期。

［112］韩立民、任新君：《海域承载力与海洋产业布局关系初探》，载《太平洋学报》2009 年第 2 期。

［113］韩立民、王金环：《"蓝色粮仓"空间拓展策略选择及其保障措施》，引自中国海洋学会：《中国海洋学会 2013 年学术年会第 13 分会场论文集》，中国海洋学会，2013 年。

［114］韩立民、张红智：《海陆经济板块的相关性分析及其一体化建议》，载《中国海洋报》2006 年 3 月 21 日。

［115］韩林一：《美国发布国家海上风电战略》，载《中国海洋报》2011 年 4 月 1 日。

［116］韩秋影、黄小平、施平：《生态补偿在海洋生态资源管理中的应用》，载《生态学杂志》2007 年第 1 期。

［117］韩颖：《我国情报管理技术支撑体系优化研究》，吉利大学，2008 年。

［118］韩永奇：《关于山东半岛蓝色经济区发展风电产业的观察与思考》，载《新材料产业》2012 年第 2 期。

［119］韩增林、狄乾斌：《海域承载力研究的若干问题》，载《地理与地理信息科学》2004 年第 5 期。

［120］韩增林、狄乾斌、刘锴：《海域承载力的理论与评价方法》，载《地域研究与开发》2006 年第 1 期。

［121］韩增林、王茂军、张军霞：《中国海洋产业发展的地区差距变动及空间集聚分析》，载《地理研究》2003 年第 3 期。

［122］韩增林、王茂军、张学霞：《中国海洋产业发展的地区差距变动及空间集聚分析》，载《地理研究》2003 年第 3 期。

［123］韩增林、许旭：《中国海洋经济地域差异及演化过程分析》，载《地理研究》2008 年第 3 期。

［124］韩中华、付金方：《西方政府规制理论的发展及其对我国的启示》，载《中国矿业大学学报（社会科学版）》2010 年第 1 期。

［125］何格、唐德善：《基于改进物元可拓模型的水资源配置方案评价》，载《水电能源科学》2012 年第 12 期。

［126］何广顺、王晓惠：《海洋及相关产业分类研究》，载《海洋科学进展》2006 年第 3 期。

［127］何杰、赵鑫、杨家胜：《我国海上风电产业发展的对策与建议》，载

《人民长江》2011 年第 1 期。

[128] 何维达、何昌：《当前中国三大产业安全的初步估算》，载《中国工业经济》2002 年第 2 期。

[129] 何文岳：《嵊泗县风能资源状况及开发利用前景》，载《浙江气象》1996 年第 4 期。

[130] 何秀春：《县域林业可持续发展评价指标体系及评价标准》，中南林学院，2005 年。

[131] 洪恩华、陈祖海：《自然资源开发利用激励机制研究》，载《科技创业月刊》2008 年第 4 期。

[132] 洪棉棉、王菲凤：《基于能值分析的生态足迹模型的改进及实证研究》，载《福建师范大学学报（自然科学版）》2009 年第 4 期。

[133] 洪尚群、胡卫红：《论"谁受益，谁补偿"原则的完善与实施》，载《环境科学与技术》2000 年第 4 期。

[134] 胡保友、杨新华：《国内外深海养殖网箱现状及发展趋势》，载《硅谷》2008 年第 10 期。

[135] 胡炳清、柴发合、赵德刚、赵金民：《大气复合污染区域调控与决策支持系统研究》，载《环境保护》2015 年第 5 期。

[136] 胡晨光、程惠芳、陈春根：《产业集聚的集聚动力：一个文献综述》，载《经济学家》2011 年第 6 期。

[137] 胡炜、李琪、李成林：《低碳、生态、高效海水养殖模式探讨》，载《齐鲁渔业》2011 年第 5 期。

[138] 胡艳兴、潘竟虎、陈蜓等：《基于 ESDA 和 GWR 的中国地级及以上城市四化协调发展时空分异格局》，载《经济地理》2015 年第 5 期。

[139] 黄明娜：《海洋资源损害补偿机制——厦门案例研究》，厦门大学，2008 年。

[140] 黄瑞芬：《环渤海经济圈海洋产业集聚与区域环境资源耦合研究》，中国海洋大学，2009 年。

[141] 黄瑞芬、苗国伟：《海洋产业集群测度——基于环渤海和长三角经济区的对比研究》，载《中国渔业经济》2010 年第 6 期。

[142] 纪龙、吴文勋：《我国蔬菜生产地理集聚的时空特征及影响因素》，载《经济地理》2015 年第 9 期。

[143] 纪玉俊：《我国的海洋产业集聚及其影响因素分析》，载《中国海洋大学学报（社会科学版）》2013 年第 2 期。

[144] 贾文婷、武忠：《基于 SD 模型的可再生能源技术创新动力要素研究》，载《情报杂志》2012 年第 2 期。

[145] 江娟：《广东省滨海旅游开发的监督体系研究》，暨南大学，2008 年。

[146] 江世银、JIANGSHi-yin:《区域战略性产业结构布局的模型建立和指标体系设计——兼论我国东中西部地区战略性产业结构布局》,载《云南财经大学学报》2005 年第 6 期。

[147] 江伟钮、陈方林:《资源环境法词典》,中国法制出版社 2005 年版。

[148] 江毅海、陈文勇:《政府职能与海洋捕捞业可持续发展》,载《中国渔业经济》2002 年第 3 期。

[149] 姜波等:《山东半岛沿海风能资源评估与分布研究》,载《海洋技术》2009 年第 12 期。

[150] 姜波、赵世明、徐辉奋等:《山东半岛沿海风能资源评估与分布研究》,载《海洋技术》2009 年第 4 期。

[151] 姜欢欢:《网箱养殖对近岸海域海洋生态环境的影响探讨》,载《海洋开发与管理》2015 年第 8 期。

[152] 姜宁、付强:《基于基尼系数的黑龙江省水资源空间匹配分析》,载《东北农业大学学报》2010 年第 5 期。

[153] 姜羡:《基于 DEA 的我国物流企业绩效评价研究》,东北大学,2008 年。

[154] 姜旭朝、毕毓洵:《中国海洋产业结构变迁浅论》,载《山东社会科学》2009 年第 4 期。

[155] 蒋柳鹏、封学军、王伟:《"港口—产业—城市"复合系统协调度模型》,载《水利经济》2011 年第 1 期。

[156] 蒋太胜:《基于 DEA 的公路运输企业经营绩效评价研究》,中南大学,2007 年。

[157] 蒋铁民:《海洋经济探索与实践》,海洋出版社 2008 年版。

[158] 蒋逸民、慕永通、姚丽娜:《养殖面积和劳动力对中国海水养殖产出的贡献度研究》,载《海洋经济》2013 年第 1 期。

[159] 蒋佐斌:《中国铁矿资源循环经济实现机制研究》,中国地质大学,2009 年。

[160] 解磊:《我国煤层气产业管理有关问题研究》,中国地质大学,2009 年。

[161] 金彬明、王小平、叶学文等:《浙江省瑞安市发展休闲渔业的规划布局》,载《水利渔业》2006 年第 4 期。

[162] 靳诚、陆玉麒:《基于县域单元的江苏省经济空间格局演化》,载《地理学报》2009 年第 6 期。

[163] 景玉琴:《产业安全评价指标体系研究》,载《经济学家》2006 年第 2 期。

[164] 敬莉、张晓东:《西北五省区产业集聚与经济增长的实证分析——基于空间基尼系数的测度》,载《开发研究》2013 年第 2 期。

[165] 康秀华:《盘锦渔业布局与"增长极"效用探讨》,载《中国渔业经

济》2005 年第 6 期。

[166] 孔丹、江心英:《多准则决策分析法在企业战略决策中的应用研究》,载《中国商贸》2015 年第 3 期。

[167] 寇学永:《煤炭资源开发的生态补偿研究——以贵州省为例》,贵州师范大学,2006 年。

[168] 雷霁霖:《我国海水鱼类养殖大产业架构与前景展望》,载《海洋水产研究》2006 年第 2 期。

[169] 雷霁霖:《中国海水养殖大产业架构的战略思考》,载《中国水产科学》2010 年第 3 期。

[170] 雷庄妍:《我国海洋可再生资源开发利用法律制度的建设与完善》,厦门大学,2009 年。

[171] 黎树式、林俊良:《海洋生态经济系统可持续发展研究——以钦州湾为例》,载《安徽农业科学》2010 年第 25 期。

[172] 李保华:《低碳交通引导下的城市空间布局模式及优化策略研究——以郑州为例》,西安建筑科技大学,2013 年。

[173] 李斌:《高校科技成果产业化筛选评价指标探讨》,载《产业研究》2010 年第 8 期。

[174] 李博:《关于中国石油产业规制改革的研究》,载《消费导刊》2010 年第 3 期。

[175] 李昌峰、武清华、张落成:《土地集约利用与经济发展的空间差异研究——以长江三角洲地区为例》,载《经济地理》2011 年第 2 期。

[176] 李德仁、赵中元、赵萍:《城市规划三维决策支持系统设计与实现》,载《武汉大学学报(信息科学版)》2011 年第 5 期。

[177] 李福柱、肖云霞:《沿海地区陆域与海洋产业结构的协同演进趋势及空间差异研究》,载《中国海洋大学学报》2012 年第 1 期。

[178] 李纲、郑晓琼、朱国平等:《基于水温因子的东黄海鲐鱼剩余产量模型建立》,载《上海海洋大学学报》2011 年第 1 期。

[179] 李冠、何明祥:《基于 DEA 的商业银行效率评价研究》,载《数学的实践与认识》2005 年第 5 期。

[180] 李广雪、王璇、丁咚:《山东半岛蓝色经济区海洋产业现状与优化分析》,海洋出版社 2015 年版。

[181] 李金玲:《我国滨海旅游业的演化的动力机制研究》,中国海洋大学,2013 年。

[182] 李京梅、郭斌:《我国海水养殖的生态预警评价指标体系与方法》,载《海洋环境科学》2012 年第 3 期。

[183] 李京梅、许玲:《青岛市蓝色经济区建设的海洋资源承载力评价》,

载《中国海洋大学学报（社会科学版）》2013年第6期。

[184] 李靖、王晓东：《中国海上风电开发经济性初步估计》，载《中国三峡建设》2007年第5期。

[185] 李靖宇、于良臣：《关于中国陆域经济与海域经济协调发展的战略思考》，载《太平洋学报》2006年第2期。

[186] 李靖宇、袁宾潞：《长江口及浙江沿岸海洋经济区域与产业布局优化问题探讨》，载《中国地质大学学报（社会科学版）》2007年第2期。

[187] 李娟、黄民生、陈世发等：《基于能值理论的福州市生态足迹分析》，载《中国农学通报》2009年第10期。

[188] 李军：《山东半岛蓝色经济区海陆资源开发战略研究》，载《中国人口·资源与环境》2010年第12期。

[189] 李军、张平：《中国海洋国土空间开发格局现状、问题与对策探讨》，载《中国发展》2014年第4期。

[190] 李曼焘：《昆明市旅游业发展与环境保护协调度分析》，载《资源开发与市场》2010年第5期。

[191] 李南：《开放经济下的港口产业安全与政府规制》，载《综合运输》2006年第z1期。

[192] 李鹏：《基于DPSIR模型的水资源保障研究》，浙江大学，2006年。

[193] 李青、张落成、武清华：《江苏沿海地带海洋产业空间集聚变动研究》，载《海洋湖沼通报》2010年第4期。

[194] 李睿：《基于ECOPATH与RAPFISH东海区生物资源可持续开发与保护研究》，上海海洋大学，2011年。

[195] 李文荣：《海陆经济互动发展的机制探索》，海洋出版社2010年版。

[196] 李文忠、游斌：《天津市工业化、城镇化和农业现代化发展协调度的研究》，载《经济问题》2014年第4期。

[197] 李雯：《基于复杂网络原理的环渤海经济区滨海旅游业研究》，烟台大学，2013年。

[198] 李翔：《基于DEA方法的信息技术类上市公司绩效评价研究》，浙江理工大学，2010年。

[199] 李秀亭：《山东半岛沿岸海域的潮汐特征》，载《海岸工程》1989年第12期。

[200] 李延峰：《山东半岛典型海域生态环境承载力评价》，中国科学院研究生院（海洋研究所），2014年。

[201] 李延峰、宋秀贤、李虎、吴在兴、俞志明：《山东半岛蓝色经济区海域生态环境综合评价》，载《环境科学研究》2014年第5期。

[202] 李艳芳、林树杰：《可再生能源市场准入制度研究》，载《中州学刊》

2010 年第 3 期。

[203] 李勇、周芝芬：《舟山市风电发展思路研究》，载《浙江统计》2009 年第 7 期。

[204] 李云岭：《基于栅格模型的海洋渔业 GIS 研究》，山东科技大学，2003 年。

[205] 栗坤：《海洋产业集聚的形成机制与实现路径研究——基于协同集聚视角》，浙江工业大学，2013 年。

[206] 连飞：《基于 DEA 的我国循环经济效率评价》，载《哈尔滨商业大学学报（社会科学版）》2009 年第 1 期。

[207] 联合国政府间海洋学委员会会议决议（XX－6）Argo 计划，第三期：27。

[208] 梁飞：《海洋经济与海洋可持续发展理论方法及其应用研究》，载《地理与地理信息科学》2003 年第 3 期。

[209] 梁友嘉、徐中民、钟方雷：《基于 SD 和 CLUE－S 模型的张掖市甘州区土地利用情景分析》，载《地理研究》2011 年第 3 期。

[210] 梁中、焦念志：《胶州湾生态环境分析预警系统》，载《海洋科学》2002 年第 1 期。

[211] 聊城市发展和改革委员会：《国家、山东省扶持新能源产业发展的相关政策规定》，2011 年 8 月 15 日。

[212] 廖成林、王璐：《公用事业产量隐性下政府管制的有效性分析》，载《中国软科学》2005 年第 1 期。

[213] 林超：《基于 CLUE－S 模型的基本农田划定》，长安大学，2012 年。

[214] 林鹤云、郭玉敬、孙蓓蓓等：《海上风电的若干关键技术综述》，载《东南大学学报：自然科学版》2011 年第 4 期。

[215] 林建华：《可拓物元模型在银行经营目标优度综合评价中的应用研究》，载《绍兴文理学院学报》2008 年第 8 期。

[216] 林森、董佳鑫：《电力市场结构与政府管制改革研究——基于 SCP 分析框架》，载《商场现代化》2009 年第 10 期。

[217] 林应福：《福建省海洋产业集聚影响经济增长的实证研究》，福建师范大学，2014 年。

[218] 刘波：《海洋可持续发展的动力学机制研究》，天津大学，2003 年。

[219] 刘超杰、任淑华：《浙江海洋渔业产业结构优化升级的战略研究》，载《中国水运月刊》2014 年第 3 期。

[220] 刘成友：《百年国企为何发起成立风电装备产业联盟》，http://sd.people.com.cn/GB/172941/14289517.html。

[221] 刘大海、马雪健、胡国斌等：《生态干扰理论在养殖用海管理上的应用研究》，载《中国渔业经济》2015 年第 3 期。

[222] 刘德赢:《基于 GIS 吉林省县域经济发展的空间要素和空间格局研究》,东北师范大学,2014 年。

[223] 刘冬梅:《加强产学研合作是提高农业技术创新体系活力的重要举措》,载《中国科技论坛》2007 年第 12 期。

[224] 刘国瑞:《烟台市海洋捕捞业可持续发展问题研究》,中国海洋大学,2013 年。

[225] 刘海英:《1998 年美国前 200 家石油公司主要经营指标浅析》,载《国际石油经济》1999 年第 6 期。

[226] 刘华军、何礼伟、杨骞:《中国人口老龄化的空间非均衡及分布动态演进:1989~2011》,载《人口研究》2014 年第 2 期。

[227] 刘辉煌:《论我国金融服务贸易自由化的模式选择》,载《国际经贸探索》2001 年第 1 期。

[228] 刘家顺、杨洁、孙玉娟:《产业经济学》,中国社会科学出版社 2006 年版。

[229] 刘劲科、卢伙胜:《我国海洋捕捞业可持续发展的问题与对策》,载《中国水产》2005 年第 6 期。

[230] 刘晶:《基于能值——生态足迹模型的吉林省生态安全研究》,吉林大学,2008 年。

[231] 刘康、韩立民:《海域承载力本质及内在关系探析》,载《太平洋学报》2008 年第 9 期。

[232] 刘康、霍军:《海岸带承载力影响因素与评估指标体系初探》,载《中国海洋大学学报(社会科学版)》2004 年第 4 期。

[233] 刘林:《胶州湾海岸带空间资源利用时空演变》,国家海洋局第一海洋研究所,2008 年。

[234] 刘林、尹明、杨方、关鹏:《德国海上风电发展分析及启示》,载《能源技术经济》2011 年第 8 期。

[235] 刘美玲:《基于 GIS 和 RS 的矿产资源开发生态环境效应监测与评价》,中国地质大学(北京),2006 年。

[236] 刘庆:《我国民间资本进入天然气产业问题研究》,北京化工大学,2005 年。

[237] 刘瑞卿、李新旺等:《基于格序结构的土地整治综合效益评价研究》,载《土壤通报》2012 年第 6 期。

[238] 刘思峰:《灰色系统理论及其应用》,科学出版社 1999 年版。

[239] 刘崴:《未来我国生态补偿机制与经济发展的几点思考》,载《特区经济》2006 年第 9 期。

[240] 刘仙桃:《农民居民点空间布局优化与集约用地模式研究》,北京地

质大学，2009年。

［241］刘显波：《第三方物流企业人才支撑体系研究》，北京交通大学，2010年。

［242］刘向阳：《寡头垄断条件下地方政府规制的行为选择》，南昌大学，2008年。

［243］刘晓：《海水养殖业技术创新联盟知识流动研究——基于知识网络视角》，中国海洋大学，2012年。

［244］刘耀林、赵翔、刘殿锋：《土地利用优化配置人工免疫并行决策支持系统》，载《武汉大学学报》（信息科学版）2014年第2期。

［245］刘英杰：《辽宁省滨海旅游发展对策分析》，载《中外企业家》2015年第1期。

［246］刘勇、孔祥威、白珂：《大规模海上风电场建设的技术支撑体系研究》，载《资源科学》2009年第11期。

［247］刘源、刘方国：《航空制造企业物流系统经济效益评价方法探讨》，载《郑州航空工业管理学院学报》1998年第4期。

［248］刘志民、马彦民、倪峰等：《农业高新技术产业化评价指标体系研究·中国科技论》2003年第3期。

［249］刘自新：《规制理论以及我国政府规制改革的探讨》，载《中共杭州市委党校学报》2008年第6期。

［250］龙华：《论渔业安全与对策》，载《水利渔业》2005年第4期。

［251］隆宏贤、姚楚君：《珠三角区域研发产业空间集聚及影响因素研究》，载《科技管理研究》2014年第7期。

［252］楼东、谷树忠、钟赛香：《中国海洋资源现状及海洋产业发展趋势分析》，载《资源科学》2005年第5期。

［253］卢昆：《基于粮食安全视角的海水养殖业发展政策研究》，载《东岳论丛》2011年第6期。

［254］卢振彬、李雪丁：《福建近海渔业资源生产量和最大可持续开发量》，引自《2009年中国水产学会学术年会论文摘要集》2009年。

［255］鲁曙光：《鲁北沿海地区高新技术产业集群科技创新体系研究》，山东农业大学，2008年。

［256］陆大道：《区域发展及其空间结构》，科学出版社1995年版。

［257］吕新业：《我国食物安全及预警研究》，中国农业科学院，2006年。

［258］吕曰恒：《山东白沙口潮汐电站综合开发前景广阔》，载《海洋技术》2001年第3期。

［259］吕忠梅：《超越与保守：可持续发展视野下的环境法创新》，法律出版社2003年版。

[260] 栾维新:《海洋规划的区域类型与特征研究》,载《人文地理》2005年第1期。

[261] 罗建美、霍永伟、刘静鹏等:《基于GIS的深州市农村居民点布局适宜性评价与布局优化研究》,载《科技与企业》2013年第8期。

[262] 罗佐县:《我国海洋油气生产对外合作现状及展望》,载《化学工业》2009年第7期。

[263] 马彩华、游奎、马伟伟:《海域承载力与海洋生态补偿的关系研究》,载《中国渔业经济》2009年第3期。

[264] 马风理:《烟台市海水养殖业现状分析及对策研究》,中国海洋大学,2010年版。

[265] 马辉、张树有、谭建荣等:《面向大批量定制的产品族可拓物元模型》,载《计算机辅助设计与图形学学报》2005年第6期。

[266] 马丽、金凤君等:《中国区域经济发展与环境污染空间耦合分析》,载《Journal of Geographical Sciences》2013年第3期。

[267] 马利邦、牛叔文、杨丽娜:《基于Markov和CLUE-S模型的敦煌市土地利用/覆盖格局情景模拟》,载《生态学杂志》2012年第7期。

[268] 马清彪:《关于构建黄河三角洲排污权交易机制的思考》,载《企业经济》2011年第9期。

[269] 马听等:《规制经济学》,高等教育出版社2004年版。

[270] 马煦:《英国海上风电规划汹涌或为中国企业新契机》,载《能源研究与利用》2011年第3期。

[271] 马占新、唐焕文:《关于DEA有效性在数据变换下的不变性》,载《系统工程学报》1999年第2期。

[272] 马钊、刘京晨:《基于模糊多准则决策法的城市建筑项目风险评估方法研究》,载《河南科学》2015年第5期。

[273] 毛传新:《基于集聚经济的区域战略性产业结构布局:理论构想》,载《地理学报》2004年第10期。

[274] 毛显强、钟瑜、张胜:《生态补偿的理论探讨》,载《中国人口·资源与环境》2002年第4期。

[275] 毛小敏:《我国海洋产业集聚圈培育路径研究》,广东海洋大学,2013年。

[276] 孟庆武等:《论山东半岛蓝色经济区建设过程中海洋资源的科学开发》,载《海洋开发与管理》2011年第1期。

[277] 孟溦、张大群、刘文斌:《多层次结构DEA模型及其应用》,载《中国管理科学》2008年第4期。

[278] 米红梅、张悦、宋占兵:《基于VEGA和DCGA的化工园区布局优化

研究》，载《中国安全生产科学技术》2013 年第 5 期。

[279] 米文宝：《西海固地区可持续发展理论与应用》，载《干旱区地理》1999 年第 3 期。

[280] 苗丽娟、王玉广、张永华等：《海洋生态环境承载力评价指标体系研究》，载《海洋环境科学》2006 年第 3 期。

[281] 牟奇玲、吴蒙、车越：《基于二维空间矩阵的快速城市化地区布局优化研究》，载《中国人口·资源与环境》2014 年第 S3 期。

[282] 慕永通：《渔业管理：以基于权利的管理为中心》，中国海洋大学出版社 2006 年版。

[283] 倪建军、刘明华、任黎等：《强化学习在基于多主体模型决策支持系统中的应用——以湖泊水环境决策支持系统为例》，载《系统工程理论与实践》2012 年第 8 期。

[284] 倪云林、辛华龙、刘勇：《我国海上风电的发展与技术现状分析》，载《能源工程》2009 年第 4 期。

[285] 裴小妮：《风电价格政策分析及其评价》，长沙理工大学，2010 年版。

[286] 彭珂珊、上官周平：《中国西部地区退耕还林的作用和战略对策》，载《世界林业研究》2003 年第 3 期。

[287] 彭诗言：《吉林生态省建设中的生态补偿问题研究》，载《吉林省教育学院学报（学科版）》2010 年第 8 期。

[288] 蒲新明、傅明珠、王宗灵等：《海水养殖生态系统健康综合评价：方法与模式》，载《生态学报》2012 年第 19 期。

[289] 齐二石、孔海宁、刘晓峰等：《基于 DEA 方法的我国国家级经济技术开发区效率评价》，载《西安电子科技大学学报（社会科学版）》2008 年第 5 期。

[290] 钱丽、陈忠卫等：《中国区域工业化、城镇化与农业现代化耦合协调度及其影响因素研究》，载《经济问题探索》2012 年第 12 期。

[291] 丘君、刘容子、赵景柱等：《渤海区域生态补偿机制的研究》，载《中国人口·资源与环境》2008 年第 2 期。

[292] 邱志忠：《论区域绿色生产力发展战略》，引自《中国生产力学会 2001 年国际大会论文集》2001 年。

[293]《全国渔业发展第十三个五年规划》，载《中国渔业报》2017 年 1 月 9 日。

[294] 饶云聪：《生态补偿应用研究》，重庆大学，2008 年。

[295] 任博英：《山东半岛海洋产业集聚与区域经济增长问题研究》，中国海洋大学，2010 年。

[296] 任光超：《我国海洋资源承载力评价研究》，上海海洋大学，2011 年。

[297] 任光超、杨德利、管红波：《主成分分析法在我国海洋资源承载力变

化趋势研究中的应用》,载《海洋通报》2012年第178期。

[298] 任海英、程善宝、黄鲁成:《基于系统动力学的新兴技术产业化策略研究》,载《科研管理》2013年第5期。

[299] 任新君:《海域承载力和海水养殖业布局的内在作用机理研究》,中国海洋大学,2010年。

[300] 任艳林:《丹麦海上风电:先要让公众欢迎》,载《中国电力报》2005年8月16日。

[301] 山东电监办输供电监管处:《山东省风电、光伏发电产业现状及未来发展建议》。

[302] 山东电力工程咨询院有限公司、东营市发展和改革委员会:《东营市风电发展规划》2011年。

[303] 山东省人民政府:《山东海洋功能区划(2011~2010)》,海洋出版社2010年版。

[304]《山东省人民政府关于加快我省新能源和节能环保产业发展的意见》,2010中国热电行业发展论坛,2010年。

[305] 山世英:《中国水产品产业的国际地位及对外开放态势评析》,载《农业经济问题》2004年第7期。

[306] 尚时路:《资源开发的生态补偿——一个不容回避的话题》,载《中国发展观察》2005年第6期。

[307] 邵桂兰、韩菲、李晨:《基于主成分分析的海洋经济可持续发展能力测算——以山东省2000~2008年数据为例》,载《中国海洋大学学报(社会科学版)》2011年第6期。

[308] 邵桂兰、杨志坤、于谨凯等:《山东半岛蓝区海洋优势产业选择及战略定位研究》,载《东岳论丛》2012年第7期。

[309] 沈满洪、杨天:《生态补偿机制的三大理论基石》,载《中国环境报》2004年3月2日。

[310] 盛毅、池瑞瑞、王长宇:《当前我国工业集中度及其变动趋势研究》,载《郑州航空工业管理学院学报》2007年第5期。

[311] 施湘锟、林文雄、谢志忠:《福建省海水养殖业科技成果转化金融支持研究》,载《科技管理研究》2015年第6期。

[312] 史佳林、宋建辉、刘欣宇:《天津滨海新区现代渔业发展方向与空间布局》,载《中国农业资源与区划》2012年第4期。

[313] 宋军继:《山东半岛蓝色经济区陆海统筹发展对策研究》,载《经济研究》2011年第12期。

[314] 宋马林、徐龙、王舒鸿等:《小样本数据下安徽省经济——环境系统协调发展的实证分析》,载《地理研究》2013年第8期。

[315] 宋拾平、陈姣、李绿林：《论高新技术产业布局评价指标体系构建》，载《经济研究导刊》2010 年第 22 期。

[316] 宋晓英、李仁杰等：《基于 GIS 的蔚县乡村聚落空间格局演化与驱动机制分析》，载《人文地理》2015 年第 3 期。

[317] 苏东水：《产业经济学》，高等教育出版社 2004 年版。

[318] 苏静、胡宗义、唐李伟：《我国能源—经济—环境（3E）系统协调度的地理空间分布与动态演进》，载《经济地理》2013 年第 9 期。

[319] 苏盼盼、叶属峰：《基于 AD-AS 模型的海岸带生态系统综合承载力评估—以舟山海岸带为例》，载《生态学报》2014 年第 34 期。

[320] 苏伟：《广西近海环境与经济可持续发展水平及协调性分析》，载《海洋环境科学》2007 年第 6 期。

[321] 苏艺、刘佳、韩晓庆等：《海水养殖对海洋生态环境的影响——以河北省昌黎县为例》，载《江苏农业科学》2012 年第 3 期。

[322] 孙才志、王会：《辽宁省海洋产业结构分析及优化升级对策》，载《地域研究与开发》2007 年第 4 期。

[323] 孙才志、杨羽頔、邹玮：《海洋经济调整优化背景下的环渤海海洋产业布局研究》，载《中国软科学》2013 年第 10 期。

[324] 孙才志、于广华、王泽宇等：《环渤海地区海域承载力测度与时空分异分析》，载《地理科学》2014 年第 5 期。

[325] 孙东林、刘圣、姚成等：《用能值分析理论修改生物承载力的计算方法——以苏北互花米草生态系统为例》，载《南京大学学报（自然科学）》2007 年第 5 期。

[326] 孙光圻、吴相军：《"全国沿海港口布局规划"的编制背景与实施意义》，载《水运管理》2007 年第 1 期。

[327] 孙红、陈靖：《DEA 在寿险公司经营效率评价中的应用研究》，载《企业经济》2007 年第 9 期。

[328] 孙红燕：《中国商业银行的效率评价——DEA 方法在中国商业银行效率评价中的应用》，成都理工大学硕士学位论文，2003 年。

[329] 孙吉亭：《论我国海洋资源可持续利用的基本内涵与意义》，载《海洋开发与管理》2000 年第 4 期。

[330] 孙吉亭等：《蓝色经济研究》，海洋出版社 2009 年版。

[331] 孙久文：《简论"点轴"模式形成的条件及其适用性》，中国区域开发网，www.china-region.com。

[332] 孙林、杨德权、肖洪钧等：《海洋渔业捕捞优化模型及其可持续发展策略研究》，载《渔业经济研究》2009 年第 1 期。

[333] 孙鹏、朱坚真：《海洋三次产业结构演进特殊性问题探讨》，广东海

洋大学，2011年。

[334] 孙丕喜、郝林华、杜蓓蓓等：《桑沟湾农药残留及贝毒对海洋环境质量影响和主要食用贝类健康风险评估》，载《海洋科学进展》2015年第1期。

[335] 孙瑞华：《产业安全评价指标体系的构建研究》，载《科技进步与对策》2006年第5期。

[336] 孙彤：《滨海新区构建自主创新高地实现机制研究》，载《科技进步与对策》2011年第12期。

[337] 孙新章、谢高地、张其仔等：《中国生态补偿的实践及其政策取向》，载《资源科学》2006年第4期。

[338] 孙玉琴：《基于DEA的滨海区域生态旅游效率评价及优化研究》，中南林业科技大学，2012年。

[339] 索贵彬、赵国杰：《基于可拓物元模型的企业持续创新系统主导力评价》，载《科技进步与对策》2009年第4期。

[340] 谭映宇、张平、刘容子等：《渤海内主要海湾资源和生态环境承载力比较研究》，载《中国人口·资源与环境》2012年第12期。

[341] 唐邦勤：《我国农业产业化支撑体系研究综述》，载《商场现代化》2009年第7期。

[342] 唐启升、苏纪兰：《海洋生态系统动力学研究与海洋生物资源可持续利用》，载《地球科学进展》2001年第1期。

[343] 唐智华、朱现龙、李成：《土地利用/土地覆被变化CLUE-S模型与应用分析——以扬州市为例》，载《地球信息科学学报》2011年第5期。

[344] 陶爱萍、刘志迎：《国外政府规制理论研究综述》，载《经济纵横》2003年第6期。

[345] 特伯恩等：《决策支持与商务智能系统（第9版）》，中国人民大学出版社2015年版。

[346] 田燕、马军成：《土地利用总体规划实施保障措施研究》，载《安徽农业科学》2011年第27期。

[347] 田依林：《企业技术创新能力评价指标体系模型研究》，载《科技管理研究》2009年第7期。

[348] 童心、邹坦、童永彭：《基于区位基尼系数分析的江西省建筑业的空间集聚研究》，载《科技管理研究》2012年第7期。

[349] 汪若君、张效莉：《海岸带区域海洋产业布局评价指标体系设计》，载《财贸研究》2009年第6期。

[350] 王冰、黄岱：《"市场结构—市场行为—市场绩效"范式框架下的政府管制理论及其对我国的借鉴作用》，载《山东社会科学》2005年第3期。

[351] 王春生：《用DEA方法对项目进行经济评价的探讨》，载《沈阳建筑

工程学院学报》1997年第2期。

[352] 王翠、谢正观：《山东省海洋产业结构比较分析及其优化升级研究》，载《中国科学院大学学报》2013年第5期。

[353] 王道波、周晓果、张广录：《基于灰色局势决策模型的作物空间布局方法研究》，载《耕作与栽培》2004年第2期。

[354] 王道平、王煦：《基于AHP-熵值法的钢铁企业绿色供应商选择指标权重研究》，载《软科学》2010年第8期。

[355] 王东辉、陈金松、吕朝阳：《推进潮汐发电技术进步加快潮汐利用产业化进程》，载《海洋开发与管理》2009年第1期。

[356] 王东石、高锦宇：《我国海水养殖业的发展与现状》，载《中国水产》2015年第4期。

[357] 王栋：《基于能值分析的区域海洋环境经济系统可持续发展评价研究——以环渤海区域为例》，中国海洋大学，2009年。

[358] 王菲：《资源型城市可持续发展指标体系构建及综合评价研究》，大庆石油学院，2006年。

[359] 王丰年：《论生态补偿的原则和机制》，载《自然辩证法研究》2006年第22期。

[360] 王海英：《海洋资源开发与海洋产业结构发展重点与方向》，载《海洋开发与管理》2002年第4期。

[361] 王红芳：《我国海洋资源开发利用的经济法规制研究》，浙江财经学院，2012年。

[362] 王洪桥、袁家冬、孟祥君：《东北三省旅游经济差异的时空特征分析》，载《地理科学》2014年第2期。

[363] 王华英：《海洋产业布局的空间演进研究——以山东半岛为例》，载《中国集体经济》2013年第24期。

[364] 王建源、陈艳春、李曼华等：《基于能值分析的山东省生态足迹》，载《生态学杂志》2007年第9期。

[365] 王惊涛、郝春晖：《数据包络分析（DEA）理论综述及展望》，载《科技情报开发与经济》2009年第19期。

[366] 王俊元：《浙江海洋渔业空间布局演变及影响因素研究》，载《科技与管理》2016年第2期。

[367] 王科：《论我国环境保护中的政府规制》，吉林大学，2004年。

[368] 王昆、宋海洲：《三种客观权重赋权法的比较分析》，载《技术经济与管理研究》2003年第6期。

[369] 王丽：《不同海水养殖模式对桑沟湾生态系统服务的影响》，国家海洋局第一海洋研究所，2010年。

[370] 王灵、韩东林：《基于 DEA 模型的旅游业投资效率评价及对策研究——以皖苏浙沪比较为例》，载《黄山学院学报》2011 年第 1 期。

[371] 王启尧：《海域承载力评价与经济临海布局优化理论与实证研究》，中国海洋大学，2011 年。

[372] 王强、黄鹄：《基 DPSIR 模型的农业产业化可持续发展评价研究》，载《安徽农业科学》2009 年第 30 期。

[373] 王钦敏：《建立补偿机制保护生态环境》，载《求是》2004 年第 13 期。

[374] 王蓉：《计及可再生能源配额制的购电策略研究》，华北电力大学，2009 年。

[375] 王诗成：《实施海陆经济一体化发展推进山东半岛蓝色经济区建设》，载《理论学刊》2011 年第 2 期。

[376] 王世忠：《基于 LUPO 模型的德清县土地利用空间布局优化》，载《土地整理工程》2012 年第 20 期。

[377] 王双：《我国海洋经济的区域特征分析及其发展对策》，载《经济地理》2012 年第 6 期。

[378] 王爽：《基于 DEA 的精柔物流管理效率评价分析》，载《闽西职业技术学院学报》2013 年第 1 期。

[379] 王松涛：《资源型产业集群可持续发展的动力学模型研究》，中国海洋大学，2008 年。

[380] 王涛、何广顺、宋维玲等：《我国海洋产业集聚的测度与识别》，载《海洋环境科学》2014 年第 4 期。

[381] 王伟新、向云、祁春节：《中国水果产业地理集聚研究：时空特征与影响因素》，载《经济地理》2013 年第 8 期。

[382] 王夕源：《山东半岛蓝色经济区海洋生态渔业发展策略研究》，中国海洋大学，2013 年。

[383] 王晓宁：《我国海上风电发展现状及建议》，载《电器工业》2011 年第 2 期。

[384] 王晓天：《高速公路广告经济行政规制研究》，长安大学，2007 年。

[385] 王秀娟、胡求光：《中国海水养殖与海洋生态环境协调度分析》，载《中国农村经济》2013 年第 11 期。

[386] 王瑛：《完善有利于科学发展的绿色采购机制》，载《中国财政》2010 年第 12 期。

[387] 王永菲、王成国：《响应面法的理论与应用》，载《中央民族大学学报（自然科学版）》2005 年第 3 期。

[388] 王永生：《我国海洋产业评价指标及其测算分析》，载《海洋开发与管理》2004 年第 4 期。

[389] 王勇:《海南滨海旅游目的地竞争力研究》,海南大学,2015年。

[390] 王玉:《剩余产量模型的研究》,中国海洋大学,2013年。

[391] 王云:《石家庄市城市公园空间布局优化研究》,河北师范大学,2010年。

[392] 王云、冉圣宏、王华东:《区域环境承载力与工业布局研究》,载《环境保护科学》1998年第4期。

[393] 王芸:《当前我国渔业产业结构调整的方向和重点》,载《中国渔业经济》2008年第1期。

[394] 王左军:《论生态补偿机制及利益兼顾原则》,载《国土与自然资源研究》2008年第3期。

[395] 威海市商务局:《威海市风电产业发展情况介绍》,2010年。

[396] 《威海市新能源产业发展规划(2009~2011年)》。

[397] 魏后凯:《现代区域经济学》,经济管理出版社2006年版。

[398] 魏辉、余永权:《可拓物元变换方法在检测技术中的应用研究》,载《广东自动化与信息工程》1999年第4期。

[399] 魏进平、贾小峰等:《基于DEA方法的津冀海洋产业合作分析》,载《商场现代化》2006年第36期。

[400] 魏权龄:《评价相对有效性的DEA模型》,引自《发展战略与系统工程——第五届系统工程学会年会论文集》1986年。

[401] 魏权龄、庞立永:《链式网络DEA模型》,载《数学的实践与认识》2010年第1期。

[402] 魏巍:《胜利油田石油勘探开发系统动力学模型的建立与对策研究》,中国石油大学,2007年。

[403] 吴传清、孙智君、许军:《点轴系统理论及其拓展与应用:一个文献述评》,载《贵州财经学院学报》2007年第2期。

[404] 吴凤平、贾萍、张丽娜:《基于格序理论的水资源配置方案综合评价》,载《资源科学》2013年第11期。

[405] 吴桂平:《CLUE-S模型的改进与区域土地利用变化模拟》,中南大学,2008年。

[406] 吴佳璐:《辽宁省海域生态承载力综合测度分析》,辽宁师范大学,2013年。

[407] 吴健:《排污权交易—环境容量管理制度创新》,中国人民大学出版社2005年版。

[408] 吴健生、冯喆、高阳等:《CLUE-S模型应用进展与改进研究》,载《地理科学进展》2012年第1期。

[409] 吴凯、卢布:《中国海洋产业结构的系统分析与海洋渔业的可持续发

展》，载《中国农学通报》2007 年第 1 期。

[410] 吴文盛、陈静、牛建高：《低碳产业结构的实现机制研究》，载《经济研究》2011 年第 1 期。

[411] 吴先聪、刘星：《基于格序理论的管理者绩效评价方法》，载《系统工程理论与实践》2011 年第 2 期。

[412] 吴玉鸣、张燕：《中国区域经济增长与环境的耦合协调发展研究》，载《资源科学》2008 年第 1 期。

[413] 吴跃明、郎东锋、张子珩等：《环境—经济系统协调度模型及其指标体系》，载《中国人口·资源与环境》1996 年第 2 期。

[414] 武春友、吴琦：《基于超效率 DEA 的能源效率评价模型研究》，载《管理学报》2009 年第 11 期。

[415] 武贺、赵世明、张智慧等：《成山头外潮流能初步估算》，载《海洋技术》29 年第 3 期。

[416] 肖承忠、许伟、周云雁：《用数据包络分析（DEA）方法进行企业管理的比较研究》，载《上海机械学院学报》1988 年第 3 期。

[417] 肖渡、胡汉辉、朱卓宇：《DEA 模型的不变性研究》，载《系统工程理论方法应用》1995 年第 4 期。

[418] 肖刚：《中国外商直接投资区位分布的时空格局演变》，载《当代财经》2015 年第 10 期。

[419] 肖广岭：《可持续发展与系统动力学》，载《自然辩证法研究》1997 年第 4 期。

[420] 肖卫东：《中国种植业地理集聚：时空特征、变化趋势及影响因素》，载《中国农村经济》2012 年第 5 期。

[421] 谢炳庚、曾晓妹、李晓青等：《乡镇土地利用规划中农村居民点用地空间布局优化研究——以衡南县廖田镇为例》，载《经济地理》2010 年第 10 期。

[422] 谢俊成：《海洋油气开发安全管理》，天津大学，2006 年。

[423] 谢志钦：《构建我国产业损害风险预警机制问题研究——基于机理模型中的可拓物元视角》，载《改革与战略》2008 年第 6 期。

[424] 辛华龙：《中国海上风能开发展望》，载《中国海洋大学学报》2010 年第 6 期。

[425] 邢戬：《吉林省产业化开发风电的经济效益研究》，吉林大学，2007 年。

[426] 熊彼德：《经济发展理论》，中国商业出版社 2009 年版。

[427] 熊薇、徐逸伦、王迎英：《江苏省县域经济差异时空演变》，载《地理科学进展》2011 年第 2 期。

[428] 徐大海、于会娟：《我国海洋战略性新兴产业布局优化研究》，载《经济纵横》2014 年第 6 期。

[429] 徐大鹏：《基于数据挖掘与多准则决策的上市公司信用风险评估》，电子科技大学，2013年。

[430] 徐大伟、段姗姗等：《"三化"同步发展的内在机制与互动关系研究——基于协同学和机制设计理论》，载《农业经济问题》2012年第2期。

[431] 徐加明：《陆海统筹促进山东区域经济协调发展》，载《中国集体经济》2008年第8期。

[432] 徐健、汪旭晖：《我国区域高等教育的效率评价——基于DEA模型的实证分析》，载《高等工程教育研究》2009年第4期。

[433] 徐健、王向梅：《中国石油行业SCP分析》，载《石油地质与工程》2006年第5期。

[434] 徐洁香：《入世后过渡期我国农业产业安全体系构建》，载《生产力研究》2007年第15期。

[435] 徐敬俊：《海洋产业布局的基本理论研究暨实证分析》，中国海洋大学，2010年。

[436] 徐敬俊、韩立民：《海洋产业布局的基本理论研究》，中国海洋大学出版社2010年版。

[437] 徐玖平、吴巍：《多属性决策的理论与方法》，清华大学出版社2006年版。

[438] 徐鹏：《基于环境改善的产业规制研究》，长春理工大学，2009年。

[439] 徐文苑：《天津滨海旅游区发展现状与对策分析》，载《特区经济》2012年第9期。

[440] 徐新：《日本不甘落后欧洲，分期开发沿海风能》，国家电力信息网，http://www.sp.com.cn/dlyw/gjdlyw/200801/t20080125_58359.htm。

[441] 徐玉莲、王玉冬等：《区域科技创新与科技金融耦合协调度评价研究》，载《科学学与科学技术管理》2011年第11期。

[442] 徐志良、方堃、潘虹等：《我国海洋区域发展特征分析》，载《海洋开发与管理》2006年第5期。

[443] 徐质斌、牛福增：《海洋经济学教程》，经济科学出版社2003年版。

[444] 许涤新：《生态经济学》，浙江人民出版社1987年版。

[445] 许冬兰、李玉强：《基于状态空间法的海洋生态环境承载力评价》，载《统计与决策》2013年第18期。

[446] 许月潮：《中国天然气产业政府规制改革研究》，中国地质大学，2006年。

[447] 许月卿、罗鼎、郭洪峰等：《基于CLUE-S模型的土地利用空间布局多情景模拟研究——以甘肃省榆中县为例》，载《北京大学学报（自然科学版）》2013年第3期。

[448] 薛辰、徐学根、都志杰等：《海岛风电服务于国家海洋战略》，载《风能》2011 年第 7 期。

[449] 薛辉：《英国海上风电政策及对我国的启示》，载《商场现代化》2009 年第 1 期。

[450] 闫伟：《生态补偿的市场机制初步研究》，吉林大学，2009 年。

[451] 闫玉科：《广东省海洋捕捞业可持续发展研究》，载《河北经贸大学学报（综合版）》2014 年第 1 期。

[452] 严晓建：《中国海上风电开发投资及相关问题分析》，载《中国市场》2010 年第 4 期。

[453] 阎晓军、王维瑞、梁建平：《农业空间决策支持系统的设计与实现》，载《农业工程学报》2010 年第 9 期。

[454] 颜海波：《流域生态补偿法律机制研究》，山东科技大学，2007 年。

[455] 阳连丰、彭艳：《我国海洋油气开发面临的历史机遇》，2006 年。

[456] 杨大海：《海洋空间资源可持续开发利用对策研究——以大连为例》，载《海洋开发与管理》2008 年第 1 期。

[457] 杨昆、肖波、魏颖等：《基于平均发电成本的风电项目经济性分析》，载《科技和产业》2010 年第 10 期。

[458] 杨林、杜建军：《渔业产业化运营机制的理论架构与实践——以山东省为例》，载《海洋技术》2009 年第 3 期。

[459] 杨林、滕晓娜：《海洋高技术产业空间布局优化的动力机制：设计与实施》，载《产业经济评论》2014 年第 7 期。

[460] 杨曼璐：《大连市生产性服务业效率初探——基于 DEA 分析》，载《资源开发与市场》2012 年第 1 期。

[461] 杨敏：《构建完善的中小型企业技术管理体系研究——以重庆为例》，重庆大学，2008 年。

[462] 杨嵘：《石油产业政府规制改革的国际借鉴》，载《生产力研究》2004 年第 10 期。

[463] 杨嵘：《中国石油产业市场行为分析》，载《石油大学学报（社会科学版）》2004 年第 4 期。

[464] 杨上光：《海洋资源开发的绿色评价模型研究》，福建师范大学，2002 年。

[465] 杨士弘：《城市生态环境学》，科学出版社 1996 年版。

[466] 杨艳涛：《我国加工农产品质量安全预警警源分析》，载《农业经济问题》2008 年第 S1 期。

[467] 杨阳、郑彦宁、陈峰等：《德国发展海上风电的政策分析》，载《中国科技论坛》2011 年第 10 期。

[468] 杨一容：《基于制度短板的生态旅游资源补偿机制研究》，厦门大学，2009 年。

[469] 杨印生、张德骏、周克义：《DEA 模型在企业管理中的应用》，载《管理现代化》1993 年第 4 期。

[470] 杨志坤：《蓝色经济区海洋优势产业布局优化研究》，中国海洋大学，2013 年。

[471] 杨子江：《〈国务院关于促进海洋渔业持续健康发展的若干意见〉解析与思考》，载《中国水产》2013 年第 8 期。

[472] 姚成胜、李政通、王维等：《中国水产养殖业地理集聚特征及空间演化机制》2016 年第 9 期。

[473] 叶向东：《海陆统筹发展战略研究》，载《海洋开发与管理》2008 年第 8 期。

[474] 叶向东：《积极发展海洋经济不断壮大蓝色产业》，载《太平洋学报》2006 年第 9 期。

[475] 殷克东、秦娟、张斌等：《基于数列灰预测的海洋经济预测》，载《海洋信息》2007 年第 4 期。

[476] 尹春荣：《油气资源开发的生态补偿机制研究——以东营为例》，山东师范大学，2008 年。

[477] 尹琼：《益阳市城乡建设用地空间布局优化研究》，湖南师范大学，2007 年。

[478] 游建章：《粮食安全预警与评价的评价》，载《农业技术经济》2002 年第 2 期。

[479] 于付秀：《环境外部性问题的政府规制研究》，电子科技大学，2006 年。

[480] 于会国：《中国捕捞限额制度研究》，中国海洋大学，2009 年。

[481] 于江海、冯晓淼：《评价生态补偿实施效果的方法探讨》，载《安徽农业科学》2006 年第 2 期。

[482] 于谨凯：《海洋产业空间布局现状评价及优化模式制定》，中华人民共和国国家知识产权局，2016 年。

[483] 于谨凯：《我国海洋产业可持续发展研究》，经济科学出版社 2007 年版。

[484] 于谨凯、陈玉瓷：《海域承载力视角下海洋渔业空间布局优化评价标准研究》，载《中国人口·资源与环境》2014 年第 S3 期。

[485] 于谨凯等：《海洋产业经济研究：从主流框架到前沿问题》，经济科学出版社 2016 年版。

[486] 于谨凯、孔海峥：《基于海域承载力的海洋渔业空间布局合理度评价——以山东半岛蓝区为例》，载《经济地理》2014 年第 9 期。

[487] 于谨凯、李宝星：《我国海洋产业市场绩效评价及改进研究——基于 Rabah Ami 模型、SCP 范式的解释》，载《产业经济研究》2007 年第 2 期。

[488] 于谨凯、林逢珠、单春红：《海洋不可再生资源可持续开发的系统动力学机制研究——以海洋石油资源为例》，载《太平洋学报》2010 年第 9 期。

[489] 于谨凯、刘星华、纪瑞雪：《基于投影寻踪模型的我国近海海域承载力评价》，载《大连理工大学学报（社会科学版）》2015 年第 1 期。

[490] 于谨凯、孙艳芳：《基于佩尔兹曼模型的海洋产业管制分析》，载《浙江海洋学院学报（人文科学版）》2008 年第 2 期。

[491] 于谨凯、杨志坤：《基于模糊综合评价的渤海近海海域生态环境承载力研究》，载《经济管理研究》2012 年第 3 期。

[492] 于谨凯、杨志坤：《蓝色经济区海洋优势产业布局优化研究——以山东半岛蓝区海洋渔业为例》，中国海洋大学，2013 年。

[493] 于谨凯、杨志坤、单春红：《基于可拓物元模型的我国海洋油气业安全评价及预警机制研究》，载《软科学》2011 年第 8 期。

[494] 于谨凯、于海楠、刘曙光：《基于"三轴图"法的我国海洋产业结构演进分析》，载《山东经济》2009 年第 11 期。

[495] 于谨凯、张亚敏：《基于 DEA 模型的我国海洋运输业安全评价及预警机制研究》，载《西安财经学院学报》2012 年第 1 期。

[496] 于千钧、慕永通：《海湾扇贝离岸养殖的经济潜力分析》，载《中国渔业经济》2015 年第 1 期。

[497] 于文金、朱大奎：《中国能源安全与南海开发》，载《世界地理研究》2006 年第 4 期。

[498] 于永海、苗丰民等：《区域海洋产业合理布局的问题及对策》，载《国土与自然资源研究》2004 年第 1 期。

[499] 余洁：《山东省旅游产业与区域经济协调度评价与优化》，载《中国人口·资源与环境》2014 年第 4 期。

[500] 余婷、柯长青：《基于 CLUE – S 模型的南京市土地利用变化模拟》，载《测绘科学》2010 年第 1 期。

[501] 宇文青：《海水养殖对海洋环境影响的探讨》，载《海洋开发与管理》2008 年第 12 期。

[502] 袁玉琪：《中国风力发电项目电价和激励机制研究》，华北电力大学，2008 年。

[503] 约瑟夫·E·斯蒂格利茨：《经济学（上册）》，中国人民大学出版社 1997 年版。

[504] 翟伟康、徐文斌等：《我国海域使用现状特点及存在问题的分析》，载《海洋开发与管理》2012 年第 3 期。

[505] 翟雅男、海热提、石红等：《空间多准则决策及其在资源环境领域中的应用》，载《安全与环境工程》2015 年第 3 期。

[506] 湛泳、聂欣：《零售业 FDI 对中国零售产业集聚的影响——以湖南省样本数据为例》，载《求索》2012 年第 12 期。

[507] 张德贤：《海洋经济可持续发展理论研究》，中国海洋大学出版社 2000 年版。

[508] 张敦富：《区域经济学原理》，中国轻工业出版社 1999 年版。

[509] 张广海、刘真真、王新越：《中国沿海区域旅游化与生态环境耦合度分析及预测》，载《生态环境学报》2013 年第 5 期。

[510] 张广良、王莉：《DEA – C2R 模型在企业管理效率评价中的应用》，载《吉林建筑工程学院学报》2004 年第 4 期。

[511] 张广胜：《基于投入产出的江西省生产性服务业效率评价》，载《科学决策》2013 年第 1 期。

[512] 张广文、陈新军、李纲：《东黄海鲐鱼生物经济模型及管理策略探讨》，载《上海海洋大学学报》2009 年第 4 期。

[513] 张桂红：《中国海洋能源安全与多边国际合作的法律途径探析》，载《法学》2007 年第 8 期。

[514] 张红凤：《西方政府规制理论变迁的内在逻辑及其启示》，载《教学与研究》2006 年第 5 期。

[515] 张红智：《海洋捕捞业可持续发展及其指标体系研究》，中国海洋大学，2007 年。

[516] 张虹：《生态补偿法律制度的完善和实施机制的构想》，兰州大学，2006 年。

[517] 张华：《山东半岛蓝色经济区战略研究》，山东人民出版社 2009 年版。

[518] 张会恒：《论产业生命周期理论》，载《财贸研究》2004 年第 6 期。

[519] 张继红、蔺凡、方建光：《海水养殖容量评估方法及在养殖管理上的应用》，载《中国工程科学》2016 年第 3 期。

[520] 张健、宣耀伟、章正国等：《舟山潮流能发电分析》，载《中国水运（下半月）》2012 年第 11 期。

[521] 张静、韩立民：《试论海洋产业结构的演进规律》，载《中国海洋大学学报（社会科学版）》2006 年第 6 期。

[522] 张坤：《广东省海洋生态经济系统的发展评价研究》，中国海洋大学，2013 年。

[523] 张乐：《流域生态补偿标准及生态补偿机制研究》，合肥工业大学，2009 年。

[524] 张莉、何春林、乔俊果：《广东省绿色海洋经济发展的效益评价》，

载《太平洋学报》2008 年第 8 期。

[525] 张玫、霍增辉：《浙江省海水养殖业发展特征及路径》，载《江苏农业科学》2014 年第 5 期。

[526] 张名亮：《浅论江苏海洋空间资源的开发路径》，载《海洋开发与管理》2009 年第 8 期。

[527] 张荣天、焦华富：《泛长三角城市发展效率时空格局演化与驱动机制》，载《经济地理》2014 年第 5 期。

[528] 张榕、赵世明、刘富铀等：《海洋风能开发利用潜在环境影响模糊综合评价》，载《海洋技术》2009 年第 1 期。

[529] 张士军、刘群：《山东省海岛渔业板块空间布局及发展模式分析》，载《中国渔业经济》2011 年第 3 期。

[530] 张淑芳：《我国风电企业自主创新模式选择与保障机制研究》，燕山大学，2010 年。

[531] 张淑莉：《海洋油气资源开发对海洋经济环境的影响——以河北省海洋为例》，河北师范大学，2006 年。

[532] 张桐、金键、沈犁、周立坤：《基于灰色格序决策理论的城市轨道交通建设项目时序确定方法》，载《城市轨道交通研究》2016 年第 10 期。

[533] 张宪平：《海洋潮汐能发电技术》，载《电气时代》2011 年第 10 期。

[534] 张晓君、程振兴、张兆德：《潮汐能利用的现状与浙江潮汐能的发展前景》，载《中国造船》2010 年第 a01 期。

[535] 张学儒：《基于 CLUE – S 模型的唐山海岸带土地利用变化情景模拟》，河北师范大学，2008 年。

[536] 张艳平：《区域金融服务业集聚与工业集聚协调发展水平评估》，载《统计与决策》2014 年第 5 期。

[537] 张耀光、韩增林、刘锴等：《海洋资源开发利用的研究——以辽宁省为例》，载《自然资源学报》2010 年第 5 期。

[538] 张耀光、刘锴、刘桂春等：《基于定量分析的辽宁区域海洋经济地域系统的时空差异》，载《资源科学》2011 年第 3 期。

[539] 张耀光、刘岩：《中国海洋油气资源开发与国家石油安全战略对策》，载《地理研究》2003 年第 3 期。

[540] 张耀光、魏东岚、王国力等：《中国海洋经济省际空寂爱你差异与海洋经济强省建设》，载《地理研究》2005 年第 1 期。

[541] 张耀军、任正委：《基于 GIS 方法的沿海城市人口变动及空间分布格局研究》，载《地域研究与开发》2012 年第 4 期。

[542] 张毅、余梁蜀、马斌：《可拓决策方法应用研究》，载《陕西工学院学报》2002 年第 2 期。

［543］张永民、赵士洞、P. H. Verburg：《CLUE－S 模型及其在奈曼旗土地利用时空动态变化模拟中的应用》，载《自然资源学报》2003 年第 3 期。

［544］张宇龙、李亚宁、胡恒等：《我国海水养殖功能区的保有量和预测研究》，载《海洋环境科学》2014 年第 3 期。

［545］张月锐：《东营市海洋产业结构优化与主导产业评价》，载《中国石油大学学报（社会科学版）》2006 年第 3 期。

［546］张钟俊、杨剑波：《决策支持系统的理论和应用》，载《系统工程》1987 年第 6 期。

［547］章国娜：《现代渔业视域中的定海海水养殖业发展研究》，浙江海洋学院，2014 年。

［548］章牧、姚丹：《区域旅游业发展的空间格局与战略选择——基于 DP 矩阵的视角》，载《经济地理》2014 年第 1 期。

［549］赵华：《海上风电的英国经验》，载《中国质量报》2011 年 11 月 30 日。

［550］赵会方、姜朝旭：《中国海洋渔业演化机制研究》，中国海洋大学，2013 年。

［551］赵玲：《可拓物元模型用于入侵检测的研究》，载《微机发展》2004 年第 9 期。

［552］赵世明等：《中国近海海洋风能资源开发利用现状与前景分析》，载《海洋技术》2010 年第 12 期。

［553］赵世明、姜波、徐辉奋等：《中国近海海洋风能资源开发利用现状与前景分析》，载《海洋技术》2010 年第 4 期。

［554］赵世明、赵富铀、张俊海等：《我国海洋能开发利用发展战略研究的基本思路》，载《海洋技术》2008 年第 9 期。

［555］赵卫东：《关注需求诱导拓展市场空间》，载《江苏商论》2003 年第 10 期。

［556］赵霞、谭思明、姜静：《中国潮汐能技术专利分析及对策建议》，载《东方电机》2011 年第 6 期。

［557］赵祥：《我国海洋产业集聚的实证分析》，载《岭南学刊》2013 年第 4 期。

［558］赵晓芬：《灰色系统理论概述》，载《吉林省教育学院学报》2011 年第 3 期。

［559］真虹、洪然：《基于系统动力学机制的航运可持续发展研究》，载《中国航海》2001 年第 1 期。

［560］郑卫星、王曦、韩君梁：《蓝色经济产业梯度发展初探》，载《中国国情国力》2010 年第 2 期。

［561］郑晓美：《广东省功能区划对海洋产业布局的优化》，载《海洋信息》

2012 年第 2 期。

[562] 植草益，朱绍文译：《微观规制经济学》，中国发展出版社 1992 年版。

[563] 中国机电出口指南：《德国风电产业报告》，http：//omc.ofweek.com。

[564] 中国生态补偿机制与政策研究课题组：《中国生态补偿机制与政策研究》，科学出版社 2007 年版。

[565] 《中国统计年鉴（2008～2013）》，海洋出版社 2013 年版。

[566] 中国新能源网，http：//www.china-nengyuan.com/。

[567] 中华人民共和国国务院：《"十二五"国家战略性新兴产业发展规划》，2012 年。

[568] 钟昌宝：《一种供应链风险综合评价方法——变权可拓物元法》，载《科技管理研究》2012 年第 3 期。

[569] 舟山市发改委：《舟山市风力发电和海水淡化发展现状及对策建议》，2011 年。

[570] 舟山市发展和改革委员会：《促进舟山风电产业发展的对策研究》，2010 年 7 月 1 日。

[571] 周大杰、董文娟、孙丽英等：《流域水资源管理中的生态补偿问题研究》，载《北京师范大学学报（社会科学版）》2005 年第 4 期。

[572] 周健、王其翔、刘洪军等：《海域承载力研究进展》，载《海岸工程》2013 年第 3 期。

[573] 周江、曹瑛：《区域经济理论在海洋区域经济中的应用》，载《理论与改革》2001 年第 6 期。

[574] 周井娟、林坚：《我国海水养殖产量波动影响因素实证分析》，载《西北农林科技大学学报（社会科学版）》2008 年第 5 期。

[575] 周玲：《基于 SWOT 分析法的上海风电产业发展分析》，载《经济论坛》2012 年第 2 期。

[576] 周玲玲：《溢油对海洋生态污损的评估及指标体系研究》，中国海洋大学硕，2006 年。

[577] 周明生、卢名辉、苏炜：《长三角空间产业布局优化研究》，载《经济探讨》2008 年第 10 期。

[578] 周瑞荣、许祝华：《对"海域使用分类体系"的几点思考》，载《海洋开发与管理》2009 年第 3 期。

[579] 周甜甜、王文平：《基于 Lotka-Volterra 模型的省域产业生态经济系统协调性研究》，载《中国管理科学》2014 年第 1 期。

[580] 周伟：《基于 DEA 方法的研究型大学科研绩效实证研究》，天津大学，2010 年。

[581] 周震峰：《基于 MFA 的区域物质代谢研究——以青岛市城阳区为

例》，中国海洋大学，2006年。

［582］朱帮助、吴万水、王平：《基于超效率DEA的中国省际能源效率评价》，载《数学的实践与认识》2013年第5期。

［583］朱华、范柏乃：《我国经济社会发展协调度的影响因素与应对策略研究》，载《软科学》2009年第1期。

［584］朱慧、王哲、焦广辉：《天山北坡经济带经济格局时空演变特征研究》，载《干旱区资源与环境》2012年第3期。

［585］朱丽萌：《中国农产品进出口与农业产业安全预警分析》，载《财经科学》2007年第6期。

［586］朱乔、陈遥：《数据包络分析的灵敏度研究及其应用》，载《系统工程学报》1994年第6期。

［587］宗良儒：《工程项目建设中的质量风险监理控制》，载《财经界》2009年第10期。

［588］宗跃光等：《空间规划决策支持技术及其应用》，科学出版社2011年版。

［589］邹朝望、孙媛媛、常景坤：《基于改进可拓物元模型的防洪体系风险评价》，载《人民长江》2010年第11期。

［590］邹琳、曾刚、曹贤忠：《基于ESDA的长三角城市群研发投入空间分异特征及时空演化》，载《经济地理》2015年第3期。

［591］Alharthy A, Koshak N. Automatic extraction of tents during Hajj from airborne images to support land use optimization［J］. *Automation in Construction*, 2007, 16（1）: 107 – 111.

［592］Baeta F, Pinheiro A, Corte – Real M, et al. Are the fisheries in the Tagus estuary sustainable?［J］. *Fisheries Research*, 2005, 76（2）: 243 – 251.

［593］Bao H, Xun A N. Reliability Test on Oil Field Efficiency with DEA［J］. *Energy Procedia*, 2011, 5（5）: 1473 – 1477.

［594］Bathrellos G D, Gaki – Papanastassiou K, Skilodimou H D, et al. Potential suitability for urban planning and industry development using natural hazard maps and geological-geomorphological parameters［J］. *Environmental Earth Sciences*, 2012, 66（2）: 537 – 548.

［595］Bess R, Harte M. The role of property rights in the development of New Zealand's seafood industry［J］. *Marine Policy*, 2000, 24（4）: 331 – 339.

［596］Bess R, Rallapudi R. Spatial conflicts in New Zealand fisheries: The rights of fishers and protection of the marine environment［J］. *Marine Policy*, 2007, 31（6）: 719 – 729.

［597］Birkhoff G. Lattice Theory［J］. *Mathematical Gazette*, 1967（34）.

[598] Bottero M, Comino E, Duriavig M, et al. The application of a Multi-criteria Spatial Decision Support System (MCSDSS) for the assessment of biodiversity conservation in the Province of Varese (Italy) [J]. *Land Use Policy*, 2013, 30: 730 – 738.

[599] Campbell M S, Stehfest K M, Votier S C, et al. Mapping fisheries for marine spatial planning: Gear-specific vessel monitoring system (VMS), marine conservation and offshore renewable energy [J]. *Marine Policy*, 2014, 45 (1): 293 – 300.

[600] Campbell M S, Stehfest K M, Votier S C, et al. Mapping fisheries for marine spatial planning: Gear-specific vessel monitoring system (VMS), marine conservation and offshore renewable energy [J]. *Marine Policy*, 2014, 45 (1): 293 – 300.

[601] Carter D. W. , Agar J. J. , & Waters J. R. Economic Framework for Fishery Allocation Decisions with an Application to Gulf of Mexico Red Grouper [Z]. NOAA Technical Memorandum, NMFS – SEFSC –576, September 2008.

[602] Cathy M, Annalia B. Reviewing the use of Multi – Criteria Decision Analysis for the evaluation of transport projects: Time for a multi-actor approach [J]. *Transport Policy*, 2015, 37: 177 –186.

[603] Chakravorty S, Koo J. Do localization economies matter in cluster formation? Questioning the conventional wisdom with data from Indian metropolises [J]. *Environment & Planning A*, 2005, 37 (2): 331 –353.

[604] Charnes A. , Cooper W. W. , Rhodes E. Measuring the Efficiency of Decision Making Units [J]. *European Journal of Operation researches*, 1978, (2): 429 – 444.

[605] Chen H, M. D. Wood, Linstead C, et al. Uncertainty analysis in a GIS – based multi-criteria analysis tool for river catchment management [J]. *Environmental Modelling & Software*, 2011, 26 (4): 395 –405.

[606] Chen Y, Yu J, Khan S. Spatial sensitivity analysis of multi-criteria weights in GIS – based land suitability evaluation [J]. *Environmental Modelling & Software*, 2010, 25 (12): 1582 –1591.

[607] Christie N, Smyth K, Barnes R, et al. Co-location of activities and designations: A means of solving or creating problems in marine spatial planning? [J]. *Marine Policy*, 2014, 43 (1): 254 –261.

[608] Cidell J. Concentration and decentralization: The new geography of freight distribution in US metropolitan areas [J]. *Journal of Transport Geography*, 2010, 18 (3): 363 –371.

[609] Cisse A A, Blanchard F, Guyader O. Integrated assessment of the coastal fishery production systems in French Guiana [J]. *Documents De Travail*, 2013, 23 (02): 103s – 103s.

[610] Colgan C S. The ocean economy of the United States: Measurement, distribution, & trends [J]. *Ocean & Coastal Management*, 2013, 71 (71): 334 – 343.

[611] Cook W D, Kress M. A multiple criteria decision model with ordinal preference data [J]. *European Journal of Operational Research*, 1991, 54 (2): 191 – 198.

[612] Cuperus R, Canters K J, Piepers A A G. Ecological compensation of the impacts of a road. Preliminary method for the A50 road link (Eindhoven – Oss, The Netherlands) [J]. *Ecological Engineering*, 1996, 7 (4): 327 – 349.

[613] Curi C, Gitto S, Mancuso P. New evidence on the efficiency of Italian airports: A bootstrapped DEA analysis [J]. *Socio – Economic Planning Sciences*, 2011, 45 (2): 84 – 93.

[614] Dapueto G, Massa F, Costa S, et al. A spatial multi-criteria evaluation for site selection of offshore marine fish farm in the Ligurian Sea, Italy [J]. *Ocean & Coastal Management*, 2015, 116: 64 – 77.

[615] Day V, Paxinos R, Emmett J, et al. The Marine Planning Framework for South Australia: A new ecosystem-based zoning policy for marine management [J]. *Marine Policy*, 2008, 32 (4): 535 – 543.

[616] Dhanju A, Firestone J, Kempton W. Potential role of power authorities in offshore wind power development in the US [J]. *Energy Policy*, 2011, 39 (11): 7025 – 7035.

[617] El – Thalji I, Liyanage J P. *Managing Offshore Wind Energy Assets: On the Systematic Development of an Integrated Architecture* [M]. Engineering Asset Management and Infrastructure Sustainability. 2012: 181 – 193.

[618] Fare R, Grosskopf S. Network DEA [J]. *Socio – Economic Planning Sciences*, 2000, 34 (1): 35 – 49.

[619] Farmaki E G, Thomaidis N S, Pasias I N, et al. Environmental impact of intensive aquaculture: Investigation on the accumulation of metals and nutrients in marine sediments of Greece [J]. *Science of the Total Environment*, 2014, 485 – 486 (3): 554.

[620] Fernandes, Eleftheriou, Ackefors, et al. The scientific principles underlying the monitoring of the environmental impacts of aquaculture [J]. *Journal of Applied Ichthyology*, 2010, 17 (4): 181 – 193.

[621] Field J G. The Gulf of Guinea Large Marine Ecosystem: Environmental Forcing and Sustainable Development of Marine Resources [J]. *Journal of Experimental*

Marine Biology and Ecology, 2003, 296 (1): 128 – 130.

[622] Filgueira R, Guyondet T, Comeau L A, et al. A fully-spatial ecosystem – DEB model of oyster (Crassostrea virginica) carrying capacity in the Richibucto Estuary, Eastern Canada [J]. *Journal of Marine Systems*, 2014, 136 (1): 42 – 54.

[623] Fock H O. Fisheries in the context of marine spatial planning: Defining principal areas for fisheries in the German EEZ [J]. *Marine Policy*, 2008, 32 (4): 728 – 739.

[624] Fock H O. Natura 2000 and the European Common Fisheries Policy [J]. *Marine Policy*, 2011, 35 (2): 181 – 188.

[625] Gasch R, Twele J. *Wind Power Plants* [M]. Springer Berlin Heidelberg, 2012: 520 – 539.

[626] Gell F R, Roberts C M. Benefits beyond boundaries: the fishery effects of marine reserves [J]. *Trends in Ecology & Evolution*, 2003, 18 (9): 448 – 455.

[627] Gersbach H, Schmutzler A. External spillovers, internal spillovers and the geography of production and innovation [J]. *Regional Science & Urban Economics*, 1999, 29 (6): 679 – 696.

[628] Gorsevski P V, Jankowski P. An optimized solution of multi-criteria evaluation analysis of landslide susceptibility using fuzzy sets and Kalman filter [J]. *Computers & Geosciences*, 2010, 36 (8): 1005 – 1020.

[629] Haaren R V, Fthenakis V. GIS – based wind farm site selection using spatial multi-criteria analysis (SMCA): Evaluating the case for New York State [J]. *Renewable and Sustainable Energy Reviews*, 2011, 15: 3332 – 3340.

[630] Hastings D. National Ocean Policy Creates More Red Tape, Hurts Economy [J]. *Sea Technology*, 2013, 54 (1): 40.

[631] Heikkilä K, Harris R, Lowe G, et al. Fisheries and Oceans Canada: 2007 Awareness Campaign on Shellfish Harvesting [J]. *Cancer Causes & Control Ccc*, 2009, 20 (1): 15 – 26.

[632] Herva M, Roca E. Review of combined approaches and multi-criteria analysis for corporate environmental evaluation [J]. *Journal of Cleaner Production*, 2013, 39 (1): 355 – 371.

[633] Hoagland P, Jin D. Accounting for marine economic activities in large marine ecosystems [J]. *Ocean & Coastal Management*, 2008, 51 (3): 246 – 258.

[634] Hurst H E. Long term storage capacities of reservoirs [J]. *Transactions of the American Society of Civil Engineers*, 1951, 116 (12): 776 – 808.

[635] Iojă C I, Niță M R, Vânău G O, et al. Using multi-criteria analysis for the identification of spatial land-use conflicts in the Bucharest Metropolitan Area [J].

Ecological Indicators, 2014, 42 (1): 112 – 121.

[636] Islam M. Perspectives of the coastal and marine fisheries of the Bay of Bengal, Bangladesh [J]. *Ocean & Coastal Management*, 2003, 46 (8): 763 – 796.

[637] Jabeur K, Martel J M. A collective choice method based on individual preferences relational systems (p. r. s.) [J]. *European Journal of Operational Research*, 2007, 177 (3): 1549 – 1565.

[638] Jofre – Monseny J, Marín – López R, Viladecans – Marsal E. The mechanisms of agglomeration: Evidence from the effect of inter-industry relations on the location of new firms [J]. *Journal of Urban Economics*, 2011, 70 (2): 61 – 74.

[639] Jonathan S, Paul J. Technologies and their influence on future UK marine resource development and management [J]. *Marine Policy*, 2002. 26: 231 – 241.

[640] Joo R, Salcedo O, Gutierrez M, et al. Defining fishing spatial strategies from VMS data: Insights from the world's largest monospecific fishery [J]. *Fisheries Research*, 2015, 164: 223 – 230.

[641] Kai Tak Development Engineering Study. cum Design and Construction of Advance Works—Investigation, Design and Construction Agreement No. CE 35/2006 (CE).

[642] Kavanagh P, Pitcher T J. Implementing Microsoft Excel Software For Rapfish: A Technique for The Rapid Appraisal of Fisheries Status [J]. *University of British Columbia Fisheries Centre*, 2004.

[643] Khanna P, Babu P R, George M S. Carrying-capacity as a basis for sustainable development a case study of National Capital Region in India [J]. *Progress in Planning*, 1999, 52 (2): 101 – 166.

[644] Kildow J T, Mcilgorm A. The importance of estimating the contribution of the oceans to national economies [J]. *Marine Policy*, 2010, 34 (3): 367 – 374.

[645] Kraev E. Stocks, flows and complementarity: formalizing a basic insight of ecological economics [J]. *Ecological Economics*, 2002, 43 (2 – 3): 277 – 286.

[646] Lau P L, Koo T T R, Dwyer L. Metrics to measure the geographic characteristics of tourism markets: An integrated approach based on Gini index decomposition [J]. *Tourism Management*, 2017, 59: 171 – 181.

[647] Leduc W R W A, Kann F M G V. Spatial planning based on urban energy harvesting toward productive urban regions [J]. *Journal of Cleaner Production*, 2013, 39 (1): 180 – 190.

[648] Lee S K, Cho Y H, Kim S H. Collaborative filtering with ordinal scale-based implicit ratings for mobile music recommendations [J]. *Information Sciences*, 2010, 180 (11): 2142 – 2155.

[649] Lester S E, Costello C, Halpern B S, et al. Evaluating tradeoffs among ecosystem services to inform marine spatial planning [J]. *Marine Policy*, 2013, 38 (1): 80 – 89.

[650] Li M C. Predictive Environment Carrying Capacity Assessment of Marine Reclamation by Prediction of Multiple Numerical Model [J]. *IERI Procedia*, 2014, 8: 54 – 59.

[651] Lindkvist K B, Trondsen T, Xie J. Restructuring the Chinese seafood industry, global challenges and policy implications [J]. *Marine Policy*, 2008, 32 (3): 432 – 441.

[652] Macleod M, Cooper J A G. *Carrying Capacity in Coastal Areas* [M]. Springer Netherlands, 2005.

[653] Malczewski J. A GIS – based multi-criteria decision analysis: A survey of the literature [J]. *International Journal of Geographical Information Science*, 2006, 20 (7): 703 – 726.

[654] Managi S. Stochastic frontier analysis of total factor productivity in the offshore oil and gas industry [J]. *Ecological Economics*, 2006, (11): 204 – 215.

[655] Mao X Q. Conception, theory and mechanism of ecological compensation [J]. *China Population, Resources and Environment*, 2002, 12 (4): 38 – 41.

[656] Marjolein C. J. Canie"ls, Henny A. Romijn. Dynamic Clusters in Developing Countries: Collective Efficiency and Beyond [J]. *Oxford Development Studies*, 2003, 31 (3): 275 – 292.

[657] Ma S, He J, Yu Y. Land-use spatial optimization based on PSO algorithm [J]. 地球空间信息科学学报（英文版）, 2011, 14 (1): 54 – 61.

[658] Mcconnell M. Capacity building for a sustainable shipping industry: a key ingredient in improving coastal and ocean and management [J]. *Ocean & Coastal Management*, 2002, 45 (9): 617 – 632.

[659] Michler – Cieluch T, Krause G, Buck B H. Reflections on integrating operation and maintenance activities of offshore wind farms and mariculture [J]. *Ocean & Coastal Management*, 2009, 52 (1): 57 – 68.

[660] Mikhail K. Marine Pollution from the Offshore Oil and Gas Industry: Review of Major Conventions and Russian Law [J]. *Maritime studies*, 2006, (12): 1 – 11.

[661] Mirza U K, Ahmad N, Majeed T, et al. Wind energy development in Pakistan [J]. *Renewable & Sustainable Energy Reviews*, 2007, 11 (9): 2179 – 2190.

[662] Mori T, Smith T. On the spatial scale of industrial agglomerations [C]. ERSA conference papers. European Regional Science Association, 2015.

[663] Murillas A, Prellezo R, Garmendia E, et al. Multidimensional and inter-

temporal sustainability assessment: A case study of the Basque trawl fisheries [J]. *Fisheries Research*, 2008, 91 (2-3): 222-238.

[664] Murphy P, Pritchard M P, Smith B. The destination product and its impact on traveller perceptions [J]. *Tourism Management*, 2000, 21 (1): 43-52.

[665] Murray G, D'Anna L. Seeing shellfish from the seashore: The importance of values and place in perceptions of aquaculture and marine social-ecological system interactions [J]. *Marine Policy*, 2015, 62: 125-133.

[666] Nils H, Nils K, Micaela H, et al. Spatial correlation and potential conflicts between sea cage farms and coral reefs in South East Asia [J]. *Aquaculture*, 2015, 448: 418-426.

[667] O'Connor K. Global city regions and the location of logistics activity [J]. *Journal of Transport Geography*, 2010, 18 (3): 354-362.

[668] Offshore wind power in Canada [R/OL]. http://www.wwindea.org.

[669] Offshore wind power in South Korea [R/OL]. http://www.wwindea.org.

[670] Ohlin B G. *Interregional and International Trade* [M]. Harvard University Press, Cambridge, 1967: 198.

[671] Othman A N, Wan M N, W. M, et al. GIS Based Multi-Criteria Decision Making for Landslide Hazard Zonation [J]. *Procedia - Social and Behavioral Sciences*, 2012, 35 (35): 595-602.

[672] Park, Bugess. *An introduction to the science of sociology* [M]. Chicago, 1921.

[673] Pascoe S, Bustamante R, Wilcox C, et al. Spatial fisheries management: A framework for multi-objective qualitative assessment [J]. *Ocean and Coastal Management*, 2009, 52 (2): 130-138.

[674] Pascoe S, Bustamante R, Wilcox C, et al. Spatial fisheries management: A framework for multi-objective qualitative assessment [J]. *Ocean and Coastal Management*, 2008, 52: 130-138.

[675] Pedersen, S. A., Fock, H. O. Sell A. F. Mapping fisheries in the German exclusive economic zone with special reference to offshore Natural 2000 sites [J]. *Marine Policy*, 2009, 33: 571-90.

[676] Pella J J, Tomlinson P K. A generalized stock production model [J]. *Bull Inter-Am Trop Tuna Comm*, 1969, 13: 419-496.

[677] Perry R I, Schweigert J F. Primary productivity and the carrying capacity for herring in NE Pacific marine ecosystems [J]. *Progress in Oceanography*, 2008, 77 (2-3): 241-251.

[678] Pimenta F, Kempton W, Garvine R. Combining meteorological stations and satellite data to evaluate the offshore wind power resource of Southeastern Brazil

[J]. *Renewable Energy*, 2008, 33 (11): 2375 – 2387.

[679] Pitcher T J, Preikshot D. RAPFISH: a rapid appraisal technique to evaluate the sustainability status of fisheries [J]. *Fisheries Research*, 2001, 49 (3): 255 – 270.

[680] Pınarbaşı K, Galparsoro I, Ángel Borja, et al. Decision support tools in marine spatial planning: Present applications, gaps and future perspectives [J]. *Marine Policy*, 2017, 83: 83 – 91.

[681] Prawiranegara M. Spatial Multi-criteria Analysis (SMCA) for Basin-wide Flood Risk Assessment as a Tool in Improving Spatial Planning and Urban Resilience Policy Making: A Case Study of Marikina River Basin, Metro Manila – Philippines [J]. *Procedia – Social and Behavioral Sciences*, 2014, 135: 18 – 24.

[682] Pérez O M, Telfer, T C, Ross, L G. Geographical information system-based models for offshore floating marine fish cage aquaculture site selection in Tenerife, Canary Islands [J]. *Aquac. Res*, 2005, 36: 946 – 961.

[683] PW De Langen, M Nijdam. Leader Firms in the Dutch Maritime Cluster [C]. European Regional Science Association ERSA conference papers, 2003, (03): 395

[684] Qianbin D I, Han Z, Liu G, et al. Carrying Capacity of Marine Region in Liaoning Province [J]. *Chinese Geography Science*, 2007, 17 (3): 229 – 235.

[685] Qiu W R, Xiao X, Lin W Z, et al. iUbiq – Lys: prediction of lysine ubiquitination sites in proteins by extracting sequence evolution information via a gray system model [J]. *Journal of Biomolecular Structure & Dynamics*, 2015, 33 (8): 1731.

[686] Read P, Fernandes T. Management of environmental impacts of marine aquaculture in Europe [J]. *Aquaculture*, 2003, 226 (1): 139 – 163.

[687] Rebai A, Aouni B, Martel J M. A multi-attribute method for choosing among potential alternatives with ordinal evaluation [J]. *European Journal of Operational Research*, 2006, 174 (1): 360 – 373.

[688] Rikalovic A, Cosic I., Lazarevic D. GIS Based Multi-criteria Analysis for Industrial Site Selection [J]. *Procedia Engineering*, 2014, 69: 1054 – 1063.

[689] Ritchie J R, Crouch G I. The competitive destination. A sustainability perspective [J]. *Tourism Geographies*, 2000, 21 (1): 1 – 7.

[690] Rozelle. S. Rural industrialization and increasing inequality: Emerging patterns in China's reforming economy [J]. *Journal of Comparative Economics*, 1994, 19 (3): 362 – 388.

[691] Sahajwala, Bergh, Den P V. Supervisory risk assessment and early warn-

ing systems [J]. 2000.

[692] Salam M A, Ross L G, Cmm B. A comparison of development opportunities for crab and shrimp aquaculture in southwestern Bangladesh, using GIS modelling [J]. *Aquaculture*, 2003, 220 (1): 477 – 494.

[693] Salem C, Vincent M. Spatial Multi-criteria Decision Making [J]. *LAMSADE Publications*, 2007, 22 (3): 8 – 10.

[694] Sandanayake D S S, Topal E, Asad M W A. Designing an optimal stope layout for underground mining based on a heuristic algorithm [J]. *International Journal of Mining Science and Technology*, 2015, 25 (5): 767 – 772.

[695] Schillings C, Wanderer T, Cameron L, et al. A decision support system for assessing offshore wind energy potential in the North Sea [J]. *Energy Policy*, 2012, 49: 541 – 551.

[696] Siddiki S, Goel S. A stakeholder analysis of U. S. marine aquaculture partnerships [J]. *Marine Policy*, 2015, 57: 93 – 102.

[697] Stanciulescu C, Fortemps P, Installé M, et al. Multiobjective fuzzy linear programming problems with fuzzy decision variables [J]. *European Journal of Operational Research*, 2003, 149 (3): 654 – 675.

[698] Stejskal I V. Obtaining Approvals for Oil and Gas Projects in Shallow Water Marine Areas in Western Australia using an Environmental Risk Assessment Framework [J]. *Spill Science & Technology Bulletin*, 2000, 6 (1): 69 – 76.

[699] Stelzenmüller V, Breen P, Stamford T, et al. Monitoring and evaluation of spatially managed areas: A generic framework for implementation of ecosystem based marine management and its application [J]. *Marine Policy*, 2013, 37 (1): 149 – 164.

[700] Stelzenmüller V, Rogers S I, Mills C M. Spatio-temporal patterns of fishing pressure on UK marine landscapes and their implications for spatial planning and management [J]. *ICES Journal of Marine Science*, 2008, 65: 1081 – 1091.

[701] Stewart T J, Janssen R, Herwijnen M V. A genetic algorithm approach to multiobjective land use planning [J]. *Computers & Operations Research*, 2004, 31 (14): 2293 – 2313.

[702] The European offshore wind industry key 2011 trends and statistics [R/OL]. http://www.ewea.org.

[703] Theunissen R, Housley P, Allen C B, et al. Experimental verification of computational predictions in power generation variation with layout of offshore wind farms [J]. *Wind Energy*, 2015, 18 (10): 1739 – 1757.

[704] Tian J, Yu B, Yu D, et al. Missing data analyses: a hybrid multiple im-

putation algorithm using Gray System Theory and entropy based on clustering [J]. *Applied Intelligence*, 2014, 40 (2): 376 – 388.

[705] Tietenberg T. Environment and Natural Resource Economics (Sixth Edition), Beijing: Tsinghua press, 2005.

[706] Tom R, Wang J. A fuzzy-logic-based approach to qualitative safety modelling for marine systems [J]. *Reliability Engineering and System Safety*, 2001, 73: 19 – 34.

[707] Turner R A, Polunin N V C, Stead S M. Mapping inshore fisheries: Comparing observed and perceived distributions of pot fishing activity in Northumberland [J]. *Marine Policy*, 2015, 51: 173 – 181.

[708] Twigg J. *The Human Factor in Early Warnings: Risk Perception and Appropriate Communications* [M]. Early Warning Systems for Natural Disaster Reduction. Springer Berlin Heidelberg, 2003: 19 – 26.

[709] Utton M A. *The Economics of Regulation Industry* [M]. Basil Blackwell, 1986.

[710] Vallapuzha S, Meter E C D, Choudhuri S, et al. An investigation into the use of spatial coordinates for the genetic algorithm based solution of the fixture layout optimization problem [J]. *International Journal of Machine Tools & Manufacture*, 2002, 42 (2): 265 – 275.

[711] Vasconcellos M, Gasalla M A. Fisheries catches and the carrying capacity of marine ecosystems in southern Brazil [J]. *Fisheries Research*, 2001, 50 (3): 279 – 295.

[712] Veldkamp A, Fresco L O. CLUE – CR: An integrated multi-scale model to simulate land use change scenarios in Costa Rica [J]. *Ecological modelling*, 1996, 91 (1 – 3): 231 – 248.

[713] Veldkamp A, Fresco L O. CLUE: A conceptual model to study the Conversion of Land Use and its Effects [J]. *Ecological Modelling*, 1996, 85 (2 – 3): 253 – 270.

[714] Verburg P H, Veldkamp W, Limpiada R, et al. Modeling the spatial dynamics of regional land use: The CLUE – S model [J]. *Environmental Management*, 2002, 30 (3): 391 – 405.

[715] Vernon, Mitcham J. *Economics of regulation and antitrust* [M]. MIT Press, 1995: 295.

[716] Von Neumann J. The theory of games and economic behavior, Princeton: Princeton University Press, 1944.

[717] Wang J X, Yang F, Pan Q. Performance Evaluation of Near Space System

for Information Process Based on Multilayer Gray Model [J]. *Applied Mechanics & Materials*, 2014, 668 - 669: 1391 - 1394.

[718] Weise A M, Cromey C J, Callier M D, et al. Shellfish - DEPOMOD: Modelling the biodeposition from suspended shellfish aquaculture and assessing benthic effects [J]. *Aquaculture*, 2009, 288 (3 - 4): 239 - 253.

[719] Wenzel L, Gass J, D'Iorio M, et al. A national perspective on the role of Marine Protected Areas in sustaining fisheries [J]. *Fisheries Research*, 2013, 144 (3): 23 - 27.

[720] Wesenbeeck B K V, Balke T, Eijk P V, et al. Aquaculture induced erosion of tropical coastlines throws coastal communities back into poverty [J]. *Ocean & Coastal Management*, 2015, 116: 466 - 469.

[721] William W. Cooper, Lawrence M. Seiford. *Data Envelopment Analysis* [M]. 2004: 1 - 39.

[722] Wind power in Denmark [R/OL]. http://www.ens.dk.

[723] Wu R S S. The environmental impact of marine fish culture: Towards a sustainable future [J]. *Marine Pollution Bulletin*, 1995, 31 (4 - 12): 159 - 166.

[724] Yang M, Khan F I, Sadiq R. Prioritization of environmental issues in offshore oil and gas operations: A hybrid approach using fuzzy inference system and fuzzy analytic hierarchy process [J]. *Process Safety & Environmental Protection*, 2011, 89 (1): 22 - 34.

[725] Yousefi A, Hadi - Vencheh A. An integrated group decision making model and its evaluation by DEA for automobile industry [J]. *Expert Systems with Applications*, 2010, 37 (12): 8543 - 8556.

[726] Zhang L, Liu Z J, Sun D L, et al. Fault Diagnosis Based on Qualitative Data by Gray System Theory [J]. *Applied Mechanics & Materials*, 2014, 644 - 650: 1227 - 1229.

[727] Zhou D J, Dong W J, Sun L Y, et al. Problems of ecological compensation in water management of watershed [J]. *Journal of Beijing Normal University (Social Sciences)*, 2005, (4): 131 - 135.

[728] Zopounidis C, Doumpos M. Multicriteria classification and sorting methods: A literature review [J]. *European Journal of Operational Research*, 2002, 138 (2): 229 - 246.

后　　记

自 2005 年至今，笔者从事海洋产业经济与管理的研究已有十余载的光阴，从最初尝试研究海洋产业经济基础理论等主流问题，到不断深入到海洋产业空间布局的研究，略有收获，经历很多辛苦，科研之路真是不易！

这十余年也是我和我历届的研究生一同从事科研的时光，他们是我的学生，也是我的合作者，更是我的朋友！感谢我的研究生在本书写作过程中付出的努力：许瑶、孙心茹在本书写作过程中承担了部分统筹工作，并撰写了海洋产业布局优化理论基础的部分内容；孔海峥、潘菁、刘炎、李姗姗、莫丹丹、杨志坤、刘星华、曲平平、李怡欣、于高燕撰写了区域海洋产业空间布局优化部分内容，于高燕、张同亮、许瑶、李思达、刘云昊、亢亚倩、毕伟婷、李海阳、毕文静、殷旺、马健秋、孔海峥、潘菁、刘炎、阎兰兰、朱小苏、李珊珊、莫丹丹、赵艳秋、曲平平、陈玉瓷、林修月、张颖撰写了海洋渔业空间布局优化的部分内容，潘菁、许瑶撰写了海洋交通运输业空间布局优化的部分内容，杨志坤、窦金花、林逢珠撰写了海洋油气业空间布局优化的部分内容，崔莎莎、许瑶撰写了滨海旅游业空间布局优化的部分内容，胡姗姗、曲平平、孔海峥、郝丽丽撰写了海洋风能产业布局前期研究的部分内容，孔海峥、潘菁、莫丹丹、许瑶撰写了我国海洋产业空间布局优化对策建议的部分内容，毕文静和赵明珠同学承担了整理文稿的工作。韩庆超、孙心茹同学参与了校对工作。

特别感谢我太太单春红副教授的指导、撰写等工作！

本书系教育部人文社会科学重点研究基地重大项目"我国海洋产业空间布局优化研究"（15JJDZONGHE024）、国家自然科学基金面上项目"海域承载力视角下海洋渔业空间布局优化的模型及应用"（71273247）、国家自然科学基金"基于空间多标准分析的我国海水养殖空间布局优化决策：方法及应用"（7167030345）、我国蓝色经济空间拓展战略决策研究（办法＋额）（201862004）研究成果。在此，感谢中国海洋大学经济学院、中国海洋大学海洋发展研究院和中国海洋大学文科处领导的支持，特别向中国海洋大学海洋发展研究院对本书出版的资助表示衷心感谢！

感谢本书所有的作者，为我们每一位点赞！也感谢所有帮助和支持我们的同事、朋友和亲人！谢谢你们的关爱，我们也爱你们！祝福每一位！

于谨凯
2019 年 8 月